U0139033

民事法 系列

例解民法 增訂第五版

鄭正中 著

五南圖書出版公司 印行

序 言

　　法律為社會生活之一種規範，法諺有云：「有社會斯有法律，有法律斯有社會」，足見法律與社會關係確相當密切。其中民法為規律私人間日常生活關係之社會生活規範，性質上，屬於私法之範疇；與規定國家主權本體，及國家和人民權力服從關係之公法，如行政法、刑法等，明顯有別。而所謂私人日常生活關係，不外財產關係和身分關係兩種，故民法可分為財產法和身分法兩大部分，前者規定私人相互間財產上之關係，如買賣、互易、贈與、租賃、僱傭、承攬、委任、運送、合夥、保證等「債權關係」，及所有權、地上權、抵押權、質權、留置權等「物權關係」。後者規定私人相互間之「身分關係」，如親屬關係、夫妻關孫、親子關係、繼承關係等，所以民法包含範圍甚廣，可謂為規範私人間財產及身分關係之法律，學者亦有稱之為「日常生活之根本大法」。

　　近代各國制定民法，均有其特殊歷史淵源和政治社會背景，西元1804年3月21日由拿破崙政權制定之「法國民法典」（又稱為拿破崙法典），旨在鞏固法國市民階級革命之勝利成果，貫徹自由、平等、博愛之理念；在西元1807年和1852年，該民法典曾先後兩次被命名為「拿破崙法典」，以紀念他的貢獻。對此拿破崙也曾自誇地說：「我的光榮不在於打勝了40個戰役，滑鐵盧會摧毀這麼多的勝利……，但不會被任何東西摧毀的，會永遠存在的，是我的民法典」。至於德國編纂統一民法典之構想，是基於反對拿破崙統治、爭取獨立之戰爭、喚起德意志民族意識而來，1900年1月1日公布施行之「德國民法典」，揭櫫「私人財產所有權無限制」、「契約自由」與「過失責任」三大原則，受到各國法學界之重視；尤其法條結構上，將民法典區分為五個部分：總則、債務關係法、物權法、親屬法和繼承法，更為許多國家，如瑞士民法典、奧地利民法典、日本民法典、舊中國民法典所採用。至於1898年公布實施之日本民

法，則是明治維新的產物，1901年第一次修正時主要參照德國民法典，借鑑歐洲大陸各國民事立法例，肯定民法所有權絕對、契約自由和過失責任等傳統原則，將資本主義財產法和封建主義身分法相結合之一部法典。

我國歷代法制，在刑事法及行政法方面有相當完備的法典，如唐律、大明律、大清律例等；在民事法方面僅散見於各種律令中，缺少有系統之民法法典，至滿清末年爲變法圖強改革司法制度，乃開始編纂民法草案，於宣統3年（1911年）完成「大清民律草案」，爲我國民律第一次草案，惜草案未及實施，清朝已覆亡。民國創建以後，於司法部設修訂法律館，在民國14年完成民律第二次草案，分爲總則、債、物權、親屬及繼承五編，共1,320條。該草案僅由司法部於民國15年通令各級法院作爲條理引用，並未成爲正式法典。民國16年國民政府奠都南京，成立法制局，開始編纂民法法典。首先於民國17年完成親屬法及繼承法草案，未及實施，該法制局即已奉令結束。同年12月立法院成立後，組成「民法起草委員會」，根據中央政治會議歷次通過之民法各編立法原則，從事民法起草工作。至18年4月20日民法總則編經立法院通過，由國民政府於同年5月23日公布，同年10月10日施行；債編、物權編於18年11月間公布，19年5月5日施行；親屬及繼承兩編則於19年12月26日公布，20年5月5日施行。至此，民法典編纂工作全部完成，堪稱立法史上一大盛事。

民法自陸續公布施行後，瞬已逾半個世紀，其間我國政治、經濟、社會、文化環境均有重大變化，前司法行政部（現改爲法務部），爲使條文規定能與社會經濟發展及法律思潮相配合，於民國63年7月成立「民法研究修正委員會」，從事民法之檢討及修訂。民法總則編修正案，於民國71年1月4日公布，72年1月1日施行。97年5月23日再修正公布第14條、第15條、第22條；增訂第15條之1、第15條之2，主要針對「禁治產人」，修正爲「受監護宣告之人」，並採行「成年監護制度」，重在保護受監護宣告之人，維護其人格尊嚴，並確保其權益。其後，在104年6月10日修正公布第10條，有關失蹤人之財產管理規定；108年6月19日修正公布第14條，有關監護之宣告及撤銷規定；110年1月13日修正公布第12條、第13條，有關滿18歲爲成年、未成年人及其行爲能力等規定，上開滿18歲爲成年等規定，自112年1月1日起施行。

民法債篇，則自65年10月開始著手研修，歷時約19年，經三易其稿，始於88年4月2日經立法院三讀通過，自民國89年5月5月起施行。其修正要點如次：一、加強人格權及身分法益之保護，以期充分保障債權人之權益；二、增訂「締約過失責任」，建立締約當事人特殊信賴關係，並維護交易安全；三、增訂「定型化契約」之規定，以防止契約自由之濫用；四、增訂「買賣不破租賃原則」之除外規定，藉杜爭議；五、修正有關承攬人之法定抵押權規定，確保承攬人之利益，並兼採「預為登記」制度；六、增訂保證人之抵銷權，及保證人權利不得預先拋棄之規定；七、增訂「旅遊」一節，俾利適用；八、增訂「合會」一節，預防倒會，釐清會首與會員法律關係，以資規範；九、增訂「人事保證」一節，使當事人間法律關係明確，以利援用；十、配合民法債編之增修，而於施行法中增訂溯及效力之規定，以保護交易安全，增進社會福址。　自88年4月以後，民法債篇仍有小幅度修正，如89年4月26日修正公布第248條有關收受定金之效力；98年12月30日修正公布第687條法定退夥事由、第708條隱名合夥契約終止事由；99年5月26日公布增訂第753條之1董監事改選後免除其保證責任，並修正第746條先訴抗辯權之喪失等規定；110年1月20日修正公布第205條，有關最高利率超過週年16%者，超過部分之約定無效規定。

民法物權篇曾於84年1月16日修正公布第942條，同年1月18日施行。88年間行政院會銜司法院兩次函送立法院審議「民法物權編」部分條文修正草案及「民法物權編施行法」修正草案，惟均未完成審議。為賡續推動建構完整民事法律體系，兼顧最新學說與實務見解，自92年7月起重新邀請學者、專家組成修訂小組，依擔保物權、通則及所有權、用益物權及占有等順序，分別逐條檢討擬具修正草案送立法院審議，其中有關擔保物權（抵押權章、質權章及留置權章）部分，經立法院審議通過，96年3月28日公布，此次修正尤以抵押權章節變動之幅度最為劇烈，除增設「最高限額抵押權」制度外，並新增抵押權之讓與及次序權變動等相關制度，以因應時代需要。「所有權及通則部分」，亦於98年1月12日，經立法院審議通過，98年1月23日公布，並於6個月後施行（98年7月23日）。嗣立法院於99年1月5日再三讀通過民法物權編「用益物權及占有」之修正案，99年2月3日公布；101年6月13日另修正公布第805條、第

805條之1，有關遺失物認領期限，費用及報酬之請求和例外等規定。

　　民法親屬篇，首先於民國74年6月3日公布修正條文，同年6月5日施行；85年9月25日至89年1月19日，曾作四次細微修正。惟民法親屬編在施行70多年後，以夫妻財產制方面觀察，整個立法仍建立在男女不平等觀念上之「聯合財產制」為法定財產制，與憲法保障男女平等之旨未盡相符；而聯合財產關係消滅時之夫妻「剩餘財產分配請求權」，僅以一個條文規範，亦非十分周全。有鑑於此，法務部自民國87年7月組成「民法親屬編研究修正委員會」，在91年6月4日經立法院三讀通過，同年6月28日正式施行。新修正條文，以貫徹男女平等原則、維護婚姻生活和諧、肯定家事勞動價值、保障財產交易安全四大修法原則。

　　民國96年5月23日民法親屬篇修正，主要內容包括：將我國傳統儀式婚改為登記婚制度，重婚問題採維持後婚制度，子女姓氏由父母自由約定，子女得獨立提起婚生否認之訴，訴訟認領非婚生子女從列舉規定改為概括規定，及收養之全面修正等。民國97年以後，民法親屬篇又作了幾次修正，如97年1月9日修正公布第1052條、第1120條，有關離婚事由、扶養之方法等規定。97年5月23日修正監護及輔助制度；98年4月29日增訂公布第1052條之1，使法院可以調解或和解離婚；98年12月30日修正公布第1131條及第1133條，有關親屬會議之規定；99年1月27日增訂公布第1118條之1，有關扶養義務免除減輕之規定；99年5月19日修正公布第1059條、第1059條之1，有關子女姓氏之規定；101年12月26日修正公布第1030條之1，刪除第1009條、第1011條，有關法定分別財產制之規定；102年12月11日修正公布第1055條之1，有關裁判離婚子女監護之規定；103年1月29日修正公布第1132條，有關親屬會議應處理之事項，得由有召集權人或利害關係人聲請法院處理之事由；104年1月14日修正公布第1111條之2，有關監護人之資格限制規定；108年4月24日修正公布第976條，有關婚約解除之事由及方法；其後在108年6月19日、110年1月13日、110年1月20日再陸續作細微修正。

　　至於民法繼承篇，於74年6月3日公布修正條文，同年6月5日施行；民國97年1月2日修正第1148條、第1153條、第1154條、第1156條、第1157條、第1163

條、第1174條及第1176條，有關遺產繼承之效力、限定繼承和拋棄繼承等相關規定。惟我國民法繼承編自民國19年12月26日公布施行，即係因應當時的傳統文化，採取當然繼承主義，繼承人如未在繼承開始後的法定期限內辦理限定繼承或拋棄繼承程序，必須概括承受被繼承人財產上一切權利與義務。在98年5月22日三讀通過的民法繼承篇修正案，全面改採繼承人限定責任制度，使我國數千年來傳統的「父債子償」習俗與法律，都將一併宣告走入歷史。另在98年12月30日修正第1198條及第1210條有關遺囑見證人和遺囑執行人資格之限制規定；103年1月29日修正公布第1212條，有關遺囑保管人交付遺囑等規定；104年1月14日修正公布第1183條，並增訂第1211條之1，有關遺產管理人、遺囑執行人得請求報酬等規定。

由於民法條文繁多，學說錯綜紛歧，學者立論日新月異，加上條文不斷修正，常令研習民法之學生或社會人士，望而生畏；即使作者任職法曹，從事民、刑事審判業務已逾10年，仍難將具體法律條文與實際案例相互結合，以釐清當事人間之權利義務關係，為此本於多年審判工作及兼任國立大學民法教席之經驗，於88年間，應五南圖書出版公司董事長楊榮川先生之邀，依民法條文規定，以案例方式撰寫本書，並適時作多次修訂，將日常生活常見之法律問題，透過案例方式之討論介紹，期使讀者能通盤了解民法之架構體系及其具體規範內容外，並積極培養縝密之法律思維能力，以落實法學教育之本旨，此亦為作者努力之所在。

惟鑑於本書自發行第四版後，其間民法又歷經多次修正，為配合110年1月20日最新修正，本書乃因應法條修正內容加以修訂，惜作者學殖未深，公餘之暇撰寫本書，掛漏之處，尚祈先進能不吝給予指正。

法學博士

鄭正中　謹誌

112年5月於丹霞灣

目錄 CONTENTS

第三編 物 權 343

第四編　親　屬　　453

第一編

總　則

緒　論

壹、民法之意義、性質、制定經過與主要內容

案例1

> 　　甲新購特斯拉白色Model X跑車一輛，向其女友乙炫耀，並由剛取得駕照，駕駛技術不熟練的乙駕車前往陽明山急駛，途中因躲避行人失慎，進入對方車道，而撞及迎面駛來丙遊覽公司之客運汽車，造成客運車內之乘客丁撞及車門，受傷嚴重，經送醫急救，共支出醫藥費3萬元，且因在家療養3週，減少薪資收入6萬元，此時丁應如何求償？向何人求償？

一、思考方向

　　法律為社會生活之一種規範，法諺有云：「有社會斯有法律，有法律斯有社會」，足見法律與社會關係確相當密切。而法律與人類其他社會生活規範，最大之區別，乃在於其非嚴格遵守不可，如有違反者，即應受制裁。至其制裁方式，常因法規範種類性質不同，所定之制裁作用往往有所偏重，如行政法之制裁，多數是在取締違反行政法令之事件，強制人民未來能遵守法令；而刑法之制裁，除以刑罰威嚇或警惕社會一般人，藉收預防犯罪之效果外，並且對於犯罪行為人兼有譴責非難作用，以申明法規範之倫理價值；至於民法之制裁，則注重強制要求違法行為人回復違法以前之原狀，或彌補被害人之損害，以求公允。本案例中，搭乘客運汽車之乘客丁，因他人之違法行為而受傷送醫，支出醫藥費，並損失薪資，希望對方賠償損害，此即涉及前述民法之制裁（責任）問題。然則何謂民法？其法律性質、編制體裁、立法過程如何，實有先正確認識之必要。

二、論點分析

(一) 民法之意義

　　民法為私法之一部分，為規律私人間權利義務關係之社會生活規範。民法在概念上可分為形式意義的民法與實質意義的民法，分述如下：

1. 形式意義的民法

指國家所制定之民法法典而言，也就是形式上標明「民法」二字之法典。形式意義的民法，僅有總則、債、物權、親屬和繼承五編規定，因此又稱爲「狹義的民法」。

2. 實質意義的民法

指成文的民法法典以外，還包括規律私人間社會生活關係之民事法規。民事關係法規範圍廣泛，除民法之外尚有許多民事法規，如保險法、海商法、票據法、公司法、動產擔保交易法等「民事特別法」，以及與民事有關之習慣、法理及判例（決）等，由於其涵蓋內容頗廣，故又稱爲「廣義的民法」。

(二) 民法之性質

民法是規定私人間財產及身分等關係之法律，相較於其他法律，具有下列特性：

1. 民法爲私法

從法律關係主體作分類標準，法律有公法與私法之區別。凡規定國家主權本體，及國家與人民間權力服從關係的法律，稱爲公法；凡規定人民相互間，或國家與個人間私權關係的法律，則爲私法。民法既爲規定私人間社會生活應有之權利義務關係，即爲私法。

2. 民法爲國內法

從法律所屬主體爲區別標準，可分爲國內法與國際法，國內法爲規定國家與人民或人民相互間權利義務關係的法律；因民法爲人類在國內社會生活相互間之準則，須由一國主權予以制定，並僅施行於一國統治之區域，故屬國內法。

3. 民法爲普通法

以法律效力所及的範圍爲區別標準，可分爲普通法與特別法。凡法律施行於一般人民、一般地區、一般時期，以及一般事項者，稱爲普通法；如施行於特定的人、地、時、事者，則稱爲特別法。民法係適用於國內人民一般社會關係之法律，不論對於任何人、任何地、任何時均可適用，故爲普通法。

4. 民法爲實體法

如以法律的作用爲區別標準，可分爲實體法和程序法。凡規定權利義務內容之法律爲實體法；規定行使權利履行義務程序之法律爲程序法。民法乃規定私人間權利義務關係之法律，故爲實體法；而民事訴訟法則規定私人間權利義務關係之程序，性質上屬於程序法。

5. 民法爲任意法兼強行法

　　以法律效力強弱爲區別標準，可分爲強行法與任意法。凡法律規定之內容，不許當事人自由變更或選擇者，爲強行法；倘僅爲補充或解釋當事人的意思，可以由當事人自由變更或拒絕適用者，爲任意法。就整個民法觀察，物權、親屬、繼承諸編，因與社會公益攸關，多屬強行規定；債編因受契約自由原則影響，而多爲任意規定。惟仍有例外，例如民法親屬編第1004條下之夫妻財產制，即爲任意規定；另債編第203條至第206條對利息之限制，則爲強行規定，故民法兼具有任意法與強行法之性質。

(三) 民法之制定

　　近代各國制定民法，均有其特殊歷史淵源和政治社會背景，西元1804年3月21日由拿破崙政權制定之「法國民法典」（又稱爲拿破崙法典），旨在鞏固法國市民階級革命之勝利成果，貫徹自由、平等、博愛之理想；該法制定時共2,281條（現行法爲2,283條），爲資本主義社會第一部民法典，它的頒布開創近代民事法律法典化之先河，對許多資本主義國家和以前殖民地附屬國陸續公布之民法產生深遠影響。至於德國編纂統一民法典之構想，是基於反對拿破崙統治、爭取獨立之戰爭、喚起德意志民族意識而來，1900年1月1日公布施行之「德國民法典」，揭櫫「私人財產所有權無限制」、「契約自由」與「過失責任」三大原則，受到各國法學界之重視；尤其法條結構上，將民法典區分爲五個部分：總則、債務關係法、物權法、親屬法和繼承法，更爲許多國家，如瑞士民法典、奧地利民法典、希臘民法典、泰國民法典、日本民法典、舊中國民法典所採用。至於1898年公布實施之日本民法，則是明治維新的產物，1901年第一次修正時主要參照德國民法典，借鑑歐洲大陸各國民事立法例，肯定民法所有權絕對、契約自由和過失責任等傳統原則，將資本主義財產法和封建主義身分法相結合之一部法典。

　　而我國民法典之制定背景，與日本民法相類似，亦在變法革新，亟求國家之富強。清末，庚子戰敗，朝野上下，體察時局艱難，認爲國家之富強，非全恃堅甲利兵，法制之變革，亦屬基本，歷經爭議，乃於光緒28年，設修訂法律館。光緒33年，派沈家本、俞廉三、英瑞爲修訂法律大臣，並聘請日本法學家松岡正義、志岡鉀太郎起草民法總則、債權、物權三編；其餘親屬、繼承兩編由朱獻文、高種等分別會同禮學館起草。於宣統3年（1911年）草案全部完成，名爲「大清民律草案」，爲我國民律第一次草案。該草案計分五編，總計36章，1,569條。大體上來說，前三編多仿照德、日資本主義民法典，後兩編則明顯沿襲中國傳統的民事法律規範。正如修訂大臣俞廉三、劉若曾在民律草案告成的奏摺中所說：民律草案一方

面「注重世界最普通之法則」，即抄襲資本主義一般民事法律原則，另一方面「求最適於中國民情之法則」，也就是力求符合中國的傳統文化。惜草案未及實施，清朝已覆亡。

民國創建以後，於法制局設法典編纂會，旋改隸司法部，更名法律編查會，嗣易名修訂法律館。自民國10年起，廣聘專家，著手編訂民法法典，至民國14年完成，是為民律第二次草案。該草案分為總則、債、物權、親屬及繼承五編，共1,320條。其中總則與物權篇多沿用第一次草案，債編多採瑞士債務法，親屬與繼承兩編則多取材於大清律例民事有效部分及歷年大理院判例。本草案曾經司法部於民國15年通令各級法院作為條理引用，然終未正式公布施行。

民國16年國民政府奠都南京，因鑑於民法為人民日常生活所迫切需要，乃成立法制局，開始編纂民法法典。首先於民國17年完成親屬法及繼承法草案，未及實施，該法制局即已奉令結束。同年12月立法院成立，乃於18年1月先設民法起草委員會，以傅秉常、焦易堂、史尚寬、林彬、鄭毓秀（後改為王用賓）等五人為起草委員，並聘請司法院院長王寵惠、考試院院長戴傳賢及法國學者寶道（Padoux）為顧問，根據中央政治會議歷次通過之民法各編立法原則，從事民法起草工作。至18年4月20日民法總則編經立法院通過，呈經國民政府於同年5月23日公布，同年10月10日施行；債編於18年11月22日公布，19年5月5日施行；物權編於18年11月30日公布，19年5月5日施行；親屬及繼承兩編均於19年12月26日公布，20年5月5日施行。至此，民法法典全部完成，共分五編，全文達1,225條，是為我國有正式民法法典之開始，堪稱立法史上一大盛事。

我國向來重視法律的安定性，對於修改法律多持審慎態度，以免朝令夕改，滋生爭議。惟民法自陸續公布施行後，瞬已逾半個世紀，其間我國政治、經濟、社會、文化環境均有重大變化，前司法行政部（現改為法務部），為使條文規定能與社會經濟發展及法律思潮相配合，於民國63年7月成立「民法研究修正委員會」，從事民法之檢討及修訂。民法總則編修正案，於民國71年1月4日公布，72年1月1日施行。97年5月23日再修正公布第14條、第15條、第22條；增訂第15條之1、第15條之2，主要針對「禁治產人」，修正為「受監護宣告之人」，並採行「成年監護制度」，重在保護受監護宣告之人，維護其人格尊嚴，並確保其權益。其後，在104年6月10日修正公布第10條，將失蹤人失蹤後，未受死亡宣告前，其財產之管理，除其他法律另有規定者外，改依家事事件法之規定辦理。108年6月19日修正公布第14條，增列輔助人、意定監護受任人或其他利害關係人之聲請，亦得為監護之宣告。110年1月13日修正公布第12條、第13條，為符合當今社會青年身心發展現況，保障其權益，並與國際接軌，將成年年齡修正為18歲，並刪除第13條第3項有

關未成年人已結婚而取得行為能力之規定。

　　民法債編，則自65年10月開始著手研修，迄84年7月間，歷時約19年，經三易其稿，始擬具「民法債編部分修正草案」暨「民法債編施行法修正草案」，於88年4月2日經立法院三讀通過，自民國89年5月5月起施行。按民法債編原條文共計604條，此次計修正123條、增訂67條、刪除9條；民法債編施行法原條文15條，此次修正14條、增訂21條。總計增刪修廢之條文多達234條，幾占原條文38%，變動幅度甚大。其修正要點如次：

1. 加強人格權及身分法益之保護，以期充分保障債權人之權益。
2. 增訂「締約過失責任」，建立締約當事人特殊信賴關係，並維護交易安全。
3. 增訂「定型化契約」之規定，以防止契約自由之濫用。
4. 增訂「買賣不破租賃原則」之除外規定，藉杜爭議。
5. 修正有關承攬人之法定抵押權規定，確保承攬人之利益，並兼採「預為登記」制度。
6. 增訂保證人之抵銷權，及保證人權利不得預先拋棄之規定。
7. 增訂「旅遊」一節，俾利適用。
8. 增訂「合會」一節，預防倒會，釐清會首與會員法律關係，以資規範。
9. 增訂「人事保證」一節，使當事人間法律關係明確，以利援用。
10. 配合民法債編之增修，而於施行法中增訂溯及效力之規定，以保護交易安全，增進社會福址。

　　自88年4月以後，民法債編仍有小幅度修正，如89年4月26日修正公布第248條有關收受定金之效力；98年12月30日修正公布第687條法定退夥事由、第708條隱名合夥契約終止事由；99年5月26日公布增訂第753條之1董監事改選後免除其保證責任，並修正第746條先訴抗辯權之喪失等規定。110年1月20日修正公布第205條，將最高約定利率調降為週年16%；同時為強化最高約定利率之管制效果，保護經濟弱者之債務人，並將本條法律效果修正為「超過部分之約定，無效」，以符立法原意。

　　民法物權編曾於84年1月16日修正公布第942條，同年1月18日施行。88年間行政院會銜司法院兩次函送立法院審議「民法物權編」部分條文修正草案及「民法物權編施行法」修正草案，惟均未完成審議。茲因各界迭有修正建議，為賡續推動建構完整民事法律體系，兼顧最新學說與實務見解，衡酌我國國情，自92年7月起重新邀請學者、專家組成修訂小組定期開會研商，且為符合各界期盼及實務需求，爰將上開修正草案依擔保物權、通則及所有權、用益物權及占有等順序，分別逐條檢討擬具修正草案送立法院審議，其中有關擔保物權（抵押權章、質權章及留置

權章）部分，經立法院審議通過，96年3月28日公布，此次修正尤以抵押權章節變動之幅度最為劇烈，除增設「最高限額抵押權」制度外，並新增抵押權之讓與及次序權變動等相關制度，以因應時代需要。「所有權及通則部分」，亦於98年1月12日，經立法院審議通過，98年1月23日公布，並於6個月後施行（98年7月23日）。嗣立法院於99年1月5日再三讀通過民法物權編「用益物權及占有」之修正案，99年2月3日公布。此次修正範圍包括：地上權、永佃權、地役權、典權及占有等五大部分，共計增加35條、刪除12條、修正43條，合計90條。分述如下：

1. 就地上權部分，為求體系完整，分設二節規範「普通地上權」及「區分地上權」。明文修訂普通地上權之意義、增訂未定有期限及以公共建設為目的之地上權存續期限之規定、修正地上權人拋棄其權利和因情事變更之租金增減請求權、修正終止地上權之要件，並增列土地所有人終止之催告程序、增訂地上權人使用土地之方法暨違反之效果、明定地上權消滅時，當事人間之權利義務及工作物之歸屬；就區分地上權亦增訂其意義及設定條件、增訂法院判決延長區分地上權期間，應兼顧第三人權益及補償之規定、增訂同一土地先後設定區分地上權及其他用益物權之效力規定、增訂區分地上權準用之規定。

2. 就永佃權部分，永佃權之設定，將造成土地所有人與使用人之永久分離，且目前實務上各地政事務所鮮少以永佃權登記，爰將「永佃權」章之章名及第842條至第850條均予刪除。

3. 就農育權部分，因現行民法對建地之使用設有地上權之規定，而對於農地之使用則尚無符合需要之物權，爰參酌我國目前農業改革，增訂「農育權」章，以符實際需要。

4. 就地役權部分，在考量需役及供役客體已從土地擴張至其他不動產，為使名實相符，爰將章名修正為「不動產役權」。其中修正不動產役權之意義、增訂同一不動產上不動產役權與用益物權同時存在，其後設定物權之權利行使限制、明定時效取得規定、增訂不動產役權行使權利之處所或方法得請求變更、明定不動產役權消滅及其設置取回之規定、增訂不動產役權準用地上權之相關規定等。

5. 就典權部分，修正典權之意義、明定典權人取得典物所有權及絕賣條款經登記者發生物權效力之規定、明定典權處分一體性及其得設定抵押權之規定、增訂典權人使用土地之方法及違反之效果、修正典權人之留買權規定、修正出典人回贖典物時扣減原典價之方法、增訂原典權於典物滅失時仍存在之範圍、增訂出典人於典物轉典時回贖之規定、增訂典權存續期間推定有租賃關係及準用法定地上權之相關規定。

6. 就占有部分，增訂占有權利推定之例外規定及推定占有態樣包括「無過失」、修正占有變更之通知義務、修正動產善意取得制度、修正善意占有人之權利及責任限度、修正惡意占有人之賠償責任規定、修正善意占有人變為惡意占有人之轉換時點、增訂共同占有人之自力救濟或物上請求權。

　　此外，民法物權編另於民國101年6月13日修正公布第805條、第805條之1有關遺失物認領期限、費用及報酬之請求和例外等規定。

　　民法親屬編方面，首先於74年6月3日公布修正條文，同年6月5日施行；民國85年9月25日，針對子女監護內容，加以修正；87年6月17日修正第983條、第1000條、第1002條，並刪除第986條、第987條、第993條、第994條；88年4月21日針對認領之請求而修正第1067條；89年1月19日再針對未成年子女之指定監護人規定，修正第1094條，以符合實際需要。

　　惟民法親屬編在施行70多年後，以夫妻財產制方面觀察，整個立法仍建立在男女不平等觀念上之「聯合財產制」為法定財產制，與憲法保障男女平等之旨未盡相符；而聯合財產關係消滅時之夫妻「剩餘財產分配請求權」僅以一個條文規範，亦非十分周全。有鑑於此，法務部自民國87年7月起即邀請學者、專家及機關代表組成「民法親屬編研究修正委員會」，參酌世界各先進法制，並盱衡國情，歷經數十次委員會議、公聽會及研商檢討會議，反覆推敲、審慎評估，在民國91年6月4日經立法院三讀通過，同年6月28日正式施行。新修正條文，以貫徹男女平等原則，維護婚姻生活和諧，肯定家事勞動價值，保障財產交易安全為四大修法原則。新修正民法親屬編於第二章第四節第1004條至第1048條規定夫妻財產制，將夫妻財產制之種類、訂立方式，婚姻存續中，夫妻相互間就財產之管理、使用、收益情形，暨財產所有權之變動、生活費之負擔、夫妻債務之清償，均作完整規範，以供適用。

　　民國96年5月23日民法親屬編修正第982條、第988條、第1030條之1、第1052條、第1059條、第1062條、第1063條、第1067條、第1070條、第1073條至第1083條、第1086條、第1090條；刪除第1068條；並增訂第988條之1、第1059條之1、第1076條之1、之2、第1079條之3至第1079條之5、第1080條之1至之3、第1083條之1、第1089條之1；除第982條之規定自公布後1年施行，其餘修正之條文自公布日施行。此次修正主要內容包括：將我國傳統儀式婚改為登記婚制度，重婚問題採維持後婚制度，子女姓氏由父母自由約定，子女得獨立提起婚生否認之訴，訴訟認領非婚生子女從列舉規定改為概括規定，及收養之全面修正等。

　　民國97年以後，民法親屬編又作了幾次修正，如97年1月9日修正公布第1052條、第1120條。97年5月23日修正公布第1092條至第1101條、第1103條、第1104

條、第1106條至第1109條、第1110條至第1113條及第二節節名修正爲成年人之監護及輔助;刪除第1103條之1、第1105條;增訂第1094條之1、第1099條之1、第1106條之1、第1109條之1、之2、第1111條之1、之2、第1112條之1、之2、第1113條之1;並自公布後1年6個月(98年11月23日)施行。98年4月29日增訂公布第1052條之1,使法院可以調解或和解離婚。98年12月30日修正公布第1131條、第1133條,有關親屬會議之規定。99年1月27日增訂公布第1118條之1,有關扶養義務免除或減輕之規定。99年5月19日修正公布第1059條、第1059條之1,有關子女姓氏之規定。101年12月26日修正公布第1030條之1,並刪除第1009條、第1011條,有關法定及宣告分別財產制之規定。

　　民國102年12月11日修正公布第1055條之1,有關裁判離婚時子女監護之規定;103年1月29日修正公布第1132條,有關親屬會議得由有召集權人或利害關係人聲請法院處理之規定;104年1月14日修正公布第1111條之2,有關監護人資格限制之規定;108年4月24日修正公布第976條,有關婚約解除之事由及方法等規定;108年6月19日增訂公布第1113條之2至第1113條之10,有關成年人之意定監護規定;110年1月13日修正公布第973條、第980條、第1049條、第1077條、第1091條、第1127條、第1128條;刪除第981條、第990條;110年1月20日修正公布第1030條之1,有關法定財產制關係消滅時,夫妻剩餘財產之分配等規定。

　　至於民法繼承編,於74年6月3日公布修正條文,同年6月5日施行;民國97年1月2日修正第1148條、第1153條、第1154條、第1156條、第1157條、第1163條、第1174條及第1176條,有關遺產繼承之效力、限定繼承和拋棄繼承等相關規定。惟我國民法繼承編自民國19年12月26日公布施行時,即係因應當時的傳統文化,採取當然繼承主義,繼承人如未在繼承開始後的法定期限內辦理限定繼承或拋棄繼承程序,必須概括承受被繼承人財產上一切權利與義務。在98年5月22日三讀通過的民法繼承編修正案,計修正9條條文,刪除了1條,增訂了4條。幅度雖不是很大!但限定繼承制度卻徹底得到改變,全面改採繼承人限定責任制度,使我國數千年來傳統的「父債子償」習俗與法律,都將一併宣告走入歷史。另在98年12月30日修正第1198條及第1210條有關遺囑見證人和遺囑執行人資格之限制規定。

　　民國103年1月29日,民法繼承編再修正公布第1212條,有關遺囑保管人知有繼承開始之事實時,應即將遺囑交付遺囑執行人、繼承人或其他利害關係人等規定;104年1月14日修正公布第1183條,並增訂第1211條之1,有關遺產管理人、遺囑執行人得請求報酬等規定。

(四) 民法之編制

　　民法之編制，各國採用方式不同，大抵有羅馬式與德國式兩種。羅馬式之編制，由羅馬學者格儒（Gaius）教授所倡導，內分人法、物法及訴訟法三編，並無共通適用之總則編。1804年國民法典採用羅馬式後，略加變更，將訴訟法刪除，物法區分為財產法與財產取得法兩編，合成人法、財產法與財產取得法三編；義大利、荷蘭、比利時、西班牙等國民法典之編制採之。至德國式之編制，則為德國學者儒高（Hugo）等人所創始，將民法體系分為總則、物權、債、親屬及繼承五編，架構分明，又有總則編可供適用，故為現行德國、日本、瑞士等國民法典所採納。我國民法法典，編制上亦採德國式體例，依次為總則、債、物權、親屬及繼承五編，其主要內容如下：

　　第一編為總則編，共分七章，計152條。總則編所規定者，為民法其他各編之共同原則，以法例居首，其次為權利之主體（自然人、法人），權利之客體（物），法律行為，期日、期間及消滅時效等法律關係之變動，最後規定權利之行使，包括權利濫用之禁止、誠實信用原則、自衛行為、自助行為等。

　　第二編為債編，涵蓋債權債務雙重意義，顯示立法重心在於權利義務雙方之平衡。債編共分二章，計604條，第一章通則，規定債之發生、債之標的、債之消滅、多數債務人及債權人、債之移轉及債之消滅等六節。第二章各種之債，計規定買賣、互易、交互計算、贈與、租賃、借貸、僱傭、承攬、旅遊、出版、委任、經理人及代辦商、居間、行紀、寄託、倉庫、運送營業、承攬運送、合夥、隱名合夥、合會、指示證券、無記名證券、終身定期金、和解、保證、人事保證等27種債的關係或典型契約。債編內容多屬任意法，除強行規定（如第206條巧取利益之禁止）外，苟無害於公共秩序及善良風俗情況下，依契約自由原則，自許當事人創設契約種類，並排斥法條之適用。

　　第三編為物權編，共分10章，計210條，主要規定物權的意義、種類，以及物權之取得、移轉及消滅。關於物權之種類，本法規定者為所有權、地上權、農育權、不動產役權、抵押權、質權、典權、留置權等八種，另認為「占有」為一種事實狀態，為謀社會安定，有一併規定必要，故於物權編中特設規定。民法對於物權，採行「物權法定主義」，當事人不得自由創設；且除法律有特別規定外，也不能任意約定物權之內容。

　　第四編為親屬編，共分七章，計171條。主要為規定親屬間身分及其權利義務之法律，包括血親、姻親、配偶等身分關係之發生、消滅及效力，父母子女關係，監護之種類與義務，扶養之順序和內容，家長、家屬與親屬會議等。民法親屬編為

典型之身分法規定，具有強烈地域性和民族性，故各國法制不盡相同；且身分行為，應尊重當事人意願，原則上不許代理；條文內容多屬強行法範疇，不得由當事人任意變更或排除適用。

第五編為繼承編，共分三章，計88條，所規定者為遺產繼承人及繼承順序，遺產之分割，限定繼承、拋棄繼承、無人繼承之處理，遺囑之方式、效力、執行與特留分等。

三、案例結論

了解民法之意義、性質、制定過程與編制內容後，吾人即可進而思考本案例所涉及之問題：

(一) 首先應判斷案例所涉及者，是否為法律事實？在人類多彩多姿生活中，單純邀宴好友聚餐、居家睡眠休息、觀賞落花流水等，是不具有法律意義的。但如購買衣物、租賃房屋、抵押貸款、車禍肇事等事實，因具有法律意義，在人與人之間發生一定法律關係，此種法律事實，是值得我們探究的重點，所以本案例乘客丁受傷送醫，損害不貲，自屬法律問題，且因其目的在請求賠償損害，而不在於使對方受行政罰或刑事制裁，故屬於私法中之民事賠償問題，應從民法相關條文中，找出請求權之依據，以維護權利。

(二) 案例中，乙駕車失慎，進入對方車道，撞及迎面駛來之遊覽車，致乘客丁受傷嚴重，自應依民法債編第184條第1項規定，負擔侵權行為損害賠償責任，賠償丁之9萬元損害。

(三) 甲雖將新購跑車交其女友乙駕駛，致發生車禍，惟因乙業已取得駕照，除非甲、乙同時在車上，肇事原因係甲當時有不正確之指示或干擾等行為，否則即無庸負責。

(四) 在遊覽公司方面，乘客丁支付運費而搭承丙遊覽公司之客運汽車，依民法第654條第1項規定：「旅客運送人對於旅客因運送所受之傷害及運送之遲到應負責任。但因旅客之過失，或其傷害係因不可抗力所致者，不在此限。」所以本案例縱令丙遊覽公司及所僱傭之司機並無過失，基於旅客運送契約之上開規定，遊覽公司對乘客丁之損害，仍負有賠償責任。

(五) 從案例來看，丙遊覽公司之司機，係因乙逆向駕車駛入其車道而發生碰撞，本身既無疏失，自無庸負責。

(六) 結論：乘客丁可逕向乙、丙遊覽公司求償9萬元之損害賠償，在甲有過失責任時，亦得向其主張損害賠償。

貳、民法上權利、義務與責任

案例2

甲為台北市某公寓房東，因有空房一間，出租予女大學生乙住宿使用，惟因見該女大學生，清純可愛，乃於共用浴室內，以小型隱藏式錄影機，偷窺沐浴、入廁，且錄成影帶供自己私下觀賞，事後經乙女之男友丙來訪時察覺，此時被害人可以主張何種民事權利？

一、思考方向

從社會秩序維護法的角度來觀察，房東甲之行為，已構成該法第83條第1款「故意窺視他人臥室、浴室、廁所、更衣室，足以妨害其隱私」要件，警察機關可制作處分書，處罰其新台幣6,000元以下罰鍰。在刑事責任方面，依新修正之刑法第315條之1第1款規定：「無故利用工具或設備窺視、竊聽他人非公開之活動、言論、談話或身體隱私部位者」，可處3年以下有期徒刑、拘役或30萬元以下罰金，除行政秩序罰或刑罰外，被害女大學生乙，在民事法律上是否還可以主張何種權利受損？房東又應負何種義務？其義務違反時，民法上如何加以制裁，凡此均觸及法律關係的基本要素──權利、義務與責任，茲說明如後。

二、論點分析

(一) 民法之權利

1. 權利之概念

在法律關係中，必然涉及權利之觀念，然則權利本質如何？從來議論不一，學說上有採「意思說」，認為權利是一種意思力或意思支配，研究羅馬法的學者薩維尼（Savigny）採此說。與意思說相反，目的法學倡導者耶林（Jhering），認為利益之主體即為權利之主體，所以權利不外為法律所保護之利益，在學說上稱為「利益說」。惟「意思說」未能說明無意思力之未成年人何以也享有權利，以及不基於意思亦能取得權利之事實行為，如子女出生時，父母無需基於意思，當然享有親權等情事，故本說不為學者採用。至於「利益說」，將權利所追求之目的，當作權利本身，尤其未考慮某些法律上視為權利者，未必皆有利益，例如享有親權之父母，有扶養子女之義務，不但未必有利益，根據坊間報載，自子女出生到完成大學

教育，預估約需花費新台幣1,000萬元以上，可見利益說尚有欠妥當。目前通說採「法力說」，認為權利者，乃法律賦予特定人享受利益之力，以德國法學家梅克爾氏（Merkel）為代表，此說較能說明權利之本質，缺點較少，為多數學者所接受。在「法力說」主張下，權利之意涵有三：

(1) 權利乃法律上之力。

(2) 權利之主體限於特定人。

(3) 權利之目的在於由特定人享受特定利益。

2. 權利之分類

(1) 財產權與非財產權： 以權利標的為區別標準，可分為財產權與非財產權兩類：

① 財產權：以財產上利益為標的之權利，但不以具有經濟上之價值為必要，僅有文化或紀念價值之物品，如未發表之稿件、私人照片、繪畫等，均得為財產權標的。財產權又可分為債權、物權、準物權（如礦業權、漁業權）、無體財產權（如著作權、專利權、商標權）。

② 非財產權：非以財產上之利益為標的之權利，其與權利主體之人格或身分具有不可分離關係。非財產權可分為人格權與身分權。前者，為權利人以其人格為標的，所享有的權利，如生命權、身體權、健康權、自由權、名譽權、姓名權、貞操權、信用權、隱私權等；後者，為存在於一定身分關係上之權利，亦稱為親屬權，如父母對子女之親權、家長權，夫妻間之履行同居請求權、繼承權、監護權等。

(2) 請求權、支配權、形成權與抗辯權： 以權利作用為區分標準之分類，說明如下：

① 請求權：要求他人作為或不作為之權利。要求他人作為者，為積極請求權，如：夫妻履行同居請求權、離婚請求權、租金請求權、所有物返還請求權等。要求他人不作為者，為消極請求權，如：請求董事不為競業行為，以免妨礙公司業務等。

② 支配權：權利人得直接支配標的物，具有排他性質之權利，如：權利人就其人格權、身分權、物權所為支配等。支配權一方面使權利人直接支配其標的物，另方面具有排他性，禁止他人妨礙其支配，故又稱管領權。

③ 形成權：依權利人一方之意思表示，使已成立之法律關係發生變動之權利，如：解除權、抵銷權、撤銷權、選擇權等。

④ 抗辯權：請求權之相對人，依據正當原因，得拒絕或暫時阻止其請求權行使之權利。因權利效用不同，可分為永久抗辯權，如消滅時效完成時之抗辯（民法第144條）；及暫時抗辯權，如先訴抗辯權（民法第745條）、同時履行抗辯權

（民法第264條）。

(3) **專屬權與非專屬權**：以權利是否具有移轉性為區分標準之分類：

① 專屬權：權利之本質專屬於特定人，不得移轉於他人之權利，如姓名權、貞操權、肖像權、繼承權等。

② 非專屬權：非專屬於權利人，得自由移轉或拋棄之權利，如：財產權、債權、物權等。

(4) **主權利與從權利**：以權利相互關係為區分標準之分類：

① 主權利：不依賴他種債權而能獨立存在之權利，如：債權、所有權、地上權、農育權等。

② 從權利：須附隨於他種權利始得存在之權利，如：附屬於原本之利息債權、抵押權、質權、留置權等。

(二) 民法之義務

1. 義務之概念

　　義務者，乃法律上賦予特定人作為或不作為之拘束，依此分析，義務之意涵亦有三：

(1) 義務乃法律上所課之拘束。

(2) 義務之主體限於特定人。

(3) 義務之目的在於要求特定人受作為或不作為之拘束。

2. 義務之分類

(1) 積極義務與消極義務：以義務之內容為區別標準之分類：

① 積極義務：以給付財物或提供勞務等一定作為為內容之義務，如：交付財物、返還寄託物等義務。

② 消極義務：以不為一定行為為內容之義務，如：不為妨害通行權義務、不為競業行為義務（民法第562條）。

(2) 主義務與從義務：以義務相互關係為區別標準之分類：

① 主義務：得獨立存在，附隨於主權利而產生之義務，又稱第一義務。

② 從義務：違反主義務而發生之其他義務，又稱第二義務。如借款之債務為主義務，其保證債務為從義務。從義務常隨主義務之存在而存在，隨主義務之消滅而消滅。

(三) 民法之責任

　　權利與義務，係處於互動對立狀態，當權利人行使權利時，通常即為義務人行

為或不行為義務發生之原因，易言之，一方為權利之行使，他方則為義務之履行。惟法律課予義務人應為作為或不作為拘束時，自應加以遵守履行，不得違反，否則應受一定之制裁，此種法律上制裁，即為「責任」。民法上之責任，主要為侵權行為（民法第184條至第196條），和債務不履行（民法第213條至第216條）兩種。

三、案例結論

本案例中，房東先生甲，既已將自己房間出租他人，使被害女大學生乙對該房間、浴室取得支配或使用權，此時其即因收受租金，而負有不侵害房客隱私或秘密等義務。乃竟故意窺視乙女沐浴、入廁，甚至錄成影帶供自己私下欣賞，顯已對被害人構成人格權中秘密權或隱私權之侵害。

針對房東違反義務之行為，被害人房客乙得依下列方式主張權利，使其負法律上責任：

(一) 根據民法第18條規定：「人格權受侵害時，得請求法院除去其侵害；有受侵害之虞時，得請求防止之。前項情形，以法律有特別規定者為限，得請求損害賠償或慰撫金。」依此，被害人可以請求法院除去其隱私或秘密受侵害之狀態，如：銷毀或將該影帶交給乙女處理，拆除浴室內之小型隱藏式錄影機等。

(二) 其次，房東甲以故意背於善良風俗之方法，加損害於他人，依司法院實務見解，被害房客得另依民法第184條第1項後段、第195條侵權行為之規定，請求賠償其精神上損害。至於賠償之數額，則由法院斟酌雙方當事人之身分、地位、教育程度、經濟能力、精神上痛苦程度等一切情況，適度裁判其賠償額。

第一章　法　例

壹、民事法規適用之順序

案例3

甲、乙、丙三兄弟之父親死後，未留下任何遺產，由長子甲獨立支付全部喪葬費新台幣48萬元，甲以此項支出應由兄弟三人共同分擔為由，請求乙、丙各給付其16萬元，是否有理由？

一、思考方向

我國民法親屬編，僅於第1115條規定，直系血親卑親屬對於直系血親尊親屬生前有扶養義務，並無死後負擔喪葬費之規定；然父死由子治喪守制，乃我國慎終追遠悠久相傳之美德，為一般人所信守不渝，乙、丙既同為人子，衡情應有共同負擔喪葬費之必要，此時甲究應如何主張權利義務，是否可逕以民法規定請求賠償，或者應探求習慣法或法理原則，乃涉及民事法律之適用及其順序問題。

二、論點分析

我國民法總則編第一章標題為「法例」，凡適用全部民事法規的共同原則，即稱為法例。法例共涵蓋有五個條文，第1條規定：「民事，法律所未規定者，依習慣；無習慣者，依法理」，可知關於民事，其適用之順序第一為法律，第二為習慣，第三為法理，分述如下：

(一) 法律

「法律」指經立法院通過，總統公布施行之成文法而言，包括民法法典，及其他成文的特別民事法（如動產擔保交易法、銀行法、公司法、票據法、海商法、保險法）等。

(二) 習慣

本條所稱之「習慣」，學者通說認為係指習慣法，其成立須以多年慣行之事實，及普通一般人之確信為其成立基礎（最高法院17年上字第613號判例）。易言

之，習慣法係指立法機關所制定，而由該社會組成分子所反覆實施，且具有法確信之規範；依此概念，習慣必須具備下列要件始能成立：

1. 在社會上有反覆實施之行為

即於一定期間內就同一事實，反覆而為同一行為，該慣行之事實，已為一般社會大眾所接受，屬於客觀要件。

2. 具有法的確定

屬於主觀要件，乃人人確信其有法律拘束力，願意共同遵守。

3. 不違背公序良俗

依民法第2條規定：「民事所適用之習慣，以不背於公共秩序或善良風俗者為限」，公序良俗是衡量習慣的標準，使習慣能符合國民公正適當的法律情感，及現代社會的法律精神，故過去我國曾有賣產先由親族承受，不動產近鄰先買之惡習，均不能認為有習慣法之效力。

4. 須為法律所未規定之事項

若該事項法律已有明文規定，除該法律明確規定應優先適用習慣外，不得適用習慣。可見習慣原則上為法律之補充，須於法律無規定時，始有適用餘地。例如最高法院在26年渝上第948號判例即認為：「依民法第1條前段之規定，習慣固僅就法律所未規定之事項有補充之效力，惟法律於其有規定之事項明定另有習慣時，不適用其規定者，此項習慣即因法律之特別規定，而有優先之效力。民法第207條第2項既明定前項規定，如商業上另有習慣者不適用之，則商業上得將利息滾入原本再生利息之習慣，自應優先於同條第1項之規定而適用之，不容再執民法第1條前段所定之一般原則，以排斥其適用」；又如最高法院31年上字第2665號判例：「民法第760條規定不動產物權之移轉或設定；應以書面為之，上訴人自訴某甲轉賣訟爭地時，並未另立契據，原審認為不生物權移轉之效力，於法自無不合，茲上訴人稱臨洮地方習慣，原業主或利害關係人或繼承人等，由買受人贖回出賣產業時，果雙方意思一致者，則將原立契照返還於出賣之一方為已足，並不以另立契據為必要等情，縱令所稱屬實，亦不能反於法律明文，認此項習慣為有法之效力」，均採相同見解，可資參照。

(三) 法理

係指自法律精神演繹而出之一般法律原則，如公平、正義、誠信原則等。

任何民事案件，均應依法律、習慣及法理等順序加以適用，法院不得因法律無明文而拒絕裁判，務須再斟酌習慣法或法理精神，裁判是非，解決當事人爭議。

三、案例結論

如前所述，對於直系血親尊親屬之死後喪葬費用之負擔，我國民法親屬編第五章「扶養」中，並未加以規範，依前述民法第1條：「民事，法律所未規定者，依習慣；無習慣者，依法理」，祇有依照習慣或法理來加以解決。

對此經參酌大理院4年上字第116號判例，認為中國固有由諸子共同負擔喪葬費，乃為慎終追遠，悠久相傳之習慣；即依法理，亦應認定繼承人具有給付喪葬費之義務，本案例喪葬費48萬元已由甲獨立支付，其自得參照民法第280條規定：「連帶債務人相互間，除法律另有規定或契約另有訂定外，應平均分擔義務。但因債務人中之一人應單獨負責之事由所致之損害及支付之費用，由該債務人負擔」，向乙、丙求償各自應分擔之16萬元喪葬費用。

貳、使用文字之準則

案例4

甲、乙兩人為夫妻，因個性不合，時常爭吵，某日又因乙外出應酬晚歸，雙方再生衝突，翌日兩人至律師事務所委請律師代為制作離婚協議書，經在場證人丙蓋章後，隔2日證人丁始補簽名，則該離婚協議是否成立？甲、乙雙方是否可據以向戶政機關辦理離婚登記？

一、思考方向

依民法第1050條規定：「兩願離婚，應以書面為之，有二人以上證人之簽名並應向戶政機關為離婚之登記」，在本案例中，甲、乙兩人能否向戶政機關辦理離婚登記，端視其離婚協議是否有效成立而定；另證人丙、丁當場或隔多日始簽名或蓋章，究否影響離婚之效力，非無疑問，均為值得討論之重點。

二、論點分析

按法律行為有僅以意思表示即可成立者，有於意思表示外，尚須履行一定方式者，前者謂之不要式行為，後者謂要式行為。在要式行為中，有不以使用文字為必要者，例如拍賣，因拍賣人拍板或依其他慣用之方法，為賣定之表示而成立，無需有拍賣書面之制作（民法第391條）；亦有以使用文字為必要者，例如社團章程或財團捐助章程之訂立，應以書面為之（民法第47第、第60條）；不動產之租

賃契約，其期限逾1年者，應以字據訂立之（民法第422條）；夫妻財產制契約之訂立、變更或廢止，應以書面爲之（民法第1007條）；兩願離婚，應以書面爲之（民法第1050條）；收養子女，除被收養者未滿7歲而無法定代理人外，應以書面爲之（民法第1079條）；繼承權之拋棄，應於知悉其得繼承之時起3個月內以書面向法院爲之，並以書面通知因其拋棄而應爲繼承之人（民法第1174條）；自書遺囑者，應自書遺囑全文，記明年月日，並親自簽名（民法第1190條）等。

依法律規定有使用文字（或以書面）爲必要者，其方式應如何，自有明文規定之必要，以杜爭議，爲此民法第3條第1項規定：「依法律之規定，有使用文字之必要者，得不由本人自寫，但必須親自簽名」，以昭愼重。申言之，依法律之規定使用文字時，本人親自書寫固可，由他人代寫亦無不可，惟須親自簽名。所謂「簽名」，包括自己親自簽名、使用簽名章，及以機械方法大量簽名於契約文書或有價證券等情形在內；且簽名時不以簽全名爲限，雖非簽全名如能證明確係出於本人意思者，仍有簽名之效力。

其次此項簽名，依民法第3條第2項規定：「如有用印章代簽名者，其蓋章與簽名生同等之效力。」因我國民間習慣，向以蓋章爲主要憑信，較簽名尤爲普遍，故法律上承認其效力。又同條文第3項規定：「如以指印、十字或其他符號代簽名者，在文件上，經二人簽名證明，亦與簽名生同等之效力」，其立法理由，在於防止假冒，避免舉證困難，並謀實際上之便利，惟時至今日，教育普及，國民所得提高，不識字者已爲數甚少，將來適用之機會無多矣，因此民法修正時，允宜加以刪除。

三、案例結論

按兩願離婚，爲要式行爲，除應以書面爲之外，並有兩人以上之證人簽名，已如前述。惟該離婚協議書，由甲、乙兩人親自撰寫固無不可；如委請律師代爲制作，依民法第3條第1項規定，亦無不可，但需親自簽名。又結婚之證人，依司法院22年院解字第859號解釋，雖不必載明於結婚證書，但須在場親見，且願負責證明。至於離婚之證人，只要在離婚書上簽名即可，不必公開儀式，其簽名法律上亦無時間限制，縱令於離婚協議書作成後，隔數日始蓋章或簽名，仍不影響離婚之有效成立（最高法院42年台上字第1001號判例），故本案例中甲、乙可持該離婚協議書，至住所地之戶政機關辦理離婚登記。

參、確定數量之標準

案例5

　　某甲經營全家福便利店，向乙購買日常百貨，某日甲收到乙寄來之帳單，內載：「1.台端（某甲）自112年6月至112年9月止，應付貨款為新台幣壹拾柒萬陸仟捌佰元（178,600元）。2.請於112年10月31日前，付清前開壹拾陸萬柒仟捌佰元」，甲依該帳單，旋即匯款壹拾陸萬柒仟捌佰元，但事後某乙表示，甲仍有部分款項未付，雙方發生爭執，法院應如何處理。

一、思考方向

　　本案例某乙寄發之帳單，因文字及號碼有誤寫、誤算，致不相符合情形，此時甲依該帳單內容，逕行以所載最低額匯款壹拾陸萬柒仟捌佰元，是否已生完全清償效力？有無再支付其餘貨款義務，此即本案例應探究之問題。

二、論點分析

　　當事人於法律行為時，常記載一定之數量，若於記載上發生文字與號碼誤寫、誤算，致不相符合時，為避免爭議，民法第4條規定：「關於一定之數量，同時以文字及號碼表示者，其文字與號碼有不符合時，如法院不能決定何者為當事人之原意，應以文字為準」，另第5條規定：「關於一定之數量，以文字或號碼為數次之表示者，其表示有不符合時，如法院不能決定何者為當事人之原意，應以最低額為準」，可見確定數量之標準，法院首應以當事人的真正意義為依據，如查證字據原稿、往來日記帳冊、送貨簽單，如係給付價金、租金，並得調查原始契約書及相關證物，加以認定。經過調查程序仍無法推知當事人之原意時，則依下列方式決定之：

(一) 同時以文字及號碼為一次的表示而有不符者，應以「文字」所記載的數量為標準，因文字書寫較號碼為複雜、慎重，錯誤情形應該較少。

(二) 以文字或號碼為數次表示，而文字與文字不符者，或號碼與號碼不符者，應各以「最低額」的記載為標準，對於債務人，較為有利。

(三) 同時以文字及號碼為數次的表示而有不符者，民法未加以規定，學者通說以「最低額」為標準，以保護債務人，減經其負擔。

三、案例結論

依前所述，對於甲、乙之爭議，法院依民法第4條、第5條之規定，自應先探求當事人之眞意，此時可查對出貨單、日記帳簿、簽收單據等。經調查後仍無法判斷時，因本案例屬於以文字及號碼爲數次表示而有不符情形，依民法第5條規定，以「最低額」爲標準，故某甲匯款壹拾陸萬柒仟捌佰（167,800）元，應認已生全部清償之效力，無需再支付其他貨款。

第二章 權利之主體──人

第一節 自然人

壹、自然人之權利能力

案例6

> 甲男與乙女結婚多年，育有子女丙、丁二人，在乙女懷有胎兒戊時，甲男因在建築工地施工，不幸摔落地面當場死亡，若甲男遺有現金120萬及房屋一棟，應由何人繼承？胎兒有無繼承權？

一、思考方向

依民法繼承編第1138條規定，遺產繼承人除配偶外，以直系血親卑親屬為第一順位，至如本案例中尚未出生之胎兒，是否屬於被繼承人之直系血親卑親屬，有無繼承權，此即涉及胎兒之權利能力範疇，務須先從自然人之權利能力與胎兒之權利能力，加以討輪。

二、論點分析

民法為規範私人間財產及身分關係為內容之法律，故以具有法律上人格之人為權利義務之主體，以物為權利義務之客體。由於人係權利義務之主體，故其權利能力之取得、喪失，均應由法律加以規定，以求明確。關於民法所稱之「人」，包括具有肉身、靈魂，能獨立呼吸的自然界人類，以及法律所擬制之法人。

(一) 權利能力之意義

自然人因具有人格，故亦負有享受權利與負擔義務之資格或能力，對此民法稱之為權利能力，對於權利能力，在現行法制上具有兩項特點：

1. 每一個人的權利能力皆為平等，不因性別、種族、宗教、身分而有區別。
2. 在同一國家領域內，不論為本國人或外國人，原則上都享有平等的權利能力，不因國籍而有差別（但得加以部分限制）。

(二) 權利能力之取得

　　關於權利能力之取得，依民法第6條前段規定：「人之權利能力，始於出生」，何謂出生？在學說上有各種標準，如陣痛說、一部露出說、全部產出說、斷帶說及獨立呼吸說等，認定標準並不一致，目前在學說上，通常採獨立呼吸說為準，其要件為：1.胎兒須與母體分離；2.脫離後能獨立呼吸，兩者兼備，始得謂之出生。胎兒只要一經出生，不論其生存期間之久暫，即享有權利能力，發生權利義務之法律關係。

　　至於未出生之胎兒，僅為母體之一部分，非民法所稱之人，原本不應享有權利能力，惟胎兒終將出生，若不對其加以保護，反而有害其權益，故民法第7條規定：「胎兒以將來非死產者為限，關於其個人利益之保護，視為既已出生。」此條文明示以「將來非死產」為條件，關於胎兒個人利益之保護，視為既已出生。例如，胎兒在出生前，其母死亡，此時其母之遺產，胎兒亦有繼承權，不過該胎兒之應繼分，應暫予保留（民法第1166條）。易言之，若將來非死產（即保持其生命而出生），則該應繼分確定歸胎兒取得；若為死產，則該應繼分仍屬母之遺產，再分由其他繼承人繼承。其次應注意者，上述條文，祇限於胎兒個人利益之保護，視為既已出生，若對於胎兒之不利益，則不能視為既已出生，例如對於扶養、負債等義務，胎兒即不需負擔。

(三) 權利能力之喪失

　　權利能力因自然人之死亡而消滅，故民法第6條後段又規定：「人之權利能力，終於死亡」，死亡為自然人生命的絕對消滅。所謂死亡，在民法上有「自然死亡」與「死亡宣告」（詳如後述）兩種類型，依據傳統之定義，自然死亡以心跳停止、呼吸斷絕及瞳孔放大為要件，晚近以來醫學發達，各國學說認為宜以腦波完全停止作為死亡之時期，已逐漸為多數人所接受。

　　死亡之時期與出生相同，對於各種法律關係之變動，關係密切，主要為決定：
1. 繼承之開始，由繼承人承受被繼承人財產上之一切權利義務（民法第1147條、第1148條）。
2. 遺囑發生效力（民法第1199條）。
3. 各種保險金、撫卹金請求權之發生。

三、案例結論

　　本案例甲、乙為夫妻，育有子女丙、丁二人，且乙女懷有胎兒戊，當甲男因意

外而死亡時，其遺產依民法第1138條規定，乙、丙、丁固均有繼承權；惟參酌民法第7條「胎兒以將來非死產者爲限，關於其個人利益之保護，視爲既已出生」及第1166條「胎兒爲繼承人時，非保留其應繼分，他繼承人不得分割遺產。胎兒關於遺產之分割，以其母爲代理人」規定，胎兒戊有權與前開繼承人平均繼承，並以母親乙爲代理人。如甲男有遺產現金120萬及房屋一棟，此時乙、丙、丁、戊各取得現金30萬元，及房屋應繼分4分之1；惟若胎兒戊將來爲死產時，則爲其保留之部分，再由乙、丙、丁平均分配。

貳、自然人之死亡宣告

案例7

　　某甲搭乘某航空公司班機，不幸在民國110年7月30日飛機失事墜毀，相關證據，證明其確已上了該班飛機，但遺骸中得檢視之屍體，用DNA等方式均找不到其屍塊，如某甲留有大筆財產，此時其妻某乙得否逕行請求檢察官開立相驗屍體證明書，註明死亡日期爲空難日？或應以失蹤人程序處理，此時某甲之死亡日期有無不同，某乙何時始可取得繼承權？

一、思考方向

　　自西元1903年12月17日，美國萊特（Wilbur and Orvile Wright）兄弟在北卡羅萊納（North Carolina）州之Kittz Hawk駕駛重於空氣的動力飛機（Power-driven-heavier than air machine）試飛成功後，人類在空中作長途的旅行已非奢望，從而以飛機爲交通工具之航空器正式出現。第一次世界大戰結束後，各國利用戰時過剩之空軍人員及飛機設備，興辦空中運輸，於是民用航空始開其端。西元1919年3月22日，第一個國際航空運送之定期航線——巴黎至布魯賽爾，正式開放，自是以後，民用航空日新月盛，國際運輸一日千里，世界各國莫不自有其民航組織，載運客貨無遠弗屆、迅速稱便。惟搭乘航空器，固然憑虛御風，橫渡天涯，暢行無阻，但當發生機械故障、外物重擊、天候不佳，甚至人爲之恐怖行動，致飛機失事時，其所造成之後果亦最爲慘重。在本案例中，以民法觀點來看，當飛機失事墜毀，如某甲經所有證據證明其確實搭乘該班機，但因無法藉由DNA或其他方式檢視取得其屍塊，能否逕認爲「自然死亡」，由檢察官開立相驗屍體證明書，註明死亡日期，交

由某乙辦理除戶登記後，取得某甲之遺產；抑或應由其配偶某乙，向法院聲請為「死亡宣告」，再依失蹤人程序處理其財產，此問題應先從死亡宣告之意義、要件、效力討論起，方能得其肯綮。

二、論點分析

(一) 死亡宣告之意義

自然人失蹤經過相當時間，利害關係人向法院聲請宣告推定其死亡，而結束以其住所為中心之一切法律關係，此謂之「死亡宣告」。各國對宣告結束失蹤人之法律關係，有採失蹤宣告者，如法國民法，即分失蹤人之時期為失蹤時期與失蹤宣告時期，由法院設置管理人為其管理財產；亦有採死亡宣告者，如德國民法。我國民法仿德國法制，故於第8條、第10條規定，失蹤人失蹤滿法定期間後，法院得因利害關係人或檢察官之聲請，為死亡之宣告；至於失蹤後，未受死亡宣告前，其財產之管理，除其他法律另有規定者外，依家事事件法之規定辦理，俾使失蹤人之身分、財產等權利義務關係臻於確定，不致妨礙社會之進步。

(二) 死亡宣告之要件

1. 須為失蹤人

所謂失蹤人，乃離去其住所或居所而生死不明之人；若明知其尚生存，固不得為死亡宣告；即確知悉其業已自然死亡，亦無需再聲請為死亡宣告。

2. 須經過法定失蹤期間

一時生死不明，尚不能遽為死亡宣告，必須自失蹤日起算，達一定期間而後可。失蹤期間共有三種：

(1) 普通期間為7年，依民法第8條第1項規定：「失蹤人失蹤滿七年後，法院得因利害關係人或檢察官之聲請，為死亡之宣告。」

(2) 老年人失蹤期間為3年，依民法第8條第2項規定：「失蹤人為八十歲以上者，得於失蹤滿三年後，為死亡之宣告。」

(3) 特別災難期間為1年，依民法第8條第3項規定：「失蹤人為遭遇特別災難者，得於特別災難終了滿一年後，為死亡之宣告。」所謂「特別災難」，包括戰爭、海難、空難、大水災、大火災、暴風雪，以及其他特別危險事件。又應注意者，如為空難之死亡宣告，依民用航空法第98條規定，失蹤滿6個月即可聲請。

3. 須經特定人之聲請

所謂特定人係指利害關係人及檢察官而言；而利害關係人乃對於失蹤人之生死，在法律上有利害關係者，如失蹤人之配偶、繼承人、法定代理人、受遺贈人、債權人及人壽保險金受領人等均是。死亡宣告必須經此等人或檢察官之聲請始可。

4. 須經公示催告程序

經前述特定人聲請後，法院須先踐行公示催告程序（家事事件法第156條），然後為死亡之宣告。死亡宣告須以裁定為之，並應確定死亡之時（家事事件法第159條）。

(三) 死亡宣告之效力

即死亡宣告後，所生法律上之效果，包括死亡之推定、死亡時期之認定，及失蹤人法律關係之發生與消滅等，分述如下：

1. 死亡之推定

受死亡宣告者，推定其為死亡，但有反證證明其未死亡者，可排除其效力。例如人壽保險之保險人若能證明被保險人（即失蹤人），現仍生存，即得拒絕向受益人給付保險金。

2. 死亡時間之推定

民法第9條規定：「受死亡宣告者，以判決內所確定死亡之時，推定其為死亡。前項死亡之時，應為前條各項所定期間最後日終止之時。但有反證者，不在此限。」例如某甲於民國105年7月1日失蹤，則民國112年7月1日，為一般人失蹤期間（7年）的最後日，法院判決即應以該日午夜12時（最後日終止之時）為失蹤人死亡之時。又兩人以上同時遇難，不能證明其死亡的先後時，依民法第11條規定，推定其為「同時死亡」。

3. 法律關係之發生與消滅

就理論言，死亡宣告效力與自然死亡相同，在於結束失蹤人原住居所為中心之法律關係，例如受宣告人之繼承人依法開始繼承、婚姻關係消滅、各種保險金請求權發生等。但失蹤人生存於其他處所之法律行為以及失蹤人歸來後，於死亡宣告撤銷前所為之法律行為，仍然有效，不受死亡宣告影響。

(四) 死亡宣告之撤銷

失蹤人受死亡宣告後，安然生還時，其死亡宣告並不當然失效，對於失蹤人所為之新法律行為固然有效，惟過去因死亡宣告所結束之法律關係，則非經撤銷死亡宣告程序，無從恢復。撤銷或變更死亡宣告裁定之聲請，依家事事件法第155條規

定，限於檢察官或法律上有利害關係者始得提起；其撤銷或變更原因，除受死亡宣告之人尚未死亡等有「宣告不法」之事由外，如死亡時間之推定不正確等「宣告不當」之原因，亦得提起之（家事事件法第160條）。撤銷或變更死亡宣告之裁定，非僅存於當事人之間，對於一般人亦有效力（家事事件法第163條第1、2項）；惟法律為保護善意第三人之利益及交易安全，特設兩項例外之規定：

1. 裁定確定前之善意行為不受影響

撤銷死亡宣告或更正死亡之時之裁定確定前行為，無論為一方行為或雙方行為，財產關係行為或身分關係行為，祇須行為人係基於信賴宣告死亡裁定而為，於行為時並無惡意存在，對於失蹤人縱有不利，亦不因撤銷死亡宣告或更正死亡時期之裁定而受影響。

2. 因宣告死亡取得財產者，僅於現受利益之限度內負歸還財產之責

例如因宣告死亡而取得財產之繼承人、受遺贈人等，雖因撤銷死亡宣告之裁定而失其取得財產依據，各有返還財產之義務。但其取得之財產如已消費或消滅，不必依取得當時之狀態全部返還，僅須返還現存之利益。

三、案例結論

本案例中某甲搭乘某航空公司失事班機，雖所有證據證明其確已登上該飛機，但遺骸中無法以DNA或其他任何方式尋得其屍體（屍塊），承辦之檢察官自無從開立相驗屍體證明書，載明死亡日期為空難日；此時某甲之配偶乙，僅得依民法第8條規定，向法院聲請為死亡宣告。

民用航空法第98條規定，因航空器失事之死亡宣告，於失蹤人失蹤滿6個月後，其配偶即得據以聲請。又依民法第9條規定：「受死亡宣告者，以判決內所確定死亡之時，推定其為死亡。前項死亡之時，應為前條各項所定期間最後日終止之時。但有反證者，不在此限」，某甲既於民國110年7月30日失蹤，則111年1月30日，為空難特別失蹤期間（6個月）的最後日，法院判決時即應以該日午夜12時（最後日終止之時），為失蹤人死亡之時。

另失蹤人失蹤後，未受死亡宣告前，其財產之管理，依民法第10條規定，應按家事事件法之規定辦理。目前家事事件法第142條至第153條為有關失蹤人財產管理事件之規定，其主要內容為，關於失蹤人的財產管理事件，由其住所地之法院管轄（家事事件法第142條）；失蹤人之財產應由為失蹤人而設置之財產管理人管理，未設財產管理人時，其財產管理人應依下列順序定之：(一) 配偶；(二) 父母；(三) 成年子女；(四) 與失蹤人同居之祖父母；(五) 家長。不能依此順序決定財產管理人時，法院得為必要之處分，或另行選任財產管理人（家事事件法第143條第

1、2項）；財產管理人有數人者，關於失蹤人之財產管理方法，除法院選任數財產
管理人，而另有裁定者外，依協議定之；不爲協議或協議不成時，財產管理人或利
害關係人得聲請法院酌定（家事事件法第144條）；財產管理人不勝任或管理不適
當時，法院得依利害關係人或檢察官之聲請改任之；其由法院選任者，法院認爲必
要時得依職權改任之（家事事件法第145條第1項）；失蹤人財產之取得、設定、
喪失或變更，依法應登記者，財產管理人應向該管登記機關爲管理人之登記（家
事事件法第147條）；財產管理人應以善良管理人之注意，保存財產，並得爲有利
於失蹤人之利用或改良行爲（家事事件法第151條）。本案例某甲在未受死亡宣告
前，自應依前述程序處理其財產。

參、自然人之行爲能力

案例8

> 　　甲男18歲經其父母同意，與已滿20歲之乙女結婚，婚後甲男陸續向電器
> 行、傢俱店購買冰箱、電視、沙發等物，共計支出15萬元，此時甲之買賣行爲
> 是否有效？又甲男於婚後3年因罹患疾病，致不能處理自己之事務，經法院爲監
> 護宣告後，某日於精神清醒期間，至附近電器行購買音響一組，市價5萬元，
> 當音響送至其住處時，乙女以甲男受法院監護宣告而拒不付款，有無理由？

一、思考方向

　　依現行民法之規定，唯人始得爲權利義務之主體，法律所稱之人，包括自然人
與法人，其中自然人因出生而取得權利能力，即具有享受權利，負擔義務之資格。
然應說明者，權利之享有或義務負擔，有基於法律之規定而來，例如張三死亡，遺
有土地、房屋數棟，股票數百張，及債務百萬元，其子小毛縱未成年，無判斷事理
之能力，苟未拋棄繼承權，當然自繼承開始起，承受張三財產上之一切權利義務。
其次，權利之取得或義務負擔，亦有基於當事人之法律行爲者，此時權利主體，欲
享受某種權利，或負擔某種義務，則需具備所謂之「行爲能力」；行爲能力者，一
般係指能以獨立名義，爲有效法律行爲之資格。

　　前述權利能力，人人有之，因出生而當然取得，非至死亡不得剝奪；而行爲能
力，非具有意思能力，並達一定年齡之人，則不具有。在本案例中，甲男於18歲時

結婚，婚後向傢俱店購買許多傢俱，其法律行為是否有效，端視其是否具備完全行為能力而為判斷標準；又當其成年後，在受監護宣告中，對其行為能力有無發生影響，為保護交易安全及第三人利益，應如何釐清當事人之權益關係，均為吾人應討論之問題。

二、論點分析

(一) 行為能力之意義

行為能力有廣狹二義，廣義的行為能力，指吾人之行為在法律上可發生一定效果之資格而言，包括法律行為能力與侵權行為能力。至狹義的行為能力，則僅指依自己意思，實際上取得權利，負擔義務的資格或地位；行為能力須以意思能力為前提，欠缺意思能力人之行為，不能發生法律上效力。

(二) 行為能力之態樣

行為能力雖以意思能力為基礎，但若每個法律行為均要判斷行為人於行為時，是否欠缺意思能力，反而造成不便，有礙交易安全，為避免舉證困難，民法特別參照羅馬法、德國民法之立法例，採取「三分主義」，即區分為完全行為能力人、限制行為能力人及無行為能力人三種態樣，茲分述如下：

1. 完全行為能力人：又稱為有行為能力人，係指能以獨立之意思，為一定之法律行為而發生法律上一定效果之人，分述如下：

(1) **成年人**：民法第12條原規定：「滿二十歲為成年。」民國110年1月13日修正時，鑑於現今社會網路科技發達、大眾傳播媒體普及、資訊大量流通，青年之身心發展及建構自我意識之能力已不同以往，本條對於成年之定義，似已不符合社會當今現況；又世界多數國家就成年多定為18歲，與我國鄰近之日本亦於2018年將成年年齡自20歲下修為18歲；另現行法制上，有關應負刑事責任及行政罰責任之完全責任年齡，亦均規定為18歲（刑法第18條、行政罰法第9條），與民法成年年齡有異，使外界產生權責不相符之感，是為符合當今社會青年身心發展現況，保障其權益，並與國際接軌，爰將成年年齡修正為18歲。

(2) **未成年人已婚者**：民法第13條第3項原規定：「未成年人已婚者，有行為能力」，此乃「未成年制度之緩衝」。惟民國110年1月13日修正時，為因應修正條文第12條將成年年齡修正為18歲，以及修正條文第980條將男、女最低結婚年齡修正均為18歲後，民法成年年齡與男、女最低結婚年齡一致，為此刪除第3項有關未成年人已結婚而取得行為能力之規定。

2. 限制行為能力人：依民法第13條第2項規定：「滿七歲以上之未成年人，有限制行為能力」，亦即其法律行為能力受有限制。其未受限制的法律行為，如日常生活所必需，或純獲法律上利益者，則得單獨為之；其已受限制的法律行為，如訂立買賣契約、承攬契約、租賃房屋等，須得法定代理人之允許或承認，始為有效（民法第77條至第85條）。

3. 無行為能力人：即不能以獨立意思，為法律行為致發生法律上一定效力之人。無行為能力人，有為法律行為之必要時，應由其法定代理人代為之。依民法之規定，無行為能力人亦分兩種：

(1) **未滿7歲之未成年人**：民法第13條第1項規定：「未滿七歲之未成年人，無行為能力。」因其年齡過低，智慮尚未成熟，故民法不賦予行為能力，而使其法定代理人代為法律行為。

(2) **受監護宣告之人**：所謂受監護宣告之人，乃因精神障礙或其他心智缺陷，致不能處理自己事務，而由法院為監護之宣告，使之成為無行為能力人是也。民法第14條第1項規定：「對於因精神障礙或其他心智缺陷，致不能為意思表示或受意思表示，或不能辨識其意思表示之效果者，法院得因本人、配偶、四親等內之親屬、最近一年有同居事實之其他親屬、檢察官、主管機關或社會福利機構、輔助人、意定監護受任人或其他利害關係人之聲請，為監護之宣告。」可知監護之宣告，須具備下列要件：

① 須為精神障礙或其他心智缺陷之人：民國97年5月23日修正民法總則「成年監護制度」，重在保護受監護宣告之人，維護其人格尊嚴，並確保其權益。鑑於原「禁治產」之用語，僅有「禁止管理自己財產」之意，無法顯示修法之意旨，爰將第14條「禁治產」修正為「監護」。其次，前開條文第1項前段，原規定所謂禁治產人，須為「心神喪失或精神耗弱致不能處理自己事務者」，因其語意極不明確，適用易滋疑異，為此參酌行政罰法第9條第3項及刑法第19條第1項規定，修正為「因精神障礙或其他心智缺陷之人，對於自己的事務無法處理之情形」；在實務上，欲判斷行為人於行為時之精神狀態，可藉助醫學專家之鑑定意見。

② 須不能處理自己之事務：不論精神障礙或其他心智缺陷，如重度智障或有嚴重妄想症之人，必須達到「不能為意思表示，或受意思表示或不能辨識其意思表示之效果」時，法院即得為受監護之宣告。

③ 須經聲請人之聲請：成人監護制度之目的，一方面在保護受監護人之利益，使其財產不致遭受不當侵害或損失；另方面則可維護社會秩序，保障交易安全，故修正本法第14條第1項，放寬聲請權人，除本人、配偶、四親等內之親屬、最

近1年有同居事實之其他親屬外，檢察官、主管機關、社會福利機構、輔助人、意定監護受任人或其他利害關係人亦可爲聲請人。

④ 須經法院之宣告：對於是否爲監護之宣告，法院應依家事事件法第164條至第180條「監護及輔助宣告事件程序」，審酌監護宣告之聲請。在實務上，法院除調查事實及證據外，常委請教學醫院如台大醫院、台北榮總醫院、台北市立療養院等精神科醫師或其他適當人員鑑定其精神狀態，根據鑑定報告及訊問結果，作爲裁判基礎。

法院監護之宣告，有絕對之效力，依民法第15條規定：「受監護宣告之人，無行爲能力」，則一經受監護宣告，其人即成爲無行爲能力人，不得自爲法律行爲，縱事後精神狀態回復正常，在撤銷監護宣告前，仍爲無行爲能力人。受監護宣告人於原因消滅後，因已能處理自己事務，故民法第14條第2項規定：「受監護之原因消滅時，法院應依前項聲請權人之聲請，撤銷其宣告」。惟法院對於監護之聲請，認爲未達第14條第1項之程度者，得依第15條之1第1項規定爲輔助之宣告。受監護之原因消滅，而仍有輔助之必要者，法院得依第15條之1第1項規定，變更爲輔助之宣告（民法第14條第3、4項規定）。

所謂輔助之宣告，依民法第15條之1規定：「對於因精神障礙或其他心智缺陷，致其爲意思表示或受意思表示，或辨識其意思表示效果之能力，顯有不足者，法院得因本人、配偶、四親等內之親屬、最近一年有同居事實之其他親屬、檢察官、主管機關或社會福利機構之聲請，爲輔助之宣告。受輔助之原因消滅時，法院應依前項聲請權人之聲請，撤銷其宣告。受輔助宣告之人有受監護之必要者，法院得依第十四條第一項規定，變更爲監護之宣告。」

如前所述，受輔助宣告之人，僅係因精神障礙或其他心智缺陷，致其爲意思表示或受意思表示，或辨識其所爲意思表示效果之能力，顯有不足，並不因輔助宣告而喪失行爲能力，惟爲保護其權益，除純獲法律上利益，或依其年齡及身分、日常生活所必需者外，於爲重要之行爲時，應經輔助人同意，爲此民法第15條之2規定：「受輔助宣告之人爲下列行爲時，應經輔助人同意。但純獲法律上利益，或依其年齡及身分、日常生活所必需者，不在此限：一、爲獨資、合夥營業或爲法人之負責人。二、爲消費借貸、消費寄託、保證、贈與或信託。三、爲訴訟行爲。四、爲和解、調解、調處或簽訂仲裁契約。五、爲不動產、船舶、航空器、汽車或其他重要財產之處分、設定負擔、買賣、租賃或借貸。六、爲遺產分割、遺贈、拋棄繼承權或其他相關權利。七、法院依前條聲請權人或輔助人之聲請，所指定之其他行爲。第七十八條至第八十三條規定，於未依前項規定得輔助人同意之情形，準用之。第八十五條規定，於輔助人同意受輔助宣告之人爲第一項第一款行爲時，準用

之。第一項所列應經同意之行為，無損害受輔助宣告之人利益之虞，而輔助人仍不為同意時，受輔助宣告之人得逕行聲請法院許可後為之。」

(三) 行為能力之喪失

自然人死亡時，其人格消滅，喪失權利能力及行為能力。又雖為完全行為能力人或限制行為能力人，如經法院為前述宣告，亦喪失行為能力，成為無行為能力人。

三、案例結論

依民法第980條規定：「男女未滿十八歲者，不得結婚」，本案例甲男已年滿18歲，為成年人，經父母同意，與乙女結婚，其婚姻有效成立。婚後甲男陸續向傢俱店購買15萬元傢俱，其買賣契約有完全效力，雙方應依約履行。

如甲男於結婚後3年因罹患疾病，經法院為監護之宣告，而成為無行為能力人。因無行為能力人之意思表示無效（參見民法第75條），不因於行為時其精神狀態是否回復正常而受影響。準此意旨，甲男所購買5萬元音響之行為，自屬無效，乙女拒絕支付該筆款項，為有理由。

肆、人格權之保護

案例9

甲、乙參加市議員選舉，因競爭激烈，乙連續散發傳單，指稱甲與「黑金掛鉤」、「欺壓良民」；並於第二波文宣中，登載甲多年前在地下酒家毆打女服務生，經法院判處有期徒刑4個月確定之判決書全文，致甲深受困擾，此時，甲應如何主張權利？

一、思考方向

選舉是民主政治之核心，亦為國民參與國事、學習政治之管道，故民主國家莫不有選舉，以選賢與能作為重要的民主歷程和人民之基本權利。台灣地區以往之選舉，雖然大都能在和諧、團結之氣氛下，順利圓滿達成，但不可否認的金錢、暴力介入選舉，污染民主，破壞秩序，這種開民主倒車的現象，亦日趨嚴重。尤其近年來競選花招增多，對於候選人以傳單、電子媒體、電腦網路加以人身攻擊或散播不

實謠言，更是層出不窮，雖現行公職人員選舉罷免法第104條第1項已明定：「意圖使候選人當選或不當選，或意圖使被罷免人罷免案通過或否決者，以文字、圖畫、錄音、錄影、演講或他法，散布謠言或傳播不實之事，足以生損害於公眾或他人者，處五年以下有期徒刑」，除該刑事責任外，現行民法對於候選人人格之侵害，有無具體規定，如何救濟？如本案例甲得否請求乙銷毀並中止散發侵害其人格之傳單，此即涉及人格權之保護問題。

二、論點分析

(一) 人格權之意義

人格權係指存在於權利人自己人格之權利，即與人格有不可分離關係所享有之社會利益而受法律保護者而言。學者通說認為，人格權包括維護個人人格的完整性與不可侵犯性，尊重個人的尊嚴、稱呼，以及保障個人身體與精神活動等權利在內。

(二) 人格權之種類

民法所規定之人格權，有下列九種：
1. 姓名權（民法第19條）。
2. 生命權（民法第192條、第194條）。
3. 身體權（民法第193條、第195條）。
4. 健康權（民法第193條、第195條）。
5. 名譽權（民法第195條）。
6. 自由權（民法第17條、第195條）。
7. 信用權（民法第195條）。
8. 隱私權（民法第195條）。
9. 貞操權（民法第195條）。

此外在學說上尚有肖像權等亦屬人格權，此等人格權法律上雖未列舉，但仍得依民法第18條或第195條之規定保護之。

(三) 人格權之保護

依民法之規定，分為消極保護與積極保護兩種方法：

1. 消極保護

(1) 能力的保護：民法第16條規定：「權利能力及行為能力，不得拋棄」，其立法

目的在於維護人格的完整與交易安全。

(2) 自由的保護：民法第17條規定：「自由不得拋棄。自由之限制，以不背於公共秩序或善良風俗者為限」，故凡不當限制他人自由之法律行為，例如相約服毒殉情、自願為奴等約定，均違背公序良俗而無效。

2. 積極保護

　　人格權遭受不法侵害時，其積極救濟之方法，依侵害態樣不同，可區分為：

(1) 請求法院除去其侵害：以使現時不法侵害之行為或狀態得以終止，例如某無限公司之股東甲業已退股，但該公司仍以甲之姓名作為公司名稱，則甲得依民法第19條規定，請求法院判令該公司除去甲之姓名。

(2) 請求防止侵害：人格權受有侵害之虞時，得請求法院防止之，例如某女星已成名後，其經紀公司未經同意，有意將該女星成名前之清涼寫真照片，送交雜誌社發行，此時某乙得請求法院禁止該雜誌社發行。

(3) 請求損害賠償或慰撫金：人格權遭受侵害時，被害人對於財產上之實質損害，依民法第18條第2項規定，可以請求損害賠償，以填補損害；對於非財產上損害，如侵害他人生命、身體、名譽、貞操或隱私權所引起之痛苦，以法律有特別規定為限（如民法第19條、第192條、第195條、第975條、第999條、第1056條），得請求慰撫金。

三、案例結論

　　本案例中，候選人乙無明確之事實證據，竟在第一波文宣中，散發傳單，指稱甲與「黑金掛鉤」、「欺壓良民」，使甲深受困擾，顯已侵害甲之人格權，依民法第18條規定：「人格權受侵害時，得請求法院除去其侵害；有受侵害之虞時，得請求防止之。前項情形，以法律有特別規定者為限，得請求損害賠償或慰撫金」，故甲除得請求法院除去、銷毀侵害其人格之傳單外；對於非財產上損害部分，亦得請求乙賠償相當金額，並為回復名譽之適當處分，如登報道歉等。

　　至於乙在第二波文宣中，所刊載甲多年前在地下酒家毆打女服務生，經法院判處徒刑4個月確定之判決書全文，雖該內容涉及甲之隱私權，但在選舉期間，民眾對候選人本即有知之興趣及權利，參與政治活動之人物，應接受公開之檢驗及評價，以供選民抉擇，故如某乙所公開者為法院之確定判決，應無不法侵害甲之人格權可言，甲自不得請求法院除去其侵害，或主張損害賠償。

伍、住所與居所

案例10

　　甲住台中市，因在台北市某大學研究所就讀，於學校附近士林區長期租用他人房屋居住，目前因頻交女朋友，花費過鉅，以至於刷卡6萬元迄未支付，此時其發卡銀行中國信託商業銀行，能否逕向其租屋所在地之士林地方法院提起民事訴訟，請求給付信用卡費用？

一、思考方向

　　對於民事訴訟案件之管轄，我國民事訴訟法採取「以原就被」原則，即原則上由被告住所地之法院管轄，必須被告住所地之法院不能行使職權，或現無住所或住所不明者，始得由其居所地之法院管轄。在本案例中，欲說明發卡銀行是否能向甲住所、居所地之法院起訴，須先了解住所、居所之意義、認定標準及類型，以免誤向無管轄權法院提起民事訴訟，致徒增時間延宕及法院之困擾。

二、論點分析

(一) 住所之意義

　　住所為吾人社會生活及法律關係之中心地域，由於人是權利義務之主體，經常從事各種活動，在法律上必須有生活之中心點，使法律關係之認定有所準據，以免造成不便，此項生活上之中心點，即為住所。住所在民法上可分為意定住所、法定住所與擬制住所三種。

(二) 住所之類型

1. 意定住所

　　意定住所乃根據當事人之意思所設定之住所。民法第20條第1項規定：「依一定事實，足認以久住之意思，住於一定之地域者，即為設定其住所於該地。」由此可知住所之設定，須具備兩要件：

(1) 主觀要件：須有久住之意思，即長久居住之意思，有此意思即可，事實上果住多久，則非所問。而當事人有無久住之意思，須依一定事實探求認定之，不能經由當事人任意左右。

(2) 客觀要件：須住於一定之地域，即事實上住於該地之事實。

　　具備上述兩要件，即爲設定住所於該地，至是否已申報戶籍，則非所問。最高法院97年度台抗字第118號民事裁定，亦認爲：「依民法第20條第1項之規定，依一定事實足認以久住之意思，住於一定之地域者，即爲設定其住所於該地。顯見我國民法關於住所之設定，兼採主觀主義及客觀主義之精神，必須主觀上有久住一定地域之意思，客觀上有住於一定地域之事實，該一定之地域始爲住所，故住所並不以登記爲要件，住所之廢止亦同。戶籍法爲戶籍登記之行政管理規定，戶籍地址乃係依戶籍法所爲之登記事項，戶籍法第23條、第24條固規定：戶籍登記事項有變更時，應爲變更之登記，戶籍登記事項有錯誤或脫漏時，應爲更正之登記，但此僅係戶政管理之行政規定。以故，戶籍登記之處所固得資爲推定住所之依據，惟倘有客觀之事證，足認當事人已久無居住該原登記戶籍之地域，並已變更意思以其他地域爲住所者，即不得僅憑原戶籍登記之資料，一律解爲其住所」，可資參照。

　　惟住所之設定，以一個爲限，是爲住所單一主義，一人同時不得有兩個住所（民法第20條第2項），以免法律關係趨於複雜。又意定住所既由當事人之意思所設定，自亦得由當事人之意思而廢止，因而民法第24條乃規定：「依一定事實，足認以廢止之意思離去其住所者，即爲廢止其住所」，故住所之廢止，亦須具備兩要件：

(1) 主觀上，依一定事實，足認有廢止之意思。

(2) 客觀上離去其住所之事實。

2. 法定住所

　　法定住所，乃由法律直接規定，不得由當事人自行認定之住所，依現行民法之規定，法定住所有以下幾種情形：

(1) 無行爲能力人或限制行爲能力人，以其法定代理人之住所爲住所（民法第21條）。

(2) 未成年之子女，以其父母之住所爲住所（民法第1060條）。

(3) 未成年人而無父母者，以其監護人之住所爲住所（民法第1091條、第1098條）。

(4) 受監護宣告之人以其監護人之住所爲住所（民法第1110條、第1113條）。

(5) 養子女以其養父母之住所爲住所（民法第1077條、第1086條）。

(6) 妻以夫之住所爲住所，贅夫以妻之住所爲住所，但得爲相反之約定（民法第1002條）。

3. 擬制住所（居所）

　　擬制住所，乃法律上將當事人之居所視爲住所，學者間亦有認其爲法定住所的

一種者，其情形亦有二：

(1) 居所：居所者，有居住之事實，而無久住的意思。其與住所不同者，乃無久住的意思，至居住時間長短，則無關係。居所的多寡，我民法未加以限制。居所本非住所，但有補充住所的效力，依民法第22條規定：「遇有下列情形之一，其居所視為住所：一、住所無可考者。二、在我國無住所者。但依法須依住所地法者，不在此限。」條文所謂住所無可考者，包括無住所與住所不明情形。

(2) 選定居所：即因處理特定事項，而選定的居所也。民法第23條規定：「因特定行為選定居所者，關於其行為，視為住所。」例如某商人住在屏東，而在桃園經商，就其在桃園市之商業行為、履行債務等，以桃園市的選定居所視為住所，此時選定居所在法律上即擬制為其住所，發生住所之效力。

(三) 住所之效果

住所在法律上可發生下列效果：

1. 決定失蹤之標準（民法第8條）。
2. 決定債務清償地之標準（民法第314條第2款）。
3. 決定民、刑事案件管轄法院之標準（民事訴訟法第1條、刑事訴訟法第5條）。
4. 決定訴訟文書送達之處所（民事訴訟法136條、刑事訴訟法第55條）。
5. 決定行使或保全票據上權利或所應為票據行為之處所（票據法第20條）。
6. 決定國際私法上準據法之標準（涉外民事法律適用法第3條、第4條、第6條、第12條）。

三、案例結論

甲之意定住所在台中市，依民事訴訟法第1條第1項規定：「訴訟，由被告住所地之法院管轄」，其普通審判籍為台灣台中地方法院，故中國信託商業銀行對於甲刷卡所積欠之6萬元，可以逕向台灣台中地方法院提起訴訟，固無問題。又甲因在台北市某大學研究所就讀，且在學校附近之士林區租用他人房屋居住，台北市士林區應為其寄寓地（或居所），如因財產權涉訟，依民事訴訟法第4條規定：「對於生徒、受僱人或其他寄寓人，因財產權涉訟者，得由寄寓地之法院管轄」，甲居住之士林地方法院亦有管轄權，發卡銀行可以任向其中一個法院提起給付信用卡費用之民事訴訟。

第二節　法人

第一款　通則

案例11

甲、乙、丙、丁、戊等十餘人，集資5,000萬元，有意成立大華股份有限公司，以從事預售屋之營建、銷售，該公司之設立應經如何之程序？大華股份有限公司成立後，如甲為董事長，是否能將所購買之土地、辦公房舍登記在公司名下？為求牟取更多利益，乙執行董事兼總經理違法在山坡地濫墾，且偷工減料、未作好水土保持，以至於消費者所購買之建物，甫交屋即發生龜裂現象，此際消費者能否請求甲、乙與大華股份有限公司負連帶賠償責任？

一、思考方向

近數十年來，由於工商業發達，以及商業範圍擴大，已遠超過個人能力範圍，為因應日益複雜的交易，避免個人財產變動所引起的不利影響，各種公司組織（營利性社團）、職業與文化團體（非營利社團）、慈善性機構（財團法人），以及商業、工業等團體應運而生，在社會上占有相當重要地位。尤其是集合廣大投資大眾資金，採行企業化經營之大型公司，以及捐助龐大財產從事各種公益事業之財團法人，已成為促進國民經濟發展，維護社會安定和諧所不可或缺之法人團體。在本節所舉案例中，即針對法人組織（股份有限公司）之意義、設立程序、法人之能力、賠償責任等內容，加以分析，以進一步認識民法規範法人制度之立法精神所在。

二、論點分析

(一) 法人之意義

法人係指自然人以外，由法律所創設，得為權利及義務主體之團體。法人自其設立基礎觀察，有以社員的結合為中心者稱為社團，有以固定財產為中心者稱為財團。惟不論何者，當法人成立以後，即具有獨立人格，本身能享受權利及負擔義務。關於法人之本質為何，學說仍有爭議，要言之，有下列三說：

1. 法人否認說

此說根本否認法人有獨立存在之人格，強調在本質上法人僅係假設之主體而已。至於法人財產歸屬之根據，有認為法人不過為一定目的或權利主體而存在之無主財產而已，此為無主財產說；有認為享受法人財產利益之多數個人始為事實上之主體，例如社團之權利義務主體為社員、財團則為老人或孤兒等，此為受益人主體說；有認為實際管理財產者始為主體，法人僅係財產管理人與受益人間的法律關係而已，此為管理人主體說。前開三說，均囿於強調法人現實財產利益之歸屬，而忽視法人實體存在之功能，與近代法律普遍承認法人有權利能力之觀念有違，故本書不採之。

2. 法人擬制說

此說自意思理論出發，認為有意思能力者，始有權利能力，故權利義務之主體，應以自然人為限；至法人之有權利能力，係因法律將其擬制為自然人之故。此說忽略了權利能力並不以意思能力為要件，且自然人之所以取得人格，係基於法律之賦予，故擬制說亦顯然欠當。

3. 法人實在說

此說認為法人於社會上有其實體之存在，並非法律所擬制之空虛體。又分下列兩說：

(1) **有機體說**：認為法人為社會之有機體，具有團體意思，故應認其具有人格，而為權利義務之主體。此說亦係以意思能力為取得人格之依據，其論點不當同前。

(2) **組織體說**：認為法人乃因其有適於為權利義務主體之法律上組織，故賦予法律人格。按法律之所以賦與法人人格者，實基於其能符合社會生活之需要及具有實際之價值，而宜使其有權利能力之故，此說較為合理，為我國學者通說及民法立法所採行。

(二) 法人之種類

1. 公法人與私法人

法人以其成立所依據之法律係公法抑係私法為區別標準，可分為公法人與私法人。前者依據公法而成立，如國家、地方自治團體；後者依據私法而成立，如公司、私立學校等是。民法為私法，故民法上之法人當然為私法人。

2. 社團法人與財團法人

法人依其成立之基礎係人的集合抑係物的集合為區別標準，可分為社團法人與財團法人。前者係以社員為成立基礎之法人，如農會、漁會、商會、公司等是；後

者乃以捐助一定財產爲成立基礎之法人，如寺廟、私立學校或其他慈善團體等。

3. 公益法人與營利法人

　　法人以存在之目的係爲公益抑爲營利，可分爲公益法人與營利法人。前者以謀求公共利益爲目的而設立之法人，如商會、工會、孤兒院、文教基金會是；後者以組成分子（社員）之利益爲目的之法人，如公司、銀行是。

(三) 法人之成立

　　法人成立者，乃法人開始取得人格之謂，其要件有三：

1. 須經設立

　　法人不能自行成立，須由自然人設立，關於法人之設立，有五種主義：

(1) **放任主義**：即法人之設立得自由爲之，法律不加干涉。

(2) **特許主義**：須經特別立法或經國家元首命令特許，始得設立法人。

(3) **許可主義**：即法人之設立，除具備法定要件外，須經行政機關許可者是。

(4) **準則主義**：即法人之設立，法律上設有一定準則，設立人只需具備該準則即可設立。

(5) **強制主義**：即法人之設立，法律上予以強制者是也。

　　我國法律對於公益社團法人或財團法人採許可主義（民法第46條、第59條）；對於營利社團法人則採取準則主義（公司法第1條）；對於特殊法人有採取特許主義者，如對於中國輸出入銀行之設立，特別制定中國輸出入銀行條例是。亦有採取強制主義者，如各種職業團體之設立。至於放任主義爲我國法律所不採行。

2. 須依據法律

　　民法第25條規定：「法人非依本法或其他法律之規定，不得成立」，所以法人之設立，必須依據民法或其他法律之規定，否則不得設立，例如設立公司，須依公司法之規定。

3. 須經登記

　　法人之成立，須經登記；所謂登記，乃將法定事項登載於特定機關之公簿，以爲公示者也。民法第30條規定：「法人非經向主管機關登記，不得成立。」此之所謂主管機關，依民法總則施行法第10條第1項規定：「依民法總則規定法人之登記，其主管機關爲該法人事務所所在地之法院」，目前，即指地方法院而言。又依據民法第31條規定，法人登記後，有補充事項應爲補充登記，如有變更事項應爲變更登記，否則不得以其事項對抗善意第三人。

(四) 法人之能力

1. 法人之權利能力

依據民法第26條規定，法人原則上享有權利能力與自然人相同，但是專屬於自然人的權利，法人不得享有，如：生命權、身體權、健康權、夫妻的同居權、家長的親權等；同時專屬於自然人的義務，法人也不必負擔，如扶養義務。

2. 法人之行為能力

我國民法採法人實在說中之組織體說，故法人不但有權利能力，亦有行為能力。不過法人本身實際上為法律上之組織體，無法自行活動，須以自然人為其代表，故民法第27條第1項規定：「法人應設董事」，同條文第2項前段又規定：「董事就法人一切事務，對外代表法人」。可見法人以董事為代表人，董事行為即為法人行為，但法人行為能力仍應受法令及性質限制，如逾越此範圍，法人即無行為能力，應由董事個人負責。

3. 法人之侵權行為能力

侵權行為能力亦稱責任能力，乃侵害他人權利時，能負損害賠償責任之資格，依民法第28條規定：「法人對於其董事或其他有代表權之人因執行職務所加於他人之損害，與該行為人連帶負賠償之責任」，可見法人之侵權行為能力，須符合下列要件：

(1) 須董事或其他有代表權人（如清算人、監察人）之行為，加害於他人。

(2) 須由於執行職務行為，加害於他人。

(3) 須其行為具備一般侵權行為（民法第184條以下）要件。

在司法實務上，最高法院48年台上字第1501號判例認為：「民法第28條所加於法人之連帶賠償責任，以該法人之董事或其職員，因執行職務所加於他人之損害者為限，若法人之董事及職員因個人之犯罪行為而害及他人之權利者，即與該條規定之責任要件不符，該他人殊無據以請求連帶賠償之餘地。」

其後，最高法院108年度台上字第2035號民事判決，更進一步認為：「按法人依民法第26條至第28條規定，為權利之主體，有享受權利之能力；為從事目的事業之必要，有行為能力，亦有責任能力。又依同法第28條、第188條規定，法人侵權行為損害賠償責任之成立，係於其董事或其他有代表權人，因執行職務所加於他人之損害，或其受僱人因執行職務，不法侵害他人之權利時，始與各該行為人連帶負賠償之責任。惟民法關於侵權行為，於第184條定有一般性規定，依該條規定文義及立法說明，並未限於自然人始有適用；而法人，係以社員之結合或獨立財產為中心之組織團體，基於其目的，以組織從事活動，自得統合其構成員之意思與活

動，爲其自己之團體意思及行爲。再者，現代社會工商興盛，科技發達，法人企業不乏經營規模龐大，構成員眾多，組織複雜，分工精細，且利用科技機器設備處理營運業務之情形，特定侵害結果之發生，常係統合諸多行爲與機器設備共同作用之結果，並非特定自然人之單一行爲所得致生，倘法人之侵權行爲責任，均須藉由其代表機關或受僱人之侵權行爲始得成立，不僅使其代表人或受僱人承擔甚重之對外責任，亦使被害人於請求賠償時，須特定、指明並證明該法人企業組織內部之加害人及其行爲內容，並承擔特殊事故（如公害、職災、醫療事件等）無法確知加害人及其歸責事由之風險，於法人之代表人、受僱人之行爲，不符民法第28條、第188條規定要件時，縱該法人於損害之發生有其他歸責事由，仍得脫免賠償責任，於被害人之保護，殊屬不周。法人既藉由其組織活動，追求並獲取利益，復具分散風險之能力，自應自己負擔其組織活動所生之損害賠償責任，認其有適用民法第184條規定，負自己之侵權行爲責任，俾符公平」，可資參照。

(五) 法人之機關

　　法人之機關，乃法人之代表或執行機關。法人雖爲權利義務主體，但本身無法自爲行爲，故須設機關，以爲法人活動之基礎。其主要機關有三，即1.代表及執行機關，如董事；2.意思機關，如社員總會；3.監察機關，如監察人。董事爲社團及財團所必須具備之機關，社員總會僅爲法人所獨具，至監察人則非法人必設之機關，本書僅就董事及監察人加以說明。

1. 董事

　　董事係法人必設之代表機關及執行機關，故民法第27條第1項前段規定：「法人應設董事」。董事之資格及人數，民法均無限制明文，通說認爲法人之董事必須爲自然人，但不以社員爲限，其人數即使一人，亦無不可。董事之任免，在社團應經社員總會之決議（民法第50條第2項第2款）；在財團得由捐助人決定。董事與個人之關係，適用關於委任之規定。至於董事之職權主要有二：

(1) **對外代表法人**：民法第27條第2項規定：「董事就法人一切事務，對外代表法人。董事有數人者，除章程另有規定外，各董事均得代表法人」，故凡關於法人之事務，對外均應由董事代表行之，是爲董事之對外權限。法人對於董事之代表權，雖可加以限制，但依民法第27條第3項規定：「對於董事代表權所加之限制，不得對抗善意第三人」，藉以保護交易之安全。

(2) **對內執行事務**：董事就法人之事物，對內有執行權，例如聲請登記（民法第48條第2項、第61條第2項），編造財產目錄及社員名簿，召集總會（民法第51條第1項），聲請破產（民法第35條第1項），充當清算人等均是。董事有數人

者，法人事務之執行，除章程另有規定外，取決於全體董事過半數之同意（民法第27條第1項後段）。

2. 監察人

監察人是法人得設之監察事務執行機關，依民法第27條第4項規定：「法人得設監察人，監察法人事務之執行。監察人有數人者，除章程另有規定外，各監察人均得單獨行使監察權」。監察人之任免程序與董事相同，其與法人間之關係，也適用關於委任之規定。

(六) 法人之住所

法人執行其業務之處所，謂之事務所，如事務所有數處者，以其事業之中心所在地爲主事務所，其餘事務所視爲分事務所，依民法第29條規定：「法人以其主事務所之所在地爲住所。」

(七) 法人監督

法人之業務，常與公共利益、國家政策以及公序良俗，關係密切，爲促進法人健全發展，國家機關應予以監督，以免逸出常軌，有礙社會進步。監督之情形如下：

1. 業務監督

受業務監督之法人，以受設立許可者爲限，故民法第32條規定：「受設立許可之法人，其業務屬於主管機關監督，主管機關得檢查其財產狀況及其有無違反許可條件與其他法律之規定。」此之所謂主管機關應指主管法人目的事業之機關而言，如文化事業之財團受教育部監督，慈善事業之財團受內政部主管監督。受設立許可法人之董事或監察人，不遵主管機關監督之命令，或妨礙檢查者，得處以5,000元以下之罰鍰。前項董事或監察人違反法令或章程，足以危害公益或法人之利益者，主管機關得請求法院解除其職務，並爲其他必要之處置（民法第33條）。

2. 清算監督

法人之清算屬於法院監督，民法第42條規定：「法人之清算，屬於法院監督。法院得隨時爲監督上必要之檢查及處分。法人經主管機關撤銷許可或命令解散者，主管機關應同時通知法院。法人經依章程規定或總會決議解散者，董事應於十五日內報告法院。」若清算人不遵法院監督命令，或妨礙檢查者，得處以5,000元以下之罰鍰。董事違反前條第3項之規定者亦同（民法第43條）。

(八) 法人之消滅

　　法人為社會組織機，如在存續期間，有某種與法人設立目的或存在條件相反之事由發生時，可能使法人無法繼續活動而趨於消滅。法人之消滅，為法人權利能力之終止，與自然人不同，須經過解散與清算兩個程序。

1. 解散程序

　　法人之解散，乃停止法人為積極之活動，以處理其未了事務，俾消滅法人人格之程序。法人之解散事由，主要有下列幾個原因：

(1) **章程所定解散事由發生：**如存續期間屆滿（民法第48條第1項第9款）。

(2) **解散之宣告：**法人之目的或其行為，有違反法律、公共秩序或善良風俗者，法院得因主管機關、檢察官或利害關係人之聲請，宣告解散（民法第36條）。

(3) **撤銷許可：**法人違反設立許可之條件，主管機關得撤銷其許可（民法第34條）。

(4) **破產宣告：**法人之財產如不足以清償債務時，董事應即向法院聲請破產，不為聲請而致法人之債權人受損害時，有過失之董事，應負賠償責任，如有二人以上董事時應連帶負責（民法第35條）。

2. 清算程序

　　法人之清算，乃清理已解散法人之法律關係，使其歸於消滅之程序。法人解散後，其人格並不即刻消滅，須至清算終結時，始完全消滅，故民法第40條第2項規定：「法人至清算終結止，在清算之必要範圍內，視為存續。」在清算程序中，擔任清算工作者，稱為清算人，清算人由何人充之？依民法第37條規定：「法人解散後，其財產之清算，由董事為之。但其章程有特別規定，或總會另有決議者，不在此限。」又第38條規定：「不能依前條規定，定其清算人時，法院得因主管機關、檢察官或利害關係人之聲請，或依職權，選任清算人。」可知清算人之產生，依下列次序：

(1) **選任清算人：**依章程之特別規定。在社團法人並得依總會之決議來選任清算人。

(2) **法定清算人：**章程無上述規定或總會未決議時，由董事充當清算人。

(3) **選派清算人：**不能依前二項決定其清算人時，由法院選任之清算人。

　　至於清算人職務之解除，依民法第39條規定：「清算人，法院認為有必要時，得解除其任務。」例如清算人有不法或不當之行為，法院即得解除其職務，不問其產生之方式如何。又依民法第40條第1項規定，清算人之職務如下：

(1) **了結現務：**即結束法人尚未完成之一切事務。

(2) **清償債務**：被解散法人對外所有債權，由清算人出面清理償還。

(3) **收取債權**：被解散法人對外所有債權，由清算人予以收取。

(4) **移交謄餘財產於應得者**：法人解散後，除法律另有規定外，於清償債務後，其謄餘財產之歸屬，應依其章程之規定，或總會之決議。但以公益為目的之法人解散時，其謄餘財產不得歸屬於自然人或以營利為目的之團體。如無前項法律或章程的規定或總會決議時，其謄餘財產歸屬於法人住所所在地之地方自治團體（民法第44條）。

關於清算之程序，除民法第一編第二章第二節法人通則中有規定外，準用股份有限公司清算之規定（民法第41條）。蓋股份有限公司清算之規定（公司法第323條以下），比較詳備，故於法人之清算程序準用之。經完成前述清算程序後，清算人應於完結時向法院呈報，並聲請為清算終結之登記，完成登記後，法人之人格始歸於消滅。

三、案例結論

本案例中，甲、乙、丙、丁、戊等十餘人，集資5,000萬元，成立社團法人，即大華股份有限公司，使該公司享有人格，得單獨為權利義務主體，設置董事對外代表公司，以從事商業交易行為。對於股份有限公司之設立，參照民法及公司法之規定，須經訂立章程、確定股東及其出資、設置董事會、監察人並完成設立登記等程序。

公司設立登記後，取得權利能力，公司董事長甲，自可將所購買之土地、辦公房舍登記在公司名下。又如大華股份有限公司為牟取不法利益，違法在山坡地濫墾，偷工減料，且未作好水土保持，致使消費者所購之建築物有嚴重瑕疵，此時依民法第28條規定：「法人對於其董事或其他有代表權之人因執行職務所加於他人之損害，與該行為人連帶負賠償之責任」，甲為董事長，乙為執行董事兼總經理，依前開規定，應與大華股份有限公司負連帶賠償責任。

第二款　社團

案例12

以公益為目的之A社團法人，於章程中記載：1.開除社員得不經總會決議，由董事會過半數決議即可，2.社員連續2年未繳會費時，不得使用會員俱

樂部之設施，3.社團解散時，其膽餘財產分歸所有董事，以上情形是否符合民法規定，效力如何？又A社團法人之董事長召集社團總會時，漏未通知社員乙、丙，如乙、丙嗣後對社團總會之決議不服，有無救濟方法？

一、思考方向

　　民法所規範之法人，以其設立基礎爲標準，可區分爲社團法人與財團法人；在社團法人中，以公益即社會上不特定多數人之利益爲目的之法人，稱爲公益社團，主要有農會、工會、商會等；至於營利社團則以獲得財產利益爲目的，其取得法人資格，應經公司法等特別法之規定，如公司、銀行等。對於社團法人，既爲人之組織體，由社員所構成，則其在設立時，章程究應如何記載，始符合法律之規定？社員資格之取得與喪失及社員權之內容爲何，社團總會決議有瑕疵時，應如何救濟，均爲本案例亟應探索之問題。

二、論點分析

　　針對前述案例情形，爲完整說明起見，茲分別就社團之設立、社團之社員、社團之總會及社團之解散等方面，加以討論。

(一) 社團之設立

　　社團法人有公益法人與營利法人之別，前已述及，依民法第45條規定：「以營利爲目的之社團，其取得法人資格，依特別法之規定」，所謂營利法人，如公司、合作社等，設立公司應依公司法之規定，設立合作社應依合作社法之規定。至公益法人，依同法第46條規定：「以公益爲目的之社團，於登記前，應得主管機關之許可。」社團之設立，須具備一定要件：

1. 須有設立人

　　社團以人之集合爲基礎，自須有設立人，其人數民法並無規定，解釋上應有兩人以上。

2. 須訂立章程

　　設立社團，依民法第47條規定，應訂定章程，記載下列事項：

(1) 目的。

(2) 名稱。

(3) 董事之人數、任期及任免。設有監察人者，其人數、任期及任免。

(4) 總會召集之條件、程序及其決議證明之方法。

(5) 社員之出資。

(6) 社員資格之取得與喪失。

(7) 訂定章程之年、月、日。

　　以上七款係社團法人章程中之必要記載事項，此外關於社團之組織，及社團與社員之關係，以不違反第50條至第58條之規定為限，均得以章程定之（民法第49條）。

3. 須經登記

　　社團設立時，依民法第48條規定，其應登記之事項如下：

(1) 目的。

(2) 名稱。

(3) 主事務所及分事務所。

(4) 董事之姓名及住所。設有監察人者，其姓名及住所。

(5) 財產之總額。

(6) 應受設立許可者，其許可之年、月、日。

(7) 定有出資方法者，其方法。

(8) 定有代表法人之董事者，其姓名。

(9) 定有存立時期者，其時期。

　　社團之登記，由董事向其主事務所及分事務所所在地之主管機關行之，並應附具章程備案。

(二) 社團之社員

　　社員乃社團之構成分子，自然人及法人均得為社團之成員。社員資格之取得方式有二：1.為參與社團之設立，設立人因法人之成立，當然為法人之社員；2.為入社，即依章程所定之手續加入成立後之社團成為社員。至社員資格喪失之方式，亦有兩種情形：

1. 退社

　　乃社員自動與社團脫離關係之行為，民法第54條規定：「社員得隨時退社。但章程限定於事務年度終，或經過預告期間後，始准退社者，不在此限。前項預告期間，不得超過六個月。」

2. 開除

　　乃社員被動的與社團脫離關係，即社團剝奪社員資格之行為。依民法第50條第4款規定，社員之開除應經社團總會之決議，且須有正當理由始可。

　　已退社或開除之社員，當然喪失社員資格，對於社團之財產無請求權；但非公

益法人，其章程另有規者，不在此限。前項社員，對於其退社或開除以前應分擔之出資，仍負清償之義務（民法第55條）。

　　社員因參與社團或入社而取得之地位或權利，稱為社員權，兼具財產權與身分權二種性質，理論上不得讓與或繼承。社員權可細分為共益權與自益權，前者為社員參與社團事務之權利，主要有出席權、表決權（民法第52條、第53條）、少數社員權（民法第51條第3項）及總會決議撤銷請求權（民法第56條）；後者為社員受領或享受財產利益之權利，如利益分配請求權、社團設備利用權、賸餘財產分配請求權是。

(三) 社團之總會

　　社團總會為社團的最高意思機關，由全體社員組織之，屬於法人之內部機關。總會由董事召集之（民法第51條第1項），召集之通知，除章程另有規定外，應於30日前對各社員發出通知。通知內應載明會議目的事項（同條第4項）。總會依其召開期間的不同可分為：1.定期總會：每年至少召集一次。董事不為召集時，監察人亦得為之。2.臨時總會：如有必要時董事得隨時召集之；依民法第51條第2項規定，全體社員10分之1以上之請求，表明會議目的及召集理由，得請求董事召集之。董事受請求後，1個月內不為召集者，其社員得經法院許可召集之。

　　社團總會之職權，依民法第50條第2項之規定，有下列四項：1.變更章程；2.任免董事及監察人；3.監督董事及監察人職務之執行；4.開除社員，但以有正當理由時為限。此外，凡董事或監察人不能處理之事項，總會均得決議之。對於社員表決權之行使，依民法第52條第2項規定：「社員有平等之表決權」，可知民法上之社團法人，社員表決權均屬平等，不因出資多寡而有差異，與營利法人之公司，每一股有一表決權者不同（參見公司法第174條以下規定）。

　　總會之決議可分為兩種：

1. 普通決議

　　以出席社員過半數決議即生效力之事項，稱為普通決議（民法第52條第1項）。

2. 特別決議

　　對於較重要之事項，法律規定應以特別決議方式為之始生效力者，稱為特別決議，民法採加重多數之方式，其情形如下：

(1) **變更章程之決議**：召集總會決議時，需經全體社員過半數之出席，出席社員4分之3以上之同意；如未召集總會時，須經全體社員3分之2以上書面同意；又為維護公益上需要，受設立許可之社團於變更章程時，應得目的事業主管機關

之許可（民法第53條）。

(2) **解散社團之決議：**應有全體社員3分之2以上之可決（民法第57條）。

社團總會之決議，有拘束全體社員、董事及職員之效力。但民法第56條規定：「總會之召集程序或決議方法，違反法令或章程時，社員得於決議後三個月內請求法院撤銷其決議。但出席社員，對召集程序或決議方法，未當場表示異議者，不在此限。總會決議之內容違反法令或章程者，無效」；惟「總會之召集程序或決議方法，違反法令或章程時，社員得於決議後3個月內請求法院撤銷其決議，民法第56條第1項前段定有明文。而出席之社員不足法令或章程所定之額數，為決議方法之違反。又總會之決議方法違反法令或章程時，在社員請求法院撤銷其決議前，該決議應仍有效存在」（最高法院96年度台上字第235號民事判決意旨參照）。

(四) 社團之解散

社團之解散，除前述撤銷許可、宣告破產、法院宣告解散等法人一般解散原因外，依民法第57條規定：「社團得隨時以全體社員三分二以上之可決解散之」；又第58條另規定：「社團之事務，無從依章程所定進行時，法院得因主管機關、檢察官或利害關係人之聲請解散之」，均為社團之特別解散原因。

三、案例結論

以公益為目的之A社團法人，於章程中記載(一) 開除社員得不經總會決議，由董事會過半數決議即可，顯違反民法第50條第2項第4款「開除社員應經總會之決議，且以有正當理由為限」之規定，該章程規定無效。(二) A社團法人，於章程中另記載社員連續2年未繳會費時，不得使用會員俱樂部之設施，並未違反民法第50條至第58條規定，自發生法律效力。(三) 又依民法第44條第1項規定：「法人解散後，除法律另有規定外，於清償債務後，其賸餘財產之歸屬，應依其章程之規定，或總會之決議。但以公益為目的之法人解散時，其賸餘財產不得歸屬於自然人或以營利為目的之團體」，是以本案例中A社團公益法人，於章程中規定「社團解散時，其賸餘財產分歸所有董事」，顯然違背前開規定，不生效力，此時主管機關可令其改正，始准登記；如已經設立登記而拒不改正，法院得依民法第36條規定，強制解散。

又依民法第51條第4項規定：「總會之召集，除章程另有規定外，應於三十日前對各社員發出通知。通知內應載明會議目的之事項」，如董事長召集社團總會時，漏未通知社員乙、丙，渠等得於總會決議後3個月內，以「總會之召集程序，違反法令」，依民法第56條第1項規定，向法院提起撤銷總會決議之訴，以為救濟。

第三款　財團

案例13

　　某甲出生貧寒，歷經多年奮鬥後，成為國內知名企業家，臨終前以遺囑捐贈500萬元，成立財團法人學儒文教基金會，作為鼓勵清寒大專在學青年之獎學金，其配偶某乙，應如何以遺囑執行人身分辦理登記？又該基金會，嗣後有意修改章程，將優秀之在學研究生，亦列入獎助範圍，應踐行何種程序？又如某乙為該基金會董事，因投資股票失利，擅自決定以基金會名義開戶，將其中100萬元投資股市，其效力如何？

一、思考方向

　　與社團法人相對之財團法人，係因特定目的，由財產集合而成立之法人；財團並無組成分子之個人，不能有自主意思，其設立要件，與社團有何不同？是否得以遺囑捐助財產方式，設立財團法人？如本案例中，該基金會有意擴大獎助範圍，應踐履何種程序，遇有執行業務之董事，違反捐助章程之行為時，應如何保護該財團法人，此均涉及財團法人之設立、財團之監督、管理或解散等核心問題。

二、論點分析

(一) 財團之設立

　　財團乃多數財產之集合，由法律賦予權利能力之一種法人。由於財團係以捐助財產為組織基礎，非以人為組織基礎，則就其性質言，自不得以營利為目的，是以在社團，除公益社團外，尚有營利社團存在；在財團則祇能有公益財團，而不能有營利財團。關於財團之成立，亦須具備一定要件：

1. 須有設立人

　　財團之設立，須有財產之捐助人即設立人，其為自然人或法人，均非所問；縱捐助人僅有一人，亦無不可。

2. 須訂立章程

　　設立財團者，依民法第60條規定，應訂立捐助章程，但以遺囑捐助者，可以遺囑代之，無須另訂章程。章程內應訂明法人目的及所捐財產，此為財團章程應記載

之必要事項。惟以遺囑捐助設立財團法人者，如無遺囑執行人時，法院得依主管機關、檢察官或利害關係人之聲請，指定遺囑執行人（民法第60條第3項）。

3. 須得主管機關許可

財團法人係以公益為目的，故其成立除依據法律外，依民法第59條規定：「財團於登記前，應得主管機關之許可。」

4. 須經登記

財團之設立須經登記，始能取得法人資格，依民法第61條規定，財團設立時，應登記之事項如下：

(1) 目的。
(2) 名稱。
(3) 主事務所及分事務所。
(4) 財產之總額。
(5) 受許可之年、月、日。
(6) 董事之姓名及住所。設有監察人者，其姓名及住所。
(7) 定有代表法人之董事者，其姓名。
(8) 定有存立時期者，其時期。

其次財團之登記，由董事向其主事務所及分事務所所在地之主管機關行之。並應附具捐助章程或遺囑備案，此點與社團法人同。

(二) 財團之組織與管理

1. 財團組織及管理方法

財團之組織及其管理方法，由捐助人以捐助章程或遺囑定之。捐助章程或遺囑所定之組織不完全，或重要之管理方法不具備者，法院得因主管機關、檢察官或利害關係人之聲請，為必要之處分（民法第62條）。

2. 變更財團組織

為維持財團之目的或保存其財產，法院得因捐助人、董事、主管機關、檢察官或利害關係人之聲請，變更其組織（民法第63條）。

3. 變更財團目的

因情事變更，致財團之目的不能達到時，主管機關得斟酌捐助人之意思，變更其目的及其必要之組織，或解散之（民法第65條）。

4. 宣告董事行為無效

財團董事，有違反捐助章程之行為時，法院得因主管機關、檢察官或利害關係人之聲請，宣告其行為為無效（民法第64條）。

(三) 財團之解散

財團之解散，除適用法人一般之解散事由外，因情事變更，致財團之目的不能達到時，主管機關得斟酌捐助人之意思，變更其目的及其必要之組織，或解散之（民法第65條後段）。此外捐助人於捐助章程中訂明遇有某種事由產生，即歸解散者，則財團自該事由發生時，亦因而解散。

三、案例結論

某甲於臨終前，既以遺囑訂明財團法人學儒文教基金會之成立目的及捐助500萬元作為基金會之財產，此時依民法第60條第1項規定，無需再另定捐助章程，由其配偶某乙以遺囑執行人身分，經主管機關許可後，向主事務所所在地之地方法院辦理登記。登記時應載明該財團法人之目的、名稱、主事務所及分事務所、財產之總額、受許可之年月日、董事之姓名及住所等事項。經設立登記完畢後，即取得法人之人格。

該基金會成立後，如有意修改章程，擴大獎勵範圍，將優秀之在學研究生，亦列入獎助範圍時，此際不得逕由董事會修改，依前開民法第62條、第63條規定，應由主管機關、檢察官或利害關係人，聲請法院為必要之處分，始生效力。又如某乙為該基金會董事，因投資股票失利，擅自決定以基金會名義開戶，將其中100萬元投資股市時，依民法第64條規定，該董事之行為已違反捐助之遺囑，法院得因主管機關、檢察官或利害關係人之聲請，宣告其行為無效，以維獲財團法人之利益。

第三章 權利之客體——物

> 　　某甲趁某乙出國，在某乙之土地上種植果樹，當果實成熟特，某甲有無收取之權利？另某丙向某丁購買其所有之山坡地一塊，其內蘋果樹都已成熟，某丁在買賣契約成立，並完成過戶登記後數日，趕緊進入收取蘋果，經某丙發現加以制止，則該蘋果究應歸何人所有？

一、思考方向

　　在一般法律關係中，吾人須先釐清權利義務之主體，與權利客體（或稱權利標的），方可進一步探討法律關係之內容。在現代法治觀念下，人為權利主體，不能置於他人絕對支配下，故自然人自出生開始，法人自設立登記後，享有權利能力，成為權利主體。至於權利客體，指受權利主體支配的各種權利之對象或內容，其形態繁多，主要有(一) 物：包括動產、不動產；(二) 特定人之行為：如債務人之履行、清償行為；(三) 權利人本身：如姓名權、人格權；(四) 精神產物：如著作權、專利權、商標權等無體財產權；(五) 其他權利等。在本案例中，甲、乙就已成熟果實之歸屬，即涉及權利客體中，物之法律性質、地位，動產與不動產權利取得與喪失等問題，為完整說明起見，茲就物之意義、種類及孳息之歸屬等分述如後。

二、論點分析

(一) 物之意義

　　學者通說認為，「物」者乃權利客體之一，具有法律上價值，為人力所能支配，並可滿足人類社會生活需要之有體物與自然力，依此定義，物之特徵有四：

1. 物為權利客體之一種

　　如前所述，權利主體支配權利客體，兩者相對，權利主體為人，權利客體主要為物，乃權利之標的所在。

2. 須為有體物或自然力

　　所謂有體物，指占有一部分空間並具有實體之物，至能否觸覺，則非所問，外觀上固體、液體及氣體均為物。自然力，則指吾人能知覺之自然作用，如聲、光、

冷、熱等自然力。至「權利」則非物，蓋後者（權利）為抽象存在而受法律所保護之法律實力，前者（有體物、自然力）則為具有實體存在之物。應說明者，人身雖也是有體，然而人不是物，不僅人的本體不是物，凡是在生理上與人體尚未分離者，亦非物，如頭髮、牙齒、血液等；但一旦頭髮、牙齒、血液與人體分離，則得為法律上之物。

3. 須為人力所能支配

宇宙間萬物有的是人力可以支配，有的人力不能支配，唯有前者才是法律上的物，而後者則是物理學上的物，如日、月、星辰等均非法律上的物。

4. 須能滿足人類生活需要

物雖為人力所能支配，但若無獨立存在之價值，並滿足人類生活之需要，則仍無任何法律上意義，此時即無法稱之為法律上之物，例如一粒米、一滴水。而尚未分離之果實、建築物之磚瓦等，雖為一般所稱之物，但卻僅為物之構成部分，無法獨立存在以滿足人類生活需要，仍非民法所稱之物。故判斷是否為物，須具有獨立性，及滿足人類生活需要為前提。

(二) 物之種類

1. 動產與不動產

動產在我民法上無具體定義，僅以除外方法間接表明其意義，此依民法第67條規定：「稱動產者，為前條所稱不動產以外之物」自明，故凡非屬不動產，即為動產。至於不動產，依民法第條66條第1項規定：「稱不動產者，謂土地及其定著物。」所謂土地，指人力所能支配之地面及其一定範圍之上空與地下。所謂定著物，則指非土地之構成部分，而繼續固定附著於土地之物，例如房屋及各種建築物，包括紀念碑、橋樑等。屋頂尚未完工之房屋，如已足避風雨，可達經濟上使用之目的者，亦屬土地之定著物。惟其附著情形已成為土地之一部分者，如排水溝、水井堤防、假山、魚池、隧道、地下道、柏油馬路等，應視為土地之一部分，而非土地之定著物。若僅係臨時或非密切附著於土地者，如建築房屋時搭建之樣品屋、售票亭、工寮等，也非定著物。輕便軌道除係臨時敷設者外，凡繼續附著土地，而達其一定經濟上之目的者，應認屬定著物之一，而為不動產（司法院大法官釋字第93號解釋）。又「不動產之出產物，尚未分離者，為該不動產之部分」（民法第66條第2項），如土地上之果實、樹木，在未分離前，為不動產之一部分。

動產與不動產區別之實益，主要有四：

(1) **權利變動方式不同**：不動產物權之取得、喪失或變更以登記為要件（民法第758條）；動產以交付為要件（民法第761條）。

(2) **取得時效期間不同**：不動產須繼續10年、20年之占有（民法第769條、第770條）；動產則為10年或5年（民法第768條、第768條之1）。

(3) **善意取得不同**：不動產依土地法第43條，動產依民法第801條、第948條規定，得因善意受讓而取得。

(4) **擔保物權種類不同**：不動產可以設定抵押權；動產在民法上，則可設定質權、留置權，若要設定動產抵押，應另依動產擔保交易法之規定辦理。

2. 主物與從物

以兩物在效用上之相互關係為區別標準，凡物能獨立發生效用者，稱為主物，如一般之房屋、車子等物。從物，依民法第68條第1項規定：「非主物之成分，常助主物之效用，而同屬於一人者，為從物」，依該規定，判斷是否從物之要件有三：

(1) **非主物之成分**：如果為主物之成分，則為主物之一部分，或為主物構成部分，均不得稱為從物，如窗框之於房子、抽屜之於桌子、車輪之於車子，皆因未具獨立性，而非從物。

(2) **常助主物發生效用**：在任何情形下，從物幫助主物發生效用；易言之，如果主物喪失從物，即喪失其效用或減少其效用，如鎖為主物，鑰匙為從物；車子為主物，車上之備胎為從物。

(3) **必須兩物同屬於一人**：如果兩物並非屬於同一人，即無主從關係，所以必須兩物屬於一個人，始有主從關係。

雖具備上述三要件，但若交易上有特別習慣者，仍應依其習慣（民法第68條第1項但書），而認為不是從物，例如信封與信紙、商店中衣架與衣服，該信封、衣架，在交易習慣上均不視為從物。

主物、從物之區別實益，在於主物處分之效力及於從物（民法第68條第2項），但有特別約定時，則從其約定。

3. 原物與孳息

以兩物在產生上之關係為區別標準，凡物能有所收益者，稱為原物，如土地、房屋、汽車；孳息，則是由原物所生之收益，又分為兩種：

(1) **天然孳息**：民法第69條第1項規定：「稱天然孳息者，謂果實、動物之產物及其他依物之用法所收穫之出產物。」此以果實、動產之產物為例示規定，其他依物之用法所收穫之出產物為概括規定。所謂果實指由植物所產生之物，如水蜜桃、香瓜、桑葉、稻米等是。所謂動物之產物，如牛奶、蜂蜜、羊毛、雞蛋等是。所謂其他依物之用法所收穫之出產物，如採礦得石油等是。

(2) **法定孳息**：民法第69條第2項規定：「稱法定孳息者，謂利息、租金及其他因

法律關係所得之收益」，此亦爲例示概括規定。利息，指貸出原本所生之收益；租金，爲出租原物所生之收益，兩者均因法律關係（消費借貸、租賃）而取得，屬於法定孳息。至其他因法律關係而取得之收益，亦須類似租金、利息，係由原物而得者始可，如投資於公開上市公司而取得之股息等。

原物與孳息之區別實益，在於孳息之歸屬上見之。依民法第70條第1項規定：「有收取天然孳息權利之人，其權利存續期間內，取得與原物分離之孳息」，對於天然孳息，採原物主義，即原則上歸原物所有人取得；但法律另有規定不歸原物之所有權人取得者亦有之，例如民法第798條規定，果實自落於鄰地，則歸鄰地人取得是；又另有約定者亦同，如承租人之取得租賃物產生之天然孳息是（民法第421條）。在實務上，最高法院48年台上字第1086號判例，認爲：「土地所有人本於所有權之作用，就其所有土地固有使用收益之權，但如將所有土地出租於人而收取法定孳息，則承租人爲有收取天然孳息權利之人，在租賃關係存續中，即爲其權利之存續期間，取得與土地分離之孳息」，可資參照。

至於法定孳息之取得，依民法第70條第2項規定：「有收取法定孳息權利之人，按其權利存續期間內之日數，取得其孳息」。例如張三將其所有房屋租予李四，租期1年，但8個月後，張三將該屋出售予王五，此時李四在「買賣不破租賃」原則下，雖可繼續居住，但張三僅有收取8個月租金之權利，其餘4個月應歸王五取得。

4. 融通物與不融通物

以物得否爲交易之標的爲區別標準，凡物得爲交易之標的或法律行爲之客體者，謂之融通物，反之則爲不融通物。一切之物，理論上皆得爲法律行爲之客體，但有時爲公共利益起見，使其不得在市面上流通，而有此分類。不融通物之種類有三：

(1) **公用物**：公用物係供公眾使用之物，如公園、馬路、橋樑是。

(2) **公有物**：凡國家機關所有之物，稱爲公有物，如國家機關的建築物。要特別注意的，在特定條件下，公有物有時得爲私權（如買賣、租賃）之標的。

(3) **禁止物**：指法令上禁止交易之物，如猥褻書刊、海洛因毒品、軍用槍砲等。

融通物與不融通物之區別實益，在於認定法律行爲是否發生效力上；申言之，凡以融通物爲買賣標的者，其買賣行爲有效；相反地，以不融通物爲買賣標的者，其買賣行爲無效。

5. 代替物與不代替物

以物是否得以同種類、同品質、同數量之物相互代替爲區別標準，可分爲代替物與不代替物。凡在交易上得以同一種類、品質及數量之物代替者，稱爲代替物，

例如柴、米、油、鹽；反之，在交易上較爲注意標的物之特別性質者，爲不代替物，如房屋、古董傢俱。

　　代替物與不代替物最大區別實益，在於代替物爲法律行爲之標的時，不發生給付不能問題；但以不代替物爲交易標的時，則常會發生給付不能情事。

6. 單一物、結合物與集合物

　　以物之形態爲區別標準，可分爲單一物、結合物和集合物。凡在外部形態上獨立自成一體之物，稱爲單一物，如一件襯衫、一雙鞋、一張紙。由數個單一物結合成爲一體，其構成部分已失去獨立性者，爲結合物，如一輛車、一棟建物。由多數單一物或結合物，聚集而成之物，爲集合物，如集合多數商品之百貨公司、集合多數牛、羊之牧場等。

　　單一物、結合物與集合物區別之實益，在於單一物、結合物在法律上爲單獨物件，屬於單獨所有權；集合物雖可作爲債權行爲之標的，但不得將全部集合物作爲一個物權之標的物，其所有權僅係存在於各個獨立單一物或結合物上。

三、案例結論

　　本案例某甲趁某乙出國，在某乙之土地上種植果樹，依民法第66條第2項規定：「不動產之出產物，尚未分離者，爲該不動產之部分」，該果樹上之果實，爲天然孳息，因某甲不法侵害某乙之土地所有權，故該土地所出產之果實仍屬所有人某乙所有，某甲無收取該已成熟果實之權利。

　　又某丙向某丁購買其所有之山坡地一塊，其內蘋果樹都已成熟，嗣某丁將該山坡地賣給某丙，並已辦理登記，此時土地所有權既已變更爲某丙所有，在該山坡地上已成熟之蘋果，依民法第66條第2項規定，其採收果實之權利，亦歸某丙所有；除非雙方在訂立買賣契約時，另有某丁保留其收取果實權利之約定外，原則上某丁自不得再擅入該山坡地收取蘋果。類此問題，爲保留土地出賣人權利，某丁得於買賣契約中清楚訂明果實權利之歸屬，亦可於土地過戶前，以所有人地位，先行採收，以維護自身權益。

第四章　法律行為

第一節　通則

壹、法律行為之意義、類型

案例15

　　甲男與乙女為情侶，目前均就讀於台北某國立大學商學研究所，情人節前數日，甲男邀請乙女至圓山大飯店用餐，屆期甲男因生活費用罄而取消，乙女非常失望，此際乙女能否請求甲男負擔損害賠償責任？又如甲、乙在交往過程中，因發生超友誼關係，致乙女懷孕，甲男為表示負責，未經父母同意，私下購買結婚證書，在宿舍內請同窗好友二人簽名後，未經宴客或舉行公開儀式，即至戶政事務所辦理結婚登記，該法律行為是否發生效力？

一、思考方向

　　法律是人類社會生活之規範，個人於社會生活中，其行為舉止，有些具有法律意義，發生一定法律效果者，稱為法律事實，如買賣、贈與、合夥、免除債務等；有些則非為法律所規範，不具有法律意義者，稱為自然事實，如落花流水、出外散步、朋友聚餐、參加宗教禮拜等，均不發生任何法律效果，當事人間所發生者，僅為事實關係，而非法律關係。民法所規範之重點，恆在於法律事實或法律關係，如同本案例，甲男邀請乙女至飯店用餐，屆期不履行；以及甲、乙之結婚行為是否發生效力，其問題之關鍵，端在於上開行為，究屬事實行為或法律行為，當事人是否發生法律關係，或僅為事實關係，此即為吾人應考慮之處。

二、論點分析

　　如前所述，宇宙間之種種現象，均屬事實，此等事實如在法律上發生效果時，則為法律事實。一般而言法律事實之種類很多，除自然人之出生、死亡、動產之附合、混合外，最常見者為權利主體（自然人或法人）之法律行為，凡行為人之行為合法者，謂之適法行為；行為不合法者，為違法行為。前者可分為事實行為、法律

行為及準法律行為三種；違法行為則包括侵權行為與債務不履行。

事實行為，係因自然人之事實上動作而發生一定法律效果之行為，如無因管理（民法第172條）、遺失物之拾得（民法第803條）、埋藏物之發現（民法第808條）、添附（民法第810條）等。

法律行為，乃行為人企圖發生一定私法上效果而表示其意思，並以意思表示為其不可或缺之要素。至準法律行為，則非基於表意人之表示行為，係基於法律規定而發生效力之行為；屬於此種類型之表現行為，有意思通知（如催告、要約拒絕等）、觀念通知（如召集社團總會之通知、債權讓與之通知等）、及感情表示（如夫妻一方之宥恕、被繼承人之宥恕等）。另侵權行為與債務不履行，可參見本書第二編第一章第一節以下之說明。

(一) 法律行為之概念

根據上開分析，法律行為乃是以意思表示為要件，因意思表示而發生一定私法上效果之法律事實，簡述如下：

1. 法律行為乃法律事實之一種

2. 法律行為以一個或數個意思表示為要素之法律事實

以一個意思表示為要素，稱為單獨行為；以二個意思表示為要素，則為契約；以三個以上意思表示為要素時，成為合同行為。

3. 法律行為以發生私法上效果為目的之行為

吾人之行為在公法上發生效果者有之，如選舉權、罷免權、公用徵收補償請求權等；在私法上發生效果者亦有之，如買賣、互易、保證等，民法屬於私法範疇，本於私法自治原則，行為人之行為在民事法律規範下，以發生私法上效果為依歸。

(二) 法律行為之分類

法律行為依其區別標準不同，而有以下之類型：

1. 財產行為與身分行為

以法律行為發生效果之不同為區別標準，可分為財產行為與身分行為：

(1) 財產行為

① 債權行為：發生債權關係變動效果之行為，如買賣、租賃等。

② 物權行為：發生物權關係變動效果之行為亦稱為處分行為，如所有權之移轉、抵押權之設定等。

③ 準物權行為：雖非物權行為，但可使物權以外之權利發生變更或消滅之行為，如債權之讓與、債務之承擔等。

(2) 身分行為

① 親屬行為：發生親屬關係變動效果之行為，如結婚、離婚、認領、收養等。

② 繼承行為：發生繼承關係變動效果之行為，如繼承權之拋棄、繼承權之承認。

2. 單獨行為、契約行為與合同行為

　　以法律行為是否由當事人一方之意思表示即可成立為區別標準，可分為單獨行為、契約行為與合同行為。

(1) 單獨行為：依當事人一方之意思表示而成立之法律行為，稱為單獨行為。單獨行為可再分為：

① 有相對人之單獨行為：當事人之一方必須向特定人為意思表示，始能發生效力者，為有相對人之單獨行為，如法律行為之撤銷、契約之解除。

② 無相對人之單獨行為：只要當事人之一方為意思表示，法律行為即可成立者，為無相對人之單獨行為，如物權之拋棄、捐助行為。

(2) 契約行為：依當事人雙方相互之意思表示一致而成立之行為，如買賣、贈與、租賃等。

(3) 合同行為：依當事人數個平行之意思表示合致，而成立之行為，如法人章程之訂立。

3. 生前行為與死後行為

　　以法律行為之生效時期，是否在行為人之生前抑或死後為區別標準，分為生前行為與死後行為：

(1) 生前行為：法律行為於當事人生存期間發生效力，稱為生前行為。如一般的法律行為。

(2) 死後行為：法律行為因當事人一方之死亡而發生效力者，稱為死後行為。如遺囑、死因贈與等。

4. 要式行為與不要式行為

　　以法律行為之成立，是否應踐履一定方式為區別標準，可分為要式行為與不要式行為：

(1) 要式行為：法律行為須遵守一定方式始能成立者，謂之要式行為。例如法人之設立，應訂立章程；結婚應以書面為之，並有二人以上之證人證明等。

(2) 不要式行為：法律行為不須遵守一定方式，即可成立者，謂之不要式行為，如動產之買賣等。我民法以採「方式自由」為原則，以採「要式主義」為例外。

5. 要物行為與不要物行為

　　以法律行為是否以物之交付為要件，分為要物行為與不要物行為：

(1) 要物行為：除意思表示外，並以物之交付為要件之行為，如使用借貸、動產物

權之讓與、質權之設定等均爲要物行爲。

(2) **不要物行爲**：只要當事人意思表示與內容一致，法律行爲即成立，不以物之交付爲要件之行爲，亦稱諾成行爲。債權行爲原則上均爲諾成行爲，如買賣、僱傭、委任等。

6. 要因行爲與不要因行爲

以法律行爲是否以原因存在爲要件，分爲要因行爲與不要因行爲：

(1) **要因行爲**：法律行爲之成立必須以特定原因爲前提者，亦即原因與行爲不可分離者，是爲要因行爲。如一般之債權行爲，常爲要因行爲。

(2) **不要因行爲**：法律行爲之效力不受原因行爲之影響，其原因行爲縱因有瑕疵而無效、被撤銷或解除等情形，法律行爲仍然有效。如物權行爲、票據行爲等屬不要因行爲。

7. 有償行爲與無償行爲

以法律行爲一方給付，他方是否亦須爲對待給付爲區分標準，分爲有償行爲與無償行爲：

(1) **有償行爲**：當事人之一方，爲財產上之給付，而取得他方對待利益之行爲也。即雙方當事人皆因給付而受利益之法律行爲，如租賃、承攬運送契約等。

(2) **無償行爲**：僅由當事人之一方，爲財產上之給付，而未取得對待利益之行爲。如贈與、使用借貸、保證等。

8. 處分行爲與負擔行爲

以法律行爲之性質爲區別標準，可分爲處分行爲與負擔行爲：

(1) **處分行爲**：係直接使權利發生變動之法律行爲，亦即經由處分行爲，使現存權利直接發生移轉、變更或消滅之結果。處分行爲主要爲物權行爲，如讓與動產所有權（民法第761條），及少數準物權行爲，如債務承擔（民法第300條）、債務免除（民法第343條）。

(2) **負擔行爲**：指雙方約定爲一定給付之法律行爲，負擔行爲約定所應交付之標的物，並不發生直接移轉權利之效力；一般債權行爲均爲負擔行爲。

三、案例結論

在本案例中，甲男於情人節前數日，邀請乙女至圓山大飯店用餐，係基於雙方之情誼，並不具有法律上意義；亦無需將男女之感情生活，均以法律來加以評價，故甲、乙間所發生者，僅爲事實關係，而非法律關係，因而事後甲男由於生活費用罄，不得已取消兩人之聚餐，此時乙女不得主張債務不履行之損害賠償。

又如甲、乙在交往過程中，因發生超友誼關係，致乙女懷孕，而辦理結婚登

記，可認爲當事人間有發生身分法上夫妻關係效果之法律行爲。關於法律行爲之分類，以其成立是否應以一定方式爲必要條件，可分爲要式行爲與不要式行爲，依96年5月23日修正民法第982條規定：「結婚應以書面爲之，有二人以上證人之簽名，並由雙方當事人向戶政機關爲結婚之登記」，可見結婚爲要式行爲，本件甲、乙二人，既已購買結婚證書，並請同窗好友二人簽名後，雙方當事人到戶政機關辦理結婚登記完畢，其結婚行爲已發生法律效力。

貳、法律行爲之要件、標的

案例16

> 　　甲男爲台北某貿易公司之董事長，年逾半百，現有妻室，因欲與年輕貌美之秘書乙女同居，乙女除要求其給與1.5克拉鑽戒一顆、每月生活費5萬元外，並希望移轉座落於陽明山附近之別墅一棟，作爲代價，甲男均應允之，但約定於同居關係終止後，乙女應即返還該鑽戒及別墅，且不再負擔其生活費。在甲男贈與鑽戒、支付其二個月生活費現金10萬元，正辦理陽明山別墅過戶手續時，某日在精樺飯店，甲男發現乙女與丙男相偕用餐，狀甚親密，一氣之下，當場向乙女表示終止雙方同居關係，不再贈與該別墅，並要求其返還鑽戒、現金，有無理由？

一、思考方向

　　在本案例中，甲男爲求年輕貌美之乙女與其同居，而應允贈送鑽戒、現金10萬元，及移轉別墅一棟作爲代價，嗣因發現乙女另有男友丙男，而有意終止同居關係，並要求返還已交付之鑽戒及現金，同時拒絕正辦理過戶之不動產贈與，其請求有無理由，首應探究者，即爲甲男之上開贈與行爲是否業已成立、生效？如已生效，其以同居爲條件之贈與行爲，有無違反強制規定或公序良俗？又對於不動產之贈與，有無特別生效要件，在未完成過戶前，贈與人是否能任意撤回，凡此均爲本問題應思考之重點，爲說明起見，本書依民法之規範內容，分別從法律行爲之成立要件、生效要件及法律行爲之標的，依序加以論述。

二、論點分析

(一) 法律行為之成立要件

　　法律行為，必須具備一定之要件始能成立，此種不可或缺之法律事實，為法律行為之成立要件，學理上區分為：

1. 一般成立要件

　　法律行為之一般成立要件有三：即當事人、標的及意思表示，如欠缺任何一種，都無法使法律行為有效成立。

2. 特別成立要件

　　在部分法律行為中，除一般成立要件外，尚應具備特別要件始能成立者，如民法第464條之使用借貸，在具備當事人、標的、意思表示等一般成立要件外，需另有物之交付，其借貸契約始能有效成立，此種物之交付，即為特別成立要件。

(二) 法律行為之生效要件

　　法律行為成立後，非當然發生效力，還需視其是否具備生效要件方能發生法律效果，此種不可或缺之法律事實，為法律行為之生效要件，亦可區分為：

1. 一般生效要件

　　為一般法律行為發生效力，所應具備之要件。通說認為，一般生效要件中，當事人須有行為能力，法律行為之標的須合法、確定、可能、適當，且意思表示須健全而無瑕疵。

2. 特別生效要件

　　為使某種法律行為發生法律效力，所應特別具備之要件，為特別生效要件，如：

(1) 附停止條件或期限之法律行為，以條件成就或期限屆至為特別生效要件。

(2) 限制行為能力人之法律行為，以法定代理人之事先允許或事後同意為特別生效要件。

(3) 無權代理行為或無權處分行為，以經本人之承認為特別生效要件。

(4) 遺囑或遺贈，以立遺囑人或贈與人死亡時，繼承人或受贈人生存為特別生效要件。

(三) 法律行為之標的

　　法律行為之標的，即法律行為之內容，係當事人於行為時所欲發生之私法上法律效果，該標的一般認為應具備合法性、確定性、可能性及妥當性等要件：

1. 合法性

即法律行為之內容不得違反法律之強行規定，依民法第71條規定：「法律行為，違反強制或禁止之規定者，無效。但其規定並不以之為無效者，不在此限。」法規依其性質不同，可分為強行法與任意法；強行法乃不論當事人意思如何，均應強制適用，包括強制及禁止規定。任意法乃當事人得以自由意思排除其適用之法規，另有補充適用之效力。通常民法所規定事關權利能力、行為能力、親屬法、繼承法及物權法上多數之規定，均為強行法；至於債編通則或債編各論，大多為任意法。法律行為違反強行規定者，原則上無效，如父母為未成年子女所訂婚約，違反民法第972條強制規定，而歸於無效。

2. 確定性

指法律行為之標的，於法律行為成立當時，其種類、品質及數量已經確定或未來可得確定而言；若不能確定時，即無從實現其內容，該法律行為應屬無效，譬如甲請乙代購房屋一棟，而未說明房屋座落地點、價位、面積，此時其法律行為因未確定，難以履行，而不發生效力。

3. 可能性

指法律行為之內容，必須有實現可能，若以不能實現事項為法律行為之標的，其法律行為不發生效力。關於不能之情形，可分為下列幾種：

(1) **事實不能與法律不能：** 依物理之見解或社會觀念而認為不能者，為事實不能，如海底撈針是。法律行為之標的，因法律上理由而不能實現者，為法律不能，如買賣政府不准進口之貨物等。

(2) **自始不能與嗣後不能：** 法律行為成立當時，即屬不能，為自始不能，如購買房屋乙間，於契約成立前業已因颱風被吹倒。在法律行為成立當時尚屬可能，行為成立後交付前，始確定無法履行者，為嗣後不能，如契約成立時，購買之房屋仍存在，但數日後，因失火而燒燬。

(3) **主觀不能與客觀不能：** 法律行為之內容，因當事人個人之事由，不能實現者，謂之主觀不能。反之依社會之一般觀念，認為不能者，則為客觀不能，前者如委請不識字者充任繕寫；後者如小客車已撞毀而無法依買賣契約交車。

(4) **全部不能與一部不能：** 法律行為之內容，全部不能達到目的者，為全部不能；僅一部分無法達到目的者，為一部不能。法律行為之一部不能，原則上全部無效，但除去該不能之部分，其他部分亦可成立者，仍為有效（民法第111條）。如租賃之建物，全部燒燬或一部燒毀情形。

不能雖有上述多種情形，通說認為以自始、客觀不能為限，其他不能，並不影響法律行為之成立與生效，僅係債務不履行或危險負擔問題而已。

4.妥當性

法律行為之內容，除不得違反強行規定外，尚應具備社會妥當性，不得違反公共秩序或善良風俗，故民法第72條規定：「法律行為，有背於公共秩序或善良風俗者，無效。」所謂公共秩序，係國家社會之一般要求或利益；善良風俗，乃社會一般道德觀念之謂。究其具體標準為何，應隨時代變遷、社會思潮、經濟狀況及地區環境等差異，綜合觀察判斷之。例如：「夫妻間為恐一方於日後或有虐待或侮辱他方情事，而預立離婚契約者，其契約即與善良風俗有背，依民法第72條應在無效之例」（最高法院50年台上第2596號判例）；又如：「上訴人為有婦之夫，涎被上訴人之色，誘使同居，而將系爭土地之所有權移轉登記與被上訴人，復約定一旦終止同居關係，仍須將該地返還，以資箝制，而達其久占私慾，是其約定自係有背善良風俗，依民法第72條規定應屬無效，上訴人依據此項約定，訴請被上訴人移轉系爭土地之所有權殊非正當」（最高法院65年台上第2436號判例），均值參照。

其次，民法第74條第1項規定：「法律行為，係乘他人之急迫、輕率或無經驗，使其為財產上之給付或為給付之約定，依當時情形顯失公平者，法院得因利害關係人之聲請，撤銷其法律行為或減輕其給付。」此即學說所稱之「暴利行為」。此種行為，外國有認其因違反公序良俗而無效，但本法為尊重當事人意思，祇能聲請法院撤銷，此項聲請依同條文第2項規定，應於法律行為後1年內為之，以保護交易安全。

三、案例結論

甲男為台北某貿易公司之董事長，已有妻室，為與女秘書乙同居，而約定贈與1.5克拉鑽戒一顆、生活費用每月5萬元，及移轉房屋一棟，作為代價，當雙方同居關係終止時，乙女應即返還鑽戒及該別墅，上開同居之約定，顯與目前吾人日常生活所實踐之道德觀念牴觸，其有悖於善良風俗，應堪認定。

按法律行為有背於公共秩序或善良風俗者無效，民法第72條定有明文。於此種情形，當事人未給付者，自不必再為給付，故甲對於尚未過戶之陽明山別墅一棟，可拒絕給付，無庸再辦理移轉登記。對於已給付之鑽戒及生活費10萬元部分，因違背善良風俗，其給付原因係屬不法，依民法第180條第4款規定：「因不法之原因而為給付者，不得請求返還」，故縱其贈與行為（債權行為），在法律上無效，但甲仍不得依不當得利之規定請求返還。

第二節 行為能力

案例17

　　甲男與乙女結婚多年，育有子女丙、丁二人，丙男現年17歲，就讀於私立高中，丁女僅6歲，仍為幼稚園大班小朋友。農曆新年，乙女全家回娘家拜年時，丙、丁分別接受大舅舅贈與之3,000元及1,000元壓歲錢，丙男旋即將該壓歲錢，拿去購買市價3萬元之機車乙部，並預付頭期款3,000元，此時丙、丁之法律行為效力如何？其父親甲是否得拒絕承認丙之購車行為，並要求退回頭期款？

一、思考方向

　　依前節所述，法律行為之成立，須有當事人、標的及意思表示；至其發生法律上效力，則除標的應適法、確定、可能，意思表示健全外，並需當事人有行為能力。故行為能力者，乃以獨立之意思表示，使其行為發生法律上效果之資格或地位。吾人均知法律行為係實踐私法自治之手段，而私法自治之理念則在於個人自主及自我負責，因此行為能力務需以行為人具有意思能力為前提。然而對於具體事件，是否發生法律上效果，如需審查每一行為人之意思能力，以決定其行為能力有無，恐將有礙交易安全，並滋生許多疑異和不便，為此採用類型化之行為能力制度，已成為各國民法學之共同趨勢。

　　在台灣地區，主要以年齡作為類型化行為能力制度之基礎，蓋人之思慮智慧因年齡而異，與年俱進，不失為客觀判斷意思能力是否健全之重要依據，目前立法例上採行「三分主義」，即未滿7歲為無行為能力人，滿7歲之未成年人為限制行為能力人，滿18歲則為成年人（民法第12條、第13條）。成年人有完全行為能力，固無問題；惟如同本案例，丙男現年17歲為限制行為能力人，丁女僅6歲為無行為能力人，其接受長輩贈與壓歲錢之行為，是否發生效力？又如丙男將該壓歲錢拿去購買機車，其法律效果如何？丙男之父親得否因丙男尚無機車駕照，而拒絕機車行支付機車尾款之請求，凡此即為限制行為能力人與無行為能力人，其法律行為之效力問題，此為本案例中應探討之核心。

二、論點分析

(一) 無行爲能力人之法律行爲

　　無行爲能力人欠缺意思能力，因此民法第75條前段規定：「無行爲能力人之意思表示，無效。」然無行爲能力人在事實上常有爲法律行爲的必要，法律爲謀補救起見，特設「法定代理人」制度，而於民法第76條規定：「無行爲能力人由法定代理人代爲意思表示，並代受意思表示。」由此條規定，可知無行爲能力人之任何法律行爲，均需由法定代理人代爲，並無任何例外或得經法定代理人之允許或承認，而使其自爲之法律行爲發生效力之餘地；又依代理之本質觀之，解釋上法定代理人僅得代理財產上行爲，身分上之行爲不能代理。

　　其次，爲保護一時性之無行爲能力人，第75條後段特別規定：「雖非無行爲能力人，而其意思表示，係在無意識或精神錯亂中所爲者亦同」，所謂無意識，即全然欠缺意思能力；精神錯亂，指精神作用暫時發生異狀，以致喪失意思能力者而言，不論爲無意識或精神錯亂，均爲事實上欠缺意思能力，其法律行爲不發生效力，亦應由法定代理人代爲意思表示，或代受意思表示，例如某職棒名星球員張三，在酒醉時簽下20萬元之本票，其發票行爲不生法律上效力。

(二) 限制行爲能力人之法律行爲

　　滿7歲以上未成年人，爲限制行爲能力人，關於限制行爲能力人所爲意思表示及所受意思表示之效力，民法第77條至第85條設有相當詳盡之規定，以期兼顧限制行爲能力人參與交易活動之實際需要和交易安全之維護，爲便於說明，本書分就原則上應得法定代理人允許，及例外無須經法定代理人允許之法律行爲，分述如下：

1. 須經允許之法律行爲

　　民法第77條前段規定：「限制行爲能力人爲意思表示及受意思表示，應得法定代理人之允許」，所謂允許，即事前同意之謂，事後同意則爲承認。法定代理人之允許，以意思表示爲之即可，無須踐行一定之方式；且其允許應就個別特定法律行爲爲之，不得爲概括允許。但法律爲求社會交易之便捷，就某種行爲或某類事業之範圍內，加以限定允許，則尚無不可，依民法規定，其情形有二：

(1) **特定財產之處分**：民法第84條規定：「法定代理人允許限制行爲能力人處分之財產，限制行爲能力人，就該財產有處分之能力。」如父母給予子女出外求學之生活費，就此財產，既經允許其處分，限制行爲能力人自可隨時使用處分。

(2) **特定營業之行為**：民法第85條第1項規定：「法定代理人允許限制行為能力人獨立營業者，限制行為能力人，關於其營業，有行為能力。」此處所謂之「營業」，不以經營商業為限，還包括限制行為能力人出外打工、謀生就業等行為。不過，為保護未成年人之權益，同條第2項又規定：「限制行為能力人，就其營業有不勝任之情形時，法定代理人得將其允許撤銷或限制之。但不得對抗善意第三人。」

　　法定代理人允許之作用，在於補充限制行為能力人所為法律行為之效力，此為法定代理人之補充權。至於限制行為能力人，如未得法定代理人允許所為之法律行為，其效力如何？此可分為單獨行為與契約行為來討論。在單獨行為，依民法第78條規定：「限制行為能力人未得法定代理人之允許，所為之單獨行為，無效」，例如限制行為能力人為權利之拋棄或免除債務等不利之行為，均不發生效力。在契約行為，依民法第79條規定：「限制行為能力人未得法定代理人之允許，所訂立之契約，須經法定代理人之承認，始生效力」，故契約行為未經事前允許者，並非無效，而係效力未定，學說稱為「效力未定之法律行為」，日後法定代理人表示「承認」時，即生效力；法定代理人拒絕承認時，則確定不生效力；又得承認效力未定之法律行為，不限於法定代理人，限制行為能力人自己，於限制原因消滅後，例如未成年人已結婚或成年後，承認其所訂契約者，依民法第81條規定，其承認與法定代理人之承認，有同一之效力。

　　惟如法定代理人或其本人於限制原因消滅後，遲遲不為承認之表示，致法律行為，始終處於效力未定之狀態，對於行為相對人頗為不利，故民法賦予相對人兩種權利，使早日確定雙方法律行為之效力：

(1) **催告權**：民法第80條規定：「前條契約相對人，得定一個月以上期限，催告法定代理人，確答是否承認。於前項期限內，法定代理人不為確答者，視為拒絕承認」，是為相對人之催告權，經此催告後，法定代理人如不確答，則視為拒絕承認，而該契約即確定不生效力。

(2) **撤回權**：民法第82條規定：「限制行為能力人所訂立之契約，未經承認前，相對人得撤回之。但訂立契約時，知其未得有允許者，不在此限」，是為相對人之撤回權；只有善意相對人，亦即不知限制行為能力人未得允許而與其訂約之人，始有撤回權。撤回權一經行使，即可使該契約確定不發生效力。

2. 不須允許之法律行為

　　限制行為能力人之法律行為，原則上應得法定代理人之事前允許或事後承認，始生效力，但下列行為則例外不須法定代理人之補充：

(1) **純獲法律上利益之行為**：所謂純獲法律上利益，指限制行為能力人單純享有法

律上利益，而不負擔任何法律上義務，如接受他人之贈與等。此種行爲不會使
限制行爲能力人負擔義務，故民法第77條但書規定，不須得其法定代理人之同
意。

(2) **日常生活所必需之行爲**：限制行爲能力人日常在就讀或工作中，常需爲各種法
律行爲，如購買文具、飲食用餐、搭乘公車等例行瑣事，如須一一獲得法定代
理人允許，實不勝其煩，情理上亦無必要，爲此民法第77條但書再規定，依其
年齡及身分，日常生活所必需之行爲，獨立發生效力，無須再經法定代理人同
意。

(3) **使用詐術行爲**：民法第83條規定：「限制行爲能力人用詐術使人信其爲有行爲
能力人或已得法定代理人之允許者，其法律行爲爲有效。」限制行爲能力人所
爲法律行爲，須得法定代理人允許始生效力，其目的在保護限制行爲能力人，
以免因年輕識淺，智慮欠周，致遭受不利結果；如限制行爲能力人既能使用詐
術，則其智能業已成熟，且有惡意成分，自無再加以保護之必要，故法律上逕
使其行爲強制發生效力。

三、案例結論

甲、乙結婚多年，育有子女丙、丁二人，丙男現年17歲未婚，爲限制行爲能
力人；丁女年僅6歲，仍爲無行爲能力人。無行爲能力人之意思表示無效，對於無
行爲能力人之法律行爲，由其法定代理人代爲並代受意思表示，民法第75條、第
76條分別定有明文，故丁接受其大舅舅所贈送之1,000元壓歲錢，在法律上不生效
力；仍應由法定代理人甲或乙，出面接受始發生效力。

至對於限制行爲能力人，其爲意思表示或接受意思表示，原則上應得法定代理
人之允許，例外對純獲法律上利益或依其年齡及身分，日常生活所必需者，則無需
再經允許，此民法第77條亦定有明文。故丙男接受大舅舅贈與之3,000元，乃純獲
法律上利益之行爲，其當場表示接受，自生法律效力。

又丙男旋即將該壓歲錢，拿去購買市價3萬元之機車，並預付頭期款3,000元，
由於丙男現僅17歲，依規定尚無法取得機車駕照，其爲私立高中學生，購買機車，
難認係日常生活所必需之行爲，自無民法第77條但書適用之餘地。對於丙男之買賣
機車行爲（契約行爲），其法定代理人依民法第79條規定，得加以拒絕，使契約不
發生效力；惟爲保護契約相對人之權益，機車行負責人亦得依民法第80條規定，定
1個月以上期限，催告法定代理人確答是否承認；前項期限內，法定代理人不爲確
答者，視爲拒絕承認，此時機車行應即返還3,000元頭期款，使雙方權利義務回復
原狀。

第三節　意思表示

壹、意思表示之意義、分類

案例18

　　甲、乙為大學同窗好友，多年不見，週末假期倆人巧遇於墾丁海邊，相談甚歡。甲獲知乙翌日亦將返回台北，乃邀請乙搭其自用車北返，乙當場應允，並連夜退掉機票。當夜甲臨時接獲通知，謂其母生病就醫，未通知乙，立即駕車回台北，致乙久候不見甲前來，為避免耽誤時間，只得花費3,600元僱用計程車，則乙就其多支出之費用，得否向甲請求賠償？又丙出版商寄新書一套給甲，附函說明甲若不願收受，請於7日內還書，若未還即視為同意接受，甲因在醫院照顧母親，而未予答覆，屆期後丙出版商是否可以向甲請求新書價金5,000元？

一、思考方向

　　在本例題中，乙得否向甲請求3,600元之計程車費，首應檢討者在於當事人間是否有法律關係存在，對於甲邀請乙搭其自用車北返及乙當場應允之行為，是否發生私法上之效果，而使契約成立，致甲負有以其自用車載乙回台北之義務，此均應先從當事人之約定是否屬於意思表示，其意思表示究否成立，加以討論。又意思表示可分為明示與默示之意思表示、有相對人與無相對人意思表示、對話與非對話之意思表示等多種類型，對於甲單純沉默未答覆出版商丙之行為，應否使其受契約之拘束，亦為本案例應思考之問題。

二、論點分析

(一) 意思表示之意義

　　所謂意思表示，指行為人將其內心所希望發生一定私法上效果之意思，表示於外部之行為。由此可知意思表示係私法上行為，故機關本於國家主權作用之行為（如稅捐機關之課稅行為、法院之裁判行為），或雖為私人行為但以發生一定公法上效果為目的之行為（如農民向行政機關請求為自耕農登記），皆非民法所規定

「意思表示」範疇。又雖為私人之行為，如表意人並無因其表示而受拘束意思存在時，亦非意思表示。可見意思表示，應由下列三要素構成：

1. 效果意思

乃行為人內部主觀上希望發生私法上一定效果之意思，例如無殼蝸牛之上班族期望以合理價格購得房屋、商品出賣人期盼貨物賣得高價、演藝人員希望演出獲得優渥報酬等。效果意思雖為表意人之內心意欲，但卻為意思表示之基礎，由於效果意思之激勵，促使意思表示之形成，最終實現法律行為之效果。

2. 表示意思

即行為人有意將內心已決定之效果，表達於外部之意思，例如甲有意將房屋租賃給乙使用居住，則甲有取得租金，乙有使用該租賃物之效果意思；甲、乙為表示同意簽約，而欲以電話、書面、點頭、當面交談等各種方式來表達，此即為表示意思。

3. 表示行為

行為內在之意思必須表示於外，始能發生法律上效力。故表示行為乃係表意人將其內部之效果意思，表達於外部之行為。一般而言，表示行為可依照社會上通用之語言、文字或動作為之，其為明示或默示均無不可；如所使用之語言或文字含義不明確時，如何認定其表示行為及表示內容，則屬於意思表示之問題，對此民法第98條已規定：「解釋意思表示，應探求當事人之真意，不得拘泥於所用之辭句」，可供適用。

(二) 意思表示之類型

意思表示之分類，依不同之區別標準，可分為以下各類：

1. 明示意思表示與默示意思表示

意思表示以其表示之方法為區別標準，可分為明示與默示意思表示。前者以言語、文字或其他習慣上之表意方法，明白直接表示之謂；後者乃以使人推知之方法，間接表示意思之謂，例如在超級市場未明白表示購買，但逕行取貨、照價付款，可認為默示承諾是。又如將已訂閱之契約退還，可認為默示解除契約是。意思表示無論明示或默示均無不可（民法第153條參照），但法律特別規定非明示不可者亦有之，如民法第272條連帶債務之成立，應以明示為限，此際即不能再以默示意思表示，成立連帶債務。

2. 有相對人之意思表示與無相對人之意思表示

意思表示以相對人之有無為區別標準，可分為有相對人之意思表示與無相對人之意思表示。前者有相對人存在，其意思表示必須向相對人為之，否則意思表示不

能成立或不發生效力，如債務之抵銷，應向債務人爲之是；後者無須有相對人存在，其意思表示亦能成立或生效，如捐助行爲、遺囑等。

3. 對話意思表示與非對話意思表示

意思表示以能否直接溝通及了解爲區別標準，可分爲對話與非對話意思表示。前者乃當事人處於可以直接交換、溝通意思者稱之；後者則表意人與相對人僅能間接表示其意思，如以函件、傳真、打電報等方式，均爲非對話意思表示；甚至在演講會場，以紙條私下互傳消息，雖當事人近在咫尺，由於不能直接表達意思或交換意見，仍應認係非對話之意思表示。

(三) 意思表示之效力

意思表示之效力，乃意思表示發生法律拘束力，使當事人受其拘束之意。表意人所爲意思表示，除須具備特別生效要件者外，其生效時期，因有無相對人而有不同：

1. 無相對人之意思表示

在意思表示無相對人之情況下，其意思表示何時發生效力，民法並未明文規定，通說認爲應以意思表示成立時，立即發生效力，如動產之拋棄，其拋棄之意思表示於成立時，即同時生效；但法律特別規定不於成立時生效者，則依法律之規定，例如繼承之拋棄，依民法第1175條規定，溯及於繼承開始時發生效力，而非於拋棄繼承之意思表示時發生效力。

2. 有相對人之意思表示

意思表示如有相對人，則其意思表示何時發生效力，關於此一問題，學說上有下列四種理論：

(1) **表示主義**：即以表意人意思表示成立時，爲意思表示發生效力之時期，亦稱表意主義。

(2) **發信主義**：即以意思表示離開表意人，如函件已付郵時，發生效力。

(3) **到達主義**：即以意思表示到達相對人之支配範圍，如函件已送達相對人時，發生效力，亦稱受信主義。

(4) **了解主義**：即以相對人了解其意思表示之含意時，發生效力。

我國民法關於有相對人之意思表示，如爲對話之意思表示時，依民法第94條規定：「對話人爲意思表示者，其意思表示，以相對人了解時，發生效力」，係採取了解主義；在非對話之意思表示，依第95條第1項規定：「非對話而爲意思表示者，其意思表示，以通知達到相對人時，發生效力。但撤回之通知，同時或先時到達者，不在此限」，則採取到達主義，以求公平。另在常見之以電話爲表示意思場

合，如果相對人親自接聽，適用了解主義；如由他人代爲接聽者，適用到達主義。

在司法實務上，最高法院58年度台上字第715號民事判決認爲：「非對話而爲意思表示者，其意思表示以通知達到相對人時，發生效力，民法第95條第1項定有明文。所謂達到，係指意思表示達到相對人之支配範圍，置於相對人隨時可了解其內容之客觀之狀態而言。」

三、案例結論

現代民法以法律行爲（尤其以契約行爲）爲中心，法律行爲以意思表示爲基礎，而意思表示則又由效果意思，表示意思及表示行爲等三要素所構成。本案例中就甲邀請乙搭其自用車返回台北而言，原則上應認爲甲並無因該表示而受拘束之法律效果意思；換言之，即甲不願因此而使其自己負有於翌日一定要將乙送往台北之法律上義務，並承擔可能發生之損害賠償責任，本件甲之邀請行爲，既欠缺效果意思，即非屬民法之意思表示，故乙縱因甲之爽約而受有損害，自無請求損害賠償之餘地。在社會活動頻繁之今日，邀請朋友聚餐、舉辦學術演講、約定開車夜遊等，雖具有重要意義，當事人也應遵守，但不發生民法上之權利義務關係，讀者切不可將所有之人際往來，均強以民法加以規範，值得注意。

又關於丙出版商寄新書一套給甲，言明若不退還即爲接受，甲收受後因照顧生病之母親而置之不理，此時甲之沉默行爲是否具有默示承認之意思，乃丙出版商得否請求新書價款5,000元之前提。按「所謂默示之意思表示，係指依表意人之舉動或其他情事，足以間接推知其效果而言，若單純之沉默，除有特別情事，依社會觀念可認爲一定意思表示者外，不能謂爲默示之意思表示」（最高法院29年上字第762號判例參照），本案例中甲既未事先請丙出版商寄該新書，雙方又無任何約定其沉默行爲，即屬默示意思表示，故甲自不受丙出版商之拘束，可以拒付該5,000元。

另消費者保護法，爲保護消費大眾之權益，於第20條第1、2項規定：「未經消費者要約而對之郵寄或投遞之商品，消費者不負保管義務。前項物品之寄送人，經消費者定相當期限通知取回而逾期未取回或無法通知者，視爲拋棄其寄投之商品。雖未經通知，但在寄送後逾一個月未經消費者表示承諾，而仍不取回其商品者，亦同」，基於該規定，未經消費者要約而寄出新書之丙出版商，不僅不可以其附函拘束甲，而且在寄送逾1個月仍不取回其新書時，法律上視爲寄送人拋棄其投寄之新書。

貳、意思表示之不一致

案例19

　　甲因炒作股票失利，為避免債權人之扣押，乃與其遠親乙約定將其座落於台北市信義路之房屋一棟，虛偽移轉登記給乙。不料乙見有機可乘，竟將該不動產出售予不知情之丙，並已辦理過戶登記完畢，此時當事人間之法律關係為何？甲能否向丙請求返還該房屋，丙可否拒絕？

一、思考方向

　　表意人內心之效果意思與外部之表示行為一致，法律始賦與預期之效力。惟由於表意人內部意思不易為人所了解，尤其當表意人將其內心效果意思，表達於外部過程中，難免會發生不一致之情況，學理上稱之為「有瑕疵之意思表示」，其類型可分為「意思表示之不一致」，如心中保留、通謀虛偽表示、錯誤、誤傳等；及「意思表示之不自由」，如詐欺、脅迫等，此等有瑕疵之意思表示，明顯影響到意思表示之法律效果。在本案例中，甲、乙虛偽辦理房屋所有權移轉登記後，乙將該不動產過戶予不知情之丙，其當事人間之法律關係為何？即係典型意思表示不一致之情形，本節茲就民法對於該有瑕疵意思表示之內容及法律效果，分別加以說明。

二、論點分析

　　關於意思表示之不一致，現行民法於第86條至第91條，共設有六個條文，主要規範內容為：

(一) 單獨虛偽意思表示

　　又稱為心中保留，乃表意人故意隱藏其心中之真意，而表示與其真意不同意義之意思表示，例如表意人本欲出賣甲畫，故意表示出賣乙畫；或為博取女友歡心，故意表示將贈與勞力士手錶乙只，而內心並無此真意。單獨虛偽意思表示，原則上並不因之無效，蓋表意人既非真意表示，無論其動機係出於欺罔或戲謔，實無再加保護必要，以維護交易安全和相對人利益，故本法第86條前段規定「表意人無欲為其意思表示所拘束之意，而為意思表示者，其意思表示，不因之無效」，即表意人縱使心中有保留，但其所為意思表示，原則上仍屬有效。惟意思表示之相對人明知表意人之表示係非真意時，依民法第86條但書之規定，已無庸再加以保護，而應使

該虛偽意思表示仍歸於無效。例如甲至隔鄰傳統超商購物，因無零錢，店主笑稱：「常客，算什麼錢！」，該店主事實上並無贈與之意思，應爲甲所明知，故店主之單獨虛偽意思表示不發生效力，買受人仍應支付買賣價款。

(二) 通謀虛偽意思表示

又稱爲雙方虛偽意思表示，乃表意人與相對人通謀所爲之虛偽意思表示。此種意思表示雙方皆明知其非眞意，故於當事人間無加以保護之必要，祇應側重於保護善意第三人而已。民法第87條第1項規定：「表意人與相對人通謀而爲虛偽意思表示者，其意思表示無效。但不得以其無效對抗善意第三人」，即在當事人間之虛偽表示，不發生效力；惟對善意第三人而言，則得主張該行爲無效，亦得主張爲有效；若主張有效時，當事人不得以無效對抗之。例如小王將其古董花瓶虛偽出賣給小林，小林又將之轉賣與不知情之收藏家許董，雖小王與小林間之買賣契約因虛偽表示而無效，許董仍得主張爲有效；如古董花瓶業已完成交付，小王不得再請求返還，只能向小林請求損害賠償。

其次，虛偽之意思表示，在當事人間卻隱藏他項法律行爲之眞正效果意思，以欺騙第三人者，依民法第87條第2項規定：「虛偽意思表示，隱藏他項法律行爲者，適用關於該項法律行爲之規定」，例如甲購置不動產贈其女友，爲避免父母反對，乃以假買賣、實贈與之方式辦理過戶，如交屋後乙女發現房屋有漏水、牆壁龜裂等瑕疵時，不得請求甲負出賣人瑕庇擔保責任，而應適用假買賣中所隱藏之贈與行爲，作爲主張權利之依據。

(三) 錯誤

乃表意人之表示，因誤認或不知，以致內心之效果意思與外部之表示行爲不一致，例如誤認鍍金手錶爲K金手錶，而以高價購買；或誤認甲屋爲乙屋等均是。表意人之意思與表示行爲偶然、非故意之不一致爲錯誤之表徵；如爲故意之不一致，則爲心中保留或通謀虛偽意思表示，兩者有別。錯誤之類型，大致可分爲：

1. 表示內容之錯誤

意思表示之內容，與表意人眞意不一致者，爲意思表示內容之錯誤，依民法第88條規定分析如下：

(1) **當事人錯誤：**乃意思表示之相對人有錯誤，例如誤甲爲乙而贈書數冊，誤張三爲李四而訂立僱傭契約。

(2) **標的物錯誤：**乃對於標的物同一性之認識發生錯誤，如將白糖誤爲味精而購買；打算出賣A汽車，結果出賣B汽車。

(3) **法律行爲性質錯誤**：乃法律行爲之本身性質發生錯誤，如誤以借貸爲贈與而加以允諾；將通常保證債務誤爲連帶保證債務而出面清償等。

(4) **交易上認爲重要之錯誤**：依民法第88條第2項規定：「當事人之資格或物之性質，若交易上認爲重要者，其錯誤，視爲意思表示內容之錯誤」，例如誤以室內設計師爲建築師，而請其製作各項建築圖表；或誤農地爲建地而高價購買，類此錯誤，本應屬動機之錯誤，惟法律則以其錯誤，如具有交易上之重要性者，視爲意思表示內容之錯誤。

2. 表示行爲之錯誤

民法第88條第1項規定：「表意人若知其事情即不爲意思表示者」，爲表示行爲之錯誤。如誤新筆A爲舊筆，而予以丟棄；或書寫租約時，將租金每月32,000元，誤載爲23,000元等。

3. 傳達錯誤

民法第89條規定：「意思表示，因傳達人或傳達機關傳達不實者」，爲傳達錯誤。例如郵差將應送達予丙之信件，誤投入甲之信箱中。

錯誤之意思表示，並非當然無效，依民法第88條第1項所規定：「意思表示之內容有錯誤，或表意人若知其事情即不爲意思表示者，表意人得將其意思表示撤銷之。但以其錯誤或不知事情，非由表意人自己之過失者爲限」，此即表意人之撤銷權。經撤銷後，使錯誤之法律行爲自始歸於無效；但在未爲撤銷前，意思表示仍然有效，爲使該法律關係早日確定，依民法第90條後段規定：「自意思表示後，經過一年而消滅。」又表意人就其表示內容之錯誤或表示行爲之錯誤，必須非由於自己之過失所引起者爲限，否則即無撤銷權，俾以保護相對人之利益。

另外，民法爲顧及表意人撤銷其意思表示後，對無過失之第三人造成損害，復於第91條規定：「依第八十八條及第八十九條之規定撤銷意思表示時，表意人對於信其意思表示爲有效而受損害之相對人或第三人，應負賠償責任。但其撤銷之原因，受害人明知或可得而知者，不在此限」，是爲表意人之賠償義務。其賠償範圍限於信賴損害，並不及於履行利益；信賴損害即積極損害，乃現有財產之積極減少；履行利益則爲消極損害，乃現有財產應增加而未增加之損害。例如：甲誤A屋爲B屋，以200萬元出售於乙，乙以250萬元轉賣於丙，若甲撤銷其出賣之意思表示時，須賠償乙因買受該屋所支出之仲介費、契稅、代書費等各項手續費（信賴損害），惟對於乙轉賣於丙可獲得之50萬元（履行利益），則不可請求損害賠償。

三、案例結論

依題意，甲因炒作股票失利，爲避免債權人之強制執行，乃與其遠親乙約定，

將其所有房屋一棟，虛偽移轉過戶於乙名下，其法律行為本質上為通謀虛偽意思表示，依民法第87條第1項之規定，其雙方所為之意思表示均屬無效。

惟乙因見有機可乘，竟將該不動產之所有權轉讓予不知情之丙，且已完成移轉登記，此際依民法第87條但書規定，甲、乙不得以其通謀虛偽意思表示之無效，對抗善意之第三人丙，即丙之受讓行為仍然有效，甲向其請求返還該不動產時，丙得依法加以拒絕。另土地法第43條規定：「依本法所為之登記，有絕對效力」，此係為保護第三人起見，將土地登記事項賦予絕對真實之公信力，故信賴登記而受讓不動產所有權之丙，亦得依該規定主張其取得所有權。至於乙之出賣行為，甲可向其請求損害賠償，自不待言。

參、意思表示之不自由

案例20

甲女為台北某人壽保險公司副理，因業務需要，至乙經營之中古汽車行購車，當場中意2021年份飛雅特紅色跑車，價金60萬元。甲懷疑該車為泡水車，但乙所僱用之業務員丙表示絕無其事，並同意降價5萬元，3日後甲女向經營服飾公司之丁女借款15萬元，連同自己之積蓄，將全部55萬元現金交付車行，並取得該跑車所有權。嗣經至保養場檢查，發現確為泡水車，且引擎、車身多處仍有水漬，此時甲女能否撤銷契約，請求返還55萬元？又甲女之同居人戊，平日遊手好閒，竟脅迫丁女以書面表示免除甲之前開15萬元債務，丁在脅迫下，不得已照辦，事後丁女應採取何種救濟手段主張權利，在時間上有無限制？

一、思考方向

前節本書曾提及，意思表示為表意人將其內心所希望發生某種效果之意思，表現於外部之行為；可見意思表示須具備內部之決意，與外部之表示行為，始能成立。如表意人之表示行為與其內心的效果意思不一致，稱為有瑕疵之意思表示，將影響法律行為之效力；尤其在意思表示係受外力不法干涉，如詐欺、脅迫時，更與意思自治及契約自由原則相違背，為維護表意人意思決定之自由，及社會秩序之諧和，在刑法第304條、第339條定有詐欺與脅迫之法律效果，分別加以規範。本案

例甲女所購買之泡水車，以及戊男要求丁女免除債務之行為，即均涉及民事詐欺與脅迫之法律問題，除應參考民法第92條、第93條之規定外，茲一併將其意義、要件、效果與除斥期間之限制，分述如後。

二、論點分析

(一) 詐欺

詐欺者，乃故意欺罔他人，使陷於錯誤，並因之而為意思表示；不論是積極虛構事實，或消極隱匿事實，只要行為人在客觀上有陷人於錯誤的可能性時即可構成。其要件有四：

1. 須有詐欺故意

即行為人對於構成詐欺之事實，有使人陷於錯誤之故意，並因其錯誤有使表意人為某種意思表示之意欲。

2. 須有詐欺行為

詐欺行為指以詐術欺罔之行為，包括虛構事實、誇大或變造事實、隱匿事實等均屬之。

3. 須相對人因詐欺而陷於錯誤

詐欺人雖有詐欺行為，但被詐欺者並未因之而陷於錯誤；或雖陷於錯誤，但其錯誤非因詐欺所致者，則詐欺仍不成立。

4. 須相對人因錯誤而為意思表示

即相對人之意思表示，確因被詐欺而錯誤為之，換言之，表意人之表示行為與詐欺行為間，應有相當因果關係存在。

詐欺在當事人間之效力，依民法第92條第1項規定：「因被詐欺或被脅迫而為意思表示者，表意人得撤銷其意思表示。但詐欺係由第三人所為者，以相對人明知其事實或可得而知者為限，始得撤銷之。」可知因被詐欺而為之意思表示，並非當然無效，性質上屬於一種得撤銷之行為。詐欺若係由法律行為之相對人所為者，則逕得撤銷，固無問題；然詐欺若係第三人所為者，如甲、乙間之訂立不動產買賣契約，係由於仲介公司職員丙之詐欺，此時，甲能否撤銷其意思表示，須視乙有無過失為判斷依據，申言之，對於甲之受詐騙事實，乙因明知或因過失而不知時，則甲得撤銷；若乙出於善意並無過失時，則甲不得撤銷，以保護民事交易安全。

至詐欺對於第三人之效力，依第92條第2項規定：「被詐欺而為之意思表示，其撤銷不得以之對抗善意第三人」，如前例，乙若將該不動產轉讓給不知情之丁時，則甲、乙間之買賣縱能撤銷，亦無法對抗善意第三人丁，故甲不得向丁主張要

收回該不動產。惟應注意者，意思表示之撤銷為形成權之一種，如長期不行使該權利，將使權利狀態處於不確定情況，為此民法第93條規定：「前條之撤銷，應於發見詐欺或脅迫終止後，一年內為之。但自意思表示後，經過十年，不得撤銷」，如除斥期間經過，權利即行消滅，表意人縱被詐欺，亦不得再行使撤銷權。

又應注意者，被詐欺而為意思表示者，依民法第92條第1項之規定，表意人固得撤銷其意思表示，惟主張被詐欺而為表示之當事人，應就此項事實負舉證之責任（最高法院44年度台上字第75號民事判決意旨參照）。

(二) 脅迫

脅迫者，乃相對人或第三人故意預告危害，致生恐懼而為意思表示；其與詐欺之不同，在於詐欺僅使他人陷於錯誤而為意思表示，而脅迫則是表意人因心生恐懼而為意思表示。構成脅迫之要件有四：

1. 須有脅迫故意

即脅迫行為人確有意使表意人發生恐怖而為意思表示，此因脅迫既係故意使人發生恐怖而為意思表示，自須脅迫行為人有脅迫之故意為必要；且脅迫行為，須有雙重故意，脅迫人首先應有使表意人陷於恐怖之意思，並須有使表意人在恐懼情狀下為意思表示之意欲。

2. 須有脅迫行為

此之行為即對於被害人預告危害之行為，危害之種類，法無限制，但須達於使脅迫發生恐怖之程度始可，如恐嚇殺害、毆打等均屬之。脅迫行為，得由相對人為之，亦得由第三人為之；危害之客體，不問生命、身體、自由、名譽、財產，凡有受危害之可能，均包括在內。

3. 須相對人因脅迫發生恐怖及為意思表示

脅迫行為與發生畏怖心理，進而為一定之意思表示，其間須有相當因果關係。故脅迫人雖為脅迫行為，被脅迫人未因此而發生恐怖，或雖發生恐怖而未為一定表示，如無業之夫向其妻恐嚇，要求給付金錢以供賭博財物，其妻念在夫妻情義，為避免雙方爭吵而給予現金，既欠缺因果關係，理論上應不構成脅迫行為。

4. 須脅迫行為不當

脅迫行為在社會一般觀念，必須違法、不當且足以發生恐怖感，如為合法之行為，最終雖使人發生相當之心理壓力，但不構成脅迫行為。通常債權人以存證信函催告債務人限期內履行債務，逾期將依法起訴，此為權利之合法行使，究非脅迫。不正當的脅迫行為，在性質上可分為手段不法和目的不法，其中有任何一項不法，即構成脅迫，例如要求地主出賣土地，否則將予以殺害，其買賣雖為法律所允許，

但以殺害爲手段顯然具有不法性，此爲手段違法；又要挾他人出資兼營賭場，否則將告發漏稅之事，其告發漏稅手段雖屬合法，但其以經營法律所禁止或違反公序良俗之賭場爲目的，亦具不正當性，均構成脅迫行爲。

脅迫之法律效力，依民法第92條第1項規定：「因被詐欺或被脅迫而爲意思表示者，表意人得撤銷其意思表示。」此之撤銷與前述因詐欺而爲之撤銷，有兩點不同，先就撤銷之要件而言，因被詐欺而爲之撤銷，如詐欺係由第三人所爲者，則以相對人明知其事實，或可得而知者爲限，始得撤銷；但因被脅迫而爲之撤銷，則無此限制。其次，就撤銷之效果而言，因被詐欺而爲之撤銷，不得以之對抗善意第三人，但因被脅迫而爲之撤銷，則無此限制。對於表意人之所以有此區別，係因被脅迫之情節，較被詐欺爲嚴重，有特加保護之必要。

此外，表意人撤銷權之行使，依同法第93條之規定，亦應於脅迫行爲終止後，1年內爲之，逾期不得爲之；若自意思示後，經過10年，始行發現者，亦不許再行使此項撤銷權。

三、案例結論

本案例甲女因業務需要，向經營中古汽車行之乙，有意以60萬元購買2021年份飛雅特紅色跑車一部。在購車時甲懷疑該車爲泡水車，但乙之業務員丙爲求買賣成交，竟故意隱匿該車確爲泡水車之事實，當場表示絕無其事，並同意降價5萬元，致甲陷於錯誤而與乙中古汽車行成立買賣契約，交付價金55萬元後，取得該汽車之所有權。故丙之詐欺行爲與甲之購車間，具有相當因果關係存在。

依民法第92條第1項規定：「因被詐欺或被脅迫而爲意思表示者，表意人得撤銷其意思表示。但詐欺係由第三人所爲者，以相對人明知其事實或可得而知者爲限，始得撤銷之。」故施行詐欺者，究爲何人，關係重大。在本案例中，對甲女施行詐欺者，爲乙之業務員丙，而非買賣契約之相對人乙本身，依前開民法第92條但書規定，固須乙明知丙施行欺罔甲或可得知者爲限，甲始得撤銷其意思表示，但果如此將使乙因其代理人或受僱人之詐欺他人而受利益，顯非公平。故學理上對於第92條第1項但書所謂之「第三人」作限制解釋，認爲不包括相對人之代理人或僱用人，以求公允。基此，甲既受乙所僱用之業務員丙詐欺而爲意思表示，甲有撤銷權，只需於發現詐欺後1年內，即得向乙請求撤銷買賣契約，並請求返還55萬元之價金。

另甲女之同居人戊，脅迫經營服飾店之丁女，使其以書面免除甲向其借貸之15萬元債務，依民法第92條第1項之規定，不問脅迫係由相對人或第三人所爲，表意人均得撤銷其意思表示，故丁女只需於脅迫終止後1年內，依法自得撤銷其免除甲

女債務之意思表示，並請求其償還該15萬元借款。

第四節　條件及期限

案例21

　　甲股份有限公司為激勵員工，於年初宣布，如至年底為止，公司該年度盈餘達500萬元以上，則提撥50萬元，作為員工之加班費、國外旅遊補助費，至聖誕節前夕，甲股份有限公司故意將乙公司積欠之80萬元貨款，移撥至下年度，致公司盈餘僅為490萬元，而拒絕撥款，其員工得否主張公司違約？又甲股份有限公司有廠房一棟，與丙商號簽約，言明於翌年2月1日才出租，若屆期丙商號因發現附近有較便宜、地理位置更適中之廠房時，得否以甲股份有限公司尚未交付該廠房為由，委請律師郵寄存證信函表示不欲承租，並解除雙方之租賃契約？

一、思考方向

　　在私法自治原則下，人類之生活，得視其需要，依各人意思以求合理解決，故法律行為本應於當事人為一定意思表示後，即發生效力；或者希望已發生效力之法律行為，在一定期間內失去效力，此種對於法律行為之效力加以限制者，稱為法律行為之附款，最常見之附款有條件、期限兩種。如本案例甲股份有限公司與員工約定，以年度盈餘是否達一定數額，作為提撥員工加班費、國外旅遊補助費之標準，此即為條件是否成就及其效力之情形；又甲股份有限公司與丙商號約定於某日始出租不動產，為期限之始期或終期問題，以下分別就民法總則所規定之條件與期限之內容，加以說明。

二、論點分析

(一) 條件

1. 條件之意義

　　關於條件之意義，民法未設規定，通說認為條件者，乃當事人將法律行為效力之發生或消滅，繫於將來成否客觀上不確定之事實，而附加於其意思表示之限制。

析言之：

(1) **條件爲法律行爲之附款**：得由當事人任意加於法律行爲之限制，其本身仍構成法律行爲之一部分。

(2) **條件須爲將來客觀不確定之事實**：附條件法律行爲之效力，既繫於條件之成否爲決定基礎，則得爲條件之事實，自須以將來客觀不確定者爲必要。如客觀上已確定之事實、過去之事實、主觀上不確定之事實，均非附條件之法律行爲；至將來客觀上確定發生之事實，則屬於附期限之法律行爲，亦非本法所稱之條件。

(3) **條件爲限制法律行爲效力之附款**：條件所限制者，非法律行爲之成立，而係法律行爲效力之發生或消滅。凡限制法律行爲效力之發生者，爲停止條件；限制法律行爲效力之消滅者，爲解除條件。

2. 條件之種類

(1) **停止條件與解除條件**：以條件之作用係限制法律行爲效力之發生或消滅爲區別標準，可分爲停止條件與解除條件，此爲我民法上所作之分類。前者依民法第99條第1項規定：「附停止條件之法律行爲，於條件成就時，發生效力。」例如甲與乙約定，如乙今年公費留學考試錄取，則贈與赴美來回機票。此公費留學考試錄取之事實（將來不確定之事實）即爲停止條件，若錄取（條件成就）時，則贈與生效；否則贈與不生效力。後者依民法第99條第2項規定：「附解除條件之法律行爲，於條件成就時，失其效力。」例如甲與乙約定，現在贈與電動機車乙部，如今年駕駛執照考試不及格，則須返還，此駕照考試不及格之事實，即爲解除條件，若果然不及格時，其贈與失去效力，乙應將機車返還。

(2) **積極條件與消極條件**：以作爲條件事實之內容，係積極性或消極性爲區別標準，可分爲積極條件與消極條件。前者乃以條件內容事實之發生，作爲條件成就之要件，如前例之公費留學考試錄取；後者則以事實不發生爲條件成就之要件，如前例之駕照考試不及格。

(3) **隨意條件、偶成條件與混合條件**：以條件內容事實之實現，能否依當事人意思加以決定爲區別標準，分爲隨意條件、偶成條件與混合條件。隨意條件，乃條件成就與否，完全依當事人一方之意思，如約定前往台大圖書館聽演講，即贈與百科全書一冊，此時是否前往聽講，亦即條件成就與否，可由當事人任意決定。偶成條件，爲依偶然之事實，而決定其成就與否之條件，如約定今年多天溫度在攝氏5度以下，則贈送暖爐一台，溫度是否降低，取決於天氣之偶然性，非當事人可以任意決定。混合條件，爲混合當事人之意思與偶然之事實，如約定今年多天前往法國拍攝寫眞集，如當地氣溫在零度以下，則贈與皮大衣

一件。

3. 條件之禁止

基於契約自由之精神，法律行為以得附條件為原則，但在某些例外情形，為使法律關係單純明確，避免違背公共秩序、善良風俗，及妨害相對人之利益，法律明文禁止該法律行為附有條件者，稱為「不許附條件之法律行為」，為維護公序良俗等公益而不許附條件者，如結婚、離婚、收養、認領等身分行為，繼承權之承認、拋棄，票據之發票、委託付款行為等；為確保相對人私益而不許附條件者，如形成權、撤銷權、選擇權、解除權之行使等，本為確定法律關係而設，若更許附條件，將使法律關係愈趨複雜，故性質上以不許附條件為宜。對於不許附條件之法律行為如竟附以條件時，究以條件本身無效，抑或法律行為全部無效，學說上原有爭議，目前則採法律行為全部無效說。

4. 條件之效力

附條件之法律行為其效力是否發生或消滅，繫於條件是否成就，凡將來不確定之事實已經實現時稱為條件成就；相反的，其事實確定不能實現時則為條件不成就。條件成就，依民法第99條第1項規定，在停止條件，則法律行為發生效力；在解除條件，依同條文第2項規定，則法律行為失去效力。其生效與失效，均以條件成就時為準。但當事人如以特約，使條件成就之效果，不於條件成就之時發生者，依同條文第3項規定，則依其特約。

條件在成否未定前，雖然尚未發生權利得喪變更之效果，但是當事人有可能取得權利之希望，學理上稱為「期待權」，例如購買彩券，在未開獎前，可能有中獎希望，此種希望亦屬權利之一種，當事人自不得加以侵害，為此民法第100條規定：「附條件之法律行為當事人，於條件成否未定前，若有損害相對人因條件成就所應得利益之行為者，負賠償損害之責任。」然此種期待權之侵害，其賠償責任須俟條件成就時方始發生，在條件成否未定前，無從預為確定以後因條件成就時之利益；若其條件事後確定不成就，即根本無所謂因條件成就之利益可言。如前述購買彩券，在開獎前遭第三人損毀，雖使購買人之期待權受到侵害，但事後開獎結果該彩券並未得獎時，損毀人自亦無庸負損害賠償責任。

條件是否成就與當事人之利益攸關，蓋當事人所屬地位不同，有因條件之成就而受不利益者，亦有因之而受有利益者，不盡相同，民法為維護誠實信用原則，貫徹附條件法律行為之效力，而於第101條規定：「因條件成就而受不利益之當事人，如以不正當行為阻其條件之成就者，視為條件已成就。因條件成就而受利益之當事人，如以不正當行為促其條件之成就者，視為條件不成就」，是為條件成就與不成就之擬制，以保護相對人之利益，禁止不當行為之發生。

(二) 期限

1. 期限之意義

　　期限者，乃當事人將法律行為效力之發生或消滅，繫於將來確定發生之未來事實，而附加於其意思表示之限制也。足見：

(1) **期限為法律行為之附款**：其情形與條件相同。

(2) **期限須為確定發生之未來事實**：期限與條件最大之區別，在於條件成否未定，而期限則必定到來；條件取決於將來不確定之事實，附條件法律行為是否發生效力，在客觀上並不確定；期限則因一定時間之經過或事實之發生而必定到來，故附期限法律行為之效力最後必將發生。

(3) **期限為限制法律行為效力之附款**：對於已成立之法律行為，藉由期限此種附款，以決定該法律行為是否發生效力或消滅。凡限制法律行為效力之發生者，為始期；限制法律行為效力之消滅者，為終期。

2. 期限之種類

(1) **始期及終期**：以期限係限制法律行為效力之發生或消滅為區別標準，可分為始期與終期。凡法律行為附有始期者，於期限屆至時，法律行為才發生效力，如甲向乙租房子，雙方約定112年中秋節始承租該房屋；反之，法律行為附有終期者，於期限屆至時，法律行為失其效力，如丙每月贈與丁生活費6,000元，約定至其大學畢業止不再贈與。

(2) **確定期限與不確定期限**：以期限內容事實之發生時期是否確定為區別標準，可分為確定期限與不確定期限。前者發生之時得確定者，如約定民國112年9月10日交付新車是；後者乃發生之時不確定者，如約定天降雨則贈傘，或某人死亡則分割遺產是。

3. 期限之禁止

　　與條件相同，法律行為原則上得附以期限；但基於公益及私益關係，也有不許附期限者，以維護法律關係之單純明確，如民法第335條第2項規定，抵銷之意思表示，附有期限者無效。又身分行為及單獨行為原則上亦不許附期限，如甲、乙結婚，約定10年後失其效力者，因與公序良俗有違，應屬無效，自不待言。

4. 期限之效力

　　民法第102條第1、2項規定：「附始期之法律行為，於期限屆至時，發生效力。附終期之法律行為，於期限屆滿時，失其效力」，故附始期之法律行為，與停止條件相當，於期限屆至時當然發生效力；附終期之法律行為，則與解除條件相當，於期限屆滿時當然失去效力。不過當事人認為原約定之期限不妥，自可另以意

思表示約定新期限,以代替原期限。

附期限之法律行爲,當事人一方於期限屆至或期限屆滿時,有取得某種權利之希望,稱爲期待權,依民法第102條第3項準用第100條之結果,如他方當事人侵害其期待權時,應負損害賠償責任。

三、案例結論

甲股份有限公司年初向員工宣布,如至該年底爲止,公司年度盈餘達500萬元以上時,將提撥50萬元作爲員工之加班費及國外旅遊補助費,惟該公司年度盈餘是否確實會達到500萬元,乃將來客觀不確定之事實,應係民法所謂之條件;當條件成就時,公司應提撥50萬元作爲員工福利之約定即發生效力,故爲附停止條件之法律行爲。

依案例內容,在盈餘將達500萬元時,甲公司故意把乙公司所積欠之80萬元貨款,移撥至下年度,致年度盈餘僅有490萬元,此乃甲公司故意以不正當行爲阻止條件之成就,依民法第101條第1項規定,應視爲條件已成就,其員工得請求公司依約撥款50萬元作爲加班費及國外旅遊補助費。

又甲股份有限公司有廠房一棟,與丙商號簽約,言明於翌年2月1日才出租,此爲附始期之法律行爲,該租賃契約應俟始期屆至,始發生效力。在本案例中,丙商號於屆期前,租賃契約成立後,不得再因發現附近有較便宜、地理位置更適中之廠房,而以甲公司尚未交付廠房爲由,拒絕承租並要求解除雙方租賃契約;否則依民法第102條第3項,準用同法第100條規定,應負擔損害賠償責任。

第五節　代理

案例22

甲以委託書託乙,以新台幣1,800萬元之價格代其出售座落於台北市忠孝東路附近之房屋一棟,並允諾給予價金2%爲酬勞,乙爲求獲得售屋之佣金,竟以1,750萬元賣予不知情之丙,此時甲能否主張雙方之買賣無效?又甲爲A公司之董事長,明知該公司非以保證爲業務,竟以法定代理人身分與丁串通,以A公司名義替主債務人丁擔保,向某金融機構借款後,丁逃匿無蹤,該金融機構得否請求A公司、法定代理人甲,負擔保證或損害賠償責任?

一、思考方向

在社會活動日趨繁複之工商社會中，個人之精力及時間有限，無法事必躬親，而必須藉助於他人之協助，其協助方法，雖有顧問及鑑定人等為意思決定之補充或幫助；有代書、翻譯社等為表示行為之補充或協助；有郵差、使者代為傳達或送信，但此等情形，其意思表示仍需由表意人親自為之，為更進一步擴張本人之活動範圍，民法創設定代理制度，經由本人授與代理權，成立代理關係，由意定代理人代為各種法律行為，使其效果直接歸屬於本人；同時，對於無行為能力人或限制行為能力人，本身雖不得自為有效之法律行為，但為保護此等人之利益，使其得以實際參加社會活動，因此再承認法定代理制度，使法定代理人代為各種法律行為，或同意限制行為能力之法律行為，以補充其行為能力之欠缺。

關於法定代理制度，本書於第四章第二節已曾加以敘明，在本案例甲委託乙出售房地及以A公司法定代理人身分，與第三人串通為主債務人丁保證，凡此均涉及意定代理之有效、無效以及無權代理人之責任問題，分別說明如後。

二、論點分析

(一) 代理之意義

代理者，乃代理人於代理權限內，以本人（被代理人）名義，向第三人為意思表示，或由第三人受意思表示，而直接對本人發生效力之行為。代理制度之目的，在使代理人所為之行為，在對外關係上成為本人之行為，發生法律上效力。依民法第103條規定：「代理人於代理權限內，以本人名義所為之意思表示，直接對本人發生效力。前項規定，於應向本人為意思表示，而向其代理人為之者，準用之」，可見代理之要件有四：

1. 須本於代理權

得代本人為意思表示或受意思表示的資格或地位，稱為「代理權」，故代理人之行為需在代理權限內，否則即構成無權代理，自不能對本人發生效力。至代理權限之範圍，在意定代理，係以本人授權之意思為準；在法定代理，則以法律規範為據。

2. 須以本人名義

代理人須以本人名義為法律行為，學者稱之為顯名代理，俾使相對人得了解其究與何人為法律行為，以維護其利益；如代理人以自己名義為之，縱其效果歸屬於本人，亦非民法之代理行為。

3. 須代爲意思表示或代受意思表示

代理行爲之意思表示，有代爲意思表示（積極代理），和代受意思表示（消極代理）兩種；亦即代理祇限於法律行爲，其他事實行爲（如遺失物之拾得、參加宴會、無主物先占），或侵權行爲（如駕車肇事、詐欺、竊盜）等，均無構成代理之餘地；又法律行爲中得代理者，亦僅限於財產上行爲，身分上行爲，如結婚、離婚、認領、遺囑等，原則上均不得代理。

4. 須直接對本人發生效力

即代理行爲雖存在於代理人與相對人間，然其行爲之效果，則直接對本人與相對人發生效力，代理人並無承擔任何權利義務之必要。

(二) 代理之分類

1. 意定代理與法定代理

以代理權之來源爲區別標準，可分爲意定代理與法定代理。凡代理權係基於本人授權而發生者，謂之意定代理；至授權之方法，依民法第167條規定：「代理權係以法律行爲授與者，其授與應向代理人或向代理人對之爲代理行爲之第三人，以意思表示爲之。」反之，如代理權係依法律之規定而發生，無須本人爲授權之表示，則屬法定代理，例如夫妻於日常家務互爲代理人（民法第1003條）、父母爲未成年子女之法定代理人（民法第1086條）。

2. 有權代理與無權代理

以代理人有無代理權限爲區別標準，可分爲有權代理與無權代理。凡代理人有代理權限，基於代理權行爲之代理，爲有權代理；反之，則爲無權代理。無權代理得再分爲表見代理和狹義無權代理兩種：

(1) **表見代理：** 即代理人雖無代理權，但有令人誤信其有代理權之正當理由時，則法律使本人負授權人責任者，構成表見代理，如甲以印章及支票交乙保管，乙私自簽發支票給丙，此時甲依表見代理規定應負票款責任。現行民法第169條所規定：「由自己之行爲表示以代理權授與他人，或知他人表示爲其代理人而不爲反對之表示者，對於第三人應負授權人之責任。但第三人明知其無代理權或可得而知者，不在此限」，即指表見代理而言。

(2) **狹義無權代理：** 即前述表見代理以外之無權代理，包括全部未經授權、授權行爲無效、逾越代理權範圍或代理權業經消滅之代理行爲。無權代理人之法律責任，依民法第110條規定：「無代理權人，以他人之代理人名義所爲之法律行爲，對於善意之相對人，負損害賠償之責。」又「無權代理人責任之法律上根據如何，見解不一，而依通說，無權代理人之責任，係直接基於民法之規定而

發生之特別責任，並不以無權代理人有故意或過失爲其要件，係屬於所謂原因
責任、結果責任或無過失責任之一種，而非基於侵權行爲之損害賠償。故無權
代理人縱使證明其無故意或過失，亦無從免責，是項請求權之消滅時效，在民
法既無特別規定，則以民法第125條第1項所定15年期間內應得行使，要無民法
第197條第1項短期時效之適用」（最高法院56年度台上字第305號民事判決意
旨參照）。

3. 單獨代理與共同代理

代理人有數人時，以代理權行使之方式爲區別標準，可分爲單獨代理與共同代
理。凡一個代理權得由一個代理人單獨行使，或雖有數個代理人，但均得單獨行使
代理權者，爲單獨代理；如一個代理權，而有數個代理人，且該數個代理人須共同
行使代理權者，爲共同代理，依民法第168條規定：「代理人有數人者，其代理行
爲應共同爲之。但法律另有規定或本人另有意思表示者，不在此限」，爲本法對共
同代理行爲之限制規定，可資參照。

(三) 代理人之能力

1. 權利能力

代理人並非享有權利、負擔義務之主體，故不必有權利能力，例如外國人依法
雖不能在我國購置農牧用地，但仍不妨以中國自耕農之代理人身分代理購置；反
之，本人爲權利義務主體，則非有權利能力不可。

2. 行爲能力

因代理人所爲或所受之意思表示，其效力直接歸屬於本人，不致對代理人不
利，故代理人僅須具有限制行爲能力即可，不以具有完全行爲能力爲必要，對此民
法第104條亦規定：「代理人所爲或所受意思表示之效力，不因其爲限制行爲能力
影響。」惟本條文之代理人應僅限於意定代理而言，通常法定代理多無得由限制行
爲能力人擔當之餘地。

3. 意思能力

代理人雖無須有權利能力及完全行爲能力，但必須有意思能力，否則即無從爲
意思表示或受意思表示，故受監護宣告之人，未滿7歲之未成年人，因欠缺意思能
力，自不得爲代理人；反之，本人則無須有意思能力。

(四) 代理之效力

在代理之法律行爲中，代爲意思表示或代受意思表示之人爲代理人，其相對人
稱爲第三人，受該意思表示效力所拘束之人則爲本人，可見代理關係必須由本人、

代理人與相對人三方面當事人來構成，此種三面關係必須同時分別存在，不得欠缺一面，也不得一人而兼有兩種身分，否則為自己代理或雙方代理。為說明起見，本書分別就本人與代理人之關係、代理人與第三人之關係及本人與第三人之關係，來討論代理之效力：

1. 本人與代理人之關係

本人與代理人之關係，一般係基於代理權而來，即必須先有代理權之存在始可。代理權之發生，有由於法律規定者，是為法定代理；有由於授權行為者，是謂意定代理。在意定代理，本人與代理人間常有委任、僱傭、承攬等基本法律關係（內都關係）存在，本於各該基本關係，使代理人有為本人為一定代理行為之義務，而使其效力直接歸屬於本人。

2. 代理人與第三人之關係

代理人與第三人乃代理行為之實際當事人，依代理制度之本旨，代理人為該法律行為時，必須以本人名義為之，其意思表示始直接對本人發生效力；如未以本人名義為法律行為時，除有可認為係代理情形外，一般認係代理人自己為法律行為，其效果由代理人自己負責。

代理行為之意思表示，既係由代理人自己作成，其意思表示如有瑕疵，致其效力受影響時，此等事實之有無，自應就代理人來決定，故民法第105條規定：「代理人之意思表示，因其意思欠缺、被詐欺、被脅迫，或明知其事情或可得而知其事情，致其效力受影響時，其事實之有無，應就代理人決之。但代理人之代理權係以法律行為授與者，其意思表示，如依照本人所指示之意思而為時，其事實之有無，應就本人決之」，條文中所謂「意思欠缺」，指意思表示之不一致，包括心中保留、通謀虛偽意思表示、錯誤、誤傳等；至於被詐欺、脅迫，則指意思表示之不自由；另所謂「明知其事情或可得而知其事情」，係指明知或可得而知上述各種意思表示之瑕疵及民法第91條及第92條第1項但書之情形。

3. 本人與第三人之關係

本人與第三人之關係為代理效果歸屬之問題。代理制度係將代理行為與法律效果分開，行為雖由代理人所為，但其效果則直接歸屬於本人，民法第103條規定：「代理人於代理權限內，以本人名義所為之意思表示，直接對本人發生效力。前項規定，於應向本人為意思表示，而向其代理人為之者，準用之。」所謂直接對本人發生效力，即代理行為一經成立，本人與第三人之間即直接發生法律關係，代理人無須擔負任何權利義務。

(五) 自己代理與雙方代理之禁止

代理人爲本人與自己爲法律行爲，稱爲「自己代理」，如代理人甲一方面以本人乙之名義，代理乙出賣汽車一輛，另方面又以自己名義買受該汽車；若代理人同時爲本人及第三人之代理人，而爲雙方之代理行爲，如代理人甲代理本人乙出賣房屋一棟，同時又代理第三人丙買受該房屋等是。在代理關係中，原本代理人應即爲本人忠實處理代理事務，以維護本人權益，但在自己代理或雙方代理中，難免會發生本人與代理人間，或本人與第三人間之利益衝突，爲避免上述情況發生，民法第106條規定：「代理人非經本人之許諾，不得爲本人與自己之法律行爲，亦不得既爲第三人之代理人，而爲本人與第三人之法律行爲。但其法律行爲，係專履行債務者，不在此限」，即原則上加以禁止，但爲尊重本人之意思，並方便代理人行使代理權，在無利益衝突情形下，又設有兩種例外規定：

1. 已經本人許諾者

經本人許諾之法律行爲，以意定代理爲限，法定代理不在適用之列。

2. 法律行爲係專爲履行債務者

履行債務，不至於發生新的權利義務關係，也不影響本人利益，故無禁止必要。

(六) 代理之消滅

代理權消滅之原因甚多，除本人死亡、破產或喪失行爲能力，及代理人死亡、破產或喪失行爲能力外，尚有因法律特別規定，而使代理權消滅之情形，如未成年人已成年（民法第12條）、父母喪失親權（民法第1090條）、監護人之撤退（民法第1106條）等。另在意定代理權之消滅方面，民法總則尚有下列特殊規定：

1. 授權關係之消滅

民法第108條第1項規定：「代理權之消滅，依其所由授與之法律關係定之」，故授與代理權之基礎關係，如委任、僱傭、承攬等基礎法律關係消滅時，代理權亦隨之而消滅。

2. 條件成就或期限到來

意定代理權之授與，如附有解除條件或存續期限者，則於其解除條件成就或期間屆滿時，當然消滅。

3. 代理權之撤回

依民法第108條第2項規定：「代理權，得於其所由授與之法律關係存續中撤回之。但依該法律關係之性質不得撤回者，不在此限」，代理權既由本人任意授權，

本人在原則上自得隨時撤回,不必等待基本法律關係終了,使代理權歸於消滅。不過在某些法律關係中,基本法律關係之完成有賴於代理權之存續,此時本人不得任意撤回其代理權,如本人授與經理人以代理權,則本人與經理人間之委任關係,即係以授與代理權為內容,自不得在委任關係存續中撤回所授與之代理權。

4. 代理權限制

代理權既可全部撤回,則本人亦得加以部分限制,一經限制,於當事人間就限制之範圍內,即發生代理權消滅之效果。

代理關係消滅後,代理人即不得再為代理行為,如再為之,則成為無權代理,除非再經本人事後承認,否則其法律效果不歸屬於本人;又為免發生表見代理等情事,本人於授權時,若有交付代理人授權書者,依民法第109條規定,代理人須將授權書,交還於授權者,不得留置。另應注意者,代理權之消滅,有時難免影響第三人之權益,為保護交易安全,民法第107條再規定:「代理權之限制及撤回,不得以之對抗善意第三人。但第三人因過失而不知其事實者,不在此限」,使不知情之第三人,就該代理權之限制或撤回部分,仍得主張其代理行為有效。

三、案例結論

本案例中,甲以委託書授與乙,以新台幣1,800萬元出售其所有房屋一棟,依民法第103條第1項規定:「代理人於代理權限內,以本人名義所為之意思表示,直接對本人發生效力」,乙以1,750萬元出賣之行為,對甲已發生效力,縱其未依甲委託之價格出售,亦僅屬甲、乙內部問題;另參酌民法第107條規定,代理權之限制,不得以之對抗善意第三人,故甲不得以價格過低,對丙主張買賣無效;至乙在法律上可能構成背信行為,應對甲負擔損害賠償責任,甲亦得以乙違約為由,拒絕該2%佣金之給付。

又A公司非以保證為業務,甲為該公司董事長,明知此一事實,竟仍本於董事長身分與丁串通,以A公司名義替主債務人丁擔保,向某金融機構貸款後,丁逃匿無蹤,依公司法第16條規定:「公司除依其他法律或公司章程規定得為保證者外,不得為任何保證人。公司負責人違反前項規定時,應自負保證責任,如公司受有損害時,亦應負賠償責任」,民法第110條規定:「無代理權人,以他人之代理人名義所為之法律行為,對於善意之相對人,負損害賠償之責」,因此,甲以A公司法定代理人資格,與丁串通,用公司名義替丁擔保,在法律上不生效力,A公司無需負擔保證責任;惟甲依上開規定,應自負保證責任,在民事上對於善意之相對人即該金融機構,應負損害賠償責任。

第六節　無效及撤銷

壹、無效、撤銷、效力未定之法律行為

案例23

> 甲現年17歲，未經法定代理人之允許，在民國112年6月間，擅將其因繼承所取得座落於新北市林口區之農地及建地各乙筆，分別以新台幣200萬元及500萬元出售予台南某生物科技股份有限公司以供興建生物科技廠房及辦公室之用，此時當事人間之買賣契約是否有效成立？又如乙有名畫乙幅，因受丙之詐欺，而以2萬元低價出售予丙，丙旋即以15萬元出售予知情之丁，事後乙得否向丁請求返還該名畫？

一、思考方向

在民事法律關係上，當法律行為具備一定要件時，基於私法自治原則，即發生當事人所欲發生之效果，成為有效之法律行為，此為「完全的法律行為」；反之，如意思表示有瑕疵或違反強制規定時，則不能發生預期效果，成為「不完全的法律行為」，對此民法依其瑕疵程度予以不同評價，而區分為法律行為之「無效」、「撤銷」及「效力未定」三種。

在立法政策上，凡法律行為所欠缺之要件，係關於公益（如違反強行規定、違背公序良俗或違反法定方式），或為貫徹私法自治原則者（如心中保留、虛偽意思表示、無行為能力），則使其法律行為歸於無效；如係關於私益（如被詐欺、脅迫或意思錯誤、誤傳），則使當事人得依法加以撤銷；但若僅未得他人同意或允許等程序上有欠缺情形時，則使其法律行為之效果界定為效力未定，由第三人決定是否使該行為發生法律效力。可見，法律行為之瑕疵程度最嚴重者，成為「無效的法律行為」；次嚴重者成為「得撤銷的法律行為」；較輕微者既非無效亦非得撤銷，而係「浮動的效力未定行為」。現行民法即於第111條至第118條，分別規定法律行為之無效、得撤銷或效力未定之具體內容。

在本案例中，未成年人甲未經其法定代理人允許，擅將繼承所取得之農地、建地出售予台南某生物科技股份有限公司，其行為有無違反民法或農業發展條例之規

定，致當事人間之買賣契約歸於無效，此為吾人首應探究之問題；其次，如農地買賣契約部分無效，是否影響另一建地買賣契約之效力，對此民法有何具體規定，則為循序應討論之重點？對於乙受丙之詐欺，而將所有名畫以低價出售予丙，丙再轉售予知情之丁，此際乙得否向丁請求返還該名畫，又涉及意思表示不自由，表意人撤銷其意思表示時，對法律行為之效力發生若何影響等問題，凡此吾人務需有系統的針對法律行為之無效、撤銷與效力未定三種類型加以討論，以求真正理解法律行為之效力內容。

二、論點分析

各種法律行為，通常其當事人應具備意思表示健全、有完全行為能力及意思表示之內容一致，始發生法律效力，如果欠缺其中之一，所為法律行為有時無效、有時得撤銷，有時則為效力未定，本節茲將三者差異分別說明於後：

(一) 無效之法律行為

1. 無效之意義

法律行為之無效者，指法律行為因欠缺某種有效要件，自始、確定及當然不發生所預期之法律上效力，分析說明如下：

(1) **法律行為之無效係因欠缺某種生效要件而生：**如當事人欠缺行為能力（民法第75條、第78條）、標的自始客觀不能（民法第246條）、法律行為違反強制或禁止規定（民法第71條）、通謀虛偽意思表示（民法第87條第1項）等。

(2) **無效係自始的不生效力：**即法律行為成立之始，就不發生效力；此與得撤銷之法律行為，須經撤銷之意思表示，其法律行為始失其效力者不同。

(3) **無效係確定的不生效力：**指法律行為之無效不僅是自始不生效力，其後亦無再發生效力之可能，縱經當事人承認，亦不能發生法律上效力，此與效力未定之法律行為，得因事後承認而生效力者不同。

(4) **無效係當然的不生效力：**無效的法律行為，無庸經法院之宣告，且不待當事人之主張，即屬無效；此與得撤銷或效力未定之法律行為須由當事人行使撤銷權或為拒絕承認之表示後，方歸於無效者，亦有明顯差異。

2. 無效行為之分類

(1) **絕對無效與相對無效：**絕對無效，指法律行為之無效，任何人均可主張，同時對任何人發生影響；易言之，法律行為之無效，不僅當事人受影響，其他一切人也受其影響，稱為絕對無效。如法律行為之無效，僅對當事人發生影響者，是為相對無效。通常法律行為之無效以絕對無效為原則，以相對無效為例外，

如民法第87條另一項規定，表意人與相對人通謀而為虛偽表示之無效，不得對抗善意第三人，可知虛偽表示之無效，屬於相對無效。

(2) **自始無效與嗣後無效：**自始無效，指法律行為成立時，即具有無效之原因存在，如法律行為違反公序良俗之無效是。反之，無效之原因存在於法律行為成立後，效力發生前者，為嗣後無效，如受遺贈人於遺囑發生效力前死亡者，其遺贈不發生法律效力（民法第1201條）。

(3) **全部無效與一部無效：**全部無效，指無效之原因，存在於全部法律行為之內容，使法律行為因欠缺生效要件而全部歸於無效。反之，無效之原因，存在於法律行為之一部分，僅該部分無效者，稱為一部無效。在全部無效時，固無問題，惟如法律行為一部無效時，是否影響其他部分，使法律行為全部歸於無效，對此依民法第111條規定：「法律行為之一部分無效者，全部皆為無效。但除去該部分亦可成立者，則其他部分，仍為有效」，例如一次購買海洛因1公斤及香煙100條，海洛因部分因違法而無效，但購買香煙之行為仍然有效。

3. 無效行為之轉換

在經濟生活日益頻繁，交易複雜之現代社會中，除違反強行規定或公序良俗外，無效的法律行為應儘可能使其減少，為此民法第112條規定：「無效之法律行為，若具備他法律行為之要件，並因其情形，可認當事人若知其無效，即欲為他法律行為者，其他法律行為，仍為有效」，是為無效法律行為之轉換。例如支票之付款人限於銀行等銀錢業者，因而若非以銀錢業為付款人之支票，則歸於無效，但不妨轉換為民法上之指示證券而有效。蓋當事人意在付款，若知悉支票無效時，自不妨轉換為指示證券而達到付款之目的。

4. 無效行為之效果

無效法律行為發生後，雖不發生當事人預期之效力，但當事人有因該無效之行為而為給付者，亦有因此致遭受損害者，為衡平責任，若當事人為善意且無過失時，自不得令負損害賠償責任；惟如當事人於行為時已明知（惡意），或可得而知（有過失），竟仍然為之者，應使其負法律上責任，基此，民法第113條即規定：「無效法律行為之當事人，於行為當時知其無效，或可得而知者，應負回復原狀或損害賠償之責任。」至於損害賠償之方法，應先請求為回復無效行為前之狀態，如果不能恢復或恢復原狀有重大困難時，則得請求金錢賠償其損害。

(二) 得撤銷之法律行為

1. 得撤銷之意義

法律行為之得撤銷者，指意思表示有瑕疵，經撤銷權人行使其撤銷權，使法律

行為效力溯及歸於消滅，茲說明如下：

(1) 法律行為之得撤銷係因意思表示有瑕疵，如意思表示發生錯誤或誤傳（民法第88條、第89條）、受詐欺或脅迫而為意思表示（民法第92條）、暴利行為（民法第74條）等。

(2) 得撤銷之法律行為其效力業已發生，須待撤銷後始失其效力，此與無效之法律行為不同，參見前述。

(3) 撤銷應由撤銷權人為之，法律行為方失其效力，如撤銷權人未行使撤銷權，或其撤銷權因除斥期間經過而消滅時，其法律行為仍然有效。

(4) 得撤銷之法律行為，因撤銷而溯及的失其效力，與無效之法律行為自始、確定、當然不生效力有別；亦與效力未定之法律行為，倘經承認則成為有效，或經一定期間後第三人不為承認時，則確定不生效力者不同，允宜注意。

2. 得撤銷行為之方式

一般而言，得行使撤銷權之人，為各該瑕疵行為之利害關係人，如本人因受詐欺、脅迫或由於錯誤而為意思表示，此時表意人自有撤銷權。又撤銷權並非一身專屬權，除表意人本人外，並得由代理人代為行使撤銷權；另本人之繼承人，也可行使撤銷權。

撤銷權在性質上為形成權之一種，行使撤銷權依民法第116條規定，應由撤銷權人以意思表示為之；如相對人確定者，前項意思表示，應向相對人為之。至於撤銷權行使之方式，不論為明示或默示，以書面或言詞為之，均無不可，常見之律師函或郵局存證信函，均為撤銷意思表示之方法。且法律行為之撤銷，除民法第74條之撤銷暴利行為、第244條之撤銷詐害行為、第997條之撤銷婚姻行為，需向法院提起撤銷訴訟外，原則上無需向法院依訴訟方式為之。

3. 得撤銷行為之效果

依民法第114條第1項規定：「法律行為經撤銷者，視為自始無效。」例如5月10日所為之法律行為，於8月15日撤銷時，則該法律行為溯及於5月10日無效，與未為該法律行為同。不過此乃指一般法律行為撤銷而言，若婚姻之撤銷，則不發生溯及效力（民法第998條）。又法律行為既因撤銷而無效，則當事人於行為當時，知其得撤銷，或可得而知者，依民法第114條第2項準用第113條規定，應負回復原狀或損害賠償之責任。

(三) 效力未定之法律行為

1. 效力未定之意義

法律行為之效力未定者，指法律行為之效力是否發生尚未確定，需經一定人之

承認，始生法律上效力，分析說明如下：

(1) 法律行爲效力未定，有須得第三人同意之行爲，如限制行爲能力人未得允許而訂立之契約（民法第77條）、無權代理（民法第170條）及無權處分（民法第118條）等情形。

(2) 在一定人承認前，其法律行爲之效力未定，當事人不得主張其行爲有效或無效。

(3) 第三人之同意或拒絕，依民法第117條規定，須依意思表示向當事人之一方爲之，其事前允許或事後同意時，法律行爲確定發生效力；其拒絕同意者，法律行爲則確定不生效力。

2. 效力未定行爲之分類

(1) **須得第三人同意之行爲**：須得第三人同意之行爲，即須經有同意權人之同意，法律行爲始能發生效力；此種行爲，如未得同意，既非有效，亦非無效或得撤銷，而必須有另一行爲使之確定，即第三人之同意或拒絕是也。民法第117條規定：「法律行爲須得第三人之同意始生效力者，其同意或拒絕，得向當事人之一方爲之。」條文所謂之同意，包括事前允許及事後同意，其目的均在使他人所爲之法律行爲發生效力，故爲補助之法律行爲。又同意或拒絕應以意思表示爲之，如相對人確定者，該意思表示參照民法第116條第2項規定，應向相對人爲之，故性質上爲有相對人之單獨行爲。

(2) **無權處分之行爲**：即無權利人就權利標的物所爲之處分行爲，參見民法第118條及下節說明。

3. 效力未定行爲之效果

效力未定之法律行爲經第三人同意後，溯及於爲法律行爲時，成爲確定有效之法律行爲；經第三人拒絕後，自始成爲無效之法律行爲。又效力未定之法律行爲，不宜久懸不決，故民法亦設有補充規定，如對於限制行爲能力人未得允許所訂契約之相對人，於第80條及第82條分別有催告權及撤回權，以使雙方之權利義務關係早日趨於確定。

三、案例結論

按農業發展條例第33條規定，私法人不得承受耕地，但符合第34條規定之農民團體、農業企業機構或農業試驗研究機構經取得許可者，不在此限。本案例甲爲未成年人，未經法定代理人允許，擅自出賣其因繼承所取得之農地、建地各乙筆予台南某生物科技股份有限公司，作爲興建公司廠房及辦公室使用，就買賣農地部分，因違反上開私法人不得承受耕地之強制規定，其契約爲無效。至於買賣建地部分，

價金500萬元，為效力未定之法律行為，如經其法定代理人事後同意，依民法第111條後段規定，該買賣契約仍然有效；惟如甲之法定代理人遲未表示意見時，該生物科技股份有限公司得定1個月以上期間催告法定代理人確答是否同意，如法定代理人不為確答者，視為拒絕承認（民法第80條）；另該生物科技股份有限公司亦有權在甲之法定代理人承認前，撤回所訂立之買賣契約，使雙方之契約全部歸於無效（民法第82條）。

至於乙有名畫乙幅，因受丙之詐欺而以2萬元低價出售予丙，丙再以15萬元出售予知情之丁，此際乙、丙間及丙、丁間之買賣契約均已有效成立；惟因乙為受詐欺之被害人，在發現被詐欺後1年內，依民法第92條第1項規定，得撤銷其意思表示，使雙方之買賣契約視為自始無效；又丁為知情之第三人，依第92條第2項規定，乙之撤銷意思表示並得對抗非善意之丁，故乙仍得對丙、丁請求返還該幅名畫，自不待言。

貳、無權處分行為

案例24

　　甲因赴大陸投資設廠失利，竟將乙委託其管理之廠房及機器分別議價出售與不知情之丙，旋即完成買賣標的之交付，但尚未為廠房之移轉登記，此時當事人間之法律關係為何？乙得否請求丙返還上開廠房及機器？

一、思考方向

本題為典型之無權處分案例，如前節所述，效力未定之法律行為，可以分為須得第三人同意之行為與無權處分行為兩大類，前者係以第三人之同意為生效要件之法律行為；至於後者為無權利人以自己名義，對他人之權利標的物所為之處分行為。

無權處分與無權代理兩者雖均屬效力未定之法律行為，且法律皆賦與本人或權利人承認權或拒絕權，以決定該法律行為是否溯及生效或確定失其效力，惟性質上兩者仍有下列不同：(一) 無權處分之行為，須以自己名義為之；無權代理之行為，則以代理人名義為之。(二) 無權處分之行為，以處分行為為限，包括法律上之處分與事實上之處分行為；無權代理除處分行為外，兼及於負擔行為。(三) 無權處分行為，雖經有權利人拒絕承認，然在動產如相對人為善意受讓，在不動產相對人因信

賴登記善意受讓並已完成登記特，分別受民法第801條或土地法第43條之公信力保障時，該第三人仍取得其所有權，而無庸返還；至無權代理行為，如本人不予承認時，該代理行為自始無效，其相對人縱為善意，惟所受領之物既屬不當得利，仍應歸還給本人，可見無權處分與無權代理，差別甚大，值得注意。

關於無權處分行為之意義及法律效果為何，乃本案例乙得否請求丙返還其機器及廠房，應探討之重點，分述於後。

二、論點分析

(一) 無權處分行為之意義

無權處分，即無權利人以自己名義，就他人權利標的所為之處分稱之。分析言之：

1. 須為無權利人

所謂無權利人，指對權利標的物無處分權之人，如受寄人擅自出賣他人所有物、共有人任意處分全部共有物。有處分權人原則上為所有權人，但不以此為限，通常法定代理人、監護人、遺產管理人等，雖非所有權人，理論上也有處分權。

2. 行為人須為處分行為

法律行為一般可分為負擔行為與處分行為兩種。負擔行為指發生債權、債務關係之行為，故又稱為債權行為，如買賣、贈與、保證等；處分行為則指使特定權利直接發生得喪變更效果之行為，可再區分為物權行為及準物權行為。無權處分之行為，學者通說認為應以物權行為或準物權行為為限，至於一般負擔行為，尚不構成無權處分。

3. 行為人須以自己名義為之

若行為人以權利人之名義為之，則屬無權代理行為，此為無權處分與無權代理最大之區別。

(二) 無權處分行為之效力

無權處分在民事上可能構成侵權行為，在刑事上可能成立詐欺、侵占等罪，本質上為不法行為，原應認定無效，但民法在尊重當事人意見自由前提下，為減少無效之法律行為，維護取得權利人之利益，而於第118條定有確定效力之方式：

1. 無權處分經有權利人之承認

依民法第118條第1項規定：「無權利人就權利標的物所為之處分，經有權利人之承認始生效力」，故有權利人之承認，係無權處分行為發生效力之要件，例如不

動產所有權人，事後同意無權利人出賣其所有不動產。承認無須踐行一定之方式，如有權利人以明示或默示之意思表示，雖未以書面為之，亦無礙於承認效力之發生（最高法院33年上字第6950號判例）。處分行為之相對人，不論是否明知處分人為無權處分，經承認後之處分行為溯及於為處分時自始有效。

2. 無權利人嗣後取得標的物之權利

民法第118條第2項規定：「無權利人就權利標的物為處分後，取得其權利者，其處分自始有效。但原權利人或第三人已取得之利益，不因此而受影響。」例如，某甲之女某乙於112年9月10日擅自將其父甲的古董陶器出售予某丙，使丙取得間接占有（民法第761條第1項），甲仍繼續保有該陶器，並於同年10月10日將該陶器設定動產質權於丁。同年12月31日甲病逝，乙繼承該陶器所有權，乙所為之無權處分，溯及112年9月10日生效；但甲、丁之權利，均不受影響，以保護原權利人及質權人之權益。

3. 數處分牴觸時之效力

無權利人為處分行為後，就權利標的物取得其權利者，其以前之處分，固屬有效，惟若有數個處分，相互間又有牴觸情形時，則以何種處分有效，不無疑問，此時依民法第118條第3項規定：「前項情形，若數處分相牴觸時，以其最初之處分為有效」，故最初處分行為之相對人，得主張其後之處分為無效，但權利人承認時，則得不依處分行為之先後，而任意指定某一處分為有效。

三、案例結論

本案例甲將乙委託其管理之廠房及機器，分別議價出售給丙，依民法第118條第1項規定，無權利人就權利標的物所為之處分，應經有權利人承認，始生效力，乙如不承認，原則上甲所訂立之買賣契約無效，故對於廠房部分，既尚未為所有權移轉登記，乙仍為該不動產之所有權人，自得本於所有權之追溯作用，對丙請求返還該廠房。丙所買受之廠房如被乙索回時，得依民法第247條因契約標的給付不能之法律關係，向甲請求損害賠償。

至機器部分屬於動產，雖甲之無權處分行為事後未經權利人乙之承認，而不生效力；但因甲已將該動產交付善意第三人丙，依民法第948條規定，以動產所有權之移轉為目的，而善意受讓動產之占有者，縱其讓與人無讓與之權利，其占有仍受法律之保護，故丙仍取得機器之所有權，乙不得請求返還。

第五章　期日及期間

案例25

　　民事案件之上訴期限為收受判決送達後20日內，如某甲訴請拆屋還地事件，經法院判決駁回，某甲於民國112年9月7日收到判決書，則甲最遲應在何時提起上訴？又某乙於民國111年10月16日向某丙租車，約定租期6月，則乙應於何日以前還車？

一、思考方向

　　時間對於人類生活意義重大，舉凡人之出生、死亡，法令之施行、變更、廢止，權利之發生、行使或消滅，行為人有無權利能力或行為能力等，莫不與時間發生關係。時間的經過在法律上區分為期日與期間，兩者雖非法律要件，但究竟不失為重要之法律事項。為此各國法律皆定有明文，如逾一定之時間，則發生法律上效力或喪失其法律上效力。

　　我民法亦於總則編第五章第119條，為一般性規定：「法令、審判或法律行為所定之期日及期間，除有特別訂定外，其計算依本章之規定」，根據學者通說見解，期日及期間在民法上有下列幾點主要作用：(一) 決定權利能力之始期及終期，如自然人之出生、死亡；(二) 判定推定事實及法律上假設之時期，如民法第8條之失蹤期間有1年、3年、7年等；(三) 確定權利取得或時效消滅之時期，如民法第768條至第772條所規定取得時效之期間，民法第125條至第127條所規定之消滅時效期間；(四) 認定有效為某種行為或行使權利之最終時期者，如因受詐欺、脅迫而撤銷其意思表示之1年或10年除斥期間（民法第93條）等。可見時間之經過與許多法律效果之發生、變更或消滅有密不可分關係，法律務需明確加以規範，建立標準使人民有法可循。

　　在本案件中，某甲提起民事上訴，如未依法於收受判決後20日內提起上訴，將遭法院以上訴不合法裁定駁回，故其是否遵循上訴期間，與其案件之結果息息相關；另某乙與丙訂立租車契約，對於當事人間之法律關係，究於何時發生或消滅，亦應從法律規定之期日、期間等內容，加以探討，茲說明如下。

二、論點分析

(一) 期日及期間之意義

　　所謂期日，指不可分或視爲不可分的某一特定時刻；在法律觀念上，爲時間過程中的某一個「點」，如某時、某日、某月、某年等。期間，則指由一定日期至另一日期之謂；期間在法律觀念上，屬於一條線，爲時間上之長度，如某時至某時、某日至某日、某月至某月、某年至某年是。

(二) 期日及期間之計算

1. 自然計算法

　　所謂自然計算法就是依據實際時間而計算的方法，即一天爲24小時，一週爲7日，一月爲30日，一年爲365日。我國民法對於非連續期間，採此方法，於第123條第2項規定：「月或年非連續計算者，每月爲三十日，每年爲三百六十五日。」例如自9月15日起，6個月完工，則此6個月無論其間某月之大小，均以實際工作天計算，計足180日始爲期間之屆滿是。

2. 曆法計算法

　　即按國曆所定之月或年，以爲計算之方法。我民法對於連續期間，採曆法計算法，於第123條第1項規定：「稱月或年者，依曆計算。」例如自10月1日起算3個月，則計至12月31日止是。

(三) 期間之起算點

1. 以時定期間者，即時起算（民法第120條第1項），例如上午9時30分約定8小時交貨，應自9時30分開始，計算至下午5時30分爲止是。
2. 以日、星期、月或年定期間者，其開始之日不計算在內（民法第120條第2項），例如自2月9日起1個月，則2月9日不算入，而自2月10日起計算是。

(四) 期間之終止點

　　關於期間終止點之計算，分爲兩種情形：
1. 以日定期間者，以期間末日之終止爲期間終止點。
2. 以週、月或年定期間者，其終止點之計算又分兩種情形：
(1) 從該週、該月或該年第一日起算者，以期間末日之終止爲期間之終止點。
(2) 不是從週、月或年第一日起算者，則以最後之週、月或年與起算日相當之前一日，爲期間之末日。如當事人約定期間爲1週，從星期二起算，下星期一即

爲期間之末日。又民法第121條規定，以月或年定期間，於最後之月無相當日者，則以該月之末日爲期間末日，如約定期間爲4個月，從111年10月31日起算，則以112年2月28日爲期限的末日。

又應注意者，依據民法第122條規定，於一定期日或期間內，應爲意思表示或應爲給付者，其期日或期間之末日爲星期日或爲法定休假日，則以其翌日代替之。又星期六下午休息者，以下星期一上午代之。

(五) 年齡之計算

依民法第124條第1項規定：「年齡自出生之日起算」，而不適用始日不算入之規定。又出生之月、日無從確定時，推定其爲7月1日出生；知其出生之月，而不知出生之日者，推定其爲該月15日出生（民法第124條第2項）。惟時至今日，因出生必須申報戶籍，甚少有人不知其生辰月日，故此種推定已漸無適用之餘地矣。

三、案例結論

按「提起上訴，應於第一審判決送達後二十日之不變期間內爲之。但宣示或公告後送達前之上訴，亦有效力」，此民事訴訟法第440條定有明文；又依民法第120條第2項規定，以日定期間者，其開始之日不計算在內，故本案例中某甲訴請拆屋還地事件，經法院判決駁回原告之訴後，某甲於112年9月7日收受判決書，依前開規定，該日不算入，應由9月8日起算20日，到9月27日爲末日，所以甲最遲應在9月27日前提起上訴。如甲提起上訴逾前述期限，依民事訴訟法第442條第1項規定，原第一審法院應以裁定駁回之。

其次，依民法第120條第2項規定，以月定期間者，其始日不算入；如期間不以月的第一日起算者，則以最後之月與起算日相當日之前一日爲期間末日（民法第121條第2項）；又於一定期間內，應爲意思表示或給付者，如期間末日是星期日、紀念日，或其他休息日，則以休息日的次日代之（民法第122條）。本案例中，某乙於111年10月16日向某丙租車，言明租期6月，則應自10月16日起算，其最後之月與起算日相當日前一天，應爲112年4月17日，原本某乙應即於該日還車，但112年4月17日爲星期日，故可延至112年4月18日前還車即可。

第六章　消滅時效

壹、消滅時效之概念

案例26

　　某甲於民國95年3月29日向某乙借款新台幣20萬元，借期1年；但乙以雙方為好友關係一直未向甲催討，直到民國111年4月15日因發生流行性新冠肺炎、經濟不景氣，不得已才向甲要求償還借款，此時：

1. 甲主張時效抗辯，有無理由？
2. 如甲將20萬元還給乙後，才發現乙請求權已罹於時效期間，因而主張時效業已消滅，向乙請求返還該20萬元，應否允許？

一、思考方向

　　本案例所涉及者，為民法時效之問題。按時效者，乃一定之事實狀態，繼續達一定期間後，即發生一定法律上效果之制度。時效依其成立要件及效果不同，可分為「取得時效」與「消滅時效」，前者係指以所有之意思，公然、和平的占有他人之動產或未登記之不動產（一定之事實狀態），繼續達一定期間後（動產為5年，不動產為10年或20年），取得該動產之所有權或得請求將該不動產登記為所有權人（一定法律上效果）之謂，參見民法物權編第768條至第772條之規定。後者，乃因權利不行使所形成之無權利狀態，繼續達一定期間，致其請求權消滅之一權法律事實，目前規定於民法總則編第125條至第147條。

　　民法時效制度設立之理由有三：

(一) 尊重現有秩序

　　法律之制定，在乎保護個人之權利，若一定之事實狀態與個人之正當權利發生不一致時，權利人固然可據以主張權利，而推翻該事實狀態，以回復其原有權利，本不待言；但一定之事實狀態如已歷時甚久，社會上多數人信賴其為正當並以之為多數法律關係之基礎，形成他種新秩序，若允許推翻以回復個人原有權利，將無以維護社會交易安全，此為時效制度之實質理由。

(二) 避免舉證困難

某種事質狀態，如已經長久時間後，因證據遺失、湮滅或證人死亡，難以證明其與真實之法律關係是否相合致，本於訴訟經濟原則下，任由當事人無限制在訴訟上主張與防禦，使訴訟久延不決，殊非民法維護私權法律關係之本意，因此承認時效制度，分別規範各類請求權之時效期間，明確劃分權利狀態，以時效代替證據，使義務人免負舉證之困難，確保其權利之安全。

(三) 權利人不值得保護

對於私權之行使，除與公益有關者外，權利人不行使權利時，法律原本不必加以催促；然而真正權利人，既長期不行使其權利，實乃「權利上之睡眠者」，羅馬法諺有云：「法律幫助勤勉人，不幫助睡眠人」，故權利人長期在權利上睡眠，雖不能認為拋棄權利之意思，但法律實無再加以保護必要。

至於本案例所述，乙之借款請求權，是否得作為消滅時效之客體，其時效期間若干，與甲得否為時效抗辯有關；尤其時效完成後對於當事人法律關係之影響為何，均為本節應討論之重點，容後敘明。

二、論點分析

(一) 消滅時效之意義

消滅時效，如前所述，乃請求權不行使達一定期間後，致其請求權歸於消滅之制度，分析言之：

1. 須經過法定期間

凡屬時效，均須經過法定期間，此種期間，稱為時效期間，在外國立法例中，如奧國民法規定為30年，瑞士債務法規定為10年，我國原則上規定為15年。

2. 須權利人繼續不行使其請求權

消滅時效之成立，除須經過相當法定期間外，並須權利人在該期間內繼續不行使其權利，如權利人在此法定期間內行使其請求權，即無消滅時效可言。

3. 請求權須因時效期間之經過而消滅

法律所賦與時效制度之效果，在取得時效為所有權之取得；在消滅時效則為請求權之消滅或抗辯權之發生，目前國內學者通說依民法第144條第1項規定，採抗辯權發生主義，使義務人在時效完成後，得拒絕權利人之請求。

(二) 消滅時效之客體

　　消滅時效所能適用之權利，稱為消滅時效之客體。民法第125條前段規定：「請求權，因十五年間不行使而消滅」，可見係以請求權為消滅時效之客體，故從權利之作用來看，請求權以外之下列三種權利，不因時效期間之經過而消滅，亦不適用時效規定：

1. 支配權

　　指直接支配權利客體之權利，如人格權、身分權、物權、準物權等。

2. 形成權

　　因權利人一方之意思表示，使法律關係直接發生、變更或消滅之權利，稱為形成權，主要有撤銷權、選擇權、抵銷權、承認權、解除權及繼承拋棄權等。

3. 抗辯權

　　為抗辯權人於請求權人或其他權利人行使權利時，得拒絕給付或阻止其行使之權利，可分為一時抗辯權（如民法第264條）和永久抗辯權（如民法第144條第1項）。

　　在學理上請求權常區分為債權請求權、物權請求權及身分請求權，凡基於買賣、租賃、承攬、運送等債權關係所生之請求權，均得作為消滅時效之客體。物體請求權，係於物權被他人侵害時，以回復物權之圓滿狀態為標的之請求權，參照民法第767條規定，有所有物返還請求權、妨害除去請求權及妨害防止請求權三種，各該物權請求權是否得為消滅時效之客體，有肯定說與否定說之爭，在司法院解釋及最高法院判例中，均採肯定見解，如司法院28年院字第1833號解釋謂：「不動產所有權之回復請求，應適用民法第125條關於消滅時效之規定」，30年院字第2145號解釋謂：「民法第125條所稱之請求權，不僅指債權請求權而言，物權的請求權亦包括在內」，最高法院42年台上字第786號判例謂：「民法第125條所稱之請求權，包括所有物返還請求權在內。此項請求權之消滅時效完成後，雖占有人之取得時效尚未完成，占有人亦得拒絕返還」，皆在表明物權請求權，亦應適用消滅時效之規定。

　　惟如無限制適用消滅時效之結果，在占有人占用他人「已登記」不動產已逾15年時，原所有人之物上請求權固因時效消滅而不得請求返還不動產之占有，而占有人又因該不動產業已登記，無法取得所有權，遂形成物權與占有分屬兩人之現象，為此大法官會議加以補充及限制解釋：「已登記不動產所有人之回復請求權，無民法第125條消滅時效規定之適用」（釋字第107號）及「已登記不動產所有人之除去妨害請求權，不在本院釋字第107號解釋範圍之內，但依其性質，亦無民法第

125條消滅時效規定之適用」（釋字第164號），以維護土地法第43條所規定登記之絕對效力及避免發生權利上名實不符現象。

身分權本身並不因時效而消滅，基於身分關係而發生之親屬法或繼承法上之請求權，性質上可分為純粹身分關係之請求權，與以財產利益為內容之請求權，其中純粹身分關係之請求權，例如夫妻同居請求權，履行婚約請求權，因與公序良俗及道德倫常有密切關係，不因時效經過而消滅。至於以財產利益為目的之身分請求權，則與一般請求權並無不同，亦得為消滅時效之客體，例如人格權或姓名權受侵害之財產上損害賠償請求權（民法第18條、第19條）、判決離婚時贍養費各期請求權（民法第1057條）、繼承權回復請求權（民法第1146條）等。

(三) 消滅時效與除斥期間之區別

與消滅時效在性質上相類似者為除斥期間，所謂除斥期間乃法律對於某種權利所預定之存續期間，又稱為預定期間，此項期間經過後，權利當然消滅，並不得再為展期，以求法律關係早日確定。除斥期間與消滅時效均為權利行使之限制，兩者間之區別如下：

1. 立法精神不同

除斥期間與消滅時效，均在維持社會現有秩序，早日確定法律關係。但消滅時效所維持之現有秩序為反於原有秩序之新秩序，即以其行使為原有秩序之維持，以其不行使為新秩序之造成；而除斥期間所維持之現有秩序，為繼續存在之原有秩序，即以其行使為原有秩序之變更，以其不行使為原有秩序之維持。

2. 適用客體不同

消滅時效以請求權為客體；除斥期間則以形成權為客體。

3. 期間性質不同

消滅時效期間內，由於障礙事由發生，有中斷或不完成之情形；除斥期間則固定不變，不因任何事由而延長，故亦稱不變期間。

4. 法院裁判不同

消滅時效須待當事人於訴訟上主張，法院不得依職權作為裁判依據；而除斥期間，縱當事人未經援用，法院亦得以之為裁判之資料。

5. 權利拋棄不同

民法第147條規定，消滅時效不許當事人預先拋棄，俾保護債務人之利益；而除斥期間於屆滿前，權利人欲拋棄其權利，固為法律所允許，但於除斥期間屆滿後，權利本身已當然消滅，其利益則不許拋棄。

6. 期間起算不同

消滅時效的起算點，民法設有一般性規定（民法第128條），以請求權可行使或行為時起算；而除斥期間，除於有關各該條文有特別規定外，未設一般規定，解釋上自有權利成立時起算。

(四) 消滅時效之期間

消滅時效係以請求權之不行使，達一定期間為要件，此一期間之長短，事關公益，民法第147條規定，不得以法律行為，任意加長或減短。目前消滅時效之期間，可分為一般期間與特別期間兩種：

1. 一般期間

所謂一般期間即除特別期間外之期間是，此項期間，在我民法上為「15年」，即第125條規定：「請求權，因十五年間不行使而消滅。但法律所定期間較短者，依其規定」，條文所謂法律所定期間較短者，即指特別期間而言。

2. 特別期間

特別期間，指一般時效期間外，法律特別規定之時效期間，又可分為：

(1) **5年期間**：此適用於定期給付之請求權，民法第126條規定：「利息、紅利、租金、贍養費、退職金及其他一年或不及一年之定期給付債權，其各期給付請求權，因五年間不行使而消滅。」所謂「其他一年或不及一年之定期給付債權」，指與利息、租金有共同性質之債權，如民法第732條各季終身定期金，或各年公司所發放之股息等。

(2) **2年期間**：凡日常交易上常見之債權，有些宜儘速履行者，關於其消滅時效期間，法律明定應予以縮短，如民法第127條即規定，下列各款請求權，因2年間不行使而消滅：

① 旅店、飲食店及娛樂場之住宿費、飲食費、座費、消費物之代價及其墊款。

② 運送費及運送人所墊之款。

③ 以租賃動產為營業者之租價。

④ 醫生、藥師、看護生之診費、藥費、報酬及其墊款。

⑤ 律師、會計師、公證人之報酬及其墊款。

⑥ 律師、會計師、公證人所收當事人物件之交還。

⑦ 技師、承攬人之報酬及其墊款。

⑧ 商人、製造人、手工業人所供給之商品及產物之代價。

(3) **其他短期期間**：除民法總則編外，法律另設有特別時效期間者，大致有下列幾種：

①3年時效期間：如對匯票承兌人、本票發票人之票款請求權（票據法第22條第1項）。

②2年時效期間：如國家賠償事件請求權（國賠法第8條）、由保險契約所生權利（保險法第65條）、侵權行為損害賠償請求權（民法第197條）。

③1年時效期間：如定作人之瑕疵修補請求權（民法第514條）、共同海損債權（海商法第165條）、對支票發票人之票款請求權（票據法第22條第1項）。

④6個月時效期間：如對旅店或場所主人之損害賠償請求權（民法第611條）、匯票背書人之追索權（票據法第22條第3項）。

⑤4個月時效期間：如支票執票人之追索權（票據法第22條第2項）。

⑥2個月時效期間：如支票背書人之追索權（票據法第22條第3項）。

⑦1個月時效期間：如商號之損害賠償請求權（民法第563條）。

(五) 消滅時效之起算

上述之一般期間及特別期間，其起算點，依民法第128條規定：「消滅時效，自請求權可行使時起算。以不行為為目的之請求權，自為行為時起算。」將請求權依其性質區分為作為及不作為兩類，分別規定其起算點，在以作為為目的之請求權，應自請求權已無法律上障礙，而可行使時起算，例如定有清償期之債權，應自清償期屆至時起算；若未屆清償之債權，則從債權成立時起算；對於附條件或始期之法律行為，應自條件成就或始期屆至開始起算。至以不作為為目的之請求權，在義務人遵守義務時，債權人自無從行使請求權，故應自義務人違反不作為義務而為其行為時，方起算其時效時間。

(六) 消滅時效之效力

消滅時效因時效期間之經過而完成，其在法律上乃發生一定之效果：

1. 債務人得拒絕給付

消滅時效完成後在當事人間發生如何之效力，各國規定不同，主要有以下三種立法例：

(1) **權利消滅主義：**即消滅時效完成後，財產權本身歸於消滅，日本民法第167條以下採之。

(2) **訴權消滅主義：**即消滅時效完成時，不能使權利本身消滅，僅能使訴權消滅；亦即權利人雖不能受訴權之保護，但義務人履行其義務時，對權利人則不得以不當得利為理由請求返還，法國民法第2223條以下採之。

(3) **抗辯權發生主義：**即消滅時效完成時，財產權本身與訴訟權均不消滅，僅產生

債務人得拒絕給付之抗辯權而已，德國民法第222條採之。

我國民法第144條第1項明定：「時效完成後，債務人得拒絕給付」，依此規定，我國民法係採抗辯權發生主義，實務上亦採相同見解，認為消滅時效完成之效力，僅發生債務人拒絕給付之抗辯權，並非使請求權當然消滅，債務人若未以消滅時效之完成為拒絕給付之抗辯，法院不得以消滅時效業已完成，即認請求權已歸消滅（參見最高法院29年上字第1195號、32年上字第1992號判例）。

2. 已為給付者不得請求退還

民法第144條第2項規定：「請求權已經時效消滅，債務人仍為履行之給付者，不得以不知時效為理由，請求返還；其以契約承認該債務或提出擔保者亦同。」此因時效完成後，依前所述，債權人之請求權並不當然消滅，如債務人仍為履行之給付，或以契約承認該債權，甚至提供擔保，債權人仍得有效受領，並非不當得利；是故，債務人事後不得再以不知時效為理由，而請求返還，或主張其契約無效，或撤回其擔保。

3. 主權利消滅效力及於從權利

民法第146條規定：「主權利因時效消滅者，其效力及於從權利。但法律有特別規定者，不在此限」，如主債權時效完成後，債務人亦可拒絕支付主債務已罹於時效之利息。又條文所謂法律有特別規定，如民法第145條第1項規定：「以抵押權、質權或留置權擔保之請求權，雖經時效消滅，債權人仍得就其抵押物、質物或留置物取償。」不過此項規定，於利息及其他定期給付請求權，經時效消滅者，不適用之（民法第145條第2項規定），以免適用範圍過廣，影響債務人之利益。

三、案例結論

為尊重現存秩序，維護社會交易安全，避免舉證困難，乃對於權利上睡眠者，法律不予保護等原則，而產生時效制度，我國民法第125條規定：「請求權，因十五年間不行使而消滅。但法律所定期間較短者，依其規定」，所以請求權之消滅時效，一般期間為15年，本案例中乙對甲之債權請求權，自民國96年3月29日清償期屆至後起算，至民國111年4月15日，已逾15年，請求權罹於時效，故甲主張時效抗辯，拒絕給付為有理由。

對於消滅時效完成後之效力，我國民法採抗辯權發生主義，即在債權人行使請求權時，債務人得以請求權已罹於時效加以抗辯，而拒絕給付（民法第144條第1項），並非使債權人請求權消滅。所以，民法第144條第2項規定：「請求權已經時效消滅，債務人仍為履行之給付者，不得以不知時效為理由，請求返還；其以契約承認該債務或提出擔保者亦同」，就本案例，如甲履行該20萬元借款債務後，才

發現乙請求權已罹於時效期間時，由於其原有債務並未消滅，債務人受領給付仍有法律上原因，依上開規定，自不得再向乙請求返還該20萬元借款。

貳、消滅時效之中斷與不完成

案例27

甲於民國108年11月間承作乙所興建座落於新北市永和區之「台北凱撒」工地之砌磚工程，雙方簽有承攬契約書可稽。甲於109年6月30日完成全部承攬工程後，乙因周轉困難，只支付50萬元，尚欠25萬元承攬報酬未付。經甲委請律師發函催告，乙直至109年9月15日始自動償還10萬元後，即避不見面。甲於111年9月14日決定提起給付承攬報酬訴訟時，適逢颱風來襲，交通中斷，各地淹水嚴重，公私機關停止辦公，至9月17日始正常。甲亦因家住新北市汐止區，積水過深，損失不貲，為處理善後，遲至同年10月12日始行起訴，此時甲之承攬報酬請求權是否罹於時效？

一、思考方向

民法之消滅時效，為權利不行使所造成之無權利事實狀態，繼續存在於一定期間內而發生請求權消滅之效果；可見消滅時效之完成，在於請求權繼續不行使之事實基礎上，因而於時效進行中，倘有與此基礎不相容之事實發生，如請求權之行使、起訴，或權利人因天災、事變無法行使等時效障礙情事發生時，自應按照不同情況，中斷時效或使時效不完成，以保護因時效進行而受不利益之當事人權益。目前民法於第129條至第143條分別有時效之中斷與時效不完成等規定，以供援用。

如本案例所涉及甲之承攬報酬請求權，於民國109年9月15日當乙自動償還部分債務時，對消滅時效之進行，究發生如何之影響；又如111年9月14日，甲決定提起給付承攬報酬訴訟時，適逢颱風來襲、交通中斷，以至於無法立即向法院為訴訟行為，對此種因天災或其他不可避事變所造成之妨礙事由，法律應如何加以評價，顯均與時效中斷或時效不完成有關，值得吾人將兩者加以釐清與討論。

二、論點分析

(一) 消滅時效之中斷

　　消滅時效中斷，乃在時效進行中，因有與消滅時效因素相反之事由發生，使已進行之時效期間歸於無效，而需重行起算時效之制度。消滅時效中斷之事由，依民法第129條規定，有下列幾種：

1. 請求

　　請求，乃權利人於訴訟外向義務人請求履行義務之意思通知，例如債權人基於債之關係向債務人請求給付價金、交付標的物、清償貨款等行使權利之行為，故請求權人行使其請求權時，即發生時效中斷之效力。又時效固因請求而中斷，惟依民法第130條規定：「時效因請求而中斷者，若於請求後六個月內不起訴，視為不中斷。」故於時效期間內，債權人曾為債務履行之請求，而債務人未履行債務者，則債權人應於請求後6個月內起訴，若請求後債務人不履行債務，而債權人不於6個月內起訴者，則與未請求相同，即時效仍從原開始之時起，繼續進行，與未經中斷同。

2. 承認

　　承認，乃義務人向請求權人確認其權利或為認識他方請求權存在之觀念表示；其性質為一種意思通知，因義務人一方之行為即可發生效力，無須債務人之同意。承認之方式，無論以書面、言詞，於訴訟上、訴訟外為之均無不可；亦不限於明示承認，即使以默示方式承認，如請求緩期清償、提供擔保、主張同時履行抗辯、部分清償等，均應解為有承認之效力（最高法院51年台上字第121號判例參照）。時效自義務人之觀念表示，到達權利人時發生中斷之效力，此項效力為絕對效力，與時效因請求而中斷之相對效力者不同，故時效自義務人承認時重行起算，並無視為不中斷之相關規定。

　　又承認應於時效完成前為之，義務人俟時效完成後所為之承認，固無中斷時效之可言，然如屬明知時效完成之事實而仍為承認行為時，自屬拋棄時效利益之默示意思表示，此項時效完成之利益，一經拋棄，即恢復時效完成前之狀態，債務人顯不得再以時效業經完成，拒絕給付（最高法院49年台上字第2620號判例參照）。

3. 起訴

　　起訴，乃權利人於民事訴訟上行使權利之行為，其種類不論為本訴、反訴，給付之訴、確認之訴、形成之訴均發生中斷時效之效力。惟民法第131條另規定：「時效因起訴而中斷者，若撤回其訴，或因不合法而受駁回之裁判，其裁判確定，

視爲不中斷」，即自始不發生中斷時效之效力。除起訴外，其他與起訴有同一效力之事由，依民法第129條第2項規定，有下列五項：

(1) **依督促程序，聲請發支付命令**：民事訴訟法第508條第1項規定：「債權人之請求，以給付金錢或其他代替物或有價證券之一定數量爲標的者，得聲請法院依督促程序發支付命令。」此支付命令，一經聲請，即生中斷時效之效力。不過時效因聲請發支付命令而中斷者，若撤回其聲請，或受駁回之裁判或支付命令失其效力時，依民法第132條規定，視爲不中斷。惟依現行民事訴訟法之規定，債務人對於支付命令於法定期間提出異議者，支付命令失其效力，以債權人支付命令之聲請，視爲起訴或聲請調解（民事訴訟法第519條第1項），此時應改適用另一中斷時效之事由。

(2) **聲請調解或提付仲裁**：聲請調解或提付仲裁，與起訴有同一效力，亦爲時效中斷事由，不過時效因聲請調解或提付仲裁而中斷者，若調解之聲請經撤回、被駁回、調解不成立或仲裁之請求經撤回、仲裁不能達成判斷時，依民法第133條規定，視爲不中斷。

(3) **申報和解債權或破產債權**：申報和解債權，係債權人依破產法第12條第1項第3款之規定申報債權之謂。至於申報破產債權，乃債權人向破產管理人申報其債權之謂（破產法第65條第1項第5款）。兩者均爲權利之行使，故應發生中斷時效之效力。不過時效因申報和解債權或破產債權而中斷者，若債權人撤回其申報時，依民法第134條規定，視爲不中斷。

(4) **告知訴訟**：依民事訴訟法第65條規定，告知訴訟乃當事人於訴訟繫屬中，將訴訟告知於因自己敗訴而有法律上利害關係人之謂。告知訴訟與起訴有同一效力，故消滅時效亦因之而中斷。惟民法第135條規定：「時效因告知訴訟而中斷者，若於訴訟終結後，六個月內不起訴，視爲不中斷。」

(5) **開始執行行爲或聲請強制執行**：開始執行行爲，指執行機關（法院）依職權所爲之執行行爲（強制執行法第5條），此種執行行爲一經開始，即發生中斷時效之效力；又強制執行原則上須依聲請爲之，一經聲請強制執行，亦發生中斷時效之效力。但民法第136條規定：「時效因開始執行行爲而中斷者，若因權利人之聲請，或法律上要件之欠缺而撤銷其執行處分時，視爲不中斷。時效因聲請強制執行而中斷者，若撤回其聲請，或其聲請被駁回時，視爲不中斷。」

(二) 消滅時效中斷之效力

消滅時效中斷之效果，有及於時之效力與及於人之效力兩種，說明如後：

1. 及於時之效力

民法第137條第1項規定：「時效中斷者，自中斷之事由終止時，重行起算」，即時效一經中斷，則在中斷事由發生前已經過之期間，全歸無效。至各中斷事由之終止時，因中斷事由之內容不同，而有差異：

(1) **時效因請求而中斷者**：於請求之通知達到時，即為中斷事由之終止，時效重行起算。

(2) **時效因承認而中斷者**：以承認之表示，為權利人了解（對話）或達到於權利人（非對話）時，為中斷事由之終止，時效重行起算。

(3) **時效因起訴而中斷者**：因起訴而中斷之時效，自受確定判決，或因其他方法訴訟終結時，重行起算（民法第137條第2項）。

(4) **時效因與起訴有同一效力之事由而中斷者**：應於各該程序終結時，重行起算。

又時效中斷事由終止後，重行起算時，其時效期間之長短，原則上以中斷前原有之時效期間為準。但在短期時效，現行民法第137條第3項規定：「經確定判決或其他與確定判決有同一效力之執行名義所確定之請求權，其原有消滅時效期間不滿五年者，因中斷而重行起算之時效期間為五年。」揆其立法目的，應在避免債權人明知債務人無清償能力，仍須不斷請求強制執行或為其他中斷時效之行為，徒增困擾，以保護債權人之利益。

2. 及於人之效力

民法第138條規定：「時效中斷，以當事人、繼承人、受讓人之間為限，始有效力」，所謂當事人即為中斷時效之人及其相對人。例如由權利人之起訴而中斷者，則為民事訴訟之原告與被告；若因義務人之承認而中斷者，則為承認人與其相對人。至於此等人之繼承人乃概括承受人，而受讓人則為特定承受人，均為當事人行為效力所及，故中斷時效，對於此等人亦有效力。

(三) 消滅時效之不完成

1. 因天災事變而不完成

民法第139條規定：「時效之期間終止時，因天災或其他不可避之事變，致不能中斷其時效者，自其妨礙事由消滅時起，一個月內，其時效不完成。」例如112年9月27日，時效期間將滿5年，時效本應完成，但自9月25日起大颱風過境，交通電訊均中斷，當事人無法行使權利，直至9月29日始恢復，則時效不能在9月27日完成，而自9月29日起，1個月內，其時效不完成，當事人在此1個月期間內仍可行使權利，以中斷時效。

2. 因繼承關係而不完成

民法第140條規定：「屬於繼承財產之權利或對於繼承財產之權利，自繼承人確定或管理人選定或破產之宣告時起，六個月內，其時效不完成。」此種情形在繼承開始時，繼承人有無不明，無論係行使權利或被行使權利，均難以進行，故自確定時起，6個月內，時效不完成。

3. 因法定代理人欠缺而不完成

民法第141條規定：「無行為能力人或限制行為能力人之權利，於時效期間終止前六個月內，若無法定代理人者，自其成為行為能力人或其法定代理人就職時起，六個月內，其時效不完成。」此種情形，亦屬無人行使權利，故時效不完成。

4. 因法定代理關係而不完成

民法第142條規定：「無行為能力人或限制行為能力人，對於其法定代理人之權利，於代理關係消滅後一年內，其時效不完成。」蓋在法定代理關係存續中，權利人自己無法行使權利，法定代理人又不向其自己行使權利，如使時效完成，顯不妥當，故自法定代理關係消滅後1年內，其時效不完成。

5. 因婚姻關係而不完成

民法第143條規定：「夫對於妻或妻對於夫之權利，於婚姻關係消滅後一年內，其時效不完成。」在婚姻關係存續中，夫對妻或妻對夫，不便行使權利，因而其不行使權利，情有可原，故於婚姻關係消滅後1年內，其時效不完成。

(四) 消滅時效不完成之效力

時效不完成與時效中斷之效力不同，時效中斷則已經過之期間歸於無效而重行起算；時效不完成則已經過之期間仍有效力，祇在使時效停止進行，將已經完成之時效，延長至不完成之事由消滅後之一定期間屆滿時為止，而使權利人得於該一定期間內，行使權利，為中斷時效之行為。

三、案例結論

本案例甲、乙二人於108年11月間簽訂承攬契約書，由甲承作乙所興建之「台北凱撒」工地之砌磚工程，甲於109年6月30日完工後，取得承攬報酬請求權，依民法第127條第7款規定，因2年間不行使而消滅，且其承攬報酬請求權之消滅時效，應自109年6月30日（完工日）開始起算。

嗣因乙僅支付甲50萬元，尚欠25萬元承攬報酬未付，經甲委請律師發函催告，乙於109年9月15日清償其中10萬元，應解為係對於權利人表示承認其權利之存在，參諸最高法院63年台上字第1948號判例，亦認：「上訴人所欠被上訴人貨

款6萬元，既以所得傭金3,000元抵償其一部分，自係對被上訴人為請求權存在之承認，依民法第129條第1項第2款，被上訴人之請求權消滅時效即因而中斷」，可資參照。乙於前開時日對甲承認其債權後，依民法第137條第1項規定：「時效中斷者，自中斷之事由終止時，重行起算」，則甲之承攬報酬請求權，自109年9月15日起重行起算，尚須經過2年，即111年9月15日始能完成其時效。

甲於111年9月14日決定提起給付承攬報酬之訴訟時，適逢颱風來襲，交通中斷，公務機關均不辦公，至111年9月17日始恢復正常，依民法第139條規定：「時效之期間終止時，因天災或其他不可避之事變，致不能中斷其時效者，自其妨礙事由消滅時起，一個月內，其時效不完成」，故甲對乙之請求權消滅時效因前開事變，由111年9月17日起1個月內，時效不完成。故甲於111年10月12日始提起民事訴訟，其請求權迄未罹於時效，乙仍有給付餘款15萬元之義務。

第七章 權利之行使

壹、權利行使之原則

案例28

> 　　下列行為是否違背權利行使原則？
> 1. 甲在其所有房地自建五層樓房，底層及建地出售予乙，二至五層房屋出售予丙，其後乙欲改建二樓以上房屋，以丙在其土地上並無任何權源，無容忍在其土地上繼續留存房屋之義務，遂訴請丙拆屋還地，法院應否准許？
> 2. 律師丁接受當事人委託，辦理車禍案件之民事訴訟，約定三個審級酬勞為30萬元，嗣因原告、被告在第一審法院中達成和解，而終結訴訟程序，此時律師仍請求全部酬勞30萬元，是否合理？

一、思考方向

　　在個人主義及契約自由之傳統思想下，權利乃個人所專有，具有不可侵犯性，故個人是否行使權利及以何種方式行使，皆有充分自由，法律不得加以限制或強制。惟上開「所有權神聖不可侵犯」、「行使權利不受限制」等思想實踐之結果，卻導致權利濫用，甚至個人權利與國家、社會法益相衝突之流弊。因此在權利社會化與權利相對化之思潮下，權利之本質已發生相當變化，晚近學者認為權利不僅為個人之利益而存在，同時以維護社會公益，促進國家整體發展為依歸，故羅馬法諺所承認：「凡行使自己之權利者，無論對於何人，皆非不法」之原則必須加以修正，認為權利具有公益性、社會性與相對性，其行使必有一定之界限，超過適當之限制而行使，即為權利之濫用，為法律所不允許。

　　現行民法本於同一旨趣，在第148條規定：「權利之行使，不得違反公共利益，或以損害他人為主要目的。行使權利，履行義務，應依誠實及信用方法」，明確將行使權利、履行義務之方法，歸納為下列三項指導原則：
(一) 禁止違反公益原則。
(二) 禁止權利濫用原則。
(三) 應依誠實信用原則。

關於上開指導原則之基本內涵為何？又如何以該原則來檢視本案例中，乙訴請丙拆屋還地及丁律師在一審中已終結訴訟，仍請求給付約定之三審酬勞之權利行使正當性，均為本題應探討之方向。

二、論點分析

權利之行使，乃權利人直接實現其權利內容之行為，例如所有人處分其所有物，出租人請求承租人給付租金，父母為行使親權而懲戒其子女等均是。民法一方面將權利之本質界定為「法律賦予權利主體得享有特定利益之法律實力」，使權利主體得享有財產上或身分上之各種利益，並排除他人之不法侵害；另方面權利既為法律制度之一環，具有社會性與公益性，在行使過程中仍應注意公共利益之維護，及避免造成他人之重大損害，以促進社會整體之和諧，因此民法總則編特設第七章「權利之行使」，規定行使權利之三大原則，以供遵循，茲分述如下：

(一) 禁止違反公益原則

民法第148條第1項前段規定：「權利之行使，不得違反公共利益」，所謂「公共利益」，指社會上不特定多數人之利益，包括國家或社會之利益。民法總則在民國71年1月修正本條文時，認為權利人於法律限制內，雖得自由行使其權利，不得違反公共利益，此為權利社會化之主要表徵，故行使權利應以公共利益為指導原則，俾能糾正個人主義、權利絕對化之偏差，加強社會公益之維護。

(二) 禁止權利濫用原則

民法第148條第1項後段規定：「權利之行使，不得以損害他人為主要目的」，此即為禁止權利濫用原則之法律依據。權利之濫用，乃權利人行使權利時，違反法律所賦與其權利之本旨，因而法律上遂不認其為權利行使之謂。在實務上認為行使權利，而對於權利人無正當利益、行使權利而使義務人遭受與權利所得利益顯不相當之損失、或權利人行使權利之方法以加害他人為目的者，均為權利之濫用。例如土地所有權人明知他人越界建築不加以制止，事後再訴請拆除越界占有土地不足5平方公尺之三層樓房，自屬權利濫用；權利人將其住處前已供公眾通行使用之土地，以花盆雜物圍成供自己停車使用，致該巷道成為單行道，人車通行困難，此時亦為權利濫用之情形。

權利之行使，是否以損害他人為主要目的，應就權利人因權利行使所能取得之利益，與他人及國家社會因此所受之損失，比較衡量以定之。倘其權利之行使，自己所得利益極少而他人及國家社會所受之損失甚大，縱此為權利人取得權利之初所

不知，亦非不得視爲以損害他人爲主要目的，故權利之行使，是否以損害他人爲主要目的，與權利人取得權利時已否知悉權利之行使將造成他人及國家社會之損失，並無必然關係（最高法院96年度台上字第334號民事判決意旨參照）。

(三) 應依誠實信用原則

誠實信用原則，乃斟酌各該事件之實情，衡量當事人雙方之利益，務使法律關係公平妥當之法律原則，法諺有謂：「公平與善良乃法律中之法律」（That which is equal and good is the law of laws），其意在此。故誠實信用原則，爲民法與民事法規之指導原則，學者又稱之爲「帝王條款」，在當事人行使權利或履行義務時，均應遵守該原則，以符合公平正義。

過去我國民法仿照德國立法例，曾於債編第219條規定：「行使債權，履行債務，應依誠實及信用方法」（該條文已於88年4月2日修正時刪除），將誠實信用原則侷限於債的法律關係內，在實務上最高法院61年台上字第413號判例亦認爲，誠實信用原則不適用於其他物權等關係。爲擴大誠實信用原則之適用範圍，貫徹公平正義理念，民國71年修正民法總則時，於第148條第2項增列「行使權利，履行義務，應依誠實信用方法」，使誠實信用原則，得以明確成爲民法之最高指導原則，且得適用於一切民事權利義務關係，確爲妥當之立法。誠實信用原則之作用，甚爲廣泛，如對於法律行爲之補充與評析、對於法律條文欠缺之解釋，甚至可作爲制定或修訂法律之準則，現行民法債編中亦有許多誠實信用原則具體化之條文，如在雙務契約，他方當事人已爲部分給付，依其情形如拒絕自己之給付有違背誠實及信用方法者，不得拒絕自己之給付（民法第264條第2項）；又如買賣標的物雖確有瑕疵，但依其情形解除契約顯失公平者，僅得請求減少價金等，均值得參考。

誠實信用原則爲行使權利或履行義務之積極標準，與前述禁止違反公益原則、禁止權利濫用原則，屬於權利行使之消極標準，兩者相輔相成，當事人在行使權利或履行義務有違反時，不發生當事人所期望之法律效力，可見民法總則編行使權利之三大指導原則，已成爲強行規定，值得吾人遵行。

三、案例結論

本案例中，五層樓房爲甲所興建，乙雖向甲買得基地及底層建物，然乙於買受之初即含有容忍在其基地上繼續留存二至五層房屋之默示，此項容忍之默示，即爲丙在其土地保留房屋之依據；且乙於買受基地時，已有五層建物存在，則其應知不能逕行改建二樓以上房屋，乃其竟向法院訴請丙拆屋還地，顯屬民法第148條第1項之權利濫用，且與誠信原則有違，當不受法律之保護，故法院應以判決駁回原告

之訴，以維公平正義。

　　另律師丁接受當事人委託，辦理車禍案件之民事訴訟，雖曾約定三個審級之酬勞為30萬元，嗣既因原告、被告在地方法院第一審訴訟進行中達成和解，而終結全部訴訟程序，衡諸民法第148條第2項規定：「行使權利，履行義務，應依誠實及信用方法」之意涵，律師以請求一個審級之酬金為宜，如仍要求給付所約定之30萬元酬金，除有其他特別情事外，將違背民法誠信原則，造成不合理現象。

貳、權利之救濟

案例29

　　甲為喜洋洋婚紗攝影禮服公司負責人，因投資香港房地產失利，周轉不靈，行將倒閉時，為債權人乙發覺，乙立即趕赴甲所經營之攝影禮服公司討債，甲不勝其擾，乃示意其所訓練之家犬撲向乙，乙情急下持木棍將該家犬擊斃後，一氣之下，未向官署請求援助，遂將該公司內之新娘禮服、電視、裝飾品及攝影器材搬走，並轉賣給丙，以抵償甲積欠之60萬元票款債務，此時乙之責任為何？如其事後向法院請求援助而被駁回時，責任有無不同？

一、思考方向

　　羅馬法諺有謂：「有權利就有救濟」，如前所述，依法力說之見解，權利乃法律賦與特定人享受合法利益之一種法律手段，故當權利人未能獲得滿足，或受到不法侵害時，自可利用國家之公權力來排除外來之侵害，或實現其權利，此種制度稱為「公力救濟」；但因公力救濟，須遵循一定程序，在情況危急中，若不允許私力救濟，勢必坐視權利之被侵害，甚至目睹其消失，對權利人保護究嫌不周，且有悖於法律保護權利人利益之本旨，故現代民主國家對權利之保護，遂以公力救濟為原則，私力救濟為例外。

　　關於私力救濟之內容，有自衛行為與自助行為兩類，自衛行為係法律允許權利人當公力救濟不及時，得於必要範圍內，以自力排除不法之侵害，或避免侵害，若未逾越必要程度者，雖損害於他人，亦不須負損害賠償責任之行為；自衛行為可分為正當防衛與緊急避難兩種型態。自助行為則係情況急迫時，為保護自己權利對他人之自由或財產施以拘束、押收或毀損之行為。在本案例中，乙為向甲索討票款60萬元，而在情急之下持木棍擊斃甲之家犬，以及未向官署請求援助（或請求援助被

駁回），而將甲之攝影禮服公司內之禮服、電視、裝飾品及攝影器材等搬走，其行為是否符合民法第149條至第152條私力救濟之要件，厥為本案例應探討之問題。

二、論點分析

前曾提及，權利之保護，可分為公力救濟與私力救濟，私力救濟之情形，依民法規定主要有正當防衛、緊急避難及自助行為三種：

(一) 正當防衛

正當防衛，依民法第149條規定：「對於現時不法之侵害，為防衛自己或他人之權利所為之行為，不負損害賠償之責。但已逾越必要程度者，仍應負相當賠償之責」，故正當防衛，為阻卻違法事由之一，如其防衛行為不過當，則防衛人對於侵害人反擊所造成之損害，在民事上不負損害賠償責任；在刑事上如符合刑法規定，則不構成犯罪行為，其行為不罰（刑法第23條）。關於正當防衛之要件如下：

1. 須有不法侵害存在

無侵害即無所謂防衛，故正當防衛之成立，以侵害存在為前提；且限於不法之侵害，從而對於一切合法行為，即無防衛之可言，例如對於父母在適當範圍內之懲戒子女行為，子女不可主張正當防衛。

2. 須為現在之侵害

正當防衛以存有現在侵害為必要，所謂現在侵害，指侵害行為已經著手、或現正實行中、或尚未完畢之謂。如對於未來之侵害，幻想其有侵害情形，而先為加害行為；或對於已經過去之侵害予以防衛行為，均不可主張正當防衛。

3. 須係防衛自己或他人權利之反擊行為

即防衛之目的，在於保護自己或他人之權利；至於權利之種類，包含甚廣，舉凡生命、身體、自由、財產、名譽，甚至於公權、私權、所有權、占有及其他任何種類之權利，只要為法律所保護者，均在防衛之列。

4. 須未逾越必要之程度

正當防衛雖為阻卻違法事由之一，但防衛行為逾越必要程度者，仍應負相當損害賠償責任。至正當防衛是否過當，則應視具體之客觀情事及各當事人之主觀事由定之，不能僅憑侵害人一方受害情狀為斷（參見最高法院64年台上字第2442號判例）。

(二) 緊急避難

緊急避難，依民法第150條規定：「因避免自己或他人生命、身體、自由或財

產上急迫之危險所爲之行爲，不負損害賠償之責。但以避免危險所必要，並未逾越危險所能致之損害程度者爲限。前項情形，其危險之發生，如行爲人有責任者，應負損害賠償之責。」緊急避難與正當防衛，雖均屬於自衛行爲，但正當防衛之產生，係基於權利主義，爲積極保護權利之安全；而緊急避難之產生，則基於放任主義，爲消極避免急迫之危險，故緊急避難行爲係屬於合法行爲與不法行爲間之一種放任行爲，關於緊急避難之要件如下：

1. 須有急迫危險存在

緊急避難以存在急迫之危險爲必要，所謂急迫，指迫在眉睫，除爲避難行爲外，別無他法以解除危險之緊急狀態之謂；至危險，則指一切足以發生危害之事件，不論出於天災、水災、地震等自然因素，或戰亂饑荒、放火搶劫、動物攻擊等人爲因素，均涵蓋在內。

2. 須爲避免自己或他人生命、身體、自由或財產上之急迫危險

因緊急避難，本質上並非權利行爲，爲避免不當擴張其保護法益，而造成對第三人之損害，故民法第150條第1項明定只限於避難人自己或他人之生命、身體、自由或財產法益四種，至於名譽、姓名、隱私權等則不包括在內。

3. 須爲避免危險所必要

如危險可藉由他法避免，則不可爲避難行爲，必除爲避難行爲外，別無他法可以避免，始爲必要，在學理上稱爲「必要原則」或「補充原則」，故是否必要，應視具體情況，依客觀標準加以判斷。緊急避難可分爲攻擊性避難與防禦性避難兩種，前者係因避免急迫危險而損害與危險之發生無關之他人權利，如甲溺水，乙奪他人之船前往救之。後者，係將發生急迫危險之事物本身，加以毀損，以避免危險，如鄰屋失火，破門而入加以救火。對於上開兩種避難之原因及效果，我國民法並未加以區別，均適用第150條之規定。

4. 須未逾越危險所能致之損害程度

指避難行爲所加於他人之損害，必須小於或等於危險所能發生之損害，逾越此程度者，即爲過當避難，在學理上稱爲「權衡原則」。至比較損害之大小輕重，應參酌法益之性質及關係人實際所受損害之具體價值客觀判斷之，例如爲避免自己之財產危險，而損害他人之生命、身體法益時，則非法之所許。

5. 須危險之發生不可歸責於避難人

即危險之發生，非因行爲人所招致，否則仍應負損害賠償責任。例如自己挑逗鄰狗，爲避免遭咬傷而將其格殺，此時即不能解免賠償責任。

(三) 自助行爲

　　自助行爲者，爲保護自己之權利（請求權），於不受官署援助之際，對於他人之自由或財產施以拘束、押收或毀損之行爲也。民法第151條規定：「爲保護自己權利，對於他人之自由或財產施以拘束、押收或毀損者，不負損害賠償之責。但以不及受法院或其他有關機關援助，並非於其時爲之，則請求權不得實行或其實行顯有困難者爲限。」故自助行爲亦爲違法阻卻事由之一，行爲人對他人之自由或財產，施以拘束、押收或毀損時，不負賠償責任。其要件如下：

1. 須爲保護自己之權利

　　自助行爲與自衛行爲最大之分野，在於自助行爲限於爲保護自己之權利，對於他人之權利，縱有急迫情事，亦不得逕行干涉而主張自助行爲。至於權利之內容，參照民法第151條規定，應以請求權爲限，且不論爲債權請求權、物權請求權或身分請求權均包括在內，惟夫妻同居請求權（民法第1001條）、婚約履行請求權（民法第975條）等不適於強制執行者，則不在此限。

2. 須急迫不及受法院或有關機關之援助

　　自助行爲因係出於不得已，而予以自力救濟之權衡措施，倘若非緊急情況，行爲人仍可請求法院或警察機關援助時，自不許爲自助行爲，以防權利濫用。故民法第151條明定，必須「以不及受法院或其他有關機關援助，並非於其時爲之，則請求權不得實行或其實行顯有困難者爲限」，始可主張自助行爲。

3. 須僅能對他人之自由或財產加以拘束、押收或毀損

　　自助行爲只是暫時性的保全措施，以防將來權利之實現困難，而非由權利人直接以己力強制實現權利之內容，故其行爲之手段，不宜過大，僅限於在必要時對他人之自由，得施以拘束以防其隱匿；對於財產則得以押收或毀損，例如爲拘束債務人自由，在拉扯過程中撕破債務人衣物；或因阻止債務人搬運貨物，不得已毀損其汽車輪胎等。

4. 須即時向法院聲請處理

　　合乎前述要件時，即可成立自助行爲而阻卻違法，其所造成義務人之損害，得不負賠償責任；但自助行爲究係暫時性之保全措施，爲使其轉變爲正常司法程序，民法第152條規定：「依前條之規定，拘束他人自由或押收他人財產者，應即時向法院聲請處理。前項聲請被駁回或其聲請遲延者，行爲人應負損害賠償之責」，故行爲人遲延聲請或其聲請實質要件不合法或無理由者，行爲人仍應負損害賠償責任。

三、案例結論

本案例甲為婚紗攝影禮服公司之負責人，因投資生意失利，周轉不靈，而積欠乙60萬元票款債務，於行將倒閉之際，經乙前往催討，此為權利之合法行使，乃甲竟示意其所訓練之家犬撲向乙，構成對乙權利之侵害；該家犬既為甲利用作為侵害乙之工具，即非單純之動物加害，且屬於不法及當前之侵害，乙為防衛自己之權利，以防衛意思，在情急下持木棍將該家犬擊斃，屬於民法第149條之正當防衛，對甲不負損害賠償責任。

其次乙未向官署請求援助，遂將甲之攝影禮服公司內之新娘禮服、電視、裝飾品及攝影器材搬走後，轉讓給丙，以抵償甲所積欠之票款債務，此時乙之責任端視是否符合自助行為而定。按自助行為者，乃法律允許私力保護請求權之暫時性措施，依民法第151條規定，應具備(一) 須為保護自己之權利，(二) 須急迫不及受法院或有關機關之援助，(三) 須僅對於他人之自由或財產加以拘束、押收或毀損等要件，此等構成要件，倘均具備，其拘束他人之自由或押收他人財產，即不具違法性。

本件乙在得悉甲個人行將倒閉之際，將其公司之物品押收，在外觀上固符合自助行為之要件，惟其押收他人財產後，依民法第152條第1項規定，須即時向法院聲請處理始可，乃竟直接轉賣給丙，顯不符合自助行為之規定，對於甲應負損害賠償責任；又縱其事後向法院聲請處理，而經法院駁回時，依民法第152條第2項規定，對甲所遭受之損害，亦應負擔賠償責任。

第二編

債

第一章 通　則

第一節　債之發生

第一款　契約

壹、契約之成立

案例30

　　春假將屆，甲有意偕同全家至台灣東部旅遊，於民國112年3月25日以電話詢問乙國際大飯店，屆時是否有住宿房間？飯店櫃台人員答稱應於112年3月30日前確定投宿日期，即可代為保留房間。甲於112年3月26日以限時掛號郵件，函告112年4月3日起前往住宿3天。甲如期到達，乙國際飯店稱112年4月2日始收到甲之信件，不及為甲預留房間，現因遊客甚多，已無空房可供甲全家住宿使用。甲經詢問多家飯店無著後，只得轉赴丙賓館休息，丙見機將住宿費用由每日4,000元調高為6,000元，甲深夜無奈，只得投宿3日，此時甲得否向乙請求賠償損害？

一、思考方向

　　本案例為民法債編中之契約成立問題，為債之發生原因。按債之發生，民法於第二編第一章第一節中，將之歸納為契約、代理權之授與、無因管理、不當得利及侵權行為五種原因。其中契約之成立，為最典型之債權發生原因。所謂債權，即特定人對相對人得請求特定行為之權利，故債權為權利之一種，以特定行為為標的；作用則在請求特定相對人為某種作為或不作為，此與物權有下列差異：

(一) 性質上不同

　　債權之作用，在於特定人對特定相對人要求其為一定行為，屬於請求權；物權之作用，則在直接管領物之權利，屬於支配權。

(二) 機能上不同

債權重在交易關係之確定，以獲得利益爲內容，著重物之交換價值，保障動的安全；物權重在物之分配及使用，以保持物之利益，維持專屬狀態爲內容，目的在維護物之利用，保障靜的安全。

(三) 效力上不同

債權之目的，在請求特定人爲特定行爲，其效力僅具有相對性、平等性，各債權人間無優先受償權；物權則爲直接管領特定物之權利，故同一標的物，不能成立同一內容之兩個物權，而具有排他性，且債權與物權競合時，以物權爲優先。譬如甲、乙對丙均有200萬元之金錢債權，其中甲設定有抵押權，在拍賣丙之抵押房屋，仍不足清償全部債務時，甲之抵押權（物權），有優先受償效力。

關於債之發生，乃客觀、原始發生債權債務關係之一種法律現象，其中藉由當事人之法律行爲，而訂立契約最屬常見。依學者見解，契約有廣義與狹義之別。廣義之契約，泛指以發生私法上效力爲目的之合意，例如債權、物權或親屬法上之契約；狹義之契約，僅指以債之發生爲目的之合意，我民法債編所規定者爲狹義之契約，惟債權以外之契約，除性質並不相符者外，亦當類推適用之。民法對於契約之成立，於第153條至第163條分別定有明文，茲就上開規定加以論述，作爲研析本案例之依據。

二、論點分析

(一) 契約之種類

1. 有名契約與無名契約

契約以法律有無特別規定其名稱爲區別標準，可分爲有名契約與無名契約。前者乃法律上特定其名稱之契約，如民法債編第二章各種之債中之買賣、互易、贈與、僱傭、承攬、租賃等均是，此等契約亦稱爲典型契約。後者法律上並無規定其名稱，如合建契約、土地之交換使用、勞務之無償供給，以及混合契約（如承包宿膳契約，係將買賣、租賃與僱傭三種契約之混合）等均屬之。有名契約法律有明文規定，應適用各有關規定；無名契約法律既未規定，故祇能依其性質準用前者之規定。

2. 雙務契約與單務契約

契約以各當事人是否互負對價關係爲區別標準，可分爲雙務契約與單務契約。雙務契約，乃當事人雙方互負對價關係之債務，如買賣、僱傭、旅遊、運送契約

等；單務契約，則僅當事人一方負債務，而他方享債權；或他方雖也負債務，但無對價關係之契約，例如贈與、無償委任、使用借貸等。兩者區別實益，在於同時履行抗辯（民法第264條）及危險負擔（民法第266條、第267條）之規定，只適用於雙務契約，單務契約則無適用餘地。

3. 有償契約與無償契約

契約以各當事人是否互負對價關係之給付爲區別標準，分爲有償契約與無償契約。有償契約，乃當事人雙方互爲對價給付之契約，如買賣、租賃、僱傭、承攬等屬之；無償契約則爲當事人一方爲給付，他方僅受利益並不爲給付之契約，如贈與、使用借貸是。兩者區別實益，主要在於有償契約得準用買賣之規定，無償契約則否（民法第347條）；無償契約債務人之注意義務，通常較有償契約爲輕（民法第220條第2項）。

4. 要式契約與不要式契約

契約以是否須履行一定方式爲區別標準，可分爲要式契約與不要式契約。要式契約，除當事人意思表示合致外，應履行一定方式爲成立要件之契約，民法第166條規定：「契約當事人約定其契約須用一定方式者，在該方式未完成前，推定其契約不成立」，例如不動產物權之移轉或設定（民法第760條）與兩願離婚之協議（民法第1050條），均應以書面爲之，此書面即爲其法定方式。至僅當事人間相互之意思表示合致，無須履行一定方式，契約即能成立者，則爲不要式契約，一般之契約多屬不要式契約。

惟民法債編於民國88年4月2日修正時，鑑於不動產物權具有高度經濟價值，訂立契約約定負擔移轉、設定或變更不動產物權之義務者，不宜輕率。爲求當事人締約時能審慎衡酌，辨明權利義務關係，其契約應由公證人作成公證書，以杜事後之爭議，而達成保障私權及預防訴訟之目的；爰參考德國民法第313條第1項及瑞士債務法第216條第1項之立法例，增訂第166條之1規定：「契約以負擔不動產物權之移轉、設定或變更之義務爲標的者，應由公證人作成公證書。未依前項規定公證之契約，如當事人已合意爲不動產物權之移轉、設定或變更而完成登記者，仍爲有效」，以供適用。

5. 諾成契約與要物契約

契約除意思表示合致外，以是否尚須爲物之交付爲區別標準，可分爲諾成契約與要物契約。諾成契約又稱爲不要物契約，僅因當事人意思表示一致即能成立之契約，如買賣、租賃、僱傭等。要物契約，除意思表示外，尚須履行給付行爲始能成立之契約，如使用借貸、寄託、定金契約等。

6. 要因契約與不要因契約

契約之成立，以給付原因是否存在為區別標準，可分為要因契約與不要因契約。要因契約，以給付原因之存在及合法為要件之契約，債權契約通常為要因契約。不要因契約，則指不以給付原因之存在及合法為要件之契約，如物權契約。

(二) 契約之成立

契約為法律行為之一，其成立除具備一般法律行為之成立要件外，尚須當事人互相意思表示一致，所謂「意思表示一致」，依民法第153條規定：「當事人互相表示意思一致者，無論其為明示或默示，契約即為成立。當事人對於必要之點，意思一致，而對於非必要之點，未經表示意思者，推定其契約為成立，關於該非必要之點，當事人意思不一致時，法院應依其事件之性質定之。」又「契約」與「契約書」不同，契約為意思表示之合致，簡稱合意；契約書則為記載契約之書面，並非契約本身。契約不一定有契約書，亦即不以有契約書為必要，此即所謂方式自由原則。至契約成立之方法，約有下列三種，即依要約與承諾而成立、依要約交錯而成立、依意思實現而成立，以下分述之。

1. 要約與承諾

(1) **要約**：所謂要約，係以訂立一定契約為目的而為之意思表示，其作用在於喚起相對人之承諾而成立契約，此與要約之引誘，欠缺締結契約之意思，僅在使相對人對之為要約，性質上為意思通知者不同。因要約與要約之引誘，在理論上雖顯然有別，但在實際生活中，則頗易混淆，為此民法第154條第2項規定：「貨物標定賣價陳列者，視為要約。但價目表之寄送，不視為要約」，即認為價目表之寄送為要約之引誘。又如招標、標賣海關沒收物之招標公示僅為要約之引誘，投標為要約，得標或定標則為承諾。

要約方式，以文字、口頭為明確表示或以默示方式為之，均無不可。要約一經生效，要約人自應受其拘束，是為要約之拘束力，民法第154條第1項規定：「契約之要約人，因要約而受拘束。但要約當時預先聲明不受拘束，或依其情形或事件之性質，可認當事人無受其拘束之意思者，不在此限」，即要約人應受要約之拘束，而不得任意改變。

至要約對於相對人之效力方面，在要約到達相對人後，相對人取得可以承諾之資格，稱為承諾能力，惟承諾與否悉屬其自由，原則上並無承諾義務存在。此外，相對人若不為承諾，亦無通知要約人拒絕承諾之義務可言；在現物要約而不為承諾時，亦不負保存、維護、看管及返還之責任。

要約對要約人有相當拘束力，已如前述，為免要約人永久受其拘束，當要約之

意思表示客觀失其存在時，自應使其效力喪失，此即爲要約之消滅，其原因有三：

① 要約之拒絕：民法第155條規定：「要約經拒絕者，失其拘束力。」所謂拒絕，乃對於要約不爲承諾之意思通知，不僅指絕對拒絕，即將要約擴張、限制或爲其他變更而承諾者，視爲拒絕原要約而爲新要約（民法第160條第2項），此時非俟原要約人再爲承諾，契約仍不能成立。

② 承諾期間之經過：

A. 要約定有承諾期限：未在期限內爲承諾者，無論是對話，或非對話要約，均失其效力（民法第158條）。

B. 要約未定承諾期限：

a. 非對話要約：依通常情形可期待承諾之達到時期內，相對人不爲承諾時，其要約失其拘束力（民法第157條）。所謂可期待承諾之達到時期，爲事實問題，應以客觀之標準判斷。

b. 對話要約：因以對話爲要約者，其承諾與否，相對人得即爲決定，故非立即承諾，即失其拘束力（民法第156條）。

③ 要約之撤回：要約既爲意思表示，依民法第95條之規定，自得於其發生效力前，予以撤回。撤回要約之通知，應較要約之通知先時或同時到達始可，若較要約遲到則不生撤回之效力。不過民法第162條第1項規定：「撤回要約之通知，其到達在要約到達之後，而按其傳達方法，通常在相當時期內應先時或同時到達，其情形爲相對人可得而知者，相對人應向要約人即發遲到之通知。」此遲到之通知一經發送即生效力（採發信主義），至是否到達，在所不問。若怠於發送通知，依同條第2項規定：「相對人怠於爲前項通知者，其要約撤回之通知，視爲未遲到」，即仍發生撤回要約之效力。

(2) **承諾**：所謂承諾，指受領要約之相對人，以與要約人訂立契約爲目的，所爲同意之意思表示。承諾之方法，以明示或默示意思表示均可，其中默示之意思表示，係指依表意人之舉動或其他情事，足以間接推知其效果意思者而言，若單純之沉默，則除有特別情事，依社會觀念可認爲一定意思表示者外，不得謂爲默示之意思表示（最高法院29年上字第762號判例參照）。要約一經承諾，契約即成立，惟承諾如約定有承諾期間者，須於有效期間內承諾，方可成立契約；若於期間外到達，則爲遲到，遲到之承諾，除有第159條情形外，視爲新要約（民法第160條第1項），但依同法第159條規定：「承諾之通知，按其傳達方法，通常在相當時期內可達到而遲到，其情形爲要約人可得而知者，應向相對人即發遲到之通知。要約人怠於爲前項通知者，其承諾視爲未遲到」，即

仍生承諾之效力。又承諾之通知發出後，亦可撤回，但其撤回通知，須先時或同時到達（民法第95條）。若撤回承諾之通知，到達在承諾通知之後，而按其傳達方法，依通常情形，應先時或同時到達者，要約人應向承諾人即發遲到通知，否則，其撤回承諾之通知，視為未遲到（民法第163條準用第162條）。

2. 要約交錯

要約交錯，亦稱為要約吻合，乃當事人偶然之互為要約，而其內容完全一致之謂。例如甲向乙為出賣筆記型電腦一部，價金5萬元之要約，未到達前，乙也恰向甲為願以5萬元購買該筆記型電腦之要約是。此時依學者通說，亦可成立契約，蓋其已具備契約成立要件（民法第153條）。

3. 意思實現

意思實現，即承諾不需要意思表示，而以一定時期內一定事實之發生，視為承諾，而使契約成立。民法第161條規定：「依習慣或依其事件之性質，承諾無須通知者，在相當時期內，有可認為承諾之事實時，其契約為成立。前項規定，於要約人要約當時預先聲明承諾無須通知者準用之。」例如對於要約人所送來物品，加以處分，或以傳真方式預訂旅館房間，依習慣旅館承諾無須通知，只要將房間備妥，其契約即為成立。

三、案例結論

案例中甲有意偕同全家於春假期間至台灣東部旅遊，於112年3月25日以電話詢問乙國際大飯店，屆時有無房間出租，經飯店人員告知應於112年3月30日前確定投宿日期，即可代為保留房間。可見飯店之允為保留房間之意思表示，在性質上為定有承諾期限之要約。依民法第158條規定：「要約定有承諾期限者，非於其期限內為承諾，失其拘束力」，本件甲未於112年3月30日以前承諾，乙之要約失其效力，原則上乙可不受其拘束。

惟另依民法第159條規定：「承諾之通知，按其傳達方法，通常在相當時期內可達到而遲到，其情形為要約人可得而知者，應向相對人即發遲到之通知。要約人怠於為前項通知者，其承諾視為未遲到」，甲經乙告知後，旋即於112年3月26日以限時掛號郵件通知乙國際大飯店，有意自112年4月3日起住宿3日，按其傳達方法，依通常情形應可在112年3月30日前到達，嗣該承諾函雖於112年4月2日始抵達乙處，乙既未為遲到之通知，其承諾視為未遲到，甲、乙雙方之契約仍為成立，乙自應負提供房間以供住宿之義務。茲乙既無空房，顯係給付不能，甲得依民法第226條規定，以可歸責於債務之事由，致給付不能而請求賠償每日所增加2,000元，住宿3日，合計6,000元之損害。

貳、懸賞廣告

案例31

　　甲所飼養之賽鴿於112年3月間遺失，為此甲登報懸賞5萬元，某日其好友乙、丙在公園聊天時，偶見該賽鴿，依腳環所載資料，得悉為甲所有，即將該賽鴿送回，甲欣喜之餘再三稱謝。過3日，乙自舊報中發現甲之登報啟事，能否與丙再向甲請求該5萬元之酬金？

一、思考方向

　　本案例與懸賞廣告有關，按懸賞廣告，係廣告人以廣告聲明，對於完成一定行為之人，給與報酬之意思表示（民法第164條第1項）；所謂廣告，則為足使不特定之多數人得以知曉之方法而表示，如刊登報紙、張貼通告、在電視、網路登載等均是。在目前社會中，懸賞廣告使用頗廣，報紙上常見之尋覓遺失汽車、找尋走失動物、查緝仿冒商品、尋找車禍目擊證人、徵求優良商標、舉辦論文、書法比賽，擇優錄取給與獎賞等，種類繁多，常能反映一個社會之經濟文化脈動，故對於類似問題，吾人亦有了解必要。

　　對於懸賞廣告之性質有二說，主張單獨行為說者，謂懸賞廣告乃單獨行為，廣告人因廣告之單獨意思表示負擔債務，惟其效力之發生，須俟指定行為完成；指定行為完成，為廣告人負擔債務之停止條件。主張契約說者，謂懸賞廣告乃廣告人對於不特定人所為之要約，經行為人完成指定行為予以承諾而成立契約。我民法將其規定於債編通則債之發生原因中，契約條款內，故學者認其屬於契約之一種，性質上乃廣告人對不特定人為要約，經行為人完成一定行為，予以承認後，始能成立之特殊有名契約。

二、論點分析

(一) 懸賞廣告之概念

　　如前所述，懸賞廣告，乃廣告人以廣告方式，聲明對於完成一定行為之人，給與報酬之法律事實。其要件有三：
1. 須對不特定之人為之。
2. 須聲明給與報酬，故為有償行為。

3. 須對於完成一定行為之人給與報酬，故為要物行為。

(二) 懸賞廣告之成立

懸賞廣告，性質上為要約，必須另經承諾，契約始能成立。通說以為廣告所指定之行為完成時，其契約即為成立。例如張三登報聲明找尋失車，找到者酬勞新台幣3萬元，此種要約因一定行為之完成，而通知廣告人，即成立懸賞契約。

(三) 懸賞廣告之效力

1. 懸賞廣告契約成立後，行為人取得請求給與報酬之債權，廣告人亦因而負給付報酬之義務（民法第164條第1項後段）。又參照最高法院19年上字第1891號判例強調「凡以廣告聲明對完成一定行為之人給與報酬者，對於完成該行為之人，應負給付報酬之義務，至完成該行為之人所用完成方法如何，是否利用時機或事出不意，苟非廣告內特有聲明，皆非廣告人所應過問，蓋此種債務之性質，本係僅就一定之結果給與報酬，原不須別具何項條件」。

2. 不知有廣告而完成該行為之人，亦使廣告人之目的實現，自應給與報酬（民法第164條第4項）。

3. 惟數人同時或先後完成指定行為時，為免廣告人雙重負擔，民法第164條第2、3項規定：「數人先後分別完成前項行為時，由最先完成該行為之人，取得報酬請求權；數人共同或同時分別完成行為時，由行為人共同取得報酬請求權。前項情形，廣告人善意給付報酬於最先通知之人時，其給付報酬之義務，即為消滅。」

4. 另依民法第164條之1規定：「因完成前條之行為而可取得一定之權利者，其權利屬於行為人。但廣告另有聲明者，不在此限。」例如專利、著作權者，因係行為人個人心血及勞力之結晶，其權利仍屬於行為人。但廣告中有特別聲明，如對於行為人有請求其移轉於己之權利者，則依其聲明。

(四) 懸賞廣告之撤回

懸賞廣告之廣告人，在廣告後如相對人之行為完成對其已無意義時，應可於行為完成前（即懸賞契約成立前）撤回之，因此撤回權之存在，對廣告人甚為有利；但在另方面懸賞廣告人之撤回自由，將使第三人不安，難免猶豫不前，對廣告人目的之達成，亦有所妨礙，為此民法第165條規定：「預定報酬之廣告，如於行為完成前撤回時，除廣告人證明行為人不能完成其行為外，對於行為人因該廣告善意所受之損害，應負賠償之責。但以不超過預定報酬額為限。廣告定有完成行為之期間

者，推定廣告人拋棄其撤回權」，即懸賞廣告雖得任意撤銷，但對於行爲人善意所受之損害，應予賠償，不過其賠償額以預定之報酬額爲限，是爲有限責任，以求公允。

(五) 優等懸賞廣告

1. 優等懸賞廣告之意義

近日常見獎勵學術上、技術上之發明、發現，或徵求學術上、技術上或文學上之著作、製造品，或爲運動競賽，僅對於入選之作品或成果給付報酬之懸賞廣告，其性質雖屬懸賞廣告之一種，惟與本法第164條所定者仍有不同之處。德、日民法就此均設有特別規定（參見德國民法第661條、日本民法第532條），我國現行法則無明文，適用上易滋疑義。爲此民法債編修正時，遂於第165條之1增訂優等懸賞廣告規定，以供適用。所謂優等懸賞廣告係指完成廣告所指定之行爲人有數人，就其中經評定爲優等者，始給與報酬之廣告。其特點有三：

(1) 廣告中聲明完成一定行爲者須經評定爲優等始給與報酬。

(2) 須定有一定期間。

(3) 須有應徵之通知。

此項行爲於評定完成時發生效力，廣告人對經評定爲優等之人，負給付報酬之義務。

2. 優等懸賞廣告之效力

(1) **評定義務：** 所謂評定，乃對於應募人所完成者，加以優劣判斷之行爲也。廣告人對於應募人有評定之義務，不得任意擱置，使應募人空有勞費，造成損害；惟評定非必限於廣告人親自爲之，爲此民法第165條之2規定：「前條優等之評定，由廣告中指定之人爲之。廣告中未指定者，由廣告人決定方法評定之。依前項規定所爲之評定，對於廣告人及應徵人有拘束力。」

(2) **報酬請求權：** 因評定之結果，被評定爲優等之人，取得報酬請求權；被評定爲優等之人有數人同等時，除廣告人另有聲明外，共同取得報酬請求權（民法第165條之3）。又民法第164條之1所規定，因完成一定行爲之結果，而可取得一定之權利者，除廣告人另有聲明外，其權利屬於行爲人，對於優等懸賞廣告得準用之（民法第165條之4）。

三、案例結論

甲所飼養之賽鴿，於112年3月間遭失，爲此甲登報懸賞5萬元，某日其好友乙、丙在公園聊天時，發現該賽鴿，共同將賽鴿送回甲之住處，此時依民法第164

條規定：「以廣告聲明對完成一定行為之人給與報酬者，為懸賞廣告。廣告人對於完成該行為之人，負給付報酬之義務。數人先後分別完成前項行為時，由最先完成該行為之人，取得報酬請求權；數人共同或同時分別完成行為時，由行為人共同取得報酬請求權。前項情形，廣告人善意給付報酬於最先通知之人時，其給付報酬之義務，即為消滅。前三項規定，於不知有廣告而完成廣告所定行為之人，準用之。」故乙、丙縱不知有懸賞廣告情事，甲仍應負給付酬金之義務，乙、丙應可各獲得2萬5,000元之酬金。

第二款　代理權之授與

案例32

甲出國經商，有意將座落台中市烏日區房屋出售，因其子乙現年17歲，於台中一中就讀，乃請乙代為出售。乙以甲之名義與丙洽商多日，嗣經以新台幣600萬元簽訂買賣契約，正待辦理過戶時，甲之鄰居丁表示有意以660萬元購買，此時甲能否以乙為限制行為能力人為由，拒絕與丙辦理所有權移轉登記？又甲為公司負責人，將公司及個人印章、支票簿交予會計戊保管，戊因投資股市失利，擅自以公司名義簽發60萬元支票予第三人己，清償自己之債務，此時該公司應否付票款責任？

一、思考方向

本案例甲將其所有房屋，委託未成年之乙代為出售，其法律效力如何，應考慮者除代理權授與之法律關係外，對於代理人之資格及能力亦為需討論之重點；其次，對於由自己之行為表示以代理權授與他人，如案例中甲為公司負責人，將公司及個人印章、支票簿均交予會計戊保管，當戊擅自以公司名義簽發支票交予第三人時，在法律上究應如何評價或認定其效力，亦為本問題應探究之處。事實上關於代理權之規定，我民法分別於總則編第四章第五節第103條至第110條，規定代理之效力、雙方代理、代理權之消滅及無權代理等事項；而將代理權之授與、共同代理及無權代理等，規定於債編第一章第一節第二款第167條至第171條中，且認為代理權之授與為債之發生原因之一，是以針對本案例，吾人務需將兩者規定內容，一併加以討論。

二、論點分析

代理者，乃代理人於代理權限內，以本人名義向第三人爲意思表示，或由第三人受意思表示，而直接對本人發生效力之行爲。代理有意定代理與法定代理、有權代理與無權代理、單獨代理與雙方代理之區別，此已於本書〈案例22〉詳細敘明，茲不再贅述。此處所要探討者爲代理權之發生、共同代理及無權代理等內容，說明如下：

(一) 代理權之發生

代理權之發生，有由於法律規定者（如民法第1086條），謂之法定代理，自應依法律規定而取得其代理權；另有由於本人之意思者，謂之意定代理；在意定代理時，代理人之代理權，係由於本人之意思所授與，此項授與代理權之行爲，稱爲授權行爲，依民法第167條規定：「代理權係以法律行爲授與者，其授與應向代理人或向代理人對之爲代理行爲之第三人，以意思表示爲之。」即代理權授與之方法爲意思表示，此項意思表示乃有相對人之意思表示，其方式有二：
1. 向代理人爲之，是爲內部授權。
2. 向第三人爲之，是爲外部授權。

(二) 共同代理

代理人有數人時，以代理權行使之方式爲區別標準，可分爲單獨代理與共同代理。凡一個代理權得由一個代理人單獨行使，或雖有數個代理人，但均得單獨行使代理權者，爲單獨代理；如一個代理權，而有數個代理人，且該數個代理人須共同行使代理權者，爲共同代理，依民法第168條規定：「代理人有數人者，其代理行爲應共同爲之。但法律另有規定或本人另有意思表示者，不在此限」，故我民法在代理人有數人時，原則上採共同代理制，除法律另有規定（如民法第556條），或本人另有意思表示無須共同爲之時，始例外改採單獨代理制。

(三) 無權代理

無權代理，乃具備代理行爲之其他成立要件，但因欠缺代理權或因逾越代理權限之代理行爲，又分爲表見代理與狹義無權代理：
1. 表見代理

民法第169條規定：「由自己之行爲表示以代理權授與他人，或知他人表示爲其代理人而不爲反對之表示者，對於第三人應負授權人之責任。但第三人明知其無代理權或可得而知者，不在此限」，可知表見代理之成立，有兩種情形：

(1) 由自己之行為表示以代理權授與他人，結果雖未授權，但成立表見代理。對此，最高法院78年台上字第1255號判例亦認為：「按由自己之行為表示以代理權授與人者，對於第三人應負授權人之責任，固為民法第169條前段所明定。惟此項規定，必須本人就某種法律行為確有表見之事實，足使第三人就該法律行為信該他人有代理權之情形存在，始有其適用。倘本人就某種法律行為未曾有表見之事實，自無依上開規定，命本人就該法律行為，對於第三人應負授權人責任之理」，可資參考。

(2) 知他人表示為其代理人而不為反對之表示，事實上雖未授權，亦成立表見代理。

　　本人由自己之行為，表示以代理權授與他人；或他人自稱為本人之代理人，已為本人所明知，仍不為反對之表示時，為保護交易安全，並維持代理制度之信用，民法第169條乃使本人對第三人負擔授權人責任；惟第三人明知或可得而知其無代理權時，自不值得保護，此時本人即不須再負擔授權人責任，從而該第三人不得主張表見代理人之行為對本人發生效力。

2. 狹義無權代理

　　狹義無權代理，乃除表見代理以外之無權代理，依民法第170條第1項規定：「無代理權人以代理人之名義所為之法律行為，非經本人承認，對於本人不生效力。」性質上為效力未定之法律行為，經本人承認後，始生效力，若本人拒絕承認時，則確定不發生效力。然若本人拖延不予承認，將使法律效力難以確定，致害及相對人利益，因而民法第170條第2項規定：「前項情形，法律行為之相對人，得定相當期限，催告本人確答是否承認，如本人逾期未為確答者，視為拒絕承認」，此為相對人之催告權。又民法第171條規定：「無代理權人所為之法律行為，其相對人於本人未承認前，得撤回之。但為法律行為時，明知其無代理權者，不在此限」，是為相對人之撤回權。相對人有上述兩種權利，可使無權代理行為之效力，歸於確定，而不至於久懸不決。

　　按有權代理須本人有授與代理權之行為，授與代理權，依民法第167條規定，應向代理人或向代理人對之為代理行為之第三人，以意思表示為之。又依民法第170條第1項規定，無代理權人以代理人之名義所為之法律行為，經本人承認者，固對本人發生效力。惟承認係對於已經存在之法律行為補正授權行為之欠缺，並非事後授與代理權，故無權代理行為，經本人承認而補正欠缺者，與曾授與代理權之有權代理，本質上仍有不同（最高法院85年度台上字第3127號民事判決意旨參照）。

三、案例結論

甲出國經商，有意將其所有座落台中市烏日區房屋出售，而委託其現年17歲之子乙代為出售，乙以甲之名義與丙洽商多日，嗣經以600萬元簽訂買賣契約，此際依民法第103條第1項規定：「代理人於代理權限內，以本人名義所為之意思表示，直接對本人發生效力」，另第104條規定：「代理人所為或所受意思表示之效力，不因其為限制行為能力人而受影響」，故乙雖為限制行為能力人，並不影響其代理行為之效力，本案例乙代理與丙所簽訂之買賣契約，已發生法律上效力，甲應辦理所有權移轉登記予丙，不能再藉口乙為限制行為能力人，而拒絕辦理過戶手續。

又甲為公司負責人，將公司及個人印章、支票簿交予會計戊保管，由甲之行為足以表示業將簽發支票之代理權授與戊，並使第三人己相信戊有代理權，參諸民法第169條規定：「由自己之行為表示以代理權授與他人，或知他人表示為其代理人而不為反對之表示者，對於第三人應負授權人之責任。但第三人明知其無代理權或可得而知者，不在此限」，甲因戊擅自以公司名義所簽發60萬元支票交付予第三人己，清償個人債務之行為，應負授權人責任，即甲所經營之公司需負擔該60萬元票款債務，迨對己清償後，再請求戊賠償該損害。

第三款　無因管理

案例33

甲為外商公司業務襄理，個性樂善好施，112年9月間某夜，在騎機車返家途中，發現乙車禍受傷倒於路旁，連忙僱計程車送乙前往附近醫院醫治，支出計程車費及醫院急診掛號等費用，共計1,000元，並以自己名義僱用特別護士照顧不省人事之乙，約定看護費4,000元，尚未支付。甲因原即患有上呼吸道感染病症，當日因大雨滂沱，在救助乙過程中，全身溼透，返家後病情惡化，轉變成肺炎，而支出醫藥費1萬2,000元，5天無法上班，減少收入1萬5,000元；惟乙之皮夾內有2萬元現金在甲救助時，因過於急迫、慌亂，以至於扯落路旁，遭他人撿走，此時甲、乙間法律關係為何？

一、思考方向

本案例中，甲無任何法律上義務，而為他人管理事務，究應如何界定雙方之法

律關係，對此吾人應先考慮者，係此種干預他人事務之行為，在近代法制強調以個人之事務，由個人自行處理，不容他人干涉原則下，如有過度干涉，常會構成侵權行為。惟人之相處，貴乎互助，見義勇為，若將一切干涉行為，皆以侵權行為視之，勢必造成人人憚於緊急扶助，對個人及全體社會生活恐會造成損害。因此，法律為使人類互助之道德心易於實現，發揮急難救助之美德，乃設有無因管理制度，使管理他人事務者，在一定條件下可以阻卻違法，不負損害賠償責任；另方面為防止藉口無因管理，濫行干預他人事務之流弊，乃嚴格限定其範圍，釐清其權利義務，俾保護本人之利益。

可見我國民法債編第172條至第178條有關無因管理之規範，係著重於調和上開「禁止干預他人事務」及「獎勵人類互助精神」而來。對於案例中甲、乙所受之損害，自應就該規定，加以分析討論。

二、論點分析

(一) 無因管理之意義

無因管理者，乃未受委任，並無法律上義務，而為他人管理事務之謂（民法第172條前段），管理他人之事務者，稱為管理人；受其管理事務者，謂之本人。無因管理之管理人只要有管理之意思，使該管理事務所生之利益，歸屬於本人即可，至於由無因管理所發生之法律效果（如費用償還請求權等），則與其意思無關，故無因管理本身為事實行為，並非法律行為。

(二) 無因管理之要件

無因管理之成立，應具備下列要件：

1. 須管理事務

所謂事務，指可滿足吾人生活需要，而適於為債之標的之事項。至於管理，則為處理事務以保全本人利益之行為。其為管理或處分行為、法律或事實行為、繼續或單一行為，則非所問。例如僱工修繕房屋、救助溺水之人、收留迷途兒童是。惟單純之不作為，及宗教或道德上之事項，不能成立無因管理。

2. 須有為他人管理事務之意思

法律所以承認無因管理制度，在於管理人主觀上有為他人管理之意思；即管理人有將管理結果之利益，須歸屬本人之意思。僅管理人主觀上具有此項意思為已足，雖管理時他人並不確定，亦得成立無因管理。

3. 須無法律上之義務

　　無因管理之成立，以管理人對於本人無管理義務爲前提，如在法律上有義務時，不得主張無因管理，例如父母管理子女之財產（民法第1088條），受任人處理委任事務（民法第535條），受寄人保管寄託物（民法第590條），均不可適用無因管理之規定。

(三) 無因管理之效力

　　無因管理成立後，一方面可以阻卻該行爲之違法，因未經他人同意，擅自干涉他人事務，本屬違法行爲，但無因管理係幫助他人之義舉，故法律使其具有阻卻違法性，而轉爲適法行爲；同時在管理人與本人間，發生債權債務關係，茲就管理人與本人之義務內容，分述之：

1. 管理人之義務

(1) **適當管理之義務**：管理人爲本人管理事務，應依本人明示或可得推知之意思，以有利於本人之方法爲之（民法第172條）。故本人之意思，除違法或顯然不當者外，無論在客觀上是否有利，管理人均應遵從而爲管理。否則依民法第174條第1項規定：「管理人違反本人明示或可得推知之意思，而爲事務之管理者，對於因其管理所生之損害，雖無過失，亦應負賠償之責」，是爲管理人之無過失責任。此責任較一般債務人履行債務須以善良管理人之注意爲之者爲重，故同條第2項復規定：「前項之規定，如其管理係爲本人盡公益上之義務，或爲其履行法定扶養義務，或本人之意思違反公共秩序善良風俗者，不適用之。」例如爲本人繳納稅捐，係盡公益上之義務；爲本人支付父母之生活費，係履行法定扶養義務，均不必負無過失責任是。又民法第175條規定：「管理人爲免除本人之生命、身體或財產上之急迫危險，而爲事務之管理者，對於因其管理所生之損害，除有惡意或重大過失者外，不負賠償之責。」例如救助溺水之人時，因情況緊急而毀損其衣服等。

(2) **通知義務**：民法第173條第1項規定：「管理人開始管理時，以能通知爲限，應即通知本人。如無急迫之情事，應俟本人之指示」，是爲管理人之通知義務。

(3) **報告及計算義務**：依民法第173條第2項規定：「第五百四十條至第五百四十二條關於委任之規定，於無因管理準用之」，經準用委任規定後管理人具體義務有三：

① 管理人應向本人報告事務進行之狀況，於無因管理關係終止時，應明確報告其顚末（民法第540條）。

② 管理人所收取之金錢物品及孳息，應交付本人；以自己名義爲本人取得之權

利，應移轉於本人（民法第541條）。

③ 管理人爲自己之利益，使用應交付於本人之金錢或使用應爲本人利益而使用之金錢者，應自使用之日起，支付利息。如有損害，並應賠償（民法第542條）。

2. 本人之義務

管理人爲本人管理事務，既不能請求給付報酬，其因管理所得利益，又歸屬於本人，自不宜使其遭受損失，故民法區分適法之無因管理，或不適法之無因管理，分別規定本人負下列義務（管理人之權利）：

(1) 適法之無因管理

依民法第176條第1項規定：「管理事務，利於本人，並不違反本人明示或可得推知之意思者，管理人爲本人支出必要或有益之費用，或負擔債務，或受損害時，得請求本人償還其費用及自支出時起之利息，或清償其所負擔之債務，或賠償其損害」，據此，管理人未違反本人之意思，且利於本人時，有下列三種權利：

① 費用償還請求權。

② 負債清償請求權。

③ 損害賠償請求權。

又管理人違反本人意思，但係爲本人盡公益上之義務，或爲其履行法定扶養義務或本人之意思違反公共秩序、善良風俗者，而無其他過失時，不負賠償之責，並仍得享有上述請求權（民法第176條第2項）。

(2) 不適法之無因管理：

管理事務不利於本人，且違反本人明示或可得推知之意思者，本人仍得享有無因管理之利益，即仍可請求前述各項請求權，惟與前述適法之無因管理所不同者，在於此時本人之義務，以其所得之利益爲限負其責任（民法第177條第1項）。另民法債編修正時，鑑於明知係他人事務，而爲自己之利益管理時，管理人並無「爲他人管理事務」之意思，原非無因管理。然而，本人依侵權行爲或不當得利之規定請求損害賠償或返還利益時，其請求之範圍卻不及於管理人因管理行爲所獲致之利益；如此不啻承認管理人得保有不法管理所得之利益，顯與正義有違。因此宜使不法之管理準用適法無因管理之規定，使不法管理所生之利益仍歸諸本人享有，俾能除去經濟上之誘因而減少不法管理之發生，爰增訂第177條第2項規定：「前項規定，於管理人明知爲他人之事務，而爲自己之利益管理之者，準用之。」

(四) 無因管理之消滅

無因管理成立後，管理人不願繼續管理，而於可以中止之情形下中止管理時，其無因管理歸於消滅；其次，依民法第178條規定：「管理事務經本人承認者，除

當事人有特別意思表示外，溯及管理事務開始時，適用關於委任之規定」，此時無因管理即轉變爲委任關係，並溯及於無因管理時發生效力。

三、案例結論

甲在112年9月間某夜，返家途中發現乙車禍受傷倒於路旁，連忙僱計程車送乙前往附近醫院醫治，核其行爲不惟利於本人，且不違反本人明示或可得推知之意思，性質上屬於適法之無因管理。

依民法第176條第1項規定：「管理事務利於本人，並不違反本人明示或可得推知之意思者，管理人爲本人支出必要或有益之費用，或負擔債務，或受損害時，得請求本人償還其費用及自支出時起之利息，或清償其所負擔之債務，或賠償其損害」，本案例甲得對乙主張之權利如下：

(一) 支出費用之償還

甲所支出之計程車費及醫院急診掛號費共計1,000元，屬必要費用或有益費用，均可請求乙清償。

(二) 負擔債務之清償

甲以自己名義僱用特別護士，照顧不省人事之乙，致積欠看護費4,000元，尚未支付，對此甲亦可依前開規定，請求乙出面清償。

(三) 損害之賠償

甲原即患有上呼吸道感染病症，爲救助乙在大雨中全身溼透，致病情惡化，轉變成肺炎，支出醫藥費（積極損害）1萬2,000萬元，另5天無法上班，減少收入（消極損害）1萬5,000元，對此亦均可請求乙賠償該損害。

至於乙就其被扯落之皮夾（內有2萬元現金），得否依債務不履行規定，請求損害賠償，端視甲是否有可歸責事由而定。原則上管理人在管理事務時，固應盡善良管理人之注意義務，以有利於本人之方法管理，惟依民法第175條規定：「管理人爲免除本人之生命、身體或財產上之急迫危險，而爲事務之管理者，對於因其管理所生之損害，除有惡意或重大過失者外，不負賠償之責」，本件甲爲救助乙之生命，在急迫、慌亂中，扯落乙之皮夾，並無故意或重大過失，故乙對其所受2萬元之損害，自不得向甲請求賠償。

第四款　不當得利

案例34

　　甲於乙所開設之賭場內賭博財物，賭輸新台幣120萬元，除當場交付20萬元外，其餘100萬元改以簽發借據方式向乙借款以供償還，並以所有之土地一筆設定抵押擔保該借款，屆期甲無力清償時，乙得否請求甲返還該100萬元借款或向法院為拍賣抵押物裁定，作為執行名義，向執行處聲請強制執行？甲得否以所積欠為賭債為由，訴請塗銷抵押權登記，並返還已交付之20萬元？

一、思考方向

　　賭博者，以偶然之機會，決定財物之輸贏也。賭博財物，自古有之，其所以盛行不衰，實由於人之天性及僥倖之心理作祟，多年來在台灣地區由愛國獎券引發之大家樂至六合彩、體育彩票等，風靡於各階層。事實上，賭博在本質上屬於一種射倖契約，此種契約現行民法債編各論中，並未明白規範其法律效果，實務上最高法院則認為賭博為法令禁止之行為，因該行為所生債之關係，無請求權，屬於自然債務。至於因賭博行為而為給付或以脫法行為更改為借貸關係，甚至如本案例有設定不動產抵押以擔保賭債情形，凡此，均與不當得利之性質有關，自應就其規定內容，加以分析、探究。

二、論點分析

(一) 不當得利之意義

　　不當得利者，乃無法律上原因而受利益，致他人受損害，應負返還義務者稱之（民法第179條）。不當得利雖為債之發生原因，但並非基於當事人之意思而產生，其效果純由法律規定而來，故非法律行為，而屬於法律事實之一種，其立法精神主要在於追求衡平思想與公平理念之實現，誠如德國學者赫德曼（Hedemann）所謂「不當得利返還請求權，對於一切不能圓滿解決之情形，負有調節人之使命」；另日本學者我妻榮教授亦認為：「財產價值之移動，在形式上一般人雖認為正當，但在實質上相對的如認為不正當時，則本於公平理想，以調整此種矛盾者，乃不當得利之本質」，對此，值得吾人深思。

　　無因管理與不當得利，分別為債之發生原因之一，其成立要件與效果各別，前

者爲未受委任，並無義務而爲他人管理事務，後者則爲無法律上之原因而受利益，致他人受損害。因而適法之無因管理，本人之受利益，既係基於法律所允許之管理人無因管理行爲，自非無法律上之原因，僅管理人即債權人對於本人即債務人取得必要或有益費用償還請求權、債務清償請求權及損害賠請求權；至不當得利之受害人即債權人對於不當得利之受領人即債務人則取得不當得利返還請求權，二者不得牽混（最高法院86年度台上字第229號民事判決意旨參照）。

(二) 不當得利之要件

依民法第179條規定：「無法律上之原因而受利益，致他人受損害者，應返還其利益。雖有法律上之原因，而其後已不存在者，亦同」，據此，不當得利之成立，須具備下列要件：

1. 一方受利益

所謂受利益，指因一定事實之結果，而使某一方增加其財產總額，包括積極增加與消極增加，前者如財產之取得、既存財產權範圍或其效力之擴張、債務免除等積極得利情形；後者如原應負擔之債務而不負擔，應支出之費用而不支出、原應設定之權利限制而不設定，均爲消極得利情形。

2. 他方受損害

所謂受損害，指因一定事實之結果，而使他方減少其財產總額；即不論其爲積極減少或應可增加而未增加之消極減少，均爲受有損害。

3. 受益與損害間有因果關係

無因管理，在受利益與受損害之間，須有損益變動關係存在，實務上稱爲因果關係。其有採直接因果關係說，謂受利益與受損害須基於同一事實而生；另有採非直接因果關係說，認爲基於兩個原因而造成損益，倘社會觀念上，認其有牽連關係者，即認定其有因果關係。現行民法第179條只規定：「無法律上原因而受利益，致他人受損害」，在解釋上倘無受利益之事實，他人不致有受損害之結果者，即應認爲有因果關係，基此本書認爲採「非直接因果關係說」，較能符合法律規範意旨。

4. 無法律上之原因

即受益人無受利益之法律上之原因，包括自始無法律上原因，如受領他人誤交付之金錢；及受領時雖有法律上原因，而其後已不存在（民法第179條後段），例如買賣契約解除前受領之價金等情形。

(三) 不當得利之效力

不當得利成立後，受益人即應對於受損人負返還其利益之義務，茲分就返還之

標的、返還之範圍等加以說明。

1. 返還之標的

　　因不當得利所受之利益，其受領人自應返還，為此民法第181條規定：「不當得利之受領人，除返還其所受之利益外，如本於該利益更有所取得者，並應返還。但依其利益之性質或其他情形不能返還者，應償還其價額」，可見不當得利之返還客體，以原物返還為原則，在不得以原物返還時，始例外以價額償還方式行之。例如常見之聘金，依最高法院47年台上字第917號判例意旨，認為：「凡訂立婚約而授受聘金禮物，固為一種贈與，惟此種贈與，並非單純以無償移轉財物為目的，實係預想他日婚約之履行，而以婚約解除或違反為解除條件之贈與，嗣後婚約經解除或違反時，當然失其效力，受贈人依民法第179條，自應將其所受利益返還於贈與人」，值得參酌。

2. 返還之範圍

　　返還之範圍，因受領人係善意、惡意而不相同：

(1) **受領人為善意時**：民法第182條第1項規定：「不當得利之受領人，不知無法律上之原因，而其所受之利益已不存在者，免負返還或償還價額之責任」，所以善意受領人僅就現存之利益範圍內，負返還責任。又利益是否存在，以請求返還之時為準，受領人如主張已不存在，應負舉證責任。惟應注意者，善意受領人如將其所受之利益，無償讓與第三人時，善意受領人雖因利益不存在而不必返還，但第三人則須負返還責任。對此民法第183條規定：「不當得利之受領人，以其所受者，無償讓與第三人，而受領人因此免返還義務者，第三人於其所免返還義務之限度內，負返還責任。」按第三人之受讓，並非無法律上之原因，本不合乎不當得利之要件，但因其係「無償」受讓，法律經衡量後，認仍應使該第三人負返還責任，以求公允。

(2) **受領人為惡意時**：民法第182條第2項規定：「受領人於受領時，知無法律上之原因或其後知之者，應將受領時所得之利益，或知無法律上之原因時所現存之利益，附加利息，一併償還；如有損害，並應賠償」，由法條意旨可知，惡意受領人有自始惡意與嗣後惡意兩種，前者即受領時知無法律上之原因者，其返還範圍為應將受領時所得之利益，附加利息，一併償還，如有損害，並應賠償。後者乃於受領後始知無法律上之原因者，其返還範圍為應將知無法律上之原因時所現存之利益，附加利息，一併償還。如有損害，並應賠償。

(四) 特殊不當得利

　　特殊不當得利乃具備不當得利之要件，但因有特殊情形，法律上遂剝奪其返還

請求權者是也。依民法第180條之規定，其情形有四：

1. 給付係履行道德上之義務者

如對於救助其生命之人給付報酬，或對於無扶養義務之親屬給與生活資助等，此種義務雖法律上不能強迫履行，但在道德上卻有義務，故於債務人任意給付後，自不得再請求返還。

2. 債務人於未到期之債務，因清償而爲給付者

此種給付，係因債務人得於期前爲清償（民法第316條），復非無債務而爲清償，故不問是否誤認到期，皆不得請求返還。

3. 因清償債務而爲給付，於給付時明知無給付義務者

既於給付時明知無給付之義務，則不啻拋棄其返還請求權，法律無再予以保護必要，故不得請求返還之。惟若因過失、不知法律、誤解法律、事實之誤認等，仍可請求返還，後者稱之爲單純之非債清償。

4. 因不法之原因而爲給付

所謂「不法原因」，有廣狹兩說，狹義說以違背公序良俗之原因爲不法原因，凡違反民法第72條規定者屬之；廣義說則謂不法係指給付原因違反法律強制或禁止規定，或公序良俗之情形，凡違反民法第71條、第72條規定者均屬之，通說採廣義說。對該不法原因之給付，其爲將來之事項，如期約行賄而爲給付；或爲關於過去之事項，如通姦完畢而給付報酬等，若法律允許不法原因之給付得請求返還，則無異鼓勵不法行爲，故民法第180條第4款禁止其請求返還，以示制裁；但不法之原因僅於受領人之一方存在時，不在此限。例如因被脅迫而爲給付，則給付者並無不法，自仍得請求返還。

三、案例結論

本案例甲於乙所開設之賭場內賭博財物，賭輸120萬元，當場交付20萬元，其餘100萬元改以簽發借據方式向乙借款以供償還，並以所有土地一筆設定抵押以擔保該借款，對此，依最高法院44年台上字第421號判例認爲：「賭博爲法令禁止之行爲，其因該行爲所生債之關係，原無請求權可言，除有特別情形外，縱經雙方同意以清償此項債務之方法而變更爲負擔其他新債務時，亦屬脫法行爲，仍不能因之而取得請求權」，故甲所簽之100萬元借據，實係因與乙賭博財物，賭輸之結果所發生，依前開判例意旨，乙對甲爲清償賭債而負擔（新借款）債務，並無請求權。

又因賭博係違反公序良俗或法令禁止規定而無效，不生債之關係，故「賭債非債」，贏家不享有債權，輸家亦不負擔債務，對於該賭債實無設定抵押權之餘地；縱已設定抵押權，並完成登記，就實體上之法律關係而言，亦不能拍賣抵押物；如

已進入強制執行程序，抵押權人得提起消極確認之訴（參閱司法院大法官釋字第182號解釋），基上說明，乙不僅無請求甲返還該100萬元借款權利，且不得向法院執行處聲請強制執行。

至於甲得否以所積欠為賭債為由，訴請塗銷抵押權登記，並返還已交付之20萬元？按因不法之原因而為給付者，不得請求返還，民法第180條第4款定有明文，其立法理由係因當事人既從事不法行為，乃將自己置於法律秩序之外，自無再予保護之必要。本案例甲就其不法給付20萬元債務，依上開說明，自不得再請求返還。至於抵押之設定方面，因抵押權為從權利，從屬於主債權而立，賭債非債，當事人間之賭博行為既屬無效，雙方無債權債務關係存在，為避免無債權而有抵押權之不真實權利狀態，妨礙土地登記之功能，本書認為應肯定甲得依主債權不存在為由，訴請塗銷抵押權登記為宜。

第五款　侵權行為

壹、一般侵權行為

案例35

> 　　某甲為乙公司所僱用之司機，為從事業務之人，於民國112年7月間某日，駕駛自用小客車，沿桃園市八德區介壽路由西向東之內車道行駛，途經介壽路一段204號前，未注意該市區行車速限為40公里以下，仍以60公里之速度行駛，適有某丙駕駛小貨車以50公里之速度，闖越紅燈，自巷道貿然出來，某甲煞車不及，駛入對向車道，致撞及由丁所騎乘之機車，丁當場人車倒地，經緊急送醫後，仍因頭部嚴重挫傷不治死亡，此時被害人之父母、配偶應如何主張權利？

一、思考方向

　　吾人生活於法治社會中，擁有財產權與人身權，在法律保護下，一般人負有不可侵犯之義務；對於被害人權利之侵害，如雙方當事人間有契約存在時，構成債務不履行，應負損害賠償責任；若事前無任何契約關係時，則屬侵權行為之範圍，兩者應加以區別。又對於同一違法行為，有時只構成民事責任，如情節嚴重，有時甚

至還需負擔刑事責任，本書僅就民事責任加以探討。

關於侵權行為，民法債編將之區分為一般侵權行為、共同侵權行為及特殊侵權行為三種，而於第184條至第198條分別定有明文，以供適用。其中車禍案件，為日常周遭常發生之案例，如在本例題中，丁因甲、丙之過失不幸死亡，被害人之父母、配偶究應如何依侵權行為之規定，主張權利，為案例應思考之重點；又對於較富資力之雇主乙公司，有無請求賠償之依據，與被害人損害之填補關係甚鉅，均應加以說明。

二、論點分析

(一) 一般侵權行為

侵權行為，指因故意或過失，不法侵害他人權利或利益之行為。其行為人稱為加害人；權利或利益被侵害之人，稱為被害人。侵權行為，為違法行為之一種，應負賠償責任。依民法第184條第1項規定：「因故意或過失，不法侵害他人之權利者，負損害賠償責任。故意以背於善良風俗之方法，加損害於他人者亦同。」故一般侵權行為之成立要件，應具備下列要件：

1. 須有故意或過失

所謂「故意」，乃行為人對於自己之行為，明知並有意使其發生者，或預見其發生而其發生不違背其本意者，稱之（刑法第13條）。而「過失」，乃行為人按其情節應注意能注意而不注意，或預見其能發生一定之結果，而確信其不發生者，稱之（刑法第14條）。又行為人違反保護他人之法律，致生損害於他人者，負賠償責任；但能證明其行為無過失者，不在此限（民法第184條第2項）。例如故意侵害他人之著作權或夜間行車不開車燈而撞及路人，除能證明其無過失外，應即負賠償責任。至於被害人對於損害之發生或擴大與有過失，則屬法院如何減輕或免除賠償金額之問題，與認定加害人有否故意過失無涉（最高法院93年度台上字第2180號判決參照）。

2. 須有責任能力

責任能力，乃侵權行為人能負擔損害賠償責任之資格，亦稱之為侵權行為能力。此能力之有無，參照民法第187條，以行為時有無識別能力為判斷標準。至識別能力，通說以能識別自己行為結果之精神狀態，故未滿7歲之未成年人、受監護宣告人及行為時無意識或精神錯亂之人，均無侵權行為能力。

3. 須有加害行為

侵權行為之構成，須有一定行為存在，由於民法採「自己責任原則」，因此侵

權行為之責任,是以自己之意思而發生之加害行為;此行為包括作為及不作為,但不作為成立侵權行為,須行為人有作為義務,或雖無作為義務,而其不作為係故意並有背於善良風俗者為限,始構成侵權行為,例如對於應扶養之人,而故意不予扶養。又以他人為工具所為之行為,也不失為自己之行為,例如利用幼童竊取財物,應認為自己之侵權行為。

4. 行為須不法

不法不僅指違背強行法規而言,即違背善良風俗之行為亦包括在內。加害行為本質上雖係不法,不過若具有違法阻卻事由時,則不構成不法。所謂違法阻卻事由有:

(1) 正當防衛(民法第149條)。

(2) 緊急避難(民法第150條)。

(3) 自助行為(民法第151條、第152條)。

(4) 權利之行使(民法第148條)。

(5) 無因管理(民法第172條)。

(6) 被害人之允諾。

(7) 業務正當行為。

(8) 公序良俗所認許之行為(如因拳擊競技而傷及對手)。

5. 須侵害他人之權利或利益

所謂侵害權利,指妨害權利之享有或行使而言;而權利,則泛指一切私權而言(最高法院39年台上字第987號判例參照),包括所有權、地上權、典權、抵押權等財產權,及生命權、身體權、健康權、名譽權、自由權、信用權,姓名權等,只要對權利所造成之侵害,不論是財產上或精神上損害,加害人均應負賠償責任。另依民法第184條第1項後段規定,故意以背於善良風俗之方法加損害於他人者,雖只侵害利益,亦為侵權行為。例如故意洩漏他人秘密,或明知為有夫之婦而與之通姦,所加於其夫之損害(最高法院41年台上字第278號判例參照)。至行為是否背於善良風俗,則依當時社會一般道德觀念決之。

6. 須致生損害

民事責任,以填補被害人所受損害為目的,需實際上發生損害為成立要件(最高法院43年台上字第395號判例參照),至行為人是否受益,則非所問。且加害行為與損害之間,須有相當因果關係始可,關於因果關係之認定,向有條件說、原因說及相當因果關係說,通說採相當因果關係說,即無此行為,雖必不生此損害,但有此行為,依社會通念,在客觀上即足生此損害,是為有因果關係(最高法院95年度台上字第1959號判決參照)。例如張三被毆傷後送醫途中,再發生車禍死亡,

難謂有相當因果關係；若被打傷送醫後，因流血過多傷重不治死亡，則應認有相當因果關係。又如最高法院83年度台上字第2342號判決強調：「侵權行為之債，固須損害之發生與侵權行為間有相當因果關係始能成立。查上開車禍之發生，係因林〇翔駕車行經行人穿越道，未暫停讓行人即林〇〇英先行通過，為肇事原因，業經台灣省台北區行車事故鑑定委員會鑑定明確，而前開另案民、刑事確定判決亦均認定林〇翔途經行人穿越道前，疏未注意車前狀況及減速慢行，未暫停讓行人先行通過，因而撞及正欲穿越行人穿越道之行人林〇〇英倒地死亡等情事。足徵該損害結果之發生，並非由於林〇翔所駕上開小貨車之機件因素所致。則該小貨車未依規定參加定期檢驗，既非造成本件車禍之原因，是被上訴人未為定期檢驗該小貨車與林〇翔之肇事及被害人林〇〇英之死亡間，即無相當因果關係存在，被上訴人自不負共同侵權行為之責任。」

(二) 共同侵權行為

共同侵權行為，指同一損害之發生，係由數人共同不法侵害他人之權利所致者稱之。依民法第185條規定：「數人共同不法侵害他人之權利者，連帶負損害賠償責任。不能知其中孰為加害人者亦同。造意人及幫助人，視為共同行為人」，故共同侵權行為之態樣有三：

1. 共同加害行為

即民法第185條第1項所定，數人共同不法侵害他人權利之情形，如張三、李四二人共同竊取他人之財物，應連帶負損害賠償責任。其要件有：

(1) 須加害人有數人。

(2) 各加害人均具備一般侵權行為之要件。

(3) 須行為有共同關係，對於共同關係之確定，過去採「主觀共同關連性說」者，認為各加害人間不僅須有行為分擔，且行為人間主觀上須有意思聯絡（最高法院55年台上字第1798號判例參照）；目前實務上則改採「客觀共同關連性說」，認為民事上之共同侵權行為，與刑事上共同正犯，其構成要件並不完全相同，共同侵權行為人間不以有意思聯絡為必要，數人因過失不法侵害他人之權利，苟各行為人之過失行為均為其所生損害之共同原因，即所謂行為關連共同，亦足成立共同侵權行為（司法院66年例變字第1號參照），而可成為共同侵權行為人。另最高法院80年度台上字第2885號判決亦認為：「明知其未成年子女並未考領機車駕駛執照，竟任其騎用所有之機車以致肇事，違反道路交通管理處罰條例第21條第1款、第28條所為保護他人之法律規定，應推定其有過失，而與賴〇培駕駛機車之過失，同為事故發生之共同原因，應構成共同侵權

行為」，可資參照。

2. 共同危險行為

數人共同為侵害他人權利之危險行為，而不知孰為加害人之情形（民法第185條第1項後段），又稱為準共同侵權行為。如其中有人為加害行為，亦有人為危險行為，但數人之行為皆具危險性者，即皆須負連帶賠償責任。

3. 造意及幫助行為

民法第185條第2項規定：「造意人及幫助人，視為共同行為人。」造意者，乃教唆他人決意為侵權行為；幫助者，乃於他人為侵權行為時，予以精神上或物質上之助力。造意人及幫助人，雖均未自為加害行為，本無責任可言，惟渠等對於侵權行為之促成，既有莫大影響，故法律上均視為共同行為人，使之連帶負損害賠償責任。

(三) 特殊侵權行為

1. 公務員之侵權行為（民法第186條）。
2. 決定代理之責任（民法第187條）。
3. 僱用人之責任（民法第188條）。
4. 定作人之責任（民法第189條）。
5. 動物占有人之責任（民法第190條）。
6. 工作物所有人之責任（民法第191條）。
7. 商品製造人之責任（民法第191條之1）。
8. 汽、機車駕駛人之責任（民法第191條之2）。
9. 事業經營者之責任（民法第191條之3）。
   參閱〈案例36〉之說明。

(四) 侵權行為之效力

侵權行為一經成立，無論其為一般、特殊抑或共同侵權行為，被害人即取得損害賠償請求權，加害人則負有損害賠償義務，故侵權行為乃債之發生原因之一，茲就損害賠償之當事人、方法、範圍及消滅時效等敘明於後：

1. 損害賠償之當事人

(1) **債務人：**原則上為侵權行為人，但因民法第186條至第191條之3等規定，於特殊侵權行為時，法定代理人、僱用人、定作人、動物占有人、工作物所有人、商品製造人、汽車機車駕駛人等，亦得為損害賠償之債務人。

(2) **債權人：**即賠償請求權人，原則上為被害人，但於被害人死亡時，法律對於間

接受有損害之人，亦賦予損害賠償請求權，其情形如下：

① 為被害人支出醫療、殯葬費之人：民法第192條第1項規定：「不法侵害他人致死者，對於支出醫療及增加生活上需要之費用或殯葬費之人，亦應負損害賠償責任。」支出人與被害人之關係如何，則非所問，惟為慈善支出者，通說認為不得請求賠償。

② 被害人負有法定扶養義務之人：依民法第192條第2項規定：「被害人對於第三人負有法定扶養義務者，加害人對於該第三人亦應負損害賠償責任」，故扶養權利人亦有損害賠償請求權，至其數額應斟酌權利人之實際需要與年限、權利人與被害人關係、被害人職業、收入，及可預期之生存期間等決定之，如為一次給付，應依霍夫曼（Hoffmann）式計算法，扣除期前利息，假定最後之年數為N年，應給付金額為A，利率為R，現在應給付之數額為X，其計算式為：

$$X = \frac{A}{1 + RN}$$

③ 被害人之父母子女及配偶：民法第194條規定：「不法侵害他人致死者，被害人之父、母、子、女及配偶，雖非財產上之損害，亦得請求賠償相當之金額。」此項損害賠償，為精神上損害之賠償，又稱為慰撫金或慰藉金，係基於法律規定而直接發生，為獨立之請求權；至其數額，則由法院斟酌被害人地位、家庭情況、家屬所受精神上痛苦程度，以及加害人經濟狀況等而為綜合判斷。又不法侵害他人致死者，其繼承人得否就被害人如尚生存所應得之利益，請求加害人賠償，學者間立說不一。要之，被害人之生命因受侵害而消滅時，其為權利主體之能力即已失去，損害賠償請求權亦無由成立，則為一般通說所同認，參以我民法就不法侵害他人致死者，特於第192條及第194條定其請求範圍，尤應解為被害人如尚生存所應得之利益，並非被害人以外之人所得請求賠償（最高法院54年台上字第951號判例參照）。

2. 損害賠償之範圍與方法

一般損害賠償之範圍，應以填補債權人所受損害及所失利益者為限；而損害賠償之方法，則以回復原狀為原則（民法第213條），以金錢賠償為例外（民法第214條、第215條）。惟侵權行為所生之損害賠償，其範圍及方法，民法另規定，詳述如後：

(1) 財產之損害

① 醫療費、殯葬費、扶養費：不法侵害他人致死者，須賠償醫療費、殯葬費、扶養費等，已如前述。

②身體健康之侵害：民法第193條規定：「不法侵害他人之身體或健康者，對於被害人因此喪失或減少勞動能力或增加生活上之需要時，應負損害賠償責任。前項損害賠償，法院得因當事人之聲請，定為支付定期金。但須命加害人提出擔保」，至賠償數額，則以被害人因喪失或減少勞動能力而不能獲得金錢或生活上需要之增加額為準。賠償方法，則以一次支付為原則，但應按前述霍夫曼式計算法，扣除期前利息，對此，最高法院22年上字第353號判例亦認：「依民法第193條第1項命加害人一次支付賠償總額，以填補被害人所受喪失或減少勞動能力之損害，應先認定被害人因喪失或減少勞動能力而不能陸續取得之金額，按其日後本可陸續取得之時期，各照霍夫曼式計算法，扣除依法定利率計算之中間利息，再以各時期之總數為加害人一次所應支付之賠償總額，始為允當。」

③物之損害：物之損害，在全損或滅失時，自以回復原狀為原則，如為部分毀損，則以金錢賠償因毀損所減少之價額，故民法第196條規定：「不法毀損他人之物者，被害人得請求賠償其物因毀損所減少之價額。」在常見之車禍案件，最高法院於77年5月17日所舉行之第九次民事會議中，認為：「依民法第196條請求賠償物被毀損所減少之價額，得以修復費用為估定之標準，但以必要者為限（例如：修理材料以新品換舊品，應予折舊）。被害人如能證明其物因毀損所減少之價額，超過必要之修復費用時，就其差額，仍得請求賠償。」另如「被上訴人所有二輛大貨車因本件車禍而遭毀損，則其所需修護費用，應可認為因毀損所減少之價值。又車輛之修護需人工及材料，修護工作除直接施工者外，尚須查估、材料採購、試車油料等間接費用，此間接費用亦應列入修護費用計算」（最高法院77年台上字第1199號判決），均值參照。

(2) 非財產上之損害

①生命權之侵害：不法侵害他人生命者，依前述民法第194條規定，被害人之父、母、子、女及配偶，雖非財產上之損害，亦得請求賠償相當之慰撫金。

②身體健康名譽自由信用隱私貞操之侵害：民法第195條第1項前段規定：「不法侵害他人之身體、健康、名譽、自由、信用、隱私、貞操，或不法侵害其他人格法益而情節重大者，被害人雖非財產上之損害，亦得請求賠償相當之金額」，請求賠償之金額是否相當，應以實際加害情形與其影響是否重大，及被害人之身分、地位與加害人經濟狀況等關係定之（最高法院47年台上字第1221號判例參照）；其為名譽被侵害者，並得請求為回復名譽之適當處分，如請求將判決書登報；此項請求權，依同條文第2、3項規定，不得讓與或繼承，但以金額賠償之請求權，已依契約承諾或已起訴者，不在此限；又前開規定，於不

法侵害他人基於父、母、子、女或配偶關係之身分法益，而情節重大者，準用之。例如未成年子女被人擄掠時，父母監護權被侵害所受精神上之痛苦，在民法債編修正後，即得依本條文請求賠償。

(五) 侵權行為損害賠償請求權之時效

1. 消滅時效之期間

民法第197條第1項規定：「因侵權行為所生之損害賠償請求權，自請求權人知有損害及賠償義務人時起，二年間不行使而消滅，自有侵權行為時起，逾十年者亦同。」可知侵權行為損害賠償請求權之時效期間為：

(1) 2年：自請求人知有損害及賠償義務人時起算。

(2) 10年：自有侵權行為時起算。

該條項所稱「自請求權人知有損害時起」之主觀「知」的條件，如係一次之加害行為，致他人於損害後尚不斷發生後續性之損害，該損害為屬不可分（質之累積），或為一侵害狀態之繼續延續者，固應分別以被害人知悉損害程度呈現底定（損害顯在化）或不法侵害之行為終了時起算其時效。惟加害人之侵權行為係持續發生（加害之持續不斷），致加害之結果（損害）持續不斷，若各該不法侵害行為及損害結果係現實各自獨立存在，並可相互區別（量之分割）者，被害人之損害賠償請求權，即隨各該損害不斷漸次發生，自應就各該不斷發生之獨立行為所生之損害，分別以被害人已否知悉而各自論斷其時效之起算時點，始符合民法第197條第1項規定之趣旨，且不失該條為兼顧法秩序安定性及當事人利益平衡之立法目的（最高法院94年度台上字第148號民事判決意旨參照）。

2. 不當得利之返還

加害人因侵權行為而受利益，致被害人受損害時，對於被害人除負侵權行為損害賠償義務外，尚有不當得利返還義務，學說上稱為請求權競合，被害人得擇一行使之。但因不當得利返還請求權之時效期間較長（如無特別規定，應適用民法第125條所規定之15年），為此民法第197條第2項再明定：「損害賠償之義務人，因侵權行為受利益，致被害人受損害者，於前項時效完成後，仍應依關於不當得利之規定，返還其所受之利益於被害人。」

3. 債務履行之拒絕

民法第198條規定：「因侵權行為對於被害人取得債權者，被害人對該債權之廢止請求權，雖因時效而消滅，仍得拒絕履行」，此即學者所稱「惡意抗辯」之一種。至條文所謂「廢止請求權」，乃要求相對人廢止其所取得之債權，以回復原狀，屬於因侵權行為所生之損害賠償請求權。例如小王被脅迫而為負擔20萬元債務

之意思表示，固得於民法第93條所定1年期間內，爲撤銷其負擔債務之意思表示，使其債務歸於消滅。但被害人於撤銷權因經過此項期間而消滅後，仍不妨於民法第197條第1項所定之時效未完成前，本於侵權行爲之損害賠償請求權，請求廢止加害人之債權；即在此項時效完成後，亦得依民法第198條規定拒絕履行。

三、案例結論

本案例某甲爲乙公司所僱用之司機，於民國112年7月間某日，駕駛自用小客車，在桃園市八德區介壽路超速行駛，致爲閃避闖越紅燈，自巷道急駛出來之丙所駕駛小貨車，而駛入對向車道，撞及由丁所騎乘之機車，致丁送醫後不治死亡，由上開情節觀之，甲係超速行駛，丙除超速外，並闖越紅燈，兩人駕車均有疏失，依民法第184條第1項前段規定：「因故意或過失，不法侵害他人之權利者，負損害賠償責任」，第185條第1項規定：「數人共同不法侵害他人之權利者，連帶負損害賠償責任。不能知其中孰爲加害人者亦同」，及第191條之2規定：「汽車、機車或其他非依軌道行駛之動力車輛，在使用中加損害於他人者，駕駛人應賠償因此所生之損害。但於防止損害之發生，已盡相當之注意者，不在此限。」故甲、丙均爲共同侵權行爲，應連帶負損害賠償責任。

另依民法第188條第1項規定：「受僱人因執行職務，不法侵害他人之權利者，由僱用人與行爲人連帶負損害賠償責任。但選任受僱人及監督其職務之執行，已盡相當之注意或縱加以相當之注意而仍不免發生損害者，僱用人不負賠償責任」，案例中某甲爲乙公司所僱用之司機，爲從事業務之人，對於受僱人之過失侵權行爲，僱用人依上開規定，原則上亦應負連帶賠償責任，但如僱用人能舉證證明其選任受僱人及監督其職務之執行，已盡相當之注意或縱加以相當之注意，而仍不免發生損害者，則例外不負賠償責任。

關於損害賠償之範圍及方法，在案例中，被害人丁業已死亡，此時被害人之父母、配偶得依民法第192條所規定：「不法侵害他人致死者，對於支出醫療及增加生活上需要之費用或殯葬費之人，亦應負損害賠償責任。被害人對於第三人負有法定扶養義務者，加害人對於該第三人亦應負損害賠償責任。第一百九十三條第二項之規定，於前項損害賠償適用之」，而請求甲、丙及乙公司連帶負擔渠所支出之殯葬費及扶養費，並得依民法第194條規定：「不法侵害他人致死者，被害人之父、母、子、女及配偶，雖非財產上之損害，亦得請求賠償相當之金額」，據以請求慰藉金，至其賠償數額之確定，應視當事人與被害人之關係及所受精神上痛苦之程度，由法院酌定之；另被害人在送醫急救過程中，所支出之醫藥費，共同侵權行爲人甲、丙及僱用人乙公司，依第192條第1項規定，亦應連帶賠償，自不待言。

貳、特殊侵權行為

案例36

　　甲、乙為研究所同學，畢業後乙因進入資訊公司上班，經濟情況良好。112年4月間，甲因急需款項，而向乙借貸新台幣180萬元，並提供自己所有座落苗栗縣土地一筆，設定200萬元最高限額抵押權給與乙，作擔保借款之用。嗣該土地因實施都市計畫而重劃時，地政事務所人員漏未將該抵押權轉登載於債務人甲新取得之土地上。112年5月中旬，甲擬將土地出售，與丙接洽，丙經至地政事務所調取土地登記簿謄本後，發現並無任何權利負擔之登記，乃以300萬元買下，並完成所有權移轉登記。嗣乙因甲逾期不清償債務，向法院聲請查封拍賣該抵押物時，始發現上情，得否依侵權行為規定，請求該漏未登記之公務人員或地政機關賠償？

一、思考方向

　　按所謂土地重劃，依土地法第135條規定：「直轄市或縣（市）地政機關因左列情形之一，經上級機關核准，得就管轄區內之土地，劃定重劃地區，施行土地重劃，將區內各宗土地重新規定其地界：一、實施都市計畫者。二、土地面積畸零狹小，不適合於建築使用者。三、耕地分配不適合於農事工作或不利於排水灌溉者。四、將散碎之土地交換合併，成立標準農場者。五、應用機器耕作，興辦集體農場者。」土地重劃後，應依各宗土地原來之面積或地價，仍分配於原所有權人；但限於實際情形不能依原來之面積或地價妥為分配者，得依同法第136條以變通補償方式為之。又重劃前之土地，如有地上權、抵押權等存在時，該物權仍應存在於重劃後之土地上，故地政事務所人員於辦理重劃後，應依職權將該物權之設定情形，記載於土地登記簿上；若漏未登記時，登記人員或利用關係人發現登記錯誤或遺漏時，得依同法第69條，以書面向該管上級機關查明核准後，予以補充或更正登記。

　　惟在本案例中，乙之抵押權漏未登記於重劃後甲之土地上，在未為補充登記前，土地業經第三人丙以300萬元取得，並完成所有權移轉登記，參照土地法第43條規定：「依本法所為之登記，有絕對效力」，丙既信賴土地登記簿謄本無乙之抵押權登記，故其所取得之土地自為無抵押權擔保之不動產，此時乙之抵押權因地政人員之疏失而消滅，其得否依侵權責任規定，請求該漏未登記之地政人員或地政事務

所負損害賠償責任，此應從公務員之侵權責任加以論述。又公務員之侵權責任，爲特殊侵權行爲一種，此外依民法第187條至第191條之3規定尚有法定代理人之責任、僱用人之責任、定作人之責任、動物占有人之責任、工作物所有人之責任、商品製造人之責任、汽機車駕駛人之責任、事業經營人之責任等八種，均一併加以敘明。

二、論點分析

(一) 公務員之侵權責任

此處所稱之公務員，依學者通說，應指公務員服務法所稱之公務員，蓋公務員之民事責任，以違背其應執行之職務爲前提；至其是否違背職務，應以有無違反公務員服務法作爲判斷標準。通常公務員侵害他人之權利，如係出於職務以外之行爲者，則以其私人資格，按一般侵權行爲負其責任（民法第184條）。如係出於職務上之行爲，則依照民法第186條所規定：「公務員因故意違背對於第三人應執行之職務，致第三人受損害者，負賠償責任。其因過失者，以被害人不能依他項方法受賠償時爲限，負其責任。前項情形，如被害人得依法律上之救濟方法，除去其損害，而因故意或過失不爲之者，公務員不負賠償責任」，是爲公務員之侵權行爲。其構成要件有三：

1. 須違背對於第三人應執行之公法上職務

所謂違背，是指應執行而不執行、不當執行或違法執行，如對於土地登記之合法聲請，不予登記，或爲枉法判決，或爲不當之行政處分是。至於公務員所執行之職務，以公法上職務爲限，如爲私法上職務，而有侵權行爲時，應依民法第28條規定負責，無本條文之適用。

2. 須第三人因而受有損害

公務員之違背職務行爲，須致第三人權利或利益受有損害，亦即兩者間須有因果關係存在，始能成立公務員之侵權行爲。

3. 公務員須有故意或過失

公務員執行職務時，侵害他人權益，仍須有故意或過失，始成立侵權行爲，惟立法設計上，就故意或過失之責任則有所不同；簡言之，公務員之侵害行爲出於故意者，須負全部賠償責任；其因過失者，以被害人不能依他項方法受賠償時爲限，負其責任。故被害人得依法律上之救濟方法，除去其損害，而因故意或過失不爲之者，公務員不負賠償責任，例如被害人因平交道柵工疏未注意所致之車禍損害，可依鐵路法請求救濟，乃逕行主張民法第186條之公務員侵權責任，法院自應予以駁回。

(二) 法定代理人之責任

法定代理人對無行為能力或限制行為能力人，原本即有保護教養之權利義務，此為親權之主要內容，如果任令無行為能力人或限制行為能力人不法侵害他人權利，顯見法定代理人未善盡監督義務，為此民法第187條第1項規定：「無行為能力人或限制行為能力人，不法侵害他人之權利者，以行為時有識別能力為限，與其法定代理人連帶負損害賠償責任。行為時無識別能力者，由其法定代理人負損害賠償責任。」條文所謂「識別能力」，即意思能力，乃可以判斷自己的行為在法律上效果的精神能力，此種能力包含正常的認識力與預期力。換言之，識別能力乃行為人之心理狀態並無客觀標準，法院於認定行為人識別能力之有無時，除年齡之外，尚應斟酌行為人之精神發育狀態、環境、案件之性質及具體事實等各種情形認定之。上開法定代理人監督之過失，為法律所推定，被害人不必舉證；但法定代理人可證明其監督並未疏懈，或縱加以相當之監督，而仍不免發生損害者，即證明已盡善良管理人之注意義務，並無故意或過失，以免除賠償責任（民法第187條第2項）。

實務上曾認為父母對於未成年子女，有保護及教養之權利義務，為民法第1084條第2項所明定。此項因身分關係所生之權利義務，性質上固不得拋棄，但夫妻協議離婚後，關於子女之監護，依民法第1051條之規定，原則上由夫任之，亦得約定由一方監護。於此情形下，他方監護權之行使，即暫時停止。此與親權之拋棄尚屬有別。監護權之行使暫時停止之一方，既無從對於未成年子女為監督，當然不能令其就該未成年子女之侵權行為負責賠償（最高法院80年度台上字第1327號判決）。

當無行為能力人或限制行為能力人在加害他人時，均無識別能力，而法定代理人並無監督鬆懈，或損害和其監督沒有因果關係時，加害人依前述規定都不必負賠償責任，此時如遇被害人經濟情況較差時，由其自行承擔全部被害後果，將會產生實質不公平現象，基此，民法第187條第3項規定：「如不能依前二項規定受損害賠償時，法院因被害人之聲請，得斟酌行為人及其法定代理人與被害人之經濟狀況，令行為人或其法定代理人為全部或一部之損害賠償」，是為行為人之衡平責任，屬於無過失責任之一種。又上述衡平責任規定，係基於公平原則而來，不僅行為人為無行為能力人或限制行為能力人時適用，即其他之人，在無意識或精神錯亂中所為之行為致第三人受損害時，準用之（民法第187條第4項）。

(三) 僱用人之責任

　　僱用人對於受僱人之選任及監督其職務之執行，理應盡相當之注意義務，如受僱人因執行職務不法侵害他人權利，顯見其選任及監督有過失，且受僱人多為經濟上之弱者，被害人常不易求償，故民法第188條第1項規定：「受僱人因執行職務，不法侵害他人之權利者，由僱用人與行為人連帶負損害賠償責任。但選任受僱人及監督其職務之執行，已盡相當之注意或縱加以相當之注意而仍不免發生損害者，僱用人不負賠償責任」，是為僱用人之責任。其成立要件有三：

1. 行為人須為受僱人。按受僱人的意義有多種解釋，依民法第188條僱用人應負賠償責任，係以選任或監督受僱人有過失為原因，則解釋受僱人之意義，應以僱用人對其選任或監督有無責任，以為決定標準。凡客觀上被他人使用，為之服勞務而受其監督者，均應認為受僱人。即使構成從事勞務基礎之法律行為無效，對於第188條之適用亦屬無礙。至於報酬之有無、勞務之種類、期間之長短均非所問。

2. 須有不法侵害他人權利之行為。

3. 受僱人之行為須與其職務有關。通說認是否執行職務，應依客觀事實決定，即行為之外觀苟具執行職務之形式，即係因執行職務所為之行為，不問僱用人或受僱人之意思如何。準此，職務上之行為，職務上予以機會之行為及與執行職務之時間或處所有密切關係之行為，皆屬執行職務的行為。

　　僱用人對於受僱人選任監督之過失，係由法律予以推定，被害人不必舉證。但僱用人得舉證證明其選任監督受僱人執行職務，已盡相當注意，或縱加以相當注意，仍不免發生損害，此時僱用人可免除賠償責任，惟受僱人之經濟能力往往不足，為保護被害人利益，民法第188條第2項乃規定：「如被害人依前項但書之規定，不能受損害賠償時，法院因其聲請，得斟酌僱用人與被害人之經濟狀況，令僱用人為全部或一部之損害賠償」，是為僱用人之衡平責任，亦係基於公平原則而設。又僱用人因其選任及監督有過失，民法命其負一定之責任，但實際上侵害他人權利者係受僱人，故僱用人於賠償損害後，對於為侵權行為之受僱人，有求償權（民法第188條第3項）。

　　目前在台灣地區常見靠行之計程車司機，是否為其所靠車行之受僱人，在司機肇事時，應否與所靠車行之負責人，連帶負本條文之責任？誠有疑問。有認為車行每月僅向靠行的計程車收取1,000、2,000元的行費，提供辦理保險、稅捐等方面的服務，既未從計程車的營運中獲得利益，亦未對於計程車駕駛負有選任、監督的責任，故不應構成民法上的受僱人。

　　惟最高法院認為如果不讓該接受靠行之車行負僱用人之連帶損害賠償責任，則將使許多人藉靠行制度，不思管理其所屬之車輛，而遇有所屬車輛發生侵權行為責任，即以自己為接受靠行者，並非僱用人而主張免責，未免有失公平。易言之，「目前在經營交通事業之營利私法人，接受他人靠行（即出資人以該交通公司名義購買車輛，並以該公司名義參加營運），而向該靠行人（即出資人）收取費用，以資營運者，比比皆是，此為周知之事實。是該靠行之車輛，在外觀上既屬該交通公司所有，乘客又無從分辨該車輛是否他人靠行營運者，則乘客於搭乘時，祇能從外觀上判斷該車輛係某交通公司所有，該車輛之司機即係受僱於該公司服勞務。按此種交通企業，既為目前台灣社會所盛行之獨特經營型態，則此種交通公司，即應對於廣大乘客之安全負起法律上之責任。蓋該靠行之車輛，無論係由出資人自行駕駛，或招用他人合作駕駛，或出租，在通常情形，均為該交通公司所能預見，苟該駕駛人係有權駕駛（指非出自偷竊或無權占有後所為之駕駛），在客觀上似應認為係為該交通公司服勞務，而應使該交通公司負僱用人之責任，方足以保護交易安全（最高法院77年台上字第665號判例）。

(四) 定作人之責任

　　在承攬關係存續中，承攬人常具有特殊技能，對承攬事項，原則上係獨立自主，不受定作人之指揮監督，即定作人對於承攬人並不負指揮監督之義務。雖如此，但定作人對於定作及工作之指示，仍有加以注意之義務，如有過失仍應負賠償責任，故民法第189條規定：「承攬人因執行承攬事項，不法侵害他人之權利者，定作人不負損害賠償責任。但定作人於定作或指示有過失者，不在此限。」例如將清洗高樓外牆之工作交與無此項技能之工讀生，或隱藏危險性之工作而疏未指示承攬人注意是，此項過失，乃定作人負責之要件，應由被害人負舉證責任。若承攬人執行承攬工作亦有故意或過失時，則構成共同侵權行為。

(五) 動物占有人之責任

　　動物常有加害於他人之危險，從而動物之占有人，對於動物既有事實上之管領力，自應加以注意管束，為此民法第190條第1項規定：「動物加損害於他人者，由其占有人負損害賠償責任。但依動物之種類及性質已為相當注意之管束，或縱為相當注意之管束而仍不免發生損害者，不在此限。」所謂占有人，通說認為包括直接占有人及占有輔助人，至間接占有人則不包括在內。又動物之加害於人，出於該動物之自動者固有之，出於他人或其他動物之挑動者亦有之，因此民法第190條第2項另規定：「動物係由第三人或他動物之挑動，致加損害於他人者，其占有人對

於該第三人或該他動物之占有人，有求償權。」即由加害動物之占有人賠償，然後向挑動之第三人，或挑動之動物其占有人請求償還。

(六) 工作物所有人之責任

所謂工作物，是指附著於土地上之建築物或其他物品而言，如橋樑、隧道、牌樓、電線桿、紀念塔、銅像等。工作物存在於社會生活中，雖然可以增加生活便利，但如因年久失修，或日後保養不良，有時也具有危險性，基此，民法第191條第1項規定：「土地上之建築物或其他工作物所致他人權利之損害，由工作物之所有人負賠償責任。但其對於設置或保管並無欠缺，或損害非因設置或保管有欠缺，或於防止損害之發生，已盡相當之注意者，不在此限。」又工作物因設置或保管之欠缺而生之損害，如別有應負責任之人時，例如應歸責於承攬人、前所有人或占有人時，工作物所有人仍應負賠償責任。惟於賠償後，對於該應負責者，有求償權（民法第191條第2項）。

(七) 商品製造人之責任

商品製造人之責任，現行法採侵權行為說，凡商品之製造人，對其商品之通常使用或消費所生之損害，應負賠償責任，以保護消費者之利益，為此民法第191條之1規定：「商品製造人因其商品之通常使用或消費所致他人之損害，負賠償責任。但其對於商品之生產、製造或加工、設計並無欠缺或其損害非因該項欠缺所致或於防止損害之發生，已盡相當之注意者，不在此限。前項所稱商品製造人，謂商品之生產、製造、加工業者。其在商品上附加標章或其他文字、符號，足以表彰係其自己所生產、製造、加工者，視為商品製造人。商品之生產、製造或加工、設計，與其說明書或廣告內容不符者，視為有欠缺。商品輸入業者，應與商品製造人負同一之責任。」本條所稱商品，係包括自然產物及工業產品在內，從而所謂「商品製造人」，亦兼指前述自然產物及工業產品等之生產、製造及加工業者而言。除其為真正生產、製造、加工業者外，不論何人，在該商品上標示其姓名、商號、商標或其他文字、符號足以表彰係其自己所生產、製造、加工者，亦視為該商品之製造人，使負與商品製造人同一之責任。

其次商品之生產、製造責任誰屬，或商品之優劣如何，通常消費者之習慣，於購買或使用、消費該商品時，均信賴該商品之說明書或廣告之內容，倘該商品之品質、功能，事實上與其說明書或廣告之內容不相符合，使該商品之購買者或使用、消費者誤信而為使用、消費，致發生損害，即應視為商品之生產、製造或加工有欠缺，應使負法律責任。至商品如係國外所輸入者，每因轉賣、運銷等原因致使該商

品之製造人難於追查，應使該商品之輸入業者，對該商品之瑕疵，負與製造人同一責任，藉保護消費者之權益；又所謂「輸入業者」，包括在外國輸出商品至我國之出口商及在我國之進口商在內。

(八) 汽、機車駕駛人之責任

現代交通發達，而因動力車輛肇事致損害人之身體或財產者，日見增多，各國法律如義大利民法第2054條、德國道路交通法第37條、日本汽車損害賠償保障法第3條等，對汽車肇事賠償責任均有特別規定。為此民國88年4月修正公布民法債編時，增訂第191條之2規定：「汽車、機車或其他非依軌道行駛之動力車輛，在使用中加損害於他人者，駕駛人應賠償因此所生之損害。但於防止損害之發生，已盡相當之注意者，不在此限。」其成立要件有三：
1. 須為汽車、機車或其他非依軌道行使之動力車輛。
2. 須在使用中加損害於他人。
3. 駕駛人應賠償被害人因動力車輛在使用中所致之損害。

(九) 事業經營者之責任

國內近幾年來企業蓬勃發展，科技進步，人類工作或活動之方式及其使用之工具與方法日新月異，伴隨繁榮而產生危險性之機會大增。如有損害發生，而須由被害人證明經營一定事業或從事其他工作或活動之人有過失，被害人將難獲得賠償機會，實為社會不公平現象。且鑑於：1.從事危險事業或活動者製造危險來源。2.僅從事危險事業或活動者於某種程度控制危險。3.從事危險事業或活動者因危險事業或活動而獲取利益，就此危險所生之損害負賠償之責，係符合公平正義之要求。為使被害人獲得周密之保護，民法第191條之3規定：「經營一定事業或從事其他工作或活動之人，其工作或活動之性質或其使用之工具或方法有生損害於他人之危險者，對他人之損害應負賠償責任。但損害非由於其工作或活動或其使用之工具或方法所致，或於防止損害之發生已盡相當之注意者，不在此限。」其成立要件有三：
1. 須為經營一定事業或從事其他工作或活動之人。
2. 須工作或活動之性質或其使用之工具或方法有生損害於他人之危險。
3. 事業之工作或活動之性質或其使用之工具或方法有發生損害之危險而受損害。

(十) 特殊侵權行為之效力

與前述一般侵權行為之效力相同，參閱〈案例35〉之說明。

三、案例結論

本案例中，甲於112年4月間，向乙借貸180萬元，並提供其所有土地設定抵押權給乙，嗣該土地因實施都市計畫而重劃時，地政機關漏未將該抵押權轉登載於甲新取得之土地上。致甲於同年5月中旬出售該土地時，買受人因信賴土地登記簿謄本無該抵押權之記載，而取得未設定抵押權登記之系爭不動產，致乙之抵押權因而消滅，該地政事務所之人員，自應負公務員之侵權責任。

又公務員之侵權責任，依民法第186條第1項規定：「公務員因故意違背對於第三人應執行之職務，致第三人受損害者，負賠償責任。其因過失者，以被害人不能依他項方法受賠償時為限，負其責任」，故公務員因過失而侵害他人權利時，須其他法律無賠償規定時，才可適用前開條文請求公務員賠償。惟查對於地政事務所人員漏未登載抵押權之事實，參照土地法第68條規定：「因登記錯誤遺漏或虛偽致受損害者，由該地政機關負損害賠償責任。但該地政機關證明其原因應歸責於受害人時，不在此限。前項損害賠償，不得超過受損害時之價值」，顯係由該地政事務所負責，土地法又為民法之特別規定，應優先適用，因此被害人乙得依該規定，請求地政事務所負賠償責任，其數額以最高限額抵押權所擔保之債權額180萬元為限，而不得逕依民法第186條規定請求該漏未為抵押權登載之公務員負侵權行為損害賠償責任。

第二節　債之標的

壹、種類之債、貨幣之債與利息之債

案例37

甲至乙所開設之廚具店購買賀眾牌飲水機，價金為新台幣9,000元，甲先付定金3,000元，由乙將甲所選定之飲水機包裝好，雙方言明翌日由甲前往取貨。當日晚上，丙亦看中該飲水機，乙為增加公司業績，乃自行將該飲水機出售，並提供同樣價格之其他廠牌飲水機予甲，此時甲可否拒收？又甲向代書丁借款200萬元，期限1年，約定利率為年息24%，丁並預扣1年之利息新台幣48萬元，僅交付甲152萬元，屆期甲應返還若干元？

一、思考方向

　　債之標的，又稱債之客體，即債務人所為之給付，依民法第199條第1項規定：「債權人基於債之關係，得向債務人請求給付」，故債之標的，亦稱為給付；申言之，債之關係一經發生，債權人有請求債務人為一定行為（作為或不作為）之權利，債務人亦有為一定行為之義務，故債權債務，均以債務人之一定行為為標的。通常債之標的，須具備合法、可能及確定三要件，始能生效。債之標的以在交易上可否以金錢評價為區別標準，可分為有財產價格之給付與無財產價格之給付，依民法第199條第2、3項規定：「給付，不以有財產價格者為限。不作為亦得為給付。」可知有財產價格者固得為給付，無財產價格者，亦得為給付；當事人得為積極作為給付與消極不作為給付，如約定不為營業之競爭等，均得作為債之標的。

　　現行民法對於債之標的，依給付內容之不同，區分為種類給付、金錢給付、利息給付、選擇給付與損害賠償給付五種，分別規定於第200條至第218條，如本案例甲所購買之飲水機，性質上即屬於種類給付；而其另向代書借款，需支付利息，則又與金錢（貨幣）給付或利息給付有關，為說明方便，先分述前開三種債之標的，其餘選擇給付與損害賠償給付，則於下一案例中，再加以說明。

二、論點分析

(一) 種類之債

1. 種類之債之意義

　　所謂種類之債，係以給付某種類中一定數量之物為標的之債，亦即以不特定物為給付標的之債，如請求給付「精鹽20包」、「蘋果5斤」、「大同電扇10台」等是。又種類之債，不重視標的物之個性，多以種別、產地、用途或商標等表示，其給付標的以物為限，通常無給付不能之情形。

2. 品質之確定

　　給付物僅以種類指示者，其品質之確定方法，依民法第200條第1項規定：「給付物僅以種類指示者，依法律行為之性質或當事人之意思不能定其品質時，債務人應給以中等品質之物」，可見其確定方法有三：

(1) 依法律行為之性質：例如按照貨樣買賣者，應給付與貨樣有同一品質之物（民法第388條）。

(2) 依當事人之意思：即依憑當事人於契約成立時或成立後之意思表示；其無意思表示者，應解釋其意思定之，例如給付與價金相當之物。

(3) 依以上二種方法，不能定其品質時，債務人應給與中等品質之物。

3. 種類之債特定之方法

種類之債，既應以種類指示其給付物，但給付時，仍須特定，否則將無從履行。所謂特定，乃將種類之債變為特定物之債之行為也，其方法，依民法第200條第2項規定：「前項情形，債務人交付其物之必要行為完結後，或經債權人之同意指定其應交付之物時，其物即為特定給付物」，故種類之債特定之方法如下：

(1) **債務人交付其物之必要行為完結：**即指關於債務履行，在債務人方面，其給付業已提出之謂，在日常交易中，債務因其清償地不同，可分為赴償債務、往取債務與送付債務三種，故債務人交付其物之必要行為完結已否，認定標準當有不同，再分析說明之：

① 赴償債務：即債務人前往債權人所在處所或清償地清償之債務，以送至債權人住居所、清償地交付時，即為完結。

② 往取債務：即以債務人之住所為清償地之債務，此種債務，以債務人具體指定給付物，並將準備給付之情事，通知債權人時，即為業經提出給付。

③ 送付債務：即以債權人或債務人住所地以外之處所為清償之債務，其完結須視債務人有無送付義務而定，有送付義務，和赴償債務相同；若無送付義務，交付運送人時，即為完結。

(2) **當事人合意：**例如債權人同意債務人就約定種類物中，將應交付之物加以標識或包裝者，種類之債因而確定。

4. 種類之債特定之效果

種類之債經特定後，即變為特定之債，除經債權人同意外，債務人無變更給付物之權；且在特定前，除非社會上完全不存在該物，否則理論上無給付不能之問題，但特定後如發生毀損或滅失時，則發生給付不能（民法第225條、第226條）及危險負擔等法律問題（民法第266條）。

(二) 貨幣之債

貨幣之債，乃以給付一定數額之貨幣為標的之債，亦稱為金錢之債；此之所謂貨幣，指正在流通，而為財貨交易之媒介，或債務支付之手段者而言，在歷史上曾為貨幣，而現已不流通者，如古錢，則祇能以之為商品買賣，而不復以之為支付手段，則非本節所述之貨幣。以貨幣為給付標的之債，可分為特定貨幣之債、金額貨幣之債、特種貨幣之債及外國貨幣之債四種，分別說明如後。

1. 特定貨幣之債

特定貨幣之債，即以特定貨幣為給付標的之債，如繼承人留下封固之特定貨幣；其應給付之貨幣，既已為特定物，故性質上為特定之債，如該特定貨幣滅失

時，即成爲給付不能，不得以同種類之貨幣替代之。

2. 金額貨幣之債

金額貨幣之債，即以一定金額之貨幣爲給付標的之債。性質上爲種類之債，債務人得於各種通用貨幣中任擇一種以爲清償，且非全國貨幣全部滅失，不生給付不能問題。

3. 特種貨幣之債

特種貨幣之債，即以特定種類之貨幣一定數量爲標的之債，又稱爲金種之債；此類特種貨幣之債，尙可分爲：

(1) **絕對特種貨幣之債**：即非給付特種貨幣不能達其目的之債，如此種貨幣已客觀失其存在時，債務人即免給付義務。

(2) **相對特種貨幣之債**：即債權人以取得一定金額爲目的，而約定應以一定種類之貨幣爲給付標的之債。此種之債，多爲貨幣之兌換，民法第201條規定：「以特種通用貨幣之給付爲債之標的者，如其貨幣至給付期失通用效力時，應給以他種通用貨幣」，即指相對特種貨幣之債而言。

4. 外國貨幣之債

外國貨幣之債，即以外國貨幣爲給付標的之債，依民法第202條規定：「以外國通用貨幣定給付額者，債務人得按給付時、給付地之市價，以中華民國通用貨幣給付之。但訂明應以外國通用貨幣爲給付者，不在此限。」此因國人應使用本國貨幣交易爲原則，故雖以外國貨幣定給付額，但亦得以本國通用貨幣給付之，其折合率應依給付時給付地之市價折算之。不過若特別訂明應以外國通用貨幣爲給付者，如目前國際貿易流行之信用狀契約，則不得以本國通用貨幣給付，仍應以外國通用貨幣（如美金）爲給付標的。

(三) 利息之債

1. 利息之債之意義

以利息爲給付標的之債，稱爲利息之債。所謂利息，乃使用他人之金錢或代替物，依一定之利率，比照其原本之數額及使用期間長短，所給與之對價。利息之債依學者見解，認爲具有從屬性與獨立性兩個特質：

(1) **利息之債之從屬性**：利息之債既爲「原本之債」之從權利，自應與原本債權同其命運，故原本之債如無效、撤銷或消滅時，利息之債亦隨之而無效、撤銷或消滅；原本債權轉讓時，未支付之利息，原則上亦隨同移轉（民法第295條）。

(2) **利息之債之獨立性**：利息之債雖從屬於原本之債，但兩者究屬有別，故已屆清

償期之利息債權，得獨立讓與或承擔；已發生之利息債權，雖原本債權已讓與，僅發生推定其隨同移轉之效力（民法第295條第2項）；與原本債權之請求權，各因不同之時效而消滅（民法第126條）。

2. 利息之債之發生

利息之債，依其發生原因，可分為約定利息之債與法定利息之債：

(1) **約定利息之債：** 即依當事人契約或以遺囑方式，所發生之利息之債，常見之消費借貸屬之。

(2) **法定利息之債：** 基於法律規定當然發生之利息之債，民法規定有四種：

① 遲延利息：即因遲延給付所生之利息，如民法第233條第1項。

② 墊費利息：即為他人墊支費用，得請求自支付時起之利息，如民法第176條第1項、第281條第1項之規定。

③ 擬制利息：即為自己利益，使用他人金錢所應支付之利息，如民法第173條第2項及第680條之規定。

④ 附加利息：即對於他人負有返還財產義務，所應附加之利息，如民法第182條第2項、第259條第2款等。

3. 利息之債之計算

利息之債，其計算須依據利率，利率有法定利率與約定利率之分：

(1) **約定利率：** 即由當事人約定而發生之利息，在契約自由原則下，利率可以自由約定，但利率高低關乎國家金融政策，事關公益，為避免暴利行為發生，民法設有下列限制：

① 較高利率之期前清償：民法第204條規定：「約定利率逾週年百分之十二者，經一年後，債務人得隨時清償原本。但須於一個月前預告債權人。前項清償之權利，不得以契約除去或限制之」，是為較高利率之限制，逾此限制，則債務人得提前還本，以免利息負擔過重。

② 最高利率之限制：民法第205條規定：「約定利率，超過週年百分之十六者，超過部分之約定，無效」，此項規定，在110年1月20日修正時，係鑑於近年來存款利率相較於本法制定時已大幅調降，本條所定最高約定利率之限制亦應配合社會現況作適度調整，另考量本條之適用範圍廣泛，仍須保留一定彈性容由當事人約定，不宜過低，爰將最高約定利率調降為週年16%。其次，約定利率如超過最高約定利率上限，原條文規定債權人對於超過部分之利息「無請求權」，並未規定超過部分之約定為「無效」，故司法實務見解均認為僅債權人對之無請求權，並非約定無效而謂其債權不存在，倘若債務人就超過部分之利息已為任意給付，經債權人受領後，不得謂係不當得利而請求返還。為強化最

高約定利率之管制效果，保護經濟弱者之債務人，爰將本條法律效果修正爲「超過部分之約定，無效」，以符立法原意。

③ 巧取利益之禁止：債權人如有折扣付本、預付利息、或將利息預先算入原本等行爲，足以擾亂社會金融，破壞善良風俗及利率之限制，民法第206條特規定：「債權人除前條限定之利息外，不得以折扣或其他方法，巧取利益」，凡違背本條規定之行爲無效，不得據以請求債務人給付。

④ 複利之禁止：複利乃將已生之利息滾入原本，再生利息之謂，依民法第207條規定：「利息不得滾入原本再生利息。但當事人以書面約定，利息遲付逾一年後，經催告而不償還時，債權人得將遲付之利息滾入原本者，依其約定。前項規定，如商業上另有習慣者，不適用之」，即原則上禁止以複利計算，以免重利剝削，俾保護經濟弱者。

(2) **法定利率**：即法律上規定之利率，於當事人未約明利率時，補充適用之。法定利率現時有兩種：

① 民法上之法定利率：民法第203條規定：「應付利息之債務，其利率未經約定，亦無法律可據者，週年利率爲百分之五」。

② 票據法上之法定利率：票據法第28條第2項規定：「利率未經載明時，定爲年利六釐。」

三、案例結論

本案例甲至乙所開設之廚具店購買賀眾牌飲水機，價金爲新台幣9,000元，甲先付定金3,000元後，雙方買賣契約業已成立，此種契約性質上爲種類之債。依民法第200條規定：「給付物僅以種類指示者，依法律行爲之性質或當事人之意思不能定其品質時，債務人應給以中等品質之物。前項情形，債務人交付其物之必要行爲完結後，或經債權人之同意指定其應交付之物時，其物即爲特定給付物」，本件當事人既約定由甲至乙所開設之廚具店取貨，故爲往取債務，此種債務於債務人具體指定給付物，或如案例中已包裝完成時，應認該標的物業已特定，乙應依約交付，不得再任意出賣第三人，或以同樣價格之飲水機交換，故甲對於乙店未依債之本旨所爲給付，可以拒絕，並主張債務不履行之損害賠償。

其次，就甲向代書借款200萬元部分，爲貨幣之債；至雙方就利息另有約定部分，則爲利息之債。依民法第205條規定：「約定利率，超過週年百分之十六者，超過部分之約定，無效」，案例中甲、丁雙方約定利率爲24%，則關於超過8%部分，丁無請求權。

另依民法第206條規定：「債權人除前條限定之利息外，不得以折扣或其他方

法，巧取利益」，在甲向丁借款時，丁事先預扣1年之利息新台幣48萬元，僅交付甲152萬元，則關於48萬元部分既未交付，且違反前開巧取利益禁止之規定，應不發生返還請求權，故甲屆期僅應償還本金152萬元及利息24萬3,200元（1,520,000元×16% = 243,200元）即可。

貳、選擇之債與損害賠償之債

案例38

> 甲向乙購買其所飼養五隻鸚鵡中之兩隻，於付款後，言明2日後由甲妻前往挑選，惟在挑選前夕，其中兩隻鸚鵡遭竊，甲妻乃拒絕挑選，此時乙能否為甲選取其中之兩隻？又甲以新台幣1,500萬元向丙購屋，雙方契約訂後，甲依約於1個月內付清價款，適因房地上漲，丙拖延不過戶，反而以1,600萬元價格出售予丁，並完成過戶手續，嗣丙擬退還價金及賠償甲40萬元，經甲拒絕，並向法院訴請賠償，在法院辯論終結前，經不動產徵信公司鑑價，該房地已漲至1,660萬元，此時甲可否請求丙賠償該金額？

一、思考方向

案例中甲向乙購買其所有五隻鸚鵡中之兩隻，言明由第三人甲妻自行挑選，很明顯的為選擇之債；在選擇之債，如發生數宗給付中，有一部分嗣後不能給付情事時，當事人之法律關係為何，對其選擇權是否發生影響，為本案例應釐清之問題。至後一案例，丙將其所有房地分別出賣予甲、丁，且為賺取差價而過戶於出價較高之丁，此時買受人甲對於丙之債務不履行，應如何主張權利，其賠償範圍若干，則與損害賠償之債有關，和前述選擇之債，均為民法債之標的重要內容，自有詳加說明必要。

二、論點分析

(一) 選擇之債

1. 選擇之債之意義

所謂選擇之債，乃數宗獨立之給付平等存在，得選擇其一給付為債之標的者稱之。因此選擇之債其成立，須有數宗給付存在，且由選擇權人於數宗給付中選定其

一以爲給付，故仍爲一個債之關係。選擇之債，依其發生原因，可分爲約定選擇之債與法定選擇之債；如僅就給付之時、地或方法提供選擇，亦不失爲選擇之債。至選擇之債與任意之債其區別，依最高法院78年台上字第1753號判例認爲：「選擇之債，謂於數宗給付中，得選擇其一以爲給付之債；任意之債，謂債務人或債權人得以他種給付代替原定給付之債。選擇之債，在特定前，數宗給付處於同等地位以待選擇，非予特定，債務人不能爲給付，債權人亦不能請求特定之給付。任意之債，其給付物爲特定，代替給付僅居於補充地位而已，故債務人有代替權時，債權人祇得請求原定之給付，債權人有代替權時，債務人應爲原定之給付。選擇權之行使，以意思表示爲之，即生效力。代替權之行使，則爲要物行爲，代替之意思雖已表示，若未同時提出代替物，其債之標的仍爲原定給付。」

2. 選擇之債之特定

選擇之債，因數宗給付間係立於平等地位，均有被選擇機會，故必須於此數宗給付中，選定其一，方得履行，至其特定之方法有三：

(1) 契約約定：選擇之債得依契約而特定，事屬當然，無再述明必要。

(2) 選擇權之行使：選擇權者，乃可就數宗給付中，選擇其一給付之權利；通說認爲係形成權之一種，使選擇之債變爲單純之債，一經行使，即發生特定之效果，再析論如下。

① 選擇權人：依民法第208條規定：「於數宗給付中得選定其一者，其選擇權屬於債務人。但法律另有規定或契約另有訂定者，不在此限」，故除法律另有規定或契約另有訂定外，選擇權原則上屬於債務人，以便於履行。

② 選擇權行使之方法：民法第209條規定：「債權人或債務人有選擇權者，應向他方當事人以意思表示爲之。由第三人爲選擇者，應向債權人及債務人以意思表示爲之」，性質上爲有相對人之單獨行爲，選擇人以明示或默示意思表示爲之，均無不可。

③ 選擇權之移轉：選擇權之行使，爲選擇之債特定方法之一，從而有選擇權人如不行使選擇權時，將使債之關係無由特定，爲此民法第210條乃規定：「選擇權定有行使期間者，如於該期間內不行使時，其選擇權移屬於他方當事人。選擇權未定有行使期間者，債權至清償期時，無選擇權之當事人，得定相當期限催告他方當事人行使其選擇權，如他方當事人不於所定期限內行使選擇權者，其選擇權移屬於爲催告之當事人。由第三人爲選擇者，如第三人不能或不欲選擇時，選擇權屬於債務人。」

(3) 給付不能：給付不能亦爲選擇之債特定方法，民法第211條前段規定：「數宗給付中，有自始不能或嗣後不能給付者，債之關係僅存在於餘存之給付」，此

時如餘存之給付，尚有數宗時，仍不失為選擇之債；然若僅存一宗時，即歸特定，成為單純之債。故給付不能有時亦為選擇之債特定方法，不過其不能之事由，應由無選擇權之當事人負責者，不在此限（民法第211條但書）。

3. 選擇之債特定之效力

選擇之債經選擇後，即變為單純之債，其標的僅為一宗給付，此一宗給付，如為特定物，則變為特定物之債；如為不特定物，則變為種類之債，尚須依民法第200條第2項規定，再經債務人交付其物之必要行為完結後，或經債權人之同意指定其應交付之物時，始能履行。至選擇之債特定後，有無溯及力，對此學者意見不一，現行民法第212條規定：「選擇之效力，溯及於債之發生時」，即選擇之債一經選擇，即視為自始為單純之債，以避免發生爭議。

(二) 損害賠償之債

1. 損害賠償之債之意義

損害賠償之債，係以損害賠償為標的之債，亦即債務人對於債權人負有損害賠償義務之債的關係，其成立要件有四：

(1) 須有發生損害之原因事實。

(2) 須有損害發生。

(3) 須原因事實與損害間有因果關係。

(4) 須賠償義務人有過失。損害賠償責任之成立，賠償義務人原則上須有故意、過失，例外採結果責任，縱無過失，亦須負責。例如侵權行為需行為人有故意或過失；但無因管理人違反本人明示或可得推知之意思，而為事務之管理者，對於因其管理所生之損害，縱無過失，亦應負賠償之責（民法第174條第1項）。

2. 損害賠償之方法

損害賠償之方法，不外回復原狀與金錢賠償兩種，民法第213條規定：「負損害賠償責任者，除法律另有規定或契約另有訂定外，應回復他方損害發生前之原狀。因回復原狀而應給付金錢者，自損害發生時起，加給利息。第一項情形，債權人得請求支付回復原狀所必要之費用，以代回復原狀。」我民法關於損害賠償，其目的既在於填補被害人之損害，故其方法以回復原狀為原則，金錢賠償為例外。至何種情形，始例外應以金錢賠償，對此民法於第214條規定：「應回復原狀者，如經債權人定相當期限催告後，逾期不為回復時，債權人得請求以金錢賠償其損害」、第215條規定：「不能回復原狀或回復顯有重大困難者，應以金錢賠償其損害」。又因侵權行為所生之損害賠償，法律上多規定以金錢賠償之，如殯葬費、扶養費、慰撫金等均是。

3. 損害賠償之範圍

(1) **約定賠償範圍**：損害賠償之範圍，得由當事人事前或事後任意約定，但應受誠信原則及公序良俗之限制。

(2) **法定賠償範圍**：民法第216條第1項規定：「損害賠償，除法律另有規定或契約另有訂定外，應以填補債權人所受損害及所失利益為限」，明示損害賠償之範圍，以填補財產上之所受損害及所失利益為原則，俾減輕賠償義務人之責任。所謂所受損害，指現存財產，因損害事實之發生而減少，屬於積極之損害。至所失利益，則指新財產之取得，因損害事實之發生而受妨害，屬於消極之損害，惟消極之損害其範圍不易確定，是以本條第2項規定：「依通常情形，或依已定之計劃、設備或其他特別情事，可得預期之利益，視為所失利益」，故利益之取得已確定，或有取得之可能者，均為所失利益。

4. 賠償金額之減免

(1) **過失相抵**：民法第217條規定：「損害之發生或擴大，被害人與有過失者，法院得減輕賠償金額，或免除之。重大之損害原因，為債務人所不及知，而被害人不預促其注意或怠於避免或減少損害者，為與有過失。前二項之規定，於被害人之代理人或使用人與有過失者，準用之」，此項規定之適用，原不以侵權行為之法定損害賠償請求權為限，即契約所定之損害賠償，除有反對之特約外，於計算賠償金額時亦有其適用，法院對於賠償金額減至何程度，抑為完全免除，雖有裁量之自由，但應斟酌雙方原因力之強弱與過失之輕重以定之（最高法院54年台上字第2433號判例參照）。

(2) **損益相抵**：民法第216條之1規定：「基於同一原因受有損害並受有利益者，其請求之賠償金額，應扣除所受之利益。」例如運送物喪失，運送人固應向託運人賠償，但因運送物喪失，託運人無須支付運費或其他費用時，則此項節省之費用，應由賠償額中扣除之（民法第638條）。

(3) **生計影響之酌減**：民法第218條規定：「損害非因故意或重大過失所致者，如其賠償致賠償義務人之生計有重大影響時，法院得減輕其賠償金額」，此乃基於道德衡量，於債務人所負責任較輕時，由法院酌減其賠償金額，以保護債務人。

5. 損害賠償之效力

賠償權利人受領賠償後，於其所受領之限度內，不得再請求賠償，雙方債之關係消滅。惟另依民法第218條之1規定：「關於物或權利之喪失或損害，負賠償責任之人，得向損害賠償請求權人，請求讓與基於其物之所有權或基於其權利對於第三人之請求權。第二百六十四條之規定，於前項情形準用之」，以免損害賠償請求

權人，就其物或權利所生損害受賠償時，仍得保有其物或權利，而享雙重之利益；又賠償義務人之權利讓與請求權，解釋上與損害賠償義務有對價關係，其相互間可適用同時履行抗辯之規定。

三、案例結論

甲向乙購買其所有五隻鸚鵡中之兩隻，於付款後，言明2日後挑選，其為選擇之債，應無庸置疑。惟在挑選前，其中兩隻鸚鵡遭竊，此時依民法第211條規定：「數宗給付中，有自始不能或嗣後不能給付者，債之關係僅存在於餘存之給付。但其不能之事由，應由無選擇權之當事人負責者，不在此限」，本案例中乙之鸚鵡遭竊兩隻，成為給付不能，係因第三人之侵權行為所致，非可歸責於無選擇權之乙，故選擇人即甲妻，僅能就餘存之三隻中加以挑選。如甲妻因乙失竊一部分，不欲代為選擇時，依民法第210條第3項規定：「由第三人為選擇者，如第三人不能或不欲選擇時，選擇權屬於債務人」，選擇權既移歸債務人乙，其代為挑選應認符合法律規定。

其次，甲另以新台幣1,500萬元向丙購屋，契約簽訂後，甲依約已付清價款，但出賣人丙因房地上漲，而拖延不過戶，甚至以1,600萬元價格出售予丁，並完成所有權移轉登記，對甲而言，丙應負債務不履行責任，性質上為損害賠償之債。

在損害賠償之債中，依民法第216條第1項規定：「損害賠償，除法律另有規定或契約另有訂定外，應以填補債權人所受損害及所失利益為限」，甲所受損害為1,500萬元及利息；所失利益方面，甲雖尚未轉賣他人，而無消極利益之損失，但「依通常情形，或依已定之計劃、設備或其他特別情事，可得預期之利益，視為所失利益」（民法第216條第2項），此項預期利益，甲亦得請求，茲丙在違約時既以1,600萬元出售予丁，致給付不能，就該超出甲、丙買賣價金100萬元部分，可認為係甲之預期利益，亦可依法請求，是以甲在本件損害賠償之債中，可請求之賠償金額為1,600萬元及其利息。

第三節 債之效力

第一款 給付

案例39

　　甲、乙為某私校高一學生，均無機車駕照，民國112年4月中旬考完期中考後，相約至台北市大度路飆車，因車速過快，復未保持安全距離，致兩部機車發生擦撞，乙所搭載之丙當場摔落地面受傷，送醫後支出10萬元，對於車禍之肇事責任，經台北市車輛行車事故鑑定委員會鑑定結果，認為甲、乙均有50%過失，此時丙能否向甲請求全數賠償？嗣甲之機車修復後，因父母反對，不擬再騎用，有意以丁託其保管之鶯歌陶製花瓶交換，經丁應允於112年5月12日交換；惟在交換前，甲於擦拭該陶製花瓶時，不小心掉落地面摔碎，甫修復之機車亦遭戊竊走，此時甲、丁間之法律關係為何？

一、思考方向

　　債之關係，因當事人之法律行為而成立後，債權人與債務人相互間均應受其拘束。因此所謂債之效力，乃債之關係成立後，為實現其內容，法律上賦與當事人之效果或權能也。債權與物權不同，債權須有債務人之履行，債權人始能達到目的。故債之主要效力，即債務人之給付義務，此厥為債權人所最關心；除給付外，如債務人因故意或過失不履行債務，而有給付不能、給付拒絕、不完全給付或給付遲延等情事時，應如何處理，均為民法債之效力一節中，應討論之重點。

　　本案例甲、乙無照駕車，超速行駛致兩車擦撞，乙所搭載之丙因而受傷支出10萬元，如甲、乙雙方各有50%過失責任時，丙得否以全額向甲求償，即與債之給付義務有關；另甲、丁有意以機車與花瓶相互交換，在交換前標的物因遭他人竊取或過失毀損，致有給付不能情事，此時當事人究應如何處理雙方之債權債務關係，凡此亦應從債之效力，加以思考。由於民法債之效力一節中，將給付、遲延、保全分別予以規定，並將契約之特別效力，一併規定在內，為方便讀者閱讀，針對本案例，先討論債務人之給付問題。

二、論點分析

(一) 給付之意義

　　給付之意義有二：一指債務人基於債之關係所應為之行為，與債之標的或債之內容相當；另指債務人實現債權內容之行為，與債之履行或債之清償同義，本書認為此處之給付，乃指後者而言。對於債權之行使，或債務之履行，民法第148條第2項規定應依誠實信用方法，故給付之時間，不得於深夜叩門而為給付；給付之地點，不宜在他人婚禮上返還喪葬物品；給付之方法，不可將他人出借之書本以丟擲方式返還等。

(二) 債務人之注意義務

　　債務人既負有給付義務，則其於履行給付時，自應加以相當注意，以免屆時給付無法實現，故債務人又負有注意義務，分述如下：

1. 故意

(1) **故意之意義：** 參見〈案例35〉，侵權行為部分之說明。

(2) **故意之責任：** 依民法第220條第1項規定，債務人就其故意行為應負責任，且不得預先免除，其預先免除之特約無效（民法第222條）。

2. 過失

(1) **過失之意義：** 參見〈案例35〉，侵權行為部分之說明。

(2) **過失之種類：** 過失因其欠缺注意程度為標準，可分為：

① 抽象輕過失：即應盡善良管理人之注意而欠缺者。

② 具體輕過失：即應與處理自己事務為同一注意而欠缺者。

③ 重大過失：即顯然欠缺普通人之注意者。

(3) **過失之責任：** 依民法第220條第1項規定，債務人就其過失行為，應負責任，至責任之輕重，則因注意義務之程度而不同，在抽象輕過失，注意程度高，責任重；具體輕過失，注意程度低，責任輕；重大過失，注意之程度最低，責任亦最輕。過失行為負責任之標準，依民法第220條第2項規定，應依事件特性而定其輕重，如其事件非予債務人以利益者，應從輕酌定。又重大過失，接近故意，為免相對人蒙受重大損害，民法第222條規定：「故意或重大過失之責任，不得預先免除」，同時民法第223條規定：「應與處理自己事務為同一注意者，如有重大過失，仍應負責」，亦所以貫徹債務人最低限度應就重大過失負責之旨。

3. 事變

事變乃非因債務人之故意或過失所發生之事實，可分為：

(1) **通常事變**：債務人雖盡其應盡之注意義務而仍不免發生，然若再予特別嚴密注意或可能避免，如搭車時行李被竊。對於通常事變，債務人應負責之情形有二：

① 當事人訂有對於通常事變負責之特約者。

② 法律另有規定者，如民法第606條第1項、第607條、第654條等規定，債務人除不可抗力外，均應負責任。

(2) **不可抗力事變**：即人力所不能抗拒，任何人縱加以最嚴密之注意，亦無法避免，如地震、天災等。對於不可抗力事變，債務人應負責之情形亦有二：

① 當事人訂有對於不可抗力負責之特約者。

② 法律另有規定者，如民法第231條第2項、第525條、第837條、第891條等規定。

(三) 債務人之責任能力

債務人責任能力之有無，須視其有無故意或過失，而故意或過失，則以意思能力為前提，意思能力即識別能力，故民法第221條規定：「債務人為無行為能力人或限制行為能力人者，其責任依第一百八十七條之規定定之」，故無行為能力人或限制行為能力人，於行為時有識別能力者為限，對於債務之不履行負故意或過失責任；如行為時無識別能力，則不負任何責任。

(四) 債務人對於履行輔助人之責任

債務人原則上僅就自己之故意過失負責，然有時為確保交易安全，民法第224條前段另明文規定：「債務人之代理人或使用人，關於債之履行有故意或過失時，債務人應與自己之故意或過失負同一責任」，所謂代理人，包括意定代理人及法定代理人兩者而言。

(五) 債務不履行

債務不履行，為債之內容未能實現之狀態，亦即債務人未依債之本旨而為給付之情況，可分為給付不能、給付拒絕、不完全給付及給付遲延等四種，其中給付遲延於下一案例再討論：

1. 給付不能

給付不能，為債務人不能依債之本旨而為給付之謂；凡物理上不能，法律上不能及一般社會交易通念上認為不能者，均包括之。若僅給付困難，不得謂為給付

不能（最高法院32年上字第4757號判例參照）。給付不能雖有自始不能與嗣後不能、客觀不能與主觀不能之分，惟給付自始客觀不能者，債之關係不能成立，故此之所謂不能，乃指自始主觀不能及嗣後不能而言。關於給付不能之效力，則因其事由是否可歸責於債務人而不相同：

(1) **因不可歸責於債務人之事由之給付不能**：民法第225條第1項規定：「因不可歸責於債務人之事由，致給付不能者，債務人免給付義務。」例如非因債務人之故意或過失，而係因第三人之行為，致給付不能時，債務人即可免給付義務。不過此種情形，債務人對該第三人得請求損害賠償，因而前開條文第2項復規定：「債務人因前項給付不能之事由，對第三人有損害賠償請求權者，債權人得向債務人請求讓與其損害賠償請求權，或交付其所受領之賠償物」，學說稱之為「代償請求權」，為新發生之權利，故原債權之擔保消滅，消滅時效亦重新開始進行。

(2) **因可歸責於債務人之事由之給付不能**：因可歸責於債務人之事由致給付不能時，債務人應負債務不履行責任，民法第226條第1項規定：「因可歸責於債務人之事由，致給付不能者，債權人得請求賠償損害。」惟給付不能有全部不能與一部不能之別，全部不能得請求賠償全部損害，一部不能賠償一部分損害，其可能之部分，尚須履行。履行時債權人理論上仍應受領，但給付一部不能者，若其他部分之履行，於債權人無利益時，債權人得拒絕該部之給付，而請求全部不履行之損害賠償（民法第226條第2項）。

2. 給付拒絕

給付拒絕，為債務人能為給付，而違法表示不為給付之意思通知，又稱為不為給付，其效力如下：

(1) **履行期屆至前**：債務人已表示拒絕給付者，債權人得不經催告程序，逕行解除契約，並得請求不為給付所生之損害。

(2) **履行期屆至後**：依修正前民法第227條規定：「債務人不為給付或不為完全之給付者，債權人得聲請法院強制執行，並得請求損害賠償」，可知債務人拒絕給付時，債權人得聲請強制執行及請求損害賠償。惟現行法已刪除條文中「不為給付」等字，使給付拒絕亦涵蓋於給付遲延中，得依第229條至第241條規定，加以適用。

3. 不完全給付

不完全給付，係因可歸責於債務人之事由，提出不符合債務本旨之給付，又稱為不完全履行。所謂不符合債務本旨，係指未依當事人契約目的、債之性質、法律規定及誠信原則。不完全給付通常可分為瑕疵給付與加害給付兩種，前者，即債務

人雖爲給付，但其給付含有瑕疵，如數量不足、品質不符、方法不當等；後者，指債務人之給付，不但含有瑕疵，且因其瑕疵而發生超過履行利益之損害，如出賣人給付病豬，致買受人原有豬隻遭受感染而死亡。加害給付所致之損害係因債務人履行債務而發生，在本質上與給付不能及遲延給付所致損害係因不履行債務所生者，有所不同。惟因加害人與被害人間有債之關係存在，損害之發生又係因不完全給付所致，因此債權人就此項損害得依債務不履行之規定，請求賠償。關於不完全給付之效力，依民法第227條規定：「因可歸責於債務人之事由，致爲不完全給付者，債權人得依關於給付遲延或給付不能之規定行使其權利。因不完全給付而生前項以外之損害者，債權人並得請求賠償。」析論如下：

(1) **瑕疵給付**：應視其得否補正而不相同，如其不完全給付之情形可能補正者，債權人可依遲延之法則行使其權利；如其給付不完全之情形不能補正者，則依給付不能之法則行使權利。

(2) **加害給付**：不完全給付如爲加害給付，除發生原來債務不履行之損害外，更因其瑕疵致發生其他損害，遇此情形，被害人固可依侵權行爲規定請求損害賠償，亦得依前開第227條第2項規定，依不完全給付之理論請求賠償損害。

(六) 人格權受侵害之賠償責任

債權人因債務不履行致其財產權受侵害者，雖得依債務不履行之有關規定求償。惟如同時侵害債權人之人格權，致其受有非財產上之損害者，依現行規定，僅得依據侵權行爲之規定求償。是同一事件所發生之損害，竟應分別適用不同之規定解決，理論上尙有未妥；且因侵權行爲之要件，較之債務不履行規定嚴苛，如故意、過失等要件舉證困難，對債權人之保護亦嫌未周。爲免法律割裂適用，民法債編修正時，增訂第227條之1規定：「債務人因債務不履行，致債權人之人格權受侵害者，準用第一百九十二條至第一百九十五條及第一百九十七條之規定，負損害賠償責任」，以充分保護債權人之權益。

(七) 情事變更原則

情事變更原則爲私法上之一大原則，民事訴訟法第397條雖有明文，惟民法上除有個別具體之規定，例如第252條、第265條、第442條等外，尙乏一般性之原則規定，致適用上易生困擾。目前實務上雖以誠實信用原則依民事訴訟法第397條之規定，爲增、減給付或變更原有效果之判決；但誠實信用原則爲上位抽象之規定，究不如明定具體條文爲宜。爲此，民法債編修正增訂第227條之2規定：「契約成立後，情事變更，非當時所得預料，而依其原有效果顯失公平者，當事人得聲請法

院增、減其給付或變更其他原有之效果。前項規定，於非因契約所發生之債，準用之」，俾利適用。

三、案例結論

本案例甲、乙為某私校高一學生，均無駕照，112年4月間兩人相約至台北市大度路飆車，因車速過快，復未保持安全距離，致兩部機車發生擦撞，造成乙所搭載之丙當場摔落地面受傷，共支出10萬元醫藥費，依民法第184條第1項前段規定：「因故意或過失，不法侵害他人之權利者，負損害賠償責任」，故甲、乙均為侵權行為人，且依同法第185條第1項及第187條規定，為共同侵權行為能力人，其法定代理人亦應負連帶賠償責任。

茲丙僅向甲請求賠償損害，而對於雙方之肇事責任，經台北市車輛行車事故鑑定委員會鑑定結果，認為甲、乙均有50%過失責任，此時參照最高法院74年台上字第1170號判例要旨認為：「駕駛機車有過失，致坐於後座之人被他人駕駛之車撞死者，後座之人係因藉駕駛人載送而擴大其活動範圍，駕駛人為之駕駛機車，應認係後座之人之使用人，原審類推適用民法第224條之規定而適用過失相抵之法則，依民法第217條第1項規定減輕被上訴人之賠償金額，並無不合」，故丙之請求賠償損害時，經類推民法第224條規定結果，對於駕駛人乙之50%過失責任，亦應承擔，其向甲請求之賠償金額自以5萬元為限。

又甲之機車修復後，不擬再騎用，有意於112年5月12日與丁託其保管之鶯歌陶製花瓶交換，經丁應允後，不意在交換前，甲在擦拭該花瓶時，不小心掉落地面摔碎，而其甫修復之機車亦遭戊竊走，對此給付不能之情形，可分下列兩方面加以討論：

(一) 甲之請求權方面

甲、丁係雙務契的，丁雖有將陶製花瓶交付甲之義務，但該花瓶原本即在甲占有中，甲不小心將其摔碎，乃因不可歸責於債務人丁之事由，致給付不能，依民法第225條第1項規定，債務人丁免給付義務，故甲不得再向丁有所請求。

(二) 丁之請求權方面

民法第225條規定：「因不可歸責於債務人之事由，致給付不能者，債務人免給付義務。債務人因前項給付不能之事由，對第三人有損害賠償請求權者，債權人得向債務人請求讓與其損害賠償請求權，或交付其所受領之賠償物」，丁之陶製花瓶不能給付，係因可歸責於他方（即甲）之事由，致給付不能，丁不必再為給付，

已如前述。但依兩造雙務契約之內容，其仍得請求甲對待給付。案例中甲之機車被竊，係不可歸責於債務人之事由，故甲亦不必為對待給付；惟戊係侵權行為人，對甲負損害賠償責任（民法第184條），依前開第225條第2項規定，丁得向甲請求讓與其對戊之損害賠償請求權；如甲已由戊處獲得賠償，丁得向甲請求交付其由戊所受領之賠償物。若戊遲未被查獲或出面賠償，本案例因丁事先已將陶製花瓶給付，得請求甲返還不當得利，不當得利已不存在者，丁得向甲請求返還該花瓶之價值（最高法院19年上字第1022號判例參照）。

第二款 遲延

案例40

> 甲於民國112年1月1日，向乙借款100萬元，雙方約定利息按12%計算，借款期限半年，屆期甲拒不清償，乙訴請給付時，得請求給付若干元？其利息之請求應自起訴日或起訴狀繕本送達翌日抑或其他日期起算？對於利息部分，乙得否向甲再請求遲延利息？又丙在社區打棒球時，不慎打破丁之落地窗，丁僱工修理支出1萬元，其請求丙賠償時，能否請求加給利息，自何時起算？

一、思考方向

前一案例，本書曾提及債務不履行，除給付不能、給付拒絕、不完全給付外，尚有給付遲延。事實上民法所規定之遲延，有債務人之給付遲延與債權人之受領遲延兩種，本案例雖僅涉及給付遲延，惟對於受領遲延部分，茲一併加以敘明，以供參酌。

二、論點分析

(一) 給付遲延

1. 給付遲延之意義

給付遲延，乃債務已屆清償期，其給付雖可能，惟因可歸責於債務人之事由，而未為給付之債務不履行，亦稱為債務人之履行遲延。給付遲延之要件有五：

(1) 須債務有效存在：給付遲延，指債務人應為給付而未給付，自以有債務存在為

前提，如債務尚未發生或業已消滅，均無遲延可言。

(2) **須給付可能**：給付遲延，以給付可能為要件；如係給付不能，則應依民法第225條、第226條，解決當事人之權利義務。

(3) **須債務已屆清償期**：債務是否已屆清償期，而使債務人負損害賠償責任，可分就下列兩方面加以說明：

① 給付有確定期限者：民法第229條第1項規定：「給付有確定期限者，債務人自期限屆滿時起，負遲延責任。」

② 給付無確定期限者：民法第229條第2、3項規定：「給付無確定期限者，債務人於債權人得請求給付時，經其催告而未為給付，自受催告時起，負遲延責任。其經債權人起訴而送達訴狀，或依督促程序送達支付命令，或為其他相類之行為者，與催告有同一之效力。前項催告定有期限者，債務人自期限屆滿時起負遲延責任。」

(4) **須因可歸責於債務人之事由**：給付遲延既為債務不履行之一種，故債務人之責任應為過失責任，亦即須有可歸責於債務人之事由時，債務人始負遲延責任，為此民法第230條規定：「因不可歸責於債務人之事由，致未為給付者，債務人不負遲延責任」，屬於一種舉證責任之轉換，債權人主張債務人負給付遲延責任，不必就可歸責於債務人之事由舉證；而債務人主張不負責時，須就不可歸責於自己之事由舉證，此點與侵權行為之被害人須就加害人之故意或過失舉證者有所不同，目的在於保護給付遲延中債權人之權益。

(5) **須無阻卻遲延之正當理由**：債務人依法律之規定，或有其他正當理由可以拒絕給付者，自不負給付遲延之責，如民法第264條之同時履行抗辯權、第265條之不安抗辯等是。

2. **給付遲延之效力**

(1) **遲延賠償**：民法第231條規定：「債務人遲延者，債權人得請求其賠償因遲延而生之損害。前項債務人，在遲延中，對於因不可抗力而生之損害，亦應負責。但債務人證明縱不遲延給付，而仍不免發生損害者，不在此限」，此即所謂之遲延賠償。故債務人遲延時，除仍須為原來之給付外，尚須賠償因遲延所生之損害，方符債務之本旨。且為加重債務人之責任，在給付遲延中，即使遇有不可抗力之損害，法律亦要求債務人應予負責，此係因債務人如能按時給付，債權人將不致受此種損害也。

(2) **替補賠償**：民法第232條規定：「遲延後之給付，於債權人無利益者，債權人得拒絕其給付，並得請求賠償因不履行而生之損害」，又稱為填補賠償，如向花店約定於女朋友生日當天送3,000元之玫瑰花，花店負責人記錯日期，於翌日

才送來，此種給付即於債權人無利益，得拒絕之。替補賠償乃基於原來的債之關係，以損害賠償代替原來之給付，故債務人爲此賠償後，即不必再爲原來之給付。惟此之賠償須具備下列要件始得請求：① 須爲遲延後之給付，② 須於債權人無利益，如應依具體情事以爲決定，通常多於嚴格的定期債務上見之。

(3) **支付遲延利息及賠償損害**：在金錢債權，無所謂替補賠償，亦不致發生不可抗力情形，而僅有遲延賠償，此際依民法第233條規定：「遲延之債務，以支付金錢爲標的者，債權人得請求依法定利率計算之遲延利息。但約定利率較高者，仍從其約定利率。對於利息，無須支付遲延利息。前二項情形，債權人證明有其他損害者，並得請求賠償。」可見對於金錢債權，債務人給付遲延時，縱雙方無利息之約定，債權人仍可請求按法定利率計算之遲延利息，且如能證明有其他損害，並得請求其他賠償（如定金之沒收、違約金等）。

(4) **解除契約**：在雙務契約中，債務人給付遲延者，債權人依民法第254條、第255條規定，尚有解除契約之權利。

3. 給付遲延之消滅

債務人之給付責任因下列事由而消滅：

(1) **給付提出**：債務人依債之本旨提出給付時，其給付遲延之狀態即終了，但以前已生遲延之效果，並非因此當然消滅，故債權人就以前遲延所生之損害，仍得請求賠償，債務人在給付時自應一併提出。

(2) **給付猶豫**：給付遲延，如債權人同意延期，債務人之遲延責任亦歸終了，但是否溯及既往消滅，應依當事人之意思決之。

(3) **債務消滅**：債之關係，無論因何種原因消滅，自其消滅時起，債務人之遲延責任亦終了。

(4) **給付不能**：給付遲延中發生給付不能時，自該時起債務人應改負給付不能責任，此時給付遲延亦歸於消滅。

(二) 受領遲延

1. 受領遲延之意義

受領遲延，乃對於履行上需要債權人受領之債務，債務人已爲合法給付之提出，但債權人拒絕受領或不能受領之謂。依民法第234條規定：「債權人對於已提出之給付，拒絕受領或不能受領者，自提出時起，負遲延責任。」故受領遲延，亦稱爲債權人遲延，其要件有三：

(1) **須履行上需債權人受領之債務**：受領遲延責任，惟於債務之履行，非經債權人協力不能完成時，始能發生，如貨物之點收、不動產權利之移轉登記等。

(2) **須債務人已提出給付：** 所謂提出，乃債務人完成履行所必要之一切行為，使債權人處於即可受領之地位，民法第235條規定：「債務人非依債務本旨實行提出給付者，不生提出之效力。但債權人預示拒絕受領之意思，或給付兼需債權人之行為者，債務人得以準備給付之事情，通知債權人，以代提出」；惟債務人如僅提出給付之一部，除法律別有規定外，不得謂為依債務本旨之提出，自不生提出之效力，債權人拒絕受領，即不負遲延責任（最高法院23年上字第98號判例參照）。

民法第235條該但書所謂給付兼需債權人之行為者，乃指債權人於受領行為以外，兼需為協力之其他事實或法律行為，債務人始克完成其給付之情形。又債權人對於已提出之給付，拒絕受領或不能受領者，自提出時起負遲延責任，固為民法第234條所明定，惟所謂已提出之給付，係指債務人依債務本旨，於適當之處所及時期實行提出給付者而言（最高法院92年度台上字第1065號民事判決意旨參照）。

(3) **須債權人未予受領：** 債務人合法提出，債權人若已受領時，則為債之清償，不生受領遲延之問題，必須債權人未予受領，始生受領遲延。所謂未予受領，包括拒絕受領和不能受領兩種情形，其中不能受領有永久不能受領與一時不能受領之別，一時不能受領者，依民法第236條規定：「給付無確定期限，或債務人於清償期前得為給付者，債權人一時不能受領之情事，不負遲延責任。但其提出給付，由於債權人之催告，或債務人已於相當期間前預告債權人者，不在此限。」俾使債權人對無確定期限之給付，或清償期前之給付，能預為準備。

2. 受領遲延之效力

受領遲延之性質，學說上向有債務不履行說與權利不行使說之爭，通說及實務上則採權利不行使說，認為受領非為債權人之義務，故不負任何責任，僅債務人之責任，因而減輕或免除而已（最高法院29年上字第965號判例參照），分述如下：

(1) **注意義務之減輕：** 債務人之債務，於債權人遲延後，仍當然存續，民法第237條規定：「在債權人遲延中，債務人僅就故意或重大過失，負其責任」，以減輕其責任。

(2) **利息支付之停止：** 在債權人受領遲延時，債務人常須為清償作準備，實際上甚難利用原本，為此民法第238條規定：「在債權人遲延中，債務人無須支付利息」，以求公允。

(3) **孳息返還範圍之縮小：** 民法第239條規定：「債務人應返還由標的物所生之孳息或償還其價金者，在債權人遲延中，以已收取之孳息為限，負返還責任」，故可收取而未收取部分，債務人亦無庸負遲延及償還責任。

(4) **費用賠償請求權**：民法第240條規定：「債權人遲延者，債務人得請求其賠償提出及保管給付物之必要費用」，蓋此項費用，係因債權人遲延而生，自應由其負擔。

(5) **不動產拋棄占有**：債權人遲延後，給付標的為動產者，債務人得將其提存而免除義務；如為不動產，依民法第241條規定：「有交付不動產義務之債務人，於債權人遲延後，得拋棄其占有。前項拋棄，應預先通知債權人。但不能通知者，不在此限」，期使債權人得為相當處置。至於動產，則不許拋棄，以其易致毀損滅失，對債權人及社會經濟，均屬有害故也。

3. 受領遲延之消滅

債權人受領遲延因下列事由而消滅：

(1) **受領給付**：債權人復表示受領意思或給付兼須債權人之行為，債權人提供其行為時，受領遲延狀態消滅。

(2) **債權消滅**：無論基於何種原因，債權消滅時，受領遲延應歸於終了。

(3) **給付不能**：債權人遲延中，如給付不能時，則受領遲延消滅。

(4) **遲延免除**：當事人另有關於履行之合意，或債務人同意受領延期者，則受領遲延終了。

三、案例結論

甲於112年1月1日，向乙借款100萬元，約定利息按12%計算，借款期限為半年，此為給付有確定期限之金錢債務，如屆期甲拒不清償，依民法第229條第1項規定：「給付有確定期限者，債務人自期限屆滿時起，負遲延責任」，另第233條第1、2項規定：「遲延之債務，以支付金錢為標的者，債權人得請求依法定利率計算之遲延利息。但約定利率較高者，仍從其約定利率。對於利息，無須支付遲延利息」，故乙訴請給付時，除本金100萬外，並得請求6萬元之利息，及自112年7月1日（期限屆滿時）起至清償日止，按週年利率5%計算之遲延利息。

至丙打棒球時，不慎將丁之落地窗擊破，致丁支出修理費1萬元，此為損害賠償之債，依民法第213條、第215條規定，以回復原狀為原則，如不能回復原狀者，始以金錢賠償其損害。本案例中，物遭毀損，應回復原狀，並非金錢債務，故不得請求加計利息，惟丁既已支付1萬元修理費，依民法第229條第2、3項規定：「給付無確定期限者，債務人於債權人得請求給付時，經其催告而未為給付，自受催告時起，負遲延責任。其經債權人起訴而送達訴狀，或依督促程序送達支付命令，或為其他相類之行為者，與催告有同一之效力。前項催告定有期限者，債務人自期限屆滿時起負遲延責任」，則丙自丁請求或催告時起，或定期催告期限屆滿時起，

始負遲延責任；如逾期未付，因該1萬元修理費，係以金錢爲標的，參照前開說明，債權人得請求自遲延時起至清償日止，按週年利率5%計算之法定遲延利息。

第三款　保全

案例41

> 債務人甲，積欠乙新台幣600萬元，爲避免其所有座落台北市木柵路之房地，遭債權人聲請法院強制執行，而與丙通謀虛僞意思表示，將上開房地設定300萬元抵押權給丙，此時債權人甲得否向法院訴請塗銷該抵押權登記？起訴時應以何人爲被告？如上開不動產市價1,000萬元，而債務人甲僅以500萬元轉讓予其弟婦丁時，債權人應如何主張權利，以求債權確保？

一、思考方向

　　民法債編對於債之效力，區分爲對內效力與對外效力兩大部分，所謂對內效力，即債權人與債務人間之效力，主要爲債之給付，乃債權之基本效力；如債務人對其債務拒絕給付，或有給付不能、給付遲延或不完全給付情形時，法律即賦予債權人損害賠償請求權，以資救濟，此爲債務不履行之效力。至債務之履行，需債權人協力者，屢見不鮮，若債權人不予協助，而有受領遲延時，應減輕債務人之責任，以求公允，此亦爲債之對內效力，均已如前述。

　　其次，就對外效力言之，債務人之總財產爲債權效力之最後保障，因此對於債務人總財產之保全，法律亦應賦予債權人以代位權與撤銷權，俾對於第三人發揮其效力；譬如本案例中，債務人甲明知積欠債權人600萬元無力清償，而將其惟一之不動產虛僞設定抵押與第三人，甚至以賤價出售與有親戚關係之買受人，以規避債務，類此情形如不加以防止，將造成社會經濟及交易上之不安，故遇此情事，吾人務需從債權之保全規定，加以縝密思考、觀察。

二、論點分析

　　債權之保全，乃債權人爲確保其債權獲得清償，而防止債務人財產減少之權利，亦稱責任財產之保全。其保全方法，依民法第242條至第245條規定，有代位權與撤銷權兩種，此外第245條之1，尚有締約過失責任，均依序加以說明。

(一) 代位權

1. 代位權之意義

　　所謂代位權，乃債權人爲保全其債權，得以自己之名義，代位行使債務人權利者稱之（民法第242條）。性質上爲廣義之形成權，係依自己行爲而生一定法律上效果，雖亦稱爲間接訴權或代位訴權，但爲實體法上之固有權；且可以訴訟外或訴訟上之方式行使之。其要件爲：

(1) **須因保全債權**：依民法第242條規定，代位權之行使，須因保全債權之必要，即債權有不能受清償之危險時，始得行使；惟債權之種類、有無擔保及是否成立於債務人怠於行使之權利取得以前，則非所問。實務上亦認爲民法第242條，關於債權人之代位權之規定，原爲債務人怠於行使其權利，致危害債權人債權安全，有使債權人得以自己之名義行使債務人之權利，以資救濟之必要而設。故債權人對於債務人之權利得代位行使者，其範圍甚廣，凡非專屬於債務人本身之財產上權利均得爲之（參照同條但書）。對於債務人負有債務之第三人之財產上權利，債務人得代位行使時，亦爲非專屬於債務人本身之財產上權利之一種，如債務人怠於行使此項權利，致危害債權人之債權安全者，自難謂爲不在債權人得代位行使之列（最高法院43年台上字第243號判例參照）。

(2) **須債務人已負遲延責任**：爲避免債權人以保全債權爲藉口，濫行干涉債務人之權利，民法第243條規定：「前條債權人之權利，非於債務人負遲延責任時，不得行使。但專爲保存債務人權利之行爲，不在此限」，即原則上需俟債務人遲延給付時，始能主張代位權；但專爲保存債務人權利之行爲，如中斷時效、申請破產債權等，於債務人有利，且須及時爲之，故不予限制。

(3) **須債務人怠於行使權利**：債務人怠於行使權利時，往往會使其財產積極減少或消極無法增加，以致債權受損，故民法第242條明定，債權人得於此際行使代位權，以保全債務人之財產，確保債權之滿足。

2. 代位權之行使

　　債權人行使代位權，應以自己名義行之，行使時並應盡善良管理人之注意。至其行使之範圍，並不以保存行爲爲限，凡以權利之保存或實行爲目的之一切訴訟上或訴訟外行爲，諸如聲請強制執行、假扣押、假處分、拍賣抵押物、公示催告、提起塗銷抵押權登記訴訟等，債權人皆得代位行使。

　　又司法實務上，認爲：「代位權係債權人代行債務人之權利，代行者與被代行者之間，必須有債權債務關係之存在，否則即無行使代位權之可言，並以債權人如不代位行使債務人之權利，其債權即有不能受完全滿足清償之虞而有保全債權之必

要始得爲之。倘債之標的與債務人之資力有關，如金錢之債，其債務人應就債務之履行負無限責任時，代位權之行使自以債務人陷於無資力或資力不足爲要件。若債務人未陷於無資力或資力不足者，即無行使代位權以保全債權之必要。且債權人之權利，非於債務人負遲延責任時，不得行使，此觀民法第242條、第243條規定自明」（最高法院94年度台上字第301號民事判決意旨參照）。

3. 代位權之效力

(1) **對於債務人之效力**：理論上債務人並不因債權人代位權之行使而喪失其權利，惟爲強化代位權之功能，應認債務人對該權利之處分權已受限制，不得再爲有害代位權之處分。

(2) **對於債權人之效力**：債權人代位行使債務人權利所得之利益，應歸屬於債務人，而爲全體債權人之總擔保，其債權並不因而取得直接或優先獲得清償權利。

(3) **對於第三人之效力**：代位權之行使，雖係債權人以自己名義行使，但所行使者仍爲債務人之權利，此時第三人之對於代位債權人，即與對於債務人相同，得以對於債務人之一切抗辯，如同時履行抗辯、權利不存在或已消滅之抗辯，以對抗債權人。

(二) 撤銷權

1. 撤銷權之意義

所謂撤銷權，乃債權人對債務人所爲有害其債權之財產爲標的之法律行爲，爲保全債權，得聲請法院撤銷之權利，亦稱爲廢罷訴權，爲形成權之一種，雖係實體上之權利，但須於訴訟上行使之。其要件爲：

(1) **須債務人所爲之法律行爲**：債權人得聲請撤銷者，須爲債務人所爲之法律行爲，至其爲單獨行爲抑或契約行爲，債權行爲抑或物權行爲，有償行爲或無償行爲，則均非所問。

(2) **須其行爲有害於債權**：債權人之撤銷權，不但干涉債務人之行動，且妨害第三人交易之安全，非債務人之行爲有害債權時，則不得行使之，此又可分爲：

① 無償行爲：依民法第244條第1項規定：「債務人所爲之無償行爲，有害及債權者，債權人得聲請法院撤銷之。」

② 有償行爲：依民法第244條第2項規定：「債務人所爲之有償行爲，於行爲時明知有損害於債權人之權利者，以受益人於受益時亦知其情事者爲限，債權人得聲請法院撤銷之。」在實務上認爲，債權人之債權，因債務人之行爲，致有履行不能或困難之情形者，即應認爲有損害於債權人之權利。故在特定債權，倘

債務人所爲之有償行爲，於行爲時明知有損害於債權人之權利，而受益人於受益時，亦知其情事者，債權人即得行使民法第244條第2項之撤銷權以保全其債權，並不以債務人因其行爲致陷於無資力爲限（最高法院45年台上字第1316號判例參照）。

(3) **須其行爲以財產爲標的：** 債務人之行爲，如非以財產爲標的，縱得撤銷，亦不能達到保全債權之目的，故民法第244條第3項規定：「債務人之行爲非以財產爲標的，或僅有害於以給付特定物爲標的之債權者，不適用前二項之規定」，可見婚姻、離婚、收養等身分行爲，均無撤銷可言。

2. 撤銷權之行使

撤銷權之行使，與代位權不同，務需聲請法院爲之，倘非以訴訟方式行使，經法院爲形成判決，自不生撤銷之效力（最高法院92年台上字第821號判決參照）。又撤銷權既爲有害交易之安全，故民法第245條設有除斥期間之規定，即「前條撤銷權，自債權人知有撤銷原因時起，一年間不行使，或自行爲時起，經過十年而消滅」。

3. 撤銷權之效力

(1) **對於債務人及受益人之效力：** 債務人之單獨行爲，或債務人與受益人間之雙方行爲，經債權人聲請法院撤銷者，依民法第114條、第244條第4項規定，視爲自始無效，應回復原狀；受益人就其所受之損害，僅得請求債務人賠償。

(2) **對於債權人之效力：** 與代位權相同，參照前述說明。

(3) **對於轉得人之效力：** 依民法第244條第4項規定：「債權人依第一項或第二項之規定聲請法院撤銷時，得並聲請命受益人或轉得人回復原狀。但轉得人於轉得時不知有撤銷原因者，不在此限。」即轉得人於轉得時知悉債務人與受益人間之行爲有撤銷之原因者，債權人撤銷之效果，始及於該轉得人。如轉得人於轉得時不知有撤銷之原因，參照民法第801條、第948條關於善意受讓之規定，轉得人業已有效取得權利，其後手縱再有無償或惡意情事，債權人亦不得再訴請撤銷。

(三) 締約過失責任

近日工商發達，交通進步，常使人在締約前接觸或磋商之機會大增。當事人爲訂立契約而進行準備或商議，即處於相互信賴之特殊關係中，如一方未誠實提供資訊，嚴重違反保密義務或違反進行締約時應遵守之誠信原則，致他方受損害，既非侵權行爲，亦非債務不履行之範疇，爲此民法第245條之1規定，契約未成立時，當事人爲準備或商議訂立契約而有下列情形之一者，對於非因過失而信契約能成立

致受損害之他方當事人，負賠償責任：

1. 就訂約有重要關係之事項，對他方之詢問，惡意隱匿或為不實之說明者。

2. 知悉或持有他方之秘密，經他方明示應予保密，而因故意或重大過失洩漏之者。

3. 其他顯然違反誠實及信用方法者。

　　前項損害賠償請求權，因2年間不行使而消滅，以期早日確定權利之狀態，維持社會秩序。

三、案例結論

　　債務人甲為避免其所有座落台北市木柵路之房地，遭債權人聲請法院強制執行，而與丙通謀虛偽意思表示，設定300萬元抵押權，此際依民法第87條第1項規定，雙方之意思表示應歸於無效，丙依同法第113條、第244條第4項規定，應負回復原狀義務，如甲怠於請求丙辦理塗銷抵押權登記，以致乙之債權受到損害時，依第242條規定，乙為保全債權，得以自己名義，代位債務人甲向法院訴請塗銷該抵押權登記；因設定之抵押權人為丙，因此起訴時逕列丙為被告即可，不得將被代位人甲亦列為共同被告。

　　又上開不動產市價約值1,000萬元，而債務人甲僅以500萬元轉讓予其弟婦丁時，依民法第244條第2項規定：「債務人所為之有償行為，於行為時明知有損害於債權人之權利者，以受益人於受益時亦知其情事者為限，債權人得聲請法院撤銷之」，故債權人得以該撤銷權為訴訟標的，訴請法院撤銷甲、丁間之買賣，並塗銷所有權移轉登記；惟起訴時應於債權人知有撤銷原因時起1年內為之，或自債務人行使時起10年內為之，如已逾該除斥期間，法院應予以判決駁回。

第四款　契約

壹、契約之標的、確保、解除與終止

案例42

　　甲為台北大通建設公司負責人，因自報載資訊得悉政府有意放寬農地農有政策，為炒作地皮牟利，而以大通建設公司名義，用新台幣1,000萬元向乙購得農地一筆，嗣因立法機關遲遲未通過相關法律，致無法辦理所有權移轉

登記，乙又拒不返還價金，此時甲得否主張解除或終止雙方之買賣契約，訴請乙返還1,000萬元？又甲另以600萬元向丙買受其與兄丁共同繼承之土地，並交付定金150萬元，雙方約定屆時甲方不買或丙方有不賣情事時，應賠償對方違約金300萬元，事後因丙未能取得其他繼承人丁之同意，致無法辦理過戶手續，甲得否解除買賣契約，訴請加倍返還定金，及給付300萬元違約金，法院對於當事人所約定之違約金，得否為適當之核減？

一、思考方向

契約乃私法自治原則之充分體現，個人依其自由意志，以處理社會生活關係，為近代法治國家之理想，故有所謂「契約自由原則」之確立，而契約自由原則即為私法自治中最重要之一環。契約為債之發生原因，前於第二編第一章第一節，〈案例30〉中，已就契約之成立加以詳述；契約成立後在法律上所發生之效果，即契約之效力，因為適用債編第三節「債之效力」規定，關於給付、債務不履行及保全效果等，均可加以適用，屬於契約之一般效力範疇，至於民法第246條至第270條所規定者，為契約之特殊效力，主要內容有五：包括契約之標的、契約之確保、契約之解除（或終止）、雙務契約之效力、涉他契約之效力，因規定相當繁複，本案例所涉及之農地買賣、契約之無效和解除、定金及違約金等，與前述契約之標的、確保與解除有關，先加以敘明，至於雙務契約及涉他契約之效力，容於下一案例再予以討論。

二、論點分析

(一) 契約之標的

契約為債之發生原因，債之標的須合法、可能及確定，已於債編第一章第二節述之，契約之標的自亦應具備合法、可能及確定之要件，始屬有效。其中關於合法之要件，依民法第71條、第72條規定，法律行為不得違反強行法規或公序良俗，否則無效，契約既為法律行為之一種，自得加以適用。關於確定之要件，則散見於民法第4條、第5條以當事人意思、文字或最低額為確定標準，及第200條、第208條種類之債及選擇之債其確定方法，亦應可適用。茲此處所應補充者，為民法第246條及第247條關於可能之要件。

1. 契約標的之給付不能

契約之內容，雖得由當事人自由訂定，而其標的，則以可能給付為必要，故民法第246條第1項前段規定：「以不能之給付為契約標的者，其契約為無效」，所謂不能，指自始、永久、客觀不能之情形而言，若非永久不能，而係一時不能，並符合下列情形之一者，其契約仍然有效：

(1) 契約成立時雖為不能，但其不能情形可以除去，而當事人訂約時，並預期於不能之情形除去後為給付者（民法第246條第1項但書）。例如買賣禁止流通之黃金，約定解禁後給付是。

(2) 附停止條件或始期之契約，於條件成就或期限屆至前，不能之情形已除去者（民法第246條第2項）。

2. 契約標的給付不能之效力

(1) 依民法第247條第1項規定：「契約因以不能之給付為標的而無效者，當事人於訂約時知其不能或可得而知者，對於非因過失而信契約為有效致受損害之他方當事人，負賠償責任」，此學說上亦稱為「締約上過失責任」，即契約因以不能之給付為標的而無效時，如受害之一方無過失，而他方有過失時，則該他方應負損害賠償責任。然若雙方均有過失，或雙方均無過失者，則不發生損害賠償問題。其賠償範圍，則限於消極之契約利益，即自始未訂該契約所應有之利益，包括：積極損害（為既存利益之喪失），例如訂約費用之損失；和消極損害（即可得利益之喪失），例如喪失締結有利契約之機會等；至因契約履行所可獲得之積極契約利益或履行利益，如轉售獲利，則不得請求賠償。

(2) 給付一部不能，而契約就其他部分仍為有效者，或依選擇而定之數宗給付中有一宗給付不能者，就其不能之部分，於訂約時已知或可得而知者，對於非因過失而信該部分有效，致受損害之他方當事人，亦應負締約上過失責任（民法第247條第2項）。

(3) 前二項損害賠償請求權，因2年間不行使而消滅（民法第247條第3項）。

3. 附合契約之效力

當事人一方預定契約之條款，而由需要訂約之他方，依照該項預定條款簽訂之契約，學說上名之曰「附合契約」。此類契約，通常由工商企業者一方，預定適用於同類契約之條款，由他方依其契約條款而訂定之。預定契約條款之一方，大多為經濟上較強者，而依其預定條款訂約之一方，則多為經濟上之較弱者，為防止契約自由之濫用，民法第247條之1規定，依照當事人一方預定用於同類契約之條款而訂定之契約，為下列各款約定，按其情形顯失公平者，該部分約定無效：

(1) 免除或減輕預定契約條款之當事人之責任者。

(2) 加重他方當事人之責任者。

(3) 使他方當事人拋棄權利或限制其行使權利者。

(4) 其他於他方當事人有重大不利益者。

(二) 契約之確保

契約訂立後，爲確保契約之履行，民法設有定金及違約金兩種，以供適用：

1. 定金

(1) **定金之意義和種類：**定金，乃契約當事人之一方以確保契約之履行爲目的，交付他方之金錢或其他代替物。定金之交付爲契約行爲，稱爲定金契約，因以擔保主契約之履行爲目的，故爲從契約、要物契約。定金因其作用之不同，通常可分爲下列五種：

① 成約定金：以交付定金爲契約成立之要件。

② 證約定金：爲證明契約成立所交付之定金。

③ 違約定金：以定金爲契約不履行之損害賠償擔保，如因付定金之當事人不履行契約，受定金之當事人得沒收定金；受定金之當事人如不履行契約，應加倍返還定金。

④ 解約定金：爲保留解除權而交付之定金，即以定金爲保留解除權之代價。

⑤ 猶豫定金：乃當事人是否締結契約尚未確定時，得先行交付定金成立預約，並預定一定考慮期間，如不於該期間內訂立本約時，對方得沒收其定金，如於該期間內訂立本約時，對方應將定金返還。

(2) **定金之效力：**依民法第248條規定：「訂約當事人之一方，由他方受有訂金時，推定其契約成立。」至定金之效力，依第249條規定，定金除當事人另有訂定外，依契約是否履行而異其效力：

① 契約履行時，定金應返還或作爲給付之一部。

② 契約因可歸責於付定金當事人之事由，致不能履行時，定金不得請求返還。

③ 契約因可歸責於受定金當事人之事由，致不能履行時，該當事人應加倍返還其所受之定金。又契約當事人之一方，爲確保其契約之履行，而交付他方之定金，依民法第249條第3款規定，除當事人另有約定外，祇於契約因可歸責於受定金當事人之事由，致不能履行時，該當事人始負加倍返還其所受定金之義務，若給付可能，而僅爲遲延給付，即難謂有該條款之適用（最高法院71年台上字第2992號判例參照）。

④ 契約因不可歸責於雙方當事人之事由，致不能履行時，定金應返還之。

2. 違約金

(1) 違約金之意義和種類

違約金乃當事人爲確保債務之履行，約定債務人不履行債務時，應支付之金錢或其他給付。違約金之約定，亦係從屬於主契約而存在，惟違約金非於訂立違約金時交付，而係以債務不履行爲支付條件，故爲諾成契約，且爲附停止條件之從契約。違約金之種類因其性質不同，可分爲：

① 懲罰性違約金：即當事人對於債務不履行時所約定之一種民事制裁，爲固有意義之違約金；當債務人果有不履行債務情事時，債務人除須支付違約金外，關於其因債之關係所應負之一切責任均不受影響。

② 賠償額預定性違約金：即以違約金爲債務不履行所生損害之賠償總額，經當事人於損害發生前預先約定者；其目的在於避免事後損害證明及賠償額確定之困難，此種違約金，債權人不得再主張債務不履行之損害賠償，僅得擇一行使。

另在民間尚有所謂之「不眞正違約金」，即當事人如就法律行爲以外之其他適法行爲，約定違約金以強制當事人之一方履行者，此項違約金即屬不眞正違約金，以別於固有之違約金。例如約定戒煙戒酒，如有破戒者，應付違約金若干元是。

(2) 違約金之效力：

民法第250條規定：「當事人得約定債務人於債務不履行時，應支付違約金。違約金，除當事人另有訂定外，視爲因不履行而生損害之賠償總額。其約定如債務人不於適當時期或不依適當方法履行債務時，即須支付違約金者，債權人除得請求履行債務外，違約金視爲因不於適當時期或不依適當方法履行債務所生損害之賠償總額」，可見違約金之約定，究爲損害賠償額之預定或債務不履行之制裁，應先依當事人契約訂定之內容觀察，如當事人未訂定時，原則上視爲損害賠償額之預定，例外始認爲債務不履行之制裁（最高法院95年台上字第627號判決參照）。

(3) 違約金之酌減：

當事人約定違約金者，於債務人不履行債務時，即應照約支付，但法律爲防止債權人藉機巧取重利，兼保護債務人利益，而於民法第251條規定：「債務已爲一部履行者，法院得比照債權人因一部履行所受之利益，減少違約金」；另於第252條規定「約定之違約金額過高者，法院得減至相當之數額」，故違約金之約定過高者，並非無效，僅得由債務人請求法院減至相當之數額，至約定是否過高之事實，應由債務人舉證證明，並由法院衡量，如已全部支付，即不許再請求減少或返還。

(4) 準違約金：

違約金之標的，應以金錢充之，惟當事人約定以物、權利等充之者，亦常見之，故民法第253條規定：「前三條之規定，於約定違約時應爲金錢以外之給付者準用之」，此項以金錢以外之給付爲標的之違約金契約，亦能

適用關於違約金之種類、效力及法院酌減規定，故稱之爲準違約金。

(三) 契約之解除

1. 契約解除之意義

契約之解除，乃契約當事人之一方，行使解除權，使契約自始歸於消滅之法律行爲。其行使以意思表示爲之，因無須得他方之同意，即得發生解除之效果，故爲單獨行爲；又解除權之行使，足致契約自始歸於消滅，其性質爲形成權之一種。

2. 解除權發生原因

(1) **約定解除權**：即當事人於契約訂立時，約定保留解除權；或訂立契約後，另以契約承認當事人得行使解除權。

(2) **法定解除權**

① 因給付遲延之解除：民法第254條規定：「契約當事人之一方遲延給付者，他方當事人得定相當期限催告其履行，如於期限內不履行時，得解除其契約。」又第255條規定：「依契約之性質或當事人之意思表示，非於一定時期爲給付不能達其契約之目的，而契約當事人之一方不按照時期給付者，他方當事人得不爲前條之催告，解除其契約」，可見一方給付遲延時，他方當事人依法取得解除權。

② 因給付不能之解除：民法第256條規定：「債權人於有第二百二十六條之情形時，得解除其契約」，所謂第226條情形，指因可歸責於債務人之事由，致給付不能者而言；遇有此種情形，債權人得不經催告，即取得解除權。

③ 因不爲給付之解除：此時債權人無須催告，得逕行解除契約。

④ 因不完全給付之解除：不完全給付而可補正者，如屆履行期，即爲給付遲延，債權人得依民法第254條或第255條規定，解除契約；其不能補正者，即爲給付不能，得依民法第256條規定，解除契約。

3. 解除權行使之方法

依民法第258條規定：「解除權之行使，應向他方當事人以意思表示爲之。契約當事人之一方有數人者，前項意思表示，應由其全體或向其全體爲之。解除契約之意思表示，不得撤銷」，可見解除權之行使，以意思表示爲之，即足發生效力，無須請求法院爲宣告解除權之形成判決；且解除權行使後，不得任意撤銷，以免法律關係趨於複雜及妨礙交易安全。

4. 解除契約之效力

(1) **回復原狀**：契約經解除後，溯及訂約時失其效力，與自始未訂契約同，尚未履行之債務，無須履行；已履行者，互負回復原狀之義務，此項義務，乃因法律

規定而發生，故債權人之不當得利請求權仍屬併存。依民法第259條規定，契約解除時，當事人雙方有回復原狀之義務，除法律另有規定，或契約另有訂定外，依下列規定：

① 由他方所受領之給付物，應返還之。

② 受領之給付為金錢者，應附加自受領時起之利息償還之。

③ 受領之給付為勞務或為物之使用者，應照受領時之價額，以金錢償還之。

④ 受領之給付物生有孳息者，應返還之。

⑤ 就返還之物，已支出必要或有益之費用，得於他方受返還時所得利益之限度內，請求其返還。

⑥ 應返還之物有毀損滅失，或因其他事由，致不能返還者，應償還其價額。

(2) **損害賠償**：解除契約，不能使已發生之損害消滅，故民法第260條規定：「解除權之行使，不妨礙損害賠償之請求。」

(3) **雙務契約規定之準用**：契約解除後，雙方當事人互負回復原狀之義務，性質上與因雙務契約所生之對待給付，並無二致，故民法第261條規定，準用同法第264條至第267條關於同時履行抗辯、不安抗辯及危險負擔等規定。

5. 解除權之消滅

解除權除因行使、拋棄、除斥期間經過或契約履行等事由應認為消滅外，亦因下列原因而消滅：

(1) **逾期未行使**：解除權之行使，當事人得定有行使期限，若逾期而未行使時，則解除權消滅。

(2) **經催告而不行使**：解除權之行使，未定有期間者，他方當事人得定相當期限，催告解除權人於期限內確答是否解除，如逾期未受解除之通知，解除權即消滅（民法第257條）。

(3) **受領物返還不能或種類變更**：有解除權人，因可歸責於自己之事由，致其所受領之給付物有毀損滅失，或其他情形不能返還者，解除權消滅。因加工或改造，將所受領之給付物變其種類者，亦同（民法第262條）。

(四) 契約之終止

契約之終止，係指當事人本於終止權，使繼續的契約關係向將來消滅之一方意思表示。其與契約之解除最大不同，在於解除有溯及效力，使契約自始消滅；終止則僅使契約嗣後失其效力，終止前之契約關係仍有效存在。契約終止權之發生原因，亦有約定終止權及法定終止權兩種，後者如租賃契約之終止（民法第424條、第436條、第438條）、使用借貸契約之終止（民法第472條）、僱傭契約之終止

（民法第484條第2項、第485條）、承攬契約之終止（民法第511條）、委任契約之終止（民法第549條第1項）等。至於契約終止權之行使方法及效力，依民法第263條規定：「第二百五十八條及第二百六十條之規定，於當事人依法律之規定終止契約者準用之」，即終止契約，應向他方當事人以意思表示爲之；終止權之行使，亦不妨礙損害賠償之請求。

　　契約終止權之行使，依民法第263條準用同法第258條之規定，應向他方當事人以意思表示爲之。契約當事人之一方有數人者，該意思表示，應由其全體或向其全體爲之，此爲終止權行使之不可分性。倘契約當事人有數人，而僅由一人或向一人爲終止契約之意思表示，自難謂已生終止契約之效力（最高法院85年度台上字第661號民事判決意旨參照）。

三、案例結論

　　按「私有農地所有權之移轉，其承受人以能自耕者爲限」，修正前土地法第30條定有明文；又現行農業發展條例第33條規定：「私法人不得承受耕地。但符合第三十四條規定之農民團體、農業企業機構或農業試驗研究機構經取得許可者，不在此限。」本案例甲爲台北大通建設公司負責人，本身既無自耕能力，其爲炒作地皮牟利，而以私法人（大通建設公司）名義，用新台幣1,000萬元向乙購得農地，雙方之買賣契約，違反前開禁止規定，依民法第71條規定，其契約無效；對於無效之法律行爲，參照民法第113條規定，雙方應負回復原狀或損害賠償責任。無效行爲與契約解除或契約終止不同，契約無效，乃當然確定不發生法律效力；契約解除爲就現存之契約關係中，行使解除權，使契約自始歸於無效；而契約終止，則僅使契約嗣後失其效力，在終止前之契約關係仍然有效存在，足見無效之契約不待於解除或終止，故甲因無法辦理所有權移轉登記，而向乙請求返還1,000萬元時，不得以解除或終止契約爲原因，而應以前開民法第113條主張權利，始爲允當。

　　甲另以600萬元向丙買受其與兄丁共同繼承之土地，除交付定金150萬元外，雙方約定如一方有違約情事時，應賠償他方違約金300萬元，此種違約金，在性質上應屬於懲罰性違約金，故債權人除得請求支付違約金外，並得請求不履行之損害賠償。案例中出賣人丙因未能取得其他共有人之同意，致無法辦理過戶登記，此時甲得依民法第254條規定，定相當期間催告其履行，逾期不履行時，即得解除雙方之買賣契約。至其已交付之定金150萬元，依同法第249條第3款規定，得請求丙加倍返還；對於約定之300萬元違約金，則得依同法第250條第1項規定，由甲請求丙支付之；惟法院認爲當事人所約定之違約金過高時，得參照第252條規定，核減至相當數額，以防債權人巧取利益。

貳、雙務契約與涉他契約之效力

案例43

1. 甲向乙購買貨物一批，價金新台幣50萬元，經簽發同面額遠期支票一紙，交付於乙，以資清償，嗣甲發現該批貨物有應由乙負擔保責任之瑕疵，除立即通知乙外，迨支票屆期，又故意使其不獲支付。乙於是起訴請求甲支付票款，此時甲可否以乙交付之貨物有瑕疵，應負物之瑕疵擔保責任或債務不履行責任為由，提出同時履行抗辯？

2. 另有買受人丙向丁承購房屋一棟，雙方約定由丁直接登記與丙之女友戊，並經戊表示受領之意思，惟在移轉登記未辦妥之前，丙、戊感情交惡，無意贈與，且因丁給付遲延，經限期催告其履行，又置之不理，因而未經戊同意解除系爭房屋之買賣契約，經戊提出異議，並訴請丁履行契約，辦理系爭房屋之移轉登記，其訴有無理由？

一、思考方向

　　前曾述及，契約之效力，除契約之標的、確保、契約之解除和終止外，尚有雙務契約和涉他契約等特殊效力。所謂雙務契約，指雙方當事人互負對價關係之債務契約，雙方當事人同時為債權人及債務人，故其債權與債務相互間，發生種種牽連關係，為保障彼此之權益，遂有同時履行抗辯及危險負擔之規定。至涉他契約，則為雙方當事人約定由第三人向他方為給付，或由他方向第三人為給付之契約，早期羅馬法諺有云：「無論何人不得為他人訂定契約」，惟自經濟發展以後，當事人間約定之契約效力涉及第三人者，漸趨需要，為適應社會生活之轉變，近代之學說及立法例多承認涉他契約。我現行民法亦於第264條至第270條，就雙務契約及涉他契約均加以規定。

　　本案例中甲向乙購物，價金50萬元，嗣後甲發現貨物有瑕疵存在，能否拒絕付款，此為雙務契約之同時履行抗辯問題；至丙向丁購屋，約定直接登記予女友戊，屆時戊得否逕向法院訴請出賣人辦理系爭房屋之移轉登記，所應思考者，厥為涉他契約中之第三人利益契約問題，茲分別述明於後。

二、論點分析

(一) 雙務契約

雙務契約，為當事人雙方互負對價關係之契約，因雙方有對價關係存在，所以一方債務不成立、無效或被撤銷，他方債務亦隨之而不成立、無效或被撤銷，此為契約成立之牽連關係；當一方債務不履行時，他方亦得拒絕履行，此為履行上之牽連關係；一方因不可歸責於自己之事由，致免給付義務時（民法第225條第1項），他方倘亦無可歸責者，亦免對待給付義務，此為消滅上之牽連關係。

1. 同時履行抗辯權

同時履行抗辯權，乃因契約互負債務之雙方當事人，於他方當事人未為對待給付以前，得拒絕自己給付之權利。其要件有三：

(1) **因雙務契約而互負債務：**同時履行抗辯權之成立，須因雙務契約而互負債務為要件；倘若雙方當事人所負債務，並非由同一雙務契約而生，或雖由同一雙務契約而生，但一方之給付係從屬給付，與他方之給付，無對價關係存在者，均無同時履行抗辯權。

(2) **須被請求之一方無先給付之義務：**民法第264條第1項規定：「因契約互負債務者，於他方當事人未為對待給付前，得拒絕自己之給付。但自己有先為給付之義務者，不在此限。」即雙務契約之當事人，原則上均有同時履行抗辯權，但有先為給付義務者，則無此項權利。惟為保護被請求者之利益，同法第265條規定：「當事人之一方，應向他方先為給付者，如他方之財產，於訂約後顯形減少，有難為對待給付之虞時，如他方未為對待給付或提出擔保前，得拒絕自己之給付」，是為不安抗辯權。

(3) **須他方未為對待給付：**即他方未依債務本旨為給付或提出給付。但他方當事人已為部分給付時，依其情形，如拒絕自己之給付，有違背誠實及信用方法者，依民法第264條第2項規定，不得拒絕自己之給付。

同時履行抗辯權之主要效力，僅係暫時拒絕請求權之行使，並非否認他方之請求權，故此項權利，必經當事人主張後，始有其作用。因而於訴訟上，被告如未主張，法院應為原告勝訴之判決；被告主張時，如原告不能證明自己已為給付或已提出給付，或被告有先為給付之義務，法院應為原告提出對待給付時，被告即向原告為給付之判決（最高法院29年上字第895號判例參照）。

2. 標的之危險負擔

危險負擔，係指在雙務契約中，其債之標的發生給付不能時，此項因給付不能所致生之損失，應由何方負擔之問題，茲分下列三點說明：

(1) **因不可歸責於雙方當事人之事由致給付不能**：民法第266條第1項規定：「因不可歸責於雙方當事人之事由，致一方之給付全部不能者，他方免為對待給付之義務；如僅一部不能者，應按其比例減少對待給付」，結果是項損失，歸給付不能之一方債務人負擔矣，可知我民法關於危險負擔採債務人負擔主義。又他方既免為對待給付義務，於是未給付者，自不必再為給付，若已為給付者，依同條文第2項規定：「前項情形，已為全部或一部之對待給付者，得依關於不當得利之規定，請求返還。」

(2) **因可歸責於他方當事人之事由致給付不能**：按一方之債務既係可歸責於他方給付不能，則給付不能之一方，既不可歸責於自己，依民法第225條第1項規定，免給付義務。但此種情形，他方之對待給付義務，究不能免，故民法第267條規定：「當事人之一方因可歸責於他方之事由，致不能給付者，得請求對待給付。但其因免給付義務所得之利益或應得之利益，均應由其所得請求之對待給付中扣除之。」

(3) **因可歸責於雙方當事人之事由致給付不能**：此種情形，我民法並無規定，理論上債權人之對待給付不受影響，仍應照付；而債務人之給付不能，則依民法第226條規定，變為損害賠償債務，與債權人之對待給付相對立，再依民法第217條有關過失相抵之規定，以定其損害賠償額；又當事人雙方既均有歸責事由，債權人原則上不得依民法第256條規定，解除雙務契約。

(二) 涉他契約

契約之雙方當事人約定，由第三人向他方為給付或由他方向第三人為給付者，為涉他契約。現行民法第268條以下，將之分為第三人負擔契約與第三人利益契約兩種：

1. 第三人負擔契約

第三人負擔契約，係指當事人一方約定，使第三人對他方為給付之契約；亦即以第三人之給付為標的之契約，又稱為第三人給付契約。依民法第268條規定：「契約當事人之一方，約定由第三人對於他方為給付者，於第三人不為給付時，應負損害賠償責任。」即此種契約不能拘束第三人，第三人得為給付，亦得不為給付，因第三人並非該契約之當事人；當第三人不為給付時，則債務人對於債權人應負損害賠償責任。

2. 第三人利益契約

第三人利益契約，則指債權人與債務人約定，使債務人向第三人給付，第三人因而取得直接向債務人請求給付債權之契約。在目前社會生活中，此種契約屢見不

鮮，如保險契約、運送契約、提存契約，或終身定期金契約等。至其效力，依民法第269條規定：「以契約訂定向第三人為給付者，要約人得請求債務人向第三人為給付，其第三人對於債務人，亦有直接請求給付之權。第三人對於前項契約，未表示享受其利益之意思前，當事人得變更其契約或撤銷之。第三人對於當事人之一方表示不欲享受其契約之利益者，視為自始未取得其權利。」至對於債務人方面，同法第270條則規定：「前條債務人，得以由契約所生之一切抗辯，對抗受益之第三人」，因此舉凡由契約所生足以妨礙第三人行使權利之事由，如契約無效、已撤銷、解除、條件未成就、期限未屆至、同時履行抗辯、瑕疵擔保等，債務人均得以之對抗第三人。

三、案例結論

本案例甲向乙購買貨物一批，價金新台幣50萬元，經簽發同額遠期支票一紙，交付於乙，以資清償，嗣後甲發現該批貨物出賣人乙就其支付之買賣標的物，有應負擔保責任之瑕疵，而其瑕疵係於契約成立後始發生，且因可歸責於出賣人乙之事由所致者，出賣人乙除負物之瑕疵擔保責任外，同時構成不完全給付之債務不履行責任。買受人甲得主張：

(一) 出賣人乙應負物之瑕疵擔保責任，並依民法第360條規定請求不履行之損害賠償；或依同法第364條規定請求另行交付無瑕疵之物，且在出賣人乙為各該給付以前，買受人甲自得行使同時履行抗辯權。

(二) 出賣人乙應負不完全給付之債務不履行責任者，買受人甲得適用民法第227條，請求補正或賠償損害，並有民法第264條同時履行抗辯之適用。

另就丙向丁承購房屋部分，按以契約訂定向第三人為給付者，其第三人對於債務人有直接請求給付之權，且第三人對於前項契的，未表示享受其利益之意思前，當事人始得變更或撤銷之，民法第369條第1、2項定有明文。本案例丙、丁間之房屋買賣契約，既約定向戊為給付，並經戊表示受領，則在未得戊之同意前，縱使丙享有法定解除權，亦不得行使其解除權，而變更契約，應認其行使解除權不生效力，即戊仍得訴請系爭房屋之所有權移轉登記。

第四節　多數債務人及債權人

案例44

　　甲向乙、丙二人租用土地闢建小木屋KTV，約定由甲給付乙、丙每月租金共10萬元，嗣甲與乙、丙終止租約，甲尚欠1年份之租金計新台幣120萬元，乙遂以甲為被告，請求判令甲應給付乙及丙共120萬元，有無理由？又甲為經營前開小木屋KTV，以丁、戊為連帶保證人，向己借得90萬元，屆期甲無力清償，且避不見面，此時己可否逕向丁請求償還，連帶保證人丁得否以其未取得該借款為由，加以抗辯？如丁不得已全部清償後，可否請求另一連帶保證人負擔該90萬元？

一、思考方向

　　債之關係原係指特定債權人對於特定債務人請求為特定行為之法律關係，倘若債權人及債務人均只有一人，為單數主體之債，其法律關係較為單純；反之，債權人或債務人有多數，或債權人及債務人均為多數，此即複數主體之債，則其法律關係較為複雜。如本案例中，甲向乙、丙二人租用土地，為多數債權人之關係；另甲以丁、戊為連帶保證人，向己借款，此時則又為多數債務人關係，兩者情形不同。對於多數債務人及債權人之債，民法債編通則第四節，自第271條至第293條，區分為可分之債、連帶之債（包括連帶債務及連帶債權）、不可分之債三種，故上開案例當事人之法律關係為何，自應先就其性質上究屬於何種類型複數主體之債，來加以探討。

二、論點分析

(一) 可分之債

1. 可分之債之意義

　　可分之債，乃以同一可分給付為標的，而其義務或權利應分擔或分受之複數主體之債，亦稱為分割之債或聯合之債。民法第271條規定：「數人負同一債務或有同一債權，而其給付可分者，除法律另有規定或契約另有訂定外，應各平均分擔或分受之；其給付本不可分而變為可分者亦同。」該條文明確將可分之債，區分為可

分債務與可分債權,前者即以同一可分給付為標的,而由數債務人分擔之債務;後者,亦以同一可分給付為標的,而由數債權人分受之債權。至可分之債其成立要件有四:

(1) 須有多數債權人或債務人。

(2) 須以同一可分給付為標的,但其可分性,不必自始存在,雖其給付原不可分,事後變為可分者,亦可適用可分之債規定。

(3) 須以同一給付為內容。

(4) 須其義務、權利平均分擔或分受,即必須由多數債務人分擔其義務,或由多數債權人分受其權利。

2. 可分之債之效力

(1) 債權人為多數人時,除法律另有規定或契約另有訂定外,各債權人應平均分受給付。

(2) 債務人為多數人時,除法律另有規定或契約另有訂定外,各債務人應平均分擔給付。

(3) 債權人及債務人均為多數時:在此情形,應解為各債權人就其應分受部分為有多數之債務人,各債務人就其分擔部分為有多數之債權人,如其應分受及應分擔部分均為平均,則以債務人之人數除以債權總額,並以債權人之人數除之,所得之商數,即為各債務人對於各債權人應為之給付。例如甲、乙、丙三人應給付丁、戊新台幣9,000元,則各債務人應分擔部分為3,000元,其應向各債權人所為之給付或各債權人得向各債務人請求之給付,均為1,500元。

(二) 連帶債務

1. 連帶債務之意義

連帶之債,乃債之主體為多數,以同一給付為標的之多數而有連帶關係之債。連帶之債,其主體為多數,以同一給付為標的,此與可分之債相同。惟可分之債,其數個債之關係,相互獨立;連帶之債則不問是否可分,均因債權人得單獨請求全部給付及各債務人負履行全部債務之義務相互結合,而發生連帶關係。連帶之債,分為連帶債務與連帶債權,其中連帶債務,即數人負同一債務,對於債權人各負全部給付責任者稱之(民法第272條第1項);申言之,連帶債務之成立,須具備下列要件:

(1) 債務人須為多數。

(2) 須係數個債務關係。

(3) 須數個債務以同一給付為標的,債務人各負全部給付責任。

(4) 須數個債務之目的相同，因給付等原因使債務消滅。

(5) 須基於當事人明示意思表示或法律規定。連帶債務，在債務人方面言之，責任較重，故其成立須依當事人明示之意思表示，或者依民法第272條第2項規定：「無前項之明示時，連帶債務之成立，以法律有規定者爲限。」所謂法律有規定，例如民法第28條、第185條、第748條、第1153條等均屬之。

2. 連帶債務之對外效力

所謂對外效力，即債權人對全體連帶債務人間之關係，亦即債權人之債權如何行使是也。民法第273條第1項規定：「連帶債務之債權人，得對於債務人中之一人或數人或其全體，同時或先後請求全部或一部之給付。連帶債務未全部履行前，全體債務人仍負連帶責任」，依此則連帶債務之債權人得爲如下之請求：

(1) 得對於債務人中之一人或數人，或全體請求。

(2) 得同時或先後請求。

(3) 得爲全部或一部給付之請求。

3. 就債務人一人所生事項之效力

連帶債務就債務人中之一人所發生，而其效力及於他債務人之事項，謂之絕對效力事項，對於他債務人不生效力之事項，謂之相對效力事項。茲分述之：

(1) **絕對效力事項**

① 清償、代物清償、提存、抵銷或混同：民法第274條規定：「因連帶債務人中之一人爲清償、代物清償、提存、抵銷或混同而債務消滅者，他債務人亦同免其責任。」清償爲依債務本旨，實現債務內容之行爲，乃使債權人獲得滿足之最佳方法；代物清償、提存及抵銷，亦足使債權獲得滿足，故均生絕對效力。惟此之所謂抵銷，乃指連帶債務人中之一人對債權人亦有債權，而自己主張抵銷之情形而言，如債務人中之一人對於債權人有債權，而由他債務人主張抵銷時，僅得就該債務人應分擔部分，主張抵銷（民法第277條）。

② 確定判決：民法第275條規定：「連帶債務人中之一人受確定判決，而其判決非基於該債務人個人關係者，爲他債務人之利益，亦生效力。」

③ 免除債務：依民法第276條第1項規定：「債權人向連帶債務人中之一人免除債務，而無消滅全部債務之意思表示者，除該債務人應分擔之部分外，他債務人仍不免其責任。」

④ 時效完成：連帶債務，債權人既得對其中某債務人單獨請求清償，對其他債務人不請求，則可能發生某債務人時效不完成，其他債務人時效已完成之現象。對時效已完成者，自得拒絕給付，爲此民法第276條第2項規定：「前項規定，於連帶債務人中之一人消滅時效已完成者準用之」，以免再發生求償問題。

⑤ 受領遲延：民法第278條規定：「債權人對於連帶債務人中之一人有遲延時，為他債務人之利益，亦生效力」，例如債務人提出給付，而債權人受領遲延，不但該債務人得提存，其他債務人亦均得提存是。

(2) **相對效力事項**：依民法第279條規定：「就連帶債務人中之一人所生之事項，除前五條規定或契約另有訂定者外，其利益或不利益，對他債務人不生效力」，即在法律上生絕對效力者以前五條所規定為限，此外概生相對效力，如請求、給付遲延、時效之中斷及不完成等均是。

4. 連帶債務之對內效力

所謂對內效力者，指連帶債務人相互間之權利義務關係，其中求償權乃最主要關係，茲分下列數點說明之：

(1) **債務人應平均分擔義務**：民法第280條規定：「連帶債務人相互間，除法律另有規定或契約另有訂定外，應平均分擔義務。但因債務人中之一人應單獨負責之事由所致之損害及支付之費用，由該債務人負擔。」

(2) **債務人之求償權**

① 求償權之發生：民法第281條第1項規定：「連帶債務人中之一人，因清償、代物清償、提存、抵銷或混同，致他債務人同免責任者，得向他債務人請求償還其各自分擔之部分，並自免責時起之利息」，故連帶債務人中之一人，為一部清償超過其應分擔部分時，即得向其他連帶債務人求償。其求償權之範圍，為超過自己分擔部分之給付額、免責時起之利息、非因該債務人單獨負責事由所致之損害（如被迫清償而低價變賣財產所受之損失）及非因該債務人應單獨負責事由所支付之費用（如包裝費、運費等）。又民法第282條第1項規定：「連帶債務人中之一人，不能償還其分擔額者，其不能償還之部分，由求償權人與他債務人按照比例分擔之。但其不能償還，係由求償權人之過失所致者，不得對於他債務人請求其分擔」，是為求償範圍之擴張。此種情形，他債務人中之一人應分擔之部分已免責者，仍應依前項比例分擔之規定，負其責任。

② 求償權人之代位權：民法第281條第2項規定：「前項情形，求償權人於求償範圍內，承受債權人之權利。但不得有害於債權人之利益」，是為求償權人之代位權，如原債權附有擔保者，求償權人亦取得該項擔保。

5. 不眞正連帶債務

所謂不眞正連帶債務，係指數債務人以單一目的，本於各別之發生原因負其債務，因其中一債務之履行，他債務亦同歸消滅者而言。故不眞正連帶債務人中之一人所為之清償，如已滿足債權之全部，即應發生絕對清償效力，債權人不得再向他債務人請求清償（最高法院95年度台上字第2259號民事判決意旨參照）。

(三) 連帶債權

1. 連帶債權之意義

連帶債權，乃數人依法律規定或法律行為，有同一債權，而各得向債務人為全部給付之請求者是也（民法第283條）。申言之，連帶債權之成立，須具備下列要件：

(1) 債權人須為多數。

(2) 須數個債權關係。

(3) 須數個債權以同一給付為標的，債權人得向債務人為全部給付之請求。

(4) 須數個債權之目的相同，因債務人給付等原因而消滅。

(5) 須基於當事人明示或法律規定，如民法第539條委任關係之連帶債權。

2. 連帶債權之對外效力

連帶債權之債權人既各得單獨向債務人為全部給付之請求，則其債務人即得向債權人中之一人，為全部之給付（民法第284條），以消滅全部債權。

3. 就債權人一人所生事項之效力

(1) 絕對效力事項

① 請求：民法第285條規定：「連帶債權人中之一人為給付之請求者，為他債權人之利益，亦生效力」，所謂為他債權人之利益亦生效力，例如該債權因債權人中之一人之請求而消滅時效中斷，則全部債權之時效均中斷。

② 受領清償、代物清償、或經提存、抵銷、混同：民法第286條規定：「因連帶債權人中之一人，已受領清償、代物清償、或經提存、抵銷、混同而債權消滅者，他債權人之權利，亦同消滅。」

③ 確定判決：民法第287條規定：「連帶債權人中之一人，受有利益之確定判決者，為他債權人之利益，亦生效力。連帶債權人中之一人，受不利益之確定判決者，如其判決非基於該債權人之個人關係時，對於他債權人，亦生效力。」

④ 免除債務：民法第288條第1項規定：「連帶債權人中之一人，向債務人免除債務者，除該債權人應享有之部分外，他債權人之權利，仍不消滅」，從其反面解釋，則就該債權人應享有之部分，他債權人之權利亦同歸消滅，即生絕對效力。

⑤ 時效完成：民法第288條第2項規定：「前項規定，於連帶債權人中之一人消滅時效已完成者準用之」，即就該時效完成之債權人之應享有部分，發生絕對效力。

⑥ 受領遲延：民法第289條規定：「連帶債權人中之一人有遲延者，他債權人亦負

其責任」，故受領遲延，亦生絕對效力。

(2) **相對效力事項**：民法第290條規定：「就連帶債權人中之一人所生之事項，除前五條規定或契約另有訂定者外，其利益或不利益，對他債權人不生效力」，即除前所列舉者外，其他事項如給付遲延、給付不能、時效不完成等，均祇生相對效力。

4. 連帶債權之對內效力

在連帶債權人相互間之效力上，依民法第291條規定：「連帶債權人相互間，除法律另有規定或契約另有訂定外，應平均分受其利益。」故連帶債權人中之一人已受領清償、代物清償、提存、抵銷或混同，致他債權人之權利消滅者，應將超過其應分受部分之債權標的物，交還於他債權人。

(四) 不可分之債

不可分之債，指數人負同一債務或有同一債權，而其給付不可分者而言。因其給付為不可分，故各債務人必須負全部給付之義務，債務人既無從為一部給付，債權人亦無從請求一部給付；此與連帶債務之債權人，得請求債務人為一部之給付者不同。不可分之債，亦分為不可分債權與不可分債務兩種，說明如後。

1. 不可分債權

不可分債權，乃數債權人以同一不可分給付為標的之債權，此種債權其效力可分三方面討論：

(1) **不可分債權之對外效力**：對外效力不得準用連帶債權之規定，因民法第293條第1項已有：「數人有同一債權，而其給付不可分者，各債權人僅得請求向債權人全體為給付，債務人亦僅得向債權人全體為給付」之特別規定，故不可分債權雖不必由債權人全體共同請求給付，得由債權人中之一人請求全部之給付，但如債權人請求債務人僅向自己為給付時，仍不能認為有理由。

(2) **就債權人一人所生事項之效力**：民法第293條第2項規定：「除前項規定外，債權人中之一人與債務人間所生之事項，其利益或不利益，對他債權人不生效力」，是以生相對效力為原則；但理論上，請求、受領遲延、時效中斷、給付遲延等，性質上對於其他債權人亦發生效力。

(3) **不可分債權之對內效力**：依民法第293條第3項規定：「債權人相互間，準用第二百九十一條之規定」，即可以準用連帶債權規定，因此在不可分債權人間，除法律另有規定或契約另有訂定外，應平均分受其利益。

2. 不可分債務

不可分債務，乃數債務人以同一不可分給付為標的之債務，此種債務依民法

第292條規定：「數人負同一債務，而其給付不可分者，準用關於連帶債務之規定」，故不可分債務之效力，除性質上不許可，如第273條中關於一部給付之規定，及第276條、第277條、第282條第2項等，與給付不可分相違者外，不論對外效力，就債務人中之一人所生事項及對內效力，全部均可準用連帶債務規定。

三、案例結論

甲向乙、丙二人租用土地闢建小木屋KTV，約定由甲給付乙、丙每月租金共10萬元，就該租金之請求權，法律性質上屬於可分之債，依民法第271條前段規定：「數人負同一債務或有同一債權，而其給付可分者，除法律另有規定或契約另有訂定外，應平均分擔或分受之」，故當甲與乙、丙終止租約時，對於甲所積欠之120萬元租金，雖得由乙個人起訴，但其債權部分僅有2分之1，即60萬元，因此法院應判決甲應給付乙租金60萬元，其餘部分則駁回之。

次按所謂連帶保證，仍為保證之一種，僅保證人喪失先訴抗辯權而已；兩人以上共同為連帶保證人時，對債權人言依民法第748條規定，應負連帶清償責任；而其相互間，依同法第280條前段規定，應平均分擔義務，本案例中，甲為經營小木屋KTV，以丁、戊為連帶保證人，向己借得90萬元，屆期甲無力清償，己逕向連帶保證人丁請求清償時，丁不得以其未取得該借款為由拒絕；且丁於清償全部債務90萬元後，依同法第281條第1項規定，僅得向另一連帶保證人戊請求給付其應分擔之45萬元，及自免責時起之利息，其餘部分則應向主債務人甲求償。

第五節　債之移轉

案例45

主債務人甲向債權人乙借款新台幣300萬元，由丙為連帶保證人，嗣債權人乙將其債權移轉予受讓人丁，並已屆清償期；因主債務人甲逃匿無蹤，債權受讓人丁乃僅以存證信函對連帶保證人丙為讓與之通知後，對丙請求清償，此時丙得否以受讓人未經向主債務人甲為讓與通知為由，拒絕履行？

一、思考方向

債之移轉，乃債之關係不失其同一性，而僅債之主體有所變更而言。按債之構

成要素，不外主體與客體兩種，主體即債權人及債務人，客體即債之標的，此兩者一有更易，即爲債之變更；其中關於債之主體之變更，稱爲債之移轉。其移轉原因，有由於法律規定者，如繼承；有由於法院之命令者，如強制執行之移轉命令；有由於法律行爲中之單獨行爲者，如遺贈、遺囑等；有由於法律行爲中之契約行爲者，則爲「債權讓與」及「債務承擔」。現行民法債編通則第五節債之移轉，自第294條至第306條，分別規範一般債權讓與、債務承擔及法定併存之債務承擔三種。

　　本案例主債務人甲向債權人乙借款300萬元，由丙爲連帶保證人，嗣乙將其債權移轉予受讓人丁，顯爲債權讓與之法律關係，此時受讓人丁得否向連帶保證人丙請求清償，端視其是否符合債權讓與之要件而定；另鑑於債務承擔及法定併存之債務承擔，在日常生活中亦常發生，有加以敘明必要，茲分述於後。

二、論點分析

(一) 債權讓與

　　債權讓與，係指不變更債權之同一性，由債權人將其移轉予相對人之契約。此種契約一經成立，發生效力後，債權即行移轉，受讓人當然取得讓與人之地位，無須債務人同意，學者稱之爲「準物權契約」；又債權讓與，爲以直接發生債權移轉爲目的之契約，與其原因關係（如買賣、贈與）無涉，故爲不要因契約。因債權爲財產權之一種，原則上有讓與性，惟依民法第294條規定：「債權人得將債權讓與於第三人。但左列債權，不在此限：一、依債權之性質，不得讓與者。二、依當事人之特約，不得讓與者。三、債權禁止扣押者。前項第二款不得讓與之特約，不得以之對抗善意第三人。」關於債權讓與之效力，有發生於讓與人與受讓人間者，有發生於債務人與受讓人間者，分述如下：

1. 讓與人與受讓人間之效力

　　債權讓與契約一經成立，受讓人即繼受讓與人之地位，取得同一債權，故原債權之利益或瑕疵均一併移轉於受讓人，此外民法另就從權利之移轉及證明文件之交付設有規定：

(1) **從權利隨同移特**：民法第295條規定：「讓與債權時，該債權之擔保及其他從屬之權利，隨同移轉於受讓人。但與讓與人有不可分離之關係者，不在此限。未支付之利息，推定其隨同原本移轉於受讓人。」

(2) **文件交付及必要情形告知**：民法第296條規定：「讓與人應將證明債權之文件，交付受讓人，並應告以關於主張該債權所必要之一切情形。」例如將債務

人所立之借據或抵押設定之他項權利證書等交付於受讓人,並告以該債權之清
償期、清償地或其他主張該債權所必要之一切情形,以便受讓人行使該債權
是。

2. 債務人與受讓人間之效力

(1) **讓與之通知**:債權讓與,既為債權人之變動,自應使該債權之債務人知悉,然
後始能向新債權人清償,因而民法第297條第1項規定:「債權之讓與,非經
讓與人或受讓人通知債務人,對於債務人不生效力。但法律另有規定者,不在
此限。」此項通知乃將讓與之事實告知債務人,屬於一種觀念通知。通知之方
法,以口頭或書面為之,均無不可。另民法第297條第2項規定:「受讓人將
讓與人所立之讓與字據提示於債務人者,與通知有同一之效力。」債權讓與經
通知後,即對債務人發生效力,以後債務人祇能向新債權人清償,為此民法第
298條復規定:「讓與人已將債權之讓與通知債務人者,縱未為讓與或讓與無
效,債務人仍得以其對抗受讓人之事由,對抗讓與人。前項通知,非經受讓人
之同意,不得撤銷。」

(2) **抗辯之援用**:債權之讓與不應使債務人蒙受不利益,因而債務人於受通知時,
所得對抗讓與人之事由,例如債權不成立或已消滅或應同時履行等,皆得以之
對抗受讓人(民法第299條第1項)。

(3) **抵銷之主張**:債權讓與,若原債權人得因而避免抵銷,債務人將陷於不利益,
故債務人於受通知時,對於讓與人有債權者,如其債權之清償期,先於所讓與
之債權,或同時屆至者,債務人得對於受讓人,主張抵銷(民法第299條第2
項)。即債務人原得向讓與人抵銷者,亦得對受讓人主張抵銷。

(二) 債務承擔

債務承擔,係不變更債務之同一性,由第三人承受該債務或加入債之關係而為
債務人之謂。其性質與債權讓與相同,均為不要因契約與準物權契約。債務承擔,
以承擔後舊債務人是否仍應負責,可分為免責之債務承擔與併存之債務承擔。前者
由承擔人承擔後,舊債務人免其責任;後者由承擔人與原債務人併存負責,即承擔
人加入為新債務人,但原債務人並不脫離債之關係,其具體內容如下:

1. 免責之債務承擔

免責之債務承擔,亦稱單純之債務承擔,為第三人承受原債務人所負擔之債
務,而原債務人脫離債務關係,免除其責任之契約。

(1) 免責債務承擔之成立

① 債權人與第三人間之承擔契約:第三人與債權人訂立契約承擔債務人之債務

者，其債務於契約成立時，移轉於該第三人（民法第300條）。此種承擔對於舊債務人有益無害，故不必得其同意。

② 債務人與第三人間之承擔契約：第三人與債務人訂立契約承擔其債務者，非經債權人承認，對於債權人，不生效力（民法第301條）。因債務人之變更，即為債務人支付能力之變更，對於債權人之利害關係影響甚大，故必須得其同意，始能對其生效。但在債權人表示同意或拒絕前，屬於一種效力未定之行為，因而民法第302條第1項規定：「前條債務人或承擔人，得定相當期限，催告債權人於該期限內確答是否承認，如逾期不為確答者，視為拒絕承認」，以免法律關係久懸。又債權人之承認，僅為該承擔契約對於債權人生效之要件，至於債務人與承擔人間，其契約早已於訂立時即生效力，因而於債權人拒絕承認時，債務人或承擔人得撤銷其承擔之契約（民法第302條第2項）。

(2) 免責債務承擔之效力

① 原債務人脫離關係：債務經第三人承擔後，原債務人即脫離原債務關係，由承擔人對債權人負清償之責（最高法院19年上字第173號判例參照），此乃免責債務承擔當然發生之效果。

② 抗辯之援用：民法第303條規定：「債務人因其法律關係所得對抗債權人之事由，承擔人亦得以之對抗債權人。但不得以屬於債務人之債權為抵銷。承擔人因其承擔債務之法律關係所得對抗債務人之事由，不得以之對抗債權人」，例如甲因買受乙之房屋而承擔乙所欠丙之貸款，縱買賣契約無效或未履行，亦不得對丙主張不負清償責任。

③ 從權利之存續：民法第304條規定：「從屬於債權之權利，不因債務之承擔而妨礙其存在。但與債務人有不可分離之關係者，不在此限。由第三人就債權所為之擔保，除該第三人對於債務之承擔已為承認外，因債務之承擔而消滅」，例如原債權附有利息者，於承擔後利息（從權利）仍繼續存在；但基於原債務人特殊地位之從權利，如勞動薪資之破產債權由債權人讓與時，其優先受償之從權利並不隨同移轉；又第三人就債權所為之保證或物上擔保，著重於債務人之信用關係，除經該第三人承認外，其擔保即因債務之承擔而消滅。

2. 併存之債務承擔

　　併存之債務承擔，指第三人加入既存債之關係而為新債務人，但原債務人仍與原債權人繼續維持原有債之關係。此種情形，原債務人之債務，實未移轉，而係承擔人負擔與原債務同一內容之新債務，亦稱為「重疊之債務承擔」，通常可分為約定併存之債務承擔與法定併存之債務承擔兩種：

(1) 約定併存之債務承擔： 亦稱附加之債務承擔，乃第三人加入債之關係，與原債

務人併負同一責任之謂。我民法對於此種債務承擔，未設規定，但實務上最高法院23年上字第1377號判例則肯定之，並認為原債務人就其債務，仍與該第三人連帶負其責任。

(2) **法定併存之債務承擔：** 此在我民法規定有下列兩種類型：

① 資產負債之概括承受：就他人之財產或營業概括承受其資產及負債者，因對於債權人為承受之通知或公告，而生承擔債務之效力（民法第305條第1項）。此際因原債務人之資產及負債既一併為承擔人所承受，非但債務之一般擔保未變，且由原債務人與承擔人併負責任，對於債權人並無不利，故不須得債權人之同意，祇須通知或公告，使債權人知悉即可。其次此種承擔依民法第305條第2項規定：「前項情形，債務人關於到期之債權，自通知或公告時起，未到期之債權，自到期時起，二年以內，與承擔人連帶負其責任」，前開2年以內，為除斥期間，應自債權人可知承受之事實，並得行使其債權時起算。

② 營業之合併：民法第306條規定：「營業與他營業合併，而互相承受其資產及負債者，與前條之概括承受同，其合併之新營業，對於各營業之債務，負其責任。」營業合併常見有新設合併與吸收合併情形，前者如甲營業與乙營業合併，而改稱丙營業，此時甲、乙兩營業之原有債務，由丙營業負責；後者如甲營業將乙營業合併，而單稱甲營業，此時乙營業原有債務，亦由甲營業負責等。

三、案例結論

按債權讓與，該債權之擔保權利，隨同移轉於受讓人，對於為擔保之保證債務人，只須經讓與人或受讓人以此事由而為通知，即生效力（最高法院42年台上字第148號判例參照）。本案例既經債權人乙將其債權移轉於丁，則丁對於為擔保之連帶保證人丙為通知，依前開判例意旨，即生債權讓與之效力。又因丙所負擔之義務，為連帶債務，故受讓人丁依民法第297條第1項前段之規定，已為通知後，對於丙即取得清償300萬元借款之權利。此因債權讓與，依當事人間之讓與契約，即生債權移轉之效力，至其讓與之通知，僅為對債務人之生效要件而已，茲丁既對丙為通知，就丙而言已生債權讓與之效力；至其通知主債務人甲與否，僅係對主債務人甲有無發生讓與效力之問題，究不得逕認為該債權尚未移轉，故丙不得以「債權尚未移轉」為由抗辯。

再者，連帶保證既不失其保證之從屬性，故債務人所有之抗辯，連帶保證人均仍得主張之；惟也因保證有從屬性，對於為擔保之保證債務人，祇須受讓人以債權讓與之事由為通知即生效力，則民法第742條所賦予「主債務人所有之抗辯」，自

不包括未經債權讓與通知主債務人本人之事由在內，基此，丙不得拒絕履行。

第六節 債之消滅

第一款 清償

案例46

甲向乙借款新台幣60萬元，並請丙擔任保證人，清償期屆至，乙向甲請求返還借款，甲乃簽發面額60萬元支票給乙，乙同意收受該支票，並返還借據給甲。詎事後該支票經乙向銀行提示後，竟不獲付款，此時乙可否向甲請求返還原來借款？如甲避不見面，乙可否對保證人丙請求履行該60萬元借款債務？

一、思考方向

債之消滅，指債之關係依某種原因，客觀失其存在而言；若僅主觀失其存在，則為債之主體變更，其由他人取得債權或負擔債務者，為債之移轉，此時債之關係本身仍然存在，故與債之消滅不同，應予區別。債之消滅原因甚多，民法債編通則規定者為清償、提存、抵銷、免除及混同五種。此外，如解除條件成就、期限屆至、法律行為撤銷、契約解除及權利主體死亡等，原則上亦使債之關係消滅。

債之關係消滅後，產生下列共通效力：

(一) 從權利消滅

主權利消滅者，從權利當然隨之消滅，故債之關係消滅者，其債權之擔保，如擔保物權、保證債權等；及其他從屬之利息債權、違約金債權等，亦同時消滅（民法第307條）。

(二) 負債字據之返還或塗銷

負債字據，為證明債權債務之證據方法，債之關係消滅後，此項字據，如不返還或塗銷，債務人有受重複求償之危險。故債務全部消滅者，債務人得請求返還或塗銷負債之字據，其僅一部消滅，或負債字據上載有債權人他項權利者，債務人得

請求將消滅事由，記入字據。如債權人主張有不能返還或有不能記入之事情者，債務人得請求給與債務消滅之公認證書（民法第308條）。

本案例甲向乙借款60萬元，並請丙擔任保證人，清償期屆至，甲簽發60萬元之支票給乙，經乙同意後將借據返還給甲，則甲以提供支票代替原先借貸之給付，在法律上性質如何？是否使債之關係消滅，凡此均與當事人間之清償行為有關，茲將清償之意義、主體、清償之方法、清償地、清償期及其效力等，說明於後，以供研析本案例之參考。

二、論點分析

(一) 清償之意義

清償，乃債務人或其他得為清償之人，向債權人或其他有受領權人，依債務本旨，實現債務內容之行為。清償行為可使債權人之債權因而獲得滿足，故為最重要債之消滅原因。

(二) 清償之主體

清償之主體，指清償之當事人，有清償人與受領清償人兩者：

1. 清償人

(1) **債務人或其代理人**：債務人有履行其債務之義務，故清償人原則上為債務人，可依債務本旨自行給付外，有時亦得委由代理人或履行輔助人代為清償。

(2) **一般第三人**：債之清償，得由第三人為之；但當事人另有訂定，或依債之性質，不得由第三人清償者，不在此限。又第三人之清償，債務人有異議時，債權人得拒絕其清償；但第三人就債之履行有利害關係者，債權人不得拒絕（民法第311條）。

(3) **有利害關係之第三人**：就債之履行有利害關係之第三人，如物上保證人、擔保物之取得人等為清償時，債務人雖有異議，債權人仍不得拒絕，已如上述；惟第三人清償後則發生代位權問題，依民法第312條規定：「就債之履行有利害關係之第三人為清償者，於其清償之限度內承受債權人之權利，但不得有害於債權人之利益。」又就債之履行有利害關係之第三人因清償而取得債權，雖係依法而取得，但不失為債權移轉之一種，故民法第297條及第299條就債權讓與所設之規定，於前條之承受權利準用之（民法第313條）。

2. 受領清償人

(1) **債權人或其他有受領權人**：受領清償人原則上為債權人，但其他有受領權人

（如債權人之法定代理人）亦得爲有效之受領，民法第309條第1項規定：「依債務本旨，向債權人或其他有受領權人爲清償，經其受領者，債之關係消滅。」另爲保護清償人權益，維護交易安全，同條文第2項規定：「持有債權人簽名之收據者，視爲有受領權人。但債務人已知或因過失而不知其無權受領者，不在此限」，在適用上，該收據須爲眞正合法，且債務人善意並無過失時，即視該持有人爲有權受領，於是債務人之債務消滅。

(2) **第三人**：向無受領權之第三人爲清償，雖經其受領，原則上亦不生效力，但民法於第310條設有下列三種例外：

① 經債權人承認，或受領人於受領後取得其債權者，有清償之效力。

② 受領係債權之準占有人者，以債務人不知其非債權人者爲限，有清償之效力。

③ 除前二款情形外，於債權人因而受利益之限度內，有清償之效力。

(三) 清償之方法

清償，原則上須依債務本旨爲之，否則不生效力，但爲保護債務人及謀交易上便利，民法特設下述例外規定：

1. 一部或緩期清償

民法第318條規定：「債務人無爲一部清償之權利。但法院得斟酌債務人之境況，許其於無甚害於債權人利益之相當期限內，分期給付，或緩期清償。法院許爲分期給付者，債務人一期遲延給付時，債權人得請求全部清償。給付不可分者，法院得比照第一項但書之規定，許其緩期清償。」

2. 代物清償

債權人受領他種給付以代原定之給付者，稱爲代物清償（民法第319條）。代物清償，須經雙方合意，並爲物之交付，始能成立，故爲要物及有償契約，一經成立，債之關係，則歸消滅。

3. 新債清償

因清償債務而對於債權人負擔新債務者（民法第320條），稱爲新債清償或債務更新，例如因清償借款而簽發票據，但未返還該借據是。此種情形，除當事人另有意思表示外，應解爲係債權人受領清償之方法，若新債務不履行時，其舊債務仍不消滅，債權人對於新舊兩債務，得擇一請求履行。

(四) 清償地

清償地亦稱給付地或履行地，乃債務人應爲清償之處所，依民法第314條規定，清償地，除法律另有規定或契約另有訂定，或另有習慣，或得依債之性質或其

他情形決定者外,應依下列各款之規定:

1. 以給付特定物為標的者,於訂約時,其物所在地為之。
2. 其他之債,於債權人之住所地為之。

(五) 清償期

清償期亦稱履行期或給付期,乃債務人應為清償之時期,民法第315條規定:「清償期,除法律另有規定或契約另有訂定,或得依債之性質或其他情形決定者外,債權人得隨時請求清償,債務人亦得隨時為清償。」可知清償期須依法律、契約、債之性質或其他情形,加以決定,如不能決定時,則債權人得隨時請求清償,債務人亦得隨時為清償,是為「即時債務」。清償期之利益,原則上屬於債務人,故第316條規定:「定有清償期者,債權人不得於期前請求清償,如無反對之意思表示時,債務人得於期前為清償。」

(六) 清償費用

清償費用,為因清償債務而支出之費用,例如運費、郵費、通知費、包裝費等。此為債務人履行義務所應支出之費用,故民法第317條規定,除法律有特別規定或契約另有訂定外,由債務人負擔;但因債權人變更住所,或其他行為,例如遲延受領或變更約定之清償地等,致增加清償費用者,其增加之費用,由債權人負擔,始屬公允。

(七) 清償之抵充

清償之抵充,指債務人對同一債權人,負有給付種類相同之數宗債務,而其提出之給付,不足清償全部債務時,決定何種債務應受清償而言。其決定之方法如下:

1. 數宗債務之性質相同者

數宗債務,如均為原本或均為利息,或為費用者,其應抵充之債務,決定方法有三:

(1) **當事人約定**:如當事人間曾有約定,即應依約抵充。
(2) **清償人指定**:當事人間原無約定者,由清償人於清償時指定其應抵充之債務(民法第321條)。清償人此項指定權,為形成權一種,應於清償時為之。
(3) **法律規定**:清償人未為前述之指定時,可依民法第322條規定,定其應抵充之債務:

① 債務已屆清償期者,儘先抵充。

② 債務均已屆期或均未屆清償期者，以債務之擔保最少者，儘先抵充；擔保相等者，以債務人因清償而獲益最多者，儘先抵充；獲益相等者，以先到期之債務，儘先抵充。

③ 獲益及清償期均相等者，各按比例，抵充其一部。

2. 數宗債務之性質不同者

數宗債務之性質不同者，清償人所提出之給付，如不足清償全部債權額時，依第323條規定：「應先抵充費用，次充利息，次充原本；其依前二條之規定抵充債務者亦同。」此乃限制清償人之指定權，及保護債權人利益，而設之法定抵充順序，除經債權人同意外，不許清償人變更。

(八) 清償之效力

1. 債之關係消滅

民法第309條第1項規定：「依債務本旨，向債權人或其他有受領權人為清償，經其受領者，債之關係消滅」，是為清償之主要效力。

2. 受領證書給與請求權

受領證書，乃債權人承認收受給付之文書，為證明清償事實之方法，依民法第324條規定，清償人對於受領清償人得請求給與受領證書，以證明清償之事實；如受領清償人於清償時不願同時交付，得拒絕清償。

3. 清償之推定

(1) **定期給付已為清償之推定：** 關於利息或其他定期給付，事實上多係按照時期先後而為清償。如債權人給與受領一期給付之證書，未為他期之保留者，自應推定其以前各期之給付，已為清償（民法第325條第1項）。

(2) **利息已為清償之推定：** 債務人之清償，應先充利息，後充原本，如債權人給與受領原本之證書者，自可推定其利息已受領（民法第325條第2項）。

(3) **債之關係消滅之推定：** 債權證書之返還，通常須在清償全部債務之後，故債權證書已返還者，推定其債之關係消滅（民法第325條第3項）。

三、案例結論

如論點分析中所述，對於現存債務簽發支票以為給付，究係代物清償，抑或新債清償，為吾人亟應依當事人意思釐清之處。本案例中，甲向乙借款60萬元，屆期後乙同意收受甲所交付同金額之支票，並將借據返還，足見甲、乙之真意，係由乙受領該支票，以代原定之借款給付，依民法第319條規定：「債權人受領他種給付以代原定之給付者，其債之關係消滅」，性質上屬於代物清償，故甲、乙間之消費

借貸關係消滅；其債權所擔保之保證關係，依同法第307條，亦因之而消滅。所以乙不可以再依據消費借貸契約請求甲返還原來之60萬元借款，祇能依票據關係對發票人甲請求給付票款；同時，丙之擔保義務，既因代物清償而消滅，在甲拒不履行或避不見面時，乙也不可對丙請求履行保證責任。

第二款　提存

案例47

　　甲為上班族，向乙承租座落台北市復興南路房屋居住，租金每月2萬元，租期1年；詎租賃半年後，乙片面通知甲增加租金為2萬5,000元，甲不同意仍按原來租金額給付，惟乙拒不收受，此時甲如仍按照原來租金額提存，是否發生清償效力？其提存應向何機關辦理？

一、思考方向

　　本案例為有關提存之法律問題，為債之消滅原因之一，對此民法第326條至第333條定有明文，分述如下。

二、論點分析

(一) 提存之意義

　　提存，係指清償人以消滅債務為目的，將給付物為債權人寄託於提存所之行為。其性質為第三人利益之寄託契約，在清償人提存後，債權人得以第三人地位，向提存所直接請求給付，而提存所則處於債務人之地位，即使清償人亦得請求提存所向該債權人為給付。按提存之目的，可分為擔保提存與清償提存，此所謂之提存，係指以消滅債務為目的之清償提存，故與清償之效力相同，如未依債務本旨之提存，不生清償之效力（最高法院39年台上字第1355號判例參照）。

(二) 提存之原因

　　依民法第326條規定：「債權人受領遲延，或不能確知孰為債權人而難為給付者，清償人得將其給付物，為債權人提存之」，可見提存之原因有二：

1. 債權人受領遲延時

在債權人受領遲延時，債務人之責任雖因而減輕，然債務並未消滅，故許其提存，以免除責任。

2. 不能確知孰為債權人而難為給付者

此種情形，權務人無從為清償，自應許其提存，以免除責任，例如債權人死亡，其繼承人尚未確定是。

(三) 提存之方法

1. 提存之處所

依民法第327條規定：「提存應於清償地之法院提存所為之」，目前台灣各地方法院均設有提存所，以提供人民辦理提存手續，相當便利。

2. 提存之程序

提存之聲請，應作成提存書一式二份，連同提存物一併交提存物保管機構，如係清償提存，並應附具提存通知書（提存法第8條）。提存書應記載下列各項：

(1) 提存人之姓名或名稱，住、居所；有代理人者其姓名及住、居所。
(2) 提存金額、有價證券之種類、標記、號數、張數、面額、物品之名稱、種類、品質及數量。
(3) 提存之原因事實（提存法第9條第1項）。

前項提存書為清償提存時，應記載指定之提存物受取人，或不能確知受取人之事由，其受取提存物如應為對待給付，或須有一定之條件時，並應記載其對待給付之標的或其條件（同法第9條）。提存物保管機稱，收到提存書，並收清提存物後，應作成收據聯單，除自留及交提存人收執者外，其餘各聯連同提存書送交該管法院提存所。提存所接到前項提存書後，認為應予提存者，應將提存書一份留存，一份載明提存物已經收受之旨，交還提存人，如係清償提存並應將提存通知書送達債權人。認為程式不合規定或不應提存者，應限期命提存人補正或取回。其逾10年不取回者，提存物屬於國庫。前項送達準用民事訴訟法關於送達之規定；但應為公示送達而提存人不為聲請者，應由提存所公告之（提存法第10條）。

3. 提存之標的

(1) **給付物**：依民法第326條之規定，清償人所提存者，應為給付物，且以動產為限，參照提存法第6條第1項：「提存物以金錢、有價證券或其他動產為限」之規定，即可知悉。至給付物為不動產時，自可依拋棄占有方式而免責，無須提存；又給付為勞務時亦無法提存。
(2) **價金**：民法第331條規定：「給付物不適於提存，或有毀損滅失之虞，或提存

需費過鉅者，清償人得聲請清償地之法院拍賣，而提存其價金」；如給付物有市價者，該管法院得許可清償人照市價出賣，而提存其價金（民法第332條），以保護當事人之利益，並求便捷。

4. 提存之費用

提存、拍賣及出賣之費用，均係可歸責於債權人之事由而發生，依民法第333條規定，自應由債權人負擔。提存人並得於提存金額中扣除之，但應於提存書記載其數額，加附具計算書（提存法第22條第2項）。

(四) 提存之效力

1. 提存人與債權人間之效力

(1) **債權消滅**：債務人經提存後，其債之關係消滅，嗣後債權人僅得向提存所受領提存物，所以民法第328條規定：「提存後，給付物毀損、滅失之危險，由債權人負擔，債務人亦無須支付利息，或賠償其孳息未收取之損害」，即給付物之危險，自提存後改由債權人負擔。

(2) **提存之通知**：修正前民法第327條第2項規定：「提存人於提存後應即通知債權人，如怠於通知，致生損害時，負賠償之責任。但不能通知者，不在此限」，現此項通知書，已由提存所代為送達（提存法第10條），故民法修正時，已將第327條第2項刪除。

(3) **所有權之移轉**：提存物如為代替物時，依消費寄託之規定，於提存時其所有權應先移轉於提存所，然後再由提存所以種類、品質、數量相同之物，交付於債權人。如債權人經過10年未受取者，其提存物歸屬於國庫（民法第330條）。

2. 債權人與提存所間之效力

(1) **提存物交付請求權**：提存既以消滅債務為目的，故債權人得隨時直接向提存所請求給付，但如債務人之清償，係對債權人之給付而為之者，在債權人未為對待給付，或提出相當擔保前，得阻止其受取提存物（民法第329條後段），是為受取權之阻止。其阻止方法，可參照提存法第21條前段規定：「清償提存之提存物受取權人如應為對待給付時，非有提存人之受領證書、裁判書、公證書或其他文件，證明其已經給付或免除其給付或已提出相當擔保者，不得受取提存物」規定辦理。

(2) **提存物受取權之消滅**：民法第330條規定：「債權人關於提存物之權利，應於提存後十年內行之，逾期其提存物歸屬國庫。」

3. 提存人與提存所間之效力

提存如屬合法，債之關係即行消滅，債權人縱不領取，提存人也不得請求返

還。但清償提存之提存人，依提存法第17條規定，有下列情形之一者，得聲請該管法院提存所返還提存物：

(1) 提存出於錯誤。

(2) 提存之原因已消滅。

(3) 受取權人同意返還。

三、案例結論

甲為上班族，向乙承租座落台北市復興南路房屋居住，租金每月2萬元，租期1年；在租賃半年後，乙以自己之意思表示增加租金為2萬5,000元，未獲承租人甲同意，且並未向法院聲請為增加租金之判決，則乙片面提高租金，對甲並不發生效力，甲仍照原租金2萬元給付，乙如拒收時，依民法第234條規定，應負受領遲延責任。

在乙受領遲延中，參照民法第326條規定：「債權人受領遲延，或不能確知孰為債權人而難為給付者，清償人得將其給付物，為債權人提存之」，故甲依原約定租額提存，當然係依債之本旨提出給付，而生清償之效力。又其提存，按照民法第327條規定，應於清償地之台灣台北地方法院提存所為之；出租人乙關於提存之租金請求權，應於提存後10年內行使之，逾期其提存物歸屬於國庫。

第三款　抵銷、免除與混同

案例48

甲女將其對乙之會款債權轉讓給丙，丙以律師函通知乙後，乙拒絕付款，丙乃向法院起訴請求乙給付30萬元會款，訴訟中乙抗辯債權人甲之夫丁亦欠其30萬元工程款，因甲、丁未約定夫妻財產制，甲對乙之會款債權應屬夫丁所有，丁既對乙負有同金額債務，乙自得依民法第299條第2項之規定主張抵銷，其抗辯有無理由？

一、思考方向

本案例除涉及前述之債權讓與規定外，並與抵銷之要件有關；而所謂抵銷，乃二人互負債務，而其給付種類相同，並均屆清償期時，各得使其債務與他方債務之對等額，同歸消滅之意思表示。主張抵銷一方之債權，稱為主動債權；被抵銷之債

權，則為被動債權。茲先就民法關於抵銷之規定敘明於後；另免除、混同與抵銷同為債之消滅原因，亦一併補充加以說明。

二、論點分析

(一) 抵銷

1. 抵銷之意義

依民法第334條規定：「二人互負債務，而其給付種類相同，並均屆清償期者，各得以其債務，與他方之債務，互相抵銷。但依債之性質不能抵銷或依當事人之特約不得抵銷者，不在此限。前項特約，不得對抗善意第三人」，可見抵銷，因債務人一方之意思表示而生效，性質上為單獨行為；得為此行為之權利，為抵銷權，至其要件有五：

(1) **須二人互負債務**：抵銷須當事人互負債務，此二債權，均須有效存在，若缺其一，即無抵銷可言。惟債之請求權雖經時效而消滅，如在時效未完成前，其債權已適於抵銷者，亦得主張抵銷（民法第337條）。

(2) **須雙方債務之給付種類相同**：抵銷乃互為清償，故雙方債務，須其給付種類相同，否則，即不得由債務人一方之意思而主張抵銷。種類相同而品質不同者，亦不得抵銷。對此民法第336條規定：「清償地不同之債務，亦得為抵銷。但為抵銷之人，應賠償他方因抵銷而生之損害」，應予注意。

(3) **須雙方債務均屆清償期**：所謂均屆清償期，不以同時到期為必要，雖先後到期，但抵銷時均已到期即可。又主張抵銷一方之債務尚未到期，而其債權已到期時，亦得抵銷，因其可以拋棄其債務之期限利益而期前清償，故得為期前抵銷。

(4) **須債務之性質可以抵銷**：債務依其性質，非現實履行，無從達成目的者，例如不作為債務或提供勞務之債務；亦有主動債權附有抗辯權者，例如同時履行抗辯權、先訴抗辯權等，解釋上均係不可以抵銷之債務。

(5) **須無抵銷之禁止約定或規定**：其情形如下：

① 禁止抵銷之約定：依契約自由原則，當事人如對於抵銷有禁止之約定者，自不得再行抵銷。

② 禁止扣押之債：民法第338條規定：「禁止扣押之債，其債務人不得主張抵銷。」

③ 因侵權行為而負擔之債：民法第339條規定：「因故意侵權行為而負擔之債，其債務人不得主張抵銷。」

④ 受扣押之債權：民法第340條規定：「受債權扣押命令之第三債務人，於扣押後，始對其債權人取得債權者，不得以其所取得之債權與受扣押之債權爲抵銷。」

⑤ 約定向第三人爲給付之債：民法第341條規定：「約定應向第三人爲給付之債務人，不得以其債務，與他方當事人對於自己之債務爲抵銷。」

2. 抵銷之方法

關於抵銷之方法，依民法第335條第1項規定：「抵銷，應以意思表示，向他方爲之」，爲有相對人之單獨行爲，故關於意思表示生效之規定，應適用之；此項抵銷之意思表示，其方式並無限制，在訴訟上或訴訟外均得行之。惟抵銷係以消滅債務爲目的，故其意思表示附有條件或期限者無效（民法第335條第2項）。

3. 抵銷之效力

(1) **債之關係消滅**：抵銷爲債之消滅原因，故一有抵銷之意思表示，則債之關係即按抵銷數額而消滅；並溯及最初得爲抵銷時而消滅（民法第335條第1項）。

(2) **抵銷之順序**：當事人之一方對於他方有數宗債權，而他方之債權不足以抵銷其全部時，準用民法第321條至第323條之規定抵充（民法第342條），是爲抵銷之抵充。

(二) 免除

免除，係債權人對債務人所爲使債之關係消滅之意思表示。依民法第343條規定：「債權人向債務人表示免除其債務之意思者，債之關係消滅」，可知免除爲債之消滅原因之一，由債權人一方之意思表示即可生效，不須債務人之同意，亦不須一定方式及任何原因，故爲單獨行爲及不要因行爲。對於債務免除與否，雖屬債權人之自由，但債權人向債務人表示免除其債務之意思，債之關係，即歸消滅；如係一部免除時，則債之關係，一部消滅。

(三) 混同

混同，指債權與債務同歸一人，而債之關係因而消滅之事實。混同常因概括繼受，如債權人繼承債務人，或債務人繼承債權人；或特定繼受，如債務人自債權人受讓債權，或債權人承擔債務人之債務而發生。至混同之效力，依民法第344條規定：「債權與其債務同歸一人時，債之關係消滅。但其債權爲他人權利之標的或法律另有規定者，不在此限」，可知債權與其債務，一經混同，債之關係原則上即歸於消滅，但有兩種例外：

1. 債權爲他人權利之標的者，例如該債權爲他人質權之標的物時。

2. 法律另有規定時，例如民法第1154條規定：「繼承人對於被繼承人之權利、義務，不因繼承而消滅」等是。

三、案例結論

按債務人於受債權讓與之通知時，對於讓與人有債權者，如其債權之清償期，先於所讓與之債權或同時屆至者，債務人得對於受讓人主張抵銷，民法第299條第2項定有明文。

本案例債務人乙對於債權讓與人甲並無債權，僅對甲之夫丁有30萬元工程款債權，甲與丁為兩個不同權利主體；而修正前民法第1017條「聯合財產中除妻之原有財產外為夫所有」之規定，又業已修正為「夫或妻之財產分為婚前財產與婚後財產，由夫妻各自所有。不能證明為婚前或婚後財產者，推定為婚後財產；不能證明為夫或妻所有之財產，推定為夫妻共有。夫或妻婚前財產，於婚姻關係存續中所生之孳息，視為婚後財產。夫妻以契約訂立夫妻財產制後，於婚姻關係存續中改用法定財產制者，其改用前之財產視為婚前財產。」所以甲女參加互助會所擁有之30萬元之會款債權，由其自行保有，非如修正前規定為夫丁所有，可見案例情形，債務人乙以其對丁之工程款債權，與所積欠甲之會款債務主張抵銷，顯與民法第334條所稱：「二人互負債務」之抵銷要件不合，其所為抗辯為無理由，法院應為丙勝訴之判決。

第二章　各種之債

第一節　買賣

案例49

> 　　甲將其所有座落於彰化縣鹿港鎮之土地，與乙成立買賣契約，就價金新台幣1,500萬元部分約定分三期給付，乙於交付第一期款後，請求甲交付土地，甲主張同時履行抗辯，以未受領全部價金而拒絕，有無理由？又乙另向建設公司丙購買預售之彰化市中山路王冠大樓一樓店面，雙方於契約中載明「本建物應依政府核准圖說施工」，並有停車場之設施在內，詎訂約後丙公司未經乙同意，擅自在原核可圖之停車用地上建屋出售，乙於丙交付房屋後，能否以丙未交付停車場地為由，拒絕給付尾款50萬元？

一、思考方向

　　本案例為吾人日常交易中，最常見之買賣契約問題。目前民法於債編第二章各種之債中，共分24節，其中尤以買賣契約為最典型之有償契約，故除列為24節之首外，並於第347條規定：「本節規定，於買賣契約以外之有償契約準用之；但為其契約性質所不許者不在此限。」至所謂買賣，是指當事人約定，出賣人移轉財產權於買受人，買受人支付價金之契約（民法第345條第1項）；可見買賣以移轉財產權為目的，其買賣之標的物，包括債權、物權、準物權、無體財產權等，甚至為事實上管領力之占有，亦得為買賣之對象，關於買賣契約之成立及效力，民法第345條至第397條規定相當詳盡，在解析本案例前，務需先加以敘明。

二、論點分析

(一) 買賣之意義及性質

　　買賣之意義已如前述，至其性質如下：

1. 買賣為有名契約

　　買賣係民法債編各論所明文規定，自為有名契約。

2. 買賣為債權契約

買賣之出賣人，僅負使買受人取得其財產權之義務，故為債權契約；即使現物買賣，亦係債權行為與物權行為同時成立，通說仍認為債權契約。

3. 買賣為不要式契約

除有約定要式之情形外，買賣之成立並不需以一定之方式為要件，而為不要式契約。

4. 買賣為諾成契約

買賣之成立或生效不以交付一定之物為要件，其買賣標的物之交付，乃契約履行之問題，故為不要物契約或稱為諾成契約。

5. 買賣為有償契約及雙務契約

買賣之出賣人有移轉財產權之義務，買受人負有支付價金之義務，雙方互負債務，顯有對價關係，自係雙務契約及有償契約。

(二) 買賣之成立

買賣屬於諾成契約、不要式契約，故民法第345條第2項規定：「當事人就標的物及其價金互相同意時，買賣契約即為成立」，此之所謂互相同意，指標的物與價金之意思表示，雙方相互一致而言。對於買賣價金，原則上應儘量明確，以免發生爭議，惟價金雖未具體約定，而依情形可得而定者，視為定有價金（民法第346條第1項），例如用戶經常向瓦斯店購買桶裝瓦斯，祇要打電話叫其送來，雖未具體言明瓦斯價格，當然照市價付款，因而民法第346條第2項又規定：「價金約定依市價者，視為標的物清償時清償地之市價。但契約另有訂定者，不在此限。」

(三) 買賣之種類

1. 一般買賣

即民法第345條第1項所規定之買賣。

2. 特種買賣

(1) **試驗買賣**：試驗買賣係以買受人之承認標的物為停止條件，而成立之買賣契約（民法第384條）。所謂承認標的物，即買受人對於標的物經試驗後認為滿意而言。此種買賣契約於訂約當時雖已成立，但必須經買受人將標的物加以試驗，認為滿意後，始生效力。為此民法第385條規定：「試驗買賣之出賣人，有許買受人試驗其標的物之義務。」如標的物經試驗而未交付者，買受人於約定期限內，未就標的物為承認之表示，視為拒絕；如無約定期限，而於出賣人所定相當期限內未為承認之表示者，亦同（民法第386條）。至於標的物因試

驗已交付買受人，而買受人不交還其物，或於約定期限或出賣人所定之相當期限，不爲拒絕之表示，視爲承認；又買受人已支付價金之全部或一部，或就標的物爲非試驗所必要之行爲者，視爲承認（民法第387條）。

(2) **貨樣買賣：** 貨樣買賣係當事人約定按照貨樣決定買賣標的物之買賣契約。依民法第388條規定：「按照貨樣約定買賣者，視爲出賣人擔保其交付之標的物與貨樣有同一之品質。」若交付之物，與貨樣不符，即應負瑕疵擔保責任。

(3) **分期付價買賣：** 分期付價之買賣，係當事人約定價金分期支付之買賣契約，其標的物常於契約成立時交付；但約定買受人支付價金之一部或全部時，始取得標的物所有權者，乃動產擔保交易法之附條件買賣，而非民法之分期付價買賣。鑑於分期付價買賣契約之買受人，常爲經濟弱者，爲保護其利益，民法設有下列限制：

① 喪失分期利益之限制：分期付價之買賣，如約定買受人有遲延時，出賣人得即請求支付全部價金者，除買受人遲付之價額已達全部價金5分之1外，出賣人仍不得請求支付全部價金（民法第389條）。

② 扣留價款之限制：分期付款之買賣，如約定出賣人於解除契約時，得扣留其所受領之價金者，其扣留之數額，不得超過標的物使用之代價，及標的物受有損害時之賠償額（民法第390條）。

(4) **拍賣：** 拍賣係指由多數應買人，於公開場合競爭出價，選擇其中出價最高者，與之訂立買賣契約而言。民法之拍賣，屬於私法上之任意拍賣，與強制執行法所規定法院之拍賣，屬於強制拍賣有別；一般拍賣係先由拍賣人爲拍賣之表示，此種拍賣之表示，大多以公告之方式爲之；其法律性質通說認爲係要約之引誘，故拍賣人不受拘束，其對於應買人所出最高之價，認爲不足者，得不爲賣定之表示，而撤回其物（民法第394條）。應買人在拍賣時，應公開競價作應買之表示，此項表示，屬於要約，其所爲應買之意思表示，須有出價較高之應買或拍賣物經撤回時，始失其效力（民法第395條）；至得應買之人，原則上無限制，但爲防止拍賣不公，民法禁止拍賣人對於其所經管之拍賣應買，或使他人爲其應買（民法第392條）。又民法第391條規定：「拍賣，因拍賣人拍板或依其他慣用之方法，爲賣定之表示而成立」；同法第393條規定：「拍賣人除拍賣之委任人有反對之意思表示外，得將拍賣物拍歸出價最高之應買人。」經拍定後，買受人應於拍賣成立時或拍賣公告內所定之時，以現金支付買價；如不按時支付價金者，拍賣人得解除契約，將其物再爲拍賣；再行拍賣所得之利益，如少於原拍賣之價金及再行拍賣之費用者，原買受人應負賠償其差額之責任（民法第397條）。

(5) **買回**：依民法第379條第1項規定，所謂買回，乃出賣人於買賣契約保留買回之權利，事後得返還所受領之價金，而買回其標的物之契約。在法律性質上，為保留買賣契約解除權之特約，因其有礙標的物之改良利用，故買回之期限，不得超過5年，如約定之期限較長者，縮短為5年（民法第380條）。買回既以出賣人之買回意思表示為停止條件之契約，則當出賣人表示買回之意思時，條件即為成就，於是買回發生下列效力：

① 出賣人（即買回人）之義務：

A. 支付買回價金之義務：出賣人行使買回權時，應返還其所受領之價金。但另有特約者，從其約定。至於價金之利息，與買受人就標的物所得之利益，則視為互相抵銷（民法第379條），以期簡便。

B. 負擔買賣費用之義務：買回人既享買回原物之權利，自應盡負擔費用之義務。故買賣費用，由買受人支出者，買回人應與買回價金連同償還之。買回之費用，亦由買回人負擔（民法第381條）。

C. 償還改良及有益費用之義務：買受人為改良標的物所支出之費用及其他有益費用，而增加價值者，買回人應償還之；但以現存之增價額為限（民法第382條）。

② 買受人之義務：買受人對於買回人，負交付標的物及其附屬物之義務。如因可歸責於自己之事由，致標的物不能交付，或顯有變更者，應賠償因此所生之損害（民法第383條）。

(四) 買賣之效力

1. 對於出賣人之效力

(1) **移轉財產權義務**：買賣契約，以移轉財產權為目的，故物之出賣人，負使買受人取得該物所有權之義務；權利之出賣人，負使買受人取得其權利之義務，如因其權利而得占有一定之物者，並負交付其物之義務（民法第348條）。以上之義務，出賣人如不履行時，買受人得依關於債務不履行之規定，行使其權利（民法第353條）。

(2) **瑕疵擔保責任**：依買賣契約，買受人所取得之權利或物有瑕疵（缺點）時，出賣人所應負之擔保責任，稱為瑕疵擔保責任。乃法律為維持交易信用及補充當事人之意思表示，而令出賣人負擔之特別義務。瑕疵擔保責任可分為權利瑕疵擔保責任與物之瑕疵擔保責任，均係一種法定無過失責任。當事人固得以特約免除或限制，但民法第366條規定：「以特約免除或限制出賣人關於物之瑕疵擔保義務者，如出賣人故意不告知其瑕疵，其特約為無效」，此因故意不告知

瑕慨，又企圖利用特約以免責，殊有背公序良俗，故其特約應屬無效。茲將瑕疵擔保責任，分述如下：

① 權利瑕疵擔保：權利瑕疵擔保亦稱為追奪擔保，即出賣人就買賣標的之權利瑕疵，應負擔保之責任。其內容包括權利無缺擔保與權利存在擔保兩種。前者，指出賣人應擔保買賣標的物之權利完整無缺之謂，民法第349條規定：「出賣人應擔保第三人就買賣之標的物，對於買受人不得主張任何權利」，即指此而言；後者指出賣人應擔保買賣標的權利之存在，若不存在，應負賠償責任，民法第350條規定：「債權或其他權利之出賣人，應擔保其權利確係存在。有價證券之出賣人，並應擔保其證券未因公示催告而宣示無效」，即係權利存在擔保之明文規定。其次債權之出賣人僅擔保其債權確係存在為已足，至於該債權之債務人其支付能力如何，原則上不負擔保責任，為此民法第352條規定：「債權之出賣人，對於債務人之支付能力，除契約另有訂定外，不負擔保責任，出賣人就債務人之支付能力，負擔保責任者，推定其擔保債權移轉時債務人之支付能力。」以上所述之權利瑕疵擔保，若買受人於契約成立時，知有權利之瑕疵者，出賣人不負擔保之責；但契約另有訂定者，不在此限（民法第351條）。至權利瑕疵擔保之效果，依民法第353條規定，出賣人不履行第348條至第351條所定之義務者，買受人得依關於債務不履行之規定，行使其權利。

② 物之瑕疵擔保：指出賣人就買賣標的物本身所存在之瑕疵，對於買受人所負之擔保義務，對此民法第354條規定：「物之出賣人對於買受人，應擔保其物依第三百七十三條之規定危險移轉於買受人時無滅失或減少其價值之瑕疵，亦無滅失或減少其通常效用或契約預定效用之瑕疵。但減少之程度，無關重要者，不得視為瑕疵。出賣人並應擔保其物於危險移轉時，具有其所保證之品質。」如有上述之瑕疵出賣人自應負擔保責任，惟買受人於契約成立時，明知其物有民法第354條第1項所稱之瑕疵者，顯係拋棄請求出賣人負擔保義務之權利，出賣人自不負擔保之責；如買受人因重大過失而不知有民法第354條第1項所稱瑕疵者，未免過分疏忽，出賣人也不負擔保之責。但有下述兩種情形者，買受人雖因重大過失而不知，出賣人仍應負擔保之責：A.出賣人曾保證買賣標的物無瑕疵者。B.出賣人明知其物有瑕疵而故意不告知買受人者（民法第355條）。

對於買賣標的物，為免出賣人就其物之瑕疵擔保責任，久懸不定，民法第356條規定：「買受人應按物之性質，依通常程序從速檢查其所受領之物。如發現有應由出賣人負擔保責任之瑕疵時，應即通知出賣人。買受人怠於為前項之通知者，除依通常之檢查不能發見之瑕疵外，視為承認其所受領之物。不能即知之瑕疵，至日後發見者，應即通知出賣人，怠於為通知者，視為承認其所受領之

物」，此時出賣人即可不再負擔瑕疵擔保責任。不過上述規定，於出賣人故意不告知瑕疵於買受人者，不適用之（民法第357條）。

其次，物之瑕疵擔保責任之效果有解除契約、減少價金、損害賠償及請求交付無瑕疵之物四種，分述如下：

A. 解除契約：買賣因物有瑕疵，而出賣人應負擔保之責者，買受人得解除契約；但依情形，解除契約顯失公平者，買受人僅得請求減少價金（民法第359條）。另為兼顧買賣雙方當事人之權益，從速確定買賣之效力，民法分別於第361條規定：「買受人主張物有瑕疵者，出賣人得定相當期限，催告買受人於其期限內是否解除契約。買受人於前項期限內不解除契約者，喪失其解除權」；第362條規定：「因主物有瑕疵而解除契約者，其效力及於從物。從物有瑕疵者，買受人僅得就從物之部分為解除」；及第363條規定：「為買賣標的之數物中，一物有瑕疵者，買受人僅得就有瑕疵之物為解除。其以總價金將數物同時賣出者，買受人並得請求減少與瑕疵物相當之價額。前項情形，當事人之任何一方，如因有瑕疵之物，與他物分離而顯受損害者，得解除全部契約。」

B. 減少價金：買賣因物有瑕疵，而應由出賣人負擔保之責者，買受人得解除契約，或請求減少價金；如依其情形，解除契約顯失公平者，則買受人僅得請求減少價金（民法第359條）。此項價金減少請求權，為形成權性質。除出賣人故意不告知瑕疵者外，與解除契約相同，均於買受人依第356條規定為通知後6個月間不行使或自物之交付時起經過5年而消滅（民法第365條）。

C. 損害賠償：買賣之物，缺少出賣人所保證之品質，或出賣人故意不告知物之瑕疵者，買受人得不解除契約或請求減少價金，而請求不履行之損害賠償（民法第360條）。

D. 另行交付：買賣之物，僅指定種類者，如其物有瑕疵，買受人得不解除契約或請求減少價金，而即時請求另行交付無瑕疵之物。但出賣人就另行交付之物，仍負擔保責任（民法第364條）。

在司法實務上，最高法院認為「物之瑕疵係」指存在於物之缺點而言。凡依通常交易觀念，或依當事人之決定，認為物應具備之價值、效用或品質而不具備者，即為物有瑕疵。出賣人依民法第354條第1項規定，自負有擔保其物依民法第373條之規定危險移轉於買受人時，無滅失或減少其價值之瑕疵，亦無滅失或減少其通常效用，或契約預定效用之瑕疵。買賣標的物如係特定物，於契約成立前已發生瑕疵，而出賣人於締約時，因故意或過失未告知該瑕疵於買受人，而買受人不知有瑕疵仍為購買者，則出賣人所為給付之內容不符合債務本旨，即應負不完全給付之債務不履行責任（最高法院94年度台上字第1112號民事判決意旨參照）。

2. 對於買受人之效力

(1) **支付價金義務**：買受人對於出賣人有交付約定價金之義務（民法第367條）。買賣標的物與其價金之交付，除法律另有規定或契約另有訂定，或另有習慣外，應同時為之（民法第369條），是為同時履行原則。標的物交付定有期限者，其期限，推定其為價金交付之期限（民法第370條）。至於價金交付之處所，依民法第371條規定：「標的物與價金應同時交付者，其價金應於標的物之交付處所交付之。」而價金之計算，依民法第372條規定：「價金依物之重量計算者，應除去其包皮之重量。但契約另有訂定或另有習慣者，從其訂定或習慣。」買受人雖有支付價金義務，但如有正當理由，恐第三人主張權利，致失其因買賣契約所得權利之全部或一部者，得拒絕支付價金之全部或一部，但出賣人已提出相當擔保者，不在此限；前述情形出賣人得請求買受人提存價金（民法第368條）。

(2) **受領標的物義務**：買受人對於出賣人，有受領標的物之義務（民法第367條）。故經出賣人提出給付，而買受人拒絕受領者，應負受領遲延責任。

(3) **瑕疵物保管義務**：買受人對於由他地送到之物，主張有瑕疵，不願受領者，如出賣人於受領地無代理人，買受人有暫為保管之責。前項情形，如買受人不即依相當方法證明其瑕疵之存在者，推定於受領時為無瑕疵。送到之物易於敗壞者，買受人經依相當方法之證明，得照市價變賣而保管其價金。如為出賣人之利益有必要時，並有變賣之義務，但應立即通知出賣人，如怠於通知，應負損害賠償之責（民法第358條）。

3. 對買賣雙方當事人之效力

(1) **危險負擔與利益承受**：依民法第373條規定：「買賣標的物之利益及危險，自交付時起，均由買受人承受負擔，但契約另有訂定者，不在此限」，是以交付之時為危險負擔及利益承受移轉之時。惟買受人請求將標的物送交清償地以外之處所者，自出賣人交付其標的物於為運送之人或承攬運送人時起，標的物之危險，由買受人負擔（民法第374條）。買受人關於標的之送交方法，有特別指示，而出賣人無緊急之原因，違其指示者，對於買受人因此所受之損害，應負賠償責任（民法第376條）。又標的物之危險，於交付前已應由買受人負擔者，出賣人於危險移轉後，標的物之交付前，所支出之必要費用，買受人應依關於委任之規定，負償還責任。前項情形，出賣人所支出之費用，如非必要者，買受人應依關於無因管理之規定，負償還責任（民法第375條）。以上係指「物之買賣」之危險負擔及利益承受情形，如為「權利買賣」則應依民法第377條規定：「以權利為買賣之標的，如出賣人因其權利而得占有一定之物

者，準用前四條之規定」。

(2) **費用之負擔：**買賣費用之負擔，依民法第378條，除法律另有規定或契約另有訂定，或另有習慣外，依下列之規定：

① 買賣契約之費用，由當事人雙方平均負擔。

② 移轉權利之費用、運送標的物至清償地之費用及交付之費用，由出賣人負擔。

③ 受領標的物之費用、登記之費用及送交清償地以外處所之費用，由買受人負擔。

三、案例結論

按民法第369條規定：「買賣標的物與其價金之交付，除法律另有規定或契約另有訂定或另有習慣外，應同時為之」，可見關於標的物與價金之交付，固以同時履行為原則，然法律另有規定或契約另有訂定或另有習慣者，又屬例外。本案例甲以1,500萬元出售其土地，雙方之買賣契約對於價金之交付，既以契約明定分三期給付，自應從契約約定；惟對土地部分並未約定交付期間，則應從當事人之真意，以標的物之性質來決定；通常購買土地而約定分期給付價金者，旨在先取得土地之利用，若必待付清價金，始能請求交付買賣標的物，則無約定分期給付價金之實益，參照最高法院69年度台上字第3448號判決意旨：「本件買賣契約就上訴人應付之價款固有分期給付之約定，然就上訴人應履行辦理訟爭房地所有權移轉登記之義務，既未有約定應於上訴人交付某期價款之後為之，依民法第348條之規定，被上訴人於契約成立時即負有移轉……之義務。」甲除契約另有約定外，自不得主張同時履行抗辯拒絕交付土地，否則應負遲延給付責任。

至於乙另向建設公司丙購買預售之彰化市中山路王冠大樓一樓店面部分，因停車場乃大樓法定應設置之設施，又係原買賣契約及核可圖已有之設計，丙公司自有按圖施工，交付停車場地予乙及該大樓住戶使用之義務，茲丙公司未交付停車場前，縱有交付房屋，仍屬不完全給付，乙自得依債務不履行規定，拒絕給付50萬元尾款。

第二節　互易

案例50

　　甲、乙訂立合建房屋契約，約定由甲出資，乙提供土地，以甲之名義聲請建築執照，興建雙併房屋六棟，甲乙各取得三棟房屋及基地之所有權，嗣甲於房屋建築完成後，將其應得之房、地全部以新台幣1,800萬元售於丙，並已收受全部價款及辦妥房屋所有權移轉登記予丙，惟乙拒絕將該部分土地所有權移轉登記予丙，丙乃訴請乙移轉該部分土地之所有權，應否准許？

一、思考方向

　　關於合建房屋契約，實務上認為乃建築商於房屋完成後，將地主分得之房屋與地主交換其基地所有權之互易契約；至所謂互易，則為當事人雙方約定，互相移轉金錢以外財產權之契約，此種以物易物方式，係人類原始之交易型態，雖自貨幣經濟發達後，趨於式微，但在民間仍有援用情形，自有說明必要。

二、論點分析

(一) 互易之意義及性質

　　依民法第398條規定，互易係指當事人雙方約定互相移轉金錢以外財產權之一種交易行為。其性質與買賣契約均同屬雙務契約、有償契約、諾成契約、不要式契約及債權契約，至兩者之差異有二：

1. 給付標的不同

　　買賣之一方以金錢為給付標的；互易之雙方均以金錢以外之財產權為給付標的。

2. 當事人地位不同

　　買賣之一方為出賣人，他方為買受人；互易則雙方均兼具出賣人及買受人之地位。

(二) 互易之成立

　　互易為諾成契約，因當事人意思一致而成立，無須現實履行；且其成立不須任何方式，雖不動產之互易，因不動產之移轉須作成書面並踐行登記，惟斯乃互易之

履行行為，究非互易本身，從而互易並不因而成為要式行為。

(三) 互易之效力

由於互易除在客體（給付標的）方面與買賣有所差異，餘均與買賣大抵相同，故民法第398條規定：「當事人雙方約定互相移轉金錢以外之財產權者，準用關於買賣之規定」，即當事人應互負移轉財產權義務、瑕疵擔保責任、標的物受領義務，而危險負擔及利益承受亦應準用買賣之規定。又對於附有補償金之互易，例如甲以價值3萬元之電腦，與乙之價值2萬元音響互易，並以1萬元現金補足其差額是。對於此種互易，依民法第399條規定：「當事人之一方，約定移轉前條所定之財產權，並應交付金錢者，其金錢部分，準用關於買賣價金之規定」，即買賣價金之支付時期、支付處所等，在附有補償金之互易，均得加以適用。

三、案例結論

按土地所有權人提供土地由建築商出資合作建屋，其契約之性質如何，應依契約內容而定，不能一概而論。如契約當事人於訂約時言明，須俟房屋建竣後，始將應分歸地主之房屋與分歸建築商之基地，互易所有權者，固屬互易契約。惟如契約內言明，建築商向地主承攬完成一定之工作，而將地主應給與之報酬，充作買受分歸建築商之房屋部分基地之價款，則係屬買賣與承攬之混合契約；至若契約訂明各就分得房屋以自己名義領取建造執照，就地主分得部分而言，認該房屋之原始所有人為地主，地主與建築商就此部分之關係則為承攬契約。

本案例甲、乙訂立合建房屋契約，約定由甲出資，乙提供土地，以甲之名義聲請建築執照，興建房屋六棟，甲、乙各取得三棟房屋及基地之所有權，參照最高法院65年度台上字第901號判決意旨認為：「合建契約，乃建築商於房屋完成後，將地主分得之房屋與地主交換自己分得房屋之基地所有權，係互易性質，應準用買賣之規定」，可見，甲、乙訂立之合建契約，在性質上屬於互易契約，依民法第398條規定：「當事人雙方約定互相移轉金錢以外之財產權者，準用關於買賣之規定」，僅互易之當事人甲有請求乙移轉系爭土地所有權之權利，倘甲怠於行使權利，丙應代位甲行使對乙之土地移轉登記請求權，不得直接向乙請求。

第三節　交互計算

案例51

　　甲公司與乙公司因業務往來頻繁，雙方約定就其相互間交易所生之債權債務，每3個月核計乙次，互相抵銷，而僅支付其差額，此種約定在民法上之性質為何？如甲公司所交付之10萬元支票嗣後不獲兌現，乙公司得否在帳簿內予以刪除，並請求給付該票款？對於計算而生之差額，乙公司能否請求支付利息？

一、思考方向

　　進入21世紀之資訊社會，工商金融業發達，人與人間不斷往返，國內外貿易交易激增，彼此間常相互立於債權人及債務人地位，如運送業者、銀行業者、超商業者、證券業者間均為其著例。類此源源發生之債權債務關係，如須一一以現金結算支付，不僅浪費手續及費用，且須動用大量資金，造成不便，為此民法於債編各論第三章第400條至第405條明定「交互計算契約」，以供運用。本案例甲公司與乙公司因業務往來需要，約定就其相互間交易所生之債權債務，每3個月核計乙次，互相抵銷，而僅支付其差額，即屬於交互計算之情形，至其規範重點、效力容後加以敘明。

二、論點分析

(一) 交互計算之意義及性質

　　交互計算者，係當事人約定，以其相互間之交易所生之債權債務，為定期計算，互相抵銷，而僅支付其差額之契約（民法第400條）。此種契約，為一種結帳方法之約定，其優點可免現金受付之煩累與危險，並可節省清償之費用，而靈活資金之運用。至其性質，則為諾成、不要式、雙務及有償契約；但須注意者，交互計算之當事人雖互負計算及支付差額之義務，但此義務並非立於對價之關係，故應屬片務契約。

(二) 交互計算之客體

交互計算之客體，須爲金錢之債，且係當事人間因交易所生之債權、債務，若非因交易所生，而係其他原因所造成之債權債務關係，例如不當得利、侵權行爲所生之債權債務，即不得列入計算。又交互計算須定期計算，定期之長短如何，當事人得自由約定之，例如每3月、半年、1年計算一次，均無不可。若無約定時，民法第402條規定：「交互計算之計算期，如無特別訂定，每六個月計算一次。」

(三) 交互計算之效力

交互計算契約一經成立，則發生下列效力：

1. 定期計算

交互計算於會算前，當事人須將雙方相互間之債權債務，分別記入帳簿，而成爲交互計算之一個項目；對於已記入之項目，得約定自記入之時起，附加利息（民法第404條第1項）。又匯票、本票、支票及其他流通證券，記入交互計算者，如證券之債務人不爲清償時，當事人得將該記入之項目除去之（民法第401條）。一經記入交互計算項目，各該債權債務關係暫時於一定期間內，停止發生作用，因而債權人不得分別請求履行，債務人亦不得分別履行、抵銷、轉讓或設質，對此學者稱之爲「交互計算不可分原則」。

2. 互相抵銷

約定之計算期屆至，當事人將已記入之債權、債務分別結算，互相抵銷，求出差額。對於交互計算，如其數額有錯誤，或有應記載而漏未記載情事，當事人自得請求除去、更正或補正之，但依民法第405條規定：「記入交互計算之項目，自計算後，經過一年，不得請求除去或改正」，俾使法律關係儘早確定，以免拖延。

3. 支付差額

債權債務算出總額，互相抵銷，而得出差額，此差額除另有異議外，經雙方當事人之承認即歸於確定，此時當事人之一方並得請求自計算時起，支付利息（民法第404條第2項）。當事人如有差額仍不現實支付，約定列入下期之交互計算，亦無不可。

(四) 交互計算之終止

交互計算爲繼續性法律關係，自得由當事人加以終止，爲此民法第403條規定：「當事人之一方，得隨時終止交互計算契約，而爲計算。但契約另有訂定者，不在此限」；又交互計算遇有當事人之一方破產時，依破產法第100條規定：「附

期限之破產債權未到期者，於破產宣告時，視爲已到期」，故交互計算契約於當事人一方受破產宣告時，應認已屆計算期，而歸終了，雙方應算出差額，按破產程序處理；此外在當事人之一方爲公司，而進入重整程序時，其情形與破產相同，交互計算均因而終止。

三、案例結論

本案例甲公司與乙公司約定就其相互間交易所生之債權、債務每3個月核計乙次，互相抵銷，僅支付其差額，性質上爲民法所規範之交互計算契約，應無疑異。

在交互計算時，依民法第401條規定：「匯票、本票、支票及其他流通證券，記入交互計算者，如證券之債務人不爲清償時，當事人得將該記入之項目除去之」，故甲公司所交付之10萬元支票嗣後不獲兌現，乙公司自得在帳簿中予以刪除，並得依票據關係，行使追索權，請求甲公司給付該票款。對於計算而生之差額，如當事人無另外約定時，得依同法第404條規定，請求自計算時起支付利息。

第四節　贈與

案例52

1. 甲至台中全國大飯店參加高中同學乙之結婚喜宴，因當天適有乙、丙分別於該地點設宴，甲不注意將禮金送錯至丙府之接待席，並進而入內喝喜酒，迨丙與新娘敬酒時始發現錯誤，此時甲可否要回送錯之新台幣5,000元禮金？該丙府人員能否以甲業已用餐爲由，加以拒絕？
2. 丁、戊爲父子關係，丁立字據以土地贈與戊，尚未辦理所有權移轉登記，嗣戊對其有傷害行爲，丁得否撤銷其贈與？

一、思考方向

案例情形，很明顯的與贈與行爲有關，按所謂贈與，係指當事人約定，一方以自己之財產無償給與他方之意思表示，經他方允受之契約；贈與之目的，在於無對價關係而爲財產之給付，雖民法上贈與之種類，有附負擔贈與之情形，但通說認爲其所附負擔，與贈與所爲之給付間並不構成對價關係，自不影響其無償性。又贈與契約所給與者必爲財產，無論係物權、無體財產權、債權甚至占有等財產上利益均

無不可，但如係勞務之無償提供，即非贈與。對於贈與之法律關係，民法債編各論第406條至第420條定有明文，茲說明如下，以作為研究本案例之參考。

二、論點分析

(一) 贈與之意義及性質

民法第406條規定：「稱贈與者，謂當事人約定，一方以自己之財產無償給予他方，他方允受之契約」，故贈與契約，除應具備前述，由當事人之一方以自己之財產無償給與他方之要件外，並應經他方（受贈人）允受始可成立，此即「恩惠不得強制之法諺」精神所在。贈與契約在性質上為無償契約、片務契約、債權契約、諾成契約及不要式契約。

(二) 贈與之成立

贈與因當事人意思表示一致，經受贈人允受而生效力，故為不要式契約；惟對於不動產之贈與，民法原於第407條規定：「以非經登記不得移轉之財產為贈與者，在未為移轉登記前，其贈與不生效力」，雖係考慮不動產之特性，使贈與人不致因一時衝動，貿然應允將價值貴重之不動產，無償給與他人所為規定，惟最高法院41年台上字第175號判例，卻認為「以非經登記不得移轉之財產為贈與者，在未為移轉登記前，其贈與不發生效力，固為民法第407條所明定。惟當事人間對於無償贈與不動產之約定，如已互相表示意思一致，依同法第153條第1項規定，其契約即為成立，縱未具備贈與契約特別生效要件，要難謂其一般契約之效力亦未發生，債務人自應承受此契約之約束，負有移轉登記，使生贈與效力之義務」，致發生法條適用之歧異，使贈與契約之履行與生效混為一事，引發學者與實務上之爭議，新修正之民法已刪除第407條規定，使不動產之贈與，和動產相同，祇要經他方允受即成立生效，惟在移轉登記前，贈與人得隨時撤銷其贈與。

(三) 贈與之種類

1. 一般贈與

又稱單純贈與，即民法第406條所稱之贈與。

2. 附負擔贈與

附負擔之贈與，係指附有使受贈人對於贈與人或第三人負有一定給付義務約款之贈與，此種贈與之給付與受贈人之負擔義務，並非立於對價關係，僅係限制贈與效力之約款，故學者通說仍認其屬無償、片務契約。至其效力可分兩點說明：

(1) **受贈人負擔之履行**：贈與附有負擔者，如贈與人已爲給付而受贈人不履行其負擔時，贈與人得請求受贈人履行其負擔，或撤銷贈與。負擔以公益爲目的者，於贈與人死亡後，主管機關或檢察官得請求受贈人履行其負擔（民法第412條）。對於受贈人履行負擔之程度，爲合乎贈與無償性之本質，民法第413條規定：「附有負擔之贈與，其贈與不足償其負擔者，受贈人僅於贈與之價值限度內，有履行其負擔之責任」，以求公允。

(2) **贈與人瑕疵之擔保**：因附負擔之贈與，在性質上已類似於有償契約，爲此民法第414條規定：「附有負擔之贈與，其贈與之物或權利如有瑕疵，贈與人於受贈人負擔之限度內，負與出賣人同一之擔保責任」，是爲贈與人之瑕疵擔保責任。

3. 定期給付贈與

定期給付贈與，乃每隔一定時期，繼續無償給與財產之贈與。此種贈與，有依約定訂有存續期間者，有未定有存續期間者，無論何者，依民法第415條規定：「定期給付之贈與，因贈與人或受贈人之死亡，失其效力。但贈與人有反對之意思表示者，不在此限。」

4. 死因贈與

死因贈與，乃因贈與人死亡而生效力之贈與，亦即以「受贈人於贈與人死亡時仍生存」爲停止條件之贈與。此種贈與和遺贈類似，但遺贈係單獨行爲、要式行爲，而死因贈與則爲契約行爲、不要式行爲；死因贈與，我民法並無規定，解釋上得準用有關遺贈之規定。

(四) 贈與之效力

1. 贈與人之給付義務

贈與人應依贈與之本旨，履行其義務，亦即應爲財產權之移轉，使受贈人取得其權利。

2. 贈與人債務不履行責任

因贈與爲無償契約，且僅爲受贈人之利益，對於贈與人之責任，自應減輕，否則難得情理之平，故民法第410條規定：「贈與人僅就其故意或重大過失，對於受贈人負給付不能之責任。」對於經公證之贈與，或爲履行道德上義務而爲贈與，贈與人給付遲延時，受贈人得請求交付贈與物；其因可歸責於贈與人之事由致給付不能時，受贈人得請求賠償贈與物之價額；前項情形，受贈人不得請求遲延利息或其他不履行之損害賠償（民法第409條）。又民法第418條規定：「贈與人於贈與約定後，其經濟狀況顯有變更，如因贈與致其生計有重大之影響，或妨礙其扶養義務

之履行者，得拒絕贈與之履行」，是為贈與人之窮困抗辯，此際贈與人自得拒絕履行。

3. 贈與人瑕疵擔保責任

民法第411條規定：「贈與之物或權利如有瑕疵，贈與人不負擔保責任。但贈與人故意不告知其瑕疵或保證其無瑕疵者，對於受贈人因瑕疵所生之損害，負賠償之義務」，可見贈與人原則上不負瑕疵擔保責任，僅例外在故意不告知瑕疵或保證贈與物無瑕疵時，始令負瑕疵擔保責任。

(五) 贈與之撤銷

1. 撤銷之原因

(1) **任意撤銷**：即無須具備法定原因，得由贈與人任意撤銷而言，民法第408條規定：「贈與物之權利未移轉前，贈與人得撤銷其贈與。其一部已移轉者，得就其未移轉之部分撤銷之。前項規定，於經公證之贈與，或為履行道德上義務而為贈與者，不適用之。」

(2) **法定撤銷**：受贈人對於贈與人，依民法第416條第1項規定，有下列情事之一者，贈與人得撤銷其贈與：

① 對於贈與人、其配偶，直系血親、三親等內旁系血親或二親等內姻親，有故意侵害之行為，依刑法有處罰之明文者。

② 對於贈與人有扶養義務而不履行者。

前項撤銷權，自贈與人知有撤銷原因之時起，1年內不行使而消滅。贈與人對於受贈人已為宥恕之表示者，亦同（民法第416條第2項）。除贈與人有撤銷權外，依民法第417條規定：「受贈人因故意不法之行為，致贈與人死亡或妨礙其為贈與之撤銷者，贈與人之繼承人，得撤銷其贈與。但其撤銷權自知有撤銷原因之時起，六個月間不行使而消滅」，即繼承人亦有撤銷權。

2. 撤銷之方法及效果

撤銷權係形成權之一，且為有相對人之單獨行為，依民法第419條規定：「贈與之撤銷，應向受贈人以意思表示為之。贈與撤銷後，贈與人得依關於不當得利之規定，請求返還贈與物」；惟贈與行為如符合民法第180條第1款規定之「給付係履行道德上之義務者」，即排除不當得利請求權之適用，而不得請求返還。

3. 撤銷權之消滅

贈與之撤銷權，因受贈人死亡而消滅（民法第420條）；此外，尚因法定1年或6個月存續期間經過（民法第416條第2項、第417條）及贈與人宥恕而消滅（民法第416條第2項）。

三、案例結論

依民法第406條規定，稱贈與者謂當事人一方以財產無償給與他方，他方允受之契約，故雙方當事人必有意思之合致，及受贈與人之允受，其贈與始生效力。本案例中甲錯給5,000元禮金，因無當事人間之意思合致，所以贈與契約不成立，縱有認爲送禮爲恩惠行爲，無須法效意思存在，但此恩惠行爲，如有錯誤時，仍可撤銷，故甲於撤銷後得依民法第179條不當得利規定，請求丙府返還禮金；至甲在丙府之用餐行爲，如屬善意，依民法第182條第1項規定，可以免負返還該頓喜宴價值之義務。

又丁、戊爲父子關係，丁立字據以土地贈與戊，尙未辦理所有權移轉登記，對於此種不動產贈與，依民法第408條第1項規定：「贈與物之權利未移轉前，贈與人得撤銷其贈與。其一部已移轉者，得就其未移轉之部分撤銷之」，故贈與人丁依該規定，隨時均可撤銷之；再者，受贈人戊因另對丁有傷害行爲，依民法第416條第1項第1款規定，贈與人丁亦可撤銷其不動產贈與，自不待言。

第五節　租賃

案例53

甲將所有房屋，以定期租賃契約出租予乙，嗣於租期中，又將該房屋出售予丙，約定於租期屆滿後，由甲負責收回交付丙，並已先行辦理移轉登記完畢，但上開買賣情形，未通知乙，詎於租期屆滿後，乙向甲續納租金，而甲未爲反對，且予收受，丙則一再催促甲要求乙遷出，逾2月甲仍未依約交屋於丙，丙乃本於所有權訴請乙遷讓，乙則以甲於期滿後仍收受租金，未卽時表示反對，已依法以不定期限繼續租賃資爲抗辯，其主張有無理由？另丁承租戊所有房屋一棟，於租賃契約約定：「丁如因未盡善良管理人之責任失火，致房屋毀損滅失者，應負損害賠償責任。」嗣丁於租賃期間內，因未盡善良管理人之輕過失，致電線走火燒燬承租之房屋，戊依上開約定，請求承租人賠償因失火燒燬房屋之損害，其請求有無理由？

一、思考方向

稱租賃者，謂當事人約定，出租人支付租金而就他人之物為使用收益之契約，無論土地、房屋、汽車、生產用具，乃至衣服、首飾、書籍等，均可作為租賃之標的，因租賃可以發揮物之使用價值、降低成本，對於經濟弱者幫助甚大，故各國法律莫不承認租賃制度。我國民法債編各論，亦於第421條至第463條，分別就租賃之相關內容，予以明文規定，為此本書亦先就租賃之意義、性質、種類及出租人、承租人之權利義務，完整說明於後，再共同探究本案例所涉及之「買賣不破租賃」及承租人之失火責任等問題。

二、論點分析

(一) 租賃之意義及性質

租賃乃當事人約定，一方以物租與他方使用收益，他方支付租金之契約（民法第421條第1項）。租賃之當事人並無限制，自然人、法人均可。標的物得為動產或不動產，至於權利租賃，如著作權、國營礦業權之出租等，可準用租賃之規定（民法第463條之1）。又租賃之客體，不以自己所有物為限，即使他人之物，亦可作為租賃之標的物；租金，則得以金錢或租賃物之孳息充之（民法第421條第2項）。租賃契約之性質為：

1. 租賃為雙務及有償契約。
2. 租賃為債權契約。
3. 租賃為諾成契約，一經當事人合意即為成立。
4. 租賃原則上為不要式契約，不以履行一定方式為必要，但對於不動產之租賃契約，其期限逾1年者，應以字據訂立之，未以字據訂立者，視為不定期限之租賃（民法第422條），則為例外規定。

(二) 租賃之期限

租賃，僅在物之使用收益，並非所有權之移轉，期限過長，將妨害其利用改良，故民法第449條第1項規定：「租賃契約之期限，不得逾二十年。逾二十年者，縮短為二十年」，限制最長之期限，但前項期限屆滿後，當事人得更新之（民法第449條第2項）。惟更新之租期，仍不得逾20年。至租用基地建築房屋及未定期限之租賃，在未經合法終止前，則得繼續20年以上，不受上開限制（民法第449條第3項）。

(三) 租賃之成立

租賃契約只要當事人意思合致，即可成立並發生效力，不以具有法定方式爲必要，而爲不要式契約，惟應注意前述不動產租賃期限逾1年以上，應以字據訂立之規定。

(四) 租賃之種類

1. 一般租賃

即民法第421條所規定之租賃。

2. 耕地租賃

耕地租賃之意義，民法並未加以規定，但依土地法第106條規定，乃以自任耕作爲目的，約定支付地租，而使用他人農地之租賃。此種租賃，目前應優先適用耕地三七五減租條例及土地法，民法耕地租賃之規定，祇能補充適用而已。茲就民法對於耕地租賃之相關規定敘明如下：

(1) **租金之減免及支付**：耕作地之承租人，因不可抗力，致其收益減少或全無者，得請求減少或免除租金。此項租金減免請求權，不得預先拋棄（民法第457條）。又耕作地之出租人不得預收租金，承租人不能按期支付應交租金之全部，而以一部支付時，出租人不得拒絕收受（民法第457條之1），以保障承租人之利益。

(2) **耕地租約之終止**

耕作地租賃於租期屆滿前，有下列情形之一時，依民法第458條規定，出租人得終止契約：

① 承租人死亡而無繼承人或繼承人無耕作能力者。
② 承租人非因不可抗力不爲耕作繼續1年以上者。
③ 承租人將耕作地全部或一部轉租於他人者。
④ 租金積欠達2年之總額者。
⑤ 耕作地依法編定或變更爲非耕作地使用者。

對於未定期限之耕作地租賃，出租人除收回自耕外，僅於有第458條所列各款之情形或承租人違反第432條或第463條第2項之規定時，得終止契約（民法第459條）。耕作地之出租人終止契約者，應以收益季節後，次期作業開始前之時日，爲契約之終止期（民法第460條）。耕作地之承租人，因租賃關係終止時未及收穫之孳息，所支出之耕作費用，得請求出租人償還之；但其請求額不得超過孳息之價額（民法第461條）。

(3) **耕地之優先承買：**耕作地出租人出賣或出典耕作地時，承租人有依同樣條件優先承買或承典之權；第426條之2第2項及第3項之規定，於前項承買或承典準用之（民法第460條之1）。

(4) **耕地改良費之返還：**耕作地承租人於保持耕作地之原有性質及效能外，得為增加耕作地生產力或耕作便利之改良。但應將改良事項及費用數額，以書面通知出租人。前項費用，承租人返還耕作地時，得請求出租人返還；但以其未失效能部分之價額為限（民法第461條之1）。

(5) **耕地附屬物之處置：**耕作地之租賃，附有農具、牲畜或其他附屬物者，當事人應於訂約時，評定其價值，並繕具清單，由雙方簽名，各執一份。清單所載之附屬物，如因可歸責於承租人之事由而滅失者，由承租人負補充之責任。附屬物因不可歸責於承租人之事由而滅失者，由出租人負補充之責任（民法第462條）。耕作地之承租人依清單所受領之附屬物，應於租賃關係終止時，返還於出租人。如不能返還者，應賠償其依清單所定之價值；但因使用所生之通常折耗，應扣除之（民法第463條）。

(五) 租賃之效力

1. 對於出租人之效力

(1) **使承租人得為物之使用收益義務：**出租人應以合於所約定使用、收益之租賃物，交付承租人，並應於租賃關係存續中保持其合於約定使用、收益之狀態（民法第423條）。

(2) **修繕之義務：**租賃物之修繕，除契約另有訂定或另有習慣外，由出租人負擔（民法第429條第1項）。因而出租人為保存租賃物所為之必要行為（如裝潢、修繕等），承租人不得拒絕（同條文第2項）。如出租人不為修繕時，依民法第430條規定：「租賃關係存續中，租賃物如有修繕之必要，應由出租人負擔者，承租人得定相當期限，催告出租人修繕，如出租人於其期限內不為修繕者，承租人得終止契約或自行修繕而請求出租人償還其費用，或於租金中扣除之。」

(3) **瑕疵擔保責任：**出租人之瑕疵擔保責任有下列兩種：

① 權利瑕疵擔保責任：出租人應擔保第三人就租賃物，對於承租人不得主張任何權利，若於租賃關係存續中，承租人因第三人就租賃物主張權利，致不能為約定之使用收益者，得準用民法第435條之規定，請求減少租金或終止契約（民法第436條）。

② 物之瑕疵擔保責任：租賃物為房屋或其他供居住之處所者，如有瑕疵，危及承

租人或其同居人之安全或健康時，承租人雖於訂約時已知其瑕疵，或已拋棄其終止契約之權利，仍得終止契約（民法第424條）。

(4) **稅捐之負擔：**就租賃物應納之一切稅捐，由出租人負擔之（民法第427條）。

(5) **有益費用之返還：**承租人就租賃物支出有益費用，因而增加該物之價值者，如出租人知其情事而不為反對之表示，於租賃關係終止時，應償還其費用，但以其現存之增價額為限。承租人就租賃物所增設之工作物，得取回之，但應回復租賃物之原狀（民法第431條）。上述費用之返還或工作物之取回，在承租人方面言之，則為一種權利，此等權利均因2年間不行使而消滅；上開2年期間，自租賃關係終止時起算（民法第456條）。

(6) **不動產出租人之留置權：**不動產之出租人，就租賃契約所生之債權，對於承租人之物置於該不動產者，除禁止扣押之物外，有留置權。此項留置權，不以留置物為出租人所占有為其發生要件（最高法院28年上字第687號判例參照）；但僅於已得請求之損害賠償，及本期與以前未交之租金之限度內，得就留置物取償（民法第445條），學者稱之為法定留置權。該留置權因下列事由而消滅：

① 承租人取去留置物：承租人將前述之留置物取去者，出租人之留置權消滅；但其取去係乘出租人之不知，或出租人曾提出異議者，不在此限。又承租人如因執行業務取去其物，或其取去適於通常之生活關係，或所留之物足以擔保租金之支付者，出租人不得提出異議（民法第446條）。至出租人有提出異議權者，得不聲請法院，逕行阻止承租人取去其留置物，如承租人離去租賃之不動產者，並得占有其物；承租人乘出租人之不知或不顧出租人提出異議而取去其物者，出租人得終止契約（民法第447條）。

② 承租人另提擔保：承租人得提出擔保，以免出租人行使留置權，並得提出與各個留置物價值相當之擔保，以消滅對於該物之留置權（民法第448條）。

2. 對於承租人之效力

(1) **支付租金：**租金為承租人使用租賃物之對價，為承租人之主要義務，依民法第421條第2項規定，租金得以金錢或租賃物之孳息充之。租金之數額，由當事人自行訂立，其支付方法，以分期支付或一次支付均無不可。租金之支付時期，依民法第439條規定：「承租人應依約定日期，支付租金；無約定者，依習慣；無約定亦無習慣者，應於租賃期滿時支付之。如租金分期支付者，於每期屆滿時支付之。如租賃物之收益有季節者，於收益季節終了時支付之。」承租人租金支付有遲延者，出租人得定相當期限，催告承租人支付租金；如承租人於其期限內不為支付，出租人得終止契約。租賃物為房屋者，遲付租金之總

額，非達2個月之租額，不得依前項之規定，終止契約；其租約約定於每期開始時支付者，並應於遲延給付逾2個月時，始得終止契約。租用建築房屋之基地，遲付租金之總額，達2年之租額時，適用前項之規定（民法第440條）。就當事人所約定之租金，原則上不得變動，但民法第442條規定：「租賃物為不動產者，因其價值之昇降，當事人得聲請法院增減其租金，但其租賃定有期限者，不在此限」，是為因情事變更而得增減租金之規定，於定期租賃雖不適用，但定期租賃之租金，得另適用民事訴訟法第397條之規定而增減之，自不待言。其次民法第441條規定：「承租人因自己之事由，致不能為租賃物全部或一部之使用、收益者，不得免其支付租金之義務」，但租賃關係存續中，因不可歸責於承租人之事由，致租賃物之一部滅失者，承租人得按滅失之部分，請求減少租金（民法第435條第1項），又承租人因第三人就租賃物主張權利，致租賃物之一部不能為約定之使用收益者，準用上述之規定（民法第436條）。

(2) **依約定方法使用收益租賃物：**承租人應依約定方法，為租賃物使用收益，無約定方法者，應依租賃物之性質而定之方法為之。承租人違反此項規定為租賃物之使用收益，經出租人阻止而仍繼續為之者，出租人得終止契約（民法第438條）。

(3) **租賃物之保管：**對於租賃物之保管，民法第432條第1項規定：「承租人應以善良管理人之注意，保管租賃物，租賃物有生產力者，並應保持其生產力。」承租人違背租賃物保管義務，致租賃物毀損滅失者，負損害賠償責任；但依約定之方法或依物之性質而定之方法為使用收益，致有變更或毀損者，不在此限（民法第432條第2項）。又因承租人之同居人，或因承租人允許為租賃物之使用收益之第三人，應負責之事由，致租賃物毀損滅失者，承租人負損害賠償責任（民法第433條）。承租人對於租賃物之保管雖負抽象的輕過失責任，但依民法第434條規定：「租賃物因承租人之重大過失，致失火而毀損、滅失者，承租人對於出租人負損害賠償責任」，是乃承租人對失火行為減輕責任之規定。基於承租人對租賃物之保管義務，因而更有下列三項附隨義務：

① 負擔飼養費之義務：租賃物為動物者，其飼養費由承租人負擔（民法第428條）。

② 保存行為之容忍義務：出租人為保存租賃物所為之必要行為，承租人不得拒絕（民法第429條第2項），即使暫時妨礙其使用收益亦同。

③ 通知之義務：租賃關係存續中，租賃物如有修繕之必要，應由出租人負擔者，或因防止危害有設備之必要，或第三人就租賃物主張權利者，除為出租人所已

知者外，承租人應即通知出租人。如怠於通知，致出租人不能及時救濟者，應賠償出租人因此所生之損害（民法第437條）。

(4) **租賃物之轉租**：所謂轉租，指承租人不脫離其原租賃關係，而將租賃物轉交與次承租人之契約。對於一般租賃，承租人非經出租人承諾，不得將租賃物轉租於他人；但租賃物為房屋者，除有反對之約定外，承租人得將其一部分轉租他人。承租人違反此項規定，將租賃物轉租於他人者，出租人得終止契約（民法第443條）。至於承租人依上述規定，將租賃物轉租於他人者，其與出租人間之租賃關係，仍為繼續，並因次承租人應負責之事由發生之損害，承租人負賠償責任（民法第444條）。

(5) **租賃物之返還**：承租人於租賃關係終止後，應返還租賃物，租賃物有生產力者，並應保持其生產狀態，返還於出租人（民法第455條）。

(6) **地上權之登記**：租用基地建築房屋者，承租人於契約成立後，得請求出租人為地上權之登記（民法第422條之1）。此為民法參考土地法第102條所作規定，以保護租用基地建築房屋承租人之權利。

3. 對於第三人之效力

租賃在法律性質上屬於債權契約，其效果原應僅及於特定人間，而不及於第三人，但民法為強化租賃權之效力，以保護承租人之利益，而於一定條件下，使租賃權具有類似物權之排他效力，此種效力在學理上稱為「租賃之物權化」，其具體內容如下：

(1) 租賃物之讓與

① 出租人於租賃物交付後，承租人占有中，縱將其所有權讓與第三人，其租賃契約，對於受讓人仍繼續存在。前項規定，於未經公證之不動產租賃契約，其期限逾5年或未定期限者，不適用之（民法第425條）。此項「所有權讓與不破租賃原則」之適用，必以該租賃物讓與之時，已存在有效之租賃契約，並經承租人占有中為前提。倘租賃物於讓與第三人時，出租人與承租人僅係簽訂效力未定之租賃契約而未經本人追認（參照民法第170條第1項規定）者，自不在該條項規範之列，且不因原承租之本人於租賃物讓與後再為追認，而得對抗受讓在先之第三人，以符該條項兼顧保護承租人利益暨保障第三人權益之本旨（最高法院97年度台上字第508號民事判決意旨參照）。

② 土地及其土地上之房屋同屬一人所有，而僅將土地或僅將房屋所有權讓與他人，或將土地及房屋同時或先後讓與相異之人時，土地受讓人或房屋受讓人與讓與人間或房屋受讓人與土地受讓人間，推定在房屋得使用期限內，有租賃關係。其期限不受第449條第1項規定（不得逾20年）之限制。前項情形，其租金

數額當事人不能協議時，得請求法院定之（民法第425條之1）。

③ 租用基地建築房屋，承租人房屋所有權移轉時，其基地租賃契約，對於房屋受讓人，仍繼續存在（民法第426條之1）。

④ 租用基地建築房屋，出租人出賣基地時，承租人有依同樣條件優先承買之權；承租人出賣房屋時，基地所有人有依同樣條件優先承買之權。前項情形，出賣人應將出賣條件以書面通知優先承買權人。優先承買權人於通知達到後10日內未以書面表示承買者，視為放棄。出賣人未以書面通知優先承買權人而為所有權之移轉登記者，不得對抗優先承買權人（民法第426條之2）。

(2) **租賃物設定負擔：**出租人就租賃物設定物權，致妨礙承租人之使用收益者，準用第425條之規定，使租賃契約，對於權利取得人，仍繼續存在，以保護其利益（民法第426條）。

(六) 租賃之特別消滅時效

出租人就租賃關係所受損害，即民法第432條第2項至第434條、第437條第2項及第444條所定之損害，對於承租人之損害賠償請求權；承租人依第430條、第431條第1項所定之償還費用請求權及第431條第2項所定之工作物取回權，均宜儘速行使，以免為時過久，難於證明，故第456條第1項規定，均因2年間不行使而消滅。此項消滅時效之起算點，於出租人，自受租賃物返還時起算；於承租人，自租賃關係終止時起算（民法第456條第2項）。本條文規定係民法總則編關於消滅時效之特別規定，應優先適用。

(七) 租賃之消滅

1. 租期屆滿

租賃定有期限者，其租賃關係，於期限屆滿時消滅（民法第450條第1項）。惟租賃期限屆滿後，承租人仍為租賃物之使用收益，而出租人不即表示反對之意思者，視為以不定期限繼續契約（民法第451條）。

2. 終止契約

(1) **不定期租賃：**租賃未定期限者，各當事人得隨時終止契約；但有利於承租人之習慣者，從其習慣。前項終止契約，應依習慣先期通知；但不動產之租金，以星期、半個月或1個月定其支付之期限者，出租人應以曆定星期，半個月或1個月之末日為契約終止期，並應至少於1星期、半個月或1個月前通知之（民法第450條第2、3項）。

(2) **定期租賃：**定期租賃原則上不得中途終止契約，但有下列情形，例外得終止之：

① 定有期限之租賃契約，如約定當事人之一方於期限屆滿前，得終止契約者，其終止契約，應依第450條第3項之規定，先期通知（民法第453條）。

② 承租人死亡者，租賃契約雖定有期限，其繼承人仍得終止契約；但應依第450條第3項之規定先期通知（民法第452條）。

此外，出租人得依第438條第2項、第440條第1、2項、第443條第2項、第447條第2項規定終止租約。承租人得依第430條、第435條第2項、第436條規定終止契約。租賃契約終止後，承租人應返還租賃物，租賃物有生產力者，並應保持其生產狀態，返還出租人（民法第455條）。租賃契約依民法第452條及第453條之規定終止契約時，如終止後始到期之租金，出租人已預先受領者，應返還之（民法第454條）。

3. 租賃物滅失

租賃物滅失，則租賃失其標的物，租賃關係當然消滅；如僅一部滅失，而不可歸責於承租人時，得請求減少部分租金。

三、案例結論

按出租人於租賃物交付後，承租人占用中，縱將其所有權讓與第三人，其租賃契約，對於受讓人仍繼續存在，民法第425條第1項定有明文。其租賃契約既對受讓人繼續存在，受讓人即當然承受出租人行使或負擔，由租賃契約所生之權利或義務，從而原出租人不得仍以出租人名義，向承租人請求返還租賃物（最高法院43年3月10日民刑庭總會決議參照）。再民法第451條所謂出租人不即表示反對之意思，係指依一般觀念，出租人於租期屆滿後，相當時期內，能表示反對意思而不表示者而言（最高法院43年台上字第367號判例參照）。本案例房屋受讓人丙原以為出租人甲必向承租人乙請求返還房屋，故未親自表示請求返還房屋之意思。迨租期屆滿逾2個月甲仍未向乙請求，始以自己名義起訴請求返還房屋，難認未於相當時期內，表示反對乙繼續使用收益租賃物之意思，乙不得主張成立不定期租賃。

次按民法第434條之失火責任，通說認為係同法第432條承租人應以善良管理人之注意義務，保管租賃物之特別規定，其立法原意係在貫徹保護承租人之本旨，減輕其賠償責任。惟該條文並非強制規定，倘當事人間合意約定承租人如未盡善良管理人之注意，致房屋因失火而毀損滅失時，應負損害賠償責任者，乃在加重承租人對火災之注意義務，其約定並未違背強制或禁止規定，應無不可（74年5月22日（74）廳民一字第387號函復台高院）。本案例丁、戊於租賃契約中約定，承租人因輕過失致失火，使租賃物毀損滅失者，亦應負賠償責任，其特約自屬有效。出租人戊依該約定，就承租人丁因輕過失失火燒燬承租房屋所受之損害，請求丁賠償，

為有理由。

第六節　借貸

案例54

1. 某甲因任職乙公司而獲配住宿舍，其使用借貸關係，是否因借用人甲之離職或死亡而當然消滅？若貸與人乙公司以借用人已離職或死亡，而借用人仍繼續使用為無權占有，本於所有權之效用，對借用人或其繼承人請求返還配住之宿舍，應否准許？
2. 另某丙向某丁簽賭彩票，中獎80萬元，某丁因無力支付，乃簽發同金額借據一紙予丙，言明112年8月底前支付，屆期如某丁迄未支付，丙能否依該借據請求80萬元之彩金？

一、思考方向

借貸乃借用他人之物之契約，其借用他人之物者，稱為借用人；以物出借者，則為貸與人；借貸之標的，以物為限，通常稱之為借用物。借貸分為使用借貸與消費借貸兩種，民法第464條至第473條為使用借貸之規定；第474條至第481條則為消費借貸之相關規定。

在本案例所涉及之甲因任職而獲配住宿舍，是否因借用人之離職或死亡而消滅，其應思考者，即為使用借貸契約中，借用人與貸與人間之權利義務關係問題；至於丙、丁因簽賭彩票，於丙中獎時，丁無力支付而簽發80萬元之借據，屆期丙得否依該借據請求給付，此則涉及消費借貸之成立及效力問題，茲就使用借貸與消費借貸之規定述明於後。

二、論點分析

(一) 使用借貸之意義及性質

使用借貸，係指當事人一方以物交付他方，而約定他方於無償使用後返還其物之契約（民法第464條）。其標的以物為限，無論動產或不動產均包括在內；且由於使用借貸係無償，故僅得對標的物為使用，不得為收益行為，此與租賃契約得為

使用及收益者不同。使用借貸之法律性質如下：

1. 使用借貸爲片務契約、債權契約。

2. 使用借貸爲無償契約。

3. 使用借貸爲不要式契約。

4. 使用借貸爲要物契約，依修正前民法第465條規定：「使用借貸，因借用物之交付而生效力」，在適用上易使人誤爲借用物之交付，爲使用借貸之生效要件，惟民法修正後，已刪除該條文規定，於第464條將物之交付改爲成立要件，明確將使用借貸，界定爲要物契約，應予注意。另使用借貸在物之交付前，得先成立預約，依民法第465條之1規定：「使用借貸預約成立後，預約貸與人得撤銷其約定。但預約借用人已請求履行預約而預約貸與人未即時撤銷者，不在此限。」

(二) 使用借貸之效力

1. 借用人之權利義務

(1) **借用物使用權**：使用借貸之目的，在於物之使用，故貸與人須容忍其使用，惟借用人在使用借用物時，依民法第467條規定：「借用人應依約定方法，使用借用物；無約定方法者，應以依借用物之性質而定之方法使用之。借用人非經貸與人之同意，不得允許第三人使用借用物。」

(2) **借用物保管義務**：依民法第468條規定：「借用人應以善良管理人之注意，保管借用物。借用人違反前項義務，致借用物毀損、滅失者，負損害賠償責任。但依約定之方法或依物之性質而定之方法使用借用物，致有變更或毀損者，不負責任。」此項賠償請求權，依同法第473條規定，自受借用物返還時起算，因6個月不行使而消滅。

(3) **負擔保管費義務**：借用物之通常保管費用，由借用人負擔；借用物爲動物者，其飼養費亦同；借用人就借用物支出有益費用，因而增加該物之價值者，準用第431條第1項有關租賃關係終止時償還有益費用之規定（民法第469條第1、2項）。

(4) **返還借用物義務**：使用借貸之返還客體，應爲原借用物，此與消費借貸不同，其返還時期，依民法第470條規定：「借用人應於契約所定期限屆滿時，返還借用物；未定期限者，應於依借貸之目的使用完畢時返還之。但經過相當時期，可推定借用人已使用完畢者，貸與人亦得爲返還之請求。借貸未定期限，亦不能依借貸之目的而定其期限者，貸與人得隨時請求返還借用物」，例如因任職而配住之房屋，於離職時應視爲使用完畢是（最高法院44年台上字第802

號判例參照）。借用物為數人共借時，依民法第471條規定，該數人對於貸與人須連帶負責。又借用人返還借用物時，就借用物所增加之工作物，得取回之；但應回復借用物之原狀（民法第469條第3項）。此項工作物取回權，亦自借貸關係終止時起，因6個月間不行使而消滅（民法第473條第1項）。

2. 貸與人之權利義務

(1) 容許使用借用物義務。

(2) 借用物返還請求權。

(3) 瑕疵擔保責任：因使用借貸為無償契約，其瑕疵擔保責任理應較輕，故民法第466條規定，貸與人故意不告知借用物之瑕疵，致借用人受損害者，始負賠償責任；又依第473條規定，此項賠償請求權，因6個月間不行使而消滅，前開期間於借用人，自借貸關係終止時起算。

(三) 使用借貸之消滅

1. 使用借貸期限屆滿

使用借貸定有期限者，於期限屆滿時消滅；未定期限者，貸與人依民法第470條規定於依借貸目的使用完畢時，請求返還借用物。

2. 借貸契約之終止

依民法第472條規定，有下列各類情形之一者，貸與人得終止契約：

(1) 貸與人因不可預知之情事，自己需用借用物者。

(2) 借用人違反約定或依物之性質而定之方法使用借用物，或未經貸與人同意，允許第三人使用者。

(3) 因借用人怠於注意，致借用物毀損或有毀損之虞者。

(4) 借用人死亡者。

3. 借用物滅失

借用物全部滅失時，其使用借貸關係亦歸於消滅。

(四) 消費借貸之意義及性質

稱消費借貸者，謂當事人一方移轉金錢或其他代替物之所有權於他方，而約定他方以種類、品質、數量相同之物返還之契約；當事人之一方對他方負金錢或其他代替物之交付義務，而約定以之作為消費借貸之標的者，亦成立消費借貸（民法第474條）。消費借貸之法律性質，亦為片務契約、債權契約、不要式契約，此與使用借貸相同。惟消費借貸之標的物須為金錢或其他代替物，並須將其所有權移轉於借用人，如附有利息或其他報償時，則為有償契約；反之則為無償契約。

　　又修正前民法第475條規定：「消費借貸，因金錢或其他代替物之交付而生效力」，即以物之交付為生效要件，新修正民法已刪除該規定，改定於第474條，使金錢或其他代替物之交付為消費借貸契約之成立要件，而為要物契約；並承認消費借貸之預約，於第475條之1規定：「消費借貸之預約，其約定之消費借貸有利息或其他報償，當事人之一方於預約成立後，成為無支付能力者，預約貸與人得撤銷其預約。消費借貸之預約，其約定之消費借貸為無報償者，準用第四百六十五條之一之規定」，使預約貸與人在一定條件下，有撤銷預約權，以符誠信原則。

(五) 消費借貸之效力

1. 借用人之權利義務

(1) **支付報償義務**：消費借貸如為有償時，借用人有支付報償之義務，其支付時期，依民法第477條規定：「利息或其他報償，應於契約所定期限支付之；未定期限者，應於借貸關係終止時支付之。但其借貸期限逾一年者，應於每年終支付之。」至其利息或數額，得由當事人任意定之，但不得違反民法第205條、第206條之規定。又依同法第481條規定：「以貨物或有價證券折算金錢而為借貸者，縱有反對之約定，仍應以該貨物或有價證券按照交付時交付地之市價所應有之價值，為其借貸金額」，此時計算報償之標準，自應受該條文之限制。

(2) **返還借用物義務**：借用人應於約定期限內，返還與借用物種類、品質、數量相同之物。未定返還期限者，借用人得隨時返還，貸與人亦得定1個月以上之相當期限，催告返還（民法第478條）。若借用人不能以種類、品質、數量相同之物返還者，應以其物在返還時、返還地所應有之價值償還之；返還時或返還地未約定者，以其物在訂約時或訂約地之價值償還之（民法第479條）。以上係就一般消費借貸而言，若消費借貸以金錢為標的者，依民法第480條規定，金錢借貸之返還，除契約另有訂定外，應依下列之規定：

① 以通用貨幣為借貸者，如於返還時，已失其通用效力，應以返還時有通用效力之貨幣償還之。

② 金錢借貸，約定折合通用貨幣計算者，不問借用人所受領貨幣價格之增減，均應以返還時有通用效力之貨幣償還之。

③ 金錢借貸，約定以特種貨幣為計算者，應以該特種貨幣，或按返還時返還地之市價，以通用貨幣償還之。

2. 貸與人之權利義務

　　消費借貸為片務契約，原則上貸與人不負何種義務，但法律為維持交易之信

用，明文規定貸與人之瑕疵擔保責任：

(1) **有償消費借貸**：依民法第476條第1項規定，消費借貸，約定有利息或其他報償者，如借用物有瑕疵時，貸與人應另易以無瑕疵之物。但借用人仍得請求因借用物之瑕疵所致損害賠償。

(2) **無償消費借貸**：依民法第476條第2、3項規定，消費借貸為無報償者，如借用物，有瑕疵時，借用人得照有瑕疵原物之價值，返還貸與人；但如貸與人故意不告知其瑕疵者，借用人得請求因借用物之瑕疵損害賠償。

三、案例結論

某甲因任職關係獲准配住宿舍，係使用借貸性質，借用人甲如業經離職，依借貸之目的，應視為已使用完畢，揆諸民法第470條之規定，貸與人乙公司得據以請求交還配住之宿舍；如借用人甲死亡者，使用借貸關係並不當然消滅，貸與人乙公司僅得依民法第472條第4款規定，向借用人之全體繼承人終止使用借貸契約，在未合法終止契約前，難謂此項借貸關係係已消滅，貸與人不得本於所有權，以借用人甲之繼承人為無權占有，請求返還宿舍。

其次，依民法第474條規定：「稱消費借貸者，謂當事人一方移轉金錢或其他代替物之所有權於他方，而約定他方以種類、品質、數量相同之物返還之契約。當事人之一方對他方負金錢或其他代替物之給付義務而約定以之作為消費借貸之標的者，亦成立消費借貸」，故金錢或代替物所有權之移轉，為消費借貸契約成立之要件，本案例中，丙向丁簽賭彩票，中獎80萬元，由丁簽發借據以代支付，事實上雙方並無金錢或代替物之交付行為；且因賭債非法律所承認之金錢債務關係，亦難認符合第474條第2項之規定，故丙自不得依消費借貸之法律關係，請求該80萬元之彩金。

第七節　僱傭

案例55

甲為靠行營業之計程車司機，某日因駕車不慎，撞傷行人乙，致其支出醫藥費8萬元，此時所靠行之丙計程車公司是否應負連帶賠償責任？其法律關係為何？

一、思考方向

　　台灣地區民間常見之計程車、大貨車靠行營業，從外觀上判斷該車輛係屬於靠行公司所有，駕駛車輛之司機既係爲該交通公司服務，得否視爲受僱人？當駕駛人因駕車不愼撞傷行人時，該駕駛人應否與靠行公司共負連帶賠償責任，此時自應從雙方是否有僱傭關係加以思考。現行民法於債編各論第482條至第489條，分別就僱傭契約之內容予以規範，茲說明如下。

二、論點分析

(一) 僱傭之意義及性質

　　稱僱傭者，謂當事人約定，一方於一定或不定之期限內爲他方服勞務，他方給付報酬之契約（民法第482條）。僱傭乃以服勞務爲其契約之直接目的，與委任、承攬僅以服勞務爲手段者不同。所謂服勞務，則以提供勞務供僱用人使用之謂，無論低級勞務，或高級勞務，均得作爲僱傭之標的；但律師、醫師、會計師、工程師或大學教授等高級勞務，除特別約明爲僱傭或承攬者外，其契約多以聘書或委任狀爲之，故多爲委任關係。在法律性質上，僱傭契約之受僱人負提供勞務之義務，僱用人則有支付報酬之義務，兩者互立於對價關係，故爲有償、雙務、諾成及不要式契約。

(二) 僱傭之效力

1. 受僱人之權利義務

(1) **勞務供給義務**：僱傭契約之成立，基於當事人間之信任，其權利義務具有專屬性，民法第484條即規定：「僱用人非經受僱人同意，不得將其勞務請求權讓與第三人，受僱人非經僱用人同意，不得使第三人代服勞務。當事人之一方違反前項規定時，他方得終止契約。」在特種技能方面，受僱人明示或默示保證其有特種技能時，如無此種技能時，僱用人得終止契約（民法第485條）。

(2) **報酬請求權**：報酬之請求爲受僱人之權利，通常報酬乃勞務之對價，必須服勞務始得請求，惟民法第487條規定：「僱用人受領勞務遲延者，受僱人無補服勞務之義務，仍得請求報酬。但受僱人因不服勞務所減省之費用，或轉向他處服勞務所取得，或故意怠於取得之利益，僱用人得由報酬額內扣除之。」

(3) **損害賠償請求權**：爲保護受僱人之利益，民法債編各論增訂第483條之1規定：「受僱人服勞務，其生命、身體、健康有受危害之虞者，僱用人應按其情形爲必要之預防。」受僱人服勞務，因非可歸責於自己之事由，致受損害者，得向

僱用人請求賠償；前項損害之發生，如別有應負責任之人時，僱用人對於該應負責者，有求償權（民法第487條之1）。

2. 僱用人之權利義務

(1) 報酬給付義務： 報酬應以契約訂明，雖未訂明，但依其情形，非受報酬即不服勞務者，視為允與報酬（民法第483條第1項）；至於報酬額亦應訂明，如未定報酬額者，按照價目表所定給付之，無價目表者，按照習慣給付（民法第483條第2項）。報酬應依約定之期限給付之，無約定者依習慣；無約定，亦無習慣者，依民法第486條規定，可以下列方式為之：

① 報酬分期計算者，應於每期屆滿時給付之。

② 報酬非分期計算者，應於勞務完畢時給付之。

(2) 勞務請求權： 僱用人對於受僱人有勞務請求權，此一請求權依民法第484條第1項規定，僱用人非經受僱人同意，不得將其勞務請求權讓與第三人，即具有專屬性，如有違反，受僱人得據以終止僱傭契約。

(三) 僱傭關係之消滅

1. 期限屆滿

僱傭契約定有期限者，依民法第488條第1項規定，其僱傭關係於期限屆滿時消滅。

2. 勞務終了

提供勞務係僱傭契約之目的所在，如勞務終了，其契約目的既已達成，僱傭契約自應消滅。

3. 終止契約

終止契約時，僱傭關係亦因而消滅，至民法所定得終止之事由有四：

(1) 僱用人或受僱人違反民法第484條第1項勞務之專屬性規定者。

(2) 受僱人無保證之技能者（民法第485條）。

(3) 僱傭未定期限者：僱傭未定期限，亦不能依勞務之性質或目的定其期限者，各當事人得隨時終止契約；但有利於受僱人之習慣者，從其習慣（民法第488條第2項）。

(4) 當事人之一方遇有重大事由者：當事人之一方，遇有重大事由，其僱傭契約，縱定有期限，仍得於期限屆滿前終止之。前項事由，如因當事人一方之過失而生者，他方得向其請求損害賠償（民法第489條）。

三、案例結論

　　目前在台灣經營交通事業之營利私法人，接受他人靠行（即出資人以該交通公司之名義購買車輛，並以該公司名義參加營運），而向該靠行人（即出資人）收取費用，以資營運者，比比皆是。是該靠行之車輛，在外觀上既屬該交通公司所有，乘客又無從分辨該車輛是否他人靠行營運者，則乘客於搭乘時，祇能從外觀上判斷該車輛係某交通公司所有，該車輛之司機即係受僱為該交通公司服務。按此種交通企業，既為台灣社會所盛行之獨特經營型態，則此種交通公司，即應對廣大乘客之安全負起法律上之責任。蓋該靠行之車輛，無論係由出資人自行駕駛，或招用他人合作駕駛，或出租，在通常情形，均為該交通公司所能預見，苟該駕駛人係有權駕駛（指非出自偷竊或無權占有後所為之駕駛），在客觀上應認其係為該交通公司服勞務，而應使該交通公司負僱用人之責任，方足以保護交易安全（最高法院77年度台上字第665號判決參照）。

　　故本案例依上開說明，甲為靠行營業之計程車司機，與丙計程車公司在外觀上應認為有民法第482條之僱傭關係存在，如因受僱人駕車不慎，不法侵害行人乙之權利時，被害人自得依民法第188條規定，請求受僱人甲與僱用人丙計程車公司連帶負賠償責任。

第八節　承攬

案例56

　　甲、乙合夥與地主訂立合建契約，約定所建房屋以契約當事人或其指定之人為起造人，合夥應受分配之房屋並經合夥依信託關係指定丙、丁為起造人。甲、乙又另訂契約，由甲承攬合夥承造之全部建築工程。房屋建造完成後，分與定作人（合夥）之房屋，由起造人辦畢保存登記（第一次所有權登記），其基地亦由地主逕行辦理所有權移轉登記與各該房屋所有權人（起造人）。茲甲以合夥應付之工程款尚有250萬元未清償為由，在終止信託關係後，依民法第513條規定對丙、丁起訴，請求確認其對丙、丁所有房地有250萬元之法定抵押權存在，並請求定作人（合夥）為抵押權登記，有無理由？

一、思考方向

　　稱承攬者，謂當事人約定，一方爲他方完成一定之工作，他方俟工作完成，給付報酬之契約。約定由承攬人供給材料者，其材料之價額，推定爲報酬之一部（民法第490條）。完成工作之一方爲承攬人，給付報酬之一方則爲定作人。承攬契約以承攬人爲定作人完成一定之工作爲標的，其工作之內容，可爲有形之土木建築、水電裝置、粉刷油漆、清掃打蠟、印刷書籍、洗車修車等；亦可爲無形之影片宣傳、廣告設計、工程鑑定、旅遊嚮導、私人偵探等，可知承攬工作項目繁多，衣、食、住、行、育、樂各方面涉及甚廣，足見承攬契約與吾人生活關係非常密切。

　　承攬與僱傭性質不相同，稱僱傭者，謂當事人約定，一方於一定或不定之期限內爲他方服勞務，他方給付報酬之契約。而稱承攬者，則謂當事人約定，一方爲他方完成一定之工作，他方俟工作完成，給付報酬之契約，民法第482條及第490條第1項分別定有明文。參酌勞動基準法規定之勞動契約，指當事人之一方，在從屬於他方之關係下，提供職業上之勞動力，而由他方給付報酬之契約。可知，僱傭契約乃當事人以勞務之給付爲目的，受僱人於一定期間內，應依照僱用人之指示，從事一定種類之工作，且受僱人提供勞務，具有繼續性及從屬性之關係。而承攬契約之當事人則以勞務所完成之結果爲目的，承攬人只須於約定之時間完成一個或數個特定之工作，與定作人間無從屬關係，可同時與數位定作人成立數個不同之承攬契約，二者性質並不相同（最高法院94年度台上字第573號民事判決意旨參照）。

　　現行民法於債編各論第490條至第514條亦就承攬契約定有明文，而本案例所提出之承攬房屋建築工程、法定抵押權等，均與承攬契約之效力有關，茲先就承攬之相關規定說明於後，再共同思考法定抵押，是否存在於經合夥指定起造人所有之不動產上。

二、論點分析

(一) 承攬之意義及性質

　　如前所述，所謂承攬，乃當事人約定，承攬人爲定作人完成一定之工作後，由定作人給付報酬之契約，故承攬爲雙務、有償、不要式及諾成契約；承攬與僱傭，雖均爲勞務給付契約，但僱傭僅以給付勞務爲目的，受僱人所服勞務，縱未產生僱用人所預期之效果，仍得受領報酬；承攬則以完成一定工作爲目的，承攬人除給付勞務外，尚負完成工作之義務，須工作完成，始得受領報酬。

(二) 承攬之效力

1. 承攬人之權利義務

(1) **工作完成義務**：承攬人之主要義務為工作之完成，是以如因可歸責於承攬人之事由，致工作逾約定期限始完成，或未定期限而逾相當時期始完成者，定作人得請求減少報酬或請求賠償因遲延而生之損害；前項情形，如以工作於特定期限完成或交付為契約之要素者，定作人得解除契約，並得請求賠償因不履行而生之損害（民法第502條）。又因可歸責於承攬人之事由，遲延工作，顯可預見其不能於限期內完成而其遲延可為工作完成後解除契約之原因者，定作人得依第502條第2項之規定解除契約，並請求損害賠償（民法第503條）。惟工作遲延後，定作人受領工作時，不為保留者，承攬人對於遲延之結果，不負責任（民法第504條）。

(2) **瑕疵擔保責任**

　　承攬人完成工作，應使其具備約定之品質，及無減少或滅失價值，或不適於通常或約定使用之瑕疵（民法第492條）。如有此等瑕疵，除因定作人所供給之材料之性質，或依定作人之指示而發生，承攬人又非明知其材料之性質或指示不適當，而故意不告知定作人者，不負瑕疵擔保義務外（民法第496條），定作人即有下述之權利：

① 瑕疵修補請求權：工作有瑕疵者，定作人得定相當期限，請求承攬人修補之。除修補所需費用過鉅者，承攬人得拒絕修補外，如承攬人不於上述期限內修補者，定作人得自行修補，並得向承攬人請求償還修補必要之費用（民法第493條）。

② 解除契約或減少報酬請求權：工作物之瑕疵，承攬人不於定作人所定請求修補之期限內修補，或因修補需費過鉅而拒絕修補，或其瑕疵不能修補者，定作人得解除契約或請求減少報酬。但瑕疵非重要，或所承攬之工作為建築物或其他土地上之工作物者，定作人僅可請求減少報酬，不得解除契約（民法第494條）。

③ 損害賠償請求權：因可歸責於承攬人之事由，致工作發生瑕疵者，定作人除依第493條、第494條之規定，得請求修補、解除契約，或請求減少報酬外，並得請求損害賠償；前項情形，所承攬之工作為建築物或其他土地上之工作物，而其瑕疵重大致不能達使用之目的者，定作人得解除契約（民法第495條）。

④ 瑕疵預防請求權：工作進行中，因承攬人之過失，顯可預見工作有瑕疵，或有其他違反契約之情事者，定作人得定相當期限，請求承攬人改善其工作，或依

約履行。承攬人不於上述期限內，依照改善或履行者，定作人得使第三人改善或繼續其工作，其危險及費用，均由承攬人負擔（民法第497條）。

上述承攬人之瑕疵擔保責任，在定作人方面則為權利，此等權利，依民法第498條規定：「第四百九十三條至第四百九十五條所規定定作人之權利，如其瑕疵自工作交付後經過一年始發見者，不得主張。工作依其性質無須交付者，前項一年之期間，自工作完成時起算。」但工作為建築物，或其他土地上之工作物，或為此等工作物之重大修繕者，前條所定之期限延為5年（民法第499條）。若承攬人故意不告知其工作之瑕疵者，則第498條所定之期限，延為5年；而第499條所定之期限，則延為10年（民法第500條）。又第498條及第499條所定之期限，得以契約加長；但不得減短（民法第501條）。凡以特約免除或限制承攬人關於工作之瑕疵擔保義務者，如承攬人故意不告知其瑕疵，其特約為無效（民法第501條之1）。以上瑕疵之期間，定作人發見後應及時行使權利，否則依民法第514條第1項規定：「定作人之瑕疵修補請求權、修補費用償還請求權、減少報酬請求權、損害賠償請求權或契約解除權，均因瑕疵發見後一年間不行使而消滅。」

(3) **法定抵押權**：承攬人於工作完成後對於定作人有報酬請求權，為擔保此項權利，民法第513條規定：「承攬之工作為建築物或其他土地上之工作物，或為此等工作物之重大修繕者，承攬人得就承攬關係報酬額，對於其工作所附之定作人之不動產，請求定作人為抵押權之登記；或對於將來完成之定作人之不動產，請求預為抵押權之登記。前項請求，承攬人於開始工作前亦得為之。前二項之抵押權登記，如承攬契約已經公證者，承攬人得單獨申請之。第一項及第二項就修繕報酬所登記之抵押權，於工作物因修繕所增加之價值限度內，優先於成立在先之抵押權」，此即為承攬人之法定抵押權規定。

2. 定作人之權利義務

(1) **支付報酬義務**：定作人對於承攬人應給付報酬，其數額應事先預定，未定報酬額者，按照價目表所定給付之，無價目表者，按照習慣給付（民法第491條第2項）。報酬應於工作交付時給付之，無須交付者應於工作完成時給付之；若工作係分部交付，而報酬係就各部分定之者，應於每部分交付時，給付該部分之報酬（民法第505條）。報酬之給付，在承攬人方面則為請求權，此項請求權因2年間不行使而消滅。訂立契約時，僅估計報酬之概數者，如其報酬，因非可歸責於定作人之事由，超過概數甚鉅者，定作人得於工作進行中或完成後，解除契約。前述情形，工作如為建築物，或其他土地上之工作物，或為此等工作物之重大修繕者，定作人僅得請求相當減少報酬，如工作物尚未完成者，定作人得通知承攬人停止工作，並得解除契約。定作人依前二項之規定解除契約

時，對於承攬人，應賠償相當之損害（民法第506條）。此在承攬人方面為損害賠償請求權，該項權利因其原因發生後1年間不行使而消滅（民法第514條第2項）。

(2) **協力完成工作義務**：工作需定作人之行為始能完成者，而定作人不為其行為時，承攬人得定相當期限，催告定作人為之。定作人不於前項期限內為其行為者，承攬人得解除契約，並得請求賠償因契約解除而生之損害（民法第507條）。此項承攬人之損害賠償請求權或契約解除權，因其原因發生後，1年間不行使而消滅。

(3) **工作受領義務**：一般債之給付，債權人並無受領義務，僅其未為受領得構成受領遲延之情形，而減免債務人之注意義務，尚非科債權人任何之責任，故定作人原則上不負受領義務；但對於製造物供給契約，以及承攬之工作，以承攬人個人之技能為契約之要素者，如因承攬人死亡或因其過失致不能完成其約定之工作，而終止契約者，其工作已完成之部分，於定作人為有用者，定作人有受領義務。至所謂受領即於承攬人交付時，定作人予以接受之謂，但依工作之性質無須交付者，以工作完成時視為受領（民法第510條）。

(4) **危險負擔**：工作毀損滅失之危險，於定作人受領前，由承攬人負擔，如定作人受領遲延者，其危險由定作人負擔；定作人所供給之材料，因不可抗力而毀損滅失者，承攬人不負其責（民法第508條）。又於定作人受領工作前，因其所供給材料之瑕疵，或其指示不適當，致工作毀損滅失，或不能完成者，承攬人如及時將材料之瑕疵，或指示不適當之情事，通知定作人時，得請求其已服勞務之報酬及墊款之償還。定作人有過失者，並得請求損害賠償（民法第509條）。承攬人此項損害賠償請求權，因其原因發生後，1年間不行使而消滅（民法第514條第2項）。

(三) 承攬之消滅

1. 工作之完成

承攬以完成一定之工作為目的，如所約定之工作已完成，而經定作人受領並已給付報酬者，則承攬關係即歸消滅。

2. 承攬契約之解除

承攬契約之解除，由定作人為之者，如民法第494條、第502條第2項、第503條及第506條規定之情形；由承攬人為之者，如民法第507條第2項規定。無論何者，契約一經解除，承攬關係即歸消滅。

3. 承攬契約之終止

承攬工作未完成前,定作人得隨時終止契約,但應賠償承攬人因契約終止而生之損害(民法第511條)。承攬之工作,以承攬人個人技能為契約之要素者,如承攬人死亡,或非因其過失,致不能完成其約定之工作時,其契約當然終止;惟工作已完成之部分,於定作人為有用者,定作人有受領及給付相當報酬之義務(民法第512條)。

三、案例結論

甲、乙合夥與地主訂立合建契約建築房屋,顯係甲、乙合夥出資,地主提供土地以合建房屋之契約,所建房屋及其基地,經分配後依法均屬合夥人公同共有。甲、乙又另訂契約,由甲承攬合夥承造之全部建築工程,則合夥為定作人,甲為承攬人,亦堪認定。按民法第513條規定,承攬之工作物為建築物或其他土地上之工作物,或為此等工作物之重大修繕者,承攬人就承攬關係所生之報酬額,對於其工作所附之定作人不動產,得請求為抵押權之登記。又不動產所有人設定抵押權後,得將不動產讓與他人,但其抵押權不因此而受影響,同法第867條亦有明文,該規定如發生於法定抵押權上,亦應有其適用。

茲甲承攬合夥之全部工程,該不動產又屬定作人合夥所有,其於建造之始,經定作人即合夥組織依信託關係,指定丙、丁為起造人,自不影響法定抵押權之存在。況本案例,依題意業已終止信託關係,雖該房屋仍登記為丙、丁名義,但真正所有權人仍為合夥,現合夥應付之工程款尚有250萬元未清償,承攬人甲對丙、丁名義登記之不動產,訴請確認法定抵押權存在,及請求定作人(合夥)為抵押權登記,為有理由,法院應為其勝訴之判決。

第八節之一　旅遊

案例57

甲、乙、丙為公司同事,相約於春節假期參加泛美旅行社所主辦之日本溫泉鄉之旅遊活動,經繳交新台幣4萬5,000元後,在出發前兩天,丙因母親生病無法成行,有意改由丁參加旅遊,此時泛美旅行社可否拒絕?又在日本旅遊途中,旅行社人員為減少成本,將原參訪日本迪士尼樂園及遊覽箱根國家公園之活動取消,改為自由活動,此時旅客甲、乙應如何主張權利?

一、思考方向

近年來由於交通便利，通訊發達，生活水準提高，休閒旅遊頗受國人重視；惟因旅遊契約有較長之時間性，內容之多樣性（牽涉運送、食、宿、娛樂等），而旅行業者在招攬生意時大肆宣傳其服務之優點，但對旅遊之住宿地點、行程安排乃至旅遊之品質則常未詳細說明，以至於旅客繳費、成行後，其現實之旅遊內容與旅客所期待者，常有相當差距；加以國內旅遊業者良莠不齊，在利益所趨下偶有犧牲旅客權益之情況發生，致使類似案例所述之旅遊糾紛頻傳。為使旅客與旅遊營業人間之法律關係明確，88年4月2日修正通過之民法債編各論，特別增訂「旅遊」一節，俾利適用，茲介紹其內容於後。

二、論點分析

(一) 旅遊之意義及性質

旅遊契約，指旅客與旅遊營業人所訂旅遊服務之契約而言。其提供旅客旅遊服務為營業而收取旅遊費用之人，稱為旅遊營業人；至所謂旅遊服務，係指安排旅程及提供交通、膳宿、導遊或其他有關之服務（民法第514條之1）。一般旅遊契約為雙務、有償、諾成及不要式契約，惟為保護旅客之權利，民法第514條之2規定，旅遊營業人因旅客之請求，應以書面記載左列事項，交付旅客：
1. 旅遊營業人之名稱及地址。
2. 旅客名單。
3. 旅遊地區及旅程。
4. 旅遊營業人提供之交通、膳宿、導遊或其他有關服務及其品質。
5. 旅遊保險之種類及其金額。
6. 其他有關事項。
7. 填發之年月日。

(二) 旅遊價金

一般交易價額，皆許當事人雙方自由議定。惟「旅行業管理規則」為避免旅行業同業間惡性競爭，影響旅遊服務品質，並為防止旅行業巧立名目，增加旅客額外負擔，而有下列特別規定：
1. 旅行業經營各項業務，應合理收費，不得以購物佣金或促銷行程以外之活動所得彌補團費，或以壟斷、惡性削價、傾銷或其他不正當方法為不公平競爭之行為（規則第21條第1項）。

2. 旅遊市場之航空票價、食宿、交通費用，由中華民國旅行業品質保障協會按季發表，供消費者參考（規則第21條第3項）。

3. 旅遊業及其僱用人員，不得有詐騙旅客或索取額外不當費用之行為（規則第49條、第50條）。

(三) 旅遊契約之效力

1. 旅客之權利義務

(1) **支付旅遊價金義務**。

(2) **旅客之協力義務**：對於申辦護照、入山證等，旅遊需旅客之行為始能完成，而旅客不為其行為者，旅遊營業人得定相當期限，催告旅客為之；旅客不於前項期限內為其行為者，旅遊營業人得終止契約，並得請求賠償因契約終止而生之損害。旅遊開始後，旅遊營業人依前項規定終止契約時，旅客得請求旅遊營業人墊付費用將其送回原出發地。於到達後，由旅客附加利息償還之（民法第514條之3）。旅遊業者前述損害賠償請求權及墊付費用償還請求權，均自旅遊終了時起，1年間不行使而消滅（民法第514條之12）。

(3) **變更契約主體權利**：旅遊開始前，旅客得變更由第三人參加旅遊；旅遊營業人非有正當理由，不得拒絕。第三人依前項規定為旅客時，如因而增加費用，旅遊營業人得請求其給付。如減少費用，旅客不得請求退還（民法第514條之4），俾免影響旅遊營業人原有之契約利益。

(4) **請求損害賠償**：現代社會重視旅遊休閒活動，旅遊時間之浪費，當認其為非財產上之損害，為此民法第514條之8規定：「因可歸責於旅遊營業人之事由，致旅遊未依約定之旅程進行者，旅客就其時間之浪費，得按日請求賠償相當之金額。但其每日賠償金額，不得超過旅遊營業人所收旅遊費用總額每日平均之數額。」該賠償請求權，依民法第514條之12規定，均自旅遊終了或應終了時起，1年間不行使而消滅。

(5) **終止契約權**：旅遊未完成前，旅客得隨時終止契約，但應賠償旅遊營業人因契約終止而生之損害；旅客依前項規定終止契約時，得請求旅遊營業人墊付費用將其送回原出發地，於到達後，由旅客附加利息償還之（民法第514條之9），以免旅客在終止契約時，造成身處異地之困境。

2. 旅遊營業人之權利義務

(1) **不變更旅遊內容義務**：旅遊契約之內容，常由運送、食、宿、娛樂等各種服務所組成，為避免旅遊營業人任意變更行程或變更預定食宿地點，致與旅客所期待者有相當距離，民法第514條之5強制規定：「旅遊營業人非有不得已之事

由，不得變更旅遊內容。旅遊營業人依前項規定變更旅遊內容時，其因此所減少之費用，應退還於旅客；所增加之費用，不得向旅客收取。旅遊營業人依第一項規定變更旅程時，旅客不同意者，得終止契約。旅客依前項規定終止契約時，得請求旅遊營業人墊付費用將其送回原出發地。於到達後，由旅客附加利息償還之。」

(2) **瑕疵擔保責任**：旅遊營業人提供旅遊服務，應使其具備通常之價值及約定之品質（民法第514條之6）。旅遊服務不具備前述之價值或品質者，旅客得請求旅遊營業人改善之。旅遊營業人不為改善或不能改善時，旅客得請求減少費用。其有難於達預期目的之情形者，並得終止契約。因可歸責於旅遊營業人之事由致旅遊服務不具備前條之價值或品質者，旅客除請求減少費用或並終止契約外，得併請求損害賠償。旅客依前述規定終止契約時，旅遊營業人應將旅客送回原出發地。其所生之費用，由旅遊營業人負擔（民法第514條之7）。前項減少費用或損害賠償請求權其時效期間依民法第514條之12規定，均因1年間不行使而消滅。

(3) **必要協助及處理義務**：旅客在旅遊中發生身體或財產上之事故時，旅遊營業人應為必要之協助及處理。前項之事故，係因非可歸責於旅遊營業人之事由所致者，其所生之費用，由旅客負擔（民法第514條之10）。旅遊營業人安排旅客在特定場所購物，其所購物品有瑕疵者，旅客得於受領所購物品後1個月內，請求旅遊營業人協助其處理（民法第514條之11），此為旅遊營業人之附隨義務，如有違反，應負債務不履行責任。

三、案例結論

　　甲、乙、丙為公司同事，相約於春節假期參加泛美旅行社所主辦之日本溫泉鄉之旅遊活動，經繳交4萬5,000元後，在出發前兩天，丙因母親生病不克成行，有意改由丁參加旅遊，此際依民法第514條之4規定，旅遊開始前，旅客得變更由第三人參加旅遊，旅遊營業人非有正當理由，不得拒絕；惟如因丁之加入致旅遊營業增加支出時，此時泛美旅行社得請求其給付，但如減少費用時，旅客則不得請求退還，以求公允。

　　又在日本旅遊途中，旅行社人員為減少成本，任意取消參訪行程，除非有不得已之事由，否則旅客得依民法第514條之5規定，請求該旅行社將因此減少之費用退還；如旅客對於變更之行程不同意者，得終止契約，請求旅行社先墊付費用，將其送回原出發地，於到達後遊客附加利息償還；再者，如因旅行社變更行程，致不具備旅遊服務通常之價值及約定品質時，遊客依民法第514條之7規定，得請求其

改善，旅行社不為改善或不能改善時，旅客得請求減少費用，及終止契約；如因可歸責於旅行社之事由，致旅遊服務不具備約定之品質者，旅客並得請求賠償損害。案例中之甲、乙自得依上開說明，據以主張權利。

第九節　出版

案例58

　　甲為某大學法律系教授，將新著《法學概論》一書交由乙出版公司出版，雙方訂立出版權授與契約，其後甲將該書之著作權轉讓予丙，並辦理著作權轉讓註冊後，乙出版公司印刷前開《法學概論》3,000本銷售，有無侵害丙之著作權？又丁為某國立大學法律研究所二年級學生，投稿於某一法學刊物，該刊物於封面裡稿約規則中載明：「經本刊採用後，著作權即歸本社所有」，則丁投稿行為之法律性質為何？該法學刊物雜誌社，經登載投稿人丁之文章並支付稿酬後，日後可否逕將其文章與其他作者之相關論著收集後，另行出版專書？

一、思考方向

　　著作物係著作人思想智能就文學、科學、藝術或其他學術範圍之創作，為人類寶貴之文化資產，自應加以適當保護，以保障著作權益，促進文化發展，調和社會公共利益。因此今日文明國家，普遍制定法律，對著作權予以周密之保護，我國亦於著作權法中，將著作權區分為著作人格權和著作財產權，後者又包括重製權、公開展示權、出租權、公開口述權、公開播送機、公開上映權，公開演出權、寫作和編輯等權利，均應依法加以保護。其中關於出版契約方面，著作權法規定並不詳盡，其當事人間之權利義務關係，自應依民法債編各論「出版」一節中加以探究。如本案例甲將新著《法學概論》一書交由乙出版公司出版後，再將該書之著作權轉讓於第三人丙；以及丁投稿於某法學刊物，該投稿行為之性質為何？經法學刊物登載並支付報酬後，日後雜誌社可否將丁之文章逕行收集、出版新書，凡此均與出版契約有關，深值吾人思考、鑽研。

二、論點分析

(一) 出版之意義及性質

　　依民法第515條規定，稱出版者，謂當事人約定，一方以文學、科學、藝術或其他之著作，為出版而交付於他方，他方擔任印刷或以其他方法重製及發行之契約；投稿於新聞紙或雜誌經刊登者，推定成立出版契約。其以著作物交付者為出版權授與人，擔任印行者為出版人。出版契約之法律性質，為不要式、諾成、雙務及有償契約，其因當事人意思一致而成立，不須有何現實給付行為，但出版人取得出版權，仍應以著作物之交付為必要，為此民法第515條之1規定：「出版權於出版權授與人依出版契約將著作交付於出版人時，授與出版人。依前項規定授與出版人之出版權，於出版契約終了時消滅。」

(二) 出版之效力

1. 出版權授與人之權利義務

(1) **著作物交付及權利移轉：**出版權授與人應先依前述民法第515條之1規定，將著作物交付出版人後，出版人始得予以重製發行，惟著作物之遲不交付，雖不失為給付遲延，然為尊重著作人之人格，原則上不得聲請法院強制執行，只能解除契約，請求損害賠償。除交付著作物外，出版權授與人同時應授與出版權，為此民法第516條第1項規定：「著作財產權人之權利，於合法授權實行之必要範圍內，由出版人行使之。」

(2) **權利瑕疵擔保責任：**出版權授與人，應擔保其於契約成立時，有出版授與之權利，如著作受法律上之保護者，並應擔保該著作有著作權（民法第516條第2項）。

(3) **告知及不競爭義務：**出版權授與人，已將著作之全部或一部，交付第三人出版，或經第三人公開發表，為其所明知者，應於契約成立前將其情事告知出版人（民法第516條第3項），是為出版權授與人之告知義務；又出版權授與人於出版人得重製發行之出版物未賣完時，不得就其著作之全部或一部，為不利於出版人之處分；但契約另有訂定者，不在此限（民法第517條），此為不競爭義務。惟著作人於不妨害出版人出版之利益，或增加其責任之範圍內，得訂正或修改著作。但對於出版人因此所生不可預見之費用，應負賠償責任。出版人於重製新版前，應予著作人以訂正或修改著作之機會（民法第520條）。

(4) **另交稿本及重作義務：**著作人提供之著作發生滅失情形時，如出版權授與人另存有稿本者，有將該稿本交付於出版人之義務。無稿本時，如出版權授與人係

著作人，且不多費勞力，即可重作者，應重作之；前項情形，出版權授與人得請求相當之賠償（民法第525條第2、3項）。

2. 出版人之權利義務

(1) **出版著作物義務**：出版著作物為出版人之權利，亦為其義務。重製發行之版數，應明確約定，版數未約定者，出版人僅得出一版。出版人依約得出數版，或永遠出版者，如於前版之出版物賣完後，怠於新版之重製時，出版權授與人得聲請法院令出版人於一定期限內，再出新版。逾期不遵行者，喪失其出版權（民法第518條）。又出版時，出版人對於著作物，不得增減或變更；且應以適當之格式重製著作；並應為必要之廣告及用通常之方法推銷出版物。出版物之賣價，由出版人定之；但不得過高，致礙出版之銷行（民法第519條）。至於同一著作人之數著作，為各別出版而交付於出版人者，出版人不得將其數著作物，併合出版；出版權授與人就同一著作人或數著作人之數著作為併合出版，而交付於出版人者，出版人不得將著作，各別出版（民法第521條）。

(2) **支付報酬義務**：出版契約定有報酬者，出版人應依約給付，雖未定有報酬，如依情形，非受報酬，即不為著作物之交付者，視為允與報酬。而出版人有出數版之權者，其次版之報酬及其他出版之條件，推定與其前版相同（民法第523條）。關於報酬之給付時期，應依著作物之出版情形而定，著作物全部出版者，於其全部重製完畢時；分部出版者，於其各部分重製完畢時應給付報酬。報酬之全部或一部，依銷行之多寡而定者，出版人應依習慣計算，支付報酬，並應提出銷行之證明（民法第524條）。

(3) **危險之負擔**：著作交付出版人後，因不可抗致滅失者，出版人仍負給付報酬之義務。滅失之著作，如出版權授與人另存有稿本者，有將該稿本交付於出版人之義務。無稿本時，如出版權授與人係著作人，且不多費勞力，即可重作者，應重作之；前項情形，出版權授與人得請求相當之賠償（民法第525條）。又重製完畢之出版物，於發行前，因不可抗力，致全部或一部滅失者，出版人得以自己費用，就滅失之出版物，補行出版，對於出版權授與人，無須補給報酬（民法第526條）。

(三) 出版之消滅

1. 重製完成

即約定版數已重製完成，或未約定版數而出一版時，出版契約即歸消滅。

2. 出版權喪失

依民法第518條第2項規定，出版人依約得出數版或永遠出版者，如於前版之

出版物賣完後，怠於新版之重製時，出版權授與人得聲請法院令出版人於一定期限內，再出新版。逾期不遵行者，喪失其出版權。

3.著作物不能完成

著作未完成前，如著作人死亡，或喪失能力，或非因其過失致不能完成其著作者，其出版契約關係消滅；前項情形，如出版契約關係之全部或一部之繼續，為可能且公平者，法院得許其繼續，並命為必要之處置（民法第527條）。

三、案例結論

依民法第516條第1項規定：「著作財產權人之權利，於合法授權實行之必要範圍內，由出版人行使之。」此之授權，屬於創設性之移轉，解釋上不須註冊，即得對抗第三人，茲乙出版公司與甲業經訂立出版契約，如依其契約內容可認為甲已將著作權中之重製、銷售權移轉於乙出版公司，此移轉無須向主管機關註冊（登記），已發生效力，嗣後乙出版公司依出版契約內容出版，並銷售該《法學概論》一書，自無侵害丙之著作權可言。

至於投稿契約，外觀上雖與出版權授與契約類似，惟前者多為一種短期性著作權使用同意之契約，當文章刊載完畢後，投稿契約即終止；與出版權授與契約，係將著作物之整體，以書籍型式長期出版者不同，為避免爭議，民法第515條第2項已明定：「投稿於新聞紙或雜誌經刊登者，推定成立出版契約」，而得適用民法第515條之1以下，關於出版契約之相關規定。

又法學刊物之稿約規則，通常視為要約之引誘，投稿人投稿經刊登後取得報酬時，此項報酬不得視為著作權（包括著作人格權及重製權、公開口述權、公開播送權、公開上映權、公開演出權等）讓與之對價，只能解釋為該刊物取得刊登一次之出版權，縱稿約中載明：「經本刊採用後，著作權即歸本社所有」亦同，所以著作權原則上仍屬投稿人丁所有，該法學刊物除非另取得丁之授權，否則不得將該文章另行收集後出版。

第十節　委任

案例59

1. 甲、乙簽訂委任書，雙方約定，甲特別委任乙代為全權出售其所有二筆土地，條件內容每坪地售價新台幣10萬元，如能超出所定價金出售，其溢價

數額悉作為乙之酬勞金，委任有效期間自民國112年5月15日起至同年7月15日止，茲乙於委任期間內覓得買主，願以每坪10萬2,000元之價格買受，於7月11日前往訂約，甲則表示拒絕出賣，此時乙可否依委任契約請求所定之報酬？

2. 丙律師受當事人委任為某案件訴訟代理人，並有民事訴訟法第70條第1項但書之特別代理權，嗣於訴訟繫屬中之民國112年6月15日因病死亡，法院於同月20日開庭，丁律師當日提出丙律師於同月12日委任其為複代理人之委任狀，出庭代為訴訟行為，此時丁律師是否有代理權？

一、思考方向

委任契約，乃委任人委託受任人處理事務之契約，在目前工商社會中應用之範圍極廣，無論為法律行為之事務，如買賣、租賃、借貸、保險等均可委任他人代為處理；即使非法律行為之事務，如記帳、管理財產、清點貨物等經濟事務，甚至代讀祝詞、代送家書、公法上之訴訟行為、法人登記等，本人皆得不親自處理，而委由他人處理；惟性質上非由本人親自處理不可之事務，如結婚、離婚等，則不得為委任之標的。如本案例中，甲、乙簽訂委任書，由甲委任乙代為出售其所有土地；以及丙、丁律師代為訴訟行為，均與委任契約有關，其中受任人之報酬和委任人之權限等，為本問題應思考之重點，自應就委任之相關內容，加以探討。

二、論點分析

(一) 委任之意義及性質

所謂委任，乃當事人約定，一方委託他方處理事務，他方允為處理之契約（民法第528條）。委託他人處理事務之人，稱為委任人；受委任人委託而允為事務之處理者，稱為受任人。所謂事務，係指與吾人生活有關之事項而言。

在法律性質上，委任為債權、不要式、諾成契約，因其處理事務必須提供勞務，故委任契約為勞務契約，且為典型之勞務契約，民法第529條規定：「關於勞務給付之契約，不屬於法律所定其他契約之種類者，適用關於委任之規定。」又受任人處理事務，以不收受報酬為原則；但當事人得約定報酬，或依第547條規定報酬縱未約定，如依習慣或依委任事務之性質，應給與報酬者，受任人得請求報酬。可見委任契約原則上固為無償，例外則為有償契約。委任既屬不要式契約，其成

立僅須當事人意思表示合致即可，委任狀之出具並非生效要件；至民法第530條規定：「有承受委託處理一定事務之公然表示者，如對於該事務之委託，不即爲拒絕之通知時，視爲允受委託」，此係擬制承諾之規定，常見者例如律師、建築師、會計師、醫師之掛牌執業等。

(二) 委任之效力

1. 受任人之權利義務

(1) **事務處理權**：受任人欲對委任人之事務爲處理，須先具有事務處理權之授與方得爲之，依民法第531條規定：「爲委任事務之處理，須爲法律行爲，而該法律行爲，依法應以文字爲之者，其處理權之授與，亦應以文字爲之。其授與代理權者，代理權之授與亦同。」至於受任人之權限，依委任契約之內容訂定。未訂明者，依其委任事務之性質定之。委任人得指定一項或數項事務而爲特別委任，或就一切事務爲概括委任，故其權限因特別委任或概括委任而有不同：

① 特別委任：係指定一項或數項事務而爲委任，例如委任律師就某事項提出訴訟，依民法第532條規定，受任人受特別委任者，就委任事務之處理，得爲委任人爲一切必要之行爲。

② 概括委任：係就一切事務概括而爲委任，依民法第534條規定，受任人受概括委任者，得爲委任人爲一切法律行爲。但爲下列行爲，須有特別之授權：

A. 不動產之出賣或設定負擔。

B. 不動產之租賃其期限逾2年者。

C. 贈與。

D. 和解。

E. 起訴。

F. 提付仲裁。

(2) **處理事務義務**：受任人既已允受委託，即有處理事務之義務，應依委任人之指示，並與處理自己事務爲同一之注意。其受有報酬者，應以善良管理人之注意爲之（民法第535條）。又受任人非有急迫之情事，並可推定委任人若知有此情事亦允許變更其指示者，不得變更委任人之指示（民法第536條）。而受任人之處理事務既基於委任人之信任，原則上應親自爲之；但經委任人之同意或另有習慣，或有不得已之事由者，得使第三人代爲處理（民法第537條），學者稱爲「複委任」。受任人違反上述規定，而使第三人代爲處理委任事務者，對於該違法之複委任，就該第三人之行爲，與就自己之行爲，負同一責任；若受任人經委任人同意或另有習慣，而使第三人代爲處理委任事務者，就該合法

之複委任,則僅就第三人之選任,及其對於第三人所爲之指示,負其責任(民法第538條)。另受任人使第三人代爲處理委任事務者,委任人對於該第三人關於委任事務之履行,有直接請求權(民法第539條),即於受任人與次受任人間形成一種非眞正之連帶債務關係。

(3) **報告義務**:受任人既允爲委任人處理委任事務,自應將其事務進行之狀況,隨時報告委任人,於委任關係終止時,並應明確報告其顚末(民法第540條)。

(4) **移轉利益義務**:受任人因處理委任事務,所收取之金錢物品及孳息,應交付於委任人。受任人以自己之名義,爲委任人取得之權利,應移轉於委任人(民法第541條)。

(5) **支付利息義務**:受任人爲自己之利益,使用應交付於委任人之金錢或使用應爲委任人利益而使用之金錢者,應自使用之日起,支付利息。如因而致委任人受損害者,並應賠償(民法第542條)。

(6) **賠償損害義務**:受任人因處理委任事務有過失,或因逾越權限之行爲所生之損害,對於委任人應負賠償之責(民法第544條)。

2. **委任人之權利義務**

(1) **事務處理請求權**:因委任係基於當事人間之信賴關係,故其事務之處理具有專屬性,爲此民法第543條規定:「委任人非經受任人之同意,不得將處理委任事務之請求權,讓與第三人。」

(2) **費用之預付或償還**:委任人因受任人之請求,應預付處理委任事務之必要費用(民法第545條)。受任人因處理委任事務,支出之必要費用,委任人應償還之,並付自支出時起之利息(民法第546條第1項)。

(3) **債務之清償或提供擔保**:受任人因處理委任事務,負擔必要債務者,得請求委任人代其清償,未至清償期者,得請求委任人提出相當擔保(民法第546條第2項)。

(4) **損害賠償**:受任人處理委任事務,因非可歸責於自己之事由,致受損害者,得向委任人請求賠償;前項損害之發生,如別有應負責任之人時,委任人對於該應負責者,有求償權(民法第546條第3、4項)。

(5) **報酬之支付**:委任以無償爲原則,但亦得約定報酬,而爲有償。又報酬縱未約定,如依習慣,或依委任事務之性質,應給與報酬者,受任人得請求報酬(民法第547條)。受任人應受報酬者,除契約另有訂定外,非於委任關係終止及爲明確報告顚末後,不得請求給付。如委任關係,因非可歸責於受任人之事由,於事務處理未完畢前已終止者,受任人得就其已處理之部分,請求報酬(民法第548條)。

(三) 委任之消滅

1. 當事人之任意終止

委任契約因首重當事人間之信賴關係，故如信賴已不存在，應許當事人終止契約。故民法第549條規定：「當事人之任何一方，得隨時終止委任契約。當事人之一方，於不利於他方之時期終止契約者，應負損害賠償責任。但因非可歸責於該當事人之事由，致不得不終止契約者，不在此限。」

2. 當事人之死亡、破產或喪失行為能力

委任關係，因當事人一方死亡、破產或喪失行為能力而消滅。但契約另有訂定，或因委任事務之性質，不能消滅者，不在此限（民法第550條）。前述情形，如委任關係之消滅，有害於委任人利益之虞時，受任人或其繼承人，或其法定代理人，於委任人或其繼承人，或其法定代理人，能接受委任事務前，應繼續處理其事務（民法第551條）。又委任關係消滅之事由，係由當事人之一方發生者，於他方知其事由，或可得而知其事由前，委任關係視為存續（民法第552條）。

三、案例結論

所謂委任契約，係指當事人約定，一方委託他方處理事務，他方允為處理之契約，民法第528條定有明文，故委任係以他人事務之處理為目的之契約，受任人處理委任事務，乃其主要義務，並須依委任人之指示而為處理，其有約定報酬者，除契約另有訂定外，非於委任關係終止及為明確報告顛末後，不得請求報酬。本案例甲委任乙為不動產出售之特別代理權，約定超出所定價金出售之溢額，作為乙之酬勞，依委任契約，乙負有以自己或本人之名義與買主訂立買賣契約，以完成委任事務之義務，乙竟不自為處理，覓得買主後前往甲處訂約，難謂已依委任意旨處理委任事務完畢，自無從依委任契約請求給付報酬。

至於委任律師擔任訴訟代理人，亦係先有內部之私法上行為，而後始有訴訟法上之訴訟行為可言，兩者法律性質有別，是以私法上委任關係之成立，並非使受任人當然具有訴訟代理人之資格，必須向法院提出委任書或以言詞委任，經書記官記明筆錄，始生訴訟委任之效力（參見民事訴訟法第69條規定）。本案例訴訟代理人丙律師，於112年6月12日委任丁律師為訴訟複代理人，惟同年月15日因病死亡，除其委任契約另有訂定外，依民法第550條之規定，丙、丁間之委任關係消滅，丁於同年月20日向法院提出委任書，應不發生訴訟委任之效力。

第十一節　經理人及代辦商

案例60

　　甲為某電腦公司之經理人，簽發新台幣20萬元公司支票向乙購買該公司所需之電腦維修材料，支票上蓋有公司印章及由經理人甲簽名，事後因迄未付款，經乙請求公司給付20萬元票款，該電腦公司則以甲目前已離職，公司印章係經理人自行刻用，電腦維修材料亦於送達公司後，為經理人取走為由，而拒不付款，其抗辯有無理由？如甲經理人在離職前，蓋用公司印章，以電腦公司名義為他人借款之保證人，是否對公司發生效力？又甲經理人離職後，改擔任丙電腦公司在台中市之總代理商，為擴大業績，能否亦擔任丁電腦公司之無限責任股東，及戊音響公司在台中之總代理商？

一、思考方向

　　經理人與代辦商兩者，均為商業主體之輔助人；所謂商業，係指以獲取利潤為目的之營業而言，其組織型態不論為獨資、合夥、公司或跨國企業，均包括在內。對於各該型態之營業主體，常需借助他人以經營企業，因而有商業輔助人制度之產生。依實務見解，商業輔助人有獨立輔助人與從屬輔助人之分，前者雖輔助商業主體之營業，但非參加其營業組織，而係自己亦為獨立之營業，如代辦商、居間、行紀人等；後者乃參加商業主體之營業組織，而補助其營業，如經理人、公司董事、監察人、合作社理事等。我民法債編各論將經理人與代辦商合併於同一節，雖均認其為商業輔助人，但兩者間仍有下列區別：

(一) 代辦商為商人，經理人並非商人。

(二) 代辦商為獨立輔助人，有自己獨立之營業所；經理人則為從屬輔助人，在營業主體之營業處所內執行職務。

(三) 代辦商可同時為數商號服務，經理人理論上僅隸屬於同一商號。

(四) 代辦商原則上應自己負擔因營業所生之費用，經理人執行業務之費用則由商號負擔。

　　關於本案例中，所涉及之甲經理人簽發公司支票及以電腦公司名義為他人借款之保證人，對公司是否發生效力；以及甲經理人離職後擔任丙公司之總代理商，得否亦擔任其他同類公司之無限責任股東，或不同類公司之總代理商，凡此均應就民

法對於經理人和代辦商之規範內容，加以思考、討論。

二、論點分析

(一) 經理人

1. 經理人之意義

所謂經理人，乃經由商號之授權，爲其管理事務及簽名之人（民法第553條第1項）。經理人可分爲總經理、副總經理、協理、經理與副理等，爲商號任意設置之機關，無論名稱如何，在法律上之地位均屬於經理人範疇。經理人之資格，民法未加以限制，解釋上應以自然人爲限，即使限制行爲能力人，亦得爲經理人（民法第104條），但公司法上則不許限制行爲能力人爲公司之經理人（公司法第30條）；又經理人既係受商號委任，爲商號處理一定事務之人，而非僅爲商號服勞務，故商號與經理人間之關係爲委任關係，而非僱傭關係（最高法院85年度台上字第3056號民事判決意旨參照）。

2. 經理人之權利

(1) 經理權

① 經理人有經理權，乃有爲商號管理事務，及爲其簽名之權利；其範圍可以包括對內之商號營業事務經營權及對外之事務代理權。經理權須經授與，授與之方法明示或默示爲之均無不可。其範圍得限於管理商號事務之一部或商號之一分號或數分號（民法第553條第2、3項）。經理人對於第三人之關係，就商號或其分號，或其事務之一部，視爲其有爲管理上一切必要行爲之權。但對於不動產，除有書面之授權外，不得買賣，或設定負擔；惟前項關於不動產買賣之限制，於以買賣不動產爲營業之商號經理人，不適用之（民法第554條），例如經理人以商號所有之房地，向該商號之債權人，設定最高限額抵押權時，須提出商號之授權書始可，不得自行爲之。又經理人，就所任之事務，視爲有代理商號爲原告或被告或其他一切訴訟上行爲之權（民法第555條）。此點與一般委任契約，受任人非有特別授權，不得起訴者不同（民法第534條第5款）。

② 商號得授權於數經理人，是爲共同經理。共同經理權之行使，無須全體爲之，祇要經理人中有二人之簽名者，對於商號，即生效力（民法第556條），乃民法第168條所規定「共同代理，須共同行使代理權」之例外規定。對於經理權之限制，民法第557條另規定：「經理權之限制，除第五百五十三條第三項、第五百五十四條第二項及第五百五十六條所規定外，不得以之對抗善意第三人」，以保護交易安全，避免善意第三人權益受損。

(2) **報酬請求權**：經理人與商號之關係，屬於一種有償責任，因而經理人對內有報酬請求權，即使當事人間未為報酬之約定，參照民法第547條規定，經理人亦得請求報酬。

3. 經理人之義務

(1) **注意義務**：參照民法第535條規定，有償委任之經理人，應以善良管理人之注意義務，執行其職務，亦即應負抽象輕過失責任。

(2) **競業禁止義務**：經理人非得其商號之允許，不得為自己或第三人經營與其所辦理之同類事業，亦不得為同類事業公司無限責任之股東（民法第562條），是為競業之禁止。對此，經理人應遵守之，倘有違反，依民法第563條規定：「經理人或代辦商，有違反前條規定之行為時，其商號得請求因其行為所得之利益，作為損害賠償。前項請求權，自商號知有違反行為時起，經過二個月或自行為時起，經過一年不行使而消滅」，此為商號之「歸入權」。

4. 經理關係之消滅

(1) **經理人之解任或辭職**。

(2) **經理人死亡、破產或喪失行為能力**：經理關係既為有償之委任契約，參照第550條規定，經理人死亡、破產或喪失行為能力時，經理關係應即消滅；但如為商號所有人之死亡、破產或喪失行為能力時，其經理權並不因而消滅（民法第564條）。

(3) **營業之廢止或轉讓**：商業主體廢止營業時（在公司法則為公司解散），其經理權應歸於消滅；於營業轉讓時，除與商號之受讓人另有約定外，其經理關係亦應歸於消滅。

(二) 代辦商

1. 代辦商之意義

所謂代辦商，乃非經理人而受商號之委託，於一定處所或一定區域內，以該商號之名義，辦理其事務之全部或一部之人。其為自然人或法人，均無不可。由於代辦商須以商號之名義辦理委託事務，而具有代理之性質，故商場習慣稱為「代理商」。

2. 代辦商之權利

(1) **代辦權**：代辦商就其所代辦之事務，有全部代理權，故對於第三人之關係，視為其有為一切必要行為之權。但代辦商僅為商號之獨立輔助人，故除有書面之授權外，不得代理商號負擔票據上之義務，或為消費借貸、訴訟等行為（民法第558條第2、3項）。

(2) **報酬及費用請求權：**代辦商得依契約所定，請求報酬，或請求償還其費用。無約定者依習慣，無約定亦無習慣者，依其代辦事務之重要程度及多寡，定其報酬（民法第560條）。

3. 代辦商之義務

(1) **報告義務：**民法第559條規定，代辦商就其代辦之事務，應隨時報告其處所或區域之商業狀況於其商號，並應將其所為之交易，即時報告之。

(2) **競業禁止義務：**此點與經理人相同，參見前述說明。

4. 代辦關係之消滅

(1) **契約終止：**代辦權未定期限者，當事人之任何一方得隨時終止契約，但應於3個月前通知他方。當事人之一方，因非可歸責於自己之事由，致不得不終止契約者，得不先期通知而終止之（民法第561條）。

(2) **代辦商死亡、破產或喪失行為能力者：**參照民法第550條委任關係消滅規定，代辦商為自然人，而有死亡、破產或喪失行為能力等情形時，代辦權應歸於消滅；但如商號所有人之死亡、破產或喪失行為能力時，其代辦權並不因而消滅（民法第564條）。

三、案例結論

　　甲為某電腦公司之經理人，簽發20萬元支票向乙購買該公司所需之電腦維修材料，支票蓋有公司印章及由經理人簽名，嗣後乙請求公司給付票款，惟電腦公司則以印章為經理所自刻，及電腦維修材料係經理取走，未入公司賬為由抗辯。按經理人係由商號授權，有為商號管理事務及為其簽名之權利，而簽名得以蓋章代之，民法第553條、票據法第6條定有明文，蓋章不過為簽名之代用，本案例甲經理人簽發電腦公司支票，並自刻公司印章以經理人名義簽名之行為，應發生法律上效力；至該經理人於取得電腦維修材料後，有未入賬情形，係其公司之內部關係問題，公司既任其為經理人，即不得以經理有上開情事，而否認其對外簽名蓋章之效力，仍應就該20萬元票款，負清償責任。

　　又甲經理人如在離職前，盜用公司印章，以電腦公司名義為他人借款之保證人，因保證業務明顯的非屬該電腦公司之營業行為，參照公司法第16條規定「公司除依其他法律或公司章程規定得為保證者外，不得為任何保證人。公司負責人違反前項規定時，應自負保證責任，如公司受有損害時，亦應負賠償責任。」此時應由甲經理人自負保證責任，與該電腦公司無關。

　　至於商業上常見之總代理商，在法律性質上，應認為係受商號委託，於一定處所或一定區域內，以該商號之名義，辦理其事務之全部或一部之人，為民法第558

條第1項所規定之代辦商，故甲經理人離職後，改擔任丙電腦公司在台中市之總代理商，自屬代辦商之一種。為避免代辦商與商號間之利益衝突，民法對於代辦商規範有競業禁止義務，依民法第562條規定：「經理人或代辦商，非得其商號之允許，不得為自己或第三人經營與其所辦理之同類事業，亦不得為同類事業公司無限責任之股東」，故甲為擴大業績，固得兼為非同類事業之戊音響公司代辦商，但不得擔任同類事業丁電腦公司之無限責任股東，否則丙電腦公司得依民法第563條規定，自其知悉甲有違反競業禁止行為時起2個月內，或自行為時起1年內請求因其行為所得之利益，作為損害賠償。

第十二節　居間

案例61

　　甲欲將其所有座落嘉義市之房、地出售，與不動產仲介公司業務員乙約定如能於1個月內找人以800萬元購買，則甲願支付16萬元給乙作為酬勞，嗣乙洽得丙願意購買，甲反悔推托，私下與丙商妥於1個月期限過後再以790萬元出售，事後為乙知悉，乙得否請求甲給付該16萬元酬勞？又丙雖頗富資力，但年過40仍未婚，某日委請媒人丁代為撮合，並約定介紹成功完成訂婚或結婚時，將給付10萬元作為酬勞，嗣丙果因丁之媒介而成婚，丁得否請求該10萬元報酬？

一、思考方向

　　台灣地區最近幾年因經濟高度發展、國民所得提高，致使不動產仲介業、保險經紀人、證券經紀商乃至婚姻介紹所等，有如雨後春筍般因應而生，成為新興行業，此種為委託人報告訂約之機會或為訂約之媒介者，在民法上稱之為居間契約。以目前現況而言，許多仲介業者（或稱居間人），為謀取本身利益，常登載誇大不實之廣告，或以不正當手段，誘使委託人與其簽訂不公平之仲介契約，致日後衍生繁複之法律糾紛，為此本案例即藉由不動產之居間與婚姻居間提出說明，以供參酌。

二、論點分析

(一) 居間之意義

　　所謂居間，乃當事人約定，一方爲他方報告訂約之機會，或爲訂約之媒介，他方給付報酬之契約（民法第565條）。擔任報告訂約機會或媒介訂約之一方爲居間人，他方則爲委託人。居間之法律性質屬於諾成、不要式、債權、勞務契約，且爲有償契約，故除法律另有規定外，應適用委任之規定。

(二) 居間之種類

　　居間依其委託任務內容不同，可以分爲：

1. 報告居間

　　係指居間人僅爲他方報告訂約機會，而不以在訂約時爲當事人雙方間之斡旋爲必要。

2. 媒介居間

　　係指僅爲他方爲訂約之媒介。

　　我民法第565條對此二者均承認之，因而居間人或僅報告訂約機會，或僅爲訂約之媒介，或兩者兼爲之，均無不可，其差異僅於居間報酬之給付有所不同而已（民法第570條）。

(三) 居間人之權利

1. 報酬請求權

(1) **報酬之約定**：居間契約爲有償契約，自應約定報酬，倘未約定，如依情形，非受報酬，即不爲報告訂約機會或媒介者，視爲允與報酬（民法第566條第1項）。不過因婚姻居間而約定報酬者，就其報酬無請求權（民法第573條），其立法意旨，鑑於婚姻乃終身大事，若居間人得請求報酬，難免有矇騙雙方、勉強撮合情事發生，在民法債編修正時，使居間人對婚姻居間無報酬請求權；惟當事人因居間結果婚姻美滿、琴瑟合鳴自願致贈財物，感謝媒人者，則非法所不許，其致贈紅包或財物應屬贈與契約，且爲民法第180條第1款所稱之「給付係履行道德上之義務者」之給付，事後不得因給付人婚姻不幸福、未孕、離婚，而向媒人請求返還。

(2) **報酬之數額**：關於報酬之數額或給付種類，應由當事人約定之，如未約定報酬者，依民法第566條第2項規定，按照價目表所定給付之；無價目表者，按照習

慣給付。惟第572條另規定：「約定之報酬，較居間人所任勞務之價值，爲數過鉅失其公平者，法院得因報酬給付義務人之請求酌減之。但報酬已給付者，不得請求返還。」

(3) **報酬給付時期：**依民法第568條規定：「居間人，以契約因其報告或媒介而成立者爲限，得請求報酬。契約附有停止條件者，於該條件成就前，居間人不得請求報酬」，即採報酬後付主義，故雖有報告或媒介而契約未成立者，仍無從請求報酬。

(4) **報酬之負擔：**依民法第570條規定：「居間人因媒介應得之報酬，除契約另有訂定或另有習慣外，由契約當事人雙方平均負擔」，此係關於媒介居間報酬給付義務人之規定；而於報告居間，其所爲報告訂約機會，僅單純地存在於居間人與委託人之間，故報酬給付義務人應爲委託人。

2. 費用償還請求權

居間人支出之費用，非經約定，不得請求償還。居間人已爲報告或媒介而契約不成立者，亦不得請求返還（民法第569條）。又居間人雖有報酬請求權及費用償還請求權，但如違反其對於委託人之義務而爲利於委託人之相對人之行爲，或違反誠實及信用方法，由相對人收受利益者，不得向委託人請求報酬及償還費用（民法第571條）。

(四) 居間人之義務

1. 報告及媒介義務

居間人關於訂約事項，應就其所知，據實報告於各當事人。對於顯無履行能力之人，或知其無訂立該約能力之人，不得爲其媒介；以居間爲營業者，關於訂約事項及當事人之履行能力或訂立該約之能力，有調查之義務（民法第567條）。

2. 隱名居間之不告知義務

民法第575條第1項規定：「當事人之一方，指定居間人不得以其姓名或商號告知相對人者，居間人有不告知之義務」，此項不告知義務，不僅於訂約時應遵守，即於訂約後亦應爲其保守秘密。

3. 介入義務

民法第575條第2項規定：「居間人不以當事人一方之姓名或商號告知相對人時，應就該方當事人由契約所生之義務，自己負履行之責，並得爲其受領給付」，是爲居間人之介入義務。此係於隱名居間之情形，始有適用餘地。

(五) 居間之消滅

居間關係消滅之原因，民法未設特別規定，法理上可適用契約一般消滅之原因，例如終止契約，居間之目的已完成、居間人死亡、破產或喪失行為能力等。

三、案例結論

甲欲將其所有房、地出售，與乙約定如能於1個月內找人以800萬元購買，則甲願給付16萬元給乙作為酬勞，此即所謂之居間契約。在居間契約存續中，居間人固以房地出賣因其媒介成立時為限，始得請求給付報酬，但委託人如為免報酬之支付，故意拒絕訂立經媒介或報告之契約，而再自行與相對人簽訂同一內容之契約者，應認有背於誠實信用原則，仍應給付報酬（最高法院58年台上字第2929號判例參照）。案例中甲藉故拖延乙所提供之與丙訂約機會，嗣後雖改以790萬元出售，與居間契約所定之800萬元不同，但參酌上開判例意旨，應屬違反誠信原則，故甲仍應支付16萬元酬勞給乙。

另丙與媒人丁因婚姻居間而約定給付10萬元作為酬勞，縱事後丙果因而結婚，依修正民法第573條規定，丁就其報酬仍無請求權；惟如丙結婚時為感謝媒人丁，而自願致贈財物，則非法所不許；其贈與行為可認係一種履行道德上義務之給付，參酌民法第180條第1款規定，事後不得再請求返還。

第十三節　行紀

案例62

甲將其所有福斯及三菱中古汽車各一輛，委託乙車行均以新台幣30萬元出售，如乙車行以35萬元將其中福斯汽車賣出，其差價歸屬於何人？又如三菱汽車部分，因無人應買，逾2個月後，乙車行負責人自行以25萬元賣予叔父丙，其違反甲指定價額之出售行為，是否對委託人發生效力？

一、思考方向

行紀係一種營業，乃以自己名義，受他人之委託，為動產之買賣或其他商業上之交易，而受報酬者稱之；行紀人通常須依商業登記法為商業之登記，並依營業稅法繳納營業稅。行紀之業務範圍，除代為動產之買賣外，其他如有價證券之買賣、

代爲保險、代收債權、代爲出版、代登廣告、代售門票等均是，因其營業範圍非常廣泛，故經營各該業務者，亦名稱不一，常見有牙行、委託行、拍賣行乃至經紀行等。本案例即針對行紀之內容及其效力，加以闡明。

二、論點分析

(一) 行紀之意義

所謂行紀者，係以自己之名義爲他人計算，爲動產之買賣或其他商業上之交易，而受報酬之營業（民法第576條）。其經營此業務者，稱爲行紀人；其委託者則爲委託人。行紀雖與代辦商同爲受他人之委託，提供勞務而受報酬，但行紀必須以自己名義爲之，代辦商則以商號名稱爲之。行紀之性質，學說上有承攬說、委任說、僱傭說之爭，但依民法第577條規定：「行紀，除本節有規定者外，適用關於委任之規定」觀之，應採委任說爲宜；且行紀之行爲，均屬商業上交易，必須收受報酬，故又屬有償委任。

(二) 行紀人之權利

1. 報酬及費用請求權

依民法第582條規定：「行紀人得依約定或習慣請求報酬、寄存費及運送費，並得請求償還其爲委託人之利益而支出之費用及其利息」，是爲行紀人之報酬及費用償還請求權，該報酬習慣上常稱爲傭金。

2. 拍賣提存權

委託人拒絕受領行紀人依其指示所買之物時，行紀人得定相當期限，催告委託人受領，逾期不受領者，行紀人得拍賣其物，並得就其對於委託人因委託關係所生債權之數額，於拍賣價金中取償之，如有賸餘，並得提存。如爲易於敗壞之物，行紀人得不爲前項之催告（民法第585條），而逕行拍賣提存。至於委託行紀人出賣之物，不能賣出，或委託人撤回其出賣之委託者，如委託人不於相當期間，取回或處分其物時，行紀人得依上述之程序，行使拍賣權及提存權（民法第586條）。

3. 介入權

介入權亦稱自約權，即行紀受委託出賣或買入貨幣、股票，或其他市場定有市價之物者，除有反對之約定外，行紀人得自爲買受人或出賣人，其價值以依委託人指示而爲出賣或買入時市場之市價定之，前項情形，行紀人仍得行使第582條所定之報酬及費用請求權（民法第587條）。又行紀人得自爲買受人或出賣人時，如僅將訂立契約之情事通知委託人，而不以他方當事人之姓名告知者，視爲自己負擔

該方當事人之義務（民法第588條），學說稱此爲「介入之擬制」。

(三) 行紀人之義務

1. 直接履行義務

行紀人爲委託人之計算所爲之交易，係以自己名義爲之，故對於交易之相對人，應自得權利並自負義務（民法第578條）。因此委託人與交易之相對人間，並不直接發生關係，倘行紀人爲委託人之計算所訂立之契約，其契約之他方當事人，不履行債務時，對於委託人應由行紀人負直接履行契約之義務，但契約另有訂定，或另有習慣者，不在此限（民法第579條）。

2. 價額遵照義務

行紀人爲委託人爲交易時，應依照委託人之指示爲之，如委託人對於行紀人所爲之買賣，指定一定之價額者，行紀人亦有遵守義務。倘行紀人以低於委託人所指定之價額賣出，或以高於委託人所指定之價額買入者，依民法第580條規定，行紀人應補償其差額。又行紀人以高於委託人所指定之價額賣出，或以低於委託人所指定之價額買入者，其利益均歸屬於委託人（民法第581條），此乃行紀爲委託人計算之性質始然。

3. 保管處置義務

行紀人爲委託人之計算所買入或賣出之物，爲其占有時，適用寄託之規定（民法第583條第1項），即有保管之義務；但上述之占有物，除委託人另有指示外，行紀人不負保險之義務（民法第583條第2項）；此因行紀人占有之貨物，是否爲之保險，亦應依委託人之指示定之，如無指定，行紀人自不負保險之義務。又委託出賣之物，於達到行紀人時有瑕疵，或依其物之性質易於敗壞者，行紀人爲保護委託人之利益，應與保護自己之利益爲同一之處置（民法第584條）。

(四) 行紀關係之消滅

行紀關係之消滅，民法無特別規定，應適用委任之規定（民法第577條），如契約之終止、當事人之死亡、破產或喪失行爲能力等均是。

三、案例結論

甲將其所有福斯中古汽車一輛，委託乙車行以新台幣30萬元出售，如乙車行以35萬元賣出時，依民法第581條規定：「行紀人以高於委託人所指定之價額賣出，或以低於委託人所指定之價額買入者，其利益均歸屬於委託人」，所以多出之5萬元其利益歸屬於委託人甲，惟乙車行得依同法第582條規定，請求報酬、寄存費及

為委託人利益而支出之費用及利息，自不待言。

又如甲另委託出售之三菱汽車部分，因長期無人應買，逾2個月後，乙車行負責人以低於指定價格之25萬元出售，參照民法第580條規定：「行紀人以低於委託人所指定之價額賣出，或以高於委託人所指定之價額買入者，應補償其差額」，故如乙車行願補5萬元差額，則其出售行為，對甲應發生法律效力。

第十四節　寄託

案例63

> 甲竊取乙所有之卡迪亞金錶一只，託知情之丙保管，丙將其以新台幣3萬元出售予不知情之丁，此時甲得否向丙請求返還手錶或給付其所受領之價金？又甲另偽造活期存款戶戊在銀行留存之印章，持真正存摺填具取款條領取10萬元，該銀行職員庚未盡善良管理人之注意而付款，如存戶與銀行事先在定型化存款契約上約定：「付款人對存戶填載之取款條，所用之圖章或簽字經核對原留印鑑相符，而照數付款後，如有因印鑑偽造等情事發生之損失，非普通目力所能辨認者，付款人概不負責」，此時銀行與戊存戶間之法律關係為何？戊能否再向銀行請求提取該10萬元？銀行對甲得主張何種權利？

一、思考方向

寄託契約為當事人一方以動產或不動產交付他方，而他方同意代為保管之契約。所謂保管，乃占有其標的物，加以保護，維持其原狀之謂；與管理行為除保存外，尚包括改良行為及利用行為者不同，故受寄人在保管過程中，不得為寄託物之改良與利用，屆期並有返還寄託物之義務。寄託雖亦為供給勞務之契約，但以物之保管為目的；與僱傭係以勞務之供給為目的，承攬以完成工作為目的，委任以處理事務為目的者，均不相同。又寄託與租賃、使用借貸固均須為物之移轉占有，但寄託僅以物之保管為目的，租賃及使用借貸則於保管之外，並以物之使用或收益為目的。

關於寄託之標的，動產、不動產、代替物、不代替物、可分物、不可分物，均無不可，但如為盜贓物，而故意與其成立寄託契約，其效力如何，此為本案例應先

思考之問題；其次，對於銀行與存款戶間之金錢寄託契約，在發生第三人偽造印章或取款條冒領時，對於銀行是否發生清償效力，存款戶得否就被冒領之金額再向銀行請求支付，事關存款戶大眾權益，多年來在銀行與法學界發生許多爭議；尤其銀行為求自保，在定型化契約中事先與存戶約定免責條款，在事件發生時更引起一般存款戶不滿，凡此均值得我們在本節寄託契約中，加以說明。

二、論點分析

(一) 寄託之意義及性質

稱寄託者，謂當事人一方，以物交付他方，他方允為保管之契約（民法第589條第1項）。以物交付者為寄託人，允為保管者為受寄人，交付之物稱為寄託物。寄託契約雖為不要式契約，但既因寄託人交付寄託物於受寄人而成立，故為要物契約。又依民法第589條第2項規定，受寄人除契約另有訂定，或依情形，非受報酬，即不為保管者外，不得請求報酬。即寄託契約原則上屬無償契約，如當事人另有約定，或另有習慣者，得為有償契約。

(二) 寄託之種類

1. 一般寄託

即民法第589條至第601條所規定之寄託契約。

2. 特別寄託

(1) 消費寄託

① 普通消費寄託：寄託物為代替物時，如約定寄託物之所有權移轉於受寄人，並由受寄人以種類、品質、數量相同之物返還者，為消費寄託；自受寄人受領該物時起，準用關於消費借貸之規定。消費寄託，如寄託物之返還，定有期限者，寄託人非有不得已之事由，不得於期限屆滿前請求返還。前項規定，如商業上另有習慣者不適用之（民法第602條）。可見消費寄託與一般寄託最大之區別，在於消費寄託不只移轉標的物之占有，且須移轉所有權。又寄託物為代替物，如未約定其所有權移轉於受寄人者，依民法第603條之1規定，受寄人得經寄託人同意，就其所寄託之物與其自己或他寄託人同一種類、品質之寄託物混合保管，各寄託人依其所寄託之數量與混合保管數量之比例，共有混合保管物；受寄人依前項規定為混合保管者，得以同一種類、品質、數量之混合保管物返還於寄託人。

② 金錢消費寄託：依民法第603條規定：「寄託物為金錢時，推定其為消費寄

託」，可準用前述第602條之規定。目前銀行接受無償存款，其與存戶間，乃屬金錢寄託關係，按寄託為金錢時，推定受寄人無返還原物之義務，僅須返還同一數額。又受寄人僅須返還同一數額者，寄託物之利益及危險，於該物交付時移轉於受寄人，為民法第603條第1、2項所明定，本件存款倘確係被第三人所冒領，則受損害者乃上訴人銀行，被上訴人對於銀行仍非不得行使寄託物返還請求權，不能謂其權利已受侵害，而認銀行及其職員應對被上訴人負損害賠償責任（最高法院55年度台上字第3018號民事判決意旨參照）。

(2) **法定寄託：** 係指依法律規定所成立之寄託關係，民法規定之法定寄託，可以分為因住宿而發生之寄託關係與因飲食、沐浴等而發生之寄託關係，其寄託效力說明如下：

① 住宿場所主人之責任：依民法第606條規定：「旅店或其他供客人住宿為目的之場所主人，對於客人所攜帶物品之毀損、喪失，應負責任。但因不可抗力或因物之性質或因客人自己或其伴侶、隨從或來賓之故意或過失所致者，不在此限。」可知住宿場所主人所負者為通常事變責任，乃無過失責任之一種。對於貴重物品，為避免價值難以核計，民法第608條規定：「客人之金錢、有價證券、珠寶或其他貴重物品，非經報明其物之性質及數量交付保管者，主人不負責任。主人無正當理由拒絕為客人保管前項物品者，對於其毀損喪失，應負責任。其物品因主人或其使用人之故意或過失而致毀損、喪失者，亦同。」住宿場所之客人知其物品毀損、喪失後，應即通知主人；怠於通知者，喪失其損害賠償請求權（民法第610條）。旅店或其他供客人住宿為目的之場所，若以揭示限制或免除第606條至第608條所定主人之責任者，其揭示無效（民法第609條）。又依第606條至第608條規定所生之損害賠償請求權，自發見喪失或毀損之時起，6個月間不行使而消滅；自客人離去場所後，經過6個月者亦同（民法第611條）。至於住宿場所主人之權利方面，依民法第612條規定：「主人就住宿、飲食、沐浴或其他服務及墊款所生之債權，於未受清償前，對於客人所攜帶之行李及其他物品，有留置權。第四百四十五條至第四百四十八條之規定，於前項留置權準用之」，蓋主人既對客人所攜帶之物品負有如此重大之責任，法律自應賦予其對客人所攜物品得有留置權，以為衡平。

② 飲食店、浴堂等場所主人之責任：依民法第607條規定：「飲食店、浴堂或其他相類場所之主人，對於客人所攜帶通常物品之毀損、喪失，負其責任。但有前條但書規定之情形時，不在此限。」其責任與前述旅店主人不同者，係僅就客人所攜帶之「通常物品」負其責任，其餘均同。

(三) 寄託之效力

1. 受寄人之權利

(1) 費用償還請求權：依民法第595條規定：「受寄人因保管寄託物而支出之必要費用，寄託人應償還之，並付自支出時起之利息。但契約另有訂定者，依其訂定。」所謂必要費用，指因保管寄託物所生之費用，如防火設備費、保險費、動物飼養費等；若係有益費用之支出，解釋上須另適用無因管理之規定，請求返還之，非本條文所指之必要費用。

(2) 損害賠償請求權：依民法第596條規定：「受寄人因寄託物之性質或瑕疵所受之損害，寄託人應負賠償責任。但寄託人於寄託時，非因過失而不知寄託物有發生危險之性質或瑕疵或爲受寄人所已知者，不在此限。」

(3) 支付報酬請求權：民法第589條第2項規定：「受寄人除契約另有訂定或依情形非受報酬即不爲保管者外，不得請求報酬。」可見寄託契約原則上固爲無償契約，但亦得爲有償契約。其爲有償契約者，依民法第601條規定：「寄託約定報酬者，應於寄託關係終止時給付之；分期定報酬者，應於每期屆滿時給付之。寄託物之保管，因非可歸責於受寄人之事由而終止者，除契約另有訂定外，受寄人得就其已爲保管之部分，請求報酬。」

(4) 關於寄託契約之報酬請求權、費用償還請求權或損害賠償請求權，自寄託關係終止時起，1年間不行使而消滅（民法第601條之2）。

2. 受寄人之義務

(1) **寄託物保管義務：** 依民法第590條規定，受寄人保管寄託物，應與處理自己事務爲同一之注意。其受有報酬者，應以善良管理人之注意爲之。即於無償寄託，受寄人應負具體輕過失之責任；而於有償寄託，受寄人應負抽象輕過失之責任。對於寄託物，受寄人僅能保管，不得使用寄託物，爲此民法第591條另規定：「受寄人非經寄託人之同意，不得自己使用或使第三人使用寄託物。受寄人違反前項之規定者，對於寄託人，應給付相當報償，如有損害，並應賠償。但能證明縱不使用寄託物，仍不免發生損害者，不在此限。」又受寄人應自己保管寄託物，但經寄託人之同意，或另有習慣，或有不得已之事由者，得使第三人代爲保管（民法第592條）。受寄人違反第592條之規定，使第三人代爲保管寄託物者，對於寄託物因此所受之損害，應負賠償責任，但能證明縱不使第三人代爲保管，仍不免發生損害者，不在此限。又受寄人經寄託人同意，或依習慣，或有不得已之事由，使第三人代爲保管者，僅就第三人之選任及其對於第三人所爲之指示，負其責任（民法第593條）。至於寄託物保管之方法

經約定者，非有急迫之情事並可推定寄託人若知有此情事，亦允許變更其約定方法時，受寄人不得變更之（民法第594條）。

(2) **寄託物返還義務**：受寄人有返還寄託物之義務，此之返還指原物返還，與前述消費寄託係以種類、品質、數量相同之物返還者有所不同；但寄託期間原物生有孳息者，寄託人應與原物一併返還之（民法第599條）。關於寄託物返還之期限，有定期與不定期返還兩種；雖經約定，寄託人仍得隨時請求返還寄託物（民法第597條）；但受寄人則非有不得已之事由，不得於期限屆滿前返還寄託物。至於未定返還期限者，受寄人得隨時返還寄託物（民法第598條），則寄託人亦得隨時請求返還，自不待言。受寄人返還寄託物時，若第三人就寄託物主張權利者，除對於受寄人提起訴訟或爲扣押外，受寄人仍有返還寄託物於寄託人之義務（民法第601條之1）。再者寄託物之返還處所，須於該物應爲保管之地行之，受寄人依第592條或依第594條之規定，將寄託物轉置他處者，得於物之現在地返還之（民法第600條）。

(3) **危險通知義務**：依民法第601條之1第2項規定，第三人提起訴訟或爲扣押時，受寄人應即通知寄託人，是爲受寄人之危險通知義務，俾使寄託人得即時參加訴訟或對扣押之執行，聲明異議或提起第三人異議之訴；如有違反致寄託人受有損害者，應負損害賠償責任。

(四) 寄託關係之消滅

關於寄託消滅之事由，民法無特別規定，自得適用一般契約消滅之事由，如寄託物之返還、寄託期限之屆滿、及寄託物之滅失等均是。

三、案例結論

甲將竊得之金錶，託知情之丙代爲保管，丙之寄藏行爲，已構成刑法第349條之贓物罪，有悖於公序良俗，自不成立民法第589條以下之寄託關係，甲不得向丙請求返還手錶，或請求給付所受領之3萬元價金。

其次，就銀行與存款戶戊之法律關係，依最高法院73年度第11次民事庭會議決議認爲：「乙種活期存款戶與金融機關之間爲消費寄託關係。第三人持眞正存摺並在取款條上盜蓋存款戶眞正印章，向金融機關提取存款，金融機關不知其係冒領而如數給付時，爲善意的向債權之準占有人清償，依民法第310條第2款規定，對存款戶有清償之效力。至第三人持眞正存摺而蓋用僞造之印章於取款條上提取存款，則不能認係債權之準占有人，縱令金融機關以定式契約與存款戶訂有特約，約明存款戶事前承認，如金融機關已盡善良管理人之注意義務，以肉眼辨認，不能發見蓋

於取款條上之印章係屬偽造而照數付款時，對存款戶即發生清償之效力，因此項定式契約，有違公共秩序，應解為無效，不能認為合於同條第1款之規定，謂金融機關向第三人清償係經債權人即存款人之承認而生清償之效力。」本案例中，銀行與戊活期存款戶間為消費寄託關係，依民法第602條及第603條規定，銀行應按約定期限或依約定，隨時返還同一金額之金錢予寄託人。茲銀行職員庚於取款條上偽造印章之辨認，未盡善良管理人義務而有過失，受任銀行本身雖無過失，但戊乃該銀行關於債務履行之輔助人（或使用人），依民法第224條規定：「債務人之代理人或使用人，關於債之履行有過失時，債務人應與自己之故意或過失負同一責任。但當事人另有訂定者，不在此限」，該銀行亦視為有抽象輕過失；且參酌前開實務見解，銀行與活期存戶間對於定型化免責之約定，既有違公序良俗而無效，銀行自應就被冒領之10萬元自負責任，故存款戶戊仍可向銀行提領該10萬元存款；銀行在支付前開款項後，可依民法第184條侵權行為規定，請求甲損害賠償；同時因甲之受有10萬元存款利益，並無法律上原因而致銀行遭受損害，銀行亦可依民法第179條規定，請求甲返還不當得利。

第十五節　倉庫

案例64

　　甲寄存紡織用品一批於乙經營之倉庫，乙填發倉單一紙給甲，嗣甲在搭乘計程車途中遺失，事後可否以實質上有提領寄存物之權，向乙主張行使提領權？

一、思考方向

　　所謂倉庫，係指堆藏及保管物品之場所，其設備如何，法無限制，得依事實之需要而定，例如地上建築物或地下室、冷藏庫，乃至於僅於籬垣圍起之露天場所，均可視為倉庫。倉庫契約理論上亦屬於寄託契約之一種，雖民法債編各論另外成立一節加以規定，但仍於第614條規定：「倉庫，除本節有規定者外，準用關於寄託之規定。」本案例主要即在探討倉庫契約中，倉庫營業人所簽發倉單之內容、方式及要式問題，茲說明如後。

二、論點分析

(一) 倉庫契約之意義及性質

　　倉庫契約乃倉庫營業人與寄託人間，所訂立堆藏及保管物品之契約。其利用倉庫設備而營業者，為倉庫營業人，對此依民法第613條規定：「稱倉庫營業人者，謂以受報酬而為他人堆藏及保管物品為營業之人」，倉庫營業保管之物品，以動產為限，此點與一般寄託之標的物，得為不動產者不同。在法律性質上，倉庫契約係有償、雙務及不要式契約，因其準用寄託之規定，故為要物契約。

(二) 倉庫契約之效力

1. 倉庫營業人之權利

(1) **報酬請求權**：倉庫營業人有報酬請求權，此項報酬請求權即俗稱之保管費，應記載於倉單內（民法第616條）。

(2) **寄託物拍賣權**：依民法第621條規定，於倉庫契約終止後，寄託人或倉單持有人，拒絕或不能移去寄託物者，倉庫營業人得定相當期限，請求於期限內移去寄託物，逾期不移去者，倉庫營業人，得拍賣寄託物，由拍賣代價中扣去拍賣費用及保管費用，並應以其餘額交付於應得之人。

(3) **損害賠償請求權**：倉庫營業人因寄託物之性質或瑕疵所受之損害，寄託人應負賠償責任。但寄託人於寄託時非因過失而不知寄託物有發生危險之性質或瑕疵，或為受寄人所已知者，不在此限（民法第614條準用第596條）。因而倉庫營業人亦有損害賠償請求權；此項請求權，自倉庫寄託關係終止時起，1年間不行使而消滅（民法第614條準用第601條之2）。

2. 倉庫營業人之義務

(1) 倉單之填發

　　倉單，乃倉庫營業人因寄託人之請求，就寄託物所填發用以處分受領寄託物之一種有價證券。倉單在法律上，為文義證券、要式證券、自付證券，因其無論為記名式或指定式，均得依背書而轉讓，而為法定指式證券；又倉單係以給付一定物品為標的，倉單上所載物品之移轉，必須移轉倉單，始生所有權移轉之效力，故倉單之交付與貨物之交付有同一效力，而為物權證券。依民法第615條規定：「倉庫營業人於收受寄託物後，因寄託人之請求，應填發倉單。」倉單之內容，依同法第616條規定，應記載下列事項，並由倉庫營業人簽名：

① 寄託人之姓名及住址。

② 保管之場所。

③ 受寄物之種類、品質、數量及其包皮之種類、個數及記號。

④ 倉單填發地，及填發之年、月、日。

⑤ 定有保管期間者，其期間。

⑥ 保管費。

⑦ 受寄物已付保險者，其保險金額、保險期間及保險人之名號。

倉庫營業人應將前列各款事項，記載於倉單簿之存根。對於倉單之內容，依民法第617條規定：「倉單持有人，得請求倉庫營業人將寄託物分割為數部分，並填發各該部分之倉單。但持有人應將原倉單交還。前項分割及填發新倉單之費用，由持有人負擔」，是為倉單之分割，以因應商業交易之需要，及便於寄託物之處分。至於倉單所載之貨物，非由寄託人或倉單持有人於倉單背書，並經倉庫營業人簽名，不生所有權移轉之效力（民法第618條）。倉單遺失、被盜或滅失者，倉單持有人得於公示催告程序開始後，向倉庫營業人提供相當之擔保，請求補發新倉單（民法第618條之1）。

(2) **寄託物之堆藏及保管**：此為倉庫營業人之主要義務，依民法第619條第1項規定：「倉庫營業人於約定保管期間屆滿前，不得請求移去寄託物。」如未約定保管期間者，依同條文第2項規定，自為保管時起經過6個月，倉庫營業人得隨時請求移去寄託物；但應於1個月前通知，使寄託人有所準備也。

(3) **檢點摘取容取義務**：依民法第620條規定：「倉庫營業人，因寄託人或倉單持有人之請求，應許其檢點寄託物、摘取樣本，或為必要之保存行為。」例如寄託人為檢點寄託物有無變質，而至倉庫抽樣查看時，倉庫營業人不得拒絕。

(三) 倉庫關係之消滅

倉庫契約關係，因保管期間屆滿（民法第619條第1項），當事人之終止及寄託物之滅失等原因而消滅。

三、案例結論

甲寄存紡織用品一批於乙經營之倉庫內，雙方訂有倉庫契約，經乙填發倉單一紙給甲收存，因倉單為要式證券、文義證券及要物證券，寄託人對於寄託物之受領，不僅應提示倉庫，且應繳回倉單始可。如本案例有遺失情形，依民法第618條之1規定：「倉單遺失、被盜或滅失者，倉單持有人得於公示催告程序開始後，向倉庫營業人提供相當之擔保，請求補發新倉單」；或者俟除權判決宣告該倉單為無效後，寄託人甲始可對倉庫營業人主張行使提領權。

第十六節　運送

案例65

1. 甲貿易公司委託乙航運公司所屬貨輪載運白米200公噸至韓國，該輪甫發航旋即沈沒於基隆外海，所載白米全部滅失。經海事評議會評定結果，該貨輪船長對於裝載貨物疏於督導，大副亦疏忽職責，甲貿易公司認乙航運公司應負海事責任，起訴請求該公司賠償白米200公噸，有無理由？

2. 丙在台北市搭乘指南客運公車，該公車在行進中，與闖紅燈之自用小客車丁，發生嚴生擦撞，致丙受傷支出醫藥費3萬元，隨身所著衣服及所戴近視眼鏡、手錶、手鐲發生毀損情形，經台北市車輛行車事故鑑定委員會鑑定結果，公車司機並無過失，此時旅客丙就其所受損害，能否基於旅客運送契約，請求指南客運公司全部負賠償責任？

一、思考方向

運送營業，係以運送物品或旅客為目的，而收取運費之營業。依運送標的之不同，可分為物品運送和旅客運送兩種，前者以運送動產為標的，又稱為貨物運送；後者以運送自然人為標的，此兩者我民法及鐵路法、公路法、海商法、民用航空法均有規定，惟在適用上，鐵路法、公路法、海商法等為民法之特別法，自應優先適用。本案例明顯與物品運送、旅客運送有關，其應思考者，為運送人之船長或受僱人之過失，對於貨物託運人之賠償責任；以及旅客就通常事變，得對於運送人主張之賠償責任，因其牽涉範圍較廣，茲就民法對於運送營業契約之規定，分述於後，以供研究本案例之參考。

二、論點分析

(一) 運送契約之意義及性質

運送契約乃當事人約定，一方為他方運送物品或旅客，而他方給付運費之契約。所謂運送人，係以運送物品或旅客為營業，而受運費之人（民法第622條）；至其相對人則為物品運送之託運人，或旅客運送之本人；至運費則為支付運送之報酬。運送契約在法律性質上為雙務、有償、要式及諾成契約；又為期儘速確定運送

契約當事人間之權利義務關係，民法第623條規定：「關於物品之運送，因喪失、毀損或遲到而生之賠償請求權，自運送終了，或應終了之時起，一年間不行使而消滅。關於旅客之運送，因傷害或遲到而生之賠償請求權，自運送終了，或應終了之時起，二年間不行使而消滅」，是爲短期消滅時效之規定。

(二) 物品運送

1. 物品運送契約之意義

　　物品運送在海商法上稱貨物運送，乃以運送物品，收取運費爲標的，由運送人與託運人所訂立之契約。此契約一經當事人之合意即可成立，不以具有一定方式爲必要；其關係人有三方，即託運人、運送人及受貨人，受貨人並非運送契約之當事人，而爲運送人及託運人外之第三人，故物品運送契約通常具有第三人利益契約之性質。

2. 物品託運人之權利義務

(1) **託運單之填給**：託運單，係託運人所開立交給運送人關於物品運送事項之清單，又稱爲貨單。依民法第624條規定：「託運人因運送人之請求，應填給託運單。託運單應記載左列事項，並由託運人簽名：一、託運人之姓名及住址。二、運送物之種類、品質、數量及其包皮之種類、個數及記號。三、目的地。四、受貨人之名號及住址。五、託運單之填給地，及填給之年月日。」此託運單僅爲一種證明物品內容之文件，並非運送契約本身，亦非爲有價證券，與提單之性質不同。

(2) **物品之交運**：託運人應於約定期間內或通常之裝貨期間內，將託運物品交由運送人運送。

(3) **文件之交付及說明**：依民法第626條規定：「託運人對於運送人應交付運送上及關於稅捐警察所必要之文件，並應爲必要之說明」，以便運送人得順利完成運送義務。

(4) **危險運送物品之告知**：依民法第631條規定：「運送物依其性質，對於人或財產有致損害之虞者，託運人於訂立契約前，應將其性質告知運送人。怠於告知者，對於因此所致之損害，應負賠償之責。」

3. 物品運送人之權利義務

(1) **提單之填發**

　　提單係物品運送人所填發，而交予託運人處分及受領運送物品之一種有價證券，依民法第625條規定，運送人於收受運送物後，因託運人之請求，應填發提單。提單應記載下列事項，並由運送人簽名：

① 託運人之姓名及住址。

② 運送物之種類、品質、數量及其包皮之種類、個數及記號。

③ 目的地。

④ 受貨人之名號及住址。

⑤ 運費之數額，及其支付人為託運人或為受貨人。

⑥ 提單之填發地，及填發之年月日。

　　提單雖非運送契約本身，但提單填發後，運送人與提單持有人間關於運送事項，依其提單之記載（民法第627條），故提單為文義證券。又提單縱為記名式，仍得以背書移轉於他人，但提單上有禁止背書之記載者，不在此限（民法第628條），因此提單有背書性，而為一種流通證券。再者交付提單於有受領物品權利之人時，其交付就物品所有權移轉之關係，與物品之交付，有同一之效力（民法第629條），可見提單具有物權證券之效力。且受貨人請求交付運送物時，應將提單交還（民法第630條），所以提單為繳回證券。當提單遺失、被盜或滅失時，提單持有人得於公示催告程序開始後，向運送人提供相當之擔保，請求補發新提單（民法第629條之1）。

(2) **物品運送義務：** 託運物品應於約定期間內運送之；無約定者，依習慣。無約定亦無習慣者，應於相當期間內運送之；上述相當期間之決定，應顧及各該運送之特殊情形（民法第632條）。此外，運送人非有急迫情事，並可推定託運人若知有此情事，亦允許變更其指示者，不得變更託運人之指示（民法第633條）；實務上，最高法院49年台上字第577號判例亦認為：「運送人應照託運人之指示，將運送物運交所指示之受貨人，除託運人有變更指示外，不得自將應行送達之貨物交與指示以外之第三人，至受貨人所在不明或竟無其人，亦應通知託運人請求指示，不得自行處置。」又運送人於運送物達到目的地時，應即通知受貨人（民法第643條），以便受貨人提領貨物，完成運送任務。

(3) **債務不履行責任**

① 賠償責任之成立：運送人對於物之喪失、毀損或遲到應負責任；但運送人能證明其喪失、毀損或遲到，係因不可抗力，或因運送物之性質，或因託運人或受貨人之過失而致者，不在此限（民法第634條），足可見運送人之責任為通常事變責任，乃無過失責任之一種。其次運送物因包皮有易見之瑕疵而喪失或毀損時，運送人如於接收該物時不為保留者，應負責任（民法第635條）。對於數運送人就同一運送物，依次完成之相繼運送，依民法第637條規定：「運送物由數運送人相繼運送者，除其中有能證明無第六百三十五條所規定之責任者外，對於運送物之喪失、毀損或遲到，應連帶負責」，以免運送人間相互推諉，俾

保護託運人或受貨人權益。又依民法第641條規定：「如有第六百三十三條、第六百五十條、第六百五十一條之情形，或其他情形足以妨礙或遲延運送，或危害運送物之安全者，運送人應為必要之注意及處置。運送人怠於前項之注意及處置者，對於因此所致之損害應負責任」，以上均為運送人賠償責任之成立原因。

② 損害賠償之範圍：運送人既負前述較重之無過失責任，故法律上對於其賠償額不得不加以限制，使負有限責任，以期均衡。即運送物之喪失、毀損或遲到，非運送人之故意或重大過失所致者，其損害賠償額，應依其交付時目的地之價值計算之；並應將因運送物之喪失、毀損，而無須支付之運費及其他費用，由前項賠償額中扣除；如運送物之喪失、毀損或遲到，係因運送人之故意或重大過失所致者，託運人除得請求賠償上述損害外，如有其他損害，並得請求賠償（民法第638條）。以上係就一般物品之運送而言，若所運送之物品為金錢、有價證券、珠寶或其他貴重物品時，除託運人於託運時報明其性質及價值者外，運送人對於其喪失或毀損，不負責任；價值經報明者，運送人以所報價額為限，負其責任（民法第639條）。又因遲到之損害賠償額，不得超過因其運送物全部喪失可得請求之賠償額（民法第640條）。

③ 賠償責任之減免：受貨人受領運送物，並支付運費及其他費用不為保留者，運送人之責任消滅；惟運送物內部有喪失或毀損而不易發見者，以受貨人於受領運送物後，10日內將其喪失或毀損通知於運送人者，運送人仍應負責；又運送物之喪失或毀損，如運送人以詐術隱蔽，或因其故意或重大過失所致者，運送人不得主張前二項規定之利益（民法第648條），亦即受貨人於受領時縱未保留，或於受領後10日內未為通知者，運送人亦不能免責。再者，運送人交與託運人之提單上或其他文件上，有免除或限制運送人責任之記載者，除能證明託運人對於其責任之免除或限制明示同意外，不生效力（民法第649條）。

(4) **運費及其他費用請求權**：運送人係以運送為營業而收取運費之人，其主要目的為收取運費。運送人通常須於運送完畢時，始得請求運費，故運送物於運送中因不可抗力而喪失者，運送人不得請求運費；其因運送而已受領之數額，並應返還（民法第645條）。其次，運送人未將運送物之達到通知受貨人前，或受貨人於運送物達到後，尚未請求交付運送物前，託運人對於運送人，如已填發提單者，其持有人對於運送人，得請求中止運送，返還運送物，或為其他之處置。前項情形，運送人得按照比例，就其已為運送之部分，請求運費，及償還因中止、返還或為其他處置所支出之費用，並得請求相當之損害賠償（民法第642條）。至在運送物由數運送人相繼運送者，其最後之運送人於受領運費及

其他費用前,交付運送物者,對於其所有前運送人應得之運費及其他費用,負其責任(民法第646條)。因此,其最後之運送人就運送人全體應得之運費及其他費用,得行使第647條、第650條及第652條所定之權利(民法第653條),即得行使留置權、寄存拍賣權、費用扣除權,以保護全體運送人之利益,而免除該一運送人所負民法第637條之連帶責任。

(5) **留置權**:運送人為保全其運費及其他費用得受清償之必要,按其比例,對於運送物有留置權;但運費及其他費用之數額有爭執時,受貨人得將有爭執之數額提存請求運送物之交付(民法第647條),以期兼顧雙方之利益。

(6) **寄存拍賣權**:受貨人所在不明,或對運送物受領遲延或有其他交付上之障礙時,依民法第650條規定,運送人應即通知託運人,並請求其指示。如託運人未即為指示,或其指示事實上不能實行,或運送人不能繼續保管運送物時,運送人得以託運人之費用,寄存運送物於倉庫。運送物如有不能寄存於倉庫之情形,或有易於腐壞之性質或顯見其價值不足抵償運費及其他費用時,運送人得拍賣之。運送人於可能之範圍內,應將寄存倉庫或拍賣之事情,通知託運人及受貨人。前條之規定,於受領權之歸屬有訴訟,致交付遲延者,適用之(民法第651條)。依上述規定將運送物拍賣後,運送人得就拍賣代價中扣除拍賣費用、運費及其他費用,並應將其餘額交付於應得之人,如應得之人所在不明者,應為其利益提存之(民法第652條)。

4. 受貨人之權利義務

受貨人並非運送契約之當事人,故受貨人非託運人或提單持有人者,須運送物達到目的地,並經受貨人請求交付後,受貨人始能取得託運人因運送契約所生之權利(民法第644條)。運送契約對於運費之支付人,約定由受貨人支付時,如受貨人不願支付,運送人依法即得主張留置權,而受貨人自無法受領貨物,此際受貨人應有支付運費之義務。

5. 物品運送關係之消滅

物品運送之關係,因運送完成、物品交付於受貨人、運送之中止或因不可抗力而運送物滅失等事由,歸於消滅。

(三) 旅客運送

1. 旅客運送契約之意義

旅客運送乃收受運費,運送自然人由某地到另一地之契約。此種契約之當事人為運送人及旅客。其成立不以具有一定方式為必要,而為不要式、債權契約;但通常情形,旅客須購票始可;車票、船票之性質為何,學說紛歧,通說則認為在乘車

（船）前，所購之票爲有價證券，如爲無記名式，可以自由轉讓；至於記名式，則不可以轉讓，不論何種車票、船票，理論上均可請求退票，惟應支付手續費。又旅客運送常包括行李之運送，除行李之體積過大或超重外，通常不另外收費。

2. 旅客運送人之權利

(1) **運費請求權：** 旅客運送人既係以運送旅客爲營業而收取運費之人，自有運費收取權。

(2) **行李拍賣權：** 旅客於行李到達後1個月內不取回行李時，運送人得定相當期間催告旅客取回，逾期不取回者，運送人得拍賣之。旅客所在不明者，得不經催告逕予拍賣。行李有易於腐壞之性質者，運送人得於到達後，經過24小時，拍賣之，並得就拍賣代價中，扣除拍賣費用、運費及其他費用，而將其餘額交還旅客，如旅客所在不明者，應爲其利益提存之（民法第656條）。

3. 旅客運送人之義務

旅客運送人，應依約定方法、內容，將旅客安全、準時運送至目的地義務，並負以下責任：

(1) **對於旅客身體之責任：** 依民法第654條規定：「旅客運送人對於旅客因運送所受之傷害及運送之遲到應負責任。但因旅客之過失，或其傷害係因不可抗力所致者，不在此限。運送之遲到係因不可抗力所致者，旅客運送人之責任，除另有交易習慣者外，以旅客因遲到而增加支出之必要費用爲限」，可見旅客運送人之責任，係一種無過失責任，僅就通常事變負責。

(2) **對於旅客行李之責任：** 行李及時交付運送人者，應於旅客達到時返還之（民法第655條）。運送人對於旅客交託之行李，縱不另收運費，其權利義務，除本款另有規定外，準用關於物品運送之規定（民法第657條）。至於未交託之行李，運送人如因自己或其受僱人之過失，致有喪失或毀損者，仍負責任（民法第658條）。上述旅客運送人責任之規定，乃保護旅客而設，運送人必須負責，因而運送人交與旅客之票、收據或其他文件上有免除或限制運送人責任之記載者，除能證明旅客對於其責任之免除或限制明示同意外，不生效力（民法第659條）。

4. 旅客運送關係之消滅

旅客運送契約，因旅客目的地已到達或運送不能完成而消滅；後者之情形，如因可歸責於旅客運送人之事由時，則於賠償旅客損失後，運送關係消滅；若係不可抗力所致者，即將票價退還，雙方之運送關係亦歸消滅。

三、案例結論

運送人對於承運貨物之裝卸、搬移、堆存、保管、運送及看守，應為必要之注意及處置，海商法第63條定有明文。本案例船長對於裝載貨物疏於督導，大副亦有過失，致船舶沈沒，貨載滅失，顯未善盡必要之注意責任，為商業上過失，依海商法第63條及第69條第17款之規定，乙航運公司應負賠償責任；惟運送物有喪失、損毀或遲到者，其損害賠償，應依其交付時目的地之價值計算之，民法第638條第1項定有明文，此項規定即民法第213條第1項，損害賠償以回復原狀為原則之例外規定，依此規定，甲貿易公司僅能請求為金錢之賠償，茲竟請求回復原狀，賠償白米200公噸，自非法之所許。

又丙搭乘台北市指南客運公車，該公車在行進中與闖紅燈之自用小客車發生嚴重擦撞，經台北市車輛行車事故鑑定委員鑑定結果，公車司機雖不負過失責任，惟依民法第654條第1項規定：「旅客運送人對於旅客因運送所受之傷害及運送之遲到應負責任。但因旅客之過失，或其傷害係因不可抗力所致者，不在此限」，故旅客運送人對於旅客因運送所受之傷害，應負賠償責任；條文所稱之傷害，依學者通說見解，不專指身體所受之傷害，即身著衣服之毀損，以及與身體不可分離之物件，如近視眼鏡等，均包括在內。故丙得依前開規定，就其所支出之3萬元醫藥費及衣服、近視眼鏡之毀壞，依運送契約請求旅客運送人即指南客運公司負賠償責任。

至於旅客所戴之手錶及手鐲部分，因此等物品較為貴重，應不得視為隨身必需配戴之物品；依案例意旨，旅客丙既隨身配戴，顯係該物品為未交託之行李，依民法第658條規定：「運送人對於旅客所未交託之行李，如因自己或其受僱人之過失，致有喪失或毀損者，仍負責任」，本案例旅客運送人或其受僱人既無過失，旅客自無從依該規定，請求運送人負賠償責任。故旅客丙不得依運送契約，請求旅客運送人就其手錶、手鐲之損害負賠償責任。惟因本件車禍之發生，肇事責任在該自用小客車駕駛丁，此時旅客丙就其前開損害，自得依民法第184條第1項侵權行為損害賠償請求權之規定，向丁請求賠償損害。

第十七節　承攬運送

案例66

> 　　甲承攬運送乙之生鮮魚貨一批，因怠於注意，將該批貨物委由設備不佳之丙運輸公司自屏東東港運送至台北，因天氣炎熱，載運時間又久，致該批魚貨因冷藏不足而全部腐敗，此時乙能否向甲請求賠償損害？

一、思考方向

　　本案例涉及承攬運送及前述物品運送問題，一般而言，承攬運送為廣義之運送契約，乃當事人約定，一方以自己名義為他方計算，使運送人運送物品，他方給付報酬之契約。依此定義可知，承攬運送人係為託運人選任運送人，並不自己擔任運送，而與物品運送人有異；亦即承攬運送人與託運人訂立承攬運送契約後，再基於此契約與運送人訂立運送契約。因其既係以自己名義為他人計算，而與行紀性質相仿，故民法第660條第2項規定：「承攬運送，除本節有規定外，準用關於行紀之規定。」為說明本案例起見，茲先就承攬運送之相關內容分析如後，以供參酌。

二、論點分析

(一) 承攬運送之意義

　　依民法第660條第1項規定：「稱承攬運送人者，謂以自己之名義，為他人之計算，使運送人運送物品而受報酬為營業之人」，以此為內容所訂立之契約，即為承攬運送契約；其當事人一方為承攬運送人，另一方為委託人。承攬運送雖與行紀類似，但因契約成立後，承攬運送人有承攬運送之義務，委託人有支付報酬之義務，故為雙務、有償契約；且其契約之成立，只要當事人合意已足，不須有任何方式，故為不要式及諾成契約。

(二) 承攬運送人之權利

1. 報酬請求權

　　承攬運送人以承攬物品運送，而受報酬為營業，自有報酬請求權；其數額應依契約約定，無約定者依習慣定之。

2. 費用償還請求權

承攬運送人得依約定或習慣,請求寄存費,並得請求償還其為委託人之利益而支出之費用及利息(民法第660條第2項準用第582條)。

3. 留置權

依民法第662條規定:「承攬運送人為保全其報酬及墊款得受清償之必要,按其比例,對於運送物有留置權」,以保障其報酬請求權之實現。

4. 損害賠償請求權

依民法第665條準用第631條之規定,如運送物依其性質對於人或財產有致損害之虞者,託運人於訂立契約前,應將其性質告知承攬運送人;怠於告知者,對於因此所致之損害,應負賠償之責。惟此一損害賠償請求權並不在前述得行使留置權之債權範圍內,故不得據此主張留置權。

5. 介入權

依民法第663條規定:「承攬運送人,除契約另有訂定外,得自行運送物品。如自行運送,其權利義務,與運送人同」,是為承攬運送人之介入權,屬於形成權之一種,無須得委託人之同意。又於承攬運送人介入運送後,原來之承攬運送關係,並不消滅,故承攬運送人仍得依據原契約關係請求報酬。惟在介入權之擬制情形,依民法第664條規定:「就運送全部約定價額,或承攬運送人填發提單於委託人者,視為承攬人自己運送,不得另行請求報酬」,應予注意。

(三) 承攬運送人之義務

1. 注意義務

承攬運送既為有償契約,就物品之接收、保管、運送人之選定、目的地之交付及其他與運送有關之事項,均應以善良管理人之注意加以處理始可。

2. 債務不履行責任

依民法第661條規定:「承攬運送人,對於託運物品之喪失、毀損或遲到,應負責任。但能證明其於物品之接收保管、運送人之選定、在目的地之交付,及其他與承攬運送有關之事項,未怠於注意者,不在此限。」由此可知,承攬運送人所負責任係為過失責任,與物品運送人應負普通事變之無過失責任不同。至其損害賠償額之計算、貴重物品之賠償以及遲到之損害賠償額,依民法第665條規定,均可準用物品運送相關規定。在短期消滅時效方面,委託人對於承攬運送人因運送物之喪失、毀損或遲到所生損害賠償請求權,自運送物交付或應交付之時起,1年間不行使而消滅(民法第666條)。

(四) 承攬運送關係之消滅

承攬運送關係消滅之原因，法無明文，通說認為運送目的地到達交付貨物、終止契約、當事人死亡、破產或喪失行為能力而消滅。

三、案例結論

甲承攬運送乙之生鮮魚貨，因怠於注意將該批貨物委由設備不佳之丙運輸公司運送，致該批魚貨因冷藏不足，而全部腐敗，其顯有過失，依民法第661條規定：「承攬運送人，對於託運物品之喪失、毀損或遲到，應負責任。但能證明其於物品之接收保管、運送人之選定、在目的地之交付，及其他與承攬運送有關之事項，未怠於注意者，不在此限」，甲自應對委託人乙負損害賠償責任。

又委託人乙與運送人丙間並不直接發生關係，故乙不得依運送契約向丙主張債務不履行損害賠償。至甲、丙間為運送契約關係，甲為託運人，丙為物品運送人，依民法第634條前段規定：「運送人對於運送物之喪失、毀損或遲到，應負責任」，立法上係將運送人之責任界定為通常事變責任，為無過失責任之一種，僅在不可抗力或因運送物之性質所致之毀損、滅失，始可據以免責。在本案例既因丙本身冷藏設備不足致魚貨全部腐敗，甲自可依前開規定，請求運送人丙負賠償責任。

第十八節　合夥

案例67

甲、乙、丙三人合夥經營商業，甲以金錢出資，乙以房屋一幢為出資，丙則以勞務為出資，約定每人平均各占一股份，營業半年後因嚴重虧損，僅剩該價值400萬元之房屋及現金100萬元，而負債則有800萬元，此時合夥債權人能否請求甲、乙、丙三人就債務金額全部負連帶清償責任？以勞務為出資之合夥人丙，能否以民法第677條第3項，其不受損失分配為由，拒絕清償？如丙合夥人以自己財產將合夥債權全部清償後，得以何數額及比例向其餘合夥人求償？

一、思考方向

合夥契約，係指二人以上互約出資，以經營共同事業為目的之契約；所謂共同

事業，其種類並無限制，只要不違反公序良俗即可，因之不論營利（如商事合夥）或非營利（如學術、宗教、運動、娛樂）事業，均得爲合夥之共同事業而經營之。由於一般合夥之成立無須如設立公司，應踐行登記程序，手續便利，故常爲國人採爲共同投資事業之方式。對於合夥經營事業之結果，在有虧損或盈餘時，應如何清償及分配，爲本案例應探討及思考之方向，本書鑑於民法就合夥規定之條文自第667條至第699條非常繁多，茲體系說明於後，以供參酌。

二、論點分析

(一) 合夥之意義及性質

依民法第667條第1項規定，稱合夥者，謂二人以上互約出資以經營共同事業之契約。其成立只要合夥人意思合致即可，不須一定方式，爲諾成及不要式契約；合夥之出資，得爲金錢或其他財產或以勞務、信用或其他利益代之（同條文第2項）。各合夥人互負出資義務，及義務互爲對價，故合夥爲雙務及有償契約。合夥雖無獨立人格，與社團法人或公司不同，然爲達合夥人共同之目的，保護全體合夥人利益，故合夥契約或其事業之種類，除契約另有訂定外，非經合夥人3分之2以上同意，不得變更（民法第670條）。

(二) 合夥之內部關係

1. 合夥人之出資義務

出資乃合夥人提出資本，所爲之給付；合夥人既互約出資，以經營共同事業，則爲達成此項目的，自負有出資義務。合夥出資得爲金錢或其他財產權，或以勞務、信用或其他利益代之；金錢以外之出資，應估定價額爲其出資額。未經估定者，以他合夥人之平均出資額視爲其出資額（民法第667條第2、3項）。每一合夥人出資之多寡，應依合夥契約定之，除有特別訂定外，合夥人無於約定出資之外，增加出資之義務。因損失而致資本減少者，合夥人無補充之義務（民法第669條）。各合夥人之出資及其他合夥財產，爲合夥人全體之公同共有（民法第668條），故合夥人於合夥清算前，不得請求合夥財產之分析；如執行業務之合夥人未得合夥人全體同意，專擅將合夥營業移轉於人者，即屬侵權行爲，對於其他合夥人因此所受損害，應負賠償之責（最高法院19年上字第3150號判例參照）。對於合夥負有債務者，不得以其對於任何合夥人之債權與其所負之債務抵銷（民法第682條），以保護合夥財產之不變。

2. 合夥事業之執行與監察

(1) 合夥之事務，除契約另有訂定或另有決議外，由合夥人全體共同執行之；合夥之事務，如約定或決議由合夥人中數人執行者，由該數人共同執行之。合夥之通常事務，得由有執行權之各合夥人單獨執行之；但其他有執行權之合夥人中任何一人，對於該合夥人之行為有異議時，應停止該事務之執行（民法第671條）。至於合夥之決議，應以合夥人全體之同意為之；前項決議，合夥契約約定得由合夥人全體或一部之過半數決定者，從其約定。但關於合夥契約或其事業種類之變更，非經合夥人全體3分之2以上之同意，不得為之（民法第670條）。對於合夥之決議，其有表決權之合夥人，無論其出資之多寡，推定每人有一表決權（民法第673條）。

(2) 其次執行合夥事務之合夥人或合夥之關係，應屬於一種委任，因而民法第537條至第546條關於委任之規定，於合夥人之執行合夥事務準用之（民法第680條）。惟合夥人執行合夥事務，除契約另有訂定外，不得請求報酬（民法第678條第2項），亦即屬於一種無償責任，故合夥人履行因合夥契約所負擔之義務，應與處理自己事務為同一注意；其受有報酬者，應以善良管理人之注意為之（民法第672條）。又合夥人因合夥事務所支出之費用，得請求償還（民法第678條第1項）。而合夥人中之一人或數人，依約定或決議執行合夥事務者，非有正當事由不得辭任；前述執行合夥事務之合夥人，非經其他合夥人全體之同意，不得將其解任（民法第674條）。至於無執行合夥事務權利之合夥人，縱契約有反對之訂定，仍得隨時檢查合夥之事務及其財產狀況，並得查閱帳簿（民法第675條）。

3. 損益之分配

合夥之決算及分配利益，除契約另有訂定外，應於每屆事務年度終為之（民法第676條）。分配損益之成數，應依契約之約定，未經約定者，按照各合夥人出資額之比例定之；如僅就利益，或僅就損失所定之分配成數，視為損益共通之分配成數，不過以勞務為出資之合夥人，除契約另有訂定外，不受損失之分配（民法第677條）。

(三) 合夥之外部關係

1. 合夥人之代表

因合夥有團體性，但並無如法人一般具有獨立之人格，為解決其代表權問題，民法第679條規定：「合夥人依約定或決議執行合夥事務者，於執行合夥事務之範圍內，對於第三人，為他合夥人之代表。」

2. 合夥人之責任

　　合夥財產不足清償合夥之債務時，各合夥人對於不足之額連帶負其責任（民法第681條）；即各合夥人就合夥債務，除以合夥財產負責任外，並以個人單獨所有之財產，負連帶責任。所謂合夥財產，不僅指合夥債權人向合夥人請求連帶清償時屬於合夥之動產、不動產而言，即其時合夥對於第三人之債權及其他有交易價額之一切財產權，得為強制執行之標的者，亦包含之。如就此等財產按照時價估計，其總額並不少於債務總額，固非所謂不足清償，即使財產總額少於債務總額，各合夥人亦僅對於不足之額連帶負責，並非對於債務全額負有此種責任（最高法院28年上字第1864號判例參照）。合夥人之債權人於合夥存續期間內，就該合夥人對於合夥之權利，不得代位行使；但利益分配請求權，不在此限（民法第684條）。又合夥人之債權人就該合夥人之股份，得聲請扣押；前項扣押實施後2個月內，如該合夥人未對於債權人清償或提供相當之擔保者，自扣押時起，對該合夥人發生退夥之效力（民法第685條）。

(四) 合夥之變動

1. 合夥契約或事業之變更

　　依民法第670條第2項但書規定，合夥契約或合夥事業之種類，得任意變更，但應經合夥人全體3分之2以上之同意。

2. 合夥人之變更

(1) **股份之轉讓：** 股份轉讓屬於合夥人變更情形之一，民法第683條規定：「合夥人非經他合夥人全體之同意，不得將自己之股份轉讓於第三人。但轉讓於他合夥人者，不在此限」，因合夥人彼此間有信賴關係，若更易新人，須全體接受較為妥適。

(2) **退夥：** 退夥乃合夥關係存續中，因其中部分合夥人退出合夥之謂。在法律性質上，退夥為單獨行為，固無待他合夥人之承諾，然必須向他合夥人確實表示其意思，方能發生效力。其情形有二：

① 聲明退夥：合夥未定有存續期間，或經訂明以合夥人中之一人之終身，為其存續期間者，各合夥人得聲明退夥，但應於2個月前通知他合夥人；前項退夥，不得於退夥有不利於合夥事務之時期為之。合夥縱定有存續期間，如合夥人有非可歸責於自己之重大事由，仍得聲明退夥，不受前二項規定之限制（民法第686條）。又合夥之債權人扣押合夥人股份後2個月內，該合夥人未對於債權人清償或提供相當之擔保者，依民法第685條第2項規定，自扣押時起，對該合夥人發生退夥之效力。

② 法定退夥：依民法第687條規定，合夥人除前述聲明退夥外，因下列事項之一而退夥：

A. 合夥人死亡者。但契約訂明其繼承人得繼承者，不在此限。

B. 合夥人受破產或監護之宣告者。

C. 合夥人經開除者。惟合夥人之開除，以有正當理由爲限，而此項開除，應以他合夥人全體之同意爲之；並應通知被開除之合夥人（民法第688條）。

③ 退夥之效力：

A. 退夥之結算：依民法第689條規定：「退夥人與他合夥人間之結算，應以退夥時合夥財產之狀況爲準。退夥人之股份，不問其出資之種類，得由合夥以金錢抵還之。合夥事務，於退夥時尚未了結者，於了結後計算，並分配其損益。」即原則上，結算之標準時期，係以退夥時爲準，但若於退夥時尚有事務尚未了結者，則以了結時爲標準。

B. 退夥人之責任：依民法第690條規定：「合夥人退夥後，對於其退夥前合夥所負之債務，仍應負責」，藉以保護債權人之權益。

(3) **入夥**：入夥乃合夥成立後，新加入合夥，而爲合夥人之謂。合夥成立後，非經合夥人全體之同意不得允許他人加入爲合夥人。加入爲合夥人者，對於其加入前合夥所負之債務與他合夥人負同一之責任（民法第691條）。

(五) 合夥關係之消滅

1. 合夥之解散

(1) **解散之原因**：依民法第692條規定，合夥因下列事項之一而解散：

① 合夥存續期限屆滿者。

② 合夥人全體同意解散者。

③ 合夥之目的事業已完成或不能完成者。

(2) **解散之效果**：合夥解散後，不須踐行登記程序，即可進行清算，通說認爲解釋上於清算範圍內，其合夥關係應視爲繼續存續；又民法第693條規定：「合夥所定期限屆滿後，合夥人仍繼續其事務者，視爲以不定期限繼續合夥契約」，此時其合夥關係並不解散，而由有存續期限之合夥，變更爲無存續期限之合夥。

2. 合夥之清算

　　所謂清算，係於合夥解散時，爲了結合夥法律關係，所進行消滅合夥之程序；實務上認爲合夥關係須至清算完結方能消滅（最高法院18年上字第2536號判例參照）。

(1) **清算人之選任及解任**：依民法第694條規定：「合夥解散後，其清算由合夥人

全體或由其所選任之清算人爲之。前項清算人之選任,以合夥人全體之過半數決之」,即原執行合夥事務合夥人之執行權歸於消滅,而由選任之清算人取代。至關於清算人之解任,依第696條規定,適用第674條之結果,亦非有正當事由不得辭任,其他合夥人亦不得將其解任;且清算人之解任,非經其他合夥人全體之同意,不得爲之。

(2) **清算之方法**:依民法第695條規定:「數人爲清算人時,關於清算之決議,應以過半數行之」,不須得全體之同意,期使清算事務之進行,能迅速完成。

(3) **清算人之職務**

① 了結現務。

② 收取債權。

③ 清償債務:依民法第697條第1項規定:「合夥財產,應先清償合夥之債務。其債務未至清償期,或在訴訟中者,應將其清償所必需之數額,由合夥財產中劃出保留之。」

④ 返還出資:依民法第697條第2至4項規定,清算人於清償債務,或劃出必需之數額後,其賸餘財產應返還各合夥人金錢或其他財產權之出資;金錢以外財產權之出資,應以出資時之價額返還之;爲清償債務及返還合夥人之出資,應於必要限度內,將合夥財產變爲金錢。又此之返還出資,以現物出資者爲限,如係信用出資或勞務出資者,則無出資返還之問題。

⑤ 分配剩餘財產:依民法第699條規定:「合夥財產,於清償合夥債務及返還各合夥人出資後,尚有賸餘者,按各合夥人應受分配利益之成數分配之」,此之剩餘財產,係指清償債務及返還出資後淨餘之財產,應按比例分配與各合夥人。

三、案例結論

關於合夥人對於合夥債務,究應負如何責任,立法例上有連帶無限責任制度,瑞士債務法採之;分擔無限責任制度,日本及法國民法採之;連合分擔無限責任制度,德國民法採之。依我國民法第681條規定觀之,現行法顯係採連帶無限責任制度,且係採補充主義而非併存主義,規定合夥財產不足清償合夥債務時,各合夥人始對不足之額連帶負其責任,故本案例中,甲、乙、丙三合夥人之債權人,就其800萬元之債權額,應先扣除屬於合夥之現金100萬元,及不動產400萬元後,就不足之300萬元請求合夥人負連帶清償責任。

以勞務爲出資之合夥人,除契約另有訂定外,不受損失之分配,雖爲民法第677條第3項所明定,但此係合夥人間之內部分擔關係,與同法第681條之對外關係不同;且依最高法院26年上字第971號判例意旨認爲:「合夥契約訂定合夥人中之

一人於其出資之限度中，不負分擔損失之責任者，在合夥人間固非無效，但不得以之對抗合夥之債權人；合夥財產不足清償合夥債務時，該合夥人對於不足之額亦連帶負其責任」，故勞務出資人丙不得以民法第677條第3項規定為由，拒絕清償合夥債務。

丙合夥人以自己財產，將前開300萬元合夥債務清償後，如合夥人間事先曾約定以勞務出資之合夥人亦須受損失之分配時，該合夥人以自己之財產清償全部合夥債務後，得向其餘合夥人甲、乙各求償其清償金額之3分之1，即各100萬元，並自清償時起之利息；如無此規定，該合夥人依民法第677條第3項規定，既不受損失之分配，自得向甲、乙各求償其清償數額之2分之1，即150萬元，並自清償時起之利息。

第十九節　隱名合夥

案例68

　　甲、乙為隱名合夥之出名營業人，均以勞務為出資，丙為隱名合夥人，如因經濟不景氣，致所投資經營之咖啡廳虧損連連，合夥債務超過合夥財產達240萬元，就該不足款，應由何人負責清償？如隱名合夥人丙出面清償，能否向甲、乙二人求償？又出名營業人甲一人清償後，能否向隱名合夥人丙及出名營業人乙求償，有無法律根據？

一、思考方向

　　本案例為隱名合夥當事人間之權利義務問題，因民法第701條規定：「隱名合夥，除本節有規定者外，準用關於合夥之規定」，以致易使人產生隱名合夥即為合夥一種之誤解。事實上隱名合夥者，乃當事人約定，一方對於他方所經營之事業出資，而分受其營業所生之利益，及分擔其所生損失之契約。其與合夥區別有四：(一) 合夥須合夥人互約出資；隱名合夥則僅由隱名合夥人出資，至出名營業人是否出資，則非所問。(二) 合夥之財產為合夥人公同共有，隱名合夥則為出名營業人所有。(三) 合夥事業不以營利為限，隱名合夥則以營利為限。(四) 隱名合夥人不得執行合夥事務，對於債權人亦不負責任，合夥則由合夥人全體共同執行。至關於隱名合夥之對外債務清償與內部分擔情形，即為本案例之問題核心，茲就隱名合夥之相

關內容說明如後。

二、論點分析

(一) 隱名合夥之意義及性質

　　如前所述，隱名合夥為當事人約定，一方對於他方所經營之事業為出資，而分受其營業所生之利益，及分擔其所生損失之契約。其出資之一方為隱名合夥人，他方則為出名營業人。隱名合夥人所負出資及分擔營業損失義務，與出名營業人所負分派營業利益之義務，有對待及交換性質，故為雙務及有償契約。隱名合夥只要當事人意思一致即可成立，為不要式及諾成契約。

　　又應注意者，合夥為二人以上互約出資以經營共同事業之契約，隱名合夥則為當事人約定一方對於他方所經營之事業出資，而分受其營業所生利益，及分擔其所生損失之契約。故合夥所經營之事業，係合夥人全體共同之事業，隱名合夥所經營之事業，則係出名營業人之事業，非與隱名合夥人共同之事業。苟其契約係互約出資以經營共同之事業，則雖約定由合夥人中一人執行合夥之事務，其他不執行合夥事務之合夥人，僅於出資之限度內負分擔損失之責任，亦屬合夥而非隱名合夥（最高法院42年度台上字第434號判決意旨參照）。

(二) 隱名合夥之內部關係

1. 對於隱名合夥人之效力

(1) **出資義務**：隱名合夥以隱名合夥人出資為其成立要件，故其負有出資義務。但因隱名合夥人並不實際參與營業，而其責任與兩合公司之有限責任股東相當，通說認其僅得以現物出資，不得以信用或勞務為出資之標的。

(2) **營業監督**：隱名合夥人無執行事務之權利及義務，但隱名合夥人，縱有反對之約定，仍得於每屆事務年度終查閱合夥之賬簿，並檢查其事務及財產之狀況；如有重大事由，法院因隱名合夥人之聲請，得許其隨時為前項之查閱及檢查（民法第706條）。

(3) **分擔損失**：依民法第703條規定：「隱名合夥人，僅於其出資之限度內，負分擔損失之責任。」故原則上，隱名合夥人僅負擔有限責任，但當事人另行約定，超出出資部分之損失亦需負擔者，從其約定。

(4) **利益分派請求權**：隱名合夥人之出資，既以分受營業所生之利益為目的，自得於每屆事務年度終了，請求出名營業人為利益分派。

2.對於出名營業人之效力

(1) **事務之執行**：依民法第704條第1項規定：「隱名合夥之事務，專由出名營業人執行之。」因此，原則上出名營業人應自己處理事務，不得使第三人代爲處理；且其執行業務時，應與處理自己事務爲同一之注意義務，亦即應負具體輕過失責任（民法第701條準用第672條）。

(2) **損益之計算及分配**：依民法第707條規定：「出名營業人，除契約另有訂定外，應於每屆事務年度終，計算營業之損益，其應歸隱名合夥人之利益，應即支付之。應歸隱名合夥人之利益而未支取者，除另有約定外，不得認爲出資之增加」，是關於營業之利益，隱名合夥人即有利益分配請求權。

(三) 隱名合夥之外部關係

1. 隱名合夥之事務既由出名營業人執行，則對外關係亦專由出名營業人負責，爲此民法第704條第2項規定：「隱名合夥人就出名營業人所爲之行爲，對於第三人不生權利義務之關係」，是合夥債權人原則上不得對隱名合夥人主張任何權利或要求清償債務。

2. 惟隱名合夥人如參與合夥事務之執行，或爲參與執行之表示，或知他人表示其參與執行而不否認者，縱有反對之約定，對於第三人，仍應負出名營業人之責任（民法第705條），學說稱爲「表見出名營業人」，此時隱名合夥人就營業上所負債務，則例外應負無限清償責任。

(四) 隱名合夥關係之消滅

1. 退夥

其內容可參見民法第686條及本書〈案例67〉之說明，不再贅述。

2. 隱名合夥之終止

(1) **終止之原因**：依民法第708條規定，隱名合夥契約，因下列事項之一而終止：

① 存續期限屆滿者。

② 當事人同意者。

③ 目的事業已完成或不能完成者。

④ 出名營業人死亡或受監護之宣告者。

⑤ 出名營業人或隱名合夥，受破產之宣告者。

⑥ 營業之廢止或轉讓者。

(2) **終止之效果**：依民法第709條規定：「隱名合夥契約終止時，出名營業人，應返還隱名合夥人之出資及給與其應得之利益。但出資因損失而減少者，僅返還

其餘存額」，即出名營業人應負返還出資及給與利益於隱名合夥人之義務；惟若虧損致無餘額時，自無返還問題。

三、案例結論

甲、乙為隱名合夥之出名營業人，均以勞務為出資，丙為隱名合夥人，如營業失利，合夥債務超過合夥財產達240萬元，依民法第703條規定：「隱名合夥人，僅於其出資之限度內，負分擔損失之責任」；同法第704條第2項規定：「隱名合夥人就出名營業人所為之行為，對於第三人不生權利義務之關係」，故就該不足額，隱名合夥人丙無分擔之義務，應由出名營業人甲、乙二人連帶負責（民法第701條、第681條參照）。

隱名合夥人與出名營業人間，對於清償合夥債務並無委任關係或其他法律上義務時，隱名合夥人丙如出於為出名營業人管理事務之意思，而為出名營業人清償合夥債務，自得依民法第172條無因管理之規定，向出名營業人甲、乙二人求償240萬元。

出名營業人甲一人清償後，得依民法第281條規定，向另一出名營業人乙求償。對於其勞務之出資，如已估定價額者，依民法第677條第1項規定：「分配損益之成數，未經約定者，按照各合夥人出資額之比例定之」，自得依此作為分配損失之比例；如未估定其價額者，則解為一律均等，甲可向另一出名營業人請求其清償額之2分之1，即120萬元。至隱名合夥人丙，對於其出資額限度外之債務，本不負清償責任，出名營業人甲縱已為清償，亦不得向其求償，自不待言。

第十九節之一　合會

案例69

甲為桃園市某銀行職員，招募民間互助會，共有同事乙、丙、丁等11人參加，自民國111年12月1日起，每月標會1次，第1個月，每人交付會款3萬元由會首甲無息使用，第2、3次會，則由乙、丙分別以3,000元、4,000元得標，至第4次應標會時，會首竟宣布倒會，此時受害之會員丁可否向會首甲或已得標會員乙、丙等人依會款之法律關係請求賠償損害？

一、思考方向

　　民間互助會，因有助於平民金融之調劑，具有濟困扶危、互通有無及儲蓄等功能，故素爲我台灣地區及相鄰各邦，如印度、日本、韓國等各國所流行。原本互助會係以對人之信任爲基礎，此在往昔農業社會，生活安定，民風純樸，會員少有失信之處，倒會之風殊不多見。惟時至今日，社會結構與以往大不相同，加以工商繁盛，人口遷徙，彼此了解不深，一切惟利是競，入會目的已非爲了慷慨助難，而是圖謀高利，致使合會問題叢生。如同本案例，當發生倒會情形時，會員究應如何主張權利義務，茲說明如下。

二、論點分析

(一) 合會之意義

　　依民法第709條之1第1項規定：「稱合會者，謂由會首邀集二人以上爲會員，互約交付會款及標取合會金之契約。其僅由會首與會員爲約定者，亦成立合會」，起會人稱爲會首，參加人爲會員，會員及會首應交付之全部會款爲合會金，至會款則得爲金錢或其他代替物（民法第709條之1第2、3項）。

　　因合會一方面具有儲蓄作用，同時亦能融通資金，無背於公序良俗，故民法予以明文承認；但因其使用抽籤方法，不無射倖性，且難免有不良分子參與其間，釀成倒會現象，爲此民法第709條之2規定：「會首及會員，以自然人爲限。會首不得兼爲同一合會之會員。無行爲能力人及限制行爲能力人不得爲會首，亦不得參加其法定代理人爲會首之合會。」其立法理由，係因會首兼爲同一合會之會員，則對等之債權債務將集於一身，致使法律關係混淆，且易增加倒會事件之發生，故於第2項明文禁止之。又會首在合會中占重要地位，其對會員負有甚多義務，例如主持標會及收取會款等，尤其會員未按期給付會款時，會首有代爲給付之義務；無行爲能力人及限制行爲能力人，其本身思慮未周，處事能力不足，且資力有限，尚難有擔任會首之能力；另爲維持合會之穩定，遏止倒會之風，無行爲能力人及限制行爲能力人亦不應參加其法定代理人爲會首之合會。

(二) 合會契約之成立

　　合會契約係由二人以上會員，約定會數、每次每會應支付之金額或每次應得之總金額、標會方法（月標、半月標、季標）、標會日期等而成立之契約，現行民法爲避免發生爭議，導正合會之正常運作，於第709條之3規定，合會應訂立會單，記載下列事項：

1. 會首之姓名、住址及電話號碼。
2. 全體會員之姓名、住址及電話號碼。
3. 每一會份會款之種類及基本數額。
4. 起會日期。
5. 標會日期。
6. 標會方法。
7. 出標金額有約定其最高額或最低額之限制者，其約定。

　　前項會單，應由會首及全體會員簽名，記明年月日，由會首保存並製作繕本，簽名後交每一會員各執一份。會員已交付首期會款者，雖未依前二項規定訂立會單，其合會契約視為已成立。

(三) 合會之種類

1. 月標與非月標

　　依投標日期之不同，可分為月標與非月標。月標係以每月固定日期為投標日，而以願支付標息最高之人為得標者，稱為月標，乃目前最普遍之一種民間合會；非月標者，係非按月標會者，如每半年一次或每10日一次，或每季一次標會者，均屬之。

2. 內標與外標

　　依競標方式不同，可分為內標與外標。凡活會會員每期自會款內，扣除得標人所出標金而繳納會款，死會會員則繳納每期約定會款者為內標，通常民間合會多屬於內標性質。至於活會會員每期按約定之會款繳納，死會會員則除約定會款外，再加標金繳納者，稱為外標。

(四) 合會契約之效力

1. 會首之權利義務

(1) **主持標會**：民法第709條之4規定：「標會由會首主持，依約定之期日及方法為之。其場所由會首決定並應先期通知會員。會首因故不能主持標會時，由會首指定或到場會員推選之會員主持之。」按合會既係由會首邀集會員而成立之契約，因此，標會為合會之主要事務，應由會首依約定之期日及方法主持之。至於標會之場所，宜由會首決定並應先期通知會員，俾利標會之進行，爰為第1項規定。倘會首因故未能主持標會，宜有補救措施，因此，條文第2項再明定由會首指定或由到場會員推選之會員主持，以利標會。

(2) **收取首期合會金**：首期合會金不經投標，由會首取得，其餘各期由得標會員取

得（民法第709條之5）。

(3) **指定標會時間、地點及通知義務：**如前所述，標會由會首主持，依約定之期日及方法開標，對於標會之地點由會首決定，事先並應通知會員到場競標；競標時會員如不親自到場，亦不委託他人到場者，視爲棄權。

(4) **收集會款繳交得標人義務：**合會會款依民法第709條之7第2至4項規定，由會首代得標會員收取，連同自己之會款，於期滿之翌日前交付得標會員；逾期未收取之會款，會首應代爲給付；會首依前項規定收取會款，在未交付得標會員前，對其喪失、毀損，應負責任。但因可歸責於得標會員之事由致喪失、毀損者，不在此限；會首依第2項規定代爲給付後，得請求未給付之會員附加利息償還之。按收取會款交付於得標會員，爲會首之重要義務，現行法爲使得標會員早日取得會款，並期合會得以正常運作，已明定會員交付會款之期限爲標會後3日，爲此本條文第2項再規定會首應於前條期限內代得標會員收取會款。收到之會款屬於得標會員所有，會首自應將所收取之會款連同自己之會款，於期滿之翌日前交付與得標會員。又爲保障得標會員之權益，並加重會首責任，逾期未收取之會款，應由會首代爲給付。

另應注意者，會首對已收取之會款，在未交付得標會員前，有保管義務，且動產係以交付時爲危險移轉之時點，故會款在未交付得標會員前發生喪失、毀損之情形，自應由會首負擔；況依民法第709條之5規定，首期合會金不經投標，由會首取得，是以，會首實際上已獲得無息使用首期合會金之利益，從而宜由會首負較重之不可抗力責任。惟如因可歸責於得標會員之事由致喪失、毀損者，則應由該得標會員負責，始爲公允。至會首履行代爲給付之義務後，得請求未給付之會員附加利息償還，自不待言。

(5) **不得轉讓義務：**一般民間合會，係由會首出面邀集，則會員必因信任會首而入會，他人既未必爲會員所信任，自不應許其任意將權利義務移轉於他人，實際上變換他人爲會首。然若會員全體信任該他人，同意其受移轉爲會首，當不在禁止之列，爲此民法第709條之8第1項規定：「會首非經會員全體之同意，不得將其權利及義務移轉於他人」，以供援用。

(6) **連帶清償責任：**一般民間標會常見的糾紛是，會首惡性倒閉，也就是吸收多名會腳，得到巨款後就隱匿不見人或宣告倒閉；也有會首召集互助會採內標制，冒用會員名義標會，使其他活會會員陷於錯誤，交付會款；甚至還有會首以會養會，死會會腳以無力支付後期尾款爲由，刻意倒會等，不勝枚舉。在原本法律規範不足下，糾紛頻傳，於司法實務上，民法債編各論修正前，最高法院63年台上字第1159號判例認爲：「依台灣省民間合會習慣，合會係會首與會員間

所訂立之契約，會員與會員間並無法律關係之存在，合會定期開標，以標金最高者爲得標，會員得標時應付出標金，此項標金爲未得標會員所應得之利益，會首倒會，應認爲有損害未得標會員所應得利益之行爲，對於未得標會員，應給付原繳會款外，並應負給付標金之義務」，該判例強調台灣合會性質，乃會員與會首間締結之契約，會員相互間，除有特約外，不發生債權債務關係存在，故活會會員對於死會會員之拒繳後期尾款，自不得依合會契約請求支付會款，只得向會首據以請求。

惟事實上，合會之基礎，係建立在會首之信用與會員間彼此之誠信上，如遇會首破產、逃匿或有其他事由致合會不能繼續進行，爲保障未得標會員之權益，減少其損害，民法第709條之9第1、2項規定：「因會首破產、逃匿或有其他事由致合會不能繼續進行時，會首及已得標會員應給付之各期會款，應於每屆標會期日平均交付於未得標之會員。但另有約定者，依其約定」、「會首就已得標會員依前項規定應給付之各期會款，負連帶責任」。依前述規定，會首及已得標會員應於每屆標會期日將會款交付於未得標會員；如會首或已得標會員遲延給付，其遲延之數額已達應給付未得標會員各人平均部分兩期之總額時，爲兼顧該未得標會員之權益，該未得標會員得請求其給付全部會款。再者，因會首破產、逃匿或其他事由致合會不能繼續進行時，得由未得標之會員共同推選一人或數人處理相關事宜，以杜紛爭（民法第709條之9第3、4項）。

2. 會員之權利義務

(1) **參加競標之權利**：會員給付首期會款後，享有以後各會之競標或抽籤權利，對此，民法第709條之6規定：「每期標會，每一會員僅得出標一次，以出標金額最高者爲得標。最高金額相同者，以抽籤定之。但另有約定者，依其約定。無人出標時，除另有約定外，以抽籤定其得標人。每一會份限得標一次。」按民間習慣上，每期標會，每一會員僅得出標一次，向以出標最高者爲得標；如最高金額相同者，除會員間另有約定，例如以先開出之人爲得標者外，本條文第1項明定以抽籤決定，求其公平。倘若有無人出標之情形，除契約另有約定，譬如以坐次輪收（收會款之次序預先排定，按期輪收）；拈鬮搖彩（由會首抽籤唱名，被抽出之會員用搖骰，依點數之最多者爲得標）；或雙方議定（以公開討論方式決定得標者）等方法定其得標人外，本條文第2項規定以抽籤決定得標人，庶免爭議。

(2) **請求交付得標會款**：會員得標後，會首應於每期標會後3日內，代得標會員收取會款，連同自己之會款，於期滿之翌日前交付得標會員。逾期未收取之會款，會首應代爲給付（民法第709條之7第2項）。

(3) **退會及會份轉讓：**合會既係會首邀集會員，互約交付會款及標取合會金之契約，會員除向會首領取標金外，在得標前須按期繳納活會會款，得標後須連同標息，按期繳交死會會款。爲期合會正常運作及維持其穩定性，會員自不得任意退會。司法實務上，最高法院67年台上字第3008號判例，亦採相同見解，認爲：「一般民間合會，係會首與會員間之債權、債務契約。會員除向會首領取得標金外，在得標前須按期繳納活會會款，得標後須按期繳納死會會款。會員將其會份讓與第三人，如爲活會轉讓，則係債權、債務之轉讓，並非單純之債權讓與。如係死會轉讓，則純係債務之承擔。無論爲活會、死會之轉讓，均非得會首之同意，不生效力。」民法第709條之8第2項，對會員之退會或會份移轉，則更嚴格其要件，明文規定：「會員非經會首及會員全體之同意，不得退會，亦不得將自己之會份轉讓於他人。」

(4) **交付會款義務：**會員主要義務爲按期繳納會款，死會會員應繳納全部會款，活會會員依合會種類，可扣除標息後繳納會款。民法爲免會員有故意遲延繳納會款情事，並期合會契約得以正常運作，將交付會款期限縮短，而於第709條之7第1項規定：「會員應於每期標會後三日內交付會款。」

三、案例結論

在民法債編修正前，關於民間合會並無明文規定，參照最高法院49年台上字第163號判例：「台灣合會性質乃會員與會首間締結契約，會員相互間除有特約外，不發生債權債務關係」；又63年台上字第1159號判例，更明確表示：「依台灣省民間合會習慣，合會係會首與會員所立之契約，會員與會員間並無法律關係之存在。合會定期間標會，以標金（即所謂會息）最高者爲得標，會員得標時應付出標金，此項標金爲未得標會員所應得之利益，會首倒會應認爲有損害未得標會員所應得利益之行爲，對於未得標會員，除應給付原繳會款外，並應負給付標金之義務。」依前開判例意旨，台灣流行之民間互助會，僅在會首與會員間發生單線關係，而會員相互間，則無任何關係可言，以致當會首倒會時，得標之會員僅能向會首求償，對已得標會員，則不得基於會款之法律關係求償，造成不合理現象。

新修正之民法於債編各論增訂第十九節之一「合會」，並於民法第709條之9規定：「因會首破產、逃匿或有其他事由致合會不能繼續進行時，會首及已得標會員應給付之各期會款，應於每屆標會期日平均交付於未得標之會員。但另有約定者，依其約定。會首就已得標會員依前項規定應給付之各期會款，負連帶責任。會首或得標會員依第一項規定應平均交付於未得標會員之會款遲延給付，其遲付之數額已達兩期之總額時，該未得標會員得請求其給付全部會款。第一項情形，得由未得標

之會員共同推選一人或數人處理相關事宜」，依該規定，在本案例中受害之會員丁，自得向會首甲或已得標之會員乙、丙等人，請求按期交付該會款。

第二十節　指示證券

案例70

　　甲積欠乙貨款新台幣45萬元，乃將同面額公庫支票背書轉讓給乙，乙向公庫領款時，該票因故止付，乙即向甲請求清償該票款，甲當面拒絕，此時乙得否依票據關係，請求甲給付該45萬元票款？又如公庫支票有遺失情形時，當事人應踐行何種程序？

一、思考方向

　　我國現行公庫法及國庫法均規定中央及地方政府關於現金票據證券之出納保管及移轉事務，委託指定之銀行代理，其代理銀行未設分支機構之地點，則轉委託其他銀行、合作金庫、商業銀行或郵政機關代辦，並採「銀行存款制」，凡代理公庫或國庫所收納之現金，及到期票據、證券，均以存款方式處理，政府機關由其經費存款項下為支出時，應以「支票」為之（參閱公庫法第3條、第8條、第15條，及國庫法第3條、第4條、第14條、第19條），此種支票稱為公庫支票，因其付款人為公庫，而非財政部核准辦理支票存款業務之銀行、信用合作社，農會及漁會，在實務上遂認為公庫支票非屬票據法上之支票，僅為指示證券之一種。關於指示證券，民法第710條至第718條定有明文，本案例當事人間所持有公庫支票之法律關係，自應就指示證券之相關規定加以探求。

二、論點分析

(一) 指示證券之意義及性質

　　指示證券乃指示他人將金錢、有價證券或其他代替物給付第三人之證券（民法第710條第1項）。故指示證券係一種委託證券、有價證券。指示證券之當事人有三：1. 指示人：係發行指示證券之人；2. 被指示人：即指示人指示其為給付之人，與票據法上之付款人相當；3. 領取人：乃得受領給付之人，亦即被指示人向其為給付之第三人。指示證券，經被指示人承擔後，得對其主張債權，故必須作成

書面。指示證券之標的物應為金錢、有價證券或代替物；其證券上權利，因證券之作成而發生，不受作成或承擔原因之影響；且所表彰之權利，亦以證券之記載為準，故為有償、債權、不要因及文義證券。

(二) 指示證券之發行

1. 發行之意義及款式

　　指示證券之發行，係指示人作成證券，而創設證券上之法律關係，並交付於領取人之行為。此項行為屬於單獨行為，並非契約行為。指示人與領取人間，須另有基本法律關係存在，例如買賣、互易、贈與等是。為清償此等基本法律關係所發生之債務，指示人始發行指示證券。關於指示證券之發行，為要式行為，其應記載之事項，法律雖無明文，但解釋上應包含下列事項，否則不生效力：

(1) 給付之標的物及其數量。

(2) 指示給付意旨之記載，例如記明「憑券請交」、「憑券祈付」或同義字樣。

(3) 被指示人之姓名或名稱。

(4) 領取人之姓名或名稱。

(5) 指示人之簽名。

2. 發行指示證券之效力

(1) **指示人與領取人間之關係：**依民法第712條規定：「指示人為清償其對於領取人之債務而交付指示證券者，其債務於被指示人為給付時消滅。前項情形，債權人受領指示證券者，不得請求指示人就原有債務為給付。但於指示證券所定期限內，其未定期限者，於相當期限內，不能由被指示人，領取給付者，不在此限。債權人不願由其債務人受領指示證券者，應即時通知債務人。」如被指示人對於指示證券，拒絕承擔或拒絕給付者，領取人應即通知指示人（民法第714條）；但僅得向指示人請求清償原有債務，不得持該指示證券，請求指示人清償證券上所載之給付。

(2) **指示人與被指示人間之關係：**被指示人雖對於指示人負有債務，但無承擔其所指示給付或為給付之義務，已向領取人為給付者，就其給付之數額，對於指示人，免其債務（民法第713條）。

(3) **被指示人與領取人間之關係：**為維持證券之信用，被指示人向領取人承擔所指示之給付者，有依證券內容，而為給付之義務；前項情形，被指示人僅得以本於指示證券之內容，或其與領取人間之法律關係所得對抗領取人之事由，對抗領取人（民法第711條）。

(三) 指示證券之讓與

指示證券爲債權證券，原則上得由領取人讓與他人，故民法第716條規定：「領取人得將指示證券讓與第三人。但指示人於指示證券有禁止讓與之記載者，不在此限。前項讓與，應以背書爲之。被指示人對於指示證券之受讓人已爲承擔者，不得以自己與領取人間之法律關係所生之事由，與受讓人對抗」，以免有礙證券流通。

(四) 指示證券之消滅

1. 指示證券之給付

指示證券一經被指示人向證券持有人（領取人或證券受讓人）依其內容爲給付後即歸消滅。此種給付，須經持有人提示證券，並交還證券始可。領取人提示證券請求給付時，被指示人僅得以本於指示證券之內容，或其與領取人間之法律關係所得對抗領取人之事由，對抗領取人（民法第711條第2項）。

2. 指示證券之撤回

指示人於被指示人，未向領取人承擔所指示之給付或爲給付前，得撤回其指示證券，但其撤回應向被指示人以意思表示爲之。指示人於被指示人未承擔或給付前，受破產宣告者，其指示證券，視爲撤回（民法第715條）。

3. 時效完成或宣告無效

指示證券領取人或受讓人，對於被指示人因承擔所生之請求權，自承擔之時起，3年間不行使而消滅（民法第717條）。又指示證券遺失、被盜或滅失者，法院得因持有人之聲請，依公示催告之程序，宣告無效（民法第718條）。

三、案例結論

關於公庫支票之法律性質，依最高法院61年8月22日，61年度民事庭會議決議，認爲：「票據法上之支票，其付款人以銀錢業者或信用合作社爲限，公庫支票之付款人爲公庫，並非一般之銀錢業者或信用合作社，是公庫支票顯非票據法上之支票，而僅爲指示證券之一種。」故案例中甲所轉讓之公庫支票，在性質上屬於指示證券之一種，當乙受讓後向公庫領款，因故遭止付時，自不得依票據之法律關係請求甲給付該45萬元票款。惟甲背書轉讓之公庫支票雖經拒絕給付，但其與領取人乙間之原有債務並不消滅，故乙仍得依貨款法律關係，請求清償上開款項。

又公庫支票有遺失情形時，依民法第718條規定：「指示證券遺失、被盜或滅失者，法院得因持有人之聲請，依公示催告之程序，宣告無效」，此時領取人自得

依上開公示催告及除權判決等程序辦理。

第二十一節　無記名證券

案例71

　　甲作成一張新台幣10萬元之無記名證券並簽名，在搭乘捷運時遺失，被無資力之乙拾得，乙旋即將該無記名證券讓與丙，以清償其所積欠之會款債務，此時善意第三人丙得否請求無記名證券發行人甲，給付該10萬元？

一、思考方向

　　有價證券，乃表彰具有財產價值之私權證券，其權利之發生、移轉或行使，須全都或一部依據證券為之。通常有價證券以有無記載權利人為區別標準，可分為記名證券與無記名證券，前者，乃記載特定權利人姓名之證券；後者，則為不記載特定權利人姓名之證券。申言之，有價證券分類上所稱之無記名證券，無論為自付證券或委託證券，只要不記載特定權利人，均包括之，例如無記名匯票、無記名支票、無記名本票等。至於民法債編各論所稱之無記名證券，則僅以自付證券為限，性質上與無記名本票相當，而較上述之無記名證券範圍為狹，不得望文生義，而必須詳究法條之定義始可。如同本案例，甲發行無記名證券後，因故遺失，但該證券卻仍繼續流通，並輾轉為第三人丙持有，則該第三人得否向發行人請求其依所載之內容給付，厥為本案例應論究之處，茲就民法對無記名證券之相關規定說明如下。

二、論點分析

(一) 無記名證券之意義及性質

　　無記名證券者，乃持有人對於發行人得請求其依所記載之內容為給付之證券（民法第719條）。無記名證券亦為有價證券，其當事人有二：1.發行人：即發行證券並自為給付之人；2.持有人：即持有該券之人，此人在無記名證券上，不記載其姓名，故為不特定人。無記名證券既不記載特定權利人之姓名，又由發行人自己給付，屬於自付證券，而非委託證券；其與指示證券在法律上性質大抵相同，如均為文義證券、不要因證券、債權證券，至兩者相異點，主要有四：

1. 無記名證券不記載特定權利人為何人，持有證券者，即得請求給付；指示證券

如有記載權利人，僅權利人得請求給付。

2. 無記名證券係自為給付，為自付證券；指示證券係指示他人給付，為委託證券。

3. 無記名證券之標的物無限制；指示證券則以金錢、有價證券及其他代替物為限。

4. 無記名證券因交付而轉讓；指示證券則須背書，始能轉讓。

(二) 無記名證券之發行

無記名證券之發行，乃發行人作成證券，以之交付於持有人之行為。此行為亦屬單獨行為，其發行人對於持有人負有為給付之義務（民法第720條第1項）。無記名證券，不因發行在發行人死亡或喪失能力後，失其效力（民法第721條第2項）。

(三) 無記名證券之流通

1. 無記名證券之讓與

無記名證券重在流通，故當然可以為讓與行為，其讓與方式，民法雖無明文，學說上認為僅依交付，即可產生讓與之效力。又無記名證券既得流通，若因毀損或變形不適於流通，而其重要內容及識別記號仍可辨認者，持有人得請求發行人，換給新無記名證券。換給證券之費用，應由持有人負擔。但證券為銀行兌換券，或其他金錢兌換券者，其費用應由發行人負擔（民法第724條）。

2. 無記名證券之善意取得

證券作成後，應俟發行人自己交付於持有人後始生效力，但民法為保護交易安全，而於第721條第1項規定：「無記名證券發行人，其證券雖因遺失、被盜或其他非因自己之意思而流通者，對於善意持有人，仍應負責。」民法債編為解決無記名證券遺失、被盜或滅失之問題，俾免久延時日致損及他人利益，爰仿票據法第18條第1項但書及第2項規定，增訂第720條之1規定：「無記名證券持有人向發行人為遺失、被盜或滅失之通知後，未於五日內提出已為聲請公示催告之證明者，其通知失其效力。前項持有人於公示催告程序中，經法院通知有第三人申報權利而未於十日內向發行人提出已為起訴之證明者，亦同。」

(四) 無記名證券之給付

1. 證券之提示

無記名證券發行人，於持有人提示證券時，有為給付之義務（民法第720條第1

項）。無記名證券定有提示期間者，如不於期間內提示，請求給付，即喪失其請求權。但為保護持有人之權益，法院因公示催告聲請人之聲請，對於發行人為禁止給付之命令時，自聲請時起，至公示催告程序終止時止，停止其提示期間之進行（民法第726條）。

2. 依內容給付

證券發行人於持有人提示無記名證券時，有為給付之義務，除有民法第720條第1項但書不得給付之情形或具有抗辯事由外（民法第722條），不得藉口拖延。

3. 證券之交還

無記名證券持有人請求給付時，應將證券交還發行人。發行人依前項規定收回證券時，雖持有人就該證券無處分之權利，仍取得其證券之所有權（民法第723條）。

4. 發行人抗辯之限制

為提高無記名證券之信用，促進證券流通，民法第722條規定：「無記名證券發行人，僅得以本於證券之無效、證券之內容或其與持有人間之法律關係所得對抗持有人之事由，對抗持有人。但持有人取得證券出於惡意者，發行人並得以對持有人前手間所存抗辯之事由對抗之。」

(五) 無記名證券之喪失

無記名證券遺失、被盜或滅失者，法院得因持有人之聲請，依公示催告之程序，宣告無效。前項情形，發行人對於持有人，應告知關於實施公示催告之必要事項，並供給其證明所必要之材料（民法第725條）。若無記名證券定有提示期間者，依前開民法第726條規定，如法院因公示催告聲請人之聲請，對於發行人為禁止給付之命令時，停止其提示期間之進行。至於利息、年金及分配利益之無記名證券，有遺失、被盜、或滅失而通知於發行人者，如於法定關於定期給付之時效期間屆滿前，未有提示，為通知之持有人得向發行人請求給付該證券所記載之利息、年金或應分配之利益；但自時效期間屆滿後，經過1年者，其請求權消滅。如於時效期間屆滿前，由第三人提示該項證券者，發行人應將不為給付之情事，告知該第三人，並於該第三人與為通知之人合意前，或於法院為確定判決前，應不為給付（民法第727條）。又無利息見票即付之無記名證券，除利息、年金及分配利益之證券外，不適用第720條第1項但書及第725條之規定，亦即：

1. 發行人縱明知持有人就證券無處分之權利或受有遺失，或被盜或滅失之通知者，亦得為給付。

2. 持有人雖遺失證券，但不得適用公示催告程序，請求法院宣告該證券無效；易

言之此等證券幾與現金相等，為促進其流通，除得直接向拾得人或竊盜者請求返還或賠償外，別無救濟方法，不得再依除權判決而為救濟。

三、案例結論

本案例甲作成一張10萬元之無記名證券，簽名完成發行後，在搭車時遺失，為乙拾獲後轉讓與善意第三人丙，此時依民法第721條第1項規定：「無記名證券發行人，其證券雖因遺失、被盜或其他非因自己之意思而流通者，對於善意持有人，仍應負責」，故丙得請求無記名證券發行人甲給付該10萬元，甲不得以其遺失為由拒絕。

第二十二節　終身定期金

案例72

甲為經濟富裕之商人，見腦性麻痺青少年乙發憤圖強，很有可為，乃以其生存期為準，每月以新台幣2萬元給予其母親丙，如丙不幸先於乙死亡，此時丙之繼承人，可否主張繼承該終身定期金請求權？又如甲先於丙死亡（乙尚生存），則甲之繼承人應否繼承給付丙之無償終身定期金債務？

一、思考方向

終身定期金契約，素為歐美民主國家所重視，如法國民法自第1968條至第1983條，計有16條之多，分別就有償或無償終身定期金加以規定，內容相當詳盡；德國民法亦於第759條至第761條，定有明文。即使在亞洲之日本，已有國民年金法、郵便年金法及厚生年金保險法等特別法規定，但仍於民法第689條至第694條，就終身定期金予以規範。我國民法施行前在大家族社會中，亦常存在家長約定於其生存期間內，定期給付家屬一定金錢之習慣，民法制定時，為使該習慣有法可循，避免爭議，乃於第729條至第735條，就終身定期金契約，明確規定。本案例所應思考者，即為在終身定期金契約存續中，債權人或債務人死亡時，對於契約是否發生影響？茲論述如下。

二、論點分析

(一) 終身定期金之意義及性質

　　終身定期金契約乃當事人約定，一方於自己或他方或第三人生存期內，定期以金錢給付他方或第三人之契約（民法第729條）。此一契約之債務人為以金錢為給付之人，債權人則為受領該給付之他方或第三人；其給付之時期，以給付人自己或他方或第三人之生存期為準。至給付之標的，須為金錢，如所約定標的為金錢以外之物或勞務者，則為無名契約，得類推適用本節之規定，又終身定期金係以遺囑約定者，則稱為終身定期金之遺贈，依民法第735條規定，準用本節之規定。終身定期契約之訂立，依民法第730條應以書面為之，故為要式契約；又因其係以特定人之終身為存續期間，其給付額之多寡繫於生存期間之長短，而為射倖及繼續性契約。此外，終身定期金契約得約定為對價或無對價，是其法律性質，又得分為無償或有償契約，自不待言。

(二) 終身定期金之效力

1. 終身定期金之存續期間

　　終身定期金之期間，或以債務人自己之生存期為準，或以相對人之生存期為準，或以第三人之生存期為準，均無不可，但應於契約內訂明，若未訂明時，依民法第731條第1項規定：「終身定期金契約，關於期間有疑義時，推定其為於債權人生存期內，按期給付。」

2. 終身定期金之數額

　　定期金之數額，當事人如有約定者，從其約定，或為每月、每季或每年均可，但如當事人未約定或不明時，依民法第731條第2項規定：「契約所定之金額有疑義時，推定其為每年應給付之金額。」

3. 終身定期金之給付期

　　終身定期金之給付時期如何，自應先依當事人之契約約定，如未訂明時，依民法第732條規定：「終身定期金，除契約另有訂定外，應按季預行支付。依其生存期間而定終身定期金之人，如在定期金預付後，該期屆滿前死亡者，定期金債權人取得該期金額之全部」，即原則上採「預付主付」。

4. 終身定期金之移轉

　　終身定期金，注重債權個人，具有專屬性，為此民法第734條規定：「終身定期金之權利，除契約另有訂定外，不得移轉」，在學說上認為條文所稱之不得移

轉，包括不得讓與及不得繼承情形。

(三) 終身定期金之消滅

終身定期金契約，既以特定人之生存期間為存續期間，則於該特定人死亡時，其契約當然終止；但其死亡之事由，應歸責於定期金債務人時，法院因債權人或其繼承人之聲請，得宣告其債權在相當期限內仍為存續（民法第733條）。如為債權人死亡時，對此民法雖無明文，惟依前關民法第734條規定，終身定期金既係一身專屬權，不得移轉，則繼承人自亦不得繼承，而於債權人死亡時亦應終止。至為債務人死亡時，應分就有償或無償終身定期金契約，加以討論：

1. 有償終身定期金

學理上定期金債務，尚非專屬債務，自不因債務人死亡而消滅，應由其繼承人繼承。

2. 無償終身定期金

終身定期金契約如係無償者，則與定期給付之贈與性質類似，參照民法第415條規定，定期給付之贈與，因贈與人或受贈人之死亡，失其效力。但贈與人有反對之意思表示者，不在此限。亦即除有反對之意思表示外，終身定期金契約，亦應認為終止而消滅。

三、案例結論

依民法第734條規定：「終身定期金之權利，除契約另有訂定外，不得移轉」，是為定期金權利之專屬性；所謂不得移轉，學者通說指不得讓與及繼承而言。故本案例中，終身定期金之存續，固以乙之生存期為標準，但其給付之對象為乙之母親丙，今債權人丙先於乙死亡，則除當事人契約另有訂定外，依上開規定意旨，雙方之終身定期金契約應歸於消滅。

又本案例為無償之終身定期金契約，如債務人甲先於丙死亡（乙尚生存），參照民法第415條規定：「定期給付之贈與，因贈與人或受贈人之死亡，失其效力。但贈與人有反對之意思表示者，不在此限」之規定觀之，除有反對之意思表示外，終身定期金契約亦因之而消滅，其繼承人無須再每月給付丙2萬元。

第二十三節　和解

案例73

　　甲年近70，因穿越道路不愼，為乙機車過失輾斷右腳脛，經乙護送就醫，並通知甲之長子丙到場，雙方協議和解，議定除由乙負擔全部醫藥費外，另給付甲5萬元營養補助費，和解書由代書撰稿，甲之長子丙以其名義代表甲簽章（經甲同意），嗣住院3日（醫藥費2萬元已由乙事後付清），甲以家人照顧不便，及醫藥費昂貴，乃自行出院返家，延請骨科醫師繼續診治，歷時月餘，耗費8萬元，仍不治死亡，茲甲之繼承人訴求賠償醫藥費、殯葬費、慰藉金，乙以和解成立為由抗辯，問此項和解之效力如何？

一、思考方向

　　民事紛爭是人類社會無法避免之現象，紛爭不能解決，社會秩序即難維持。關於解決紛爭之道，依我國傳統上以「政簡刑清」、「刑期無刑」為最高政治理想，周禮記載地官設有調人，掌理調和萬民仇怨，足見我國自古以來，除訴訟制度外，即以和解、調解制度為解決紛爭之主要手段。歷代沿襲成風，民間糾紛習由地方人士自行調停，私和不成始行告官，充分發揮自治息爭之功能。由此得知，和解制度在解決民事紛爭，無論其功效或產生時期，均優於或早於民事訴訟制度。洎至近世，社會變遷，工商交易頻繁，人際關係日趨現實而複雜，民刑糾紛因此大幅增加，和解制度更被賦予時代使命，兼具有便民及疏減訟源之時代意義。

　　就現代法制而言，民事訴訟固屬最後之強制解決紛爭之方法，但並非唯一方法。以我國現行法之規定，尚有鄉鎮市調解、租佃爭議之調解、調處、仲裁、民法上之和解及民事訴訟法上之調解等。其中民法之和解，規定於債編各論第736條至第738條，如本案例即屬於和解契約之範疇，茲就其效力及相關規定說明於後。

二、論點分析

(一) 和解之意義及性質

　　和解乃當事人約定，互相讓步，以終止爭執或防止爭執發生之契約（民法第736條）。所謂爭執，係指當事人關於一定法律關係之存否、效力或內容等事項為

相反之主張，而和解即在定紛止爭，故雙方當事人於爭點上相互讓步，以終止或防止爭執發生，自爲雙務及有償契約，如僅一方讓步，則爲權利之拋棄或認諾。又和解因雙方合意而成立，不須一定方式，故爲諾成及不要式契約。

(二) 和解之效力

依民法第737條規定：「和解有使當事人所拋棄之權利消滅及使當事人取得和解契約所訂明權利之效力」，故和解有創設之效力，和解成立後，不得就和解前之法律關係，再行主張。和解之範圍，應以當事人相互間欲求解決之爭點爲限，至於其他爭點，或尚未發生爭執之法律關係，雖與和解事件有關，如當事人並無欲求一併解決之意思，要不能因其權利人未表示保留其權利，而認該權利已因和解讓步，視爲拋棄而消滅（最高法院57年台上字第2180號判例參照）。

又犯罪之被害人與刑事被告或依民法規定應負損害賠償責任之人，在刑事案件發生後共同訂立「和解」契約，約定賠償方法及賠償之金額。如被告或依民法規定應負損害賠償責任之人，未依原訂「和解」契約履行時，被害人能否於刑事訴訟程序附帶提起民事訴訟，請求刑事被告履行賠償之義務，法院過去裁判上立論尚不一致，茲經最高法院會議決定，上開情形，被害人如依據「和解」契約，於刑事訴訟程序附帶提起民事訴訟，請求刑事被告履行契約上之義務，則應屬法所不許（最高法院75年7月22日，第14次民事庭會議決定）。

(三) 和解之撤銷

和解既係債權契約之一種，則關於一般契約意思表示之瑕疵問題，於此亦得適用，故如當事人之意思表示有被詐欺、脅迫時，自得依民法總則第92條至第93條規定，予以撤銷。又意思表示如有錯誤者，本亦得撤銷（民法第88條、第89條），但由於和解之目的，著重於終止爭執或防止爭執之發生，而不在乎究明事實以前發生之眞相，爲此民法第738條規定，和解不得以錯誤爲理由撤銷之。但有下列事項之一者，不在此限：
1. 和解所依據之文件，事後發見爲僞造或變造，而和解當事人若知其爲僞造或變造即不爲和解者。
2. 和解事件，經法院確定判決，而爲當事人雙方或一方於和解當時所不知者。
3. 當事人之一方，對於他方當事人之資格或對於重要之爭點有錯誤而爲和解者。

三、案例結論

本案例甲因車禍事件受傷，經肇事人乙護送就醫，事後雙方當事人協議和解，

議定除由乙負擔全部住院醫藥費外，另給付甲5萬元以補助營養，該和解書業由甲之長子丙以其名義代表甲簽章，且經甲同意，雙方和解成立，依民法第737條規定：「和解有使當事人所拋棄之權利消滅及使當事人取得和解契約所訂明權利之效力。」嗣甲出院後，雖延請骨科醫師治療，而支出醫藥費8萬餘元，惟仍不治死亡，就該醫藥費部分，應認為和解之效力所拘束，甲之繼承人不得再為請求。至甲死亡後所支出之殯葬費及死者家屬之精神慰藉金等，原非和解範圍，自不受和解書之拘束，甲之繼承人仍得依侵權行為之法律關係，訴請乙賠償損害。

第二十四節　保證

案例74

　　甲向乙借款新台幣50萬元，以丙為連帶保證人，丁為抵押權設定人，清償期屆至時，主債務人甲未清償債務，債權人乙在未實行抵押權之前，逕向法院起訴，請求甲、丙應連帶給付借款50萬元，法院對連帶保證人丙部分，應如何處理？

一、思考方向

　　保證制度，起源甚早，在羅馬法時代即有「允諾契約」、「誠意負責保證」之立法例；現代各國民法亦多設有保證之規定，但在編制上並不相同，有以債之主體為標準，將保證規定於多數債務人或債權人中者，如日本民法；有以債之確保為標準，將保證規定於權利義務保存之中者，如奧地利民法；我國則仿德、法立法例，以債之發生原因為標準，將保證規定於各種契約中，以供適用。保證之種類很多，民法所規定者為一般保證與人事保證，至於票據法第58條，亦有票據保證之規定。在本案例所應思考者，即為保證契約之效力或免除問題，為方便說明，茲將保證之相關規定，敘明如下。

二、論點分析

(一) 保證之意義及性質

　　保證乃當事人約定，一方於他方之債務人不履行債務時，由其代負履行責任之契約（民法第739條）。其當事人有二：1.保證人，即代負履行責任之人；2.債權

人。基於保證契約所生之債務，稱爲保證債務，屬於從債務之一種，與保證契約所擔保之主債務人所負主債務不同，故僅於主債務人不能履行或不爲履行時，方代負履行責任。在法律性質上，保證契約成立後，僅保證人對於債權人負擔保證債務，故爲片務契約、無償契約。至於保證人對於主債務人間或有約定報酬，惟其係另一法律關係，而與保證無涉。其次，保證契約經當事人意思之合意而成立，不須一定方式，亦不以對保爲成立要件，爲諾成及不要式契約，實務上最高法院46年台上字第163號判例認爲：「對保一節僅爲債權人查證之程序，與保證之成立與否，並無影響。保證人不得以對保過遲，爲免除保證責任之論據。」

(二) 保證之效力

1. 保證人與債權人間之效力

(1) **保證責任之範圍：** 保證人之責任，其範圍依民法第740條規定：「保證債務，除契約另有訂定外，包含主債務之利息、違約金、損害賠償及其他從屬於主債務之負擔」，亦即保證債務爲從債務，應與主債務之範圍相同，因而民法第741條又規定：「保證人之負擔，較主債務人爲重者，應縮減至主債務之限度。」

(2) **保證人之責任：** 保證人於債務人不履行債務時，代負履行責任，故一般保證人之責任爲履行責任，非賠償責任。且債權人向主債務人請求履行，及爲其他中斷時效之行爲，對於保證人亦生效力（民法第747條），保證人不得以時效爲抗辯。

(3) **保證人之抗辯權**

① 一般抗辯權：保證債務以主債務爲前提，故主債務人就主債務之發生、消滅或履行，所有之抗辯，保證人均得主張之；主債務人拋棄其抗辯者，不得害及保證人之利益，保證人仍得主張之（民法第742條）；惟該條所謂保證人得主張主債務人所有之抗辯，係僅指主債務人所有與主債務自身之發生、消滅或履行有牽連關係之抗辯（如主債務有不法事由，或當事人無行爲能力等原因而發生，或因清償及其他原因而消滅，或由契約互負債務，他方未爲對待給付前，得拒絕自己給付等抗辯），因其效力當然及於有從屬性之保證債務，故亦得由保證人主張之者而言。主債務人就其債之發生原因之法律行爲有撤銷權者，保證人對於債權人，得拒絕清償（民法第744條）。但保證人對於因行爲能力之欠缺而無效之債務，如知其情事而爲保證者，爲保護債權人之利益，應認其保證仍爲有效（民法第743條），事後不得以主債務無效爲由抗辯。又主債務人對於債權人有債權者，保證人得否以之主張抵銷，學者及實務見解不一，爲避免保證人

於清償後向主債務人求償困難，民法債編各論第742條之1規定：「保證人得以主債務人對於債權人之債權，主張抵銷」，以杜爭議。

② 先訴抗辯權：保證人係於主債務人不履行債務時，代負履行之責任，故保證人於債權人未就主債務人之財產強制執行而無效果前，對於債權人得拒絕清償（民法第745條）。此即所謂先訴抗辯權或檢索抗辯權。但依民法第746條規定，有下列各款情形之一者，保證人不得主張此項權利：

A. 保證人拋棄前條之權利者。

B. 主債務人受破產宣告者。

C. 主債務人之財產不足清償其債務者。

③ 以上保證人之一般抗辯權以及拒絕清償權等，依民法第739條之1規定，除法律另有規定外，不得預先拋棄，以免有失公平。

2. 保證人與主債務人間之效力

(1) **保證人之求償權**：保證人因履行保證債務而為清償或其他消滅主債務之行為後，得向主債務人求償，其求償之範圍即依其與主債務人間之關係，如委任、無因管理、贈與等規定解決之。

(2) **保證人之代位權**：依民法第749條規定：「保證人向債權人為清償後，於其清償之限度內，承受債權人對於主債務人之債權。但不得有害於債權人之利益」，故保證人代償以後，即得就實際代償之數額，代位行使債權人權利，向主債務人求償，此即保證人之代位權。在民法債編修正前，本條文原規定：「保證人向債權人為清償後，債權人對於主債務人之債權，於其清償之限度內，移轉與保證人」，此際如保證人為一部清償，原債權人既仍保留未受清償部分之債權，則保證人受讓之部分債權與債權人其餘原有債權併存，如有擔保物權，強制執行程序中何者優先受償？現行法尚無明文規定，易滋疑義，一般解釋認原債權人之利益不因保證人之清償而受影響。茲為避免發生疑義，爰參考德國民法第774條第1項及瑞士債務法第507條第2項後段之規定，並審酌條文用語，而仿本法第281條第2項及第312條但書之立法例修正，以供適用。

(3) **保證責任除去請求權**：民法第750條第1項規定：「保證人受主債務人之委任而為保證者，有左列各款情形之一時，得向主債務人請求除去其保證責任：一、主債務人之財產顯形減少者。二、保證契約成立後，主債務人之住所、營業所或居所有變更，致向其請求清償發生困難者。三、主債務人履行債務遲延者。四、債權人依確定判決得令保證人清償者。」故有上述情形之一時，保證人自得請求主債務人為一定之行為，以消滅保證人對於債權人之保證責任，此即所謂保證人之免責請求權。如主債務未屆清償期者，則主債務人得提出相當擔保

於保證人，以代保證責任之除去（同條文第2項）。

(三) 保證之消滅

保證債務，除因一般債務消滅原因及主債務之不存在而消滅外，尚有下列特別消滅原因：

1. 債權人拋棄擔保物權

依民法第751條規定：「債權人拋棄為其債權擔保之物權者，保證人就債權人所拋棄權利之限度內，免其責任」，蓋擔保物權之效力較人保為大，而債權人竟自願拋棄，自無令保證人再為負責之理。

2. 定期保證逾期不為請求

民法第752條規定：「約定保證人僅於一定期間內為保證者，如債權人於其期間內，對於保證人不為審判上之請求，保證人免其責任。」

3. 未定期保證經催告不為請求

依民法第753條規定：「保證未定期間者，保證人於主債務清償期屆滿後，得定一個月以上之相當期限，催告債權人於其期限內，向主債務人為審判上之請求。債權人不於前項期限內向主債務人為審判上之請求者，保證人免其責任。」

4. 董監事改選後免除其保證責任

依民法第753條之1規定：「因擔任法人董事、監察人或其他有代表權之人而為該法人擔任保證人者，僅就任職期間法人所生之債務負保證責任」，易言之，當董、監事改選後，卸任之董事、監察人或其他有代表權人，依該規定免除其保證責任。

5. 連續債務保證之終止

民法第754條規定：「就連續發生之債務為保證而未定有期間者，保證人得隨時通知債權人終止保證契約。前項情形，保證人對於通知到達債權人後所發生主債務人之債務，不負保證責任。」

6. 債權人延期之允許

民法第755條規定：「就定有期限之債務為保證者，如債權人允許主債務人延期清償時，保證人除對於其延期已為同意外，不負保證責任」；但約定保證人於一定期間內為保證者，則在此一定期間內所發生之債務，如債權人允許主債務人延期清償，而所延展之清償期仍在該一定期間內者，保證人自不得援引前開法條，而主張不負保證責任（最高法院50年度台上字第1470號判決意旨參照）。

(四) 特殊保證

1. 連帶保證

即保證人就主債務人所負之債務，對於債權人負連帶給付責任之保證。連帶保證其保證人責任與主債務人無先後之分，債權人得逕向保證人求償；此與普通保證之有先訴抗辯權，主債務人與保證人責任有先後之分者不同。

2. 共同保證

乃數保證人就同一債務所為之保證是也，此種保證，依民法第748條規定：「數人保證同一債務者，除契約另有訂定外，應連帶負保證責任」，是為「保證連帶」，僅保證人間負連帶責任，關於保證債務之特性，即從屬性與補充性均未變動，故共同保證人仍得主張先訴抗辯權。

3. 人事保證

依民法第756條之1第1項規定，人事保證，乃當事人約定，一方於他方之受僱人將來因職務上之行為而應對他方為損害賠償時，由其代負賠償責任之契約，至其具體內容，參見下節〈案例75〉之說明。

4. 信用委任

所謂信用委任，依民法第756條規定：「委任他人以該他人之名義及其計算，供給信用於第三人者，就該第三人因受領信用所負之債務，對於受任人，負保證責任。」信用委任之法律性質為委任與保證之混合契約，故信用委任非僅為擔保行為，其更重要者則為信用媒介行為，保證人與債權人（受任人）間，先發生委任關係，而後發生保證效果，屬雙務契約，即保證人對於債權人負保證債務，而債權人基於受任人地位亦對保證人負有供給信用於第三人之債務。信用委任，在信用供給前，適用關於委任之規定，惟如已供給信用於第三人時，則委任人即對該信用供給所負之債務負保證責任。此之保證乃法律所規定之結果，不必另訂保證契約。

三、案例結論

按民法第751條規定，債權人拋棄為其債權擔保之物權者，保證人就債權人所拋棄權利之限度內，免其責任。又債務關係如於設定擔保物權以外，並有保證人者，該主債務人不清償其債務時，依原則固應先儘就擔保物拍賣充償，惟當事人間如有特別約定，仍從其特約（最高法院19年上字第330號判例參照）。該判例意旨，係指擔保物之拍賣，與對保證人之執行，兩者間受強制執行先後順序問題。本案例債權人乙既未拋棄其抵押權，雖在拍賣抵押物求償之前向法院起訴，請求連帶保證人丙應與主債務人甲連帶清償借款50萬元，以便取得執行名義，於法並無不

合，法院應為連帶保證人丙與主債務人甲連帶給付債權人乙新台幣50萬元之勝訴判決。

第二十四節之一　人事保證

案例75

　　某甲在某私立大學畢業後，通過測驗進入乙公司服務，依公司規定，須找無親屬關係之第三人為人事保證，經商請鄰居父執輩之丙擔任，該人事保證書上明確記載：「保證人丙，保證某甲擔任貴公司職員期間，恪守公司規程，勤慎服務，倘因違背公司規程，虧欠款項或因其他情弊，致本公司有損害時，一經公司查明，通知保證人，保證人願立即負責如數清償」，訂約後如有下列情形，保證人丙是否應負責：

1. 某甲與該公司業務副理在公司聚餐時，發生口角衝突，一氣之下，動手打傷業務副理。
2. 民國112年5月30日，某甲依公司人事命令，自台北調往新竹工廠服務後，某日侵占公司款項200萬元。
3. 保證人丙於112年5月25日死亡，公司對甲前開侵占公款行為，俟同年6月中旬始發現。

一、思考方向

　　現代工商社會，人際關係複雜，當事人在締結僱傭契約特，僱用人雖經若干調查，但對於受僱人之品行、健康等情形，是否堪任職務並不知悉，為免事後因受僱人原因致遭受損害，乃要求與受僱人有關係之第三人與僱用人訂立保證契約，在受僱人將來因職務上行為而應對他方為損害賠償時，由其代負賠償責任之契約，對此我國學說及判例稱為人事保證。人事保證制度在我國社會上已行之有年，自民國5年大理院上字第1032號判決以來，實務上迭見相關案例，惟修正前民法尚無任何規定，為使當事人間權利義務臻於明確，在88年4月2日修正民法時，始於民法債編各論增訂本節，自第756條之1至第756條之9，共計九個條文，規範人事保證之具體內容。如本案例即為典型之人事保證情形，茲說明如下。

二、論點分析

(一) 人事保證之意義及性質

依民法第756條之1第1項規定：「稱人事保證者，謂當事人約定，一方於他方之受僱人將來因職務上之行為而應對他方為損害賠償時，由其代負賠償責任之契約。」一般所稱之人事保證，或稱職務保證，乃係就僱傭或其他職務關係中將來可能發生之債務所為具有繼續性與專屬性，而獨立負擔損害賠償責任之一種特殊保證，惟仍係就受僱人之行為而代負損害賠償責任。為免人事保證之保證人負過重之責任，本條文明定其責任範圍為他方受僱人將來因職務之行為而應負之損害賠償責任，並不及於僱用人對於受僱人之求償權，亦不及於非損害賠償債務，如受僱人因故逃匿而代為搜尋是。又本條稱受僱人者，與第188條所稱之受僱人同其意義，亦即非僅限於僱傭契約所稱之受僱人，凡客觀上被他人使用為之服勞務而受其監督者均屬之（最高法院57年台上字第1663號民事判例參照）。

人事保證契約之成立，依民法第756條之1第2項規定：「前項契約，應以書面為之」，故為要式契約，其立法目的在於為求慎重，並期減少糾紛。又人事保證契約，既多係基於情義關係而為保證，故原則上為片務及無償契約。

(二) 人事保證之期間

人事保證契約係以將來內容不確定之損害賠償債務為保證對象，對於保證人極為不利，不可不設期間之限制，為此民法第756條之3規定：「人事保證約定之期間，不得逾三年。逾三年者，縮短為三年。前項期間，當事人得更新之。人事保證未定期間者，自成立之日起有效期間為三年。」又人事保證未定期間者，保證人得隨時終止契約。前項終止契約，應於3個月前通知僱用人；但當事人約定較短之期間者，從其約定（民法第756條之4），俾符合契約自由之精神。

(三) 人事保證之效力

1. 保證人之責任

人事保證為無償之單務契約，對保證人至為不利，故如僱用人能依他項方法獲得賠償者，諸如僱用人已就受僱人之不誠實行為參加保證保險（保險法第三章第四節之一第95條之1至第95條之3參照），或已由受僱人或第三人提供不動產，就受僱人職務上行為所致損害，為僱用人設定最高限額抵押權等是，自宜要求僱用人先依各該方法求償，其有不能受償，或不足受償，始令保證人負其責任，俾減輕保證

人之責任，爲此民法第756條之2規定：「人事保證之保證人，以僱用人不能依他項方法受賠償者爲限，負其責任。保證人依前項規定負賠償責任時，除法律另有規定或契約另有訂定外，其賠償金額以賠償事故發生時，受僱人當年可得報酬之總額爲限。」僱用人對保證人之前開請求權，依民法第756條之8規定，因2年間不行使而消滅，以免保證人負擔之責任持續過長。

又人事保證既爲保證之一種，則民法第二十四節有關保證人保護之規定，依第756條之9，於人事保證均可準用，例如除爲連帶保證外，一般人事保證，亦有民法第745條之先訴抗辯權及對僱用人賠償損害後，得依第749條之代位權規定，向受僱人求償是。

2. 僱用人之責任

人事保證契約成立後，無論其係定有期間或未定期間，如有下列情形之一者，依民法第756條之5第1項規定，僱用人應即通知保證人：

(1) 僱用人依法得終止僱傭契約，而其終止事由有發生保證人責任之虞者。

(2) 受僱人因職務上之行爲而應對僱用人負損害賠償責任，並經僱用人向受僱人行使權利者。

(3) 僱用人變更受僱人之職務或任職時間、地點，致加重保證人責任或使其難於注意者。

按保證契約訂立後，無論其係定有期間或未定期間，如有因可歸責於受僱人之事由發生，僱用人依法得終止僱傭契約，而其終止事由有發生保證人責任之虞，例如僱用人依民法第484條、第485條、勞動基準法第12條等規定或依契約所定得終止契約之事由，本得終止契約而不終止之情形；或受僱人因職務上之行爲而應對僱用人負擔損害賠償責任，並經僱用人向受僱人行使權利；或僱用人變更受僱人之職務或任職時間、地點，致加重保證人責任或使其難於注意受僱人職務之執行等情形，均有加重保證責任之虞，僱用人應即通知保證人，俾能及時處理。倘有前述事由發生時，保證人對於已發生之責任，固難脫免，惟爲免將來繼續發生或加重保證人之責任，應許其有終止保證契約之權利，因而第756條之5第2項再規定：「保證人受前項通知者，得終止契約。保證人知有前項各款情形者，亦同。」

3. 保證人賠償責任之減輕或免除

僱用人於有前述民法第756條之5第1項各款足使保證人責任發生或加重之情事時，應即有通知義務；又僱用人對於受僱人，有監督義務，故若有前述各款之情事而僱用人怠於通知，或對於受僱人之監督有疏懈情形，其對損害之發生或擴大既與有過失，自應依其比例自負其責，始爲公允。在民法人事保證第二十四節之一制定前，最高法院49年台上字第2637號判例，即曾明白指出：「本件契約係職務保證

性質，與一般之金錢債務保證不同，其保證書所載保證擔任職務期間，操行廉潔、恪遵法令暨貴公司各種規章，倘有違背情事或侵蝕公款、財物及其他危害公司行為，保證人願放棄先訴抗辯權，並負責指交被保人及照數賠償之責字樣。如係對於被保證人職務行為致損害於被上訴人時，負賠償責任之意思，即為獨立負擔之損害賠償義務，非無民法第217條之適用。」新修正民法第756條之6，為使當事人間責任之明確及具體化，避免舉證困難，並參考上揭判例意旨，規定有下列情形之一者，法院得減輕保證人之賠償金額或免除之：

(1) 有前條第1項各款之情形而僱用人不即通知保證人者。

(2) 僱用人對於受僱人之選任或監督有疏懈者。

4. 僱用人請求權之時效限制

　　按僱用人對於人事保證之保證人，所得主張之損害賠償請求權，宜設短期時效，俾免保證人負擔之責任持續過長，爰於民法第756條之8增訂：「僱用人對保證人之請求權，因二年間不行使而消滅。」至請求權消滅時效之起算點，依民法第128條前段之規定，應自請求權可行使時起算，即自僱用人受有損害而得請求賠償時起算；惟如僱用人尚有他項方法可受賠償時，依民法第756條之2規定，應自不能依他項方法受賠償時起算，併予敘明。

(四) 人事保證之消滅

　　人事保證以保證人之信用為基礎，且以受僱人有能力及其與僱用人之僱傭關係存在為前提。因此，保證之期間屆滿、保證人或受僱人死亡、破產或喪失行為能力、或受僱人與僱用人之僱傭關係消滅時，其人事保證關係均應歸於消滅。茲就人事保證之消滅事由，說明於下：

1. 保證之期間屆滿

　　人事保證定有期限者，不論為確定期限或不確定期限，一經期限屆滿，保證契約當然消滅（民法第756條之7第1款）；但於期間屆滿前已發生之損害賠償債務，並非當然消滅，僅人事保證人得依民法第752條規定，據以主張免責而已。又關於人事保證之期間，雖當事人得自由約定，但現行民法第756條之3，已明定其契約之約定期間，不得逾3年；如有逾3年情事者，縮短為3年。如人事保證未定期間者，自成立之日起有效期間為3年。故本條款所謂之「保證期間屆滿」，解釋上應包括約定保證期間屆滿及未定期間之保證契約，其法定有效期間已滿3年者而言。

2. 保證人死亡、破產或喪失行為能力

　　人事保證契約之成立，以保證人對於被保證人（受僱人）之信任關係為基礎，故原則上有專屬性，當保證人死亡、破產或喪失行為能力時，人事保證自應歸於消

滅（民法第756條之7第2款）。應特別說明者，在一般保證，保證人死亡時，其保
證關係由其繼承人繼承；但人事保證，於保證契約成立時，被保證人（受僱人）尚
未有具體之賠償義務，必待被保證人發生虧損情事後，其賠償之責任始能具體確
定，而遺產繼承，應以繼承開始時，被繼承人之權利義務狀態為準，倘繼承開始
時，被保證人尚未發生具體而確定之賠償義務，則此種保證契約，自不在其繼承人
繼承範圍之內（最高法院51年台上字第2789號判例）。

3. 受僱人死亡、破產或喪失行為能力

人事保證契約本身，具有濃厚之情義性、利他性，並以保證人對於受僱人之
信任關係為基礎，而有專屬性，已如前述。故當受僱人死亡、破產或喪失行為能
力時，雙方之人事保證契約，亦應因該事由之發生而消滅（民法第756條之7第3
款）。

4. 受僱人之僱傭關係消滅

人事保證，乃當事人約定，一方於他人之受僱人將來因職務上之行為而應對他
方為損害賠償時，由其代負賠償責任之契約。可見人事保證契約之成立或存在，以
受僱人與僱用人間有一定之僱傭關係或職務關係存在為前提，如僱傭關係業經終了
（例如僱用人結束營業、受僱人離職等），基於人事保證契約之從屬性，亦歸消滅
（民法第756條之7第4款）。

5. 人事保證契約之終止

(1) 人事保證未定期間者，保證人得隨時終止契約。前項終止契約，應於3個月前
通知僱用人；但當事人約定較短之期間者，從其約定（民法第756條之4）。人
事保證契約經保證人終止後，自歸於消滅。

(2) 人事保證契約訂立後，無論其係定有期間，或未定有期間，如因可歸責於受僱
人之事由，僱用人依法得終止僱傭契約，而其終止事由有發生保證人責任之
虞；或受僱人因職務上之行為而應對僱用人負損害賠償責任，並經僱用人向受
僱人行使權利；或僱用人變更受僱人之職務或任職時間、地點，致加重保證人
責任或使其難於注意受僱人職務之執行等情形時，僱用人應即通知保證人。保
證人受前項通知時，為免損害繼續發生，自得終止契約，使雙方之人事保證關
係消滅；如保證人未經僱用人通知，而係自行知悉有前述各該情事者，亦得主
張終止契約（民法第756條之5）。經終止後，雙方之人事保證關係，亦因而消
滅。

三、案例結論

依民法第756條之1第1項規定：「稱人事保證者，謂當事人約定，一方於他方

之受僱人將來因職務上之行為而應對他方為損害賠償時，由其代負賠償責任之契約。」可見人事保證責任之範圍，應以受僱人因職務上行為所生損害為限，案例中某甲與公司業務副理在聚餐中，發生口角衝突，而動手打傷副理之行為，究非執行職務之行為，因此保證人丙對於受傷業務副理所支出之醫藥費及其他損害，不負人事保證責任。

其次，僱用人變更受僱人之職務或任職時間、地點，致加重保證人責任或使其難於注意者，依民法第756條之5第1項第3款規定，僱用人有通知保證人之義務。本案例甲依公司命令，自台北調往新竹後，侵占公款200萬元之行為，對其任職地點之調動，僱用人如未立即通知保證人時，法院參酌第756條之6第1款規定，得減輕保證人之賠償責任或免除之；又保證人知有前述職務調動等情形特，亦得終止人事保證契約，以維護其權利。

另因人事保證契約具有專屬性，以保證人之信用為基礎，當保證人死亡時，依民法第756條之7第2款規定，人事保證關係消滅，故案例中保證人丙既先於112年5月25日死亡，其繼承人對於同年月30日某甲侵占公款之行為，自不負擔人事保證責任。

第三編

物　權

第一章 通 則

甲於民國112年3月29日青年節當天，以新台幣1,200萬元，向乙購買座落基隆市中正路房屋（含土地）一棟，甲已依約付清價金，惟乙迄未提供最新印鑑證明，以至於無法向地政事務所辦理所有權移轉登記，事隔3月，甲迫不得已向法院起訴，經法院判決命乙應將系爭房地所有權移轉予甲所有。俟判決確定後，甲由於事業繁忙，未立即辦理移轉登記。不久，債權人丙，以債務人乙積欠其500萬元票款為由，提出本票裁定聲請強制執行，查封上開房、地，甲出面主張該不動產為其所有，請求排除，有無理由？

一、思考方向

人類係消費性動物，非利用外界物資不能生活，然而物資有限，為此經營社會生活之際，務需有定分止爭之規範存在，使雙方就其業已取得之合法權利，不受侵犯，以確保經濟生活之秩序，故以人對物之支配關係為內容之物權法，早在羅馬法時代，即已因應而生，尤其當時所倡導之「所有權神聖不可侵犯」之說，更風靡一時，以致所有權成為憲法所保障之權利核心。時至今日，隨著社會經濟情勢變遷、工商業發達以及法學思潮之演進，近代物權法已將「所有權絕對化原則」加以修正，認為所有權之行使，不僅係為追求個人之利益，對社會亦有其應盡之職分，故必須兼顧社會利益，而有「所有權社會化」之趨向。另為建構完整之物權法體系，立法者依實際需要，陸續提出物權法定主義、一物一權主義、物權行為無因性原則以及公示、公信等原則，作為保護財貨秩序之重要法律。

我國民法亦於第三編訂有「物權」編，其主要內容為關於所有權、地上權、農育權、不動產役權、抵押權、質權、典權、留置權與占有之規定。物權法既為民法之一部分，其性質大抵與民法相同，而為國內法、私法、普通法、實體法，惟民法兼有強行法與任意法之性質，物權法因與社會公益有重大之利害關係，當事人之物權行為有對世、排他效力，為確保物權之享有與交易安全，其規定多具強行性質，以當事人不得任意變更為原則。此與債權法原為債權人、債務人間相對關係之規定，與一般第三人之影響較少，因而於不違背公序良俗之限度內，對於契約自由原

則，得儘量予以廣泛採用，故其內容概屬任意規定者，大異其趣。

應注意者，民法之規定，包含財產法與身分法，凡規範經濟生活，以保護財貨秩序之法律，即為財產法；規範倫理生活，以保護身分秩序之法律，即為身分法。物權法既以規範人對物之支配關係為內容之法律，本質上自屬於財產法之一種。綜合以上說明，在本例題中，吾人務需先就物權之意義與種類、物權之取得、移轉和消滅，深入了解；尤其案例中所涉及之不動產所有權之登記問題，與人類所營經濟生活有密切關係，茲分別說明如下。

二、論點分析

(一) 物權之概念

物權之意義，法無明文規定，學者通說認為物權乃直接支配特定物，而享受其利益之具體排他性財產權，析言之：

1. 物權為直接支配物之權利

物權人得依自己意思，無需他人之行為或意思介入，對標的物即得使用、收益、處分、保存及改良行為，以實現其權利內容。

2. 物權為支配特定物之權利

物權係對物支配之權利，故其標的物，須為獨立及特定之物，包括動產及不動產，固體、液體、汽體均無不可；惟物之構成部分，不得為物權之標的物，故未與土地分離之樹木，即不得單獨為物權之標的。

3. 物權為享受物之利益之權利

權利之最終目的在於享受利益，物權為權利之一種，其權利人在支配標的物後，自得享受該物之利益，至其利益之型態，有下列幾種：

(1) **就標的物為利用或交換，以滿足生活**：將物資為充分利用，如在土地上耕種，而豐收果實；或將該果實出售，而獲得利益，凡此均得以滿足人類生活，享受利益。

(2) **將標的物供他人利用，以收取對價**：如地上權人將所有土地，提供他人建築房屋，而獲得地租之利益。

(3) **提供標的物為擔保，以獲取信用**：如將抵押物設定擔保，使抵押人在保有抵押物之際，亦能取得標的物之金錢價值；而抵押權人除供給信用外，其債權之清償亦可獲得確保。

(二) 物權之種類

1. 法律之分類

　　民法爲保護交易安全便於物權之公示及維持社會經濟秩序，對於債權契約，採取「契約自由原則」；對於物權之種類及內容，則採取「物權法定主義」，而於第757條規定：「物權除依法律或習慣外，不得創設。」所謂法律，指民法及土地法、礦業法、動產擔保交易法等特別法而言，又民法於98年1月23日修正物權編時，爲確保交易安全及以所有權之完全性爲基礎，所建立之物權體系及其特性，物權法定主義仍有維持之必要，然爲免過於僵化，妨礙社會之發展，若新物權秩序法律未及補充時，自應許習慣予以塡補，故習慣形成之新物權，若明確合理，無違物權法定主義存立之旨趣，且能依一定之公示方法予以公示者，本法亦予以承認。民法物權編所定之物權，共有八種：

(1) **所有權**：民法第765條至第831條，分爲不動產所有權與動產所有權兩類。

(2) **地上權**：民法第832條至第841條，分爲普通地上權與區分地上權。

(3) **農育權**：民法第850條之1至第850條之9。

(4) **不動產役權**：民法第851條至859條之5。

(5) **抵押權**：民法第860條至第883條，又分爲普通抵押權、最高限額抵押權和其他抵押權。

(6) **質權**：民法第884條至第910條，尚分爲動產質權與權利質權兩類。

(7) **典權**：民法第911條至第927條。

(8) **留置權**：民法第928條至第939條。

　　至於占有，爲一種事實狀態，法律爲謀社會之安定，認爲屬於法益之一種，而於民法物權編第940條至第966條加以明定，以保護占有人之權益。

2. 學理之分類

(1) **動產物權與不動產物權**：此係以物權標的物之種類爲標準區分，存在於動產上者爲動產物權，如動產所有權、動產質權、動產留置權。存在於不動產之上者爲不動產物權，如不動產所有權、地上權、農育權、典權等。兩者區別之實益，在於物權變動之要件、方式不同，原則上動產以「占有」，不動產則以「登記」之公示方法，作爲移轉所有權之方式。

(2) **所有權與限制物權**：此係以物權標的物之支配範圍爲標準區分，得完全支配標的物者爲所有權，又稱「完全物權」。如僅得於特定範圍內支配標的物者爲限制物權，此種物權，以所有權之一定權能爲內容，使所有人對於物之所有權，受其限制，故稱「限制物權」；因係於他人之物上所設定之權利，亦稱爲「他

物權」，民法所定八種物權中，所有權以外之物權均屬之。

(3) **用益物權與擔保物權**：此係以物權之作用為標準區分，凡以標的物之使用收益為目的之物權，為用益物權，如地上權、農育權、不動產役權、典權等。如以擔保債務之履行為目的者，則為擔保物權，抵押權、質權及留置權屬之。

(4) **主物權與從物權**：此係以物權能否獨立存在為標準區分，能獨立存在之物權，為主物權，如所有權、地上權、農育權、典權等；須從屬於他權利而存在之物權，為從物權，如抵押權、質權等。主物權不須依賴其他權利即能獨立存在，從物權則隨主物權之成立或消滅而發生變動。

(5) **有期限物權與無期限物權**：此係以物權有無存續期間為標準區分，有一定存續期間之物權，為有期限物權，如抵押權、典權；其存續期間無限制，且能永久存續之物權，為無期限物權，如所有權等。有期限物權於存續期間屆滿時消滅，無期限物權則除標的物滅失、拋棄或其他原因外，永久存續並不消滅。

(6) **登記物權與不登記物權**：此係以物權之變動應否經登記為標準區分，物權之設定、喪失或變更非經登記不生效力或不得再為處分者，為登記物權，如不動產所有權、地上權、農育權、抵押權等。至物權之變動僅須交付而無庸踐行登記程序即生效力者，為不登記物權，如動產所有權、質權、留置權等。

(三) 物權之效力

物權因前述種類差異，而有不同效力，以下所述者為各種物權之共通效力，至其特殊效力，則規定於各該物權之中，留待第二章以後再依序加以說明。

1. 排他效力

物權乃直接支配標的物之權利，故於同一標的物上，不能有二個以上同一內容或性質之物權同時存在；且同一物上已成立之物權，可以排斥同一內容之物權同時成立，此稱為物權之排他效力。例如一物不能同時有兩個所有權或兩個質權；至抵押權雖可設定兩個以上併存於同標的物，但因次序有先後之分，其效力仍有優劣之別。

2. 優先效力

同一物上有二個以上不同內容或性質之物權存在，或該物亦為債權給付之標的時，成立在先之物權有優先於債權及後成立物權之效力，稱為物權之優先效力。可再分述如下：

(1) **物權優於債權之效力**：同一標的物有債權與物權併存時，無論物權成立先後，理論上均有優先於債權之效力。例如甲將其所有房屋先出賣予乙，未辦理過戶，旋再將系爭房屋賣予丙，並完成移轉登記，此時後買之丙取得該房屋之所

有權，先買之乙就其債權，僅能以債務不履行爲由，請求甲負損害賠償責任。此係因物權在性質上爲對物直接支配之權利，而債權非有債務人之行爲介入，則不能直接支配其物，兩者本質不同，故物權有優先效力。惟此乃原則，在法律上有少數例外情形，如民法第425條第1項規定：「出租人於租賃物交付後，承租人占有中，縱將其所有權讓與第三人，其租賃契約，對於受讓人，仍繼續存在」，此即所謂「買賣不破租賃原則」，使承租人之承租權優先於受讓人之租賃物所有權，以保護弱勢承租人之權益。

(2) **物權相互間之優先效力：** 內容相衝突之物權，其相互間效力，依其成立先後定之，如先成立之抵押權，效力優先於後成立之抵押權；又如抵押權設定後，在同一土地上再設定地上權而有害於抵押權時，抵押權人可依民法第866條規定，請求將之除去，可見物權相互間之效力，以其成立時期之先後，而分優劣。

3. 追及效力

物權以物爲對象，其標的物不論爲何人占有，權利人均得追及物之所在，而主張其權利，稱爲物權之追及效力。如不動產土地之所有人，遭他人在土地上無權占用建築房屋，此時所有人得請求無權占有者，拆屋還地或價購其所占用之土地。

(四) 物權之變動

1. 物權變動之概念

物權之變動，指物權之發生、變更及消滅之總稱，我民法第758條則稱之爲物權之取得、設定、喪失與變更，兩者用語，並無不同。

(1) **物權之取得：** 指物權與特定主體相結合，使該特定人取得物權法上之權利。又可分爲：

① 原始取得：即非基於他人權利而取得權利之謂。例如因拾得遺失物而依法取得該物之所有權，或時效而取得所有權是。

② 繼受取得：亦稱傳來取得，即基於他人既存之權利而取得物權。例如因買賣、贈與或繼承而取得物之所有權。

(2) **物權之設定：** 爲繼受取得之一種，指所有人爲他人創設所有權以外之物權，例如設定抵押權、地上權、農育權等物權是。

(3) **物權之喪失：** 指物權與特定主體分離而言。可分爲二：

① 絕對喪失：指物權之標的物與其主體分離，而他人亦未取得其權利，終歸於消滅，又稱爲「客觀喪失」，如因標的物滅失或拋棄而客觀失其存在。物權法上所謂之喪失，一般均指絕對喪失而言。

② 相對喪失：指物權與原權利主體分離後，權利本身並未終局消滅，而歸屬於其他權利主體，又稱為「主觀喪失」，如所有人因物之出賣，而喪失其所有權是。

(4) **物權之變更：** 指物權不失其同一性，僅其存在之內容有所變異而言。廣義之物權變更，包括主體、標的或內容之變更。其中物權主體之變更，不僅權利主體之更替；即人數之增減，如共有變單獨所有、一人之遺產由數人共同繼承，均涵蓋在內。惟無論何者，嚴格言之，主體變更應屬於前述物權之取得、喪失範疇，物權法上所指之變更，應專指物權之客體或內容之變更，前者為物權之標的物有所變更，如不動產所有權因頂樓加蓋、附合而增加建築改良物面積；後者為物權之內容或作用有所更易，如最高限額抵押權之期間增長或縮短、地上權租金之增加或減少等均屬之。

2. 物權變動之原因

物權變動之原因，可分為法律行為與法律行為以外之事實兩種：

(1) 法律行為

以直接發生物權變動為目的，所為之法律行為，稱為物權行為，乃物權變動之主要原因。物權行為有單獨行為與契約行為之分，前者如捐助行為、拋棄、書立遺囑；後者即物權契約，乃直接引起物權變動之契約。關於物權行為，我國民法採取「要式主義」，而於第758條第2項及第761條第1項分別規定，不動產物權之移轉或設定，應以書面為之，動產物權之讓與亦須踐行交付始生效力，故物權契約為「要式行為」。又物權行為係獨立於債權行為之外，其效力不受原因行為之無效、被撤銷或不成立而受影響，故為「不要因行為」。至於物權行為與債權行為之關係，通常有下列情形：

① 先有債權行為而後有物權行為者，如先訂立買賣契約，日後再為所有權移轉登記。

② 債權行為與物權行為同時並存者，如日常用品之現物買賣，一手交錢，一手交貨。

③ 僅有物權行為而無債權行為，如向友人致送賀禮。

④ 僅有債權行為而無物權行為，如僱傭契約，僅當事人間有僱傭關係存在，並未發生任何物權變動。

由以上情形觀察，尤其在③、④中，益見債權行為與物權行為，並不當然關連，物權行為顯然可以與債權行為分離而獨立存在，故為「獨立行為」。綜上可見，物權行為具有「要式性」、「無因性」及「獨立性」等特色。

(2) 法律行為以外之事實：物權變動尚有基於法律規定者，亦即遇有某種事實時，

依法即發生物權變動之效果，如混同、徵收、拍賣抵押物、取得時效、遺失物拾得、埋藏物發現、添附等。

3. 物權變動之原則

(1) **公示原則**：物權變動之際，須有足以讓社會大眾辨認之外在表徵或記號爲必要，稱爲公示原則，依民法規定，不動產物權之變動，以登記爲公示方法（民法第758條第1項）；動產物權之變動，則以交付爲公示方法（民法第761條第1項）。

(2) **公信原則**：指依公示方法所表現之物權，縱不存在或內容有異，但對於信賴該物權變動之外在表徵，而爲物權交易之第三人，法律爲加以保護，仍承認其具有與眞實物權存在之相同法律效果者，稱爲公信原則。現行土地法第43條規定「依本法所爲之登記，有絕對效力」，即基於公信原則，保護信賴登記之第三人，例如土地登記簿謄本載明某筆土地爲甲所有，乙信賴此項登記而向甲買受，並完成所有權移轉登記，縱丙出面主張渠爲土地眞正權利人，對乙善意取得之不動產所有權，不生影響，丙只得向甲請求損害賠償。

4. 動產物權變動之要件

民法第761條第1項前段規定：「動產物權之讓與，非將動產交付，不生效力」，此因動產物權，無法登記，其權利狀態，以占有爲公式方法，無須書面，故民法採交付要件主義。條文所謂讓與，爲權利人依物權行爲將物權移轉於他人而言，其他非依法律行爲之移轉或取得，如依繼承、強制執行、徵收、法院判決或添附等情形，而發生動產物權變動時，自無前述條文之適用。至所謂交付，爲動產物權之讓與人，現實移轉動產之占有，通稱爲「現實交付」，一般所稱之交付即指此而言。此外，爲達交易之便利，民法另規定下列三種觀念交付，與現實交付有同等效力：

(1) **簡易交付**：即受讓人於讓與合意前，已占有動產者，該讓與合意時，即生效力（民法第761條第1項但書）。例如甲借CD音響於乙，乙已占有該音響，其後乙以8,000元向甲購買該音響，於買賣契約成立，該音響所有權即歸乙取得。

(2) **占有改定**：即讓與動產物權，而讓與人仍繼續占有動產者，讓與人與受讓人間，得訂立契約，使受讓人因此取得間接占有，以代交付（民法第761條第2項）。例如甲已出售電腦於乙，但甲仍需占有1個月，以便使用該電腦內之檔案，而與乙訂立租賃契約，使乙取得間接占有地位。

(3) **指示交付**：即讓與動產物權，如其動產由第三人占有時，讓與人得以對於第三人之返還請求權，讓與受讓人，以代交付（民法第761條第3項）。例如甲借汽車於乙，而丙急於購買該汽車，甲也同意出售，乃將其對乙之返還請求權讓與

丙，以代交付即可。

5. 不動產物權變動之要件

不動產物權，因法律行為而變動時，除必須由有處分權人所為物權變動之意思表示外，尚須具備下列要件：

(1) **訂立書面**：為尊重我國固有習慣，避免當事人爭執，以求慎重，民法第758條第2項規定：「前項行為，應以書面為之」，此又稱為「不動產物權之要式性」。該書面不拘一定之形式，凡足表示不動產物權變動之意旨，即為已足，是否使用公用文契，或是否業經完稅，均與書面之成立無關（最高法院28年上字第1733號判例參照）。

(2) **辦理登記**：所謂登記，乃將不動產物權變動之事項，登載於特定官署（地政機關）所備之公簿，如僅聲請登記而未經記入登記簿者，尚不能認為業已發生登記之效力（最高法院33年上字第3574號判例及86年度台上字第574號判決參照）。民法為保護交易安全，避免第三人受不測損害，採取登記要件主義，第758條第1項規定：「不動產物權，依法律行為而取得、設定、喪失及變更者，非經登記，不生效力。」故登記義務人有履行登記義務。未經登記者，不僅不能對抗第三人，即當事人間也不發生效力。惟因繼承、強制執行、徵收、法院之判決或其他非因法律行為，於登記前已取得不動產物權者，不以登記為生效要件；但為貫徹登記要件主義之主旨，仍需登記，始得處分其物權（民法第759條）。

(五) 物權之消滅

物權消滅之原因，有基於物權之共通消滅原因者，如標的滅失、物權存續期間屆滿、他人因時效取得物權、標的物被徵收、動產因添附於他人之不動產或動產混同或拋棄等；另有基於各別物權之特別消滅原因者，如抵押權因法定期間經過而消滅、典權因期滿回贖而消滅等，於各別物權中再加以說明。茲就物權編通則所列之混同及拋棄等物權共通消滅原因說明如下：

1. 混同

混同係二個無同時併存必要之物權，同歸於一人之事實，使物權消滅之法律上原因。混同之效力，立法例有採「消滅主義」者，即二個物權混同時，其中一物權被他物權吸收而消滅，羅馬法採之。有採「不消滅主義」者，即物權不因混同而消滅，此因同一物上有所有權與他物權併存時，在物權性質上固不衝突，且認登記制度有絕對效力，若因混同而消滅，則使登記效力在登記未塗銷前即喪失，有失登記之意旨，德國民法採之。有採「折衷主義」者，即二個物權混同時，原則上其中一

物權消滅，但該物權於本人或第三人有利害關係時則不消滅，日本民法及我國民法採之。其情形有如後述：

(1) **所有權與他物權之混同**：民法第762條規定：「同一物之所有權及其他物權，歸屬於一人者，其他物權因混同而消滅。但其他物權之存續，於所有人或第三人有法律上之利益者，不在此限。」例如同一土地上，甲有所有權，乙有地上權，若乙死亡，甲爲其繼承人而繼承其地上權，致所有權與地上權歸屬甲一人時，即屬混同，於是地上權消滅。又如甲將其所有土地一筆，先後向乙、丙借款提供擔保，依次設定第一、二順位抵押權，其後乙繼承而取得所有權，如乙之抵押權消滅，則丙遞升爲第一順位，可受全部清償，故乙之抵押權存續，對乙有法律上利益，自不因混同而消滅。

(2) **所有權以外物權之混同**：民法第763條規定：「所有權以外之物權，及以該物權爲標的物之權利，歸屬於一人者，其權利因混同而消滅。前條但書之規定，於前項情形準用之。」例如甲以其典權抵押於乙，再抵押於丙後，乙受讓甲之典權，則乙之典權消滅，丙之典權即遞升爲第一順位，影響乙之法律利益，故法律上使之不因混同而消滅。

2. 拋棄

　　拋棄乃依權利人之意思表示，不以其物權移轉於他人，而使其歸於絕對消滅之單獨行爲。物權爲財產權，權利人得自由拋棄。故民法第764條規定：「物權除法律另有規定外，因拋棄而消滅。前項拋棄，第三人有以該物權爲標的物之其他物權或於該物權有其他法律上之利益者，非經該第三人同意，不得爲之。拋棄動產物權者，並應拋棄動產之占有。」至所謂法律另有規定，如民法第834條規定：「地上權無支付地租之約定者，地上權人得隨時拋棄其權利。」又如第835條規定：「地上權定有期限，而有支付地租之約定者，地上權人得支付未到期之三年分地租後，拋棄其權利。地上權未定有期限，而有支付地租之約定者，地上權人拋棄權利時，應於一年前通知土地所有人，或支付未到期之一年分地租。因不可歸責於地上權人之事由，致土地不能達原來使用之目的時，地上權人於支付前二項地租二分之一後，得拋棄其權利；其因可歸責於土地所有人之事由，致土地不能達原來使用之目的時，地上權人亦得拋棄其權利，並免支付地租」等均是。又物權之拋棄方法，在不動產應爲塗銷登記，在動產物權則拋棄占有即可。

三、案例結論

　　本案例甲於民國112年3月間，以新台幣1,200萬元，向乙購買座落基隆市中正路房屋（含土地）一棟，依民法第758條第1項規定：「不動產物權，依法律行爲

而取得、設定、喪失及變更者,非經登記,不生效力。」甲就系爭房、地未向基隆市地政事務所辦理登記,尚未取得不動產所有權,該房、地仍屬乙所有。

嗣甲雖訴請法院,判決命乙應將系爭房地所有權移轉登記予甲所有,惟該判決性質上係給付判決,原告於取得該確定判決後,仍須持判決書向地政機關辦理登記完畢後,始能取得不動產物權(最高法院65年台上字第1797號判例參照),此與民法第759條:「因繼承、強制執行、徵收、法院之判決或其他非因法律行為,於登記前已取得不動產物權者,應經登記,始得處分其物權」,所謂「因法院之判決於登記前已取得不動產」,係指依其宣告足生物權法上取得不動產物權之效果,有拘束第三人之必要,而對於當事人以外之一切第三人亦有效力者而言,此惟形成判決始足當之,如分割共有物之訴、撤銷不動產物權行為判決等,並不包括其他給付判決、確認判決在內。故甲既迄未依所有權移轉登記之確定判決辦妥登記,自尚未取得所有權。原所有人乙之債權人丙,以債務人積欠其票款500萬元為由,提出本票裁定聲請法院查封乙之系爭房地,自為法之所許,甲不得再主張該不動產為其所有,而請求排除侵害。

第二章　所有權

第一節　通則

> 　　甲男旅居日本多年，留有座落高雄市左營區之已登記房屋一棟，無人居住，乙認為有機可乘，進住甲之房屋，並將屋內之古董花瓶，以新台幣10萬元轉售與不知情之丙，逾15年後，甲男自國外返台，請求乙、丙返還房屋、古董花瓶，有無理由？乙、丙得否主張已因時效而取得所有權？

一、思考方向

　　所有權是指在法令限制範圍內，對於標的物為永久、全面與整體支配之物權，亦有稱之為「完全物權」，在本質上常被用來表示對標的物有完整、直接占有、使用、收益或處分之權利，故早為各國民法所承認。尤其在18、19世紀時，個人主義高唱入雲，法國人權宣言第17條更明定所有權是「神聖不可侵犯之權利」，並相繼為歐陸各國民法所採用。在所有權絕對性原則下，所有權成為不可限制之權利，不僅國家對於個人之所有權不得任意侵犯或剝奪，而且對其使用收益之處分等權限，亦享有絕對自由，不負有任何義務，亦不受干涉。惟國家對所有權過度保護之結果，卻導致資本主義發達、財富集中、貧富懸殊、物不能盡其用之社會問題。因而在現代民法思潮中，所有權絕對自由之理論，已遭修正，認為所有權基於人性，雖宜由個人擁有，但負有義務，其行使應兼顧公共福祉；亦即所有權應以增進人類之共同生活與幸福而存在，在行使時應受法令之限制，不得濫用，是為「所有權社會化」之理論。

　　我國民法亦採所有權社會化之原則，而於物權編第二章第一節通則中，就所有權之行使權能，加以限制；並於第二、三節中，分就不動產與動產所有權之內容，加以規範；復於第四節內，將數人共有一物之共有關係，區分為分別共有、公同共有及準共有，以供適用。本案例所涉及之甲男請求返還房屋、古董花瓶，及乙、丙得否主張動產、不動產所有權之取得時效問題，均與所有權之基本概念、權能、所有權之保護有關，先就前述第二章第一節通則規定，加以敘明。

二、論點分析

(一) 所有權之意義

依前所述，所有權乃於法令限制範圍內，對於所有物永久、全面與整體支配之物權，依此定義分析，所有權具有下列意義及性質：

1. 所有權為完全性物權

所有權人對其標的物之支配，屬於一般之完全支配，不可分割而分屬於數人；對於所有物於法令限制範圍內，得為全面、概括之占有、管理、使用、收益、處分，此與其他物權，僅於特定範圍內，為物之支配者不同，此為所有權之「完全性」。

2. 所有權為整體性物權

所有權對其客體，雖有使用、收益及處分等各種支配權，但並非此諸種權能之集合，而係法令限制範圍內，得自由利用之渾然整體之權利。因此基於所有權而設定之其他物權，如農育權、典權等，不能認係由所有權分支之另一種權能，乃係將所有權整體內容之一部分，予以具體化，讓由第三人享有而已，故學理上有稱為所有權之「整體性」。

3. 所有權為彈力性物權

所有權之內容可以伸縮，於所有權上設定他物權（如地上權）時，其全面支配所有權之權利，雖大為減縮；不過俟此等物權一旦除去，則所有權之內容當即恢復其完全支配力，此又稱為所有權之「彈力性」。

4. 所有權為永久性物權

所有權隨標的物之存在而存續，不得預定存續期間，所有人對其客體，有永久支配力，此即所有權之「永久性」。惟此處之永久性，並非指所有權永不消滅，而係謂所有權不得如抵押權、地上權等預定一定存續期間，使於期限屆滿時，當然歸於消滅而言。

(二) 所有權之權能

1. 積極權能

民法第765條前段規定：「所有人，於法令限制之範圍內，得自由使用、收益、處分其所有物」，此即所有權之積極權能，亦稱對物之權能。所謂使用，是指不毀損物體或變更物之性質，而依其用法，以供生活上之需要。例如以土地建屋居住或閱覽自己所有書籍是。收益，是指收取所有物之天然孳息或法定孳息，前者如

摘取果實，後者如收取租金。故物之成分及其天然孳息，於分離後，除法律另有規定外，仍屬於其物之所有人（民法第766條）。至於處分，可分為二：

(1) **事實上處分**：就原標的物為物質之變形、改造或毀損等行為，如拆除房屋、毀損書信、改造衣服等。

(2) **法律上處分**：以法律行為，使標的物權利發生移轉、限制或消滅等變動情形，如移轉土地所有權、設定抵押權、塗銷地上權登記等。

2. 消極權能

所有權之消極權能，依民法第765條後段規定，是指所有人於法令限制內，得排除他人之干涉。所謂排除干涉，乃就他人不法之干擾、妨害或侵奪等，本於所有權予以排斥及除去。通常所有人於其所有權被妨害時，得依民法債編第184條以下侵權行為規定，請求損害賠償外，並得依物權編第767條物上請求權規定，請求排除侵害。關於所有權人之物上請求權，可具體分為：

(1) **所有物返還請求權**：即所有人對於無權占有或侵奪其所有物者，得請求返還之權利（民法第767條第1項前段），亦稱回復請求權。其相對人須為物之占有人，包括直接及間接占有人；如非現在占有該物之人，縱令所有人之占有，係因其人之行為而喪失，所有人亦僅於此項行為具備侵權行為之要件時，得向其人請求賠償損害而已，要不得本於物上請求權，對之請求返還所有物（最高法院29年上字第1061判例參照）。

(2) **妨害除去請求權**：即所有人對於妨害其所有權者，得請求除去之權利（民法第767條第1項中段）。但所謂妨害，指所有權因被他人占有或毀滅以外之事實而失其圓滿狀態而言；至妨害行為之加害人有無故意或過失，則非所問。例如乙之果樹被颱風吹倒於甲之空地上，乙應負責除去該侵害。

(3) **妨害預防請求權**：即所有人對於有妨害其所有權之虞者，得請求防止之權利（民法第767條第1項後段）。所謂妨害之虞，指妨害雖未發生，但依一般社會觀念判斷，有可能發生妨害之情形。例如甲之建築物年久失修，已有向鄰地傾斜現象，鄰地所有人乙得未雨綢繆，請求甲為補強或支撐，以免颱風或地震來時遭受損害。

(三) 所有權之取得時效

取得時效是指無權利人繼續占有他人之物，經過一定期間，在一定條件下，依法律規定取得其權利之制度。取得時效是以占有為基礎，依法律規定而取得物權，並非繼受他人之權利，故為原始取得，而非繼受取得；又占有人僅需以占有之意思而占有，本身具有識別能力為已足，不以有完全行為能力為必要。民法對於所有權

之取得時效，分為動產所有權之取得時效，與不動產所有權之取得時效，說明如下：

1. 動產所有權之取得時效

民法第768條規定：「以所有之意思，十年間和平、公然、繼續占有他人之動產者，取得其所有權」；又第768條之1規定：「以所有之意思，五年間和平、公然、繼續占有他人之動產，而其占有之始為善意並無過失者，取得其所有權」，故動產所有權之取得時效，須具備五個要件：

(1) 以所有之意思占有。

(2) 須和平占有。

(3) 須公然占有。

(4) 須繼續占有10年以上，如占有之始為善意並無過失者，其期間為5年。

(5) 須占有他人之動產。

2. 不動產所有權之取得時效

民法第769條規定：「以所有之意思，二十年間和平、公然、繼續占有他人未登記之不動產者，得請求登記為所有人」，故不動產所有權之取得時效，亦須具備下列要件：

(1) 須以所有之意思占有。

(2) 須和平占有。

(3) 須公然占有。

(4) 一般須繼續占有20年以上，如占有之始為善意並無過失者，其期間為10年（民法第770條）。

(5) 須占有他人未登記之不動產。

3. 所有權取得時效之中斷

所有權取得時效之中斷，是指在取得時效進行中，有與取得時效要件相反之事實發生，使已經過之期間失其效力，而必須重新起算之謂。民法第771條規定，取得時效中斷之原因有四：

(1) 占有人變為不以所有之意思而占有：如占有人承認所有人之所有權而為其管理是。

(2) 占有人變為非和平或非公然占有。

(3) 占有人自行中止占有：例如占有人拋棄占有，或將占有物交還所有人。

(4) 占有人非基於自己之意思而喪失其占有。但依第949條或第962條規定，回復其占有者，不在此限。又所有人依第767條規定起訴請求占有人返還占有物者，占有人之所有權取得時效亦因而中斷。

4.取得時效之效力

取得時效完成後，如占有物為動產，占有人即取得該動產之所有權；如占有物為不動產，則占有人僅得請求登記為所有人，故於辦妥登記前，占有人尚非該不動產之所有人，亦即不動產占有人並不因取得時效完成，即當然取得該不動產之所有權（最高法院86年度台上字第3140號判決參照）。實務上認為，因取得時效完成而取得所有權，係依法律之規定，即有法律原因而受利益，不發生不當得利問題（最高法院47年台上字第303號判例參照）。

5.所有權以外財產權之取得時效

民法第772條規定：「前五條之規定，於所有權以外財產權之取得，準用之。於已登記之不動產，亦同」，故所有權以外財產權，如債權、著作權、商標權、地上權等，其取得時效可準用第768條至第771條關於動產或不動產所有權取得時效之規定。

在司法實務上，占有他人之土地，依民法第772條準用第769條、第770條規定主張依時效取得地上權者，土地所有人固不負擔同意占有人登記為地上權人之義務。然占有人若依土地登記規則第113條規定，由其一方申請登記為地上權人，經登記機關受理，在公告期間，土地所有人提出異議者，登記機關應依土地法第59條第2項規定予以調處；不服調處者，應於接到調處通知後15日內向司法機關訴請處理。調處結果，若對占有人不利，占有人對土地所有人提起之訴訟，即得請求該所有人容忍其辦理地上權登記，以排除土地所有人之異議，使登記程序之障礙除去，俾完成地上權登記（最高法院83年度台上字第3252號判決意旨參照）。

三、案例結論

本案例中，甲男為系爭座落高雄市左營區房屋之所有人，依民法第765條規定，於房屋所有權範圍內，有使用、收益、處分及支配該房屋之權利；現乙無權占用甲之房屋，甲為保護其權利，自得依民法第767條物上請求權之規定，請求乙返還該房屋。

至於乙得否以其占有該房屋已逾15年，而為時效抗辯？對此依民法第770條規定：「以所有之意思，十年間和平、公然、繼續占有他人未登記之不動產，而其占有之始為善意並無過失者，得請求登記為所有人」，其要件除占有人於占有之始，須為善意並無過失外，其占有之客體以他人未登記之不動產為限，且參照司法院大法官會議釋字第107號解釋：「已登記之不動產所有人之回復請求權，無民法第125條消滅時效之適用」，本案例乙所占有之房屋，既為甲所有已登記之不動產，自不符合時效取得規定，仍應將所占有之房屋返還予甲男。

另外乙將甲屋內之古董花瓶，以新台幣10萬元轉售與不知情之丙，雖係無權處分，但丙10年以上和平、公然、繼續占有該動產，依民法第768條規定，業因時效而取得其所有權，對於甲之請求返還，得依法拒絕，此時甲男僅得向乙請求損害賠償而已。

第二節　不動產所有權

案例78

　　某甲所有土地與某乙之土地相鄰，甲建築五層樓公寓，占有乙地共5平方公尺，乙因在大陸經商，回國後經地政機關鑑界後，始知甲越界情事，惟房屋業已竣工，乙訴請拆除，法院應否准許；如越界部分為簡陋之車庫、廚房時，有無不同？又甲在取得房屋使用執照後，除1、2樓供自己使用外，將3、4樓出售予丙，5樓出售予丁，丙為招徠客戶，於外牆懸掛代書事務所廣告招牌；丁為擴大使用面積，而於頂樓加蓋書房，供自己使用；甲則於所有1樓地面種植果樹，颱風夜該果實吹落至乙土地上，嗣後甲能否向乙主張該果實為其所有，並請求丙、丁拆除招牌或頂樓書房？

一、思考方向

　　不動產所有權，乃以不動產為權利標的物之所有權；亦即權利人於法令限制範圍內，可以永久、全面支配特定不動產之權利。民法對於標的物，原區分為動產及不動產，自古以來，不動產常為人類生活資料之泉源，一切動產莫不賴以產生或成長，且在一般情況下，不動產之價值顯較動產為大，致使不動產長期以來，為社會經濟重心，法律對不動產所有權乃特別重視，以現行民法而言，亦於物權編第二章第二節中先規範不動產所有權，繼於第三節以後始再分別就動產所有權及共有等內容，加以明文規定。

　　所謂不動產，雖包括土地和定著物，及與不動產尚未分離之出產物；然不動產尚未分離之出產物，僅為該不動產之一部分，不能獨立為物權標的物，凡此已於民法總則述及。故物權編中所稱之不動產，僅指土地及建築物而言，應予注意。關於土地所有權之範圍，依民法第773條規定：「土地所有權，除法令有限制外，於其行使有利益之範圍內，及於土地之上下。如他人之干涉，無礙其所有權之行使者，

不得排除之。」故土地所有權之支配力，及於地面、地上及地下，但僅於其行使有利益之範圍內，始得排除他人的干涉，以免妨礙社會公益；至所謂法令之限制，在公法方面，例如礦業法第2條：「中華民國領域、專屬經濟海域及大陸礁層內之礦，均為國有，非依本法取得礦業權，不得探礦及採礦」，及土地法第15條第1項：「附著於土地之礦，不因土地所有權人之取得而成為私有」；在私法方面，如民法第774條至第798條常見之相鄰關係等。

至建築物所有權之範圍，理論上建築物與其基地不必同屬於一人所有，而可分別成立所有權，依建築法第4條規定：「本法所稱建築物，為定著於土地上或地面下具有頂蓋、樑柱或牆壁，供個人或公眾使用之構造物或雜項工作物。」則其所有權之範圍，自當及於上述構造物或工作物之全部；惟一建築物之所有權，有獨有者、有共有者，前者之效力當然及於該建築物之全部，後者雖為各共有人基於抽象觀念，而各有其應有部分之權利，但其效力仍可及於該建築物之全部；惟如數人區分一建築物而各有其一部分之區分所有時，各該所有人之法律關係則相當複雜，譬如在本案例，某甲越界建築房屋，損害乙之權益，以及所種果實因颱風自落於鄰地，此為土地相鄰關係問題；嗣後甲於5層樓房建築竣工後，將3、4樓售予丙，5樓售予丁，詎丙竟在公寓外牆懸掛廣告招牌；丁則於頂樓加蓋書房，此均涉及區分所有人之權利義務關係，值得我們加以討論。

二、論點分析

(一) 土地之相鄰關係

相鄰關係乃相鄰不動產權利人相互間之權利義務關係；蓋因不動產位置固定不變，各相鄰不動產之所有人，如均互不相讓，彼此排除干涉，必將使物難以完全利用；為消弭衝突，調和鄰地利用，促進公益，以達共存共榮目的，民法乃有土地相鄰關係之規定，分述如下：

1. 鄰地損害之防免

(1) **經營事業等之損害預防**：民法第774條規定：「土地所有人經營事業或行使其所有權，應注意防免鄰地之損害」，是為土地所有人應負注意防免鄰地受損之義務規定。

(2) **氣響侵入之禁止**：居住安寧與生活品質之維護，隨著工商業進步，逐漸成為近代法律之課題，為此民法第793條規定：「土地所有人於他人之土地、建築物或其他工作物有瓦斯、蒸氣、臭氣、煙氣、熱氣、灰屑、喧囂、振動、及其他與此相類者侵入時，得禁止之。但其侵入輕微，或按土地形狀、地方習慣，認

為相當者,不在此限。」

(3) **地基動搖或其他危害之防免**:土地所有人開掘土地或為建築時,不得因此使鄰地之地基動搖或發生危險,或使鄰地之建築物或其他工作物受其損害(民法第794條)。

(4) **工作物傾倒危險之預防**:建築物或其他工作物之全部或一部,有傾倒之危險,致鄰地有受損害之虞者,鄰地所有人,得請求為必要之預防(民法第795條)。

2. 排水之相鄰關係

排水之相鄰關係,可分為自然排水及人工排水:

(1) **自然排水**:土地所有人不得妨阻由鄰地自然流至之水(民法第775條第1項),是為土地所有人之承水義務,此項義務屬於一種不作為義務,如有違反該義務時,排水權人有權除去至得以自然排水為止。水流如因事變在鄰地阻塞時,土地所有人得以自己之費用,為必要疏通之工事。但鄰地所有人受有利益者,應按其受益之程度,負擔相當之費用。前項費用之負擔,另有習慣者,從其習慣(民法第778條),此為土地所有人之疏水權。

(2) **人工排水**:土地所有人之人工排水,原則上無使用鄰地之權利,因之法律規定土地所有人不得設置屋簷、工作物或其他設備,使雨水或其他液體直注於相鄰之不動產(民法第777條)。人工排水,鄰地所有人不負承水義務,是乃原則,若有特殊情形,則例外應負容忍義務,亦即土地所有人在一定條件下,仍有人工排水權,如民法第779條規定:「土地所有人因使浸水之地乾涸,或排泄家用或其他用水,以至河渠或溝道,得使其水通過鄰地。但應擇於損害最少之處所及方法為之。前項情形,有通過權之人對於鄰地所受之損害,應支付償金。前二項情形,法令另有規定或另有習慣者,從其規定或習慣。第一項但書之情形,鄰地所有人有異議時,有通過權之人或異議人得請求法院以判決定之。」又在工作物設置時,土地因蓄水、排水、或引水所設之工作物、破潰、阻塞,致損害及於他人之土地,或有致損害之虞者,土地所有人應以自己之費用,為必要之修繕、疏通或預防。但其費用之負擔,另有習慣者,從其習慣(民法第776條)。此外,土地所有人,因使其土地之水通過,得使用高地或低地所有人所設之工作物;但應按其受益之程度,負擔該工作物設置及保存之費用(民法第780條)。

3. 用水之相鄰關係

(1) **自然流水之使用**:自然流至之水為鄰地所必需者,土地所有人縱因其土地利用之必要,不得防阻其全部(民法第775條第2項)。但水圳之水由人工開設導入

者，低地所有人不得援用此項規定，主張高地所有人應負不得妨阻其水圳引水之義務（最高法院44年台上字第490號判例參照）。

(2) **水源地或水流地之使用**：土地之所有權依前述既可及於土地之上下，自亦及於其上下之水源，故水源地、井、溝渠及其他水流地之所有人，得自由使用其水。但法令另有規定或另有習慣者不在此限（民法第781條）。水源地或井之所有人，對於他人因工事杜絕、減少或污染其水者，得請求損害賠償。如其水為飲用，或利用土地所必要者，並得請求回復原狀。其不能為全部回復者，仍應於可能範圍內回復之。前項情形，損害非因故意或過失所致，或被害人有過失者，法院得減輕賠償金額或免除之（民法第782條）。

(3) **缺水地人之用水權**：為調和相鄰關係之有無共濟，兼顧雙方利益，故土地所有人因其家用或利用土地所必要，非以過鉅之費用及勞力不能得水者，得支付償金，對鄰地所有人請求給與有餘之水（民法第783條），是為缺水地人之餘水使用權。

(4) **水流變更權**：水流地對岸之土地，屬於他人時，土流地所有人不得變更其水流或寬度；兩岸之土地，均屬於水流地所有人者，其所有人得變更其水流或寬度，但應留下游自然之水路。前二項情形，法令另有規定或另有習慣者，從其規定或習慣（民法第784條）。

(5) **設堰及用堰**：水流地所有人，有設堰之必要者，得使其堰附著於對岸；但對於因此所生之損害，應支付償金。對岸地所有人，如水流地之一部屬於其所有者，得使用前項之堰。但應按其受益之程度，負擔該堰設置及保存之費用；前二項情形，法令另有規定或另有習慣者，從其規定或習慣（民法第785條）。

4. 鄰地之使用關係

(1) **線管安置**：土地所有人非通過他人之土地，不能設置電線、水管、瓦斯管、或其他管線，或雖能設置而需費過鉅者，得通過他人土地之上下而設置之。但應擇其損害最少之處所及方法為之，並應支付償金。依前項之規定，設置電線、水管、瓦斯管或其他管線後，如情事有變更時，他土地所有人得請求變更其設置。前項變更設置之費用，由土地所有人負擔，但法令另有規定或另有習慣者，從其規定或習慣。第779條第4項規定，於第1項但書之情形準用之（民法第786條）。

(2) **袋地通行**：土地因與公路無適宜之聯絡，致不能為通常使用者，土地所有人有通行周圍地以至公路之權利，稱為袋地通行權。有通行權人，應於通行必要之範圍內，擇其周圍地損害最少之處所及方法為之。其對於通行地因此所受之損害，應支付償金（民法第787條）。有通行權人，於必要時，得開設道路；但

對於通行地因此所受之損害，應支付償金。前項情形，如致通行地損害過鉅
者，通行地所有人得請求有通行權人以相當之價額購買通行地及因此形成之畸
零地，其價額由當事人協議定之；不能協議者，得請求法院經判決定之（民法
第788條）。所謂土地與公路無適宜之聯絡，致不能為通常之使用，其情形不
以土地絕對不通公路為限，即土地雖非絕對不通公路，因其通行困難以致不
能為通常之使用時，亦應許其通行周圍地以至公路（最高法院53年台上字第
2996號判例及86年度台上字第1143號判決參照）。惟如土地不通公路，係因土
地一部之讓與或分割，致有不通公路之土地者，不通公路土地之所有人，因至
公路，僅得通行受讓人或讓與人或他分割人之所有地，且無須支付償金，是為
通行權之限制規定。數宗土地同屬於一人所有，讓與其一部或同時分別讓與數
人，而與公路無適宜之聯絡，致不能為通常使用者，亦同（民法第789條）。

(3) **營繕之鄰地使用**：土地所有人，因鄰地所有人在其地界或近旁，營造或修繕建
築物或其他工作物有使用其土地之必要，應許鄰地所有人使用其土地，但因而
受損害者，得請求償金（民法第792條）。

(4) **侵入鄰地之禁止與容忍**：土地所有人得禁止他人侵入其地內，此為所有權原有
排除不法干涉之權能，且不以土地已設有圍籬為必要；但有下列情形時，法律
例外規定應容忍之：① 他人有通行權者；② 依地方習慣，任他人入其未設圍
障之田地、牧場、山林刈取雜草，採取枯枝枯幹，或採集野生物，或放牧牲
畜者（民法第790條）。此外，土地所有人，遇他人之物品或動物偶至其地內
者，應許該物品或動物之占有人或所有人入其地內，尋查取回。土地所有人如
因此受有損害者，得請求賠償。於未受賠償前，得留置其物品或動物（民法第
791條）。

5. 越界之相鄰關係

(1) **建築之越界**：土地所有人建築房屋非因故意或重大過失逾越地界者，鄰地所有
人如知其越界而不即提出異議，不得請求移去或變更其房屋。但土地所有人對
於鄰地因此所受之損害，應支付償金。前項情形，鄰地所有人得請求土地所有
人，以相當之價額購買越界部分之土地及因此形成之畸零地，其價額由當事
人協議定之，不能協議者，得請求法院以判決定之（民法第796條）。又土地
所有人建築房屋逾越地界，鄰地所有人請求移至或變更時，法院得斟酌公共利
益及當事人利益，免為全部或一部之移去或變更。但土地所有人故意逾越地
界者，不適用之。前條第1項但書及第2項規定，於前項情形準用之（民法第
796條之1）。所謂建築房屋逾越地界者，係指土地所有人在其自己土地建築房
屋，僅其一部分逾越疆界而言，如房屋無任何部分建在自己之土地上，而是全

部建於他人土地上，即非越界建築，而不適用本條規定（最高法院28年上字第634號判例參照）。又越界者如非房屋，或非爲房屋之整體構成部分，而爲加建之部分、牆、豬欄、狗舍、樓梯或屋外之簡陋廚廁，其拆除原無礙於所建房屋之整體時，亦無本條之適用，鄰地所有人均得請求其移去或變更（最高法院59年度台上字第1799號、62年度台上字第1112號判例、86年度台上字第813號判決參照）。

(2) **竹木枝根之越界：** 土地所有人，遇鄰地植物之枝根，有逾越地界者，得向植物所有人，請求於相當期間內，刈除之。植物所有人，不於前項期間刈除者，土地所有人得刈取越界之枝根，並得請求償還因此所生之費用。越界植物之枝根，如於土地之利用無妨害者，不適用前二項之規定（民法第797條）。

(3) **果實之越界：** 果實自落於鄰地者，視爲屬於鄰地所有人。但鄰地爲公用地者，不在此限（民法第798條）。果實自落的原因，不論爲風吹或因成熟或爲他人動搖（包括樹木所有人），凡非鄰地所有人以己力而意使果實落下，皆屬於自落，由鄰地所有人取得果實所有權，以解決雙方爭議。

(二) 建築物之相鄰關係

建築物爲附著於土地上，具有頂蓋、樑柱或牆壁，供個人或公眾使用之構造物或工作物；各建築物之所有人，在使用、收益或處分過程中，有發生越界建築、因營建或修繕必要而使用鄰地、或房屋有傾倒危險等情事時，自可適用前述第792條、第794條至第796條規定，以解決雙方之相鄰問題。惟在數人區分一建築物而各有其一部之情形，不論其區分之方式是分層橫切，例如將五層之樓房區分爲一至五層；或同層縱切，例如將大樓之一層區分成五戶；或既分層又分戶之縱橫區分，即俗稱之套房時，只要各戶所有權之客體，僅爲建築物之一部分者，均屬所謂之「區分所有」。此等情形，各區分所有人就建築物各有其專有部分，並就其共用部分按其應有部分有所有權，法律關係雖較爲複雜，惟近年來都市人口增加，土地價格昂貴，土地利用趨向立體化，建築物區分所有已成時代潮流，爲解決該制度所衍生之問題，我國已於民國84年6月28日公布「公寓大廈管理條例」，以資規範，此處再就民法之相關規定說明如下：

1. 區分所有之意義

稱區分所有建築物者，謂數人區分一建築物而各專有其一部，就專有部分有單獨所有權，並就該建築物及其附屬物之共同部分共有之建築物。前項專有部分，指區分所有建築物在構造上及使用上可獨立，且得單獨爲所有權之標的者。共有部分，指區分所有建築物專有部分以外之其他部分及不屬於專有部分之附屬物。專有

部分得經其所有人之同意,依規約之約定供區分所有建築物之所有人共同使用;共有部分除法律另有規定外,得經規約之約定供區分所有建築物之特定所有人使用。區分所有人就區分所有建築物共有部分及基地之應有部分,依其專用部分面積與專有部分總面積之比例定之。但另有約定者,從其約定。專有部分與其所屬之共有部分及其基地之權利,不得分離而為移轉或設定負擔(民法第799條)。又同一建築物屬於同一人所有,經區分為數專有部分登記所有權者,其使用情形與數人區分一建築物者相同,均有專有部分與共同部分,如將其一部轉讓他人時,準用第799條規定(民法第799條之2)。

2. 區分所有建築物之費用分擔

區分所有建築物共有部分之修繕費用及其他負擔,由所有人按其應有部分分擔之。但規約另有約定者,不在此限。前項規定,於專有部分經依前條第3項之約定供區分所有建築物之所有人共同使用者,準用之。規約之內容依區分所有建築物之專有部分、共有部分及其基地之位置、面積、使用目的、利用狀況、區分所有人已否支付對價及其他情事,按其情形顯失公平者,不同意之區分所有人得於規約成立後3個月內,請求法院撤銷之。區分所有人間依規約所生之權利義務,繼受人應受拘束。其依其他約定所生之權利義務,特定繼受人對於約定之內容明知或可得而知者亦同(民法第799條之1)。

3. 他人正中宅之使用權

正中宅門,為一棟建築物之正門。區分所有之建築物正門,雖非共有,而建築物之專有部分所有人,有使用他專有部分所有人正中宅門之必要者,例如婚喪喜慶或搬運大型傢俱時,除另有特約或另有習慣者外,得使用之;但因其使用,致專有部分所有人受損害者,應支付償金(民法第800條)。

(三) 相鄰關係規定之準用

相鄰關係之規定,重在不動產利用之調和。共謀發展,故不僅土地所有人與所有人間有其適用;即地上權人間或地上權人與土地所有人間,農育權人間或農育權人與土地所有權人間,不動產役權人間或不動產役權人與土地所有人間,典權人間或典權人與土地所有人間,甚至承租人、其他土地、建築物或其他工作物利用人間,依民法第800條之1均得準用土地相鄰關係及建築物相鄰關係之規定。

三、案例結論

按民法第796條第1項規定:「土地所有人建築房屋非因故意或重大過失逾越地界者,鄰地所有人如知其越界而不即提出異議,不得請求移去或變更其房屋。但

土地所有人對於鄰地因此所受之損害，應支付償金」，本案例某甲占用乙地建築五層樓公寓，乙因在大陸經商，回國後經地政機關鑑界後，始知甲越界5平方公尺建築，並已竣工情事，依法律不保護惡意之原則，並防止土地所有人非法侵占鄰地，造成既成事實，損害鄰地所有人利益建築房屋，如某甲建築時非出於善意（即知有越界情形），於建築完工後，該鄰地所有人乙始知悉其越界時，乙自得請求越界人移去或變更；如某甲建築時確係善意，因鄰地所有人既得請求其購買越界部分之土地並賠償損害，以資補償，則為保護建築物整體經濟利益及價值，避免權利濫用，宜認為此時乙不得再訴請某甲拆屋還地。惟以上均指越界部分為房屋或房屋之整體構成部分而言，如越界者非為建築物，或係無永久性，或移去、變更甚易者如籬笆、豬舍、活動房屋等，均不包括在內（最高法院59年台上字第1799號判例、86年度台上字第813號判決、司法院25年院解字第1474號解釋參照）。故某甲越界建築部分如為簡陋之車庫或廚房時，法院自應允許乙之拆除請求。

其次，某甲將其所興建完成之五層樓公寓，除1、2樓供自用外，3、4樓出售予丙，5樓出售予丁，此即為民法第799條之建築物區分所有情形。該公寓之外牆、頂樓乃至於樓梯、走廊、大門等，均推定為各區分所有人之共有，參照公寓大廈管理條例第7條第3款：「公寓大廈共用部分不得獨立使用供做專有部分。其為下列各款者，並不得為約定專用部分：……；三、公寓大廈基礎、主要樑柱、承重牆壁、樓地板及屋頂之構造」；又同法第8條第1項規定：「公寓大廈周圍上下、外牆面、樓頂平臺及不屬專有部分之防空避難設備，其變更構造、顏色、設置廣告物、鐵鋁窗或其他類似之行為，除應依法令規定辦理外，該公寓大廈規約另有規定或區分所有權人會議已有決議，經向直轄市、縣（市）主管機關完成報備有案者，應受該規約或區分所有權人會議決議之限制」，故本案例區分所有人丁於頂樓加蓋書房，供其自己使用，及丙於外牆懸掛代書事務所廣告招牌等，均違反上開規定，其餘住戶甲在該公寓未成立管理委員會時，自得以管理負責人身分加以制止，且可報請縣市政府工務局建管單位依同法第49條第1項第2款處以新台幣4萬元以上20萬元以下罰鍰，並令渠等應於1個月內回復原狀；如拒不回復時，由主管機關逕行回復原狀，其費用則由該住戶負擔。

至某甲於其所有1樓地面種植果樹，颱風夜該果實吹落至乙土地上，依民法第798條規定：「果實自落於鄰地者，視為屬於鄰地所有人。但鄰地為公用地者，不在此限」，本案例果實自落之原因，既為颱風吹落，非鄰地所有人以己力行為所致，則乙基於前開規定，取得該果實所有權，甲嗣後不得再主張果實為其所有。

第三節　動產所有權

案例79

　　甲男現為某仲介公司經理人，民國111年5月15日在搭乘火車上班途中，於車廂內拾獲乙女所遺失之伯爵金錶一只（約值新台幣10萬元），此時甲男應如何處理，日後始可合法取得該金錶之所有權？如甲男逕將該金錶贈與其未婚妻丙，同年12月25日，丙女戴該金錶參加聖誕舞會時，為乙女發現，得否請求丙女返還該金錶？丙女可否以遺失物已逾6月為由，拒絕返還？

一、思考方向

　　路不拾遺，古有明訓；拾金不昧，世美其德；蓋物各有主，苟非吾之所有，自不宜取其分毫，在日本遺失物法第10條第2項規定：「於有人管守之舟車、建築物或其他本非以供一般公眾通行使用為目的之場所內，拾得他人之物件者，應速將該物件交付於看守人，受交付之看守人，應將其交與舟車建築物等之占有人」；我國在大清律例戶律遺失物條曾訂有：「凡拾得遺失物之人，限五日送官，官物盡數還官，私物召人認識，於內一半給與得物人充賞，一半給還失物人，如三十日無人認識者，全給。五日限外不送官者，官物坐贓論，追物還官，私物減坐贓二等，其物一半入官，一半給主，若無主，全入官」等條文；現行刑法第337條規定：「意圖為自己或第三人不法之所有，而侵占遺失物、漂流物或其他離本人所持有之物者，處一萬五千元以下罰金」，故甲男拾得遺失物後，如冒然將之據為己有，將觸犯上開刑法條文規定，構成刑事犯罪。

　　又民法於物權編第二章第三節動產所有權中，於第803條至第807條之1，分別就遺失物之內容，加以規範，可供本案例參酌。事實上，動產所有權取得之原因，除前述遺失物之拾得外，常見者尚有依法律行為（如買賣、贈與）、繼承或行為人以勞動創造而取得情事，分別規定於民法總則編、債編或繼承編，至於物權編中，則於動產所有權一節中，另就善意取得、先占、埋藏物之發見、添附等動產所有權之原始取得原因加以規範，吾人在研析本例題中，自不得對該相關規定予以忽略。

二、論點分析

(一) 遺失物之拾得

遺失物之拾得乃發現他人遺失之動產而占有，於一定條件下取得其所有權之法律事實，爲無因管理之一種。所謂「遺失物」，是指非基於原占有人之意思，所喪失之有主而現在無人占有之動產；至於「拾得」，則爲發現他人遺失物而占有之事實行爲，是以拾得乃發現與占有兩者結合之行爲，因其並非法律行爲，故拾得人不以具有完全意思能力爲必要，即使是無行爲能力人或限制行爲能力人，均得爲拾得人。又拾得漂流於水面之物或沈沒於水中之物，其情形與拾得一般遺失物相同，故民法第810條規定：「拾得漂流物、沈沒物或其他因自然力而脫離他人占有之物者，準用關於拾得遺失物之規定。」遺失物之拾得，是取得動產所有權原因之一，惟拾得人須先履行法定程序，始能取得所有權，無法即時取得。茲就拾得人之權利及義務，分別說明如下：

1. 拾得人之義務

(1) **通知、揭示或報告義務**：發現他人之遺失物，應通知其所有人，不得據爲己有，民法第803條即規定：「拾得遺失物者應從速通知遺失人、所有人或其他有受領權之人或報告警察、自治機關。報告時，應將其物一併交存。但於機關、學校、團體或其他公共場所拾得者，亦得報告於各該場所之管理機關、團體或其負責人、管理人，並將其物交存。前項受報告者，應從速於遺失物拾得地或其他適當處所，以公告、廣播或其他適當方法招領之。」依前條第1項爲通知或依第2項由公共場所之管理機關、團體或其負責人、管理人爲招領後，有受領權之人未於相當期間認領時，拾得人或招領人應將拾得物交存於警察或自治機關。警察或自治機關認原招領之處所或方法不適當時，得再爲招領（民法第804條）。如拾得物有易於腐敗之性質，或其保管需費過鉅者，招領人、警察或自治機關得拍賣或逕以市價變賣之，保管其價金（民法第806條）。

(2) **保管及返還拾得物**：拾得人於原物主認領前，或交存警察機關、自治機關以前，須負責保管遺失物，此於法律雖無明文，但因拾得人既處於無因管理人地位，自應負此項義務。如遺失物拾得後6個月內有受領權人認領者，拾得人或警察或自治機關，於通知、招領及保管費受償後，應將其物返還之（民法第805條第1項）。

2. 拾得人之權利

(1) **費用償還請求權**：拾得人對於通知、招領或保管遺失物之費用，得向認領人請

求償還此項費用,如係警察或自治機關支付,則由該機關行使上述之權利(民法第805條第1項)。在未受清償前,拾得人對於遺失物有留置權。

(2) **報酬請求權:**拾得人於遺失物之所有人認領時,得請求其物財產上價值10分之1之報酬(民法第805條第2項)。按拾得人與認領人間,為無因管理關係,在無因管理時本不許請求報酬,但於此法律則特別予以允許,以鼓勵拾得人交付遺失物。對於不具有財產上價值者,拾得人亦得請求報酬;如有受領權人給付報酬顯失公平者,可以請求法院減少或免除;該報酬請求權之時效期間為6個月,在費用或報酬未受清償前,得留置該遺失物(民法第805條第3至5項)。

按拾得人之報酬,不獨為處理遺失物事務之報酬,亦為拾物不昧之榮譽給付,惟如有下列情形之一,依民法第805條之1規定,不得請求報酬:

① 在公眾得出入場所或供公眾往來之交通設備內,由其管理人或受僱人拾得遺失物。

② 拾得人未於7日內通知、報告或交存拾得物,或經查詢仍隱匿其拾得遺失物之事實。

③ 有受領權之人為特殊境遇家庭、低收入戶、依法接受急難救助、災害救助或其他急迫情事者。

(3) **遺失物取得權:**遺失物拾得後6個月內所有人未認領者,警察或自治機關應將其物或其拍賣所得之價金,交與拾得人,歸其所有(民法第807條第1項)。遺失物拾得人,經依前述通知揭示、報告等程序,經6個月所有人未認領而取得遺失物所有權後,既為原始取得之一種,遺失人日後不得再依民法第949條規定,請求回復其物。惟拾得人經警察或自治機關通知其領取遺失物或賣得之價金,或公告後3個月內仍未領取者,其物或賣得之價金歸屬於保管地之地方自治團體(民法第807條第2項)。

3. 簡易招領程序

財產價值輕微之遺失物,考量招領成本與遺失物價值成本效益,並求與社會脈動一致,本法爰參考德國民法第965條之意旨,增訂簡易招領程序,在第807條之1規定,遺失物價值在新台幣500元以下者,拾得人如知遺失人、所有人或其他有受領權之人時,始負通知義務。若於機關、學校、團體或其他公共場所拾得者,亦得向各該場所之管理機關、團體或其負責人、管理人報告並交存其物,由其招領較為便捷。前述新台幣500元以下之遺失物,於下列期間未經有受領權人認領者,由拾得人取得其所有權或變賣之價金:

(1) 自通知或招領之日起,逾15日。

(2) 不能依前項規定辦理,自拾得日起逾1個月。

(二) 善意受讓

善意受讓，乃動產之受讓人占有動產，而受關於占有規定之保護者，縱讓與人無移轉所有權之權利，受讓人仍取得其所有權之謂（民法第801條），學理上也稱為善意取得或即時取得。至條文所謂受關於占有規定之保護，係指受民法第948條第1項前段規定之保護而言，按該條規定為：「以動產所有權，或其他物權之移轉或設定為目的，而善意受讓該動產之占有者，縱其讓與人無讓與之權利，其占有仍受法律之保護」，亦即善意受讓動產之占有，如其讓與之目的在於移轉該動產所有權時，縱原占有該動產之讓與人並無所有權，受讓人如因善意而受讓時，亦能取得其所有權。

上開條文所謂「受讓」，係指依法律行為而受讓之意，受讓人與讓與人間以有物權變動之合意與標的物之交付之物權行為存在為已足，至受讓動產占有之原因，舉凡有交易行為存在，不問其為買賣、互易、贈與、出資、特定物之遺贈、因清償而為給付或其他以物權之移轉或設定為目的之法律行為，均無不可（最高法院86年度台上字第121號判決意旨參照）。

1. 善意受讓之要件

(1) 標的須為動產。

(2) 讓與人須為動產占有人。

(3) 讓與人須為無處分權人。

(4) 受讓人受讓動產之占有。

(5) 受讓人須係善意，且無重大過失。

2. 善意受讓之效果

受讓人善意受讓動產，符合前述要件者，依民法第801條規定，即取得所有權，而且此項權利之取得，係基於法律規定，並非基於讓與人既存之權利而來，故通說均認為屬於原始取得。例如甲將機車及行照寄放在乙處，乙竟宣稱該機車為其己有，並出售予丙，此時乙無機車之所有權或處分權，其處分行為原須經有權利人甲之承認，始生效力（民法第118條），但法律為保護交易安全，賦予動產占有之公信力，乃從丙發現該機車及行照是在乙占用使用中，得善意信賴乙為所有人之處著眼，認其善意受讓之情形應受保護，故規定丙仍取得機車之所有權。

(三) 無主物之先占

無主物之先占，亦為動產取得原因之一，依民法第802條規定：「以所有之意思，占有無主之動產，除法令另有規定外，取得其所有權」，此種取得，亦屬於原

始取得。所謂「無主之動產」,即現在不屬於任何人所有之物,至以前曾否爲人所有,則非所問。又先占人對於無主物祇需有事實上之管領能力爲已足,而不必有行爲能力。例如在海中捕魚,或於廢棄地點撿拾他人丟棄之書本、保特瓶,而取得其所有權等。另鑑於現行法令,對於具備上開要件定有限制其取得所有權之規定者,例如:野生動物保育法第16條、文化資產保存法第83條之規定是,爲期周延並明確,民法爰增列「法令另有規定」之除外規定。

(四) 埋藏物之發現

埋藏物之發現,乃發現埋藏物而取得其所有權之法律事實。依民法第808條規定:「發見埋藏物而占有者,取得其所有權。但埋藏物係在他人所有之動產或不動產中發見者,該動產或不動產之所有人與發見人,各取得埋藏物之半。」可見埋藏物是指被埋藏於其他動產或不動產之中,不知其原屬何人所有之動產,故埋藏物並非無主物,僅不易辨別其所有人而已。惟發現之埋藏物足供學術、藝術、考古或歷史之資料者,其所有權之歸屬,依特別法之規定(民法第809條)。例如文化資產保存法第17條規定,埋藏地下、沈沒水中或由地下暴露地面之無主古物,概歸國家所有。發現人應即報告當地警察機關轉報,或逐報地方政府指定保管機構採掘收存;對發現人獎勵辦法由教育部定之。

(五) 添附

添附係指一物與他物結合,或因加工於物而成新物之法律事實。學理上包括附合、混合及加工三種情形,其中附合及混合乃物與物相結合;加工則爲勞力與他人之物相結合,均爲民法上取得動產所有權之原因,且因非法律行爲,故屬於原始取得,以下就添附之類型分述之:

1. 附合

附合乃所有人不同之二物,相結合成爲一物,而尚可識別各物之所在者稱之,可再分爲動產與不動產附合、動產與動產附合兩種:

(1) **動產與不動產附合**:動產因附合而成爲不動產之重要成分者,依民法第811條規定,由不動產所有人取得動產所有權。例如甲之磚、瓦裝修於乙之房屋上,成爲房屋之重要成分時,由房屋所有人乙取得該磚、瓦之所有權,因此甲之所有權消滅。

(2) **動產與動產附合**:動產與動產附合後之總體,稱爲合成物。依民法第812條規定:「動產與他人之動產附合,非毀損不能分離,或分離需費過鉅者,各動產所有人,按其動產附合時之價值,共有合成物。前項附合之動產,有可視爲主

物者，該主物所有人，取得合成物之所有權。」例如甲以乙之油漆，噴塗在自己之傢俱上，傢俱可視為主物，上漆後之傢俱自應由甲取得所有權。

2. 混合

混合是指動產與他人之動產互相混合成一物，不能識別或識別需費用過鉅之情形。依民法第813條規定，動產與他人之動產混合者，按混合時之價值，共有混合物，如有可視為主物者，該主物所有人，取得混合物之所有權，例如甲之高粱酒、與乙之礦泉水混合，因酒為主物，故由甲取得混合物之所有權。

3. 加工

加工係指對他人之動產施以勞力，使成為新物之法律事實。為保護材料所有人，民法第814條規定：「加工於他人之動產者，其加工物之所有權，屬於材料所有人。但因加工所增之價值顯逾材料價值者，其加工物之所有權屬於加工人」，即原則上加工物之所有權，屬於材料所有人；例外在加工物所增加之價值顯逾材料之價值時，則將加工物之所有權，改歸加工人所有。例如名雕刻家在他人之檜木雕刻竣馬圖，此時該加工物屬於雕刻家所有。

4. 添附之效果

添附之立法目的，旨在鼓勵經濟價值之創造及避免回復原狀之困難，是以民法於第811條至第814條規定添附物歸由當事中人之一方取得，原係基於法律技術上之便宜考量，非賦予實質上利益；他方當事人更不宜無端而遭受損害，為此復於第815條規定：「依前四條之規定，動產之所有權消滅者，該動產上之其他權利（如動產質權），亦同消滅。」但其因前五條規定而受損害者，得依關於不當得利之規定，請求償還其價額（民法第816條），以求雙方利益之平衡。

三、案例結論

甲男於民國111年5月15日在火車廂內，拾獲乙女所遺失價值10萬元之伯爵金錶一只，依民法第803條及第804條規定，拾得遺失物者，不得據為己有，應通知其遺失人、所有人或其他有受領權之人；不知所有人或所有人所在不明者，應為招領之揭示，或報告警察或自治機關，報告時，應將其物一併交存；拾得物經揭示後，所有人不於相當期間認領者，拾得人亦應報告警察或自治機關，並將其物交存，故本件甲男應踐行上開程序，通知乙女，或將金錶送交鐵路警察局以供認領。如遺失物拾得後6個月內，所有人未認領者，警察機關或自治機關，應將其物或其拍賣所得之價金，交與拾得人，即歸甲男所有。

惟本案例中，甲男並未踐行前開通知、揭示及報告之程序，縱遺失物拾得後已逾6個月以上，亦不能取得該金錶之所有權。故甲為無權處分人，其將金錶贈與未

婚妻丙之行為，在未經原所有權人乙女承認前，仍不發生效力。

至丙女得否主張善意受讓，對此民法第801條及第948條固規定，以動產所有權之移轉為目的，而善意受讓該動產之占有者，縱讓與人無移轉所有權之權利，受讓人仍取得其所有權；惟同法第949條第1項則有限制規定，其內容為：「占有物如係盜贓、遺失物或其他非基於原占有人之意思而喪失其占有者，原占有人自喪失占有之時起二年以內，得向善意受讓之現占有人請求回復其物」，基此，遺失人乙女於111年12月25日，即已發現丙女戴用其金錶，自得請求丙女返還，丙女不可以遺失物已逾6個月，或主張善意受讓而拒絕返還。

另應說明者，民法物權編第二章所有權中，對動產所有權之取得時效訂有明文，依第768條之1規定：「以所有之意思，五年間和平、公然、繼續占有他人之動產者，而其占有之始為善意並無過失者，取得其所有權」，故甲男或丙女縱未踐行前述遺失物之揭示、報告等程序，如已逾5年，仍得依上開時效規定，取得該金錶之所有權，自不待言。

第四節　共有

案例80

　　甲、乙、丙、丁共有座落於桃園市經國路之土地一筆，其應有部分各4分之1，未約定管理方法，如共有人甲將其應有部分向銀行設定抵押，借款500萬元；乙未經其他共有人同意，以每月10萬元，將土地出租於戊，並交付予戊使用。丙、丁則合意將全部土地出賣予建商，此時各共有人所為之上開行為，是否發生法律效力？又甲因欠銀行前述500萬元債務，無力清償，其應有部分經銀行聲請法院查封，此時共有人不欲維持共有關係，能否為協議分割？如共有人間協議不成，丙、丁得否請求判決分割，其被告應列何人？

一、思考方向

　　所有權乃於法令限制範圍內，對於標的物永久、全面與整體支配之物權，在「一物一權主義」下，一物為一人享有之所有權單獨所有制，為社會生活之常態；惟由於社會生活之需要，雖數人不得同時於一物上有數個所有權，但數人同時共同享有一物所有權之狀態，則並不違反所有權之觀念，故共有制度為近代各國民法所

公認，我國民法亦於物權編第二章第四節中就共有關係定有明文。按所謂共有，乃一物之所有權同時為數人共同享有之狀態。發生共有之原因有二，一是基於當事人之意思，例如數人共同出資購買一間房屋，該不動產即為該數人所共有；二是由於法律之規定，例如民法第1151條所規定之繼承人公同共有遺產、第812條動產與他人之動產附合，而共有合成物情形等是。

　　共有之類型，依民法規定可分為分別共有（民法第817條至第826條之1）、公同共有（民法第827條至第830條）及準共有（民法第831條）三種。本案例中，甲、乙、丙、丁共有座落桃園市經國路之土地一筆，共應有部分各4分之1，乃前述分別共有之類型，對於共有物之使用、收益、處分，乃至於抵押設定、出租、分割之請求等，乃本問題應思考之焦點，茲先就分別共有之法律關係說明於後，次再補充述及公同共有及準共有等情形，以供解析本案例之參考。

二、論點分析

(一) 分別共有

　　分別共有乃數人按其應有部分，對於一物，共同享有所有權之型態。其權利人稱為共有人，其特徵在於共有人有應有部分存在。所謂應有部分，係各共有人對於該所有權在分量上應享有之部分，亦即各分別共有人行使權利範圍之比例。此種共有屬於常態，故單稱共有時，即指此種共有而言。民法第817條：「數人按其應有部分，對於一物有所有權者，為共有人。各共有人之應有部分不明者，推定其為均等」，為分別共有之具體規定。

1. 共有物之使用及收益

　　民法第818條規定：「各共有人，除契約另有約定外，按其應有部分，對於共有物之全部，有使用收益之權。」例如共有之土地，得共同耕作；若共有物之性質，不能同時共同使用或收益者，各共有人依次使用或收益，例如共有之汽車，由共有人輪流使用是。共有人對共有物之實體，係抽象存在於共有物內，故於不妨害他共有人之權利限度內，雖可按其應有部分自由使用共有物之全部，但逾越其應有部分範圍而為使用收益時，其所受超過利益，為不當得利，應返還於其他共有人（最高法院55年台上字第1949號判例參照）。

2. 應有部分之處分

　　共有人於不損害其他共有人之權利範圍內，對應有部分得行使其權利，故民法第819條第1項規定：「各共有人，得自由處分其應有部分」，易言之，共有人無須徵得他共有人之同意，即得讓與其應有部分。至於應有部分之設定抵押權，由於

相對於處分行為，乃屬低度行為，自亦得任意為之；而司法院大法官釋字第141號解釋亦認為：「共有之房地，如非基於公同關係而共有，則各共有人自得就其應有部分設定抵押權。」

3. 共有物之處分

民法第819條第2項規定：「共有物之處分、變更、及設定負擔，應得共有人全體之同意」，此因共有人之應有部分，及於共有物之每一部分，而共有物處分、變更及設定負擔之標的物，已涉及全體共有人之應有部分，故如共有人未經全體共有人之同意，擅自為之，對其他共有人自不生效力（最高法院40年台上字第1479號判例、86年度台上字第1498號判決參照）。惟共有物如為土地或建築改良物時，依土地法第34條之1第1至4項規定：「共有土地或建築改良物，其處分、變更及設定地上權、農育權、不動產役權或典權，應以共有人過半數及其應有部分合計過半數之同意行之。但其應有部分合計逾三分之二者，其人數不予計算。共有人依前項規定為處分、變更或設定負擔時，應事先以書面通知他共有人；其不能以書面通知者，應公告之。第一項共有人，對於他共有人應得之對價或補償，負連帶清償責任。於為權利變更登記時，並應提出他共有人已為受領或為其提存之證明。其因而取得不動產物權者，應代他共有人申請登記。共有人出賣其應有部分時，他共有人得以同一價格共同或單獨優先承購。」土地法乃前述民法之特別規定，應優先適用之。

4. 共有物之管理

所謂共有物之管理，指共有物之保存、改良及利用等行為而言，依民法第820條規定：「共有物之管理，除契約另有約定外，應以共有人過半數及其應有部分合計過半數之同意行之。但其應有部分合計逾三分之二者，其人數不予計算。依前項規定之管理顯失公平者，不同意之共有人得聲請法院以裁定變更之。前二項所定之管理，因情事變更難以繼續時，法院得因任何共有人之聲請，以裁定變更之。共有人依第一項規定為管理之決定，有故意或重大過失，致共有人受損害者，對不同意之共有人連帶負賠償責任。共有物之簡易修繕及其他保存行為，得由各共有人單獨為之」，茲詳述如下：

(1) **共有物之一般管理：**為促使共有物之有效利用，立法例上就共有物之管理，已傾向依多數決為之，為此本條文第1項明定，共有物之管理，除契約另有約定外，應以共有人過半數及其應有部分合計過半數之同意行之。但其應有部分合計逾3分之2者，其人數不予計算。又共有人依第1項規定就共有物所定之管理，對少數不同意之共有人顯失公平時，不同意之共有人得聲請法院以裁定變更該管理，俾免多數決之濫用，並保障全體共有人之權益。另為符實際需要，

對共有人原定之管理，嗣因情事變更致難以繼續時，任何共有人均得聲請法院變更之。當共有人依第1項爲共有物管理之決定時，有故意或重大過失，致共有人受有損害者，爲保護不同意該管理方法之少數共有人權益，本條文第4項明定，共有人應負連帶賠償責任；又該責任爲法定責任，並不排除民法侵權行爲規定之適用，併予敘明。

(2) **共有物之保存行爲：**指以防止共有物之滅失、毀損或其權利喪失爲目的，維持其現狀之行爲，如共有物之簡易修繕、換修門窗玻璃等，此等行爲對全體共有人有利，性質上常須儘速爲之，故本條文第5項規定共有人可不問其餘分別共有人之意思爲何，單獨爲之。

(3) **共有物之改良行爲：**指不變更共有物之性質，而增加其效用或價值之行爲，如將房屋地板改黏貼大理石，以增加美觀等。因其所需費用較鉅，性質上非顯有必要，且不若保存行爲之有急迫性，依本條文第1項規定，非經共有人過半數，並其應有部分合計已過半數者之同意，不得爲之。

(4) **共有物之利用行爲：**指不變更共有物之本質，決定其使用收益方法，以滿足共有人共同需要之行爲，如將共有物出租，以獲取租金等。對於利用行爲，依本條文第1項規定，在共有人未以契約訂立時，應以共有人過半數及其應有部分合計過半數之同意行之；如有契約明訂時，則依契約約定辦理。

5. 共有物費用之分擔

共有人有分擔共有物費用之義務，爲符合公平原則，民法第822條規定：「共有物之管理費及其他負擔，除契約另有約定外，應由各共有人按其應有部分分擔之。共有人中之一人，就共有物之負擔爲支付，而逾其所應分擔之部分者，對於其他共有人得按其各應分擔之部分，請求償還」，以供適用。

6. 共有人對第三人之權利

共有人就共有物與第三人之權利義務關係方面，依民法第821條規定：「各共有人對於第三人，得就共有物之全部爲本於所有權之請求。但回復共有物之請求，僅得爲共有人全體之利益爲之。」例如甲、乙共有之土地，遭丙無權占用建築房屋，此時甲無須取得乙之同意，即可請求丙拆屋還地，並將土地交還給甲、乙二人；如甲係以訴訟方式，行使所有物返還請求權時，其聲明事項應求爲命被告丙將共有物返還原告與其他全體共有人，如僅請求向自己返還者，法院應將其訴駁回（最高法院37年上字第6703號、41年台上字第611號判例、86年度台上字第1747號判決參照）。

7. 共有物之分割

共有物之分割，乃依共有人應有部分之比例，將共有物分別劃歸各共有人單獨

所有之謂。由於共有關係之存在，對共有物之利用、改良及處分均有阻礙，所以法律許可在不影響所有權之前提下，共有人得消滅共有關係以回復單獨所有狀態，為此民法於第823條第1項規定：「各共有人，除法令另有規定外，得隨時請求分割共有物。但因物之使用目的不能分割或契約訂有不分割之期限者，不在此限。前項約定不分割之期限，不得逾五年；逾五年者，縮短為五年。但共有之不動產，其契約訂有管理之約定時，約定不分割之期限，不得逾三十年；逾三十年者，縮短為三十年」，其立法意旨，即在消滅物之共有狀態，以利融通與增進經濟效益。

(1) 共有物分割之方法

①協議分割：民法第824條第1項規定：「共有物之分割，依共有人協議之方法行之」，此項分割方法，稱為協議分割。協議分割為法律行為之一種，須有行為能力者始得為之，無行為能力人未由法定代理人代理，限制行為能力人未得法定代理人之允許，而參與協議者，前者之意思表示無效，後者之意思表示非經法定代理人之承認不生效力（最高法院40年台上字第1563號判例參照）；共有人如就分割方法已全體同意，即生協議分割之效力，不因共有人中一人或數人因協議分割取得之利益不等，而受影響（最高法院68年台再字第44號判例參照）。又應注意者，共有物之協議分割，固須經全體共有人之同意始生效力；惟此項協議，並不以書面為必要，苟有明示或默示之意思表示，對分割之方式為事前之同意或事後之承認者，均可認有協議分割之效力（最高法院92年度台上字第703號判決）。

②裁判分割：分割之方法，不能按共有人協議決定者，依民法第824條第2至4項規定：「分割之方法不能協議決定，或於協議決定後因消滅時效完成經共有人拒絕履行者，法院得因任何共有人之請求，命為下列之分配：一、以原物分配於各共有人。但各共有人均受原物之分配顯有困難者，得將原物分配於部分共有人。二、原物分配顯有困難時，得變賣共有物，以價金分配於各共有人；或以原物之一部分分配於各共有人，他部分變賣，以價金分配於各共有人。以原物為分配時，如共有人中有未受分配，或不能按其應有部分受分配者，得以金錢補償之。以原物為分配時，因共有人之利益或其他必要情形，得就共有物之一部分仍維持共有。」法院在決定分割方法時，分配原物與變賣之而分配價金，孰為適當，有自由裁量之權，不受任何共有人主張之拘束（最高法院29年上字第1792號判例參照）。又法院在裁判分割共有物過程，除應斟酌各共有人之利害關係，及共有物之性質外，尚應斟酌其共有物之性質、價格、經濟效用及公共利益、全體或多數共有人利益等因素，並兼顧公平之原則；倘共有人中有不能按其應有部分受分配，或所受分配之不動產，其價格不相當時，法院非不得

命以金錢補償之（最高法院57年台上字第2117號判例、94年度台上字第1768號判決參照）。

在實務上，共有人相同之數筆土地常因不能合併分割，致分割方法採酌上甚為困難，且因而產生土地細分，有礙社會經濟之發展，為此民法第824條增訂第5項：「共有人相同之數不動產，除法令另有規定外，共有人得請求合併分割。」

為促進土地利用，避免土地過分細分，對於共有人部分相同之相鄰數不動產，各該不動產均具應有部分之共有人，經各不動產應有部分過半數共有人之同意，得適用前項規定，請求合併分割。但法院認合併分割為不適當者，仍分別分割之（民法第824條第6項）。

共有物變賣分割之裁判係賦予各共有人變賣共有物，分配價金之權利，故於變價分配之程序，為使共有人仍能繼續其投資規劃，維持共有物之經濟效益，並兼顧共有人對共有物之特殊感情，民法第824條增訂第7項：「變賣共有物時，除買受人為共有人外，共有人有依同條件優先承買之權，有二人以上願優先承買者，以抽籤定之。」

(2) 共有物分割之效力

①單獨所有權之取得：共有物分割之效力，究採認定主義或移轉主義，學者間每有爭論，新修正民法採行移轉主義，於第824條之1第1項規定：「共有人自共有物分割之效力發生時起，取得分得部分之所有權」，其效力係向後發生而非溯及既往。又本條文所謂「效力發生時」，在協議分割，如分割者為不動產，係指於辦畢分割登記時；如為動產，係指於交付時。至於裁判分割，則指在分割之形成判決確定時。按共有物分割之主要目的，在使各共有人各自取得分得部分之單獨所有權，於協議分割方面，是以法律行為使物權發生變動，故分割之共有物如為不動產，依民法第758條第1項規定，非經登記，不生效力，倘共有人訂立協議分割契約後，拒不辦理分割登記，他共有人僅得依約請求履行該登記義務而已。如為裁判分割，因法院所為之判決是形成判決，故於判決確定時即生分割效力，依民法第759條規定，不以登記為生效要件，未經登記，僅不得處分而已（最高法院43年台上字第1016號判例參照）。

②限定物權繼續存在：共有物分割之效力，是向將來發生，故共有物分割前，共有物上所存在之他物權，或共有人應有部分上所存在之擔保物權，對於他共有人分得部分，仍然存在，不因分割而受影響，民法第824條之1第2至5項規定：「應有部分有抵押權或質權者，其權利不因共有物之分割而受影響。但有下列情形之一者，其權利移存於抵押人或出質人所分得之部分：一、權利人同意分

割。二、權利人已參加共有物分割訴訟。三、權利人經共有人告知訴訟而未參加。前項但書情形，於以價金分配或以金錢補償者，準用第八百八十一條第一項、第二項或第八百九十九條第一項規定。前條第三項之情形，如為不動產分割者，應受補償之共有人，就其補償金額，對於補償義務人所分得之不動產，有抵押權。前項抵押權應於辦理共有物分割登記時，一併登記，其次序優先於第二項但書之抵押權。」

③分得物之擔保責任：民法第825條規定：「各共有人，對於他共有人因分割而得之物，按其應有部分，負與出賣人同一之擔保責任」，亦即無論係協議分割或裁判分割，各共有人相互間於分割後，仍以其應有部分為度，負擔民法第349條至第360條所規定權利瑕疵擔保與物之瑕疵擔保責任。

④證書之保存及使用：共有物分割後，各分割人應保存其所得物之證書。共有物分割後，關於共有物之證書，歸取得最大部分之人保存之，無取得最大部分者，由分割人協議定之，不能協議決定者，得聲請法院指定之。各分割人，得請求使用他分割人所保存之證書（民法第826條）。

8. 共有物讓與之責任

(1) **不動產共有物讓與之責任**：共有物之管理或協議分割契約，在實務上認為對於應有部分之受讓人仍繼續存在（最高法院48年台上字第1065號判例參照）。使用、禁止分割之約定或依本法第820條第1項所為之決定，亦應做相同之解釋。又上述契約、約定或決定之性質屬債權行為，基於債之相對性原對第三人不生效力，惟為保持原約定或決定之安定性，特賦予物權效力，為此參照司法院釋字第349號解釋，於第826條之1第1項規定：「不動產共有人間關於共有物使用、管理、分割或禁止分割之約定或依第八百二十條第一項規定所為之決定，於登記後，對於應有部分之受讓人或取得物權之人，具有效力。其由法院裁定所定之管理，經登記後，亦同。」

(2) **動產共有物讓與之責任**：共有人間就共有物因為關於前述第1項之使用、管理等行為之約定、決定或法院之裁定，在不動產可以登記之公示方法，使受讓人等有知悉之機會，而動產無登記制度，法律上又保護善意受讓人，為此民法第826條之1第2項規定：「動產共有人間就共有物為前項之約定、決定或法院所為之裁定，對於應有部分之受讓人或取得物權之人，以受讓或取得時知悉其情事或可得而知者為限，亦具有效力」，亦即僅以受讓人等於受讓或取得時知悉或可得而知其情事者為限，始對之發生法律上效力，方為持平。

(3) **受讓人之連帶責任**：共有物應有部分讓與時，受讓人對讓與人就共有物因使用、管理或其他情形（例如協議分割或禁止分割約定等）所生之負擔（民法

第822條參照），為保障該負擔之共有人，應使受讓人與讓與人連帶負清償責任，民法第826條之1第3項已規定：「共有物應有部分讓與時，受讓人對讓與人就共有物因使用、管理或其他情形所生之負擔連帶負清償責任」，以杜爭議。

(二) 公同共有

公同共有，是指依一定原因成立公同關係之數人，基於其公同關係，而共享一物所有權之狀態。民法第827條第1項規定：「依法律規定、習慣或法律行為，成一公同關係之數人，基於其公同關係，而共有一物者，為公同共有人。」則公同共有之成立，須先依法律規定、習慣或契約形成一個公同關係始可。依法律規定而形成之者，如共同繼承，在分割遺產前對於遺產全部為公同共有（民法第1151條）。依法律行為而形成之者，如合夥契約，各合夥人之出資及其他合夥財產，為合夥人全體之公同共有（民法第668條）；或夫妻因約定採用共同財產制，而訂定契約發生公同關係等（民法第1031條）。

1. 公同共有人之權利義務

民法第827條第3項規定：「各公同共有人之權利，及於公同共有物之全部」，故各該共有人理論上並無應有部分存在，通說認為公同共有人之應有部分係屬潛在的，與分別共有人之應有部分為顯在者不同；實務上亦認為公同共有人，不得主張其對公同共有物有特定之部分，如加以處分，對公同共有人不生效力；對於主張因處分而取得公同共有物權利之第三人，亦僅得訴請確認該物仍屬公同共有人全體所有，而不得提起確認自己部分公同共有權存在或交還自己部分之訴（最高法院32年上字第2440號、37年上字第7302號判例參照）。由於公同共有人之權利義務與公同共有物之處分，與前述分別共有不盡相同，分述如下：

(1) 民法第828條第1項規定：「公同共有人之權利義務，依其公同關係所由成立之法律、法律行為或習慣定之」，此係基於公同共有之特性而來，在公同共有人間之權利義務，應先依其公同關係所由規定之法律或契約定之，例如合夥財產之公同共有，依民法債編合夥之規定與合夥契約決定之；夫妻共同財產制之財產公同共有，則依民法親屬編之共同財產制規定與夫妻間之財產約定契約決定之。

(2) 關於公同共有物之管理、共有人對第三人之權利，共有物使用、管理、分割或禁止分割之約定對繼受人之效力等規定，不惟適用於分別共有之情形，其於公同共有亦十分重要，為此民法第828條第2項規定：「第八百二十條、第八百二十一條及第八百二十六條之一規定，於公同共有準用之」，以期周延。

(3) 當前述法律或契約均未規定時，則應得公同共有人全體之同意，始得爲之，故無論爲事實上處分行爲或法律上處分行爲，舉凡足使公同共有物所有權發生得喪、變更或受限制者，倘未得全體共有人之同意，對於全體公同共有人則不生效力。又公同共有之不動產之處分，土地法第34條之1第5項已有特別規定，依該項規定準用同條第1至4項之結果，公同共有土地或建築改良物之處分、變更及設定地上權、農育權、不動產役權或典權，應以公同共有人過半數及其應有部分（潛在）合計過半數之同意行之；但其應有部分合計逾3分之2者，其人數可不予計算。公同共有人爲上述行爲時，應事先以書面通知他公同共有人，如不能以書面通知者，應公告之。因公同共有不動產之處分，經優先適用土地法之結果，已無須經全體共有人全體之同意，允宜注意。

2. 公同共有物之分割

爲維持公同共有關係，民法第829條規定：「公同關係存續中，各公同共有人，不得請求分割其公同共有物」，故公同共有人於公同共有關係存續中，並無分割共有物之請求權。惟在公同共有關係消滅後，已無維繫其團體之必要，自得請求分割，其分割方法，依民法第830條第2項規定，除先依公同關係所由生之法律特別規定外，應參照共有物分割之規定，故公同共有物之分割方法，亦分爲協議分割與裁判分割兩種，在請求裁判分割之訴訟，性質上爲固有必要共同訴訟，應由同意分割之公同共有人全體一同起訴，並以反對分割之其他公同共有人全體爲共同被告，其當事人之適格始無欠缺。

3. 公同共有之消滅

公同共有之消滅原因，除前述公同共有物之分割外，依民法第830條第1項規定：「公同共有之關係，自公同關係終止，或因公同共有物之讓與而消滅」，可見公同關係之終止，如合夥之解散、夫妻合意廢止共同財產制等，及公同共有物讓與等，均爲公同共有消滅之事由。

(三) 準共有

所有權以外之財產，爲數人分別共有或公同共有者，謂爲準共有。所有權以外之財產，包括物權中之用益物權及擔保物權，準物權之漁業權、礦業權，無體財產權之著作權、專利權、商標權，以及債權等，上開財產爲數人共同享有時，與共有一物之所有權無異，故民法第831條明定：「本節規定，於所有權以外之財產權，由數人共同或公同共有者準用之」，以解決所有權以外財產之共有問題。

三、案例結論

　　甲、乙、丙、丁共有座落於桃園市經國路之土地一筆，其應有部分各4分之1，可見在當事人間，成立分別共有關係。在分別共有關係存續中，依民法第819條第1項規定：「各共有人，得自由處分其應有部分」，因此共有人甲就其應有部分向銀行設定抵押，借款500萬元，自為法之所許。

　　其次乙未經其他共有人同意，以每月10萬元，將共有之土地出租於戊，並已交付使用，由於出租行為性質上屬於對共有物之利用行為，與簡易修繕或共有物之保存、改良行為不同，不得逕由各共有人單獨為之，參照民法第820條第1項規定：「共有物之管理，除契約另有約定外，應以共有人過半數及其應有部分合計過半數之同意行之。但其應有部分合計逾三分之二者，其人數不予計算」，本案例共有人既未約定管理方法，也未經共有人過半數及其應有部分合計過半數之同意，故對其他共有人而言，乙之出租行為，對甲、丙、丁不生效力，故其餘共有人可依民法第767條所有物返還請求權規定，向戊請求返還出租之土地。

　　關於共有人丙、丁合意將全部土地出賣予建商部分，依民法第819條第2項規定：「共有物之處分、變更及設定負擔，應得共有人全體之同意」，故丙、丁未經全體共有人同意，擅自處分共有物，對其他共有人不生效力，惟前述之處分行為僅指物權行為而言；在締約共有人丙、丁與相對人建商間所為之買賣債權行為，係負擔行為仍然有效，故締約之分別共有人如事後不能取得全體分別共有人同意或無法取得其物，致給付不能時，參照民法第256條、第260條規定，應負債務不履行責任。

　　至於共有人甲因積欠銀行前述500萬元債務，無力清償，致應有部分經銀行聲請查封，按查封乃保全執行債權人執行名義所載債權之實現，限制執行債務人對於執行標的物處分權之執行行為，強制執行法第51條第1、2項規定：「查封之效力及於查封物之孳息。實施查封後，債務人就查封物所為移轉、設定負擔或其他有礙執行效果之行為，對於債權人不生效力」，故查封後執行債務人甲之處分權受到法律上限制，理論上共有人雖仍得依民法第823條及第824條所規定之分割方法，請求協議分割共有物，惟協議分割之結果，如有礙執行債權人即貸款銀行之利益時，對於債權人不生效力（最高法院69年第14次民事庭會議決議參照）。至於裁判分割，係法院基於公平原則，決定適當之方法而分割共有物，自不發生有礙執行效果之問題，故其餘共有人乙、丙、丁，如不欲維持雙方之共有關係時，自得訴請法院裁判分割，其訴訟當事人，由同意分割之共有人為原告，並以反對分割之其餘共有人為被告，性質上為形成之訴。

第三章　地上權

案例81

　　甲於民國106年2月中旬，將其所有座落於新北市中和區之土地一筆，提供予乙興建三層樓房，約定每季地租6萬元，至民國111年5月間，雙方至地政機關辦理地上權設定登記，惟未約定存續期間，則其地上權期間至何時屆滿？如乙之樓房因承租人失火而滅失時，其地上權是否消滅？又地上權人四次未繳地租，積欠租金達24萬元時，土地所有人甲得否終止乙之地上權，請求返還土地？

一、思考方向

　　地上權分為普通地上權和區分地上權二種，普通地上權，係以在他人土地上下有建築物或其他工作物，而使用其土地之權（民法第832條），其權利人稱為地上權人；供給土地之人，為土地所有人。例如甲在乙之土地上，建築房屋並架設電線、鐵塔、網路，以經營有線電視為目的，設定地上權，而使用乙之土地。地上權之標的限於土地，在土地需求增加，價格昂貴之經濟社會中，地上權已經成為使土地所有權與利用權適度分離之重要制度。

　　稱區分地上權者，謂以在他人土地之上下之一定空間範圍內設定之地上權（民法第841條之1）。由於人類文明的進步，科技和建築技術日新月異，土地之利用已不在侷限於地面，而逐漸向空中和地下發展，由平面化而趨向於立體化，因此土地分層利用之概念，已成為國人普遍之認知，立法上有承認土地上下一定空間範圍內設定地上權之必要，為此民法第841條之1至第841條之6，明文規定區分地上權，以供適用。

　　地上權之本質為使用土地，故為用益物權之一種，祗須以在他人土地上有建築物，或其他工作物為目的，而使用其土地即可，不以現有工作物或建築物為限。又其經濟機能，與土地租賃權頗為類似，均在對於土地之使用收益，惟兩者間仍有下列不同：

(一) 權利種類不同：地上權為物權；土地租賃權則為債權。

(二) 成立要件不同：地上權之得喪變更，由於法律行為者，非經登記不生效力，且

應以書面為之；土地租賃權，則無須登記或以書面為之，僅於期限逾1年，未以字據訂立者，依民法第422條規定，視為不定期限租賃而已。

(三) 相鄰關係不同：地上權人間或地上權人與土地所有人間，依民法第800條之1規定，可以準用同法第774條至第798條相鄰關係之規定；於土地租賃權，則無準用之明文。

(四) 權利讓與不同：地上權人得將其權利讓與他人，亦得將其出租或供債權之擔保；土地承租人則非經出租人承諾，不得為此等行為，亦不得將土地轉租。

(五) 存續期間不同：地上權無存續期間之限制；土地租賃則最多不得超過20年（民法第449條）。

(六) 地租支付不同：地上權不以支付地租為必要；土地租賃則必須支付租金。

(七) 修繕請求不同：地上權人不得請求土地所有人為土地之修繕；土地承租人則得請求出租人修繕租賃物。

在本案例中，甲將其所有土地，提供予乙興建三層樓房，雙方並為地上權登記，其存續期間多久，是否於地上物消滅時即歸於消滅，此為吾人應思考之第一個重點；又地上權人積欠地租時，須達若干數額，土地所有權人始得終止地上權，請求返還土地，為第二個應討論之重點，茲就民法物權編第三章關於地上權之相關規定，說明如下。

二、論點分析

(一) 地上權之發生

地上權係以在他人土地上有建築物，或其他工作物，或竹木為目的而使用其土地之權，其以有建築物為目的者，並不禁止先設定地上權，然後在該地上進行建築，且地上權之範圍，不以建築物或其他工作物等本身占用之土地為限，其周圍之附屬地，如房屋之庭院，或屋後之空地等，如在設定之範圍內，不得謂無地上權之存在（最高法院48年度台上字第928號判決意旨參照）。

地上權之發生，如由地上權人方面觀察，則為地上權之所得，因地上權為不動產物權之一，則不動產關於物權之一般取得原因，如概括繼承、取得時效等，均可使地上權發生。另外，地上權取得原因有下列兩種：

1. 基於法律行為

地上權常基於當事人之法律行為而取得，在設定地上權或讓與行為時，依民法第758條第2項規定，均須以書面而為之，且非經登記，不生法律上效力。

2. 基於法律規定

　　除當事人間之設定地上權行為外，亦有基於法律規定而取得地上權情形，如民法第876條規定：「設定抵押權時，土地及其土地上之建築物，同屬於一人所有，而僅以土地或僅以建築物為抵押者，於抵押物拍賣時，視為已有地上權之設定，其地租、期間及範圍由當事人協議定之。不能協議者，得聲請法院以判決定之。設定抵押權時，土地及其土地上之建築物，同屬於一人所有，而以土地及建築物為抵押者，如經拍賣，其土地與建築物之拍定人各異時，適用前項之規定」，學者稱為法定地上權。

(二) 地上權之期間

　　地上權之存續期間，民法無明文規定，依一般學者通說認為：

1. 當事人定有期間者

　　當事人設定地上權時，約定有存續期間者，自應從其所定；其約定期間之長短，法律上既無限制，亦應聽憑當事人之自由，即使設定永久存續之地上權，從強化土地利用之觀點，亦無不可。

2. 當事人未定有期間者

(1) 地上權未定有期限者，存續期間逾20年或地上權成立之目的已不存在時，法院得因當事人之請求，斟酌地上權成立之目的、建築物或工作物之種類、性質及利用狀況等情形，定其存續期間或終止其地上權（民法第833條之1）。

(2) 以公共建設為目的而成立之地上權，未定有期限者，以該建設使用目的完畢時，視為地上權之存續期限（民法第833條之2）。

(三) 地上權人之權利

1. 使用收益權

　　依民法第832條規定：「稱普通地上權者，謂以在他人土地上下有建築物或其他工作物為目的而使用其土地之權」，可見設定地上權之主要目的，是在他人土地上有建築物或其他工作物，故使用收益乃地上權人重要之權利。其使用收益之方法和限制如下：

(1) 於他人之土地上下有建築物或其他工作物：例如建築房屋或橋樑、隧道等。

(2) 地上權人應依設定之目的及約定之使用方法，為土地之使用收益；未約定使用方法者，應依土地之性質為之，並均應保持其得永續利用。前項約定之使用方法，非經登記，不得對抗第三人（民法第836條之2）。

(3) 地上權人違反前條第1項規定，經土地所有人阻止而仍繼續為之者，土地所有

人得終止地上權。地上權經設定抵押權者，並應同時將該阻止之事實通知抵押權人（民法第836條之3）。

2. 相鄰權

地上權人，得占有土地而為使用收益，與土地所有人地位無異，故民法第774條至第798條關於土地所有人相鄰關係之規定，於地上權人間，或地上權人與土地所有人間，準用之（民法第800條之1）。

3. 處分權

地上權為不具專屬性之財產權，因此民法第838條規定：「地上權人得將其權利讓與他人或設定抵押權。但契約另有約定或另有習慣者，不在此限。前項約定，非經登記，不得對抗第三人。地上權與其建築物或其他工作物，不得分離而為讓與或設定其他權利。」地上權既有讓與性，解釋上自得出租；又地上權亦得以其他地上權為標的物，而設定抵押權，性質上屬於一種權利抵押。

4. 地上物之取回權

地上權人於他人之土地建造建築物或工作物，勢必投下甚多資本，當地上權消滅時，理應有權收回，為此民法第839條規定：「地上權消滅時，地上權人得取回其工作物。但應回復土地原狀。地上權人不於地上權消滅後一個月內取回其工作物者，工作物歸屬於土地所有人。其有礙於土地之利用者，土地所有人得請求回復原狀。地上權人取回其工作物前，應通知土地所有人。土地所有人願以時價購買者，地上權人非有正當理由，不得拒絕」，以兼顧地上權人和土地所有人之權益。

5. 建築物之補償權

地上權人之工作物為建築物時，其經濟價值通常較高，且使用期間長久，倘於地上權存續期間屆滿後，必使地上權人拆除，回復土地原狀，不僅使地上權人遭受損失，亦有害於社會經濟，故民法第840條規定：「地上權人之工作物為建築物者，如地上權因存續期間屆滿而消滅，地上權人得於期間屆滿前，定一個月以上之期間，請求土地所有人按該建築物之時價為補償。但契約另有約定者，從其約定。土地所有人拒絕地上權人前項補償之請求或於期間內不為確答者，地上權之期間應酌量延長之。地上權人不願延長者，不得請求前項之補償。第一項之時價不能協議者，地上權人或土地所有人得聲請法院裁定之。土地所有人不願依裁定之時價補償者，適用前項規定。依第二項規定延長期間者，其期間由土地所有人與地上權人協議定之；不能協議者，得請求法院斟酌建築物與土地使用之利益，以判決定之。前項期間屆滿後，除經土地所有人與地上權人協議者外，不適用第一項及第二項規定」，俾使地上權人能獲得適度之補償。

6. 優先購買權

依土地法第104條規定：「基地出賣時，地上權人、典權人或承租人有依同樣條件優先購買之權。房屋出賣時，基地所有權人有依同樣條件優先購買之權，其順序以登記之先後定之。前項優先購買權人，於接到出賣通知後十日內不表示者，其優先權視為放棄。出賣人未通知優先購買權人而與第三人訂立買賣契約者，其契約不得對抗優先購買權人。」惟此項優先購買權之適用，仍須以地上權設定係以建築物，且現已存在為前提，自不待言。

(四) 地上權人之義務

1. 支付地租義務

地租係地上權人對於土地所有人支付使用土地之報酬，雖非地上權成立之要件，惟地上權如訂有租金時，地上權人即有給付地租之義務，其後縱因不可抗力，妨礙其土地之使用，亦不得請求免除或減少租金（民法第837條）。地上權人積欠地租達2年之總額者，除另有習慣外，土地所有人，依同法第836條規定，得定相當期限催告地上權人支付地租，逾期仍未支付，即得終止地上權。為達成地租給付之公平原則，民法第835條之1規定：「地上權設定後，因土地價值之昇降，依原定地租給付顯失公平者，當事人得請求法院增減之。未定有地租之地上權，如因土地之負擔增加，非當時所得預料，仍無償使用顯失公平者，土地所有人得請求法院酌定其地租」，以供援用。又為保護第三人，當土地所有權讓與時，已預付之地租，非經登記不得對抗第三人（民法第836條之1）。

2. 返還土地義務

地上權消滅時，依民法第839條規定，地上權人得取回其工作物，但應回復土地原狀，並返還予土地所有人。

(五) 地上權之消滅

地上權為物權之一種，則不動產之一般消滅原因，如標的物滅失、混同、公用徵收等原因，在地上權亦均應適用，以下就民法所規定之特別消滅原因加以說明：

1. 地上權之拋棄

地上權性質上亦為財產權，本於財產權得自由處分之原則，地上權人應得拋棄其權利，對此民法第834條規定：「地上權無支付地租之約定者，地上權人得隨時拋棄其權利。」地上權一經拋棄，即歸於消滅，不過地上權定有期限，而有支付地租之約定者，地上權人得支付未到期之3年分地租後，拋棄其權利。地上權未定有期限，而有支付地租之約定者，地上權人拋棄權利時，應於1年前通知土地所有

人,或支付未到期之1年分地租。因不可歸責於地上權人之事由,致土地不能達原來使用之目的時,地上權人於支付前二項地租2分之1後,得拋棄其權利;其因可歸責於土地所有人之事由,致土地不能達原來使用之目的時,地上權人亦得拋棄其權利,並免支付地租(民法第835條),以免損及土地所有人之權益。

2. 地上權之終止

　　在當事人約定分期支付地租之場合,地上權人理應按期付租,不得拖欠,若竟藉故拖欠,則法律於具備一定條件下,賦予土地所有人終止權,以消滅雙方之地上權。現行民法第836條規定:「地上權人積欠地租達二年之總額,除另有習慣外,土地所有人得定相當期限催告地上權人支付地租,如地上權人於期限內不為支付,土地所有人得終止地上權。地上權經設定抵押權者,並應同時將該催告之事實通知抵押權人。地租之約定經登記者,地上權讓與時,前地上權人積欠之地租應併同計算。受讓人就前地上權人積欠之地租,應與讓與人連帶負清償責任。第一項終止,應向地上權人以意思表示為之。」

3. 存續期間之屆滿

　　地上權定有存續期間者,於期間屆滿時,地上權消滅。又地上權之標的物為土地,而非工作物或建築物,故不因建築物或工作物之滅失而消滅(民法第841條),此為地上權之永續性。

4. 強制執行拍賣之特別規定

　　土地及其土地上之建築物,同屬於一人所有,因強制執行之拍賣,其土地與建築物之拍定人各異時,視為已有地上權之設定,其地租、期間及範圍由當事人協議定之;不能協議者,得請求法院以判決定之。其僅以土地或建築物為拍賣時,亦同。前項地上權,因建築物之滅失而消滅(民法第838條之1)。

(六) 區分地上權

1. 區分地上權之意義

　　稱區分地上權者,謂以在他人土地上下之一定空間範圍內設定之地上權(民法第841條之1)。

2. 使用收益之限制

　　鑑於區分地上權,在實務上呈現立體化、垂直化之鄰接狀態,和一般平面相鄰關係不同,為解決區分地上權人和就其範圍外上下四周的該土地享有使用、收益權利人相互間之權利義務關係,民法第841條之2規定:「區分地上權人得與其設定之土地上下有使用、收益權利之人,約定相互間使用收益之限制。其約定未經土地所有人同意者,於使用收益權消滅時,土地所有人不受該約定之拘束。前項約定,

非經登記，不得對抗第三人。」

3. 第三人利益之斟酌

區分地上權如係為第三人之權利標的或係第三人有使用收益權，法院依照民法第840條第4項判決，決定該地上權延長期間時，勢必影響該第三人權益，為此民法第841條之3明定，此際法院應一併斟酌該第三人之利益，以求允當。

4. 第三人權益之補償

區分地上權依第840條規定，以時價補償或延長期間，足以影響第三人之權利時，應對該第三人為相當之補償。補償之數額以協議定之；不能協議時，得聲請法院裁定之（民法第841條之4）。

5. 區分地上權與用益物權之競合

民法第841條之5規定：「同一土地有區分地上權與以使用收益為目的之物權同時存在者，其後設定物權之權利行使，不得妨害先設定之物權。」為達土地充分利用之目的，土地所有人在同一土地設定區分地上權後，允許其可以再設定其他用益用權；反之亦同。當同一不動產上區分地上權和用益物權同時存在時，本法規定以設定時間先後，決定其優先效力。

6. 準用關於地上權之規定

民法第841條之6規定：「區分地上權，除本節另有規定外，準用關於普通地上權之規定。」關於普通地上權的規定，按照其性質和地上權不相牴觸者，均在使用範圍內。

三、案例結論

甲於民國106年2月中旬，將其所有座落於新北市中和區之土地一筆，提供予乙建築房屋，並於111年5月間完成地上權登記，雙方既未約定存續期間，參照民法第833條之1、第833條之2規定，解釋上應認為定有至建築物不堪使用時為止之期限，土地所有人不得任意終止地上權。

又地上權係以在他人土地上下有建築物或其他工作物為目的而設立，為用益物權之一種，故土地之占有使用，為地上權之本質。因之，上述地上物之有無與地上權之存續無關；地上物存在後，固可設定地上權，無地上物之存在，亦無礙於地上權之成立。且地上物滅失後，依民法第841條規定，其地上權亦不消滅，地上權人仍有依原來使用目的使用土地之權（司法院院解字第3596號解釋）。本案例地上權人乙占有使用之土地並未滅失，雖其所建樓房因承租人失火而毀損，依前開說明，對地上權之存在並不生影響。

至於地上權之終止，依民法第836條第1項規定：「地上權人積欠地租達二年之

總額，除另有習慣外，土地所有人得定相當期限催告地上權人支付地租，如地上權人於期限內不為支付，土地所有人得終止地上權。地上權經設定抵押權者，並應同時將該催告之事實通知抵押權人」，案例中地上權人乙雖有四次未繳地租，欠租達24萬元，但以當事人所約定每季地租6萬元觀察，僅積欠達1年之總額，依上述條文規定，既未逾2年以上，土地所有人自不得終止乙之地上權，及請求返還系爭土地。

第四章之一　農育權

> 　　甲所有座落苗栗縣卓蘭鄉土地一筆，於民國111年7月間與乙設定農育權，約定地租每年新台幣12萬元，乙使用該地種植果樹，因耕作需要，能否在該土地上興建房舍以供居住及置放農具？又因乙經驗不足，所租用之系爭土地土質欠佳，致收成不好，虧損累累，此時乙能否將土地之一部分轉租他人，或將其農育權轉讓他人？

一、思考方向

　　農育權，係在他人土地為農作、森林、養殖、畜牧、種植竹木或保育之權（民法第850條之1第1項），其權利人稱農育權人；供給之人，為土地所有人。例如張三支付地租給李四，在李四之土地上以養殖魚蝦為目的，而設定農育權是。農育權與地上權，均為使用他人土地之限制物權，但有下列區別：

(一) 使用目的不同

　　地上權使用他人土地，以有建築物或工作物為目的；農育權則以農作、森林、養殖、畜牧、種植林木或保育為目的。

(二) 存續期間不同

　　地上權得不定存續期限，且不因建築物或工作物之滅失而消滅；農育權之期限則不得逾20年，逾20年者縮短為20年，但以造林、保育為目的或法令另有規定者，不在此限。

(三) 減免地租不同

　　地上權人縱因不可抗力，妨礙其土地之使用，不得請求免除或減少租金；農育權人因不可抗力致其收益減少或全無者，得請求減少或免除地租。

(四) 土地轉租不同

　　地上權人可將土地轉租他人；農育權人則不得將土地再轉租他人，農育權人違反前述規定，土地所有人得終止農育權。

　　按民以食為天，對於食物來源所賴之農地耕作及畜牧，各國政府莫不汲汲保護。惟農地利用權之取得，雖可以租賃或借貸方式為之，但終屬債之關係，難以充分保障土地利用人，故各國遂另設永佃權制度，俾對農地利用權，賦予物權效力，強化永佃權人法律地位，使其能積極從事生產，此當為永佃權存在之理由。

　　我國以農立國，民國肇建，政府即致力於健全租佃制度及佃農之保護，為落實國父「耕者有其田」遺訓，除於民國18年公布之物權編第四章第842條至第850條中，明定永佃權相關條文，以確立永佃權制度外，民國21年12月通過租佃暫行條例草案；嗣因戰亂，迨40年6月開始實施三七五減租條例；42年1月頒行實施耕者有其田條例，將出租之農地，除地主得部分保留外，其餘經政府徵收後，轉發放現耕農民承領，期使農民有田自耕，雖該條例之實施，使民法物權編永佃制度調劑「土地所有」與「土地利用」之經濟作用，大為降低；惟該實施耕者有其田條例之內容，究僅限於農地，且地主尚保留部分耕地，而永佃權除耕作外另包括畜牧事業在內，故永佃權之存在，有其濃厚的歷史背景。

　　惟時至今日，永佃權以支付地租，永久在他人土地上為耕作或牧畜之權利，已不合時宜，且目前實務上各地政事務所鮮少以永佃權登記，為此99年2月3日修正民法時，正式將永佃權章刪除，另外地上權章修正條文第832條也已刪除「竹木」，使得地上權的使用目的，僅僅限於在他人土地上下有建築物或工作物，是民法就用益物權有以建築物或其他工作物為目的之地上權，而對於以農業使用收益為內容的用益物權，則付諸闕如，參酌我國農業政策，資源永續利用和物盡其用的本法物權編修正主軸，乃增訂農育權專章，以供適用。

二、論點分析

(一) 農育權之發生

　　農育權之發生原因，與地上權大致相同，有基於法律行為與基於法律行為以外之原因兩種：

1. 基於法律行為

　　農育權常因當事人設定農育權契約而取得，惟該農育權應以書面為之，並依民法第758條規定，完成登記後始生物權效力。又農育權亦可因農育權人之讓與行為

而取得（民法第850條之3第1項），惟此項物權之變動，亦應以書面契約及踐行登記後，受讓人始取得農育權。

2. 基於法律行為以外之原因

農育權在性質上不僅為財產權，且為用益物權之一種，故具有繼承性與讓與性；於繼承開始，被繼承人有農育權時，其繼承人即當然取得該農育權，但依民法第759條規定，非經辦理登記，不得予以處分。

(二) 農育權之期間

農育權之存續期間，民法規定如下：

1. 當事人定有期間者

當事人設定農育權時，約定有存續期間者，自應從其約定；惟農育權之期限如果過長，將對公益有害，經斟酌農業發展、經濟利益和實務狀況等因素，民法第850條之1第2項規定：「農育權之期限，不得逾二十年；逾二十年者，縮短為二十年。但以造林、保育為目的或法令另有規定者，不在此限。」

2. 當事人未定有期間者

民法第850條之2規定：「農育權未定有期限時，除以造林、保育為目的者外，當事人得隨時終止之。前項終止，應於六個月前通知他方當事人。第八百三十三條之一規定，於農育權以造林、保育為目的而未定有期限者準用之。」對於以造林、保育為目的之農育權，本身即需較長時間，如雙方未定有相當的存續期間，恐將無法達到土地利用目的，為此本法明定準用第833條之1規定，使土地所有人或農育權人可以請求法院斟酌造林或保育之情況，決定農育權之存續期間，由於此項請求是變更原來物權之內容，為形成判決。

(三) 農育權人之權利

1. 使用收益權

依民法第850條之1第1項規定：「稱農育權者，謂在他人土地為農作、森林、養殖、畜牧、種植竹木或保育之權」；故農育權係以在他人土地上為農作、畜牧、養殖、種植林木或保育為主要內容，所謂「農作」是指以定期收穫為目的，施勞力或資本於土地，以栽培植物；「畜牧」通常則指飼養牲畜及放牧而言。故農育權人在耕作、森林、畜牧、養殖、保育等範圍內，當然有使用收益土地之權利，惟此之所謂收益，以天然孳息為限；因農育權人不得將土地轉租他人，故不得收取法定孳息。關於農育權土地的使用方法，民法第850條之6規定：「農育權人應依設定之目的及約定之方法，為土地之使用收益；未約定使用方法者，應依土地之性質為

之，並均應保持其生產力或得永續利用。農育權人違反前項規定，經土地所有人阻止而仍繼續爲之者，土地所有人得終止農育權。農育權經設定抵押權者，並應同時將該阻止之事實通知抵押權人。」

2. 相鄰權

農育權人占有土地而爲使用收益，與土地所有人同，故民法第774條至第798條關於土地所有人相鄰關係之規定，於農育權人間，或農育權人與土地所有人間準用之（民法第800條之1）。

3. 處分權

農育權爲非專屬性之財產權，其權利人自得將其權利，任意處分，爲此民法第850條之3規定：「農育權人得將其權利讓與他人或設定抵押權。但契約另有約定或另有習慣者，不在此限。前項約定，非經登記不得對抗第三人。農育權與其農育工作物不得分離而爲讓與或設定其他權利。」以農育權設定抵押權，性質上屬於一種權利抵押。

4. 出產物及工作物取回權

農育權消滅時，農育權人得取回其土地上之出產物及農育工作物。民法第839條規定，於前項情形準用之。第1項之出產物未及收穫而土地所有人又不願以時價購買者，農育權人得請求延長農育權期間至出產物可收穫時爲止，土地所有人不得拒絕。但延長之期限，不得逾6個月（民法第850條之7）。

5. 土地特別改良權

農育權人得爲增加土地生產力或使用便利之特別改良。農育權人將前項特別改良事項及費用數額，以書面通知土地所有人，土地所有人於收受通知後不即爲反對之表示者，農育權人於農育權消滅時，得請求土地所有人返還特別改良費用。但以其現存之增價額爲限。前項請求權，因2年間不行使而消滅（民法第850條之8）。

6. 優先承買權

土地法第107條規定：「出租人出賣或出典耕地時，承租人有依同樣條件優先承買或承典之權。第一百零四條第二項之規定，於前項承買承典準用之」；又耕地三七五減租條例第15條規定：「耕地出賣或出典時，承租人有優先承受之權，出租人應將賣典條件以書面通知承租人，承租人在十五日內未以書面表示承受者，視爲放棄。出租人因無人承買或受典而再行貶價出賣或出典時，仍應照前項規定辦理。出賣人違反前二項規定而與第三人訂立契約者，其契約不得對抗承租人」，上開條文規定，於永佃權之土地均準用之（土地法第124條），由於永佃權亦已刪除，改列農育權，解釋上農育權人就承租土地亦有優先購買權。

(四) 農育權人之義務

1. 支付地租義務

　　當事人有支付地租之約定者，農育權人應如期支付地租。對於地租之約定，如因土地價值之昇降，依原定地租給付顯失公平者，當事人得請求法院增減之；未定有地租之農育權，如因土地之負擔增加，非當時所得預料，仍無償使用顯失公平者，土地所有人得請求法院酌定其地租（民法第850條之9準用第835條之1）。又農育權有支付地租之約定者，農育權人因不可抗力致收益減少或全無時，得請求減免其地租或變更原約定土地使用之目的。前項情形，農育權人不能依原約定目的使用者，當事人得終止之。前項關於土地所有人得行使終止權之規定，於農育權無支付地租之約定者，準用之（民法第850條之4）。

2. 返還土地義務

　　農育權消滅時，農育權人即失去占有之正當權源，在取回其出產物及農育工作物後，應將土地返還土地所有權人。

(五) 農育權之消滅

　　農育權為物權之一種，物權共同消滅原因，如土地標的物之滅失、混同、土地之徵收等，均可適用，以下就民法所規定之特別消滅原因加以說明：

1. 農育權之拋棄

　　農育權既為財產權之一種，且無專屬性，其權利人自得拋棄，依民法第850條之9規定：

(1) 農育權無支付地租之約定者，農育權人得隨時拋棄其權利（民法第850條之9準用第834條）。

(2) 農育權定有期限，而有支付地租之約定者，農育權人得支付未到期之3年分地租後拋棄其權利。農育權人未定有期限而有支付地租之約定者，農育權人拋棄其權利時，應於1年前通知土地所有人，或支付未到期之1年分地租（民法第850條之9準用第835條第1、2項）。

2. 農育權之終止

　　農育權之終止，依民法第850條之2規定，未定有期限時，除以造林、保育為目的者外，當事人得隨時終止；又農育權有支付地租之約定者，農育權人因不可抗力致收益減少或全無時，得請求減免地租或變更原約定土地使用之目的，前項情形，農育權人不能依原約定目的使用者，當事人亦得終止（民法第850條之4）。前述情形，當事人均有終止權，以消滅農育權之法律關係。

至於土地所有人基於一定事由，終止農育權時，除應向農育權人以意思表示為之外，且應具有下列原因之一：

(1) **因將土地或工作物出租而終止：**農育權人不得將土地或農育工作物出租於他人。但農育工作物之出租另有習慣者，從其習慣。農育權人違反前項規定者，土地所有人得終止農育權（民法第850條之5）。

(2) **因違反設定目的及約定使用方法而終止：**農育權人應依設定之目的及約定之方法，為土地之使用收益；未約定使用方法者，應依土地之性質為之，並均應保持其生產力或得永續利用。農育權人違反前項規定，經土地所有人阻止而仍繼續為之者，土地所有人得終止農育權。農育權經設定抵押權者，並應同時將該阻止之事實通知抵押權人（民法第850條之6）。

(3) **因積欠地租而終止：**農育權人積欠地租達2年之總額，除另有習慣外，土地所有人得定相當期限催告農育權人支付地租，如農育權人於期限內不為支付，土地所有人得終止農育權（民法第850條之9準用第836條）。

三、案例結論

依案例意旨，甲將其所有座落苗栗縣卓蘭鄉之土地一筆，提供予乙種植果樹使用，雙方並完成農育權設定登記；從農育權之本質觀察，其使用他人土地之目的，雖以農作、森林、養殖、畜牧、種植林木或保育為限，然因耕作、畜牧之必要，而在設定農育權之土地上建築供農作、養殖、畜牧及與農業經營不可分離之房舍、曬場、農路、倉庫、畜舍等工作物，參酌民法第850條之6規定，不能認為超出耕作或牧畜之範圍，故農育權人乙因耕作需要，自可在該土地上興建房舍以供居住及置放農具之用。

嗣乙因經驗不足，及所耕種之土地土質欠佳，致收作不好，虧損累累，此時依民法第850條之3第1項前段規定：「農育權人得將其權利讓與他人」，乙自可將其農育權合法轉讓；惟農育權人讓與其權利於第三人者，所有前農育權人對於土地所有人所欠之租額，如地租之約定業經登記者，受讓人就前農育權人積欠之地租，應與讓與人連帶負清償責任。

又依民法第850條之5第1項規定，農育權人不得將土地或農育工作物出租於他人，如農育權人乙任意將土地轉租時，依前開條文第2項規定，土地所有人得終止農育權。

第五章　不動產役權

> 　　甲所有座落於高雄市民族路之土地，提供予建商乙設定地上權，以建築房屋：因該土地與公路不相連接，致乙所建之房屋人、車出入困難，乙乃商得相鄰土地所有人丙之同意，設定以通行為內容之不動產役權，以便利通行至公路。3年後因都市計畫更新，政府新闢道路，使甲所有之前開土地改面臨馬路，無繼續使用丙土地通行之必要，丙因急於出售其所有土地，要求建商乙塗銷不動產役權登記，乙則以其非土地所有人為由拒絕，不得已丙乃向法院訴請塗銷不動產役權登記之訴訟，其主張有無理由？

一、思考方向

　　不動產役權，係以他人不動產供自己不動產通行、汲水、採光、眺望、電信或其他以特定便宜之用為目的之權利（民法第851條），其權利人稱為不動產役權人，其使用他人之不動產，必須先有自己的不動產，此受便宜之不動產稱為「需役不動產」；至相對人為供役不動產所有人，所供他人使用之不動產稱為「供役不動產」，為不同不動產所有人間之關係。所謂便宜之用，指方便利益增加經濟上效用之謂，不以有財產上價值之方便利益為限，即使精神上之方便利益，亦無不可，如供通行、汲水、眺望、開鑿溝渠、裝設水管等均可。不動產役權為用益物權之一種，其目的在以供役不動產供給需役不動產便宜之用，使供役不動產所有權有所限制，而需役不動產所有權有所擴張。惟不動產役權之便宜與否，無須從客觀情形斟酌之，縱在客觀上不便宜亦無必要，但當事人只要不違反強制規定與公序良俗，仍得自由設定之。

　　關於不動產役權，民法物權編第五章第851條至第859條之5定有明文，故本案例建商乙為地上權人，因所設定地上權之土地不通公路，為便宜之用，而與丙設定不動產役權，其不動產役權之設定是否合法？如嗣後其地上權之標的物（土地）已與公路相通，則供役不動產所有人得否請求塗銷不動產役權登記，凡此均應從民法不動產役權之相關規定，予以釐清。

二、論點分析

(一) 不動產役權之發生

　　不動產役權之發生原因，有基於法律行為者，亦有基於法律行為以外之原因者，說明如下：

1. 基於法律行為者

　　不動產役權之設定或讓與，得由當事人任意為之，惟須有書面之合意，經辦理登記後始生效力；又不動產役權，亦得就自己之不動產設定之（民法第859條之4）。

2. 基於法律行為以外之原因

(1) 取得時效：不動產役權係財產權之一種，自得依民法第772條準用所有權取得時效之規定，因時效而取得；惟同法第852條規定：「不動產役權因時效而取得者，以繼續並表見者為限。前項情形，需役不動產為共有者，共有人中一人之行為，或對於共有人中一人之行為，為他共有人之利益，亦生效力。向行使不動產役權取得時效之各共有人為中斷時效之行為者，對全體共有人發生效力」，此係緣於時效取得，應以權利之繼續行使為要件，在一般不動產之時效取得，其占有人必須公然繼續占有始足構成，故在不動產役權之取得時效，至少須為繼續並表見之不動產役權，始符合前開要件；其次，時效制度本含有對於怠於行使權利者，不加保護之意涵，對於不表見之不動產役權，供役不動產所有人往往因查知困難，無從防止；或因他人偶爾使用，損害不大而未加以防止，若因此遽謂其怠於行使權利，顯有不當，對供役不動產所有人亦不公平，為此民法明定因時效而取得之不動產役權，務需以繼續並表見者為限。

(2) 繼承：不動產役權不具專屬性，得因不動產役權人死亡，而由其繼承人取得之，惟繼承人因繼承而取得不動產役權者，非經登記，不得處分其權利（民法第759條）。

(二) 不動產役權之特性

1. 不動產役權之從屬性

　　不動產役權係為需役不動產之便宜而取得之權利，須從屬於需役不動產之所有人而存在，具有從屬性，為從權利之一種，依民法第853條規定：「不動產役權不得由需役不動產分離而為讓與，或為其他權利之標的物」，可分二點再加敘述：

(1) 不動產役權不得由需役不動產分離而為讓與：其情形有三：

① 需役不動產所有人不得自己保留需役不動產之所有權，而僅以不動產役權讓與

他人。

②需役不動產所有人不得自己保留不動產役權，而將需役不動產所有權讓與他人。

③不得將需役不動產之所有權與不動產役權，分別讓與不同之人。

(2) **不動產役權不得由需役不動產分離而為其他權利之標的：**即需役不動產所有人不得僅將其不動產役權作為其他權利之標的物，例如單獨以不動產役權出租或供抵押擔保等。

2. 不動產役權之不可分性

　　不動產役權為不可分之權利，此可由需役不動產與供役不動產兩方面觀察：

(1) **需役不動產分割時：**依民法第856條規定：「需役不動產經分割者，其不動產役權為各部分之利益仍為存續。但不動產役權之行使，依其性質衹關於需役不動產之一部分者，僅就該部分仍為存續」，亦即需役不動產雖經分割，不動產役權原則上不受影響，各分割人仍得就其各部分之利益在供役不動產行使不動產役權。例如甲地在乙地有通行不動產役權，嗣甲需役不動產經分割為丙、丁兩地，丙、丁兩地分割人仍得就其各部分之利益，在乙供役地行使通行不動產役權。

(2) **供役不動產分割時：**依民法第857條規定：「供役不動產經分割者，不動產役權就其各部分仍為存續。但不動產役權之行使，依其性質衹關於供役不動產之一部分者，僅對於該部分仍為存續」，亦即供役不動產雖經分割，不動產役權不受影響，不動產役權人仍得就供役不動產各部分行使其不動產役權，例如甲地在乙地有通行不動產役權，乙供役地雖經分割為丙、丁前後兩地，不動產役權人仍得就丙、丁兩地應供役部分行使通行不動產役權；惟在上開案例，如乙地分割為丙、丁左右兩地時，而僅丙地為供役地，則該不動產役權就乙地為存續，其他部分即脫離不動產役權關係。

(三) 不動產役權人之權利義務

1. 供役不動產之使用權

　　不動產役權人得依不動產役權之內容，使用供役不動產，至其使用方法、範圍與程度不一而足，大致有下列幾種：

(1) 通行不動產役權：其設定之目的在通行供役不動產。

(2) 眺望不動產役權：其設定之目的在限制供役不動產之使用，以免擋住需役不動產之視線，而得在需役不動產眺望、採光或觀光。

(3) 汲水不動產役權：其設定之目的在使用供役不動產，以開鑿溝渠、鋪設管線，

以引導水流。

(4) 電信或以其他特定便宜之用為目的之不動產役權。

2. 必要行為權

不動產役權人，因行使或維持其權利，依民法第854條規定，得為必要之附隨行為，但應擇於供役不動產損害最少之處所及方法為之，例如為維持通行供役地，雖得在其上開闢道路，但仍不得濫行使用此一權利，應使其所有人因此而受之損失，儘量減至最低，以期增加需役不動產價值，不致過分損及供役不動產經濟效用。

3. 物上請求權

不動產役權人於其權利範圍內，對於供役不動產有直接支配權，與土地所有人無異，故民法物上請求權之規定，於地役權準用之（民法第767條第2項），即不動產役權人對於無權占有或侵奪其不動產役權者，得請求返還之；對於妨害其不動產役權者，得請求除去之；對於有妨害其不動產役權之虞者，得請求防止之。

4. 維持設置之義務

民法第855條第1項規定：「不動產役權人因行使權利而為設置者，有維持其設置之義務；其設置由供役不動產所有人提供者，亦同」，不動產役權人既有為必要行為之權，如其所為係屬一種設置時，譬如因行使汲水不動產役權而開鑿溝渠時，對該溝渠自應加以維護修理，以免供役不動產所有人因其設置之疏於維護，致遭受損害。

5. 租金給付義務

不動產役權之設定，如當事人訂有租金者，不動產役權人即有給付之義務。不動產役權設定後，因土地價值之昇降，依原定地租給付顯失公平者，當事人亦得請求法院增減之（民法第859條之2，準用第835條之1）。

(四) 供役地所有人之權利義務

1. 設置使用權

不動產役權人，因行使權利而為設置者，依民法第855條第2項規定，供役不動產所有人，得使用之，以免另行設置之勞費，但有礙不動產役權之行使者，仍不得使用。惟供役不動產所有人，使用不動產役權人之設置，應按其受益之程度，分擔維持其設置之費用，以期公允。

2. 租金收取權

不動產役權之設定，得為無償或有償，如為有償時，則供役不動產所有人自得向不動產役權人請求給付該租金。

3. 容忍及不作為義務

不動產役權係以不動產供需役不動產便宜之用，故供役不動產所有人就其土地利用，原則上僅負容忍不動產役權人為一定行為或自己不為一定行為義務，不負積極作為之義務。

(五) 不動產役權之消滅

不動產役權為不動產物權之一，則不動產物權共通消滅原因，自亦得加以適用，惟不動產役權具有從屬性及不可分性，其特別消滅原因與其他物權不同，說明如下：

1. 需役不動產滅失或不堪使用

不動產役權之成立及存續，以他人需役不動產供自己不動產通行或其他特定便宜之用為前提，如需役不動產已滅失或不堪使用，不動產役權自應歸於消滅（民法第859條第2項）。

2. 法院宣告

不動產役權發生後，因情事變更，致需役不動產與供役不動產間，已無便宜利用之必要時，如汲水不動產役權，現已經自來水公司架設自來水管，在此種情形，倘若繼續使供役地受無謂之負擔，影響其土地利用，究與不動產役權原在調節土地之本旨不符，為此民法第859條第1項規定：「不動產役權之全部或一部無存續之必要時，法院因供役不動產所有人之請求，得就其無存續必要之部分，宣告不動產役權消滅」，以保護供役不動產所有人之權益。

3. 不動產役權之拋棄

不動產役權為財產權之一種，且無專屬性，其權利人自得拋棄。有關不動產役權之拋棄，依民法第859條之2規定，準用地上權中第834條至第835條之規定。

4. 不動產役權之終止

不動產役權人積欠租金達2年之總額，經供役不動產所有人定期催告仍未支付時，供役不動產所有人得終止不動產役權（民法第859條之2，準用第836條）。

5. 以使用為目的之物權或租賃關係消滅

基於以使用收益為目的之物權或租賃關係而使用需役不動產者，亦得為該不動產設定不動產役權。前項不動產役權，因以使用收益為目的之物權或租賃關係之消滅而消滅（民法第859條之3）。

當不動產役權消滅時，不動產役權人所為之設置，依民法第859條之1規定，可以準用第839條地上權之規定取回，或以時價由供役不動產所有人購買。

三、案例結論

　　甲所有座落於高雄市民族路之土地，提供予建商乙設定地上權，以建築房屋，此時乙為地上權人。如乙所占用之前開土地與公路不相連，此時乙能否以地上權人身分，與相鄰土地所有人，設定以通行為內容之不動產役權，對此民法第859條之3第1項已明定：「基於以使用收益為目的之物權或租賃關係而使用需役不動產者，亦得為該不動產設定不動產役權」，基此建商乙自得以地上權人身分，與相鄰土地所有人丙，設定以通行為內容之不動產役權。

　　又民法第859條第1項規定：「不動產役權之全部或一部無存續之必要時，法院因供役不動產所有人之請求，得就其無存續必要之部分，宣告不動產役權消滅」，為宣告不動產役權消滅之規定。其聲請人為供役不動產所有人，相對人則為不動產役權人；且此項聲請，應以訴訟方式為之。本案例地上權人乙所占用之系爭高雄市民族路土地，既因都市計畫更新，政府新闢道路，使甲所有之前開土地改面臨馬路，無繼續使用丙所有土地通行之必要，丙要求不動產役權人即建商乙塗銷不動產役權登記，究非無據，法院應為其勝訴之判決。

第六章　抵押權

　　甲有座落新北市三重區房地一筆，先於民國106年6月間向乙銀行設定最高限額抵押借款新台幣350萬元，繼於107年4月間向丙銀行設定最高限額抵押借款300萬元後，同年12月間與丁訂立租賃契約，租期5年。嗣甲因年歲已高，將此房、地贈與其子戊，對於抵押債權人權益是否發生影響，戊應否負清償責任？甲、戊均拒絕清償，經乙銀行實行抵押權時，得否請求除去租賃權而拍賣？如賣得價金為600萬元，土地增值稅90萬，乙、丙銀行之執行費分別為5萬及3萬元時，應如何分配案款？

一、思考方向

　　稱普通抵押權，係指債權人對於債務人或第三人不移轉占有而供其擔保之不動產，就其賣得價金優先受償之權（民法第860條），設定抵押權之債務人或第三人，稱為抵押人；享有抵押權之人稱為抵押權人。抵押權係就供擔保之不動產所賣得之價金優先受償之權，係以支配不動產之交換價值，確保債權清償為目的，具有優先清償效力，故性質上為擔保物權之一種。

　　在現代民事法律制度下，債務人對於債權人所負之責任僅為財產上責任，非如古代對於債務人不履行債務時，可加以人身拘束或將其賣為奴隸，在此種債務人責任鬆弛以至物質化之結果，乃促使擔保物權制度之發展。以抵押權而言，債權人因有擔保物權，於債務人不能清償債務時，對於擔保物有直接變價之權，就所賣得價金復有優先於其他債權人而受清償之權能；至債務人方面，因不必放棄其抵押標的物之占有和犧牲使用、收益，且得利用其財貨之交換價值獲取信用，借入資金，以發揮經濟效用，影響所及，使抵押擔保制度成為物權法上一枝獨秀，為各國所樂於採行。

　　我國民法物權編亦於第六章設有抵押權專章，將抵押權區分為普通抵押權、最高限額抵押權及其他抵押權三種，並自第860條至第883條詳細規範抵押權之定義、擔保範圍、抵押權之效力及實行等，以供依循。如本案例中，甲將其所有房、地，先後向乙、丙銀行設定最高限額抵押權並與丁訂立租賃契約，嗣將抵押權標的

物移轉第三人，其效力如何？以及抵押人因積欠債務未清償，經法院拍賣抵押物時，可否請求法院除去租賃權？拍賣後應如何受償，自均應從抵押權之相關規定加以思考及研討。

二、論點分析

(一) 普通抵押權之發生

抵押權之發生，有基於法律行爲，亦有由於法律行爲以外之原因者，分述如下：

1. 基於法律行爲

普通抵押權通常基於設定行爲而取得，稱爲意定抵押權，此種設定行爲屬於物權契約，須作成書面，經登記始生效力（民法第758條）。抵押權之設定，不須移轉標的物之占有，故爲非要物契約；因其不具專屬性，亦得讓與；惟因具有從屬性，依民法第870條規定，不得與其所擔保之債權分離，而單獨讓與，在讓與時亦須有書面之合意，及踐行登記程序。

2. 基於法律行爲以外之原因

抵押權爲財產權之一，得爲繼承之標的，故繼承人得於被繼承人死亡時，連同被繼承人之債權，取得抵押權，但非經登記，不得處分之（民法第759條）。又抵押權得基於法律規定而取得，如民法第513條第1項規定：「承攬之工作爲建築物或其他土地上之工作物，或爲此等工作物之重大修繕者，承攬人得就承攬關係報酬額，對於其工作所附之定作人之不動產，請求定作人爲抵押權之登記；或對於將來完成之定作人之不動產，請求預爲抵押權之登記」，稱爲承攬人之抵押權，此爲法定抵押權之規定。

(二) 普通抵押權之特性

1. 抵押權之從屬性

普通抵押權爲債權之擔保，不能離開債權而單獨存在，因而具有從屬性，此可從抵押權之成立、處分及消滅三種情形觀察：

(1) **成立上之從屬性**：普通抵押權之發生，以主債權已存在爲前提，主債權若不存在，抵押權自不成立；主債權若自始歸於無效，抵押權亦隨之而不發生效力，是爲成立上之從屬性。

(2) **處分上之從屬性**：民法第870條規定：「抵押權不得由債權分離而爲讓與，或爲其他債權之擔保」，違反此項規定而僅將抵押權讓與者，其讓與行爲不生效

力；惟僅將債權讓與者，則其效力及於抵押權，即抵押權隨同債權之讓與而移轉於受讓人（民法第295條第1項），是為處分上之從屬性。

(3) **消滅上之從屬性：** 抵押權所擔保之債權，如因清償、提存、抵銷、免除等原因而全部消滅時，抵押權亦隨之而消滅，是為消滅上之從屬性。

2. 抵押權之不可分性

抵押權之目的，在於以抵押物之全部價值，擔保所有抵押債權均可受償，為此民法第868條規定：「抵押之不動產如經分割，或讓與其一部，或擔保一債權之數不動產而以其一讓與他人者，其抵押權不因此而受影響」；即抵押權人對於各不動產，仍得就全部債權行使其權利。又以抵押權擔保之債權，如經分割或讓與其一部者，其抵押權不因此而受影響，即各債權人，得就分割所得之部分，對於全部抵押權，行使其權利；債務分割或承擔其一部分時，亦同（民法第869條），是為抵押權之不可分性。

3. 抵押權之代位性

抵押權之標的物滅失，而其價值全部或一部分轉化為他種型態時，抵押權並不因而消滅，其效力仍及於代償物上，如民法第881條規定：「抵押權除法律另有規定外，因抵押物滅失而消滅。但抵押人因滅失得受賠償或其他利益者，不在此限。抵押權人對於前項抵押人所得行使之賠償或其他請求權有權利質權，其次序與原抵押權同。給付義務人因故意或重大過失向抵押人為給付者，對於抵押權人不生效力。抵押物因毀損而得受之賠償或其他利益，準用前三項之規定」，此稱為抵押權之物上代位性。

(三) 普通抵押權效力之範圍

1. 抵押權所擔保債權之範圍

抵押權所擔保之債權，依民法第861條規定，除當事人另以契約訂定外，為原債權、利息、遲延利息、違約金及實行抵押權之費用。可見利息、遲延利息、違約金均當然受抵押權之擔保，且不以登記為必要。又抵押權所擔保之債權，不以業已發生者為限，以將來可能發生之債權為被擔保債權及最高限額抵押，均非法所不許（最高法院62年台上字第776號判例參照）。

又一般抵押權，因先有被擔保之債權存在，而後抵押權始得成立，故與最高限額抵押權，係由所有人提供抵押物，與債權人訂立在一定金額之限度內，擔保現在已發生及將來可能發生之債權，而須約定存續期間，以擔保期間內所發生之債權者不同（最高法院86年度台上字第2769號判決意旨參照）。

2. 抵押權標的物之範圍

抵押權係支配標的物之交換價值，以確保債務清償為目的之擔保物權，故其標的物範圍與所有權自應相同；惟民法為維護抵押標的物之經濟效用與交換價值，增強抵押權之法律功能，而將其標的物範圍在一定條件下予以擴張，使抵押權之效力，不但及於抵押物本身，尚及於下列各物：

(1) **從物及從權利：** 從物乃非主物之成分，常助主物之效用，而同屬於一人之物；從權利係為助主權利之效力而存在，其關係正如從物之與主物。故以主權利或其所屬標的物抵押時，其效力自及於從物與從權利（民法第862條第1項）；惟第三人於抵押權設定前，就從物取得之權利，不受前開規定之影響（民法第862條第2項），蓋抵押權既設定在後，不應侵害他人既得之權利，以保護交易安全。以建築物為抵押者，其附加於該建築物而不具獨立性之部分，亦為抵押權效力所及。但其附加部分為獨立之物，如係於抵押權設定後附加者，準用第877條之規定（民法第862條第3項）。

(2) **抵押物扣押後之天然孳息：** 抵押權設定後，抵押人仍得使用、收益或處分擔保標的物，故由抵押物所生之天然孳息，當由抵押人收取之；然為確保抵押權人之債權，避免抵押人故意延滯清償或阻擾抵押權之實行，民法第863條規定：「抵押權之效力，及於抵押物扣押後自抵押物分離，而得由抵押人取收之天然孳息」，例如以土地設定抵押權時，該土地上原已種植果樹水蜜桃，則土地被抵押權人聲請查封後，所收穫之水蜜桃，亦為抵押權之效力所及。

(3) **抵押物扣押後之法定孳息：** 法定孳息是指利息、租金及其他因法律關係所收取之收益，在抵押權而言，大抵係因不動產出租或設定地上權、農育權等所得收取之租金，依抵押人不喪失抵押物收益權之本質觀察，該法定孳息應非抵押權效力所及，然於抵押物經扣押後，基於前述天然孳息之相同理由，民法第864條規定：「抵押權之效力，及於抵押物扣押後抵押人就抵押物得收取之法定孳息。但抵押權人，非以扣押抵押物之事情，通知應清償法定孳息之義務人，不得與之對抗」，例如抵押之土地出租，抵押人每月可收租金1萬元，抵押權人扣押抵押物後，可向該土地之承租人收取之；但須事先通知承租人始可，否則承租人在不知情下，如已向出租人（抵押人）清償者，抵押權人不得主張清償不生效力。

(4) **抵押物滅失之殘餘物：** 抵押物滅失致有殘餘物時，例如抵押之建築物因倒塌而成為動產者，從經濟上言，其應屬抵押物之變形物。又抵押物之成分，非依物之通常方法，因分離而獨立成為動產者，例如自抵押建築物拆取之「交趾陶」，其較諸因抵押物滅失而得受之賠償，更屬抵押物之變形物，學者通說以

為仍應為抵押權效力所及，民法亦在第862條之1規定：「抵押物滅失之殘餘物，仍為抵押權效力所及。抵押物之成分非依物之通常用法而分離成為獨立之動產者，亦同。前項情形，抵押權人得請求占有該殘餘物或動產，並依質權之規定，行使其權利。」

(5) **抵押物滅失得受之賠償金**：民法第881條規定：「抵押權除法律另有規定外，因抵押物滅失而消滅。但抵押人因滅失得受賠償或其他利益者，不在此限。抵押權人對於前項抵押人所得行使之賠償或其他請求權有權利質權，其次序與原抵押權同。給付義務人因故意或重大過失向抵押人為給付者，對於抵押權人不生效力。抵押物因毀損而得受之賠償或其他利益，準用前三項之規定」，故因抵押物滅失所得受之賠償金，如侵權行為之損害賠償金、抵押物被徵收之補償金等，均為抵押權效力所及。

(四) 普通抵押人之權利

普通抵押權為不移轉抵押物之占有，而供擔保之不動產，受優先清償之物權，故抵押人仍得自由使用、收益抵押物；在經法院扣押前，得收取天然孳息及法定孳息，並於不妨害抵押權人之利益範圍內，為下列法律行為：

1. 抵押權之再設定

抵押人就抵押標的物並未喪失其處分權，為充分發揮不動產之擔保價值，民法於第865條規定：「不動產所有人，因擔保數債權，就同一不動產，設定數抵押權者，其次序依登記之先後定之」，是以，抵押人得於同一不動產上為擔保數債權而設定數抵押權，其順位則以登記之先後決定之；至各抵押權之效力，則登記第一順位者，得就抵押物之價金，優先受償；登記在後者，僅能依次就前一抵押權受償之餘額受償；不能受償部分，其抵押權歸於消滅，其未受清償之債權，僅得就債務人其他財產取償。

惟應注意者，就同一不動產或其應有部分設定二以上抵押權者，始有發生抵押權應以登記次序先後定其優先效力之問題。是以不同區分所有之各建物基地之應有部分為標的，分別為他人設定之抵押權，各該基地之應有部分乃屬各個不同之抵押權標的內容，各該抵押權人應僅得就其所設定抵押權標的基地之應有部分行使優先受償之權利，各抵押權人間並不因登記先後而對不同之標的基地應有部分享有優先受償之權，初與所有權應有部分按其比例抽象存在於共有物全部之效果無涉（最高法院86年度台上字第1597號判決意旨參照）。

2. 其他用益物權之設定

民法第866條規定：「不動產所有人設定抵押權後，於同一不動產上，得設定

地上權或其他以使用收益為目的之物權，或成立租賃關係。但其抵押權不因此而受影響。前項情形，抵押權人實行抵押權受有影響者，法院得除去該權利或終止該租賃關係後拍賣之。不動產所有人設定抵押權後，於同一不動產上，成立第一項以外之權利者，準用前項之規定」，此因地上權及其他權利之設定，係以對標的物之占有、使用及收益為主要內容，原則上與抵押權並不牴觸，故本法准許抵押人於抵押權設定後，再為其他用益物權之設定。

抵押權為擔保物權，不動產所有人設定抵押權後，於同一不動產上，固仍得為使用收益，但如影響於抵押權者，對於抵押權人不生效力。故土地所有人於設定抵押權後，在抵押之土地上營造建築物，並將該建築物出租於第三人，致影響於抵押權者，抵押權人自得聲請法院除去該建築物之租賃權，依無租賃狀態將該建築物與土地併付拍賣（最高法院86年度台抗字第588號判決意旨參照）。

3. 將不動產讓與他人

民法第867條規定：「不動產所有人設定抵押權後，得將不動產讓與他人。但其抵押權不因此而受影響。」易言之，抵押權設定後，抵押權人僅得就抵押物之賣得價金優先受償，不得阻止抵押人讓與其所有權。

4. 代位權之發生

抵押人若為債務人以外之人，即「物上保證人」時，依民法第879條規定：「為債務人設定抵押權之第三人，代為清償債務，或因抵押權人實行抵押權致失抵押物之所有權時，該第三人於其清償之限度內，承受債權人對於債務人之債權。但不得有害於債權人之利益。債務人如有保證人時，保證人應分擔之部分，依保證人應負之履行責任與抵押物之價值或限定之金額比例定之。抵押物之擔保債權額少於抵押物之價值者，應以該債權額為準。前項情形，抵押人就超過其分擔額之範圍，得請求保證人償還其應分擔部分。」又民法第879條之1規定：「第三人為債務人設定抵押權時，如債權人免除保證人之保證責任者，於前條第二項保證人應分擔部分之限度內，該部分抵押權消滅。」例如甲對乙負有60萬元之債務，由丙為全額清償之保證人，丁則提供其所有價值30萬元之土地一筆設定抵押權予乙，嗣甲逾期未能清償，乙遂聲請拍賣丁之土地而受償30萬元，依本條文規定，乙對甲之原有債權中之30萬元部分，由丁承受；保證人丙就全部債務之應分擔部分為40萬元（$=60 \times 60 \div (30+60)$），丁就全部債務之應分擔部分則為20萬元（$=60 \times 30 \div (30+60)$），故僅得就超過自己分擔部分對丙求償10萬元。反之，如丁係以其所有價值70萬元之土地設定抵押權予乙，嗣乙聲請拍賣該土地，而其60萬元債權全額受清償時，保證人丙之分擔額則為30萬元（$=60 \times 60 \div (60+60)$），丁得向丙求償30萬元。

(五) 普通抵押權人之權利

1. 抵押權之處分

(1) 普通抵押權得爲讓與或供擔保，但須隨同其所擔保之債權，一併爲之，民法第870條規定：「抵押權不得由債權分離而爲讓與，或爲其他債權之擔保。」又不動產所有人，因擔保數債權，就同一不動產設定數抵押權時，各抵押權人間即有受償先後之次序問題，此種先順位優先於後順位抵押權之利益，稱爲次序權，該權利亦可讓與或拋棄。

(2) 抵押權人依其次序所能支配者係抵押物之交換價值，即抵押權人依其次序所得優先受償之分配額。爲使抵押權人對此交換價值之利用更具彈性，俾使其投下之金融資本在多數債權人間仍有靈活周轉之餘地，並有相互調整其複雜之利害關係之手段，民法第870條之1增訂：「同一抵押物有多數抵押權者，抵押權人得以下列方法調整其可優先受償之分配額。但他抵押權人之利益不受影響：一、爲特定抵押權人之利益，讓與其抵押權之次序。二、爲特定後次序抵押權人之利益，拋棄其抵押權之次序。三、爲全體後次序抵押權人之利益，拋棄其抵押權之次序。前項抵押權次序之讓與或拋棄，非經登記，不生效力。並應於登記前，通知債務人、抵押人及共同抵押人。因第一項調整而受利益之抵押權人，亦得實行調整前次序在先之抵押權。調整優先受償分配額時，其次序在先之抵押權所擔保之債權，如有第三人之不動產爲同一債權之擔保者，在因調整後增加負擔之限度內，以該不動產爲標的物之抵押權消滅。但經該第三人同意者，不在此限」，以供援用。

(3) 調整可優先受償分配額時，其次序在先之抵押權所擔保之債權有保證人者，於因調整後所失優先受償之利益限度內，保證人免其責任。但經該保證人同意調整者，不在此限（民法第870條之2）。

2. 抵押權之保全

(1) **抵押物價值減少之防止：** 抵押人之行爲，足使抵押物之價值減少者，抵押權人得請求停止其行爲，如有急迫之情事，抵押權人得自爲必要之保全處分；因前項請求或處分所生之費用，由抵押人負擔。其受償次序優先於各抵押權所擔保之債權（民法第871條）。其請求得以訴訟上或訴訟外方式爲之，於急迫時並得自行爲必要保全處分，以維護其權利。

(2) **抵押物價值減少之補救：** 抵押物之價值因可歸責於抵押人之事由致減少時，抵押權人得定相當期限，請求抵押人回復抵押物之原狀，或提出與減少價額相當之擔保。抵押人不於前項所定期限內，履行抵押權人之請求時，抵押權人得定

相當期限請求債務人提出與減少價額相當之擔保。屆期不提出者,抵押權人得請求清償其債權。抵押人爲債務人時,抵押權人得不再爲前項請求,逕行請求清償其債權。抵押物之價值因不可歸責於抵押人之事由致減少者,抵押權人僅於抵押人因此所受利益之限度內,請求提出擔保(民法第872條),以兼顧抵押權人及抵押人之利益。

3. 抵押權之實行

抵押權之實行,係指抵押權人於其債權已屆清償期,而未受清償時,得就抵押物之賣得價金,優先受清償之謂。實行抵押權之方法有下列三種:

(1) 聲請法院拍賣抵押物

爲抵押權人最常利用之實行抵押權方法,民法第873條規定:「抵押權人,於債權已屆清償期,而未受清償者,得聲請法院,拍賣抵押物,就其賣得價金而受清償。」此項拍賣乃非訟事件,由拍賣物所在地法院管轄(非訟事件法第72條),其程序依強制執行法相關規定爲之。至於拍賣之效果,就抵押權人言之,則抵押物賣得之價金,按各抵押權人之次序分配之,其次序相同者,依債權額比例分配之(民法第874條)。茲應特別說明者,爲同一債權之擔保,於數不動產上設定抵押,即所謂之「共同抵押」,在債權人實行抵押權時,應依下列規定受償:

① 爲同一債權之擔保,於數不動產上設定抵押權,而未限定各個不動產所負擔之金額者,抵押權人得就各個不動產賣得之價金,受債權全部或一部之清償(民法第875條)。

② 爲同一債權之擔保,於數不動產上設定抵押權,抵押物全部或部分同時拍賣時,拍賣之抵押物中有爲債務人所有者,抵押權人應先就該抵押物賣得之價金受償(民法第875條之1)。

③ 爲同一債權之擔保,於數不動產上設定抵押權者,各抵押物對債權分擔之金額,依下列規定計算之:

A. 未限定各個不動產所負擔之金額時,依各抵押物價值之比例。

B. 已限定各個不動產所負擔之金額時,依各抵押物所限定負擔金額之比例。

C. 僅限定部分不動產所負擔之金額時,依各抵押物所限定負擔金額與未限定負擔金額之各抵押物價值之比例。

計算前項第2款、第3款分擔金額時,各抵押物所限定負擔金額較抵押物價值爲高者,以抵押物之價值爲準(民法第875條之2)。

④ 爲同一債權之擔保,於數不動產上設定抵押權者,在抵押物全部或部分同時拍賣,而其賣得價金超過所擔保之債權額時,經拍賣之各抵押物對債權分擔金額之計算,準用前條之規定(民法第875條之3)。

⑤為同一債權之擔保，於數不動產上設定抵押權者，在各抵押物分別拍賣時，適用下列規定：

A. 經拍賣之抵押物為債務人以外之第三人所有，而抵押權人就該抵押物賣得價金受償之債權額超過其分擔額時，該抵押物所有人就超過分擔額之範圍內，得請求其餘未拍賣之其他第三人償還其供擔保抵押物應分擔之部分，並對該第三人之抵押物，以其分擔額為限，承受抵押權人之權利。但不得有害於該抵押權人之利益。

B. 經拍賣之抵押物為同一人所有，而抵押權人就該抵押物賣得價金受償之債權額超過其分擔額時，該抵押物之後次序抵押權人就超過分擔額之範圍內，對其餘未拍賣之同一人供擔保之抵押物，承受實行抵押權人之權利。但不得有害於該抵押權人之利益（民法第875條之4）。

　　另依民法第876條規定：「設定抵押權時，土地及其土地上之建築物，同屬於一人所有，而僅以土地或僅以建築物為抵押者，於抵押物拍賣時，視為已有地上權之設定，其地租、期間及範圍由當事人協議定之。不能協議者，得聲請法院以判決定之。設定抵押權時，土地及其土地上之建築物，同屬於一人所有，而以土地及建築物為抵押者，如經拍賣，其土地與建築物之拍定人各異時，適用前項之規定」，基於本條規定所發生之地上權，為法定地上權，其適用須以該建築物於土地設定抵押權時業已存在，並具相當之經濟價值為要件（最高法院57年台上字第1303號判例、97年度台上1273號判決參照）。

　　對於拍賣標的物，原應以抵押物為限，惟民法第877條規定：「土地所有人於設定抵押權後，在抵押之土地上營造建築物者，抵押權人於必要時，得於強制執行程序中聲請法院將其建築物與土地併付拍賣。但對於建築物之價金，無優先受清償之權。前項規定，於第八百六十六條第二項及第三項之情形，如抵押之不動產上，有該權利人或經其同意使用之人之建築物者，準用之。」此因該建築物本非抵押權之標的物，故其賣得之價金，抵押權人不可主張優先受償，以保護建築物所有人之利益；本法之所以准許其一併拍賣者，為免減損土地之價值，而有害於抵押權人故也。

　　又以建築物設定抵押權者，於法院拍賣抵押物時，其抵押物存在所必要之權利得讓與者（如地上權、租賃權等是），應併付拍賣。但抵押權人對於該權利賣得之價金，無優先受清償之權（民法第877條之1）。

(2) **訂約取得抵押物所有權**：抵押權人於債權清償期屆滿後，除有害於其他抵押權人之利益者外，為受清償，得訂立契約，取得抵押物之所有權（民法第878條前段）。但事先約定於債權已屆清償期而未為清償時，抵押物之所有權移屬

於抵押權人者，非經登記，不得對抗第三人（民法第873條之1第1項），對於流抵契約，原則上為法所不許，須經登記，始得對抗第三人。又抵押權人請求抵押人為抵押物所有權之移轉時，抵押物價值超過擔保債權部分，應返還抵押人；不足清償擔保債權者，仍得請求債務人清償。抵押人在抵押物所有權移轉於抵押權人前，得清償抵押權擔保之債權，以消滅該抵押權（民法第873條之1第2、3項）。

(3) **其他方法處分抵押物：**抵押權人於債權清償期屆滿後，為受清償，得訂立契約，取得抵押物之所有權或用拍賣以外之方法，處分抵押物，但有害於其他抵押權人之利益者，不在此限（民法第878條）；亦即債權人之清償期屆至後，抵押權人即得與抵押人約定，由抵押權人自行覓買主變賣抵押物，或授權抵押權人公開標售抵押物。

(六) 普通抵押權之消滅

普通抵押權消滅之事由，除與物權一般之消滅原因相同，如混同、拋棄等情形外，另有下列特別消滅原因：

1. 主債權消滅

抵押權為從權利，隨主債權之消滅而消滅，例如主債權因清償、提存、免除、抵銷而消滅，抵押權亦隨之消滅；惟主債權因混同而消滅時，依民法第762條規定，抵押權之存續，於所有人或第三人有法律上之利益時，則例外不消滅。

2. 除斥期間屆滿

抵押權為物權，原則上不適用請求權消滅時效之規定，故以抵押權所擔保主債權之請求權，雖罹於消滅時效，債權人依民法第145條規定，仍得就其抵押物取償。但消滅時效完成後，抵押權長期不行使，亦不能使權利狀態永不確定，致有害社會秩序，故民法第880條規定：「以抵押權擔保之債權，其請求權已因時效而消滅，如抵押權人，於消滅時效完成後，五年間不實行其抵押權者，其抵押權消滅。」

3. 抵押權之實行

抵押權人一旦實行其抵押權，無論其債權是否全部受償，抵押權即歸消滅，為此民法第873條之2規定：「抵押權人實行抵押權者，該不動產上之抵押權，因抵押物之拍賣而消滅。前項情形，抵押權所擔保之債權有未屆清償期者，於抵押物拍賣得受清償之範圍內，視為到期。抵押權所擔保之債權未定清償期或清償期尚未屆至，而拍定人或承受抵押物之債權人聲明願在拍定或承受之抵押物價額範圍內清償債務，經抵押權人同意者，不適用前二項之規定。」

4. 抵押物滅失

　　抵押權為存在於抵押物上之權利，故因抵押物滅失而消滅，但因滅失得受賠償或其他利益者，應按各抵押權人之次序分配之，為此民法第881條規定：「抵押權除法律另有規定外，因抵押物滅失而消滅。但抵押人因滅失得受賠償或其他利益者，不在此限。抵押權人對於前項抵押人所得行使之賠償或其他請求權有權利質權，其次序與原抵押權同。給付義務人因故意或重大過失向抵押人為給付者，對於抵押權人不生效力。抵押物因毀損而得受之賠償或其他利益，準用前三項之規定。」

(七) 最高限額抵押權

1. 最高限額抵押權之意義

　　實務上行之有年之最高限額抵押權，係以抵押人與債權人間約定，對於債務人就現有或將來可能發生最高限額內之不特定債權，就抵押物賣得價金優先受償為其特徵，與供特定債權擔保之普通抵押權不同，為此民法第881條之1第1項規定：「稱最高限額抵押權者，謂債務人或第三人提供其不動產為擔保，就債權人對債務人一定範圍內之不特定債權，在最高限額內設定之抵押權。」

　　此種抵押權所擔保之債權，除訂約時已發生之債權外，即將來發生之債權，在約定限額之範圍內，亦為抵押權效力所及。雖抵押權存續期間內已發生之債權，因清償或其他事由而減少或消滅，原訂立之抵押契約依然有效，嗣後在存續期間內陸續發生之債權，債權人仍得對抵押物行使權利。此種抵押契約如未定存續期間，其性質與民法第754條第1項所定就連續發生之債務為保證而未定有期間之保證契約相似，類推適用同條項規定，抵押人固得隨時通知債權人終止抵押契約，對於終止契約後發生之債務，不負擔保責任。反之，此種抵押契約定有存續期間者，訂立契約之目的，顯在擔保存續期間內所發生之債權，凡在存續期間所發生之債權，皆為抵押權效力所及，於存續期間屆滿前所發生之債權，債權人在約定限額範圍內，對於抵押物均享有抵押權，除債權人拋棄為其擔保之權利外，自無許抵押人於抵押權存續期間屆滿前，任意終止此種契約（最高法院66年度台上字第1097號判決意旨參照）。

2. 最高限額抵押權所擔保之債權資格

　　最高限額抵押權之設定，其被擔保債權之資格有無限制，向有限制說與無限制說二種，鑑於無限制說有礙於交易之安全，本法採限制說，除於第881條之1第1項規定，對於債務人一定範圍內之不特定債權為擔保外，並增訂第2、3項規定：「最高限額抵押權所擔保之債權，以由一定法律關係所生之債權或基於票據所生之權利

為限。基於票據所生之權利，除本於與債務人間依前項一定法律關係取得者外，如抵押權人係於債務人已停止支付、開始清算程序，或依破產法有和解、破產之聲請或有公司重整之聲請，而仍受讓票據者，不屬最高限額抵押權所擔保之債權。但抵押權人不知其情事而受讓者，不在此限。」

又最高限額抵押權人就已確定之原債權，僅得於其約定之最高限額範圍內，行使其權利。前項債權之利息、遲延利息、違約金，與前項債權合計不逾最高限額範圍者，亦同（民法第881條之2）。

3. 最高限額抵押權債權範圍或債務人變更

原債權未確定前，最高限額抵押權所擔保第881條之1第2項所定債權之範圍或債務人縱有變更，對於後次序抵押權人或第三人之利益並無影響，為促進最高限額抵押權之擔保功能，民法第881條之3規定：「原債權確定前，抵押權人與抵押人得約定變更第八百八十一條之一第二項所定債權之範圍或其債務人。前項變更無須得後次序抵押權人或其他利害關係人同意。」

4. 最高限額抵押權原債權期日之確定

最高限額抵押權設定時，未必有債權存在，惟於實行抵押權時，所能優先受償之範圍，仍須依實際確定之擔保債權定之，故有定確定期日之必要，為此民法第881條之4規定：「最高限額抵押權得約定其所擔保原債權應確定之期日，並得於確定之期日前，約定變更之。前項確定之期日，自抵押權設定時起，不得逾三十年。逾三十年者，縮短為三十年。前項期限，當事人得更新之。」如最高限額抵押權所擔保之原債權，未約定確定之期日者，抵押人或抵押權人得隨時請求確定其所擔保之原債權。前項情形，除抵押人與抵押權人另有約定外，自請求之日起，經15日為其確定期日（民法第881條之5）。

5. 最高限額抵押權所擔保債權之移轉

最高限額抵押權於原債權確定前，與普通抵押權之從屬性尚屬有異，為學說及實務上所承認。為維護最高限額抵押權之特性，及使其法律關係簡明起見，民法第881條之6規定：「最高限額抵押權所擔保之債權，於原債權確定前讓與他人者，其最高限額抵押權不隨同移轉。第三人為債務人清償債務者，亦同。最高限額抵押權所擔保之債權，於原債權確定前經第三人承擔其債務，而債務人免其責任者，抵押權人就該承擔之部分，不得行使最高限額抵押權。」

6. 最高限額抵押權之當事人為法人合併

原債權確定前，最高限額抵押權之抵押權人或債務人為法人，如有合併之情形，其權利義務，應由合併後存續或另立之法人概括承受，此時，為減輕抵押人之責任，民法第881條之7規定：「原債權確定前，最高限額抵押權之抵押權人或債

務人為法人而有合併之情形者，抵押人得自知悉合併之日起十五日內，請求確定原債權。但自合併登記之日起已逾三十日，或抵押人為合併之當事人者，不在此限。有前項之請求者，原債權於合併時確定。合併後之法人，應於合併之日起十五日內通知抵押人，其未為通知致抵押人受損害者，應負賠償責任。前三項之規定，於第三百零六條或法人分割之情形，準用之。」

7. 最高限額抵押權之單獨讓與

民法第881條之8規定：「原債權確定前，抵押權人經抵押人之同意，得將最高限額抵押權之全部或分割其一部讓與他人。原債權確定前，抵押權人經抵押人之同意，得使他人成為最高限額抵押權之共有人。」由於最高限額抵押權具有一定獨立之價值，且為因應金融資產證券化及債權人管理之實務需求，本法明定抵押權人於原債權確定前，經抵押人之同意，得單獨讓與最高限額抵押權，其方式有三：

(1) 全部讓與他人。

(2) 分割其一部讓與他人。

(3) 使他人成為該抵押權之共有人。

8. 最高限額抵押權之共有

最高限額抵押權為數人共有者，各共有人按其債權額比例分配其得優先受償之價金。但共有人於原債權確定前，另有約定者，從其約定。共有人得依前項按債權額比例分配之權利，非經共有人全體之同意，不得處分。但已有應有部分之約定者，不在此限（民法第881條之9）。

9. 最高限額抵押權所擔保之原債權均歸於確定

按共同最高限額抵押權，係指為擔保同一之債權，於數不動產上設定最高限額抵押權之謂，而設定共同最高限額抵押權之數不動產，如其中一不動產發生確定事由時，其他不動產所擔保之原債權有同時確定之必要，為此民法第881條之10規定：「為同一債權之擔保，於數不動產上設定最高限額抵押權者，如其擔保之原債權，僅其中一不動產發生確定事由時，各最高限額抵押權所擔保之原債權均歸於確定。」

10. 最高限額抵押權所擔保之原債權確定事由

(1) 最高限額抵押權不因抵押權人、抵押人或債務人死亡而受影響。但經約定為原債權確定之事由者，不在此限（民法第881條之11）。最高限額抵押權之抵押權人、抵押人或債務人死亡，由繼承人承受被繼承人財產上之一切權利義務，其財產上之一切法律關係，皆因繼承之開始，當然移轉於繼承人，故最高限額抵押權不因此而受影響。但當事人另有約定抵押權人、抵押人或債務人死亡，為原債權確定之事由者，本於契約自由原則，自應從其約定。

(2) 關於最高限額抵押權所擔保之原債權，於何時確定，除前述第881條之4、第881條之5、第881條之7第1至3項、第881條之10及第881條之11但書外，為杜爭議，民法第881條之12再規定：「最高限額抵押權所擔保之原債權，除本節另有規定外，因下列事由之一而確定：一、約定之原債權確定期日屆至者。二、擔保債權之範圍變更或因其他事由，致原債權不繼續發生者。三、擔保債權所由發生之法律關係經終止或因其他事由而消滅者。四、債權人拒絕繼續發生債權，債務人請求確定者。五、最高限額抵押權人聲請裁定拍賣抵押物，或依第八百七十三條之一之規定為抵押物所有權移轉之請求時，或依第八百七十八條規定訂立契約者。六、抵押物因他債權人聲請強制執行經法院查封，而為最高限額抵押權人所知悉，或經執行法院通知最高限額抵押權人者。但抵押物之查封經撤銷時，不在此限。七、債務人或抵押人經裁定宣告破產者。但其裁定經廢棄確定時，不在此限。第八百八十一條之五第二項之規定，於前項第四款之情形，準用之。第一項第六款但書及第七款但書之規定，於原債權確定後，已有第三人受讓擔保債權，或以該債權為標的物設定權利者，不適用之。」

11. 最高限額抵押權所擔保原債權確定後之效力

(1) 最高限額抵押權所擔保之原債權確定事由發生後，債務人或抵押人得請求抵押權人結算實際發生之債權額，並得就該金額請求變更為普通抵押權之登記。但不得逾原約定最高限額之範圍（民法第881條之13）。

(2) 最高限額抵押權所擔保之原債權確定後，除本節另有規定外，其擔保效力不及於繼續發生之債權或取得之票據上之權利（民法第881條之14）。

(3) 最高限額抵押權所擔保之原債權確定後，於實際債權額超過最高限額時，為債務人設定抵押權之第三人，或其他對該抵押權之存在有法律上利害關係之人，於清償最高限額為度之金額後，得請求塗銷其抵押權（民法第881條之16）。

12. 最高限額抵押權所擔保債權之罹於時效

最高限額抵押權所擔保之債權，其請求權已因時效而消滅，如抵押權人於消滅時效完成後，5年間不實行其抵押權者，該債權不再屬於最高限額抵押權擔保之範圍（民法第881條之15）。

13. 最高限額抵押權之準用規定

最高限額抵押權，除第861條第2項、第869條第1項、第870條、第870條之1、第870條之2、第880條之規定外，準用關於普通抵押權之規定（民法第881條之17）。

(八) 其他抵押權

　　地上權、農育權及典權，均得為抵押權之標的物（民法第882條）。此種抵押權，亦稱為權利抵押權。關於權利抵押權之發生原因，固然與普通抵押權不同，然其法律性質效用則相近，因此民法第883條規定：「普通抵押權及最高限額抵押權之規定，於前條抵押權及其他抵押權準用之。」所謂其他抵押權，指法定抵押權或以礦業權、漁業權等為標的物之抵押權。

三、案例結論

　　按所謂最高限額抵押權，依民法第881條之1第1項規定，係指債務人或第三人提供其不動產為擔保，就債權人對債務人一定範圍內之不特定債權，在最高限額內設定之抵押權。對於最高限額抵押權，實務上認為其所限定者，僅為所擔保之債權總額，故當事人雖以「本金最高限額若干」之方式登記，其約定之利息、遲延利息及約定擔保範圍內之違約金等，雖為抵押權效力所及，但均受最高限額之限制。換言之，債權人之利息、遲延利息、違約金等連同本金合併計算，如超過最高限額，其超過部分並無優先受償之權（最高法院75年第10次民事庭會議決議）。故本件抵押人甲，以其所有座落新北市三重區房地一筆，先後向乙、丙銀行借款新台幣350萬元和300萬元，並設定最高限額抵押權，經完成登記後，自生抵押權之效力，甲為抵押債務人，依法負有清償上開借款之義務。

　　甲於設定最高限額抵押後，不久，將前開房、地贈與其子戊，民法第867條規定：「不動產所有人設定抵押權後，得將不動產讓與他人。但其抵押權不因此而受影響」，故抵押權人乙、丙銀行之抵押權不受影響，仍可追及拍賣抵押物；惟依債權相對性原則，參照最高法院72年度台上字第1749號判決意旨，認為「抵押權設定後，固不因所擔保不動產所有權之移轉而受影響，仍可追及行使抵押權；惟抵押權所擔保之債務，並不當然隨同移轉於不動產之現所有權人，仍由原債務人負擔」，戊未負有債務，僅居於類似物上保證人之地位，故乙、丙銀行雖可拍賣抵押物，但不得逕請求其清償該借款。

　　又甲向乙、丙銀行借款設定最高限額抵押權後，又將該不動產與丁訂立租賃契約，租期5年。依民法第866條規定：「不動產所有人設定抵押權後，於同一不動產上，得設定地上權或其他以使用收益為目的之物權，或成立租賃關係。但其抵押權不因此而受影響。前項情形，抵押權人實行抵押權受有影響者，法院得除去該權利或終止該租賃關係後拍賣之。不動產所有人設定抵押權後，於同一不動產上，成立第一項以外之權利者，準用前項之規定」，故甲於抵押權設定後，仍可將該不動

產出租他人。惟乙、丙銀行，因甲、戊均拒絕清償，經乙銀行實行抵押權時，參照前開規定及司法院大法官釋字第304號解釋，在抵押權設定地上權或其他權利（如租賃）時，如影響抵押權所支配抵押物交換價值，使抵押物價值減少，抵押權人得請求法院依強制執行法第98條第2項規定，除去該權利。本於同一意旨，乙、丙銀行對於丁之租賃權，如確影響抵押權之實行時，自可聲請法院執行處除去租賃權，以抵押物無該項負擔之方式拍賣；如租賃契約之存在不影響抵押權之實行時，抵押權人自不可請求法院除去租賃契約。

對於賣得價金之分配，依強制執行法第29條規定：「債權人因強制執行而支出之費用，得求償於債務人者，得準用民事訴訟法第九十一條之規定，向執行法院聲請確定其數額。前項費用及其他為債權人共同利益而支出之費用，得求償於債務人者，得就強制執行之財產受清償」，可見強制執行之費用為案款分配之第一優先次序；又稅捐稽徵法第6條第2項規定：「土地增值稅、地價稅、房屋稅之徵收及法院、法務部行政執行署所屬行政執行分署（以下簡稱行政執行分署）執行拍賣或變賣貨物應課徵之營業稅，優先於一切債權及抵押權」，故土地增值稅雖次於前述強制執行之費用，但優先於抵押權而受清償。本件不動產賣得價金為600萬元，先分配乙、丙銀行之執行費分別為5萬及3萬元，扣除90萬元土地增值稅，餘款502萬元，由第一順位抵押權人乙銀行受償350萬元，第二順位抵押權人丙銀行受償152萬元。

第七章　質　權

案例85

　　甲因投資房地產失利，向乙借款200萬元，在乙要求提供擔保下，將自己之汽車及弟弟丙寄存之勞力士金錶，一併出質於不知情之乙，其後乙將該汽車及勞力士金錶轉質於丁，此時乙、丁就該汽車及金錶是否均取得質權？如丙之勞力士金錶在丁占有中不慎毀壞，丙應向何人求償？出質3月，甲因宴客需要，請求乙、丁暫時將其出質之汽車返還，對質權之效力有無影響？另乙如認為甲之擔保物不足，請求將其所有戊公司之記名股票5萬股設定質權，是否發生法律上效力？應辦理那些手續？

一、思考方向

　　質權，係指債權人為擔保債權，占有由債務人或第三人移交之動產或讓與之財產權，就其賣得價金優先受清償之權利。設定質權之債務人或第三人，稱為出質人；享有質權之人，稱為質權人。從質權之沿革來看，我國古代，不論動產、不動產，如交付他人占有，以供債務之擔保，均稱為質；兩漢以後，常稱為典、當，惟均不移轉所有權，但須移轉占有；唐、宋時期之法律，承認質權人得變賣質物，以抵償債務；清代則認為當票有免責證券之性質；近代以來，典與質常通用或並用，為明確加以劃分，民法於物權編第七章、第八章分別規定質權、典權，以供適用。至質權之經濟效用，因其係以移轉占有為要件，故就債權人方面而言，既可藉其留置作用，剝奪債務人之占有，造成心理負擔或生活不便，以迫使其早日清償；對於債務人方面，則可依移轉占有，無須登記，以簡易設定質權，獲得資金，既有此種便利，故質權制度仍為一般民眾融通資金之方式，其經濟效能，實無法以其他物權加以取代。

　　質權與抵押權雖均為擔保物權，便兩者間有下列不同：

(一) 移轉占有不同：質權係以占有債務人或第三人移交之動產為必要；而抵押權則不移轉標的物之占有。

(二) 標的物不同：質權之標的物為動產或相類似之財產權；抵押權之標的物主要為不動產。

(三) 生效要件不同：質權以占有標的物為生效要件；抵押權需以書面，如經登記程序始生效力。

(四) 實行方式不同：質權人拍賣質物或收取權利，得逕自為之；抵押權人聲請拍賣抵押物須聲請法院為之。

(五) 擔保作用不同：質權除具有優先受償之擔保作用外，並使質權人擁有擔保標的物之留置權，以促使出質人儘速清償；抵押權則無此項作用。

　　質權以標的物不同為區分標準，可分為不動產質權、動產質權與權利質權，我國民法鑑於不動產質權，於社會上尚不常見，故不納入，僅於第884條至第899條之2規定動產質權；另自第900條至第910條規定權利質權。在本案例中，甲將自己所有之汽車及弟弟丙所寄存之金錶，一併出質於不知情之乙，再轉質於丁，此為動產質權之設定；另將所有之記名股票出質於乙，則為權利質權之設定，其當事人間之法律效果為何，自均應從動產質權與權利質權之相關內容中，加以思考、研究。

二、論點分析

(一) 動產質權

　　動產質權者，謂債權人對於債務人或第三人移轉占有而供其債權擔保之動產，得就該動產賣得價金，優先受清償之權（民法第884條）。動產質權係以擔保債權之清償為目的，為擔保物權之一種；且須有受其擔保之債權存在，始能成立，故為從權利。至其標的物，須為有財產價值，得融通之特定動產為限。

1. 動產質權之發生

　　動產質權之發生，有基於法律行為，亦有由於法律行為以外之原因者，分述如下：

(1) **基於法律行為**：動產質權通常基於當事人間之質權設定行為而取得，依民法第885條規定：「質權之設定，因供擔保之動產移轉於債權人占有而生效力。質權人不得使出質人或債務人代自己占有質物」，故質權之設定，為要物契約，以移轉占有為生效要件。所謂移轉占有，不限於動產之「現實交付」，即「簡易交付」、「指示交付」均無不可；惟為確保質權之留置效力，參照第885條第2項規定，自不得以「占有改定」方式為之。又質權具有從屬性，雖不得與其所擔保之債權分開，而單獨讓與，但質權與其所擔保之債權一併讓與，則無不可。

(2) **基於法律行為以外之原因**：動產質權為財產權，得為繼承之標的，故繼承人得於被繼承人死亡時，連同被繼承人之債權，取得該債權擔保之質權；除繼承

外，債權人如以行使質權之意思，5年間和平、公然、繼續占有債務人或第三人之動產者，依民法第772條、第768條之1規定，得因時效完成而取得質權。另與抵押權之發生最大不同者，乃動產質權有善意取得之規定，依民法第886條規定：「動產之受質人占有動產，而受關於占有規定之保護者，縱出質人無處分其質物之權利，受質人仍取得其質權」，條文所謂受關於占有規定之保護者，即係指第948條等規定而言，綜合該條文規定，動產質權之善意取得，應具備下列要件：

① 標的物須爲動產。

② 須出質人爲動產占有人且無處分之權利。

③ 須受質人已占有動產。

④ 須受質人係善意受讓該動產之占有。

2. 動產質權之種類

(1) **一般動產質權**：除後述最高限額質和營業質外，其他均屬於一般動產質權，適用民法第884條至第899條規定。

(2) **最高限額質權**：基於質權之從屬性，必先有債權發生，始可設定質權，且擔保債權一旦消滅，質權即歸於消滅。長期繼續交易，須逐筆重新設定質權，對於現代工商社會講求交易之迅速與安全，不但徒增勞費，造成不便，亦生極大妨害，爲彌補上述缺點，民法於第899條之1規定：「債務人或第三人得提供其動產爲擔保，就債權人對債務人一定範圍內之不特定債權，在最高限額內，設定最高限額質權。前項質權之設定，除移轉動產之占有外，並應以書面爲之。關於最高限額抵押權及第八百八十四條至前條之規定，於最高限額質權準用之。」

(3) **營業質權**：當舖或其他以受質爲營業者所設定之質權，通稱爲「營業質」。其爲一般民眾籌措小額金錢之簡便方法，有其存在之價值及必要性。惟民法對於營業質權人與出質人間之權利義務關係，尚無規定，致適用上易滋疑異，爲期周延，民法96年修正時，亦於第899條之2規定：「質權人係經許可以受質爲營業者，僅得就質物行使其權利。出質人未於取贖期間屆滿後五日內取贖其質物時，質權人取得質物之所有權，其所擔保之債權同時消滅。前項質權，不適用第八百八十九條至第八百九十五條、第八百九十九條、第八百九十九條之一之規定」，以供適用。

3. 動產質權效力之範圍

(1) **動產質權所擔保債權之範圍**：依民法第887條規定：「質權所擔保者爲原債權、利息、遲延利息、違約金、保存質物之費用、實行質權之費用及因質物隱

有瑕疵而生之損害賠償。但契約另有約定者，不在此限。前項保存質物之費用，以避免質物價值減損所必要者爲限。」故動產質權所擔保債權之範圍，得由當事人先以契約訂定；如未訂明時，原則上與抵押權相同，包括原債權、利息、遲延利息、違約金、保存質物之費用、實行質權之費用；又因質權必須占有質物，對於質物隱有瑕疵所生之損害，例如出質人以有口蹄疫之豬出質，致質權人自己之豬隻病死等，均爲動產質權擔保之範圍。

(2) **動產質權標的物之範圍：**動產質權與抵押權同屬擔保物權，故其標的物之範圍，兩者大致相同，亦即動產質權標的物之範圍，除及於質物本身外，尚及於從物。依民法第889條規定：「質權人得收取質物所生之孳息。但契約另有約定者，不在此限」，是動產質權之效力，原則上及於孳息。另參照民法第899條規定：「動產質權，因質物滅失而消滅。但出質人因滅失得受賠償或其他利益者，不在此限。質權人對於前項出質人所得行使之賠償或其他請求權仍有質權，其次序與原質權同。給付義務人因故意或重大過失向出質人爲給付者，對於質權人不生效力。前項情形，質權人得請求出質人交付其給付物或提存其給付之金錢。質物因毀損而得受之賠償或其他利益，準用前四項之規定。」故質物滅失之代位物，亦爲質權標的物之範圍。

4. 動產出質人之權利義務

出質人因質權之設定而喪失占有，惟依民法第889條但書規定，仍得以契約保留質物之收益權；且設定質權後，其所有權並不喪失，故仍得就質物爲買賣、贈與等行爲。至於能否再設定質權，亦即同一動產上可否有多數質權之併存，我民法無明文規定，但解釋上應採肯定說爲當（參照民法第895條準用第878條規定）。至其義務，如因質物隱有瑕疵而生之損害賠償，依民法第887條規定，即爲質權所擔保債權之範圍，自應由出質人負賠償責任。

5. 動產質權人之權利義務

質權以占有質物爲要件，故動產質權人於債權受償前，得繼續占有質物，並有優先受償權，此外尚有下列權利義務，值得分別說明：

(1) **孳息收取權：**民法第889條規定：「質權人得收取質物所生之孳息。但契約另有約定者，不在此限」，故質權人原則上有收取質物所生孳息之權利；惟其在收取質物所生孳息之權利時，應以對於自己財產同一之注意收取孳息，並爲計算；前項孳息，先抵充收取孳息之費用，次抵原債權之利息，再抵原債權。孳息如需變價始得抵充者，其變價方法準用實行質權之規定（民法第890條）。

(2) **質物留置權：**動產質權以占有質物爲發生及存續要件，故質權人於其債權受清償前，自得留置質物，學者稱之爲質權人之留置權。

(3) **質物轉質權：**轉質乃質權人爲擔保自己或第三人之債務，將質物再度設定新質權予第三人，對於質權之轉質，依民法第891條規定：「質權人於質權存續中，得以自己之責任，將質物轉質於第三人。其因轉質所受不可抗力之損失，亦應負責」，此即所謂之「責任轉質」，由於責任轉質未經出質人同意，故民法加重其責任，縱該質物係遭受不可抗力而受損失，轉質人亦應負責。應注意者，轉質雖係爲質權人之利益而設，但不能因此而損及出質人之利益，故轉質所擔保之債權，其數額及清償期均不能超過原質權所擔保之債權範圍，超過部分應歸於無效。

(4) **質物變價權：**在質權關係存續中，因質物有腐壞之虞，或其價值顯有減少，足以害及質權人之權利者，依民法第892條規定，質權人得拍賣質物，以其賣得價金，代充質物，以保全雙方之利益；前項情形，如經出質人之請求，質權人應將價金提存於法院。質權人屆債權清償期而未受清償者，得就提存物實行其質權。

　　至於質權人之義務，除前述質權人因轉質而對於質物所生損害，縱屬不可抗力，亦應負賠償責任外，依民法第888條規定：「質權人應以善良管理人之注意，保管質物。質權人非經出質人之同意，不得使用或出租其質物。但爲保存其物之必要而使用者，不在此限。」此處所謂善良管理人之注意，是指依交易上一般觀念，認爲有相當知識經驗及誠意之人所爲之注意。此外，動產質權，所擔保之債權消滅時，質權人應將質物返還於有受領權之人（民法第896條）。所謂有受領權人，係指出質人或其所指定之人而言（最高法院37年上字第6843號判例參照）。

6. 動產質權之實行

　　動產質權之實行，係指質權人於其債權已屆清償期，而未受清償時，得就質物賣得價金，優先受清償之謂。其實行方法有下列幾種：

(1) **質權人自行拍賣：**依民法第893條第1項規定：「質權人於債權已屆清償期，而未受清償者，得拍賣質物，就其賣得價金而受清償」，但除不能通知外，質權人應於拍賣前通知出質人（民法第894條）。又質權人逕行拍賣質物，在拍賣法未公布施行前，得依債編施行法第28條規定辦理；即得照市價變賣，但應經公證人、警察機關、商業團體或自治機關之證明。

(2) **聲請法院拍賣：**質權人如不自行拍賣，而聲請法院拍賣者，則應先取得法院民事庭爲許可強制執行之裁定，作爲執行名義，再聲請執行法院依動產執行之程序辦理。

(3) **訂約取得質物所有權：**民法第895條規定：「第八百七十八條之規定，於動產質權準用之」，可見質權人於債權清償期屆滿後，爲受清償，得訂立契約，取

得質物之所有權。但約定於債權已屆清償期而未爲清償時，質物之所有權移屬於質權人者，此即所謂流質契約，依民法第893條第2項規定，準用第873條之1，該約定有效，但非經登記，不得對抗第三人。

(4) **其他方法處分質物**：除前述方法外，質權人經出質人同意，亦得以其他方法處分質物（民法第895條、第878條），例如約定由質權人自行覓主變賣等。

7. 動產質權之消滅

動產質權消滅之事由，除與物權一般消滅原因，如混同、拋棄、擔保債權之實行等相同外，另有下列特別消滅原因：

(1) **返還質物**：民法第897條前段規定：「動產質權，因質權人將質物返還於出質人或交付於債務人而消滅」，此之所謂返還，係指由於質權人之意思，任意將質物交付或移轉占有於出質人或債務人而言；另爲免第三人受意外之損害，依同條文後段規定：「返還或交付質物時，爲質權繼續存在之保留者，其保留無效。」

(2) **喪失占有**：質權以占有質物爲成立要件，故民法第898條規定：「質權人喪失其質物之占有，於二年內未請求返還者，其動產質權消滅。」如質權人得依第949條、第950條請求回復其物，或依第962條請求回復其占有者，則質權固不因占有之一時喪失而消滅，但應於2年內爲物上請求，逾期其動產質權消滅。

(3) **質物滅失**：依民法第899條第1項規定：「動產質權，因質物滅失而消滅。但出質人因滅失得受賠償或其他利益者，不在此限」，此爲質權之「物上代位性」。

(二) 權利質權

權利質權是指以可讓與之債權或其他權利爲標的物，而設定之質權（民法第900條）。所謂「可讓與之債權」，是指依債權性質得讓與、當事人無不得讓與之特約，且非禁止扣押之債權（民法第294條第1項）。所謂「其他權利」，指所有權及不動產用益物權以外之其他一切財產權，包括著作權、專利權，及有價證券，如股票、債券、倉單、載貨證券等。權利質權，除質權標的物與動產質權不同外，兩者皆爲擔保物權，性質類似。故民法第901條規定：「權利質權，除本節有規定外，準用關於動產質權之規定。」

1. 權利質權之發生

權利質權之取得原因，與動產質權相同，有基於法律行爲者，亦有基於法律行爲以外之原因，如繼承、善意取得等，均可參考前述動產質權關於該部分之說明。惟因權利質權爲擔保物權，亦具有從屬性，應與所擔保之債權受讓或繼承，爲此民

法第902條規定：「權利質權之設定，除本節有規定外，並依關於其權利讓與之規定為之」，換言之，即以一般債權設定質權者，則依通常債權讓與之規定（民法第294條以下）為之；以有價證券設定質權者，則依各該證券有關之規定（例如股票依公司法股票讓與之規定，票據則依票據法轉讓之規定）為之。依上開說明，權利質權之設定，除有特別規定外，不以移轉標的物之占有於質權人為要件，此與動產質權不同，對於權利質權之設定行為，民法另就債權質權之設定與證券質權之設定分別加以規定：

(1) **債權質權之設定：** 以債權為標的物之質權，其設定應以書面為之。如債權有證書者，並應交付其證書於債權人（民法第904條）。故債權質權之設定，為要式行為，如未以書面為之，其質權自不成立。

(2) **證券質權之設定：** 質權以未記載權利人之有價證券為標的物者，因交付其證券於質權人，而生設定質權之效力。以其他之有價證券為標的物者，並應依背書方法為之。前項背書，得記載設定質權之意旨（民法第908條）。以公司股票為例，其以無記名式股票設定質權者，因股票之交付而生質權設定之效果；其以記名式股票設定質權者，除交付股票外，並應依背書方式為之，且非將質權人之本名或名稱記載於股票，並將質權人之本名或名稱及住所載於股東名簿，不得以其設質對抗公司（最高法院60年台上字第4335號判例參照）。至於設質之背書應如何記載，法無明文，解釋上自可比照票據法規定之背書方法辦理（最高法院91年度台抗字第475號判決參照）。

2. 權利質權效力之範圍

(1) **權利質權所擔保債權之範圍：** 民法第901條規定，權利質權，除本節有規定外，準用關於動產質權之規定，故權利質權所擔保債權之範圍，除當事人另有訂定外，以擔保原債權、利息、遲延利息、違約金、保存質物之費用、實行質權之費用、及因質物隱有瑕疵而生之損害賠償為限（民法第887條）。

(2) **權利質權標的物之範圍：** 關於權利質權標的物之範圍，原應準用動產質權第889條之規定，賦予質權人孳息收取權，惟民法第910條另規定：「質權以有價證券為標的物者，其附屬於該證券之利息證券、定期金證券或其他附屬證券，以已交付於質權人者為限，亦為質權效力所及。附屬之證券，係於質權設定後發行者，除另外約定外，質權人得請求發行人或出質人交付之。」可見以有價證券為標的物之質權，質權人並不當然得收取其孳息，須出質人將附屬證券交付始可；蓋有價證券非持有證券，不能行使，該附屬證券既未交付，質權人自無法收取該項給付也。

3. 權利出質人之權利義務

權利質權對於出質人之權利義務，依前述民法第901條規定，可準用動產質權之規定。然由於權利經出質後，出質人原則上即喪失其對於該權利之處分權，尤其有價證券質權為然，因而為質權標的物之權利，非經質權人之同意，出質人不得以法律行為，使其消滅（如債之免除），或變更（如約定延長清償期），民法第903條就此設有明文，以免妨害質權人之利益。

4. 權利質權人之權利義務

權利質權設定時，基於設定之要物性，其有證書者應交付質權人；其為有價證券者，應將有價證券交付質權人（民法第904條、第908條），故質權人有證書或證券之留置權。其次，權利質權與動產質權相類似，依民法第901條準用動產質權規定之結果，權利質權人亦有孳息收取權、權利或證券轉質權、變價等權利；同時亦負有保管所占有之權利證書、有價證券，並於債權消滅時返還等義務。

5. 權利質權之實行

(1) 債權質權之實行

① 為質權標的物之債權，以金錢給付為內容，而其清償期先於其所擔保債權之清償期者，質權人得請求債務人提存之，並對提存物行使其質權（民法第905條第1項），俾出質人與質權人之利益，均可兼顧。為質權標的物之債權，以金錢給付為內容，而其清償期後於其所擔保債權之清償期者，質權人於其清償期屆至時，得就擔保之債權額，為給付之請求（民法第905條第2項）。又為保全出質人及質權人之利益，為質權標的物之債權，其債務人受質權設定之通知者，如向出質人或質權人一方為清償時，應得他方之同意；他方不同意時，債務人為脫離債務關係，應提存其為清償之給付物（民法第907條）。

② 為質權標的物之債權，以金錢以外之動產給付為內容者，於其清償期屆至時，質權人得請求債務人給付之，並對該給付物有質權（民法第906條）。

③ 為質權標的物之債權，以不動產物權之設定或移轉為給付內容者，於其清償期屆至時，質權人得請求債務人將該不動產物權設定或移轉於出質人，並對該不動產物權有抵押權。前項抵押權應於不動產物權設定或移轉於出質人時，一併登記（民法第906條之1）。

④ 質權人於所擔保債權清償期屆至而未受清償時，除依前三條之規定外，亦得依第893條第1項或第895條之規定實行其質權（民法第906條之2）。

⑤ 為質權標的物之債權，如得因一定權利之行使而使其清償期屆至者，質權人於所擔保債權清償期屆至而未受清償時，亦得行使該權利（民法第906條之3）。

⑥ 債務人依第905條第1項、第906條、第906條之1為提存或給付時，質權人應通知

出質人，但無庸得其同意（民法第906條之4）。又此項通知，並非債務人依上開規定所爲提存或給付之成立或生效要件，如質權人未通知出質人，致出質人受有損害，僅生損害賠償之問題。

⑦爲質權標的物之債權，其債務人於受質權設定之通知後，對出質人取得債權者，不得以該債權與爲質權標的物之債權主張抵銷（民法第907條之1）。

(2) **有價證券質權之實行：**質權以未記載權利人之有價證券、票據、或其他依背書而讓與之證券爲標的物者，其所擔保之債權，縱未屆清償期，質權人仍得收取證券上應受之給付。如有使證券清償期屆至之必要者，並有爲通知或依其他方法使其屆至之權利。債務人亦僅得向質權人爲給付。前項收取之給付，適用第905條第1項或第906條之規定。第906條之2及第906條之3之規定，於以證券爲標的物之質權，準用之（民法第909條）。本條所謂「通知或依其他方法」，係指被擔保債權之清償期屆至後，證券上之給付雖未到期，質權人如有必要亦得提前終止其法律關係，而將該證券加以處分，例如證券爲票據時，質權人得以貼現方式，換取現金等。

6. 權利質權之消滅

權利質權消滅之原因，民法未特別規定，可參照動產質權之規定，如因權利質權之實行、質權人返還證券於出質人、擔保債權業因清償而消滅。

三、案例結論

甲因投資房地產失利，向乙借款200萬元，在乙要求提供擔保下，將自己之汽車設定質權，並交付給乙，使乙取得動產質權；甲同時將弟弟丙寄存之勞力士金錶，一併出質於不知情之乙，亦交付之。按甲對丙之勞力士金錶原無處分之權利，其所爲之出質行爲，依民法第118條規定，爲無權處分行爲，惟因甲目前占有該金錶，且以交付及設定質權方式爲之，依民法第886條規定：「動產之受質人占有動產，而受關於占有規定之保護者，縱出質人無處分其質物之權利，受質人仍取得質權」，故乙因善意取得該金錶之動產質權；嗣乙將該汽車及勞力士金錶轉質於丁，使丁亦取得動產質權。

對於質物之保管，民法第888條第1項規定：「質權人應以善良管理人之注意，保管質物」，如丙之前述勞力士金錶在丁占有中不愼毀損，違反前述保管義務，所有人丙自可向丁請求損害賠償。又民法爲加重質權人之責任，於民法第891條規定：「質權人於質權存續中，得以自己之責任，將質物轉質於第三人。其因轉質所受不可抗力之損失，亦應負責」，故質權人乙在將質物轉質後，對於質物所受之損害，縱屬不可抗力，亦應負責任，基此，丙亦可向乙請求損害賠償。

　　動產質權之發生及存續，以質權人占有債務人或第三人移轉之動產為要件，如質權人任意返還質物於出質人時，與質權要件不合，其質權依民法第897條第1項規定，歸於消滅。在本案例中，出質3個月後，甲因宴客需要，請求乙、丁暫時將其出質之汽車返還，如經乙、丁應允並返還時，該動產質權自應消滅。

　　另乙如認為甲之擔保物不足，請求甲將其所有戊公司之記名股票5萬股設定質權，在性質上屬於證券質權之設定，為權利質權之一種。對於此種質權之設定，雙方當事人除意思表示合致外，應為證券之交付；又依民法第908條第1項規定：「質權以未記載權利人之有價證券為標的物者，因交付其證券於質權人，而生設定質權之效力。以其他之有價證券為標的物者，並應依背書方法為之」，本案例既為公司記名股票之轉讓，自應以背書方式為之；且參照公司法第165條第1項規定，應將質權人之姓名或名稱及住居所，記載於公司股東名簿，否則不得以其設質對抗公司（最高法院60年台上字第4335號判例參照），甲、乙間就記名公司股票之權利質權設定，自應依上開程序辦理，始生法律效力。

第八章 典 權

　　甲有座落於台北市民族東路及內湖路別墅各一棟,甲先將其中民族東路之房地出典於乙,約定期間為8年,期間甲為周轉資金必要,再設定抵押權予丙,此時丙之抵押權是否發生效力?如屆期甲未清償積欠之債務,丙聲請法院拍賣抵押物時,能否請求除去乙之典權?又甲另將其內湖路之別墅出典給丁,期間亦為8年;在第6年時,丁將典物出租給戊,租期3年,於典權期限屆滿,出典人甲將典物回贖時,戊得否主張其租賃關係仍繼續存在,而有民法第425條之適用?

一、思考方向

　　典權,指支付典價,占有他人之不動產,而為使用收益,於他人不回贖時,取得該不動產所有權之權(民法第911條)。以不動產出典者,稱為出典人;取得典權者,為典權人。因其係以在他人不動產上使用收益為目的,故為用益物權。典權為我國民法物權編所定各類物權中,源於我國固有習慣與法制之財產權,其所以興起乃因國人重孝而好名,為籌款應急而變賣祖產,雖非不孝之最,但亦屬敗家之舉,足使先人蒙羞,故不能不力求避免;然又不能無應急之道,於是遂創造典權制度,一方面使出典人能取得急需之款項,並同時保留所有之產業;另方面使典權人以支付低於賣價之典價後,即取得典物之使用收益權,且日後尚有因此取得典物所有權之可能,誠一舉數得,因而民法遂於物權編第八章第911條至第927條,明定典權專章,以供適用。

　　本案例甲擁有別墅二棟,先將其中一棟設定典權後,再設定抵押權,兩者間是否均生物權效力?當抵押權人實行抵押權時,得否依民法第866條及強制執行法第98條第2項規定,請求除去典權,此為應先思考之問題;其次甲就另一棟別墅出典後,典權人出租他人,其租期逾原典權之期限,當出典人回贖典物時,對於租賃契約是否發生影響,以上均應從物權編關於典權之相關規定,加以討論。

二、論點分析

(一) 典權之發生

典權之發生,有基於法律行為,亦有由於法律行為以外之原因,分述如下:

1. 基於法律行為

典權通常基於設定行為而取得,此種設定行為屬於物權契約,須作成書面,經登記始生效力(民法第758條)。典權之標的為不動產,包括土地及房屋,在兩者同屬一人所有,而出典房屋時,如無特別約定,應解為基地同在出典之列(最高法院33年上字第1299號判例參照)。除物權行為外,當事人以契約轉典或讓與其典權,亦得使轉典人、受讓人取得典權。

2. 基於法律行為以外之原因

典權為財產權之一,得為繼承之標的,故繼承人得於被繼承人死亡時,繼受取得該典權,但未經辦理繼承登記,不得處分之(民法第759條)。又典權因必須支付典價,在通常情況下,不易因時效而取得。

(二) 典權之期限

典權,一般由典權人占有他人之不動產,使出典人無法再對典物為改良利用,如期限過長與社會經濟發展顯有妨害;且因年代久遠,容易產生糾紛,為此民法第912條規定:「典權約定期限不得逾三十年。逾三十年者縮短為三十年」,使典權之約定期限,以30年為限;如典權未定期限者,亦僅得於出典後30年內存續之(民法第924條)。又因典價通常較典物之價額為低,為保護債務人之利益,典權之約定期限不滿15年者,不得附有到期不贖即作絕賣之條款(民法第913條第1項),以免典權人利用出典人之急迫、輕率,謀取不法利益。又典權附有絕賣條款者,出典人於典期屆滿不以原典價回贖時,典權人即取得典物所有權。絕賣條款非經登記,不得對抗第三人(民法第913條第2、3項)。

(三) 典權人之權利義務

1. 使用收益權

依民法第911條規定,典權既以占有他人之不動產而使用、收益為要件,則典權人對於典物有占有之用益物權,自不待言,此項權利如受第三人妨害,典權人依民法第767條第1項規定,享有物上請求權之保護。至所謂收益不僅指收取天然孳息,即法定孳息亦可收取;易言之,典權存續中,典權人得將典物出租於他人,而

收取租金，但契約另有訂定，或另有習慣者，依其訂定或習慣。惟典權定有期限者，其租賃之期限，不得逾原典權之期限；未定期限者，其租賃不得定有期限，且典權人對於典物因出租所受之損害，負賠償責任（民法第915條、第916條）。再者，典權人應依典物之性質爲使用收益，並應保持其得永續利用；典權人違反前項規定，出典人阻止而仍繼續爲之者，出典人得回贖其典物。典權經設定抵押權者，並應同時將該阻止之事實通知抵押權人（民法第917條之1）。

2. 相鄰權

典權人既得占有出典人之土地及房屋，而爲使用收益，其法律上地位與所有人類似，故民法第774條至第800條之規定，於典權人間或典權人與土地所有人間準用之（民法第800條之1）。

3. 轉典權

轉典，指典權人於典權存續中，以自己之責任，將典物向他人設定新典權之謂。依民法第915條規定：「典權存續中，典權人得將典物轉典或出租於他人。但另有約定或另有習慣者，依其約定或習慣。典權定有期限者，其轉典或租賃之期限，不得逾原典權之期限，未定期限者，其轉典或租賃，不得定有期限。轉典之典價，不得超過原典價。土地及其土地上之建築同屬一人所有，而爲同一人設定典權者，典權人就該典物不得分離而爲轉典或就其典權分離而爲處分。」轉典權爲物權之一種，不僅對於轉典權人存在，對於出典人亦有效力，性質上屬於不動產之設定，依民法第758條規定，應以書面爲之，且非經登記，不生效力。

4. 讓與或設定抵押權

典權爲財產權之一種，不具專屬性，因此民法第917條規定：「典權人得將典權讓與他人或設定抵押權。典物爲土地，典權人在其上有建築物者，其典權與建築物，不得分離而爲讓與或其他處分」，典權之讓與，爲物權之移轉，應以書面爲之；非經登記，不生法律上效力。

5. 留買權

爲保護典權人之利益，使典物之利用關係趨於單純化，民法第919條規定：「出典人將典物出賣於他人時，典權人有以相同條件留買之權。前項情形，出典人應以書面通知典權人。典權人於收受出賣通知後十日內不以書面表示依相同條件留買者，其留買權視爲拋棄。出典人違反前項通知之規定而將所有權移轉者，其移轉不得對抗典權人。」稱爲典權人之「留買權」。惟此種留買權之行使，須限於出賣典物之情形，若出典人以贈與契約讓與典物時，則典權人即無援引留買權規定之餘地。

6. 重建修繕權

民法第921條規定：「典權存續中，典物因不可抗力致全部或一部滅失者，除經出典人同意外，典權人僅得於滅失時滅失部分之價值限度內為重建或修繕。原典權對於重建之物，視為繼續存在」，此為典權人之重建或修繕權。又因典物滅失受賠償而重建者，原典權對於重建之物，視為繼續存在（民法第922條之1）。

7. 費用求償權

民法第927條規定：「典權人因支付有益費用，使典物價值增加，或依第九百二十一條規定，重建或修繕者，於典物回贖時，得於現存利益之限度內，請求償還。第八百三十九條規定，於典物回贖時準用之。典物為土地，出典人同意典權人在其上營造建築物者，除另有約定外，於典物回贖時，應按該建築物之時價補償之。出典人不願補償者，於回贖時視為已有地上權之設定。出典人願依前項規定為補償而就時價不能協議時，得聲請法院裁定之；其不願依裁定之時價補償者，於回贖時亦視為已有地上權之設定。前二項視為已有地上權設定之情形，其地租、期間及範圍，當事人不能協議時，得請求法院以判決定之」，故典權人有費用求償權，惟典權人不得以此等費用未償還，為拒絕出典人回贖典物之理由（最高法院33年上字第3164號判例參照）。

8. 優先購買權

依土地法第104條規定：「基地出賣時，地上權人、典權人或承租人有依同樣條件優先購買之權。房屋出賣時，基地所有權人有依同樣條件優先購買之權。其順序依登記之先後定之。前項優先購買權人，於接到出賣通知後十日內不表示者，其優先權視為放棄。出賣人未通知優先購買權人而與第三人訂立買賣契約者，其契約不得對抗優先購買權人。」惟此項優先購買權之適用，仍須以典權設定係以建築物，且現已存在為前提，自不待言。

9. 租賃權之推定

土地及土地上之建築物同屬於一人所有，而僅以土地設定典權者，典權人與建築物所有人間，推定在典權或建築物存續中，有租賃關係存在；其僅以建築物設定典權者，典權人與土地所有人間推定在典權存續中，有租賃關係存在；其分別設定典權者，典權人相互間，推定在典權均存續中，有租賃關係存在。前項情形，其租金數額當事人不能協議時，得請求法院以判決定之。依第1項設定典權者，於典權人依第913條第2項、第923條第2項、第924條規定取得典物所有權，致土地與建築物各異其所有人時，準用第838條之1規定（民法第924條之2）。

至於典權人之義務，依民法物權編規定，主要有二：

1. 保管典物義務

典權人應以善良管理人之注意，保管典物，故民法第922條規定：「典權存續中，因典權人之過失，致典物全部或一部滅失者，典權人於典價額限度內，負其責任。但因故意或重大過失，致滅失者，除將典價抵償損害外，如有不足，仍應賠償。」

2. 危險分擔義務

民法第920條規定：「典權存續中，典物因不可抗力致全部或一部滅失者，就其滅失之部分，典權與回贖權，均歸消滅。前項情形，出典人就典物之餘存部分，為回贖時，得由原典價扣除滅失部分之典價。其滅失部分之典價，依滅失時滅失部分之價值與滅失時典物之價值比例計算之」，可知典權人對於典物之危險，負有分擔義務，在典物全部滅失時，典權人即不能取回原典價。

(四) 出典人之權利義務

1. 典物處分權

出典人於典權設定後，對於典物之使用、收益，雖受限制，但因仍擁有典物之所有權，因此民法第918條現定：「出典人設定典權後，得將典物讓與他人。但典權不因此而受影響。」又實務上認為出典人既得讓與典物，自得於不妨害典權範圍內，為他人設定抵押權（司法院大法官釋字第139號解釋）。如出典人於典權存續中，表示讓與其典物之所有權於典權人者，典權人得按時價找貼，取得典物所有權（民法第926條第1項），此即所謂「找貼」。找貼雖有認係典權人之權利，實係出自典權人與出典人，就典物所成立之買賣契約；又找貼後典物所有權既已移轉，致典權消滅，故民法第926條第2項規定：「前項找貼，以一次為限。」

2. 典物回贖權

回贖乃出典人提出原典價，向典權人表示回贖之意思，使典權歸於消滅之行為。回贖為出典人之權利，屬於形成權之一種，出典人回贖典物時，只須向典權人表示回贖之意思，並提出原典價即可；典權於意思表示生效時，即行消滅，縱典權人對於出典人提出之原典價拒絕收領，出典人亦未依法提存，於典權之消滅亦無影響，但如出典人僅向典權人表示回贖之意思，而未提出典價，即無消滅典權之效力（最高法院30年上字第371號及39年台上字第1318號判例參照）。典權回贖之時期，依典權是否定有期限而不同：

(1) **典權定有期限者**：依民法第923條規定：「典權定有期限者，於期限屆滿後，出典人得以原典價回贖典物。出典人於典期屆滿後，經過二年，不以原典價回贖者，典權人即取得典物所有權」，此2年期間，為回贖權之除斥期間，不得

以當事人之合意延長，且期間經過時，回贖權即絕對消滅。如典權所定之期限滿15年，且附有「到期不贖，即作絕賣」之條款者，參照民法第913條規定，於該期限屆滿時，應即行使回贖權，若不回贖，典權人即取得典物之所有權，無須再經過2年期間。

(2) **典權未定期限者**：依民法第924條規定：「典權未定期限者，出典人得隨時以原典價回贖典物。但自出典後經過三十年不回贖者，典權人即取得典物所有權。」如原為定有期限之典權，變更為不定期限之典權，應於典期屆滿前變更，不得於第923條第2項所定回贖權存在之2年期間內變更，且定有期限之典權變為不定期限之典權者，本條所定30年之期間，仍應自出典時起算（司法院院解字第2558號解釋）。

惟不論典權是否定有期限，出典人之回贖，應於6個月前，先行通知典權人（民法第925條），以保護典權人之利益。出典人逾越得回贖之期限而不回贖，則典權人取得典物所有權，此種取得為原始取得；亦即出典人不得再行回贖，其典權歸於消滅。

經轉典之典物，出典人向典權人為回贖之意思表示時，典權人不於相當期間向轉典權人回贖並塗銷轉典權登記者，出典人得於原典價範圍內，以最後轉典價逐向最後轉典人回贖典物。前項情形，轉典價低於原典價者，典權人或轉典權人得向出典人請求原典價與轉典價間之差額。出典人並得為各該請求權人提存其差額。前二項規定，於下列情形亦適用之：(1) 典權人預示拒絕塗銷轉典權登記；(2) 典權人行蹤不明或有其他情形致出典人不能為回贖之意思表示（民法第924條之1）。

3. 償還費用義務

典權人因支付有益費用，使典物價值增加或依第921條規定重建或修繕者，於典物回贖時，得於現存利益之限度內，請求償還（民法第927條第1項），因此出典人即有返還上述費用之義務。

4. 瑕疵擔保義務

典權之設定為有償契約，故出典人對於交付典權人使用收益之典物，依民法第347條：「本節規定，於買賣契約以外之有償契約準用之。但為其契約性質所不許者，不在此限」，而可準用買賣之規定，並負與出賣人同一之擔保責任。

(五) 典權之消滅

典權消滅之原因，除與一般物權共通者，如標的物滅失、混同、拋棄外，尚有特別消滅原因，即絕賣條款之實現（民法第913條）、留買之成立（民法第919條）、回贖權之行使及找貼等，其中除找貼外，均已於前面述及，不再重複說明。

至找貼，亦稱「找貼作絕」，乃於典權存續中，出典人表示將典物所有權讓與典權人，典權人表示願意承受，而找回其典物時價與典價之差額，以消滅典權之一種方法。此因典權之設定，在常態下典價均低於買賣價金，其後出典人如讓與所有權予典權人時，典權人自應補足兩者間之差額，此即爲找貼存在之緣由。經找貼後，典權人取得典物所有權，其典權遂因混同而歸於消滅。

三、案例結論

本案例甲先將座落於台北市民族東路別墅一棟，出典於乙，約定期間8年，嗣再設定抵押權予丙，參照司法院大法官釋字第139號解釋：「不動產所有人於同一不動產設定典權後，在不妨害典權之範圍內，仍得爲他人設定抵押權」，故甲、丙間之抵押權經登記後，應生法律效力。俟屆期甲未清償債務時，依民法第866條第1項固規定：「不動產所有人設定抵押權後，於同一不動產上，得設定地上權或其他以使用收益爲目的之物權，或成立租賃關係。但其抵押權不因此而受影響」，如因而妨礙抵押權之實行，強制執行法第98條第2項亦有抵押權人得請求除去典權之明文，惟該規定以典權設定在後者爲限；如本例題中，甲與乙間之典權設定既在抵押權人之前，在拍賣抵押物時，抵押權人丙自不得請求法院除去乙之典權。

其次，甲另將其座落台北市內湖路別墅一棟出典給丁，期間8年；在第6年時，丁將典物出租給戊，租期3年，很明顯的其租賃之期限已逾原典權之期限，參照最高法院45年台上字第841號判例：「典權存續中，典權人將典物出租他人，其租賃之期限不得逾原典權之期限，既爲民法第915條第2項所明定，則典物經出典人回贖後，該他人與典權人所訂之租約，對於出典人自無得援用民法第425條規定，主張仍繼續存在之餘地」，故典權期限屆滿，出典人甲將典物回贖時，原出租人戊不得再主張其租賃契約繼續存在。

第九章 留置權

> 甲於民國111年2月間，向乙汽車公司台北分公司，購買VOLVO汽車一輛，價金140萬元，尚欠15萬元尾款逾1年未還；甲取得該汽車所有權後，112年3月間停置路邊，因遭人以利器刮傷，送回乙公司之保養廠鈑金修理，雙方約定修理費6萬元；保養完成後，甲付清修理費欲取回汽車時，乙主張甲仍積欠車款未還，將該車留置，其主張有無理由？

一、思考方向

本案例除涉及當事人買賣價金之給付外，主要涉及者為動產之留置權問題。按所謂留置權，乃債權人占有他人之動產，而其債權之發生與該動產有牽連關係，於債權已屆清償期未受清償時，得予以留置之權利（民法第928條）。享有留置權之人，稱為留置權人；其相對人為債務人；被留置之動產，則為留置物。

留置權乃基於法律規定而當然發生之一種擔保物權，其作用係因債權人既占有債務人之動產，債權人債權之發生與該動產又有牽連關係，則於債權未獲清償前，若逕先返還占有物，將使債權難以受償，殊不公平，因而法律遂賦予得拒絕返還該物之權利，以間接迫使債務人儘速清償；倘債務人仍不清償時，則得就留置物取償，以滿足債權，如此既能維持當事人間之公平，復能加強債務清償之效能，對交易安全維護有相當幫助，為此民法物權編亦於第九章，第928條至第939條為留置權規定，以供適用。對於本例題乙公司將甲所購買之汽車，以其車款尚有部分未付清為由，加以留置，自應探討其是否符合留置權之要件及相關規定，分述如下。

二、論點分析

(一) 留置權之發生

留置權為擔保物權，係於具備一定要件時，依法當然取得，與當事人之意思無關。其發生須具備下列要件：

1. 須占有他人之動產

留置權之成立，以占有屬於他人之動產為成立要件，至為直接占有或間接占有，則非所問。此項占有之取得原因，須屬正當，如因侵權行為或其他不法之原因而取得動產之占有時；或者其占有之始明知或因重大過失而不知該動產非為債務人所有者，依民法第928條第2項規定，自不發生留置權。

2. 須債權已屆清償期

留置權以督促債務人清償債務為目的，故民法第928條第1項規定，須債權已屆清償期，始得留置債務人之動產。所謂已屆清償期，在定有期限之債務，為其期限屆至之時；未定期限之債務，則為債權人請求清償之時。惟遇有債務人無支付能力時，此際若仍堅持須俟債權已屆清償期，始得行使留置權，實不足以確保債權人之利益，為此民法第931條第1項再規定：「債務人無支付能力時，債權人縱於其債權未屆清償期前，亦有留置權」，學說上稱之為「緊急留置權」。

3. 須債權之發生與該動產有牽連關係

為避免債權人任意留置債務人之動產，擴張留置權之適用範圍，使債務人權益受損，民法第928條第1項規定，債權人占有屬於其債務人之動產時，須債權之發生與該動產有牽連關係始可。至所謂「牽連關係」，學者意見不一，通說認為有下列情形之一者，即為有牽連關係：

(1) 債權係由於該動產本身而生者。
(2) 債權與該動產之返還義務係基於同一法律關係而生者。
(3) 債權與該動產之返還義務係基於同一事實關係而生者。
(4) 商人間因營業關係而占有之動產，與其因營業關係所生之債權，視為有前條所定之牽連關係（民法第929條），對此，學理上稱為牽連關係之的擬制。

4. 須其留置不違背公序良俗

動產之留置，如違反公共秩序或善良風俗者，不得為之（民法第930條前段）。例如以買賣價金未支付為理由，留置債務人賴以行進之拐杖，即非妥當。

5. 須未與債權人承擔義務或債務人所為指示牴觸

留置人占有他人之物，負有交付該物之義務，法律許其留置，係促使債務人清償；若動產之留置，與債權人所承擔之義務相牴觸者，自不得留置，以免違背誠實信用原則，如運送人留置未為運送之物品等是。其次，債務人交付動產前或交付時曾有指示者，債權人如無反對表示，即應彼此遵守，如將動產留置，則債權人之義務，顯亦未履行，在法理上與誠信原則相背，為此民法第930條後段規定：「其與債權人應負擔之義務或與債權人債務人間之約定相牴觸者，亦同。」惟此乃原則，如債務人於動產交付後，成為無支付能力，或其無支付能力，於交付後始為債權人

所知者，其動產之留置，縱有前條所定之牴觸情形，債權人仍得行使留置權（民法第931條第2項）。

(二) 留置權效力之範圍

1. 留置權所擔保債權之範圍

留置權所擔保債權之範圍，民法未明文規定，解釋上祇要該債權之發生與留置之動產具有牽連關係，不論其為債權、利息、遲延利息、實行留置權之費用、因留置物隱有瑕疵所生之損害賠償等，均包括在內。

2. 留置權標的物之範圍

留置權標的物之範圍，民法亦未如抵押權設有明文規定，惟留置權之標的物為所留置之動產，故留置之動產本身，當然為標的物之範圍；再者，為確保留置權之機能，解釋上更擴及於從物與孳息，甚至因留置物滅失所得受之賠償金，即學理上所稱之代位物或代替物，亦為留置權效力所及。如留置物存有所有權以外之物權者，依民法第932條之1規定，該物權人不得以之對抗善意之留置人，亦即該留置權有優先於其他物權之效力，俾使留置權人獲得更周延保障。

(三) 留置權人之權利義務

1. 留置物之占用權

民法第932條規定：「債權人於其債權未受全部清償前，得就留置物之全部，行使其留置權。但留置物為可分者，僅得依其債權與留置物價值之比例行使之。」按留置權因係擔保物權，具有不可分性，惟留置權之作用乃在實現公平原則，過度之擔保，反失公允，為此民法在本條文增設但書規定，以兼顧保障債務人或留置物所有人之權益。

2. 必要費用求償權

民法第934條規定：「債權人因保管留置物所支出之必要費用，得向其物之所有人，請求償還。」此因留置權之發生，係因債務人不為清償所致，且留置物仍為債務人所有，而必要費用亦為有利於留置物之費用，理應由留置物之所有人負擔。

3. 孳息收取權

不論天然孳息或法定孳息，留置權人既占有留置物，依民法第933條準用第889條、第890條規定，債權人自得收取留置物所生之孳息，以抵償其債權；至收取孳息後，應先抵充收取孳息之費用、次抵原債權之利息、再抵原債權。

4. 留置權之實行

債權人於其債權未受全部清償前，得就留置物行使其留置權，至實行之程序，

依民法第936條規定如下：

(1) **定期通知**：債權人於其債權已屆清償期而未受清償者，得定1個月以上之相當期限，通知債務人，聲明如不於其期限內為清償者，即就其留置物取償；留置物為第三人所有或存有其他物權而為債權人所知者，應併通知之。如不能通知者，於債權清償期屆滿後，經過6個月仍未受清償時，亦得就留置物取償。

(2) **拍賣取償**：債務人不於上述期限內為清償者，債權人得依關於實行質權之規定，就留置物賣得價金優先受償，或取得其所有權。

　　至留置權人之義務，主要為盡善良管理人之注意，保管留置物（民法第933條準用第888條）。故如因怠於管理而滅失或毀損其留置物，縱屬輕微過失，留置權人亦應負損害賠償責任；對於留置物，除非經債務人同意，不得使用或出租其留置物。此外留置權人於留置權消滅時，無論其消滅原因為何，均有將留置物返還債務人或其他受領權人之義務。

(四) 留置物所有人之權利義務

　　動產被債權人留置後，所有人即無法為使用收益，惟其處分權不因之而喪失，仍得將其所有權讓與他人，但留置權不因此而受影響。是以留置權成立之初，該動產固須為債務人之所有，但成立後則不以繼續為債務人所有為必要，如債務人將該動產之所有權，讓與第三人時，則債權人之留置權仍繼續存於第三人之所有物上。至留置物所有人之義務，為前述償還債權人因保管留置物所支出之費用；另留置物因隱有瑕疵而生損害於債權人時，類推適用民法第887條規定，留置物所有人亦有賠償之義務。

(五) 留置權之消滅

　　留置權為擔保物權，故物權共通消滅原因，如標的物滅失、拋棄、留置權之實行、債權經全部清償等，均使留置權消滅，此外，民法於本章中，另規定有下列特別消滅原因：

1. 債務人另提擔保

　　民法第937條第1項規定：「債務人或留置物所有人為債務之清償，已提出相當之擔保者，債權人之留置權消滅」，按留置權之作用，本即在確保債權受償，如債務人已另提擔保，則留置權自無繼續存在必要，應使其消滅。

2. 占有之喪失

　　留置權係以留置物之占有為其成立與存續要件，依民法第937條第2項準用第898條規定，留置權因占有之喪失而消滅，至喪失原因無論是否出於留置權人之意

思，均包括在內。

3. 返還留置物

依民法第937條第2項準用第897條規定，留置權因留置權人返還留置物於債務人而消滅，此之所謂返還，係指由於留置權人之意思，任意將留置物交付或移轉占有於債務人而言。

(六) 特殊留置權

民法第939條規定：「本章留置權之規定，於其他留置權準用之。但其他留置權另有規定者，從其規定」，此之所謂「其他留置權」，係指民法物權編第九章所規定以外之留置權，有下列幾種，除各該法律另有規定外，均可準用本章之規定：

1. 出租人之留置權

不動產之出租人，就租賃契約所生之債權，對於承租人之物置於該不動產者，有留置權。但禁止扣押之物，不在此限。前項情形，僅於已得請求之損害賠償，及本期與以前未交之租金之限度內，得就留置物取償（民法第445條）。

2. 營業主之留置權

主人就住宿、飲食、沐浴或其他服務及墊款所生之債權，於未受清償前，對於客人所攜帶之行李及其他物品，有留置權（民法第612條第1項）。

3. 運送人之留置權

運送人為保全其運費及其他費用，得受清償之必要，按其比例，對於運送物，有留置權。運費及其他費用之數額有爭執時，受貨人得將有爭執之數額提存，請求運送物之交付（民法第647條）。

4. 承攬運送人之留置權

承攬運送人為保全其報酬及墊款得受清償之必要，按其比例，對於運送物，有留置權（民法第662條）。

5. 建造或修繕船舶留置權

建造或修繕船舶所生債權，其債權人留置船舶之留置權位次，在海事優先權之後，船舶抵押權之前（海商法第25條）。

三、案例結論

本案例甲於民國111年2月間，向乙汽車公司台北分公司，購買VOLVO汽車一輛，價金140萬元，尚欠15萬元未還，依民法第367條規定：「買受人對於出賣人，有交付約定價金及受領標的物之義務」，故債權人乙對於甲之價金債權，為買賣契約性質；而債務人甲嗣因所購買之汽車，遭人以利器刮傷，送回乙公司之保養

廠保養修理,依民法第490條規定:「稱承攬者,謂當事人約定,一方爲他方完成一定之工作,他方俟工作完成,給付報酬之契約」,則爲承攬契約之性質,與前述買賣契約不同。又債權人乙取得該VOLVO汽車之占有,係基於承攬關係而來,該承攬關係所生之6萬元債權,業經甲清償完畢,且甲所負買賣價金債務,與乙取得該汽車之占有並無牽連關係,凡此均與民法第928條規定要件不符,乙自不得以甲尚有15萬元價金未付爲由,主張對該輛汽車取得留置權;只得另行起訴,請求買受人清償該未支付之買賣價金。

第十章 占 有

甲於民國111年1月春節前，趁乙全家外出參加喜宴時，侵入其住宅，竊取現金5萬元、機車一部、電腦一台、及某建設公司無記名股票10張後，將該2022年份新機車以2萬元低價，售與知情之機車行老闆丙；丁為某國立大學四年級學生，不知該機車為贓車，以3萬5,000元向丙買受後，供上下學及家教使用。甲為處分贓物，藉口自己急需現金，而將所竊得之電腦及無記名股票，分別轉讓與不知情之朋友戊、己2人。如甲於112年6月間經警查獲後，被害人乙得否向丙、丁、戊、己請求返還被竊之物品，或者請求損害賠償？

一、思考方向

本案例為常見之請求回復盜贓物問題，對於竊盜事件，被害人除關心竊賊是否被繩之以法外，就被竊取之財產請求儘速追回或返還，尤為注意之焦點，惟警方在破獲竊盜案件時，如竊盜犯尚未處分贓物，逕將該物品返還被害人固無爭議；惟如因時間相隔已久，迨警方查獲時，盜贓物已移轉第三人所有時，其所有權究應屬於失主抑或事後取得盜贓物之占有者，非無疑問，凡此，自應從民法物權編第十章占有之規定中，加以探求。

所謂占有，依民法第940條規定，對於物有事實上管領力之狀態稱之；有此管領力之人，即為占有人。占有在我國民法上雖具有相當效力，並受法律保護，但其性質上仍非屬權利，僅係一種法律事實或法律狀態，故占有人不以具備占有意思為要件，無行為能力人亦得為占有人。關於占有之內容，本書分就占有之種類、取得、效力、占有之保護、消滅、準占有等討論之。

二、論點分析

(一) 占有之種類

占有依其狀態不同，可為下列分類：

1. 有權占有與無權占有

有權占有，謂基於合法原因而取得之占有，例如本於所有權、地上權、租賃權等權利而占有。無權占有，指因欠缺法律上原因之占有，例如拾得對於遺失物之占有、竊賊對於盜贓物之占有。

2. 直接占有與間接占有

直接占有，指直接對於物有事實上管領力之狀態；如占有人未直接管領其物，而基於一定法律關係，由他人為其管領之狀態，謂之間接占有。例如地上權人、農育權人、典權人、質權人、承租人、受寄人、或基於其他類似之法律關係，對於他人之物為占有者，該他人為間接占有人（民法第941條）。但受僱人、學徒或基於其他類似之關係，受他人之指示，而對於物有管領之力者，謂之幫助占有人或輔助占有人，不能認為此之所謂占有人，僅該他人為占有人（民法第942條）。

3. 善意占有與惡意占有

善意占有，是指占有人主觀上不知其無占有之本體，而實施占有。惡意占有，則是占有人明知其無占有之本體，卻占有標的物。占有究為善意或惡意，須自占有人主觀意思探求之，民法為求簡便，於第944條第1項規定：「占有人推定其為以所有之意思，善意、和平、公然及無過失占有者」，以保護占有人。又善意占有人，自確知其無占有本權時起，為惡意占有人；或於本權訴訟敗訴時，自其訴訟拘束發生之日起，視為惡意占有人（民法第959條），應予注意。

4. 自主占有與他主占有

自主占有，指以所有之意思而為物之占有，例如所有人之占有或侵占人對於因侵占而取得財物之占有是；他主占有，指不以所有之意思而為物之占有，例如承租人、借用人、受寄人之占有是。所有意思之有無，本應由占有人舉證，但民法第944條第1項，從保護占有人立場，推定占有人以所有之意思而占有，為自主占有。又民法第945條規定：「占有依其所由發生之事實之性質，無所有之意思者，其占有人對於使其占有之人表示所有之意思時起，為以所有之意思而占有。其因新事實變為以所有之意思占有者，亦同。使其占有之人非所有人，而占有人於為前項表示時已知占有物之所有人者，其表示並應向該所有人為之。前二項規定，於占有人以所有之意思占有變為以其他意思而占有，或以其他意思之占有變為以不同之其他意思而占有者，準用之」，此時他主占有，變更為自主占有。

5. 單獨占有與共同占有

單獨占有，指一人單獨占有一物之情形；如數人共同占有一物，則為共同占有，依民法第965條規定：「數人共同占有一物時，各占有人就其占有物使用之範圍，不得互相請求占有之保護。」

6. 繼續占有與不繼續占有

繼續占有，乃在一定期間繼續不間斷所爲之占有；反之則爲不繼續占有。占有是否繼續達一定期間，在取得時效上相當重要，民法爲保護占有人，對於繼續占有，亦設有推定規定，即占有人經證明前後兩時爲占有者，推定前後兩時之間，繼續占有（民法第944條第2項）。

7. 公然占有與隱秘占有

公然占有，乃占有人之狀態顯現於外，不爲故意隱蔽所爲之占有。隱秘占有，乃對於特定人用隱蔽、秘密之方法，而避免其發現之占有。公然占有在我民法第944條第1項，也有推定規定。對於因時效而取得動產之所有權，以公然占有爲必要，不適用於隱秘占有（民法第768條）。

(二) 占有之發生

1. 原始取得

占有之原始取得，係指非基於他人占有之移轉，而取得既存之占有情形，例如對於遺失物占有、無主物之先占均屬之。此等取得只須占有人已對物有事實上之管領力爲已足，無須占有人有占有之意思，故並非法律行爲，取得人不以有行爲能力爲必要。

2. 繼受取得

占有之繼受取得，乃繼受他人之占有而取得占有之謂，通常有讓與及繼承兩種。讓與須爲占有之移轉，此項移轉，因占有物之交付，而生效力，並準用民法第761條之規定（民法第946條），可見並非以現實交付爲限，尚包括簡易交付、占有改定及讓與返還請求權等觀念交付在內。占有之繼承，是指繼承人依法律規定，而取得被繼承人占有之情形。惟無論何種繼受取得，依民法第947條規定：「占有之繼承人或受讓人，得就自己之占有，或將自己之占有與其前占有人之占有合併，而爲主張。合併前占有人之占有而爲主張者，並應承繼其瑕疵」，此處所稱之瑕疵，是指對於物之占有，以惡意、過失、強暴、隱秘或不繼續等方式實施之狀態。例如甲於占有3年後，將其對於他人之動產占有，移轉予乙，乙繼續以所有之意思，和平公然占有2年後，如甲、乙占有之始爲善意並無過失時，即得主張依時效而取得該動產之所有權；但如甲之占有具有隱秘、強暴等瑕疵時，均應一律承繼，而可能使取得時效因而中斷。

(三) 占有之效力

1. 占有權利之推定

占有人之占有，常為行使權利之結果，故民法第943條第1項規定：「占有人於占有物上行使之權利，推定其適法有此權利」，例如占有人於占有物上行使所有權時，則推定其有所有權；行使租賃權時，即推定其有租賃權，因而如有爭執，占有人就其有此權利，不負舉證責任。惟前述推定，對於占有已登記之不動產，或行使所有權以外之權利者，對使其占有之人，不適用之（民法第943條第2項）。

2. 占有權利之善意受讓

民法第948條規定：「以動產所有權，或其他物權之移轉或設定為目的，而善意受讓該動產之占有者，縱其讓與人無讓與之權利，其占有仍受法律之保護。但受讓人明知或因重大過失而不知讓與人無讓與之權利者，不在此限。動產占有之受讓，係依第七百六十一條第二項規定為之者，以受讓人受現實交付且交付時善意為限，始受前項規定之保護。」即所有人或其他權利人不得以讓與人之處分行為屬於無權處分，而對善意之受讓人，請求返還其物。惟占有物如係盜贓物、遺失物，或其他非基於原占有人之意思而喪失占有者，原占有人自喪失占有之時起2年以內，得向善意受讓之現占有人請求回復其物。依前項規定回復其物者，自喪失其占有時起，回復其原來之權利（民法第949條）；但為保護交易安全，尚有下列限制：

(1) 盜贓、遺失物或其他非基於原占有人之意思而喪失其占有物，如現占有人由公開交易場所，或由販賣與其物同種之物之商人，以善意買得者，非償還其支出之價金，不得回復其物（民法第950條）。

(2) 盜贓、遺失物或其他非基於原占有人之意思而喪失其占有之物，如係金錢或未記載權利人之有價證券，不得向其善意占有人，請求回復（民法第951條）。

(3) 第949條及第950條規定，於原占有人為惡意占有者，不適用之（民法第951條之1）。

我國民法為保護交易安全，設有動產善意取得制度，凡以動產所有權或其他物權之移轉或設定為目的，而善意受讓該動產之占有者，縱其讓與人無移轉所有權或設定其他物權之權利，受讓人仍取得其所有權或其他物權。此所謂受讓，係指依法律行為而受讓，如因買賣、互易、贈與、出資等交易行為，受讓人與讓與人間有物權變動之合意與交付標的物之物權行為存在者均屬之。而民法第949條所定盜贓或遺失物之回復請求權，乃善意取得規定之例外，故盜贓或遺失物之現占有人必須符合法律所定善意取得之要件，否則被害人或遺失人儘可依民法第767條、第962條之規定請求回復其物，尚無適用該條規定之餘地（最高法院86年度台上字第2423

號判決意旨參照）。

3. 占有人之用益權

(1) **善意占有人之用益權**：依民法第952條規定：「善意占有人於推定其為適法所有之權利範圍內，得為占有物之使用、收益」，故善意占有人，對於占有物有使用及收取孳息之權利。

(2) **惡意占有人之用益權**：惡意占有人，對於占用物無使用收益之權，故民法第958條規定：「惡意占有人，負返還孳息之義務。其孳息如已消費，或因其過失而毀損，或怠於收取者，負償還其孳息價金之義務。」

4. 占有人之費用求償權

占有人對於回復請求人，有請求償還費用之權利：

(1) **必要費用**：善意占有人因保存占有物所支出之必要費用，得向回復請求人請求償還；但已就占有物取得孳息者，不得請求償還通常必要費用（民法第954條）。如為惡意占有人，因保存占有物所支出之必要費用，僅以有利於回復請求人，且不違反其明示或可得推知之意思，或為其盡公益上之義務者為限，始得請求償還（民法第957條、第176條）。

(2) **有益費用**：善意占有人，因改良占有物所支出之有益費用，於其占有物現存之增加價值限度內，得向回復請求人，請求償還（民法第955條）。但惡意占有人，無請求償還有益費用之權利，以防其任意濫為支出，致回復請求權人難於回復其物之占有。

5. 占有人之賠償責任

(1) **善意占有人之賠償責任**：善意占有人，就占有物之滅失或毀損，如係因可歸責於自己之事由所致者，對於回復請求人，僅以滅失或毀損所受之利益為限，負賠償之責（民法第953條），例如占有物曾向產物保險公司投保火險，因占有人失火燒燬，僅於所受領之保險金範圍內，負賠償責任。

(2) **惡意占有人之賠償責任**：惡意占有人或無所有意思之占有人，就占有物之滅失或毀損，如係因可歸責於自己之事由所致者，對於回復請求人，負損害賠償之責（民法第956條）。

(四) 占有之保護

占有之主要機能，乃係對於物之事實支配，因之，此種事實支配遭受侵害或有受侵害之虞時，法律自應賦予占有人有排除侵害之保護手段，依民法規定，其方式有占有人之自力救濟與占有人之物上請求權兩種：

1. 占有人之自力救濟

權利之取得或存續，常以占有爲表徵，爲有效保護占有，民法第960條規定：「占有人，對於侵奪或妨害其占有之行爲，得以己力防禦之。占有物被侵奪者，如係不動產，占有人得於侵奪後，即時排除加害人而取回之；如係動產，占有人得就地或追蹤向加害人取回之」，是爲占有人之自力救濟。此項權利既爲保護占有人而設，故除占有人自己行使外，依民法第942條所定，對於物有管領力之人，即輔助占有人，如受僱人、學徒、家屬等，亦得行使之（民法第961條）。

2. 占有人之物上請求權

民法第962條規定：「占有人，其占有被侵奪者，得請求返還其占有物；占有被妨害者，得請求除去其妨害；占有有被妨害之虞者，得請求防止其妨害」，此項物上請求權，均爲保護占有而設。所謂占有人，必就占有物有事實上之管領力，始得行使之；否則，即使對占有物有合法之權源，亦不能本於占有請求返還（最高法院64年台上字第2026號判例、86年度台上第3400號判決參照）。又占有非屬權利，僅爲對於物有事實管領力之狀態，與所有權究有區別，故如占有遭受侵害，在經過一定期間後，已成爲社會上平靜狀態，如仍准許恢復占有，反將造成社會交易安全之妨害，故民法規定此項請求權，自侵奪或妨害占有，或危險發生後，1年間不行使而消滅（民法第963條）。

3. 共同占有人之自力救濟及物上請求權

數人共同占有一物時，各占有人得就占有物之全部，行使第960條或第962條之權利。依前項規定，取回或返還之占有物，仍爲占有人全體占有（民法第963條之1）。

(五) 占有之消滅

占有因非爲權利，故物權一般共同之消滅原因，在占有雖無適用餘地，惟占有人拋棄占有，或標的物喪失時，原占有人之事實上管領力既無從實施，其占有自應認爲消滅。此外，依民法第964條規定：「占有，因占有人喪失其對於物之事實上管領力而消滅。但其管領力僅一時不能實行者，不在此限」，例如占有之土地爲洪水暫時淹沒，數日後土地再露出，則占有人之占有即未消滅。

(六) 準占有

準占有，係指對不因物之占有而成立之財產權，行使其權利之事實狀態。例如債權、著作權、商標權、專利權等之占有。按占有以物爲標的，不占有其物而單純行使其權利者，原不得認爲占有；然因現實行使權利，與事實上管領其物，情形類

似，故將法律保護占有之本旨，推及於保護不須占有其物亦得行使權利之財產權，學說對此稱爲準占有，又稱權利占有；其占有人，則稱準占有人。現行民法第966條規定：「財產權，不因物之占有而成立者，行使其財產權之人，爲準占有人。本章關於占有之規定，於前項準占有準用之」，例如行使他人之著作權、商標權時，即應認係該等財產權之準占有人，而可準用前述占有之物上請求權、自力救濟及請求償還費用等相關規定。

三、案例結論

本案例中甲於民國111年1月春節前，侵入乙之住宅，竊取現金5萬元、機車一部、電腦一台、及某建設公司無記名股票10張，可見前該機車、電腦及無記名股票，均屬民法第949條所稱之「盜贓物」，應無疑異。甲竊取前開2022年份新機車後，以2萬元低價售與知情之機車行老闆丙，再由機車行以3萬5,000元轉賣予不知情之丁占有使用，此時依民法第948條第1項前段規定：「以動產所有權，或其他物權之移轉或設定爲目的，而善意受讓該動產之占有者，縱其讓與人無讓與之權利，其占有仍受法律之保護」，即丁之占有原應受善意受讓之保護。惟對於善意受讓，爲保護無辜之受害人，民法第949條第1項另規定：「占有物如係盜贓、遺失物或其他非基於原占有人之意思而喪失其占有者，原占有人自喪失占有之時起二年以內，得向善意受讓之現占有人請求回復其物」，本件被害人乙於112年6月間，在甲經警查獲後，即向丁請求返還該機車，既仍在法定2年之時效期間內，丁自應將機車返還。惟丁在返還時，因該機車係向機車行購得，依民法第950條規定：「盜贓、遺失物或其他非基於原占有人之意思而喪失其占有者，如現占有人由公開交易場所，或由販賣與其物同種之物之商人，以善意買得者，非償還其支出之價金，不得回復其物」，乙自應將其所買受之價金3萬5,000元償還後，丁始有交付該機車之義務。

其次，甲將所竊得之電腦一台，轉讓與不知情之戊部分，依上述說明，戊雖爲善意受讓，但因該電腦爲盜贓物，參照民法第949條規定，2年內被害人仍得向占有人請求回復其物，故乙請求戊返還電腦，亦有理由；又因戊之取得電腦，既非由公開交易場所，或由販賣與其物同種類之商人手中取得，故戊返還時不得請求被害人償還其支出之價金。

至於甲將無記名股票轉讓與不知情之己部分，因己爲善意受讓人，依民法第951條規定：「盜贓、遺失物或其他非基於原占有人之意思而喪失其占有之物，如係金錢或未記載權利人之有價證券，不得向其善意受讓之現占有人，請求回復」，故就該10張某建設公司之無記名股票，乙自不得請求返還。

　　另對乙之前開損失，依民法第184條第1項規定：「因故意或過失，不法侵害他人之權利者，負損害賠償責任」，竊盜犯甲侵入乙之住宅，竊取財物，顯構成侵權行為，乙自得依該規定，請求甲負損害賠償責任。而機車行負責人丙對於甲所出售之機車為贓車，知情故買，雖非乙財物被竊之原因，但足以妨害乙對於被竊財物行使追及或回復之權利，故丙買受機車之行為，除刑法上有故買贓物刑責外，在民事上對乙仍構成侵權行為，就該3萬5,000元部分，應負損害賠償責任，併予敘明。

第四編

親　屬

第一章 通 則

> 甲為乙之婚生子，丙為丁之婚生女，甲、丙均已年滿20歲，戀愛多年，論及婚嫁，無奈丁以甲男右腳因車禍而殘廢，執意反對兩人成親，惟甲、丙心意已決，仍如期至法院辦理公證結婚，並由甲之父親乙出面主持，宴請賓客，丁一氣之下乃登報與丙女脫離父女關係。甲、丙婚後3年，未能懷孕成功，乃收養戊為養子，此時當事人間之親屬關係為何？

一、思考方向

親屬關係，有廣狹二義，廣義的親屬關係，指血親、姻親及配偶等關係之總稱；狹義的親屬關係，則僅指血親及姻親而言；惟無論何者，均可認為親屬關係，乃基於血統或婚姻關係所聯繫之特定人間在身分上之關係。我國向以宗法為中心，重視道德倫常，早期將親屬分為內親（本親、本宗、本族、宗族、宗親）與外親（外族），至明律以後，由外親分離妻親，於是有內親、外親、妻親三種。所謂內親者，指自同一男祖先所傳下之男系血統而言，包括祖母、母、妻、兄弟妻、子孫婦等；外親者，指其血統由女系相連絡之親屬，包括母族（母姊妹、母姊妹之子、母兄弟、外祖父母等）及女系血親（即姑表兄弟姊妹、外孫等）；至於妻親，指夫因婚姻而與妻之本生親屬間所發生之親屬關係，如妻之父母、妻之兄弟姊妹等。清宣統三年第一次民律草案，沿襲明、清舊律，於第1317條分親屬關係為宗親、外親、妻親外，再加上夫妻關係。

現行民法以男女平等主義為基礎，廢除以往依宗法觀念而作之親屬分類，同時對於過去以父母或夫妻為連結中心，上下綿延不絕、血統聯絡無窮之廣泛「道義上親屬關係」限縮，使「法律上親屬關係」，僅及於配偶、血親、姻親三類，同時於第四編第一章第967條至第971條，分別將血親、姻親之定義、親等之計算及親屬關係之發生或消滅加以規範。依民法之規定，在本案例中甲為乙之婚生子，丙為丁之婚生女，甲、丙結婚後另收養戊為養子，此時當事人間分別屬於何種親屬關係，且丁登報與丙女脫離父女關係，其效力如何？是否使兩人間之親屬關係消滅，均為本法律問題應思考之重點。

二、論點分析

按民法爲人民生活之規範，權利義務之準繩，而民法親屬編所規定者，爲親屬間身分關係之發生、變更或消滅，以及基於此等身分所生之權利義務，其對於家庭生活之幸福美滿，社會秩序之安定祥和，與國家民族之綿延昌盛，影響深遠。依學者通說之見解，認爲民法中之債編及物權編，係規定財產關係，故爲財產法；親屬編則規定身分關係，故爲身分法；因身分關係，多係自然發生，並以社會習俗爲基礎，使得親屬法有強烈之地域性及民族性，不似債法及物權法，各國法制原則上多屬相同；又身分關係有固定性，除不許附條件及期限外，親屬法之許多強行規定，不得以當事人之意思而變更或排除其適用；且身分行爲，應尊重當事人之意思，原則上不許代理，凡此均爲親屬法之特性，在研究親屬法時，務需先行了解。其次，關於親屬之種類、親系、親等及親屬關係之發生及消滅等方面，分別討論如下：

(一) 親屬之分類

如前所述，親屬關係分爲配偶、血親及姻親三種：

1. 配偶

夫妻乃人倫之始，爲最基本之親屬關係。

2. 血親

指有血緣關係之親屬，可再分爲：

(1) **自然血親**：指出於同一祖先，而有血統連繫之親屬。如父母、子女、兄弟姊妹，乃至半血緣之同父異母或同母異父之兄弟姊妹，亦爲自然血親。

(2) **法定血親**：指本無血統關係，因法律規定而取得血親身分之親屬，又稱爲「擬制血親」。例如養子女與養父母間之關係。

3. 姻親

指因婚姻而發生之親屬關係，依民法第969條規定，姻親可分爲三種：

(1) **血親之配偶**：指與自己有血親關係之配偶，例如兄弟之妻、姊妹之夫、兒媳、女婿等。

(2) **配偶之血親**：指與自己配偶之血親所成立之親屬關係，例如夫之父母、夫之前妻之子等。

(3) **配偶之血親之配偶**：指與自己配偶之血親結婚之人所成立之親屬關係，例如夫之兄弟之妻、妻之姊妹之夫等。

至血親之配偶之血親，在我民法則不承認其爲姻親，以免姻親範圍過於廣泛，故甲之女嫁與乙之子爲娶，甲乙之間（兒女親家）無姻親關係（司法院院解字第2209號）。

(二) 親屬之親系

親系者，指親屬關係如何連結之系別，除配偶外，可分為血親之親系與姻親之親系：

1. 血親之親系

(1) **直系血親：**依民法第967條第1項規定，直系血親乃己身所從出，或從己身所出之血親。前者，如父母、祖父母等為直系血親尊親屬。後者，如子女、孫子女等為直系血親卑親屬。

(2) **旁系血親：**依民法第967條第2項規定，旁系血親乃非直系血親，而與己身出於同源之血親。如屬於尊輩之叔伯祖父、叔父伯父，屬於同輩之兄弟姊妹、同父異母兄弟姊妹、表兄弟姊妹，以及屬於卑輩之姪子、姪女、外甥等均屬之。

2. 姻親之親系

姻親之為直系或旁系，依民法第970條其親系之決定如下：

(1) **血親之配偶：**血親之配偶，從其配偶之親系，如子女為直系血親，則媳婿為直系姻親；伯叔父為旁系血親，則伯叔母為旁系姻親是。

(2) **配偶之血親：**配偶之血親，從其與配偶之親系，如妻之父母為妻之直系血親，則己身與妻之父母即為直系姻親。妻之兄弟為妻之旁系血親，則己身與妻之兄弟為旁系姻親。

(3) **配偶之血親之配偶：**配偶之血親之配偶，從其與配偶之親系，如妻之姊妹之夫為妻之旁系姻親，亦為夫之旁系姻親；夫之侄媳為夫之旁系姻親，亦為妻之旁系姻親。

(三) 親屬之親等

親等乃表示親屬關係遠近親疏之標準，其計算方法在立法沿革上，有羅馬法主義和寺院法主義兩種。前者之計算方法，對於直系血親從己身上下數，以一世為一親等；旁系血親從己身數至同源之直系血親，再由同源之直系血親數至與之計算親等之血親，以其總世數為親等之數。至於寺院法之計算方法，對於直系血親從己身上下數，以一世為一親等，旁系血親，則由己身及與之計算親等之血親，分別上數至同源之人，其世數相同者，用該數定親等，不同者，從其多數。我國現行民法，採羅馬法主義，作為計算親屬間親等之標準：

1. 血親親等之計算

依民法第968條規定，血親親等之計算為：

(1) **直系血親：**從己身上下數，以一世為一親等，如自己與父母、子女為一親等直

系血親，祖父母與自己爲二親等直系血親。

(2) **旁系血親**：從己身數至同源之直系血親，再由同源之直系血親，數至與之計算親等之血親，以其總世數爲親等之數。如己身與兄弟計算親等時，則數至同源之父親（一世），再由父親數至兄弟（一世），共計爲二世，則己身與兄弟爲二親等是。

2. 姻親親等之計算

依民法第970條規定，姻親親等之計算如下：

(1) **血親之配偶**：從其配偶之親等，如子女爲一親等直系血親，則媳婿爲一親等直系姻親是。

(2) **配偶之血親**：從其與配偶之親等，如夫之父母爲夫之一親等直系血親，即爲妻之一親等直系姻親是。

(3) **配偶之血親之配偶**：從其與配偶之親等，如夫之兄弟之妻，爲夫之二親等旁系姻親是。

(四) 親屬關係之發生與消滅

1. 親屬關係之發生

(1) 自然血親，以出生爲原因；但非婚生子女須經認領、撫育，或生父與生母結婚，始能與其父親發生血親關係，惟與其生母之關係，自始即視爲婚生子女（民法第1064條至第1065條）。

(2) 擬制血親，以生前收養爲發生原因。

(3) 姻親關係，以結婚爲發生原因。

2. 親屬關係之消滅

(1) 自然血親因出生之事實而發生，因死亡（包括死亡宣告）而消滅，非當事人能以自己之意思而消滅血親關係，故父母與子女間，縱有任何終止之合意，亦不能脫離其親子關係；又子女雖被收養、出嫁或被招贅，其與自然血親之親屬關係，亦不消滅。

(2) 擬制血親除前述死亡之原因外，依民法第1080條、第1081條規定因收養關係之終止而消滅；如收養關係有民法第1079條之2撤銷情事時，宜類推結婚撤銷解釋，使亦成爲擬制血親消滅之原因。

(3) 姻親關係，依民法第971條規定，因離婚而消滅；結婚經撤銷者與離婚相同，其婚姻關係均失其存在基礎，故同爲姻親關係消滅之原因。

三、案例結論

在本案例甲爲乙之婚生子，丙爲丁之婚生女，故甲、乙間及丙、丁間均爲民法第967條第1項之直系血親關係，且爲一親等直系血親。嗣甲、丙（均已年滿20歲）因戀愛多年而至法院公證結婚，雙方互爲配偶，此爲最基本之親屬關係。

對於甲、丙之結婚，丙之父親丁不同意，甚至登報與丙女脫離父女關係，惟自然血親因出生而發生，除死亡外不能消滅其親屬關係，非當事人所能任意決定，最高法院41年台上字第1151號判例亦認「血親關係原非當事人間所能以同意使其消滅，縱有脫離父子關係之協議，亦不生法律之效力」，故丁之登報聲明脫離父女關係，並不發生法律上效力，丙、丁間之直系血親關係，仍繼續存在。

至甲、丙婚後3年，未能懷孕成功，乃收養戊爲養子，此時甲、丙與戊間發生擬制血親關係，爲一親等直系血親；而乙、丁與戊則爲二親等直系血親關係，依民法第1077條規定，養子女與養父母之關係，除法律另有規定外，與婚生子女相同。

第二章 婚 姻

第一節 婚 約

案例90

　　甲男已成年，認識年齡甫17歲、家境富裕之乙女。甲男向乙女詐稱其為留美碩士，目前在國內某知名資訊電腦公司擔任經理職務，月入10萬元以上，乙女信以為真，在交往3個月後，經父親應允下與甲男訂婚，甲男贈與乙女價值18萬元之鑽戒一枚，乙女回贈金錶、白金戒子一枚，約值50萬元；女方又在五星級大飯店席開三桌，宴請雙方親友，支出5萬元。訂婚後乙女為協助甲男創業，辭去月薪4萬元之工作，且為舉行婚禮，訂作禮服及其他開支，共花費20萬元。嗣乙女認為結婚乃遲早之事，在甲男花言巧語下，與其同居發生多次性關係。訂婚3個月後，乙女父親查知甲男僅為高中畢業生，在該知名資訊電腦公司為臨時雇員，乙女得悉後在結婚前，是否得撤銷其與甲男之婚約？又其得對甲男主張何種權利？

一、思考方向

　　婚約是男女間以將來結婚為目的而訂立之一種身分上預約，通常稱為訂婚。婚約雖非結婚之要件，但我國民間習俗，在結婚之前常訂有婚約，早期傳統之訂婚往往由祖父母、父母決定並主持，男女雙方均不能自為訂婚；在訂婚時須作成婚書或收受聘禮，始能成立，性質上屬於要式契約；訂婚後當事人互負成婚義務，不可任意改悔。

　　至現行親屬法，對於有關婚約之規定，一方面為貫徹執行婚姻當事人意思自主之原則，脫離傳統以「合兩家之好」為目的之婚姻，從個人主義出發，遂將傳統訂婚中有關主婚權人之規定、違反婚約之刑事制裁、民事強制執行之效果，於民法親屬編中予以排除；另方面為顧及中國歷代對訂婚程序之重視，及違反婚約之嚴重後果，故於民法親屬編第972條至第979條之2等條文中，分別就婚約之要件、效力、婚約解除之事由及方法，違反婚約之損害賠償等均作詳細規定，以供遵守。

　　本案例未成年之乙女受甲男詐騙，與其訂立婚約，並贈與價值50萬元之財物，

事後得否撤銷雙方婚約，對於所受損害究應如何請求賠償，凡此務需先就甲、乙間之訂婚是否符合婚約之要件，甲男之詐欺是否構成婚約解除之事由，以及解除婚約後當事人間之法律責任為何？依序加以討論。

二、論點分析

(一) 婚約之要件

現行民法親屬編對於婚約之形式，並未加以規定，通常認為婚約為不要式之法律行為，不須書面也無庸任何儀式。惟因婚約既為男女雙方約定將來應相互結婚之契約，與一般契約相同，應具備當事人有意思能力、雙方意思表示合致、無被詐欺或脅迫情事；此外，基於婚約為身分行為之特質，其成立應具備下述要件：

1. 應由當事人自行訂定

婚約為契約之一種，自應以當事人意思表示一致為必要，且依民法第972條，應由男女當事人自行訂定，故父母代訂之婚約，當然無效，無待於解除。

2. 須達訂婚年齡

依前項所述，訂婚既應由當事人自行訂定，故其年齡不宜過低，以免身心未臻健全，無從理解訂婚之法律效果，滋生未成年早婚之弊病，為此民法第973條規定，男女未滿17歲，不得訂定婚約，違反此項規定者，其婚約無效。

3. 未成年人訂婚應得法定代理人同意

民法為保護未成年人，使其不會因一時思慮未周而為婚約之承諾，以致他日後悔而負損害賠償責任，乃於民法第974條規定：「未成年人訂定婚約，應得法定代理人之同意」，至同意之方式，以口頭或書面，明示或默示均無不可，違反此項規定者，其婚約無效。

(二) 婚約之效力

男女雙方訂立婚約後，其法律效果如下：

1. 不發生身分關係

男女訂婚後，社會習慣上稱為未婚夫妻或未婚配偶，其情誼可與已婚夫妻相比擬，惟在現行民法上未規定婚約之身分上效力，故法律上仍未發生配偶或姻親關係，彼此間無同居義務，日常家務不得互為代理人，如未舉行結婚儀式，即同居生子，其子女與生父仍為非婚生子女關係。

2. 婚約不可強迫履行

由於訂婚只是為將來結婚預約之行為，為尊重當事人之意思自由，民法第975

條規定：「婚約，不得請求強迫履行」，亦不可向法院起訴請求對方履行。我國最高法院於19年上字第155號判例即建議「法院遇有悔婚案件，自應以和平方法盡力曉諭當事人，與其不能達強制執行之目的，孰若聽其解約，而就其因他造悔約所生之損害，依法要求賠償較爲得計。」

3. 違反婚約應負賠償責任

婚約雖不得強迫履行，但依民法第978條規定：「婚約當事人之一方，無第九百七十六條之理由而違反婚約者，對於他方因此所受之損害，應負賠償之責」，此條文所謂之損害，專指財產上之積極損害，如女方因購置嫁妝、準備婚禮或辭去職業所受之損害，均可請求賠償。如受害人無過失時，依民法第979條第1項規定，雖非財產上之損害，受害人亦得請求賠償相當之金額，因此項請求權涉及被害人之人格，是否行使應尊重其意思，故不得讓與或繼承；但已依契約承諾或已起訴者，既變更爲財產上權利，依民法第979條第2項規定，自得爲讓與或繼承之標的物。又此項請求權之行使，宜早日決定，故因2年間不行使而消滅（民法第979條之2）。

(三) 婚約之解除

婚約之解除，指已有效成立之婚約，嗣後因一定事由發生而消滅婚約之效力。婚約除當事人死亡而終了外，亦可因雙方合意解除或由當事人之一方，依法律規定原因加以解除，分述之：

1. 合意解除

婚約既因男女雙方之合意而訂立，爲將來結婚預作準備，如事後認爲雙方無法共同生活，自可合意解除婚約，以消滅其效力。

2. 法定解除

依民法第976條第1項規定，婚約當事人之一方，有下列情形之一者，他方得解除婚約：

(1) 婚約訂定後，再與他人訂定婚約或結婚。

(2) 故違結婚期約。

(3) 生死不明已滿1年。

(4) 有重大不治之病。

(5) 婚約訂定後與他人合意性交。

(6) 婚約訂定後受徒刑之宣告。

(7) 有其他重大事由。

婚約之解除，應向他方以意思表示爲之，如事實上不能向他方爲解除之意思表

示時，依民法第976條第2項規定，無須爲意思表示，自得爲解除時起，不受婚約之拘束。

3. 婚約解除之效力

(1) **婚約消滅：** 婚約解除後，雙方自解除時起，不受婚約之拘束。

(2) **損害賠償：** 在合意解除時，除雙方另有約定外，不得請求損害賠償（最高法院57年台上字第428號判例）；惟在一方解除婚約時，民法採過失賠償主義，於第977條規定：「依前條之規定，婚約解除時，無過失之一方，得向有過失之他方，請求賠償其因此所受之損害。前項情形，雖非財產上之損害，受害人亦得請求賠償相當之金額。前項請求權不得讓與或繼承。但已依契約承諾，或已起訴者，不在此限。」即無過失之一方，得向有過失之一方請求財產上及非財產上（精神上）之損害賠償，如雙方均有過失時，則不得請求賠償。又該損害賠償請求權，不宜久延不決，故民法第979條之2規定，因2年間不行使而消滅。

(3) **贈與物之返還：** 婚約當事人間因訂定婚約，常有支付聘金及贈送財物情事，性質上係有負擔之贈與，當婚約解除時，自應返還，爲此民法第979條之1特別明定：「因訂定婚約而爲贈與者，婚約無效、解除或撤銷時，當事人之一方，得請求他方返還贈與物。」又此項請求權，也因2年間不行使而消滅（民法第979條之2）。

三、案例結論

本案例甲男已成年，認識未成年人乙女，由於甲男以欺罔方法，詐稱其爲留美碩士，目前在國內知名資訊電腦公司擔任經理職務，月入10萬元以上，致乙女陷於錯誤，經其法定代理人同意，而訂定婚約。對於此種因詐術締結之婚約，民法雖無得撤銷之明文，但婚約性質上既爲男女雙方以將來互相結婚爲目的所訂立之契約，故學理上得類推適用民法第997條：「因被詐欺或被脅迫而結婚者，得於發見詐欺或脅迫終止後，六個月內向法院請求撤銷之」規定，故乙女於得悉被詐欺後，自可於6個月內撤銷其婚約；關於撤銷權行使之方法，以向甲爲撤銷婚約之意思表示即可，無需訴請法院裁判撤銷。

甲、乙經撤銷婚約後，依民法第979條之1規定：「因訂定婚約而爲贈與者，婚約無效、解除或撤銷時，當事人之一方，得請求他方返還贈與物」，故乙可請求甲返還金錶及白金戒子各一枚，惟同時亦應將甲所贈與之鑽戒一枚返還，以求公允。

至於乙女爲協助甲男創業，辭去月薪4萬元工作乃所失利益之損害；爲舉行婚禮，訂作禮服及其他開支共花費20萬元，以及訂婚當日在大飯店宴客席開三桌，

支出5萬元等財產上積極損害部分，本於同一法理，應可類推適用民法第999條第1項：「當事人之一方，因結婚無效或被撤銷而受有損害者，得向他方請求賠償。但他方無過失者，不在此限」規定，於乙女因撤銷婚約受有損害，而甲欺罔乙女有過失時，即得請求損害賠償。至於乙女在訂立婚約，因甲男之花言巧語，與其同居發生性關係，參照前述第999條第2項規定：「前項情形，雖非財產上之損害，受害人亦得請求賠償相當之金額。但以受害人無過失者為限」，即乙女舉證其無過失時，對此非財產上損害部分，亦得請求賠償。

第二節　結婚

案例91

> 　　甲男與乙女大學畢業後，均已就業多年，因愛好文藝而結婚，在110年2月14日情人節當天，在自宅席開15桌宴請賓客，舉行婚禮，逾1年後才向戶政機關辦理結婚登記，是否發生結婚之效力？又婚後2年，乙女有一表姐之女兒丙，年滿20歲，長得秀麗可愛，因就業關係而借宿甲、乙家中。甲男即常藉機親近丙女，噓寒問暖，致引起乙女不滿，甲男與乙女間為此爭吵不休，終告依法協議離婚，日後甲男可否與丙女結婚？

一、思考方向

　　結婚，又稱婚姻之成立或婚姻之締結，乃男女雙方依照法律所規定要件，確立夫妻關係之一種重要法律行為。婚姻雖係個人私生活關係之一部分，但其不僅是男女雙方之終身大事，還涉及子女之婚生性與其他親屬關係之發生，甚至與民族健康和社會發展有重要關連，因此國家應有妥善之婚姻政策，以規範夫妻間之權利義務，保障合法婚姻。民法為落實國家之婚姻政策，於親屬編第二章第二節中，自第980條至第985條，即對結婚之形式與實質要件，分別加以規定，俾供依循。是以，在本案例中，甲男與乙女在自宅舉行婚禮，逾1年後才向戶政機關辦理結婚登記，此即牽涉結婚形式要件之問題；至甲男於離婚後，有意與前妻表姐之女兒丙結婚，是否符合民法「須非一定親屬」之限制，均為吾人亟應研究之問題。為綜合敘明起見，茲將民法關於結婚之形式要件、實質要件及結婚之無效與撤銷分述於後。

二、論點分析

結婚之要件，通常分為形式要件與實質要件，前者為依法律規定，婚姻成立所必須具備之方式，後者為婚姻當事人應具備之公益上或私益上具體條件。

(一) 結婚之形式要件

我國民法為尊重民間習俗，關於結婚之方式，修正前係採「儀式婚主義」，而於第982條第1項規定：「結婚，應有公開儀式及二人以上之證人」，故結婚為要式行為。所謂「公開儀式」，指結婚當事人，應行定式禮儀，使不特定人可共見共聞而言。民國96年5月23日新修正之民法，則改採「結婚登記主義」，而於第982條規定：「結婚應以書面為之，有二人以上證人之簽名，並應由雙方當事人向戶政機關為結婚之登記」，析言之，結婚之形式要件有三：

1. 須以書面為之。
2. 須有二人以上之證人簽名，該證人只要有行為能力，在場親見，而願證明即可，不以證婚人為限。
3. 須向戶政機關為結婚之登記。

(二) 結婚之實質要件

1. 須有結婚之合意

結婚是男女間以建立家庭，互為配偶為目的之兩性結合，屬於身分上契約，因此須有當事人結婚之合意始能成立，是以過去由父母代為訂立，或於無意識或精神錯亂中結婚者，均難認發生結婚之效力。

2. 須達法定年齡

民法第980條規定：「男女未滿十八歲者，不得結婚」，民國110年1月13日修正第980條時，鑑於未成年人，尤指少女結婚生育，對其健康會造成不利影響，同時妨礙其學業，導致其經濟自立也受到侷限。不僅影響婦女本身，還限制其能力發展和獨立性，減少其就業機會，從而對家庭和社區皆造成不利影響。是為保障兒童權益及男女平等，以符合消除對婦女一切形式歧視公約第15條、第16條規定，爰修正男女最低結婚年齡為18歲。

3. 未成年人結婚應得法定代理人同意

婚姻為人生大事，務需慎重，不宜任由血氣方剛之未成年人自行決定，以免在「結婚成年制」下，衍生社會問題，為此民法於第981條明定：「未成年人結婚，應得法定代理人之同意。」惟110年1月13日修正時，因成年年齡與最低結婚年齡均

修正為18歲，故已無未成年人結婚應得法定代理人同意之情形，爰予刪除。

4. 須不違反近親結婚之限制

西方著名學者摩爾根曾指出：「沒有血源親屬關係的民族間之婚姻，會創造出體質上和智力上都更加強健的人種」，因此禁止一定範圍內之親屬結婚，不僅基於優生學之考量，更可避免因婚姻致尊卑失序，為此民法第983條第1項規定與下列親屬不得結婚：

(1) 直系血親及直系姻親。

(2) 旁系血親在六親等以內者。但因收養而成立之四親等及六親等旁系血親，輩分相同者，不在此限。

(3) 旁系姻親在五親等以內，輩分不相同者。

又為顧及倫常，第983條第2、3項再規定，前項姻親結婚之限制，於姻親關係消滅後，以及因收養而成立之直系親屬間，於收養關係消滅後亦不得結婚，應予注意。

5. 須無監護關係

監護人與受監護人在監護關係存續中，因有監督服從關係，為避免因權勢使他方非出於自願而結婚，且使受監護人之財產不致被侵蝕，民法第984條規定：「監護人與受監護人，於監護關係存續中，不得結婚。但經受監護人父母之同意者，不在此限。」

6. 須非重婚或同時婚

為貫徹一夫一妻制原則，民法第985條規定：「有配偶者，不得重婚。一人不得同時與二人以上結婚」，惟如僅有婚約而未結婚者，雖另與他人結婚，既非重婚，自不得加以禁止（最高法院29年上字第737號判例參照）。

(三) 結婚之無效

1. 結婚無效之原因

依民法第988條規定，其情形有三：

(1) 結婚不具書面、二人以上證人簽名，或未向戶政機關辦理結婚登記。

(2) 結婚違反民法第983條親屬結婚之限制者。

(3) 結婚違反民法第985條而為重婚者。但重婚之雙方當事人，因善意且無過失信賴一方前婚姻消滅之兩願離婚登記或離婚確定判決而結婚者，不在此限。值得注意者，為解決大陸淪陷後來台官兵重婚問題，維護在台配偶權益及社會安寧秩序，而於台灣地區與大陸地區人民關係條例第64條中另規定：「夫妻因一方在台灣地區，一方在大陸地區，不能同居，而一方於民國七十四年六月四日

以前重婚者，利害關係人不得聲請撤銷；其於七十四年六月五日以後七十六年十一月一日以前重婚者，該後婚視爲有效。前項情形，如夫妻雙方均重婚者，於後婚者重婚之日起，原婚姻關係消滅」，值得注意。

2. 無效婚姻之效力

(1) **身分上效力**：結婚無效者，男女雙方身分上關係，均爲當然、絕對、自始不發生效力，與未結婚無異，如配偶懷孕所生之子女，亦爲非婚生子女。

(2) **財產上效力**：婚姻無效在財產上發生損害賠償之效力，依民法第999條第1項規定：「當事人之一方，因結婚無效或被撤銷而受有損害者，得向他方請求賠償。但他方無過失者，不在此限」，請求權人依本條文訴請損害賠償之要件有二：一爲請求權人受有損害，另一爲他方有過失，至於受害人是否亦有過失，則非所問。

(3) **非財產上效力**：在精神上之損害賠償方面，依民法第999條第2項規定，無過失之受害人，得向有過失之他方，請求賠償相當之金額。此項請求權，不得讓與或繼承；但已依契約承諾，或已起訴者，已變爲財產上權利，仍得爲讓與或繼承之標的。

(4) **其他效力**：依民法第999條之1第1項規定：「第一千零五十七條及第一千零五十八條之規定，於結婚無效時準用之」，即夫妻無過失之一方，因結婚無效而陷於生活困難者，他方縱無過失，亦應給予相當之贍養費；又夫妻婚姻無效時，無論其原用何種夫妻財產制，各取回其固有財產，如有短少，由有管理權之一方負擔。但其短少係由非可歸責於有管理權之一方之事由而生者，不在此限。

3. 善意重婚之前婚姻視爲消滅之效力、賠償及相關規定

如前所述，重婚之雙方當事人，因善意且無過失信賴一方前婚姻消滅之兩願離婚登記或離婚確定判決而結婚者，其重婚仍然有效，此際有前、後兩個婚姻存在，爲此民法第988條之1規定：

(1) 前條第3款但書之情形，前婚姻自後婚姻成立之日起，視爲消滅。

(2) 前婚姻視爲消滅之效力，除法律另有規定外，準用離婚之效力。但剩餘財產已爲分配或協議者，仍依原分配或協議定之，不得另行主張。

(3) 依第1項規定前婚姻視爲消滅者，其剩餘財產差額之分配請求權，自請求權人知有剩餘財產之差額時起，2年間不行使而消滅。自撤銷兩願離婚登記或廢棄離婚判決確定時起，逾5年者亦同。

(4) 前婚姻依第1項規定視爲消滅者，無過失之前婚配偶得向他方請求賠償。

(5) 前項情形，雖非財產上之損害，前婚姻配偶亦得請求賠償相當之金額。

(6) 前項請求權，不得讓與或繼承。但已依契約承諾或已起訴者，不在此限。

(四) 結婚之撤銷

1. 結婚撤銷之原因

(1) 依民法第989條規定，結婚違反第980條之規定者（未達法定年齡），當事人或其法定代理人，得向法院請求撤銷之。但當事人已達該條所定年齡或已懷胎者，不得請求撤銷。

(2) 依民法第991條規定，結婚違反第984條之規定者（監護關係之限制），受監護人或其最近親屬得向法院請求撤銷之。但結婚已逾1年者，不得請求撤銷。

(3) 依民法第995條規定，當事人之一方於結婚時不能人道而不能治者，他方得向法院請求撤銷之。但自知悉其不能治之時起已3逾年者，不得請求撤銷。

(4) 依民法第996條規定，當事人之一方於結婚時係在無意識或精神錯亂中者，得於常態回復後6個月內向法院請求撤銷之。

(5) 依民法第997條規定，因被詐欺或被脅迫而結婚者，得於發見詐欺或脅迫終止後，6個月內向法院請求撤銷之。

2. 結婚撤銷之效力

(1) **身分上效力**：結婚之撤銷，係因婚姻本身有瑕疵，但情節較無效婚姻爲輕，故法律賦予當事人撤銷權；惟在撤銷前，當事人間已有夫妻結合之事實，爲避免法律關係趨於複雜，兼顧及子女之婚生性，民法第998條規定：「結婚撤銷之效力，不溯及既往」，使撤銷向將來發生效力。

(2) **財產上效力**：與前述無效婚姻之效力相同。

(3) **非財產上效力**：與前述無效婚姻之效力相同。

(4) **其他效力**：結婚經撤銷時，依民法第999條之1第2規定：「第一千零五十五條、第一千零五十五條之一、第一千零五十五條之二、第一千零五十七條及第一千零五十八條之規定，於結婚經撤銷時準用之。」即民法第四編第二章第五節離婚中，關於父母離婚後親權之行使規定，法院於酌定或改定子女親權人時所應注意事項之規定、選定父母以外適當監護人之規定，贍養費及夫妻固有財產之取回等規定，在結婚撤銷時，都可加以準用。

三、案例結論

　　按民法第982條規定：「結婚應以書面爲之，有二人以上證人之簽名，並應由雙方當事人向戶政機關爲結婚之登記」，可知我國民法採形式婚中之「結婚登記主義」。故結婚之形式要件爲書面、二人以上之證人簽名，及結婚之戶籍登記。依

戶籍法第9條第1項：「結婚，應為結婚登記」、第48條第1、2項：「戶籍登記之申請，應於事件發生或確定後三十日內為之。……前項戶籍登記之申請逾期者，戶政事務所仍應受理」，違反者戶政機關得依同法第79條規定，處新台幣300元以上900元以下罰鍰，經催告仍不為結婚登記申請者，處新台幣900元以下罰鍰。故甲、乙在自宅席開15桌宴請賓客，舉行婚禮，如有書面之結婚證書，二人以上之證人簽名，縱逾1年才為結婚登記，仍生結婚之效力。

又婚後2年，甲男與乙女依法協議離婚，甲男有意與前妻表姐之女兒丙結婚，此時應考慮雙方是否有違反民法近親禁止結婚之限制。依民法第983條規定：「與左列親屬，不得結婚：一、直系血親及直系姻親。二、旁系血親在六親等以內者。但因收養而成立之四親等及六親等旁系血親，輩分相同者，不在此限。三、旁系姻親在五親等以內，輩分不相同者。前項姻親結婚之限制，於姻親關係消滅後，亦適用之。第一項直系血親及直系姻親結婚之限制，於因收養而成立之直系親屬間，在收養關係終止後，亦適用之」，本案例中，甲、乙原係夫妻，而丙係乙女表姐之女兒，為配偶之血親，其親等依民法第970條第2款規定：「配偶之血親，從其與配偶之親系及親等」計算，因乙與其表姐之女兒丙，係五親等旁系血親，甲即與丙為五親等旁系姻親，且輩分不相同，依上開規定自屬禁婚之範圍，如甲男與丙女結婚，將因違反第988條第2款規定，而自始、當然、絕對不發生婚姻效力，故甲男與丙女日後仍不得結婚。

第三節　婚姻之普通效力

案例92

　　甲男與乙女為合法夫妻，甲至大陸經商，因業務關係，認識大陸女子丙，不久兩人過從甚密，在上海市賃屋同居，置乙女生活於不顧，且偶爾返台動輒毆打乙女，乙女一氣之下，攜幼子返回娘家，此時甲男可否向法院訴請乙女應履行同居義務？另乙女因無力負擔家計，甲男又長期未匯款回家，不得已出賣其夫所有之不動產予丁，以賣得價金充當生活費；並代理甲男與戊就票款債務達成和解，其行為是否發生效力？

一、思考方向

　　男女經結婚後，發生夫妻關係，均為家庭之基本成員，擔負著實現家庭職能之重要責任；夫妻關係良好與否，不僅關係到雙方之利益和家庭職能是否和睦，同時直接影響社會生活，故值得吾人重視。通常所謂夫妻關係，是指夫妻在家庭中之地位和相互間之權利義務關係，包括人身關係和財產關係。早期我國法制，認為夫妻應合為一體，採取「夫妻齊體主義」，但實際上夫妻間並非平等關係，在男尊女卑、夫唱婦隨觀念下，妻之人格常為夫之人格所吸收，不但應冠夫姓，由夫指定住居所，甚至將夫妻財產管理權歸屬於夫，妻無財產支配權，擅自動用婆家財產，則被視為竊盜行為，同時也無財產繼承權。民國19年民法典公布後，開始確立夫妻自由平等原則，採取「夫妻別體主義」，使雙方均有財產所有權、管理權，妻可以不必冠夫姓；居所之指定權雖屬於夫，但得約定以妻之住所為住所；對子女之姓氏，原則上從父姓，但母無兄弟時，也可以約定從母姓，以期實現近代男女平權主義，促進夫妻關係婚姻生活之圓滿。

　　現行民法親屬編，對於結婚所發生之效力，於第1000條至第1003條之1、第1116條之1，規定夫妻身分上效力；另於第1004條至第1048條規定財產上效力。本案例甲男是否得向法院訴請乙女應履行同居義務，及乙女出賣丈夫之不動產，並代理甲男與戊就票款債務達成和解，是否發生法律上效力，凡此均涉及夫妻之身分效力問題，茲就本法規定分析如後。

二、論點分析

　　婚姻關係發生後，夫妻間即產生種種權利義務等法律關係，以身分上關係而言，有下列效力：

(一) 夫妻之姓氏

　　姓氏為人際往來之稱呼，也是一個人在社會活動中之代號，為人格權之一種，為使人明瞭夫妻關係，民法於第1000條規定：「夫妻各保有其本姓。但得書面約定以其本姓冠以配偶之姓，並向戶政機關登記。冠姓之一方得隨時回復其本姓。但於同一婚姻關係存續中以一次為限。」時至今日，冠姓有時徒增當事人之困擾，故實際上多約定保留本姓。

(二) 同居義務

　　民法第1001條規定：「夫妻互負同居之義務。但有不能同居之正當理由者，不在此限」，所謂不能同居之正當理由，實務上認為妻受夫之父母、家屬之毆打虐

待，夫納妾、與人同居或通姦等均可構成正當理由。在目前司法實務上，認定夫妻是否有不堪或不宜同居之事由，非不可斟酌雙方當事人之教育程度、社會地位、平日相處情形及其他情事，正常夫妻之和諧家庭生活能否維繫以為斷（最高法院95年度台上字第676號判決參照）。又夫妻同居雖屬義務，但此種義務依強制執行法第128條第2項規定，因其為身分行為無法強制執行；不過夫妻之一方有不能同居之正當理由時，他方可以訴請履行同居義務，如獲勝訴判決確定，而他方仍不履行，此狀態繼續存在，且無不能同居之正當理由時，得認為是惡意遺棄，構成裁判離婚之原因（最高法院29年上字第254號判例參照）。

(三) 貞操義務

民法第1052條第1項第2款規定，與配偶以外之人合意性交者，他方得向法院請求離婚，從上開條文規定，法律顯然要求夫妻應互負貞操之義務，違反此一義務者，除可訴請離婚外，實務上認為可依民法第184條第1項後段，故意以背於善良風俗之方法，加損害於他人為由，請求損害賠償。

(四) 夫妻之住所

民法第1002條原規定：「妻以夫之住所為住所，贅夫以妻之住所為住所。但約定夫以妻之住所為住所，或妻以贅夫之住所為住所者，從其約定。」學者稱此為「夫之住所指定權」，事實上在男女平權理念下，因夫妻既互負同居義務，自應有同一住所，以作為夫妻共同生活之法律關係中心，該住所之指定，不宜由夫一方指定，因此87年6月17日民法親屬編修正時，已改定為：「夫妻之住所，由雙方共同協議之；未為協議或協議不成時，得聲請法院定之。法院為前項裁定前，以夫妻共同戶籍地推定為其住所。」

(五) 日常家務代理權

民法第1003條規定：「夫妻於日常家務，互為代理人。夫妻之一方濫用前項代理權時，他方得限制之。但不得對抗善意第三人。」夫妻日常家務代理權之性質，屬於法定代理之一種，而非意定代理；是否屬於日常家務，而為代理權之範圍，通常應由社會之地域習慣與各家庭之生活狀態，如夫妻之身分、階級、職業、興趣、財產收入等，而定日常家務之標準。實際上認為保全財產之訴訟行為、公司之事務非日常家務；又不動產之處分在通常情況下不屬於日常家務，但如係為維持家庭生活所必要之行為時，則可解為日常家務，可以代理之（最高法院36年上字第5356號判例參照）。

(六) 生活費用之分擔

為明定夫妻家庭生活費用之分擔方式，肯定家事勞動之價值，並賦予夫妻可以契約自由約定，民法第1003條之1規定：「家庭生活費用，除法律或契約另有約定外，由夫妻各依其經濟能力、家事勞動或其他情事分擔之。因前項費用所生之債務，由夫妻負連帶責任。」

(七) 互負扶養義務

夫妻間之扶養義務，為婚姻關係之本質義務，為此民國74年6月5日民法親屬編修正施行時，增訂第1116條之1，明定：「夫妻互負扶養之義務，其負扶養義務之順序與直系血親卑親屬同，其受扶養權利之順序與直系血親尊親屬同」，且夫妻間之扶養義務，屬於生活保持義務，即縱令自己生活困厄也要負扶養對方之責任，較兄弟姊妹間之生活扶助義務為重。

三、案例結論

本案例甲男與乙女為合法夫妻，依民法第1001條前段規定：「夫妻互負同居之義務」，此義務為婚姻之本質要素，甲、乙雙方自應依法履行。惟甲因至大陸經商，由於業務關係，認識大陸女子丙，不久兩人過從甚密，在上海市賃屋同居，置乙女生活於不顧，且偶爾回台動輒毆打乙女，乙女迫不得已，攜幼子返回娘家，應認其不履行同居義務，業已符合同條文後段「有不能同居之正當理由者，不在此限」之規定，故甲男不得再向法院訴請乙女應履行同居義務。

其次，乙女因無力負擔家計，甲男又長期未匯錢回家，不得已出賣其夫所有之不動產予丁，以賣得價金充作生活費，此時乙女之行為是否發生法律上效力，端視有無符合民法第1003條第1項之要件而定，按該條文所謂之日常家務，應斟酌夫妻雙方之社會地位、地區習俗、雙方收入等依客觀標準加以認定。參照最高法院36年上字第5356號判例認為「妻處分其夫之不動產，通常固不屬於民法第1003條第1項所謂日常家務之範圍，惟其夫應負擔家庭生活費用而在淪陷期間僑居海外者，關於支付家庭生活之必要行為，不得謂非日常家務，如依其情形妻非處分其夫之不動產不能維持家庭生活，而又不及待其夫之授權者，其處分不動產自屬關於支付家庭生活費用之必要行為，應解為包括於日常家務之內。」故如同本案例情形，乙女之處分甲男不動產行為，自屬日常家務範圍，其代理行為發生法律上效力。

至於乙女另代理甲男與戊，就票款債務達成和解，對此最高法院44年台上字第1026號判例認為：「夫妻於日常家務固得互為代理人，但本件和解契約之訂立並

非日常家務，則夫自非當然有代理其妻之權限」，依同一意旨，和解契約之訂立，既非屬日常家務範圍，故乙之行為仍屬無權代理，使民法第118條第1項規定，應經甲男之承認始發生效力。

第四節　夫妻財產制

第一款　通則及法定財產制

案例93

甲男為醫生，乙女為鋼琴家，兩人相戀多年，於民國108年結婚，未約定夫妻財產制。結婚前甲男已擁有台中市中正路樓房一間，乙女則在自由路有土地80餘坪，及價值100萬元之名貴鋼琴一台。婚後乙女在一家貿易公司擔任業務主管，甲男則在省立醫院擔任主治醫師。民國111年甲、乙購入座落於台中市郊區市價1,500萬元別墅一棟，登記於乙女名下，並陸續購入汽車一部登記於甲男名下，及大型冰箱、高級環繞音響各一台，此時甲、乙間之財產歸屬情形如何？

一、思考方向

前曾述及，夫妻關係包括身分上關係及財產上關係，在身分關係方面，藉由民法之規定，使夫妻互負有同居、貞操、扶養義務及日常家務之代理權；至在財產關係方面，我國古時並無如同歐陸國家有一完整之夫妻財產制度，民國19年始依照瑞士等國家之民法，詳加規定，以規範夫妻間財產上之權利義務關係。民國74年6月有鑑於前所制定之夫妻財產制，已無法配合時代需要，乃基於男女平等原則，而作大幅度修正。

惟民法親屬編在施行70多年後，由於夫妻財產制方面，整個立法仍建立在男女不平等觀念上之「聯合財產制」為法定財產制，與憲法保障男女平等之旨趣未盡相符；而聯合財產關係消滅時之夫妻「剩餘財產分配請求權」僅以一個條文規範，亦非十分周全。有鑑於此，法務部自民國87年7月起即邀請學者、專家及機關代表組成「民法親屬編研究修正委員會」，參酌世界各先進法制，並盱衡國情，歷經數十次委員會議、公聽會及研商檢討會議，反覆推敲、審慎評估，在民國91年6月4日

經立法院三讀通過，同年6月28日正式施行。新修正條文，以(一) 貫徹男女平等原則；(二) 維護婚姻生活和諧；(三) 肯定家事勞動價值；(四) 保障財產交易安全為四大修法原則。

　　新修正民法親屬編於第二章第四節第1004條至第1048條規定夫妻財產制，將夫妻財產制之種類、訂立方式，婚姻存續中夫妻相互間就財產之管理、使用、收益情形，暨財產所有權之變動、生活費之負擔、夫妻債務之清償，均作完整規範，以供適用。故在本案例中，對於甲、乙夫妻間所採用之財產制種類，雙方結婚前所各自擁有之土地、房屋、名貴鋼琴，以及婚後購入之不動產、汽車、大型冰箱、高級環繞音響等所有之歸屬，均應從民法各該條文加以討論。

二、論點分析

　　夫妻財產制，係婚姻共同生活中，夫妻彼此間就財產關係應發生何種效果之制度，它不僅要顧及夫妻人格之獨立、財產關係之平等和婚姻生活之和諧；而且為維護交易安全，在夫妻對外之債務清償問題，亦應兼顧，以求公允，此為吾人研究夫妻財產制中，應先了解之重點。關於夫妻財產制之內容，本節分就夫妻財產制之種類、夫妻財產制契約之訂立、變更及廢止、夫妻之婚前財產、婚後財產之相關規定等加以說明；至約定財產制，包括共同財產制及分別財產制，則於下節再一併敘明。

(一) 夫妻財產制之種類

　　夫妻財產制，我國民法區分為約定財產制與法定財產制兩種：

1. 約定財產制

　　乃婚姻當事人於結婚前後，以契約明定其在婚姻存續中，涉及財產關係之制度，依民法規定又可分為二種類型以供選擇：

(1) **共同財產制**：民法第1031條規定：「夫妻之財產及所得，除特有財產外，合併為共同財產，屬於夫妻公同共有」；另同法第1041條規定：「夫妻得以契約訂定僅以勞力所得為限為共同財產。前項勞力所得，指夫或妻於婚姻關係存續中取得之薪資、工資、紅利、獎金及其他與勞力所得有關之財產收入。勞力所得之孳息及代替利益，亦同。不能證明為勞力所得或勞力所得以外財產者，推定為勞力所得。夫或妻勞力所得以外之財產，適用關於分別財產制之規定。第一千零三十四條、第一千零三十八條及第一千零四十條之規定，於第一項情形準用之。」因此，共同財產制包括「一般共同財產制」及「勞力所得共同財產制」兩種。夫妻之財產及所得，除特有財產外，合併為共同財產，屬夫妻公同

共有者，即爲「一般共同財產制」。如果僅以勞力所得爲限而爲共同財產者，則屬「勞力所得共同財產制」。

(2) **分別財產制：**乃夫妻各保有其財產之所有權、管理權、使用權及處分權之夫妻財產制度。

2. 法定財產制

夫妻財產制之適用，由法律直接規定，稱爲法定財產制，又可分爲通常法定財產制與非常法定財產制：

(1) **通常法定財產制：**依民法第1005條之規定：「夫妻未以契約訂立夫妻財產制者，除本法另有規定外，以法定財產制，爲其夫妻財產制。」所謂本法另有規定，如民法第1010條所定之分別財產制，亦即學說上所稱之非常法定財產制是也，詳見下述。

(2) **非常法定財產制：**乃夫妻婚姻關係存續中，因其中一方之財產或法律行爲發生破綻，致難以再適用通常法定財產制或約定財產制以維持夫妻之財產關係時，法律規定另一種財產制以供採行。此種具有強制性質之財產制，稱爲非常法定財產制，學者亦有稱之爲「夫妻財產制之轉換」。

依民法第1010條規定：「夫妻之一方有左列各款情形之一時，法院因他方之請求，得宣告改用分別財產制：一、依法應給付家庭生活費用而不給付時。二、夫或妻之財產不足清償其債務時。三、依法應得他方同意所爲之財產處分，他方無正當理由拒絕同意時。四、有管理權之一方對於共同財產之管理顯有不當，經他方請求改善而不改善時。五、因不當減少其婚後財產，而對他方剩餘財產分配請求權有侵害之虞時。六、有其他重大事由時。夫妻之總財產不足清償總債務或夫妻難於維持共同生活，不同居已達六個月以上時，前項規定於夫妻均適用之。」是爲夫妻財產制因夫妻一方請求而宣告變更之原因。實務上，常見之台商將財產移轉至大陸，致台灣之配偶或其子女權益受影響時，即屬前述民法第1010條第1項第6款所稱之重大事由之一，構成宣告改用分別財產制之事由。

(二) 夫妻財產制契約之訂立、變更及廢止

民法第1004條規定：「夫妻得於結婚前或結婚後，以契約就本法所定之約定財產制中，選擇其一，爲其夫妻財產制」，如夫妻未以契約訂立夫妻財產制者，依同法第1005條規定，以法定財產制，爲其夫妻財產制。前開契約，夫妻於婚姻關係中，既得自由訂立，依第1012條規定，亦得以契約加以廢止或改用他種約定財產制。又夫妻財產制契約之訂立、變更或廢止，對於夫妻財產關係之變化影響頗大，

為求慎重起見，依民法第1008條之1規定，無論何種類型之夫妻財產制均應具備下列要件：

1. 訂約能力

修正前民法第1006條規定：「夫妻財產制契約之訂立、變更或廢止，當事人如為未成年人或為禁治產人時，應得其法定代理人之同意」，惟民國91年6月26日修正時已刪除該條文。刪除理由係認為夫妻財產制契約乃身分法上之財產契約，雖具身分之特殊性，惟究與純粹身分契約有別，而與一般財產契約性質相近似。以財產契約之法理言之，已達法定結婚年齡之未成年人，依民法第13條第2項規定係限制行為能力人；如其於結婚前訂立夫妻財產制契約，自應適用民法第79條規定，經法定代理人事前允許或事後承認。又如其已結婚，依民法第13條第3項，已具有完全之行為能力，此時訂立夫妻財產制契約，即無須取得法定代理人同意。其次，民法第15條規定，受監護宣告之人為無行為能力人。如受監護之宣告未經撤銷，縱已回復常態，依民法第76條規定，亦應由法定代理人代其訂立夫妻財產制契約；惟如受監護之宣告業經撤銷，則其結婚與訂立夫妻財產制契約均可自行為之。修正前之條文規定未成年人與禁治產人訂立、變更或廢止夫妻財產制契約時，應得其法定代理人之同意，與上開民法總則規定不符，為避免實務適用上之困擾，並期體例一貫，而刪除上開條文。

2. 契約方式

民法第1007條規定：「夫妻財產制契約之訂立、變更或廢止，應以書面為之」，即採要式主義，未以書面訂定者，其契約不發生法律上效力。

3. 契約登記

民法第1008條規定：「夫妻財產制契約之訂立、變更或廢止，非經登記，不得以之對抗第三人。前項夫妻財產制契約之登記，不影響依其他法律所為財產權登記之效力。第一項之登記，另以法律定之」，即採登記對抗主義，如未踐履登記，該契約僅於夫妻間發生效力，對於第三人不論為善意或惡意，均不得加以主張。民國91年6月26日新修正民法親屬編，為貫徹物權法定主義及保護交易安全，同時避免夫妻藉登記夫妻財產制之方式，逃避其債權人之強制執行，俾其他財產權登記之效力，不受夫妻財產制契約登記之影響，爰於本條文第2項修正為：「前項夫妻財產制契約之登記，不影響依其他法律所為財產權登記之效力」。關於夫妻財產契約之登記，現行非訟事件法第101條至第107條設有規定；而其登記程序，則於第三章以「法人登記及夫妻財產制契約登記」規定，作為適用準據。

(三) 家庭生活費用及負擔

夫妻就日常生活費用之負擔，於民國91年修正後依第1003條之1第1項規定：「家庭生活費用，除法律或契約另有約定外，由夫妻各依其經濟能力、家事勞動或其他情事分擔之。」此次修法增訂從事勞務之夫或妻，可以家事勞動之方式負擔家庭生活費用。所以，家庭生活費用之負擔，已由過去以有形的金錢衡量，修正為得以無形的家事勞動等方式負擔。惟家庭生活費用屬家庭自治之一環，因家庭生活費用係規定於「婚姻之普通效力」乙節，非規定於「夫妻財產制」中，故應許夫妻以契約方式約定其家庭生活費用之分擔方式，例如：約定生活費用，全由夫負擔，自無不可。至於家庭生活費用所生債務究應由夫或妻清償？鑑於家庭生活費用在夫妻雙方內部關係中，固得依其經濟能力、家事勞動或其他情事分擔；惟對外關係上，宜兼顧交易安全之保障，故新修正之民法親屬編於第1003條之1第2項規定：「因前項費用所生之債務，由夫妻負連帶責任」，以供適用。

(四) 法定財產制之內容

法定財產制，謂夫妻間未訂立夫妻契約時，法律所定之夫妻財產制。民法親屬編修正前，係以聯合財產制為法定財產制，惟上開聯合財產制，乃繼受歐陸法制，主要源自德、瑞之「管理共同制」，惟德、瑞等國早已因此制建構於不平等觀念上，先後改採淨益共有制及所得分配制，為切合時宜，及貫徹我憲法保障之男女平等原則，已正式廢除聯合財產制，對此讀者務須特別注意。

1. 法定財產制之財產種類及區別實益

(1) 依民法第1017條規定：「夫或妻之財產分為婚前財產與婚後財產，由夫妻各自所有。不能證明為婚前或婚後財產者，推定為婚後財產；不能證明為夫或妻所有之財產，推定為夫妻共有。夫或妻婚前財產，於婚姻關係存續中所生之孳息，視為婚後財產。夫妻以契約訂立夫妻財產制後，於婚姻關係存續中改用法定財產制者，其改用前之財產視為婚前財產。」民國91年修法為貫徹男女平等原則，並明確界定法定財產制關係消滅時，得列入剩餘財產分配對象之範圍，爰將夫或妻之財產區分為婚前財產：即夫妻結婚時所有之財產；與婚後財產：即夫妻婚姻關係續中取得之財產，明文規定屬夫或妻各自所有。惟如夫或妻之財產，無法界定究為婚前所有或婚後取得時，在無反證之前，均先推定為婚後財產；至於無法證明為夫或妻所有之財產，則推定為夫妻婚後共有之財產，以確保夫妻日後剩餘財產之分配，並杜爭議。

(2) 夫或妻婚前財產所生之孳息究應列為婚前財產或婚後財產，易滋疑義。如係於

婚姻關係存續中取得，則其增值難認他方配偶未予協力，故宜視爲婚後財產，使法定財產制關係消滅時，得列爲剩餘財產分配之對象，以保障他方配偶之權益（本條文第2項）。

(3) 原約定採用共同財產制或分別財產制之夫妻，於婚姻關係存續中廢止該約定財產制但未再約定，而當然適用法定財產制者，於法定財產制關係消滅時，即不宜再以「婚後財產」與「婚前財產」區分應列入剩餘財產分配或不列入分配之財產。爲此增訂本條文第3項，俾嗣後改用法定財產制之夫妻以改用前之財產視爲婚前財產，改用後之財產則爲婚後財產，得列爲第1030條之1剩餘財產分配之對象，庶免紛爭。

(4) 又民法親屬編施行法增訂第6條之2規定：「中華民國九十一年民法親屬編修正前適用聯合財產制之夫妻，其特有財產或結婚時之原有財產，於修正施行後視爲夫或妻之婚前財產；婚姻關係存續中取得之原有財產，於修正施行後視爲夫或妻之婚後財產。」按修正前之法定財產制將夫或妻之財產區分爲「特有財產」及「原有財產」。而其中特有財產及結婚時之原有財產，依第1030條之1規定，係不列入剩餘財產分配者。惟修正後法定財產制係將夫或妻之財產區分爲「婚前財產」與「婚後財產」，其中婚前財產亦爲不列入剩餘財產分配之財產，爲保障人民之既得權益，並使現存之法律關係得順利過渡至法律修正施行之後，爰增訂本條規定，俾修正前結婚而婚姻關係尚存續夫妻之特有財產及結婚時之原有財產，仍得排除於剩餘財產分配之列；至於婚姻關係存續期間取得之原有財產，則仍列入分配。

(5) 區分婚前財產與婚後財產之實益：在於婚後財產於法定財產制關係消滅時，應爲剩餘財產之分配對象，由夫妻各得2分之1，但如果平分結果對配偶之一方不利時，得請求法院調整或免除。例如：丈夫好吃懶做，日日酗酒狂飲，妻子則茹苦工作養家，因丈夫對家庭毫無貢獻，所以其剩餘財產分配請求權，法院可以加以調整或免除，以維公平。至於婚前財產，則由夫妻各自取回，並無剩餘財產分配之問題。

2. 法定財產制之財產所有權歸屬、管理、使用、收益及處分

(1) **財產所有權之歸屬**：民法第1017條第1項，爲貫徹男女平等原則並簡化財產分類，廢除聯合財產制下「原有財產」及「特有財產」之分類概念，改以夫妻「婚前財產」及「婚後財產」取代，無論係「婚前財產」及「婚後財產」，夫妻均各自保有其所有權。

(2) **財產之管理、使用、收益及處分**：修正前法定財產制對於夫妻之聯合財產，規定得約定由夫妻之一方管理；無約定時，則由夫管理。有管理權之一方對於聯

合財產有使用、收益權，收取之孳息於支付家庭生活費用與管理費用後，所有權始歸未任管理權之他方配偶所有；對於管理上必要之處分則可不經他方之同意（第1018條、第1019條及第1020條參照）。此等規定於夫妻不為約定時，財產之管理權一律歸夫，未能貫徹男女平等原則，且不重視妻之權益。為配合修正後之法定財產制，已在民法第1018條規定：「夫或妻各自管理、使用、收益及處分其財產。」以確保夫妻權益之平等，並保障交易安全。至於修正後之管理費用，應由夫或妻各自負擔，乃屬當然解釋，不再明定。

3. 自由處分金

民法第1018條之1規定：「夫妻於家庭生活費用外，得協議一定數額之金錢，供夫或妻自由處分」，其立法目的在於保障夫妻經濟自主及婚姻和諧，賦予夫妻於家庭生活費用外，得協議一定數額之金錢，供夫或妻自由處分。依上開規定，無論夫妻係一方工作，他方為家庭主婦；或夫妻雙方均有工作之雙薪家庭，均可由夫妻雙方協議自由處分金。如夫妻未為協議或未能達成協議時，夫妻之一方則無請求權，並不能據以向法院起訴請求，俾維家庭和諧。同理，依民事訴訟法第403條以下規定，聲請法院調解亦須有請求權基礎，故如夫妻協議不成，亦不能請求法院調解。至於夫妻如已達成自由處分金，嗣後夫反悔不給時，因夫妻原已達成協議，故妻得以協議（契約）不履行向法院起訴請求夫給付自由處分金，自不待言。

4. 債務清償責任

修正前之聯合財產制，夫妻對第三人所負債務之責任，係依財產種類之不同而區分責任之歸屬，其內容不但複雜且不易辨別，實務運作上十分困難。為貫徹憲法保障之男女平等原則，並兼顧交易安全，現行民法第1023條第1項規定：「夫妻各自對其債務負清償之責。」民國91年民法修正後，法定財產制係以分別各自管理財產為其基本架構，夫妻於婚姻關係存續中，各自享有財產所有權，並各自管理、使用、收益及處分其財產。故如夫妻之一方以自己財產清償他方之債務，雖於婚姻關係存續中，亦應賦予其得請求他方償還之權利（民法第1023條第2項）。

5. 夫妻互負報告之義務

修正前之聯合財產制，其中任聯合財產管理人之一方，有因他方之請求，隨時報告他方財產狀況之義務。其目的在於了解財產之變動狀況，以資保障個人權益。修正後之法定財產制規定夫或妻各自所有、管理、使用收益及處分其財產。雖已無「聯合財產」、「原有財產」之概念，但基於促使夫妻雙方經濟地位平等、重視夫妻共同生活和諧及肯定家事勞動價值之目的，並避免將來剩餘財產分配請求權落空，對雙方財產狀況之了解仍有必要，為此民法第1022條規定：「夫妻就其婚後財產，互負報告之義務。」如夫妻一方請求他方報告，而他方拒絕時，可向法院起

訴請求他方報告，如仍不履行時，依強制執行法第128條規定，可處以過怠金。

6. 夫妻財產制之消滅及剩餘財產之分配，請參見下一案例之說明。

三、案例結論

本案例甲男為醫生，乙女為鋼琴家，兩人於民國108年結婚後，因未約定夫妻財產制，依民法第1005條規定，自應適用通常法定財產制。

在夫妻採用法定財產制情況下，依民法第1017條規定：「夫或妻之財產分為婚前財產與婚後財產，由夫妻各自所有。不能證明為婚前或婚後財產者，推定為婚後財產；不能證明為夫或妻所有之財產，推定為夫妻共有。夫或妻婚前財產，於婚姻關係存續中所生之孳息，視為婚後財產。夫妻以契約訂立夫妻財產制後，於婚姻關係存續中改用法定財產制者，其改用前之財產視為婚前財產」，明確區分夫妻財產為婚前財產及婚後財產兩種。

案例中，甲男結婚所擁有之台中市中正路樓房一間，為其婚前財產；至於乙女在台中市自由路擁有之土地80餘坪及價值100萬元之名貴鋼琴一台，則為乙女之婚前財產，依民法第1017條第1項、第1018條規定，夫、妻各自擁有其婚前財產，並各自管理、使用、收益及處分該財產。

至於民國111年間甲、乙所購入台中市郊區市價1,500萬元之別墅一棟，登記於乙女名下，及購入汽車登記於甲男名下，則分別為甲、乙之婚後財產，各自保有所有權。另家中大型冰箱、高級環繞音響各一台，如不能證明為夫或妻所有之財產，則推定為甲、乙婚後共有之財產。由以上分析，足見民法親屬編修正後，對於夫妻財產權之歸屬及日後分配，已較過去明確、嚴謹，值得吾人肯定。

第二款　剩餘財產之分配

案例94

甲男為高科技工程師，乙女則在台北市政府任職，為高考及格之公務員，兩人於民國105年聖誕節當天結婚。結婚前甲在銀行有存款200萬元，乙女結婚時父母贈與70萬元之珠寶、金飾及30萬元之勞力士金錶為嫁妝。婚後甲、乙均繼續上班工作，惟兩人終因理念不合，勞燕分飛，而於民國112年7月7日兩願離婚，此際，甲男連同結婚前之工作收入共有銀行存款600萬元，其中30萬元係婚後繼承其母親遺產所得，另50萬元係因公受傷由公司給付之

慰撫金；至乙女婚後工作收入連同婚前嫁妝及婚後親朋好友所另贈與之20萬元禮金，而擁有300萬元，另負債50萬元，此時甲、乙在兩願離婚後，應如何分配其剩餘財產？

一、思考方向

本案例所涉及者，為夫妻法定財產制關係消滅時，剩餘財產之分配問題。不可否認的，長期以來我國聯合財產制忽略妻管理家務及撫育子女之辛勞，致婚姻關係一旦解消時，妻往往處於孤苦、劣勢之不利地位，為此在民國74年6月3日民法親屬編修正時，乃增訂第1030條之1規定，使聯合財產關係消滅時，夫妻雙方剩餘財產有差額時，得請求平均分配，以期兼顧妻之權益。

惟施行迄今，由於僅有單一條文規定，過於簡略，在實務運作上，產生諸多歧異，對於民國74年修正前取得之財產應否納入剩餘財產分配請求權之範圍？有關婚後因繼承或其他無償取得之財產、慰撫金，應否列入剩餘財產分配？對於夫妻之一方，在離婚前蓄意處分雙方之婚後財產，甚至轉贈與第三人，應如何補救，始為公允，對此民法均乏明文，致引起國內廣大婦女團體之抨擊，為此民國91年6月26日、101年12月26日及110年1月20日之民法親屬編修正時，即併就現行剩餘財產分配請求權，予以修正與補強規定，使更合適並落實對婚姻弱勢一方之保障，其具體修正內容如下：

(一) 將具一身專屬性與婚姻貢獻、協力無關之「慰撫金」，排除於剩餘財產分配之外。

(二) 為免夫或妻以其婚前財產清償婚姻關係存續中所負債務；或以其婚後財產清償其婚前所負債務，而未先行補償，致影響列入分配之剩餘財產之範圍，爰明定其計算方式，以示公平。

(三) 增訂夫妻法定財產制關係消滅前5年內，一方惡意處分之婚後財產，得追加計算其價額，視為現存之婚後財產；並明定夫妻現存婚後財產與追加計算財產之計價基準，以杜爭議。

(四) 增訂夫或妻應給付差額之一方，不足清償他方應得之分配額時，他方得對一方所為有償或無償行為受領之第三人請求返還，及其例外與請求權消滅時效之規定（民法第1030條之1至第1030條之4）。

二、論點分析

(一) 夫妻法定財產制關係之消滅

夫妻間因下列原因，而使其法定財產制關係歸於消滅：

1. 夫妻一方死亡時。
2. 離婚。
3. 結婚之無效或撤銷。
4. 夫妻於婚姻關係存續中改用約定財產制。
5. 夫妻財產制由法院宣告改用分別財產制（民法第1010條）。

(二) 修正前有關聯合財產關係消滅之具體規定

民法親屬編在民國91年6月修正前，關於聯合財產關係因前述原因而消滅後，所產生之所有權歸屬及分配問題，有下列具體規定，值得令人探究：

1. 夫妻一方死亡時

聯合財產制因夫妻任何一方之死亡而消滅，依修正前民法第1028條規定：「妻死亡時，妻之原有財產，歸屬於妻之繼承人，如有短少，夫應補償之。但以其短少，係因可歸責於夫之事由而生者為限。」同法第1029條復規定：「夫死亡時，妻取回其原有財產。如有短少，並得向夫之繼承人請求補償。」聯合財產如由妻管理時，則夫妻地位對調（民法第1018條第2項）。

2. 聯合財產之分割

修正前民法第1030條規定：「聯合財產之分割，除另有規定外，妻取回其原有財產，如有短少，由夫或其繼承人負擔。但其短少，係由可歸責於妻之事由而生者，不在此限。」所謂「另有規定」者，係指夫妻一方死亡、離婚、婚姻之無效或撤銷等情形而言。

3. 離婚

修正前民法第1058條規定：「夫妻離婚時，無論其原用何種夫妻財產制，各取回其固有財產，如有短少，由有管理權之一方負擔。但其短少係由非可歸責於有管理權之一方之事由而生者，不在此限。」此處所謂「各取回固有財產」，係指夫取回其原有財產，及妻亦取回其原有財產而言（最高法院63年台上字第1942號判例參照）。

4. 結婚之無效或撤銷

依民法第999條之1規定，結婚無效或經撤銷後，得準用修正前民法第1058條之規定，即雙方聯合財產關係消滅，夫妻各自取回其原有財產，如有短少，由有管

理權之一方負責償還。

應注意者，新修正民法親屬編已刪除舊民法第1028條、第1029條、第1030條規定。此因修正後法定財產制以夫妻各保有財產所有權，且以各自管理、使用、收益及處分其財產為原則。如夫妻之一方死亡，除慰撫金、其他無償取得之財產等特定婚後財產，依第1030條之1規定應分與他方配偶外，其餘財產當然適用民法繼承編規定，列為遺產由繼承人共同繼承，且已無夫妻聯合財產及分割之概念，是前開舊法規定已無必要，為此民法在修正時予以刪除。再又，夫妻離婚時，各自取回結婚或變更夫妻財產制時之財產，如有剩餘時，則依第1030條之1規定而分配，併予敘明。

(三) 修正後夫妻剩餘財產分配之概念

民國74年6月5日修正施行前之民法親屬編，對於妻管理家務之貢獻予以漠視，引發爭議，為此在修正第1030條之1時，參考德國、瑞士等國剩餘財產共有制度，規定：「聯合財產關係消滅時，夫或妻於婚姻關係存續中所取得而現存之原有財產，扣除婚姻關係存續中所負債務後，如有剩餘，其雙方剩餘財產之差額，應平均分配。但因繼承或其他無償取得之財產，不在此限。依前項規定，平均分配顯失公平者，法院得酌減其分配額。第1項剩餘財產差額之分配請求權，自請求權人知有剩餘財產之差額時起，2年間不行使而消滅。自聯合財產關係消滅時起，逾5年者亦同。」本條文之增訂，使妻之家務勞動獲得應有肯定，不但符合男女平等原則，亦將使婦女更樂於操持家務，洗手作羹湯，不再競相就業。惟如前所述，上開修正條文爭議甚多，為期周延，民國91年6月及101年12月26日之修正，對於夫妻剩餘財產之分配，除修正第1030條之1外，並另增訂第1030條之2至第1030條之4，以供適用。

民國110年1月20日，為使夫妻剩餘財產分配請求權制度更公平、允當，再度修正第1030條之1，其修正內容及立法理由為：

1. 第1項未修正。
2. 剩餘財產分配請求權制度之目的，原在保護婚姻中經濟弱勢之一方，使其對婚姻之協力、貢獻得以彰顯，並於財產制關係消滅時，使弱勢一方具有最低限度之保障。然因具體個案平均分配或有顯失公平之情形，故原條文第2項規定得由法院審酌調整或免除其分配額。惟為避免法院對於具體個案之認定標準不一，爰修正第2項規定，增列「夫妻之一方對於婚姻生活無貢獻或協力，或有其他情事，致平均分配有失公平者」之要件，以資適用。
3. 法院為第2項裁判時，對於「夫妻之一方有無貢獻或協力」或「其他情事」，應

有具體客觀事由作爲審酌之參考，爰增訂第3項規定「法院爲前項裁判時，應綜合衡酌夫妻婚姻存續期間之家事勞動、子女照顧養育、對家庭付出之整體協力狀況（含對家庭生活之情感維繫）、共同生活及分居時間之久暫、婚後財產取得時間、雙方之經濟能力等因素」，例如夫妻難以共通生活而分居，則分居期間已無共通生活之事實，夫妻之一方若對於婚姻生活無貢獻或協力，法院即應審酌，予以調整或免除其分配額。

4. 原第3項及第4項移列爲第4項及第5項規定。

(四) 剩餘財產分配請求權之要件

依110年1月新修正民法第1030條之1規定：「法定財產制關係消滅時，夫或妻現存之婚後財產，扣除婚姻關係存續中所負債務後，如有剩餘，其雙方剩餘財產之差額，應平均分配。但下列財產不在此限：一、因繼承或其他無償取得之財產。二、慰撫金。夫妻之一方對於婚姻生活無貢獻或協力，或有其他情事，致平均分配有失公平者，法院得調整或免除其分配額。法院爲前項裁判時，應綜合衡酌夫妻婚姻存續期間之家事勞動、子女照顧養育、對家庭付出之整體協力狀況、共同生活及分居時間之久暫、婚後財產取得時間、雙方之經濟能力等因素。第一項請求權，不得讓與或繼承。但已依契約承諾，或已起訴者，不在此限。第一項剩餘財產差額之分配請求權，自請求權人知有剩餘財產之差額時起，二年間不行使而消滅。自法定財產制關係消滅時起，逾五年者，亦同」，由上開規定，剩餘財產分配請求權之要件有四：

1. 法定財產制關係消滅時：夫妻間無論係因配偶一方死亡、離婚、婚姻無效、婚姻撤銷或改用其他財產制，均爲法定財產制關係消滅之原因，而適用剩餘財產分配之規定。

2. 以夫或妻現存之婚後財產，扣除婚姻關係存續中所負債務、繼承或其他無償取得之財產與慰撫金爲對象：剩餘財產分配請求權之立法目的，在於肯定家務管理對於婚姻生活之貢獻，故僅以「婚後財產」方得列入分配，又因繼承或無償取得之財產與慰撫金，其取得與婚姻貢獻及協助無關，縱屬婚後取得，亦非剩餘財產分配之對象。

3. 夫妻雙方剩餘財產，如有差額，應平均分配；惟如平均分配顯失公平，法院得調整或免除其分配額。

4. 消滅時效爲2年或5年：有關剩餘財產分配請求權之消滅時效，爲免夫妻法定財產關係消滅後，仍延宕遲遲未能處理，而影響家庭經濟及社會交易安全，爲此民法第1030條之1第5項特別規定：「自請求權人知有剩餘財產之差額時起，二

年間不行使而消滅。」若夫妻之一方就本條文第1項剩餘財產有所隱匿，而他方知悉在後已罹2年時效者，雙方權益顯失均衡，爲此延長其時效期間爲5年；並以「法定財產關係消滅時」之確定時點起算，俾夫妻剩餘財產之分配狀態能早日確定。

(五) 剩餘財產分配請求權之法律性質

新修正之民法親屬編認爲剩餘財產分配請求權，係因夫妻之身分關係而產生，具有一身專屬性，其取得與婚姻之貢獻及協助有密切關係，故於夫妻之一方死亡時，其繼承人不得繼承；夫妻離婚時，任何一方之債權人不得代位行使，且夫妻之任何一方不得將該期待權任意讓與，但若已取得他方之承諾或已經向法院提起訴訟請求時，則應允其得爲讓與或繼承，以示公允，爲此在第1030條之1第4項規定：「第一項請求權，不得讓與或繼承。但已依契約承諾，或已起訴者，不在此限。」基此，剩餘財產分配請求權，爲一身專屬權，不得作爲讓與或繼承之標的，允宜注意。

(六) 剩餘財產分配請求權之確保

1. 剩餘財產分配請求權之保全

依民法第1020條之1規定：「夫或妻於婚姻關係存續中就其婚後財產所爲之無償行爲，有害及法定財產制關係消滅後他方之剩餘財產分配請求權者，他方得聲請法院撤銷之。但爲履行道德上義務所爲之相當贈與，不在此限。夫或妻於婚姻關係存續中就其婚後財產所爲之有償行爲，於行爲時明知有損於法定財產制關係消滅後他方之剩餘財產分配請求權者，以受益人受益時亦知其情事者爲限，他方得聲請法院撤銷之。」按修正後法定財產制第1030條之1雖賦予夫或妻於法定財產制關係消滅時，對雙方婚後剩餘財產之差額，有請求平均分配之權。惟如夫或妻之一方於婚姻關係存續中，就其所有之婚後財產爲無償行爲，致有害及法定財產制消滅後他方之剩餘財產分配請求權時，不能無防範之道。爰參酌民法第244條第1項規定之精神，增訂本條文，於第1項明定夫或妻之一方，對他方之此種行爲，得聲請法院撤銷，俾法定財制關係消滅後，夫妻之剩餘財產分配請求權得以眞正落實。惟該無償行爲如係履行道德上義務所爲之相當贈與（例如想要孝敬父母而有所餽贈，或父母因年老生活困難而按月酌給生活費），究與一般之詐害行爲有所不同，且爲免法律與道德發生齟齬，特予明文排除。

其次，本條文第2項參酌民法第244條第2項規定之精神，明定夫或妻於婚姻關係存續中，就其婚後財產所爲之有償行爲，於行爲時明知有損於法定財產制關係消

滅後他方之剩餘財產分配請求權者，以受益人受益時亦知其情事者為限，他方得聲請法院撤銷之，俾該他方及受益人之利益均受保護。

由於民法第1020條之1係為保護尚未具體發生之期待權，故立法者認為該撤銷權不宜漫無限制，以免既存的法律關係或權利，陷於不確定狀態，非但影響利害關係人之權利，亦有害交易之安全，故將該撤銷權之除斥期間，縮短為自夫妻之一方知有撤銷之原因時起6個月間不行使，或自行為時起1年間不行使而消滅（民法第1020條之2）。

2. 剩餘財產之追加計算

前述修正後之民法第1020條之1固規定侵害剩餘財產分配期待權者，於一定要件下得訴請法院撤銷，但終究仍有因舉證困難，或罹於除斥期間致未能達到保全目的之情事，為杜止夫妻之一方惡意脫產，而損害他方權益之情事，民法第1030條之3規定：「夫或妻為減少他方對於剩餘財產之分配，而於法定財產制關係消滅前五年內處分其婚後財產者，應將該財產追加計算，視為現存之婚後財產。但為履行道德上義務所為之相當贈與，不在此限。前項情形，分配權利人於義務人不足清償其應得之分配額時，得就其不足額，對受領之第三人於其所受利益內請求返還。但受領為有償者，以顯不相當對價取得者為限。前項對第三人之請求權，於知悉其分配權利受侵害時起二年間不行使而消滅。自法定財產制關係消滅時起，逾五年者，亦同」，以供適用。

上開條文之增訂，係鑑於修正後法定財產制之基本精神，在使法定財產關係消滅時，婚姻關係存續中所增加與婚姻共同生活或貢獻有關之財產，得以平均分配，並肯定家務勞動之價值。故為避免夫妻之一方以減少他方對剩餘財產之分配為目的，而任意處分婚後財產，致生不公平，爰參酌德國民法第1375條及瑞士民法第208條，明定法定財產關係消滅前5年內處分之該部分財產，應追加計算其價額，視為現存之婚後財產。惟該處分如係履行道德上義務所為之相當贈與，因與故意減少他方獲分配可能之情形不同，故明文排除。

第1030條之3第1項雖有追加計算規定，惟如分配權利人（即指夫妻之一方依計算結果得向他方請求差額分配者）於義務人（即應給付剩餘差額之一方）不足清償其應得之分配額時，應賦予其對受領之第三人（包括無償行為及有償行為）有追償權始有實益，爰明定分配權利人得就其不足額部分，向第三人於所受利益範圍內請求返還，以貫徹剩餘財產分配本旨。惟為兼顧交易之安全，如該處分行為係屬有償性質時，須以顯不相當之對價取得者，始得為之，方屬公允（本條文第2項）。又為使第2項所定請求權之法律關係早日確定，以維護交易之安全，宜有對第三人行使請求權消滅時效之規定，以敦促當事人及時行使權益，為此本條文第3項再分

別規定時效期間爲2年或5年。

(七) 夫妻剩餘財產之分配範圍

1. 限於婚後財產

新修正民法親屬編，將夫妻財產制仍區分爲法定財產制及約定財產制兩種。其中法定財產制不再是聯合財產制，而是以瑞士所得分配制爲基礎之財產制度，且不以立法方式訂定名稱，以方便將來法定財產仍有修正時，即不需再變更名稱。又法定財產制之財產種類，僅區分爲婚前財產及婚後財產，並以財產取得之時點爲判斷基礎，其中「婚後財產」於法定財產制關係消滅時，即爲剩餘財產分配標的；至有關婚前財產及婚後財產之具體內容，請參見民法第1017條規定及前一案例之論點分析，不再贅述。

2. 不列入剩餘財產分配之婚後財產

確認婚後財產之內容後，因有部分婚後財產之取得，係與婚姻共同生活或婚姻貢獻無關，自不應列入剩餘財產之分配，依民法第1030條之1第1項但書規定，包括：

(1) **因繼承或其他無償取得之財產**：民法第1030條之1第1項但書第1款規定，婚後因繼承或其他無償取得之婚後財產，不列入剩餘財產之分配，此部分與修正前規定相同。

(2) **慰撫金**：民法第1030條之1第1項但書第2款規定，婚後獲得之慰撫金，亦不在剩餘財產分配之範圍，此因慰撫金乃非財產上之損害賠償，具一身專屬性，其取得與婚姻共同生活或婚姻貢獻無關，自不宜作爲剩餘財產分配之對象。

3. 婚姻關係存續中所負債務之扣除

依民法第1030條之1第1項前段規定：「法定財產制關係消滅時，夫或妻現存之婚後財產，扣除婚姻關係存續中所負債務後，如有剩餘，其雙方剩餘財產之差額，應平均分配。」按法定財產制關係消滅時，夫或妻現存之婚後財產，扣除婚姻關係存續中所負債務後，如有剩餘，其雙方之剩餘財產之差額，應平均分配；準此，得列爲分配之現存婚後財產，應先扣除其婚後所負債務，始符實際。

4. 婚後財產之補償與婚姻關係債務之追列

依民法第1030條之2規定：「夫或妻之一方以其婚後財產清償其婚前所負債務，或以其婚前財產清償婚姻關係存續中所負債務，除已補償者外，於法定財產制關係消滅時，應分別納入現存之婚後財產或婚姻關係存續中所負債務計算。夫或妻之一方以其前條第一項但書之財產清償婚姻關係存續中其所負債務者，適用前項之規定」，法定財產制關係消滅時，依第1030條之1規定，應進行現存婚後財產之清

算。而婚後財產範圍之確定攸關計算之準據，依修正後之法定財產制架構，夫妻婚前財產及債務與婚姻共同生活及婚姻貢獻無關，故夫或妻以其婚後財產清償自己婚前所負債務，或以其婚前財產清償其婚姻關係存續中所負債務，除已先行補償者外，法定財產制關係消滅時，應分別納入現存之婚後財產或婚姻關係存續中所負債務計算。又民法第1030條之1第1項但書，不列入剩餘財產分配之財產，亦與婚姻共同生活即婚姻貢獻無關，故夫或妻若以該財產清償婚姻關係存續中所負債務，除已先行補償者外，於法定財產制關係消滅時，應列入婚姻關係存續中所負債務計算，以示公平。

5. 婚後財產之追加計算

依民法第1030條之3規定：「夫或妻為減少他方對於剩餘財產之分配，而於法定財產制關係消滅前五年內處分其婚後財產者，應將該財產追加計算，視為現存之婚後財產。但為履行道德上義務所為之相當贈與，不在此限。前項情形，分配權利人於義務人不足清償其應得之分配額時，得就其不足額，對受領之第三人於其所受利益內請求返還。但受領為有償者，以顯不相當對價取得者為限。前項對第三人之請求權，於知悉其分配權利受侵害時起二年間不行使而消滅。自法定財產制關係消滅時起，逾五年者，亦同」，有關追加計算之理由，前已敘明。

(八) 婚後財產價值計算之時點

夫妻於法定財產關係消滅，欲分配剩餘財產時，雙方所保有之婚後財產，非必均係金錢，故分配時即應將其價值列計，以便計算各自應受分配之數額，則財產價值之計算及其時點即嚴重影響雙方可得數額之多寡，為此民法第1030條之4規定：「夫妻現存之婚後財產，其價值計算以法定財產制關係消滅時為準。但夫妻因判決而離婚者，以起訴時為準。依前條應追加計算之婚後財產，其價值計算以處分時為準」，以杜爭議。

三、案例結論

本案例甲男為高科技工程師，乙女為公務員，兩人於民國105年聖誕節結婚，因未約定夫妻財產制，依民法第1005條規定，自應適用通常法定財產制。

在夫妻採用通常法定財產制情況下，依民法第1017條第1項規定：「夫或妻之財產分為婚前財產與婚後財產，由夫妻各自所有。不能證明為婚前或婚後財產者，推定為婚後財產；不能證明為夫或妻所有之財產，推定為夫妻共有」，其中甲男在銀行之存款200萬元及乙女結婚時父母贈與之70萬元珠寶、金飾及30萬元之勞力士金錶，分別為甲、乙之婚前財產，不列入剩餘財產分配之範圍。

其次，依民法第1030條之1第1項規定：「法定財產制關係消滅時，夫或妻現存之婚後財產，扣除婚姻關係存續中所負債務後，如有剩餘，其雙方剩餘財產之差額，應平均分配。但下列財產不在此限：一、因繼承或其他無償取得之財產。二、慰撫金」，是以，甲男婚後繼承其母親之30萬元遺產、50萬元慰撫金，及乙女婚後受無償贈與之20萬元禮金，均因與婚姻共同生活或婚姻貢獻無關，不應列入剩餘財產之分配。

依現行民法親屬編，對於法定財產制之財產，係由夫妻各自管理、使用、收益及處分其財產，因而乙女婚後負債50萬元，自應由其自己負清償責任。

基於以上說明，茲將甲、乙雙方應列入分配之財產以公式列明如下：

(一) 甲應列入分配之財產

全部財產（600萬元）－婚前財產（200萬元）－婚後繼承取得財產（30萬元）－慰撫金（50萬元）＝320萬元

(二) 乙應列入分配之財產

全部財產（300萬元）－婚前財產（100萬元）－婚後負債（50萬元）－婚後無償取得之財產（20萬元）＝130萬元

(三) 依民法第1030條之1，雙方剩餘財產之差額應平均分配，基此，甲男應給付乙女共計95萬元〔（320萬元－130萬元）÷2＝95萬元〕。

第三款 約定財產制

案例95

　　甲男為環保公司資深顧問，與乙女結為夫妻，生一子丙，結婚時甲因已就業數年而有積蓄90萬元，乙則由父母贈其50萬元現金出嫁，婚後雙方約定採用共同財產制，並向台北地方法院登記處完成夫妻財產制之登記。婚後3年，因甲男工作表現甚佳，年終由公司贈送其價值20萬元之電腦資訊周邊設備一套；乙亦因仲介不動產成交，獲贈10萬元女用金錶乙只。嗣甲購買福特汽車一部供自己上班之用，價值60萬元，尚欠30萬元未付清；乙為他人簽發信用卡作保，積欠銀行債務5萬元，另整修房屋，仍有4萬元未付清。清明節前夕，甲不幸因車禍喪生，此時甲、乙現存財產總共320萬元，乙得取回多少財產？

一、思考方向

我國民法上夫妻財產制，僅限於三種類型，即法定財產制、共同財產制及分別財產制；至於統一財產制，因嚴重違反夫妻平等原則，在民國74年6月修正時，已加以刪除。在前開三種財產制類型中，法定財產制又分為通常法定財產制與非常法定財產制；至共同財產制與分別財產制，則均屬於約定財產制之範疇。

關於法定財產制，前節業已述及，本案例所涉及者，為夫妻採用共同財產制時，在婚姻關係存續中應如何清償其債務？如共同財產制因夫妻之一方死亡而消滅時，應如何分割共有財產，凡此務需就共同財產制之內容，確實理解；另為使讀者通盤認識我國三種夫妻財產制之特質，茲一併說明分別財產制，並就三種夫妻財產制之主要分野，綜合整理於後，以加深印象。

二、論點分析

(一) 共同財產制之概念

共同財產制，依修正後民法規定分為一般共同財產制及勞力所得共同財產制，前者依民法第1031條規定，乃「夫妻之財產及所得，除特有財產外，合併為共同財產，屬於夫妻公同共有」；後者依民法第1041條規定：「夫妻得以契約訂定僅以勞力所得為限為共同財產。前項勞力所得，指夫或妻於婚姻關係存續中取得之薪資、工資、紅利、獎金及其他與勞力所得有關之財產收入。勞力所得之孳息及代替利益，亦同。不能證明為勞力所得或勞力所得以外財產者，推定為勞力所得。夫或妻勞力所得以外之財產，適用關於分別財產制之規定。第一千零三十四條、第一千零三十八條及第一千零四十條之規定，於第一項情形準用之。」共同財產制之成立，須夫妻間以書面契約為之（民法第1007條），並須完成登記，始能對抗第三人（民法第1008條），在登記時應表明係一般共同財產制或勞力所得共同財產制，若未表明時，應推定為一般共同財產制。

(二) 一般共同財產制

1. 共同財產之組成與所有權歸屬

在一般共同財產制，乃夫妻婚前財產及婚姻關係存續中所取得之財產，除特有財產外，合併為共同財產，而屬於夫妻共有之夫妻財產制度。可見，在共同財產制之下，夫妻共同財產之組成，包括夫之原有財產、妻之婚前財產及夫妻於婚姻中所取得之財產，至於民法第1030條之1所規定之特有財產則不包括在內。

共同財產所有權之歸屬，依民法第1031條規定，屬於夫妻公同共有；在公同共

有關係存續中，並無所謂應有部分，故修正後民法刪除本條文第2項「共同財產，夫妻之一方不得處分其應有部分」之規定。

2. 夫妻之特有財產

所謂特有財產，乃夫妻財產制中，未納入夫妻財產制而屬於夫或妻獨有之財產，亦稱為「保留財產」。依民法第1031條之1規定，僅共同財產制下方有「特有財產」之規定。特有財產之範圍有三：

(1) 專供夫或妻個人使用之物。

(2) 夫或妻職業上必需之物。

(3) 夫或妻所受之贈物，經贈與人以書面聲明為其特有財產者。

3. 共同財產之管理、使用收益及處分權

共同財產之管理，依民法第1032條規定：「共同財產，由夫妻共同管理。但約定由一方管理者，從其約定。共同財產之管理費用，由共同財產負擔」；至於使用、收益等部分，民法固無明文，解釋上應本於同一法理，由夫妻共同使用，如有收益，則歸屬共同財產，為夫妻公同共有。在共同財產之處分方面，依民法第1033條規定：「夫妻之一方，對於共同財產為處分時，應得他方之同意。前項同意之欠缺，不得對抗第三人。但第三人已知或可得而知其欠缺，或依情形，可認為該財產屬於共同財產者，不在此限。」

4. 家庭生活費用之負擔

新修正民法親屬編第1037條已刪除：「家庭生活費用，於共同財產不足負擔時，妻個人亦應負責」之規定，因而有關家庭生活費用之負擔，可回歸民法第1003條之1所規定：「家庭生活費用，除法律或契約另有約定外，由夫妻各依其經濟能力、家事勞動或其他情事分擔之。因前項費用所生之債務，由夫妻負連帶責任」，加以適用。

5. 債務之清償

依民法第1034條規定：「夫或妻結婚前或婚姻關係存續中所負之債務，應由共同財產，並各就其特有財產負清償責任。」按共同財產制下，夫或妻所負之債務應如何清償，修正前民法親屬編係區分夫之債務與妻之債務，分別於第1034條至第1036條規定負清償責任之人，不僅複雜且與共同財產之法理未盡相符，為此合併為一條，修正為夫或妻結婚前或婚姻關係存續中所負之債務，應由共同財產，並各就其特有財產負清償責任。俾夫或妻之債權人得自由選擇先就共同財產或債務人之夫或妻一方之特有財產請求清償，以保障其權益，並求簡化明確。

6. 夫妻間之補償請求權

夫妻所負債務，其財產擔保責任不盡相同，已如前述，在共同財產制之下，夫

妻財產既合成一體，則共同財產所負之債務，而以共同財產清償者，夫妻間不發生補償問題，自不待言；但如共同財產之債務而以不屬於共同財產範圍之夫、妻特有財產清償，或特有財產之債務而以共同財產清償者，爲求公允，在夫妻間自發生補償請求權，基此，民法於第1038條即規定：「共同財產所負之債務，而以共同財產清償者，不生補償請求權」；但「共同財產之債務，而以特有財產清償，或特有財產之債務，而以共同財產清償者，有補償請求權，雖於婚姻關係存續中，亦得請求」，以供適用。

7. 共同財產關係之消滅

(1) **因死亡而消滅**：依民法第1039條規定，夫妻之一方死亡時，共同財產之半數，歸屬於死亡者之繼承人，其他半數，歸屬於生存之他方。上述財產之分割，其數額另有約定者，從其約定。死亡者之繼承人，包括配偶，即生存之他方，尚得對其半數，依法有繼承權；但該生存之他方依法不得爲繼承人時，其對於共同財產得請求之數額，不得超過於離婚時所應得之數額。

(2) **因其他原因消滅**：民法第1040條規定：「共同財產制關係消滅時，除法律另有規定外，夫妻各取回其訂立共同財產制契約時之財產。共同財產制關係存續中取得之共同財產，由夫妻各得其半數。但另有約定者，從其約定。」所謂法律另有規定，指離婚、婚姻之無效或撤銷等情形，均可參照離婚之規定，先各自取回其結婚或變更夫妻財產制時之財產（民法第1058條），然後夫妻各得共同財產剩餘之一半。

(三) 勞力所得共同財產制

　　民法除承認一般共同財產制外，民國91年6月修正時並規定勞力所得共同財產制，而於第1041條規定：「夫妻得以契約訂定僅以勞力所得爲限爲共同財產。前項勞力所得，指夫或妻於婚姻關係存續中取得之薪資、工資、紅利、獎金及其他與勞力所得有關之財產收入。勞力所得之孳息及代替利益，亦同。不能證明爲勞力所得或勞力所得以外財產者，推定爲勞力所得。夫或妻勞力所得以外之財產，適用關於分別財產制之規定。第一千零三十四條、第一千零三十八條及第一千零四十條之規定，於第一項情形準用之」，本條文之增訂及修正理由如下：

1. 按民法原規定，夫妻得以契約訂立僅以所得爲限爲共同財產；夫妻於婚姻關係存續中之勞力所得與原有財產之孳息所得，適用共同財產制之規定；夫妻結婚時及婚姻關係存續中之原有財產適用法定財產制之規定。惟修正後法定財產制已無原有財產概念，且夫妻財產之基本架構亦多所變革，爰修正本條規定，俾與配合。

2. 爲明示夫妻一方之所得，含有他方勞力貢獻之成分，爰將原條文第1項「所得」乙詞修正爲「勞力所得」。又所謂「勞力所得」亦包括寫作等勞心所得在內，併此敘明。

3. 爲闡明「勞力所得」之意涵，俾一般民眾易於了解，爰於第2項爲例示之定義規定。又勞力所得之孳息與代替利益，亦宜列入勞力所得，爰明定之，以勞力所得購買彩券獲得之彩金是爲勞力所得之代替利益，以杜爭議。

4. 夫或妻之財產究屬勞力所得或非勞力所得，如生爭議，在有反證之前均先推定爲勞力所得，以保證婚姻弱勢一方之權益，爰增訂第3項規定。

5. 夫妻約定以勞力所得爲限「公同共有」，適用共同財產制之規定，則勞力所得以外之其他財產即不能無規範依據。爲貫徹夫妻僅以勞力所得爲限爲共同財產之意旨，爰於第4項規定，夫或妻勞力所得以外之財產，適用關於分別財產制之規定。

6. 本條所定勞力所得共同財產制，夫或妻勞力所得以外之財產因適用分別財產制之規定，與普通共同財產制之特有財產實居類似之地位，爲規範勞力所得共同財產制下，夫妻婚姻關係存續中所負債務之清償，勞力所得與勞力所得以外財產間之補償關係及勞力所得共同財產制關係消滅時，共同財產分割等問題，爰於第5項明定「第一千零三十四條、第一千零三十八條及第一千零四十條之規定，於第一項情形準用之」。

(四) 分別財產制

分別財產制乃夫妻個人之財產，於結婚後仍然維持結婚前之狀態，不因婚姻關係而有任何影響，各自獨立，此爲夫妻財產受婚姻影響最少之夫妻財產制。分別財產制在我國夫妻財產制上，具有雙重地位，一方面屬於約定財產制之一種，任由婚姻當事人選擇；另方面作爲非常法定財產制，以解決夫妻之一方因破產或其他因夫妻總財產不足抵償債務等問題。關於分別財產制之具體內容分述如下：

1. 分別財產制之所有權歸屬、管理及使用權

在分別財產制下，夫妻財產自始分離，故民法第1044條規定：「分別財產，夫妻各保有其財產之所有權，各自管理、使用、收益及處分。」如夫妻之一方有事實上或法律上之事由不能或不願管理財產時，得依民法代理之規定授權他人使用之。

2. 債務清償責任

依民法第1046條規定，分別財產制有關夫妻債務之清償，適用第1023條之規定，亦即：

(1) 夫妻各自對其債務負清償責任。

(2) 夫妻之一方以自己財產清償他方之債務時，雖於婚姻關係存續中，亦得請求償還。

3. 家庭生活費用之負擔

修正後民法親屬編對於分別財產制並無家庭生活費用負擔之具體明文，此際可逕依民法第1003條之1規定：「家庭生活費用，除法律或契約另有約定外，由夫妻各依其經濟能力、家事勞動或其他情事分擔之。因前項費用所生之債務，由夫妻負連帶責任」，加以適用。

(五) 夫妻三種財產制之比較

1. 財產所有權

(1) **法定財產制**：夫妻財產仍各保有其所有權。

(2) **共同財產制**：除特有財產外，夫妻之財產成為公同共有。

(3) **分別財產制**：夫妻財產分離，各保有其所有權。

2. 管理、使用、收益權

(1) **法定財產制**：夫妻各自管理、使用、收益其財產。

(2) **共同財產制**：共同財產，由夫妻共同管理；但約定由一方管理者，從其約定。

(3) **分別財產制**：管理及使用、收益權，由夫妻各自保有。

3. 處分權

(1) **法定財產制**：夫或妻各自處分其財產。

(2) **共同財產制**：夫妻之一方於共同財產為處分時，應得他方之同意；前項同意之欠缺，不得對抗第三人，但第三人已知或可得而知其欠缺，或依情形，可認為該財產權屬於共同財產者，不在此限。

(3) **分別財產制**：夫或妻各自處分其財產。

4. 生活費用負擔

(1) **法定財產制**：家庭生活費用，除法律或契約另有約定外，由夫妻各依其經濟能力、家事勞動或其他情事分擔之。因前項費用所生之債務，由夫妻連帶負責。

(2) **共同財產制**：與法定財產制相同。

(3) **分別財產制**：與法定財產制相同。

5. 債務清償責任

(1) **法定財產制**：夫妻各自對其債務負清償責任。

(2) **共同財產制**：夫或妻結婚前或婚姻關係存續中所負之債務，應由共同財產並各就其特有財產負清償責任。

(3) **分別財產制**：夫妻各自對其債務負清償責任。

6. 清算關係

(1) **法定財產制**：法定財產制關係消滅時，夫或妻現存之婚後財產，扣除婚姻關係存續中所負債務後，如有剩餘，其雙方剩餘財產之差額，應平均分配。

(2) **共同財產制**：夫妻一方死亡時，半數歸於死亡者之繼承人，其他半數歸生存之他方。共同財產關係消滅時，除另有約定外，各得共同財產之半數。

(3) **分別財產制**：不發生清算問題。

三、案例結論

本案例甲男爲環保公司資深顧問，與乙女結婚後，雙方約定採用一般共同財產制，並向台北地方法院完成夫妻財產制之登記，故其夫妻財產關係，自應適用民法第1031條至第1040條有關約定財產制中，共同財產制之相關規定。

依民法第1031條規定：「夫妻之財產及所得，除特有財產外，合併爲共同財產，屬於夫妻公同共有」，足見在一般共同財產制中，夫妻之財產由下列三種不同之財產組合而成：即夫妻之共同財產，該財產屬於夫妻公同共有；其他二種財產爲夫之特有財產與妻之特有財產，均由夫妻各自管理、使用收益及處分該財產。本案例在甲男因車禍死亡時，夫妻共有財產320萬元，其中價值20萬元之電腦資訊周邊設備一套，屬於民法第1031條之1第2款夫職業上必需之物，爲夫之特有財產；另妻獲贈10萬元女用金錶，屬於民法第1031條之1第1款專供妻個人使用之物，爲妻之特有財產，均扣除後夫妻共同財產爲290萬元。

有關共同財產制所發生之債務問題，民法第1034條規定：「夫或妻結婚前或婚姻關係存續中所負之債務，應由共同財產，並各就其特有財產負清償責任。」本案例甲男購買價值60萬元之福特汽車，尚欠30萬元，該部分係婚姻關係存續中所負之債務，依民法第1034條規定，應由共同財產負清償之責；乙整修房屋積欠4萬元，應屬於日常家務之範圍，依民法第1034條規定，妻因代理行爲而生之債務，亦應由共同財產負清償責任，基此夫妻共同財產290萬元，經清償30萬元之車款及4萬元之房屋修繕費後，餘額爲256萬元。至妻乙另爲他人簽發信用卡契約作保證人，致積欠銀行5萬元債務部分，因該債務已逾越民法第1003條日常家務代理權限，依同法第1034條後段規定應由妻就其特有財產負清償之責。妻乙之特有財產原有10萬元，清償銀行信用卡欠款後，剩餘5萬元。

清明節前夕，甲因車禍死亡，共同財產制終了時，夫之特有財產有20萬元，妻之特有財產有5萬元，至於夫妻之共同財產爲256萬元。依民法第1039條第1項規定：「夫妻之一方死亡時，共同財產之半數，歸屬於死亡者之繼承人，其他半數，歸屬於生存之他方」，故共有財產之半數即128萬元，歸屬於甲之繼承人；另128

萬元歸屬於妻乙。又甲之繼承人爲妻乙及子丙二人，兩人平均繼承各取得64萬元；另甲之特有財產20萬元，亦由乙、丙繼承各自取得10萬元。總計，妻乙除上述特有財產外，在共同財產消滅時，尚可從共同財產獲得192萬元，從甲之特有財產取得10萬元。

第五節　離婚

壹、兩願離婚

案例96

甲男與乙女均爲成年人，於民國95年12月25日在教堂結婚，但並未向戶政機關辦理結婚登記；婚後7年，兩人因個性不合，協議離婚，經作成離婚書，由二位證人簽名蓋章，惟爲避免驚動親友，及留下婚姻紀錄，雙方約定不向戶政機關辦理離婚登記，此時甲、乙之離婚是否發生效力？民國109年，甲認識丙女，兩人感情日增，甲出示其與乙女之離婚書後，取得丙女之信賴，而依法公開舉行結婚儀式，並向戶政機關辦理結婚登記，此時乙女有無法律上權利阻止甲、丙之結婚？

一、思考方向

男女結婚後，其婚姻關係可因兩種原因而解消，一爲配偶之一方死亡（包括死亡宣告），另一爲夫妻離婚。前者，婚姻關係即行消滅，生存配偶可任意再婚、分配剩餘財產，固無問題；至後者，則因離婚不僅涉及婚姻當事人之人身關係、財產關係和相互間權利義務關係之變更，且與子女扶養、親權行使方式有關，甚至對社會道德風俗與家庭結構，產生重大影響，所以離婚問題向來爲人們所關切。

所謂離婚，是指夫妻於婚姻關係存續中，經雙方協議或經法院判決，解決婚姻關係之行爲。其經雙方協議者，稱爲兩願離婚或協議離婚；其經法院判決者，稱爲判決離婚，不論何者，均具有下列特質：

(一) 離婚是夫妻雙方之行爲，應尊重當事人之意願，其父母及親朋不宜過度介入或干涉。

(二) 離婚是解消婚姻關係之行為，故其前提須先有合法婚姻之存在，如前婚姻欠缺結婚之形式要件，或有近親禁止結婚等婚姻無效之情形時，自無離婚可言。

(三) 離婚必須符合法律規定之要件或程序，我國民法對離婚採取相當慎重態度，在兩願離婚要求應踐履離婚登記之程序；在裁判離婚則應具備民法第1052條所規定之原因，始得訴請離婚，以期合理處理離婚問題，避免草率離婚。

本案例甲、乙在教堂結婚後，雙方以協議方式解消婚姻關係，並請二位證人簽名蓋章，其行為是否符合兩願離婚之規定，為應先探究之處；其次，甲在未辦妥離婚登記前，即與丙女舉行結婚公開儀式，此時，乙女得否以雙方離婚無效而阻止甲、丙結婚，所應檢討者為離婚之戶籍登記問題；再者，夫妻結婚未辦理戶籍登記，在兩願離婚場合，是否亦可免辦離婚登記，此為實務常見之問題，均應一併加以討論。

二、論點分析

(一) 兩願離婚之概念

婚姻原本以夫妻終生相互扶持，共同生活為目的之結合關係。而離婚則為夫妻共同生活上之一種不正常現象，職是之故，西方學者有稱其為「不得已之惡作劇」（Necessary Evil）。在我國早期舊制，雖承認離婚制度，但在當時以男性為中心之社會裡，夫可以棄妻，但妻則不能離夫，如唐律至清律，歷代法制認為妻有「七出」事由中之一者，夫可以離妻，所謂七出，指無子、淫佚、不事舅姑、口舌、盜竊、妒嫉、惡疾等；但雖有七出原因，如妻有「三不去」之條件者，除妻犯義絕、淫佚、惡疾等原因外，亦不得棄妻。所謂「三不去」，指經持舅姑之喪、娶時賤後富貴、有所受無所歸而言。現行民法基於兩性平權思想，揚棄舊制，採取自由、平等態度，於第1049條、第1050條分別規定兩願離婚之要件，以供適用。

(二) 兩願離婚之要件

1. 實質要件

(1) **須當事人雙方合意**：兩願離婚為契約行為，須有雙方當事人之合意，故民法第1049條規定：「夫妻兩願離婚者，得自行離婚」，其意在此。又離婚為身分行為一種，不得代理；但如夫妻自行決定離婚之意思，而以他人作為表示機關則無不可。

(2) **當事人需有離婚能力**：兩願離婚以有意思能力為已足，故已達法定年齡之未成年人結婚者，當然有離婚能力；至受監護宣告之人則應俟精神狀態回復正常

時，始可離婚。

2. 形式要件

(1) 須有離婚書面及二人以上證人之簽名：爲確保當事人眞意，防止有被迫離婚情形，我國民法規定離婚應作成書面，並有二人以上之證人簽名蓋章，始爲合法，以求愼重。離婚之證人，無須與當事人素相熟識，且簽名不必與書面作成同時爲之，但需有行爲能力，且親自在場或聽聞離婚眞意而事後願爲證明之人（最高法院28年上字第353號、68年台上字第3792號判例參照）。

(2) 向戶政機關爲離婚登記：修正前民法親屬編，原規定兩願離婚祇須以書面爲之，並有二人以上證人之簽名即生效力，至離婚登記僅爲證明方法，非兩願離婚之要件。現行法鑑於舊法兩願離婚之形式要件，過於簡單，往往造成當事人輕率仳離，視婚姻爲兒戲，甚至有假離婚，詐害債權人以逃避債務等情事，因而改採公權力介入之要式行爲，規定兩願離婚除前開要件外，尚須向戶政機關爲離婚登記，兩者爲併存要件，缺一不可，否則離婚不成立。此項登記，夫妻雙方須共同親往戶政機關爲之，如一方堅不爲之，則離婚尚未成立，且不得以訴訟方式請求他方爲離婚登記，縱離婚協議書中載明有履行登記義務者亦同。

(三) 兩願離婚之效力

1. 身分上效力

兩願離婚後，夫妻關係消滅，在身分上之同居義務、貞操義務、互負扶養義務、一方與他方之血親、姻親所產生之姻親關係，依民法第971條規定，亦歸於消滅；惟父母對於未成年子女之扶養義務，依同法第1116條之2，則不因離婚而受影響，是爲例外規定。

2. 財產上效力

夫妻財產制，本爲夫妻共同生活之目的而設，當事人離婚時，其財產制亦應終了，爲此民法第1058條規定：「夫妻離婚時，除採用分別財產制者外，各自取回其結婚或變更夫妻財產制時之財產。如有剩餘，各依其夫妻財產制之規定分配之。」夫妻離婚時之財產取回，理論上限於法定財產制與共同財產制。所謂各自取回其結婚之財產，於法定財產制，係指夫或妻於結婚時之婚前財產；於共同財產制，則指夫妻結婚而訂立共同財產制時加入共同財產之財產，於離婚時夫妻得各自取回。如有剩餘，各依其夫妻財產制之規定分配。至分別財產制，夫妻財產完全分離，不發生取回財產之問題。

3. 子女之監護

夫妻離婚後，對於未成年子女權利義務之行使或負擔，學理上應不論其係兩願

離婚或判決離婚而有不同，但修正前民法卻將兩者加以區別，認為在兩願離婚，其子女之監護由夫任之，但另有約定者，從其約定（舊民法第1051條）；在裁判離婚，除適用上述規定外，法院得為其子女之利益，酌定監護人（舊民法第1055條），此種父權優先、歧視母權之規定，殊非妥當，且易滋疑異，為此在民國85年9月25日修正民法時，刪除第1051條，關於兩願離婚子女權益行使或負擔之規定，併入第1055條加以統一規範，並大幅修正該條文，使兩願離婚與判決離婚均適用同條文，以落實男女平等原則，加強對未成年子女之保護，該條文共分為5項，分別說明如下：

(1) 夫妻離婚者，對於未成年子女權利義務之行使或負擔，依協議由一方或雙方共同任之。未為協議或協議不成者，法院得依夫妻之一方、主管機關、社會福利機構或其他利害關係人之請求或依職權酌定之（民法第1055條第1項）。

(2) 前項協議不利於子女者，法院得依主管機關、社會福利機構或其他利害關係人之請求或依職權為子女之利益改定之（民法第1055條第2項）。

(3) 行使、負擔權利義務之一方未盡保護教養之義務或對未成年子女有不利之情事者（例如疏於管教子女，或對子女有毆打、暴力傾向等情事），他方、未成年子女、主管機關、社會福利機構或其他利害關係人得為子女之利益，請求法院改定之（民法第1055條第3項）。

(4) 前三項情形，法院得依請求或依職權，為子女之利益酌定權利義務行使負擔之內容及方法（民法第1055條第4項）。

(5) 為顧及未擔任子女權利義務行使負擔之一方，與未成年子女之親子關係，法院得依請求或依職權，為其酌定與未成年子女會面交往之方式及期間。但其會面交往有妨害子女之利益者，法院得依請求或依職權變更之（民法第1055條第5項）。

　　現代先進國家親屬法之立法趨勢，對於未成年子女之保護、教養，不遺餘力，我民法第1055條之修正，亦隨著時代潮流，對離婚後父母親權之行使，賦予法院相當之監督權限，以期妥善處理夫妻離婚後子女監護等問題。惟法院於酌定、改定子女之親權人、酌定會面交往之方式及期間，或選定父母以外之第三人為子女之監護人時，依民法第1055條之1規定，須依子女之最佳利益，審酌一切情狀，參考社工人員之訪視報告，尤應注意下列事項：

(1) 子女之年齡、性別、人數及健康情形。

(2) 子女之意願及人格發展之需要。

(3) 父母之年齡、職業、品行、健康情形、經濟能力及生活狀況。

(4) 父母保護教養子女之意願及態度。

(5) 父母子女間或未成年子女與其他共同生活之人間之感情狀況。

(6) 父母之一方是否有妨礙他方對未成年子女權利義務行使負擔之行為。

(7) 各族群之傳統習俗、文化及價值觀。

前項子女最佳利益之審酌，法院除得參考社工人員之訪視報告或家事調查官之調查報告外，並得依囑託警察機關、稅捐機關、金融機構、學校及其他有關機關、團體或具有相關專業知識之適當人士就特定事項調查之結果認定之。

此外父母一旦離婚，對於未成年子女權利義務之行使或負擔，本應由父母一方或雙方共同擔任。惟父母均不適合行使親權時，應如何處理？對此民法第1055條之2規定：「父母均不適合行使權利時，法院應依子女之最佳利益並審酌前條各款事項，選定適當之人為子女之監護人，並指定監護之方法、命其父母負擔扶養費用及其方式。」換言之，依本條規定顯示，法院可排除民法第1094條「法定」監護人之順序，而依照子女之利益，另行選定適當第三人為監護人。茲應強調者，不論由父母協議或法院酌定父母之一方任親權人時，不任親權人之一方，其親權並未喪失，僅止於一時之停止狀態，如任親權人之一方死亡時，對於該未成年子女權利義務之行使或負擔，當然由生存之他方任之（最高法院62年台上字第1398號判例參照）。

三、案例結論

按結婚應具備實質與形式要件，本案例甲男與乙女均為成年人，於民國95年12月25日在教堂結婚，雙方有結婚之合意及能力，且依96年5月23日修正前民法第982條第1項規定：「結婚，應有公開儀式及二人以上之證人」，在教堂舉行婚禮，應認已符合公開儀式及二人以上證人到場之要件，故甲、乙之結婚發生效力，雖事後雙方未至戶政機關辦理結婚登記，但不影響其婚姻關係之有效成立。

甲、乙於婚後7年，因個性不合，協議離婚，依民法第1050條規定：「兩願離婚，應以書面為之，有二人以上證人之簽名並應向戶政機關為離婚之登記」，可見離婚之戶籍登記，為兩願離婚之成立要件，本件甲、乙雖經製作離婚書，由二位證人簽名蓋章，但迄未依戶籍法第9條第2項為離婚之登記，雙方之協議離婚，尚未發生效力，甲、乙仍為夫妻。如甲男再與丙女結婚，在刑法上將構成重婚罪，在民事上依民法第988條第2款及第985條第1項規定，其重婚行為無效，此時乙女亦得以配偶身分，依上開規定阻止甲、丙之結婚。

另附帶說明者，對於未辦理結婚登記之兩願離婚，應如何登記？從戶政機關立場而言，其受理兩願離婚登記，必以先有結婚登記為前提，故如同本案例，甲、乙任何一方，應檢具結婚證書，載明雙方當事人姓名、出生年月日、行業及職業、父

母姓名、證人姓名、結婚日期等，依戶籍法第9條第1項申請為結婚登記後，再辦理離婚登記，始符合法律規定。

貳、裁判離婚

案例97

> 甲男為某民營企業高階主管，與從事美髮業之乙女結婚後，育有3歲之丙女，民國112年6月間甲男因涉及業務侵占罪，經法院判處有期徒刑1年2月確定後，乙女可否訴請與甲男離婚？法院在裁判時對甲、乙所生之子女丙，應如何酌定其監護人，至未獲監護之一方，有無探視權？又乙女在離婚訴訟程序進行中，能否要求甲男再支付贍養費？

一、思考方向

離婚制度是人為解消婚姻之一種方法，旨在消除因不和諧家庭生活所帶來之社會問題，進而重建新的較健全社會秩序，因而如從另一角度來看，對於破碎之婚姻，離婚不失為對當事人雙方未來婚姻生活之更好選擇。我國民法向來承認夫妻雙方得依當事人之自由意思而協議離婚，而於第1049條至第1050條分別有兩願離婚之規定；另為顧及當事人一方願意離婚，另一方不願離婚，致遲遲無法解消婚姻關係之難題，特別自第1052條以下，限定在某些具體原因下，夫妻之一方得向法院訴請離婚。依司法院對台灣各地方法院終結民事案件所作之統計，離婚案件在所有家事案件中，所占比率甚重。是以對於裁判離婚之原因、離婚後子女親權之行使及夫妻身分、財產關係之效力等，吾人均有深入研討之必要。如本案例，甲男因涉及業務侵占罪，經法院判處徒刑1年2月，此時乙女得否訴請離婚，在離婚訴訟中，乙女有無權利主張贍養費？法院得否酌定未成年子女之監護人，凡此均應從現行民法親屬編條文中，一一加以檢視和說明。

二、論點分析

(一) 裁判離婚之概念

裁判離婚，指夫妻之一方，依據法定原因，請求法院以判決解消雙方婚姻關係之謂。在兩願離婚，不論有無法定原因，祇要夫妻間達成協議即可離婚；倘僅一方

願意，而他方不願意離婚時，則須有法定原因，始得向法院請求離婚，經法院審理後認為確有理由，而判准離婚確定後，始解消其婚姻關係，勝訴之一方並得持法院之離婚判決書，逕向戶政機關辦理離婚登記。

　　關於法定離婚原因，我國民法親屬編在民國74年6月3日修正前，採取嚴格限制主義，於民法第1052條共列舉10款離婚原因，凡符合該條文各款事由之一者，夫妻之一方即可訴請離婚，不以婚姻關係已臻破裂為必要；且配偶一經提起離婚訴訟，法院縱認婚姻仍有維持可能，除得依民事訴訟法第578條，以裁定命於6個月內停止訴訟程序外，無從斟酌婚姻是否已達破裂程度，必須依法判准離婚。現行法修正時認為離婚僅以該條文所列之10款原因為限，過於嚴格，故參酌日、德立法例，兼採例示概括主義，除維持原條文之規定，將之改列於第1項外，增列概括之離婚原因於第2項規定：「有前項以外之重大事由，難以維持婚姻者，夫妻之一方得請求離婚。但其事由應由夫妻之一方負責者，僅他方得請求離婚」，使法院在處理離婚訴訟時，能靈活運用此一抽象條款，讓離婚之裁判更富彈性。

(二) 裁判離婚之原因

1. 重婚者

　　重婚係指有配偶，而重為婚姻而言；至於同時與二人以上結婚，因各該婚姻行為均無效，無從離婚，故不包括在內。一方重婚，他方固有請求離婚之權；但有請求權之一方於事前同意，或事後宥恕或知悉後已逾6個月，或自其情事發生後已逾2年者，依民法第1053條規定，不得再請求離婚。

2. 與配偶以外之人合意性交

　　合意性交係指本於自由意思，與配偶以外之異性為性交之謂；故被強姦或過失犯之者，自不包括在內。按夫妻應互負貞操義務，有配偶者自不得再與其他異性為合意性交行為，否則構成離婚之理由。惟此項離婚請求權之行使，依民法第1053條規定，亦設有限制，即有請求權之一方，事前同意，或事後宥恕，或知悉後已逾6個月，或自其情事發生後已逾2年者，則均不得再請求離婚。

3. 夫妻之一方對他方為不堪同居之虐待者

　　夫妻重恩愛，若一方竟虐待他方，使不堪同居，則法律上准受虐待之一方請求離婚。所謂虐待行為，是指凡足以影響婚姻生活之健全、圓滿存在之任何行為，不限於積極之暴力行為，即使消極之精神虐待亦包括在內，但應以是否達不堪同居為認定標準。依實務見解，關於身體上之虐待，若為慣行毆打（最高法院20年上字第371號判例）、或受傷較重（最高法院29年上字第995號判例）則構成離婚原因，但偶有毆打、受傷較輕者（最高法院32年上字第1906號判例），則不能訴請

離婚。關於精神上之虐待，例如夫誣稱其妻與人通姦（最高法院23年上字第678號判例），夫誣稱其妻謀害本夫（最高法院33年上字第1201號判例）、夫姦其生女後妻所受精神上之痛苦（最高法院63年台上字第1444號判例），均認為構成離婚原因。

4. 夫妻之一方對他方直系尊親屬為虐待，或受他方直系尊親屬之虐待致不堪為共同生活者

此之直系尊親屬，解釋上，應限於夫或妻之直系血親尊親屬。至於妻受夫之姊毆打，因其既非夫之尊親屬，縱有虐待或毆辱情事，亦不構成本款之離婚原因（最高法院49年台上字第199號判例）。

5. 夫妻之一方以惡意遺棄他方在繼續狀態中者

所謂惡意遺棄，指夫或妻無正當理由而不履行同居義務、不支付家庭生活費用（最高法院29年上字第254號、39年台上字第415號判例）及不履行扶養義務（民法第1116條之1）等情事。

6. 夫妻之一方意圖殺害對方者

夫妻之一方意圖殺害對方，得訴請離婚。此殺害意圖包括殺人未遂與預備犯在內。惟有請求權人自知悉有殺害意圖情事起已逾1年，或自其情事發生後已逾5年者，依民法第1054條規定，則不得請求離婚。

7. 不治之惡疾者

不治之惡疾，可能危害配偶及子女之健康，從醫學觀點該惡疾在可預見之期間內難期治癒時，即構成離婚之原因。實務上有認痲瘋、花柳病為不治之惡疾，而單純之不孕或不妊症、雙目失明、手腳殘廢（司法院34年院解字第2945號、最高法院27年上字第2724號、32年上字第6681號判例），均非不治之惡疾。

8. 重大不治之精神病者

夫妻之一方有精神失常時，足以破壞夫妻精神上之共同生活，而該精神病如在醫學上客觀判定難期回復而達重大不治程度時，即可訴請離婚。至聾、盲、啞並非精神病，酒癮、藥癮等屬精神官能症，亦非精神病（司法院24年院解字第1355號）。

9. 生死不明已逾3年者

夫妻一方行蹤不明，無法確定歸期，有違夫妻共同生活目的，可訴請離婚。所謂生死不明，係指離家後，查無音訊，既無從確知其生，亦無從確知其死之狀態而言（最高法院62年台上字第845號判例），如判決前生死不明之一方已返家，或僅因戰事一時隔絕，無法探悉其行止時，均不得據以請求裁判離婚。

10. 因故意犯罪，經判處有期徒刑逾6月確定

夫妻之一方因故意犯罪，經判處有期徒刑逾6月確定，不僅使他方感到精神上之痛苦，且足以破壞婚姻生活，損害他方名譽，因此，構成離婚原因。所謂被處徒刑，指普通法院或軍法機關已判決確定之宣告刑而言。被處6月以上之徒刑者，不問犯罪種類如何，均得請求離婚。修正後條文，只要係故意犯罪，且刑期逾6月確定，即得訴請離婚，不以所犯為不名譽之罪為限。依本款請求離婚者，參照民法第1054條規定，有請求權之一方，自知悉後已逾1年，或自其情事發生後已逾5年者，不得再請求離婚。

11. 難以維持婚姻之其他重大事由

修正前民法以列舉主義，作為離婚之原因，過於嚴格，不符合現代多元化社會需求，現行法乃於第1052條第2項增列「有前項以外之重大事由，難以維持婚姻者，夫妻之一方得請求離婚。但其事由應由夫妻之一方負責者，僅他方得請求離婚」，以應實際需要。目前司法實務亦認為，本概括規定，目的在使夫妻請求裁判離婚之事由較富彈性，是夫妻間發生足使婚姻難以維持之重大事由者，雖不符合該條第1項所列各款情形，亦無不准依該條第2項訴請離婚之理，不因當事人併據同一事實主張有該條第1項離婚原因而有不同（最高法院96年度台上字第2795號判決參照）。

(三) 裁判離婚之效力

1. 身分上效力

與前述兩願離婚同。

2. 財產上效力

(1) **取回各自結婚時或變更夫妻財產制時之財產**：與前述兩願離婚同，亦適用民法第1058條規定。

(2) **損害賠償**：民法對裁判離婚，承認夫妻一方之損害賠償請求權，依第1056條規定：「夫妻之一方，因判決離婚而受有損害者，得向有過失之他方，請求賠償。前項情形，雖非財產上之損害，受害人亦得請求賠償相當之金額。但以受害人無過失者為限。前項請求權，不得讓與或繼承，但已依契約承諾或已起訴者，不在此限」，該條文將損害賠償之範圍，分為財產上與精神上損害二種，前者請求人縱有過失，亦得向有過失之他方請求；後者限於請求人無過失者為限，始有損害賠償請求權。

(3) **贍養費之給與**：為填補夫妻之一方因離婚而陷於生活困難之不安，貫徹男女平等原則，民法承認贍養費給與制度，而於第1057條規定：「夫妻無過失之

一方，因判決離婚而陷於生活困難者，他方縱無過失，亦應給與相當之贍養費。」至其給付之數額、方法，應衡酌雙方當事人之身分、地位、生活程度、生活能力、年齡等因素，客觀決定之。協議離婚時則除非雙方當事人約定贍養費之給付，否則不得以訴訟方式請求之。

(四) 法院調解或和解離婚之效力

由於法院調解或和解成立，與確定判決有相同效力，為此民法第1052條之1規定：「離婚經法院調解或法院和解成立者，婚姻關係消滅。法院應依職權通知該管戶政機關」，為離婚之登記。

三、案例結論

本案例甲男與乙女為夫妻關係，民國112年6月間甲男因涉及業務侵占罪，經法院判處有期徒刑1年2月確定，依民法第1052條第1項第10款「因故意犯罪，經判處有期徒刑逾六個月確定」，他方得向法院請求離婚，故乙女自得依該條款訴請離婚。

關於裁判離婚時，對於未成年子女監護權之歸屬，依民法第1055條規定，可歸納如下：

(一) 夫妻雙方之協議

夫妻裁判離婚時，對於未成年子女監護權行使之歸屬，夫妻可以先行協議。但如協議之結果有不利未成年子女者，法院得依主管機關、社會福利機構或其他利害關係人之請求或法院依職權而為未成年子女之利益，加以更換未成年子女之監護人。

(二) 夫妻協議不成，則由法院酌定

夫妻對於未成年子女監護權之歸屬未為協議（例如夫妻一方未出面），或經過協議，但雙方僵持不下時，法院得依夫妻之一方、主管機關、社會福利機構或其他利害關係人之請求或法院依職權而酌定未成年子女監護權人。

(三) 夫妻雙方均不適合行使未成年子女監護權時，則由法院選定第三人

本件甲、乙裁判離婚時，自應依前述民法第1055條之1規定，酌定未成年人丙女之監護人；又法院在依請求或聲請酌定時，應依子女之最佳利益，審酌一切情狀，參考社工人員之訪視報告，尤應注意左列事項：1.子女之年齡、性別、人數及

健康情形；2.子女之意願及人格發展之需要；3.父母之年齡、職業、品行、健康情形、經濟能力及生活狀況；4.父母保護教養子女之意願及態度；5.父母子女間或未成年子女與其他共同生活人間之感情狀況；6.父母之一方是否有妨礙他方對未成年子女權利義務行使負擔之行為；7.各族群之傳統習俗、文化及價值觀，而作裁判。前項子女最佳利益之審酌，法院除得參考社工人員之訪視報告或家事調查官之調查報告外，並得依囑託警察機關、稅捐機關、金融機構、學校及其他有關機關、團體或具有相關專業知識之適當人士就特定事項調查之結果認定之。

　　如經判決由乙女行使或負擔對丙女之監護權時，對於無法行使監護之甲男，依民法第1055條第5項規定，得請求法院酌定其與丙女會面交往之方式及期間。

　　又夫妻無過失之一方，因判決離婚而陷於生活困難者，他方縱無過失，亦應給與相當之贍養費，民法第1057條定有明文，本案例中甲男為某民營企業高階主管，乙女則從事美髮業，雖其對於甲男所涉「有期徒刑逾6月確定之業務侵占罪」之離婚事件並無過失，但除非能舉證證明因判決離婚，致生活上有陷於困難之情形，否則不得再向甲男訴請支付贍養費。

第三章　父母子女

壹、婚生子女與非婚生子女

案例98

> 　　甲男與乙女為夫妻，雙方均為高級知識分子，於民國111年2月10日協議離婚，並向戶政機關辦理離婚登記後，乙女旋即於111年6月10日與丙男結婚，同年12月20日生子丁，此時丁應推定為甲或丙之婚生子，應從何人之姓？如甲、丙均主張丁為其婚生子時，應如何解決紛爭？在丁出生前乙、丙之婚姻關係已由甲訴請撤銷，經法院判決確定時，丁是否應推定為甲或丙之婚生子？

一、思考方向

　　男女結婚建立家庭後，除立即發生夫妻關係外，俟生兒育女後又產生父母子女關係或稱爲親子關係；在親屬之分類上，父母與子女間乃最密切之直系血親，爲家庭之主要成員，相互間之權利義務，有以法律加以規定之必要。然在過去封建社會，採取家族主義，父母子女間處於支配與服從關係，其親子法係以家或父母之利益爲中心，爲「父母本位」之立法；至現行民法始基於近代法律思潮，認爲父母與子女均有獨立而對等之人格，親子法之制定不是爲家或父母，而是以子女之養育監護、增進福利爲依歸，其爲「子女本位」之立法，固不待言。

　　根據民法親屬編第三章之規定，親子關係可分爲兩大類：

(一) 自然親子關係

　　基於子女出生而發生之親子關係，爲自然親子關係，民法將其分爲婚生子女與非婚生子女兩種。婚生子女爲父母因婚姻關係所生育之子女，否則爲非婚生子女。但非婚生子女中，有因生父與生母補行結婚，而取得婚生子女身分者（民法第1064條）、有因生父認領或撫育而在法律上取得婚生子女身分者（民法第1065條第1項），有因法律規定當然視爲婚生子女，無須認領者（民法第1065條第2項），情況均不相同。

(二) 擬制親子關係

指生前收養他人之子女為自己子女，在法律上視同親生子女之謂；易言之，將本無直系血親關係之人，擬制其有親生子女關係之制也，又稱為法定血親關係。

本案例甲、乙原為夫妻關係，於民國111年2月10日兩願離婚辦妥離婚登記，乙女旋即與丙男於111年6月10日結婚，同年12月20日生子丁，則丁為乙女之親生子固無問題，惟其究為甲男或丙男之婚生子，則非無疑異，值得我們從自然親子關係中之婚生子女與非婚生子女關係，加以討論；至於親子關係所衍生之子女姓氏、住所，以及父母為保護教養未成年子女而發生之親權法律關係，尤為民法立法所重視，自應一併說明；另擬制親子關係，則留待下節再述明。

二、論點分析

(一) 婚生子女

1. 婚生子女之意義

婚生子女者，依民法第1061條規定，謂由婚姻關係受胎而生之子女；所以婚生子女應具備四個要件：

(1) 其父母間有婚姻關係存在。

(2) 為其生父之妻所分娩。

(3) 其受胎係在婚姻關係存續中。

(4) 為其生母之夫的血統。

其中證明婚生子女之父母間有婚姻關係存在，及為其生父之妻所分娩，在舉證上並不困難；但要證明其受胎係在婚姻關係存續中，以及確為生母之夫的血統，則恐非易事，為此民法參酌外國立法例，從生理學、醫學、統計學等觀點，而有法律上「受胎期間之推定」，以供適用；同時在信憑婚姻道德中「妻之貞節」、「懷胎之處女，應予信用」等羅馬法精神，承認「婚生子女之推定」，使妻在婚姻中懷胎所生之子女，直接推定為夫之子女，免除其舉證責任；上開兩種「婚生推定制定」之採行，以確定婚生子女之法律地位，促進夫妻關係之和諧。

2. 受胎期間之推定

決定婚生子女之身分，非以出生時父母是否有婚姻關係為認定標準，而係以子女受胎期間父母是否有婚姻關係作為判定基礎；惟受胎期間，每隨孕婦各人生理、體質而有不同，但依醫學上之統計發現，其最短者為190日左右，最長者約為300日，民法為求周延，乃於第1062條第1項規定，從子女出生日回溯第181日起至第

302日止，爲受胎期間。故在此122日中，如有1日婚姻存在，即爲在婚姻關係存續中受胎，應認爲婚生子女。但能證明受胎回溯在前項第181日以內或第302日以前者，依同條文第2項規定，以其期間爲受胎期間，俾保護夫及婚生子女之利益。

3. 婚生子女之推定

妻在婚姻關係中受胎，其所生之子女，理論上爲夫之血統固無問題；但間亦有夫妻未同居，妻自他人受胎；或妻未遵守修正前民法第987條6個月待婚期間限制而再婚，致所生子女非夫之血統情事，爲此民法第1063條第1項規定，妻之受胎，係在婚姻關係存續中者，僅「推定」其所生子女爲婚生子女；如夫妻之一方能證明妻非自夫受胎者，得提起否認子女之訴，但依同條文第3項規定，該訴訟應於知悉子女出生之日起，2年內爲之，期以保障婚姻之安定性。另鑑於現行各國親屬法立法趨勢，已將「未成年子女之最佳利益」作爲最高指導原則，爲此修正後民法亦於前開第1063條第2、3項，明文增訂子女亦得提起否認之訴，其期間自知悉其非爲婚生子女之時起2年內爲之；但子女於未成年時知悉，仍得於成年後2年內爲之。否認之訴，性質上爲形成之訴，且爲必要共同訴訟，依家事事件法之規定，該訴訟之提起在程序上：

(1) 專屬子女住所地之法院管轄（家事事件法第6條）。

(2) 否認子女之訴，應以未起訴之夫妻及子女爲被告。子女否認推定生父之訴，以法律推定之生父爲被告。前二項情形，應爲被告中之一人死亡者，以生存者爲被告；應爲被告之人均已死亡者，以檢察官爲被告（家事事件法第63條）。

(3) 否認子女之訴，夫妻之一方或子女於法定期間內或期間開始前死亡者，繼承權被侵害之人得提起之。依前項規定起訴者，應自被繼承人死亡時起，於1年內爲之。夫妻之一方或子女於提起否認子女之訴後死亡者，繼承權被侵害之人得於知悉原告死亡時起，10日內聲明承受訴訟。但於原告死亡後已逾2年者，不得爲之。（家事事件法第64條）。

(二) 非婚生子女

1. 非婚生子女之意義

非婚生子女，即非由於婚姻關係受胎而生之子女。非婚生子女與生母間，在民法上當然視爲婚生子女，故依民法第1065條第2項規定，無須認領；至與生父間，縱令在生理上有血緣存在，亦非當然發生父子女關係，在法律上須經認領或生父母結婚等程序始可。

2. 非婚生子女之準正

非婚生子女，其生父與生母結婚者，視爲婚生子女（民法第1064條），此即所

謂之「準正」。生母結婚之對象，須爲生父，始可準正，若非生父，則僅發生直系姻親關係。準正之子女，視爲婚生子女，在法律上與婚生子女享有同一之待遇；至其效力自何時發生，法雖無明文，本書認爲亦可類推適用民法第1069條認領之規定，溯及出生時發生效力。

3. 非婚生子女之認領

認領，係指生父承認非婚生子女與自己有父子關係之意思表示，可分爲任意認領與強制認領兩種：

(1) **任意認領**：民法第1065條第1項規定：「非婚生子女經生父認領者，視爲婚生子女。其經生父撫育者，視爲認領」，只有生父始有認領權，生母與非婚生子女間，自始即視爲婚生子女，不需再經認領程序。認領雖爲身分行爲，但法律上不要求任何方式，以口頭或書面，明示意思表示或默示之撫育事實，甚至立遺囑方式爲之，均無不可；認領之客體，不以未成年人爲限，即使胎兒基於其利益之保護（民法第7條），亦可認領。又認領固爲生父在法律上及道德上應負之責任，但並無血統關係，而冒領圖利者，也往往有之。故依民法第1066條規定，非婚生子女或其生母，對於生父之認領，得否認之；此項否認，爲認領無效之一種，應以訴訟方式爲之。

(2) **強制認領**

非婚生子女之生父，如不爲認領時，依修正前民法第1067條第1項原規定，有下列情形之一者，非婚生子女或其生母或其他法定代理人，得請求其生父認領爲生父之子女：

①受胎期間生父與生母有同居之事實者：所謂同居，以男女雙宿同眠爲已足，無須同住一處（最高法院47年台上字第1806號判例）。

②由生父所作之文書可證明其爲生父者。

③生母爲生父強制性交或略誘性交者。

④生母因生父濫用權勢性交者。

須有以上四個原因之一，始得提起強制認領之訴。惟按諸國外立法例，認領已趨向客觀事實主義，故認領請求，悉任法院發現事實，以判斷有無親子關係之存在，96年5月23日修正民法時，乃刪除前開列舉規定，於第1067條規定：「有事實足認其爲非婚生子女之生父者，非婚生子女或其生母或其他法定代理人，得向生父提起認領之訴。前項認領之訴，於生父死亡後，得向生父之繼承人爲之。生父無繼承人者，得向社會福利主管機關爲之。」至其認領之方法，須以訴訟爲之，性質上爲給付之訴。

(3) 認領之效力

①非婚生子女經生父認領後，依民法第1065條第1項規定，視爲婚生子女，即取得與婚生子女同一之身分，從而其對生父之權利義務及其他關係，均與婚生子女相同。

②非婚生子女經生父認領後，依民法第1069條規定，溯及於出生時，視爲婚生子女，但第三人已取得之權利，不因此而受影響。所謂第三人已取得之權利，例如，生母將非婚生子女出養後，生父始爲認領，該認領行爲，固使非婚生子女與生父發生親子關係，但不影響養父母之權利。

③爲兼顧血統眞實原則及人倫親情之維護，民法於第1070條規定：「生父認領非婚生子女後，不得撤銷其認領。但有事實足認其非生父者，不在此限。」

④非婚生子女經生父認領後，關於未成年子女權利義務之行使或負擔，依民法第1069條之1規定，可準用第1055條、第1055條之1及第1055條之2之規定，使父母親權之行使，有規範可循，更能保護非婚生子女之利益。

(三) 父母子女間之權利義務關係

親子關係發生後，父母子女間之權利義務隨之而生，本書就子女方面與父母方面分別討論：

1. 子女方面

(1) **婚生子女之姓氏**：子女姓氏，爲子女對父母最基本之法律關係，素爲國人所重視，爲避免姓氏紊亂而致近親誤婚，民法第1059條規定：「父母於子女出生登記前，應以書面約定子女從父姓或母姓。未約定或約定不成者，於戶政事務所抽籤決定之。子女經出生登記後，於未成年前，得由父母以書面約定變更爲父姓或母姓。子女已成年者，得變更爲父姓或母姓。前二項之變更，各以一次爲限。有下列各款情形之一，法院得依父母之一方或子女之請求，爲子女之利益，宣告變更子女之姓氏爲父姓或母姓：一、父母離婚者。二、父母之一方或雙方死亡者。三、父母之一方或雙方生死不明滿三年者。四、父母之一方顯有未盡保護或教養義務之情事者。」

(2) **非婚生子女之姓氏**：對於非婚生子女之姓氏，依民法第1059條之1規定：「非婚生子女從母姓。經生父認領者，適用前條第二項至第四項之規定。非婚生子女經生父認領，而有下列各款情形之一，法院得依父母之一方或子女之請求，爲子女之利益，宣告變更子女之姓氏爲父姓或母姓：一、父母之一方或雙方死亡者。二、父母之一方或雙方生死不明滿三年者。三、子女之姓氏與任權利義務行使或負擔之父或母不一致者。四、父母之一方顯有未盡保護或教養義務之

情事者。」

(3) **子女之住所**：民法第1060條規定：「未成年之子女，以其父母之住所爲住所」，此項法定住所規定，不問嫁娶婚或招贅婚，均應適用。

(4) **子女之孝敬父母**：我國傳統倫理，首重孝道，所謂「百善孝爲先」，爲此民法第1084條第1項增訂「子女應孝敬父母」，將孝親道德法律化，俾國人均能躬體力行。

2. 父母方面——親權

父母與未成年子女間，因需要保護教養子女，故發生特殊之法律關係，學說上稱之爲「親權」，現行民法規定之親權內容，包括父母對未成年子女之保護與教養義務（第1084條第2項）、懲戒權（第1085條）、法定代理權（第1086條）、特有財產之管理、使用收益及處分權（第1088條）等，參見〈案例100〉之說明。

三、案例結論

按從子女出生日回溯第181日起至第302日止，爲受胎期間，妻之受胎，係在婚姻關係存續中者，推定其所生子女爲婚生子女，民法第1062條、第1063條分別定有明文。此所謂受胎係在婚姻關係存續中，乃指於受胎期間，只須有1日以上期間係有婚姻關係存在，即推定其子女係婚生子女。本案例丁之受胎係在乙、丙婚姻關係存續中，則應推定爲丙男之婚生子。

關於子女之姓氏，依民法第1059條規定：「父母於子女出生登記前，應以書面約定子女從父姓或母姓。未約定或約定不成者，於戶政事務所抽籤決定之。子女經出生登記後，於未成年前，得由父母以書面約定變更爲父姓或母姓。子女已成年者，得變更爲父姓或母姓。前二項之變更，各以一次爲限。有下列各款情形之一，法院得依父母之一方或子女之請求，爲子女之利益，宣告變更子女之姓氏爲父姓或母姓：一、父母離婚者。二、父母之一方或雙方死亡者。三、父母之一方或雙方生死不明滿三年者。四、父母之一方顯有未盡保護或教養義務之情事者。」本件丁之姓氏，自應依上開規定辦理，由父母於子女出生登記前，以書面約定子女從父姓或母姓。未約定或約定不成者，於戶政事務所抽籤決定之。

對於婚姻關係存續中受胎之子女，修正後民法第1063條第2項規定，夫妻之一方能證明妻非自夫受胎者，均得提起否認之訴，但應於知悉子女出生之日起，2年內爲之，如本案例乙女與丙男均得提起否認之訴，至甲男既與乙女無婚姻關係存在，依上開規定，自無權提起否認之訴。

又結婚撤銷之效力，不溯及既往，民法第998條亦定有明文，故縱於丁出生之前，乙、丙之婚姻關係已由甲訴請撤銷，經法院判決確定，然對於丁之受胎期間內

乙、丙間存有合法婚姻關係存在，並不生影響，丁仍應推定係丙男之婚生子。

貳、養子女

案例99

　　甲、乙結婚多年，膝下無子，乃共同收養5歲之丙為養子，不久，甲、乙依民法第1050條規定兩願離婚，乙女再嫁予頗富資力之丁，丙亦隨乙與丁共同居住，如丙男在被甲、乙收養時，其親生父母對該收養契約意見不一致時，應如何處理？又甲、乙協議離婚後，對於收養關係是否發生影響？日後丁因為摯愛乙女，對於乙女所疼愛之丙男，有意再行收養，法律上應否准許？

一、思考方向

　　父母子女之關係，又稱為親子關係。親子關係可分為自然親子關係與擬制親子關係兩種，前者包括婚生子女與非婚生子女關係；後者則指養子女關係。在本案例所述及甲、乙婚後無兒女，經收養丙男，此涉及收養要件問題；在收養成立後，甲、乙協議離婚，對收養是否發生影響，為收養之效力問題；另收養應如何終止，遇有收養無效或得撤銷原因發生時，應如何解決，均有必要詳加討論。

二、論點分析

(一) 收養之意義

　　收養與自己無血緣連繫關係之他人子女為自己子女，在法律上視同婚生子女者，即為收養，民法第1072條規定：「收養他人之子女為子女時，其收養者為養父或養母，被收養者為養子或養女」，養父母與養子女之親子關係，謂之法定或擬制親子關係。

(二) 收養之要件

1. 實質要件

(1) **須有收養之合意：** 收養為雙方當事人以發生親子關係為目的之身分契約，自須以當事人間有收養之合意為必要，如僅有養育之事實，而無以之為子女之意

思，則仍未發生收養關係。

(2) **須相差20歲以上**：收養者之年齡，應長於被收養者20歲以上，民法第1073條定有明文，但夫妻共同收養時，夫妻之一方長於被收養者20歲以上，而他方僅長於被收養者16歲以上，亦得收養。夫妻之一方收養他方之子女時，應長於被收養者16歲以上。違反本條規定者，依民法第1079條之4規定，其收養無效。

(3) **親屬間收養須輩份相當**：輩份之尊卑，與公序良俗有關，故民法第1073條之1規定，下列親屬不得收養爲養子女：①直系血親。②直系姻親。但夫妻之一方，收養他方之子女者，不在此限。③旁系血親在六親等以內及旁系姻親在五親等以內，輩分不相當者（包括輩分相同），以免有背倫常，違反者其收養契約無效。

(4) **夫妻應共同收養**：有配偶者收養子女時，依民法第1074條規定，應共同爲之。但有下列各款情形之一者，得單獨收養：①夫妻之一方收養他方之子女。②夫妻之一方不能爲意思表示或生死不明已逾3年。違反本條規定者，收養者之配偶得請求法院撤銷，但自知悉其事實之日起，逾6個月，或自法院認可之日起已逾1年者，不得請求撤銷（民法第1079條之5第1項）。

(5) **同時爲二人養子女之禁止**：除爲夫妻共同收養之子女外，依民法第1075條規定，一人不得同時爲二人之養子女。違反本條規定者，其收養無效（民法第1079條之4）。

(6) **被收養人配偶之同意**：有配偶者被收養時，依民法第1076條規定，應得其配偶之同意。但夫妻之一方不能爲意思表示或生死不明已逾3年者，不在此限。違反本條規定時，被收養者之配偶自知悉其事實之日起，6個月內或自法院認可之日起1年內，得請求法院撤銷之（民法第1079條之5第2項）。

(7) **子女被收養時，應得其父母之同意**：按收養關係成立後，養子女與本生父母之權利義務於收養關係存續中停止之，影響當事人權益甚鉅，爲此民法第1076條之1規定：「子女被收養時，應得其父母之同意。但有下列各款情形之一者，不在此限：一、父母之一方或雙方對子女未盡保護教養義務或有其他顯然不利子女之情事而拒絕同意。二、父母之一方或雙方事實上不能爲意思表示。前項同意應作成書面並經公證。但已向法院聲請收養認可者，得以言詞向法院表示並記明筆錄代之。第一項之同意，不得附條件或期限。」違反本條規定者，其收養無效（民法第1079條之4）。

(8) **未成年人被收養時，應由法定代理人代爲或得其同意**：未滿7歲之未成年人無意思能力，故此種未成年人被收養時，依民法第1076條之2第1項規定，由法定代理人代爲意思表示並代受意思表；滿7歲以上之未成年人爲限制行爲能力

人，此種未成年人被收養時，依同條文第2項規定，應得法定代理人之同意。被收養者之父母已依前二項規定以法定代理人之身分代爲並代受意思表示或爲同意時，得免依前條規定爲同意。收養子女違反第1076條之2第1項規定者，其收養無效（民法第1079條之4）。

2. 形式要件

(1) **應以書面爲之**：收養子女，爲發揮公示效力，以昭愼重，依民法第1079條第1項前段規定，除經收養人與被收養人之同意外，並應以書面爲之。收養不合前開規定者，無效。

(2) **應聲請法院認可**：爲保護養子女之利益，民法第1079條第1項後段規定，收養子女應聲請法院認可；如收養有下列情形之一者，同條文第2項規定，法院應不予認可：

① 收養有無效或得撤銷之原因者。

② 收養有違反其他法律規定者。

　　法院於認可收養時，對於未成年人之收養，係以未成年子女之最佳利益爲主；成年人之收養，則應以防止脫法行爲爲主，因此民法第1079條之1規定：「法院爲未成年人被收養之認可時，應依養子女最佳利益爲之。」另民法第1079條之2規定：「被收養者爲成年人而有下列各款情形之一者，法院應不予收養之認可：一、意圖以收養免除法定義務。二、依其情形，足認收養於其本生父母不利。三、有其他重大事由，足認違反收養目的。」

　　收養子女之生效時點，依民法第1079條之3規定：「收養自法院認可裁定確定時，溯及於收養契約成立時發生效力。但第三人已取得之權利，不受影響。」

3. 大陸子女收養之特別要件

　　另依台灣地區與大陸地區人民關係條例第65條規定：「台灣地區人民收養大陸地區人民爲養子女，除依民法第一千零七十九條第五項規定外，有下列情形之一者，法院亦應不予認可：一、已有子女或養子女者。二、同時收養二人以上爲養子女者。三、未經行政院設立或指定之機構或委託之民間團體驗證收養之事實者。」是關於兩岸之收養認可所爲特別規定，應優先於民法而適用。

(三) 收養之無效及撤銷

1. 收養之無效

　　民法第1079條之4規定：「收養子女，違反第一千零七十三條、第一千零七十三條之一、第一千零七十五條、第一千零七十六條之一、第一千零七十六條之二第一項或第一千零七十九條第一項之規定者，無效。」即收養行爲違反年齡之20

歲差距、違反輩分相當原則、違反一人同時不得爲二人之養子女、違反子女被收養應得父母同意等規定時，均屬無效是。

2. 收養之撤銷

民法第1079條之5規定：「收養子女，違反第一千零七十四條之規定者，收養者之配偶得請求法院撤銷之。但自知悉其事實之日起，已逾六個月，或自法院認可之日起已逾一年者，不得請求撤銷。收養子女，違反第一千零七十六條或第一千零七十六條之二第二項之規定者，被收養者之配偶或法定代理人得請求法院撤銷之。但自知悉其事實之日起，已逾六個月，或自法院認可之日起已逾一年者，不得請求撤銷。依前二項之規定，經法院判決撤銷收養者，準用第一千零八十二條及第一千零八十三條之規定。」乃民法96年5月23日新增之條文，使收養之撤銷，法有明文，以資適用。

(四) 收養之效力

1. 養子女與養父母間

(1) 養子女與養父母之關係，依民法第1077條第1項之規定：「養子女與養父母及其親屬間之關係，除法律另有規定外，與婚生子女同」；亦即收養契約成立後，養子女取得養父母之婚生子女地位，與養父母間發生擬制直系血親關係。至所謂「法律另有規定」，係指近親婚姻之限制、養子女之稱姓、住所、扶養及收養關係終止等情形而言。

(2) 養子女之姓氏，依民法第1078條規定，原則上從收養者之姓或維持原來之姓。夫妻共同收養子女時，於收養登記前，應以書面約定養子女從養父姓、養母姓或維持原來之姓。第1059條第2項至第5項之規定，於收養之情形準用之。

2. 養子女與本生父母間

收養關係存續期間，養子女與本生父母間原有之權利義務，例如親權之行使、扶養義務、遺產繼承權等，依民法第1077條第2項，原則上均屬於停止狀態中，俟收養關係終止後始回復；但夫妻之一方收養他方之子女時，他方與其子女之權利義務，不因收養而受影響。至於自然血親關係，仍繼續存在，故在收養期間，本生父母對養子女之利益，仍得依法加以保護（司法院大法官釋字第28號解釋）。

3. 收養者與養子女之本生父或母結婚時

收養者收養子女後，與養子女之本生父或母結婚時，養子女回復與本生父或母及其親屬間之權利義務。但第三人已取得之權利，不受影響（民法第1077條第3項）。

4. 養子女之直系血親卑親屬

養子女於收養認可時已有直系血親卑親屬者，收養之效力僅及於其未成年之直系血親卑親屬。但收養認可前，其已成年之直系血親卑親屬表示同意者，不在此限。前項同意，準用第1076條之1第2項及第3項之規定（民法第1077條第4、5項）。

(五) 收養之終止

收養之終止，係指收養關係成立後，有無法繼續維持擬制親子關係之事實，使收養關係自終止時起，向將來消滅之收養解消原因。關於收養終止之原因有合意終止、許可終止與判決終止三種，另有無效或得撤銷之終止，分述如下：

1. 合意終止

合意終止，爲收養人與被收養人協議，終止雙方收養關係之謂，民法明文承認此種收養終止原因，係鑑於收養關係之當事人雙方，其情感既薄，勢難共處，無法繼續維持親子關係，故應許其因協議而終止收養關係。合意終止之方式，依民法第1080條規定：「養父母與養子女之關係，得由雙方合意終止之。前項終止，應以書面爲之。養子女爲未成年人者，並應向法院聲請認可。法院依前項規定爲認可時，應依養子女最佳利益爲之。養子女爲未成年人者，終止收養自法院認可裁定確定時發生效力。養子女未滿七歲者，其終止收養關係之意思表示，由收養終止後爲其法定代理人之人爲之。養子女爲滿七歲以上之未成年人者，其終止收養關係，應得收養終止後爲其法定代理人之人之同意。夫妻共同收養子女者，其合意終止收養應共同爲之。但有下列情形之一者，得單獨終止：一、夫妻之一方不能爲意思表示或生死不明已逾三年。二、夫妻之一方於收養後死亡。三、夫妻離婚。夫妻之一方依前項但書規定單獨終止收養者，其效力不及於他方。」

2. 許可終止

在收養關係存續中，養父母與養子女之一方死亡時，其親子身分關係固然消滅，但收養之效力仍繼續存在，養子女原則上不可再爲他人收養；但如養父母均死亡後，養子女不能維持生活而無謀生能力時，爲保障養子女利益，民法第1080條之1規定，養父母死亡後，養子女得聲請法院許可終止收養。養子女未滿7歲者，由收養終止後爲其法定代理人之人向法院聲請許可。養子女爲滿7歲以上之未成年人者，其終止收養之聲請，應得收養終止後爲其法定代理人之人之同意。法院認終止收養顯失公平者，得不許可之。此項許可，法院應以裁定爲之，故又稱爲「裁定終止」。

3. 判決終止

　　當事人之一方，如有法定事由之一，得請求法院終止收養關係，稱為判決終止，其事由依民法第1081條規定，養父母、養子女之一方，有下列各款情形之一者，法院得依他方、主管機關或利害關係人之請求，宣告終止其收養關係：

(1) 對於他方為虐待或重大侮辱。

(2) 遺棄他方。

(3) 因故意犯罪，受2年有期徒刑以上之刑之裁判確定而未受緩刑宣告。

(4) 有其他重大事由難以維持收養關係：實務上認為養子女對於養父母惡言相加、肆意辱罵、養子女吸食鴉片、養父母誘使養子女暗操淫業均屬重大事由，可構成判決終止之原因；但如不服從養父母之監督則尚不構成重大事由（最高法院31年上字第1369號、48年台上字第1669號、50年台上字第88號、57年台上字第359號判例參照）。

　　又養子女為未成年人者，法院宣告終止收養關係時，應依養子女最佳利益為之。

4. 無效之終止

　　終止收養，違反第1080條第2項、第5項或第1080條之1第2項規定者，無效（民法第1080條之2）。

5. 得撤銷之終止

　　終止收養，違反第1080條第7項之規定者，終止收養者之配偶得請求法院撤銷之。但自知悉其事實之日起，已逾6個月，或自法院認可之日起已逾1年者，不得請求撤銷。終止收養，違反第1080條第6項或第1080條之1第3項之規定者，終止收養後被收養者之法定代理人得請求法院撤銷之。但自知悉其事實之日起，已逾6個月，或自法院許可之日起已逾1年者，不得請求撤銷（民法第1080條之3）。

6. 終止收養之效力

(1) **養子女與養父母間**：養子女與養父母之關係，因終止收養而消滅。如因收養關係終止而陷於生活困難者，依民法第1082條規定，得請求他方給與相當之金額。但其請求顯失公平者，得減輕或免除之。

(2) **養子女與本生父母間**：依民法第1083條規定，養子女及收養效力所及之直系血親卑親屬，自收養關係終止時起，回復其本姓，並回復其與本生父母及其親屬間之權利義務。但第三人已取得之權利，不受影響。例如回復前本生父母死亡者，其繼承人取得之遺產，不因養子女終止收養而受影響是，即養子女不得主張對其本生父母有繼承權，要求繼承遺產。

(六) 法院對收養裁判之準用規定

　　法院依第1059條第5項、第1059條之1第2項、第1078條第3項、第1079條之1、第1080條第3項或第1081條第2項規定為裁判時，準用第1055條之1之規定（民法第1083條之1）。

三、案例結論

　　本案例中，甲、乙結婚多年，膝下無子，而共同收養5歲之丙為養子，丙男之親生父母對收養意見不一致時，究應如何處理？按收養之成立，須有收養之合意，而丙男為5歲之未成年人，法律上為保護其利益，於第1079條第1項規定：「收養應以書面為之，並向法院聲請認可。」未滿7歲之未成年人被收養時，由法定代理人代為意思表示並代受意思表示。

　　至對於未成年人親權之行使，依民法第1089條規定：「對於未成年子女之權利義務，除法律另有規定外，由父母共同行使或負擔之。父母之一方不能行使權利時，由他方行使之。父母不能共同負擔義務時，由有能力者負擔之。父母對於未成年子女重大事項權利之行使意思不一致時，得請求法院依子女之最佳利益酌定之。法院為前項裁判前，應聽取未成年子女、主管機關或社會福利機構之意見」，故本件丙之親生父母意見不一致時，可聲請法院裁定解決之。

　　其次，在甲、乙協議離婚後，雙方之婚姻關係雖因離婚而消滅，但丙男既為甲、乙所共同收養，為擬制血親關係，在未經終止收養之前，其收養關係，不因甲、乙離婚而消滅；日後，乙女再嫁予頗富資力之丁，丙雖隨之與乙、丁共同居住，但丁男仍不得再行收養丙為養子，以免違反民法第1075條後段「一人不得同時為二人之養子女」規定，在法律上不發生收養之效力。

參、親權

案例100

　　甲女現年9歲，為國小四年級學生，其母親在生產時亡故，父親某乙受此打擊意志消沉，終日酗酒，醉後每遷怒甲女動輒加以毆打，甚至令其深夜至不良場所推銷產品，補貼家用。學校訓導主任多次與某乙溝通無效，迫不得已向台北市社會局舉發，該局承辦人員應如何保護甲女之權益？又未成年人丁男，生長在父母離異之破碎家庭，監護權約定歸母親行使；不久母親亡

故，留有台南市之房、地一棟，由丁男繼承，其父親得悉後，旋即主張該繼承之財產，應由其管理、使用收益及處分，但丁男以其父親從未照顧其母子為由拒絕，有無理由？

一、思考方向

親子關係發生後，不論爲自然親子關係或擬制親子關係，其父母子女間之權利義務關係隨之而生。在子女方面，民法規定子女應從父姓或母姓、以父母之住所爲住所，並應孝敬父母（民法第1059條、第1060條、第1084條第1項）。在父母方面，民法規定父母對於未成年子女，有保護及教養之權利義務，學者稱此特殊之法律關係爲「親權」。

按親權爲親子關係中最本質、核心的部分，其對象限於未成年且未結婚之子女；而行使之範圍包括身分上監護與財產上監護在內。如同本案例甲女之父親動輒對其毆打、迫令深夜至不良場所推銷物品等濫用監護權情形；及未成年人丁男，父母離婚後，取得監護權之母親不幸死亡時，其父親之監護權是否回復？能否對丁男因繼承取得之特有財產，予以管理、使用收益及處分，凡此均與親權之內容有關，茲說明於後。

二、論點分析

(一) 親權之意義

親權，是指父母與未成年子女間，因需要保護教養子女，而發生之特殊法律關係。在本質上親權不僅爲父母基於其直系血親尊親屬之身分地位，而當然發生之權利，同時爲其應盡之義務。親權存在之目的，在現代親子法中，不以行使親權人之利益爲主，而係傾向爲保護教養未成年子女之目的而存在。因此，子女已成年、或未成年而已結婚者，親權即無存在之必要。親權之作用，主要在於對未成年人之身分上及財產上予以保護照顧，此種權利因兼具義務性，故父母不得拋棄其權利，亦不得濫用親權。

(二) 親權行使之原則

父母爲未成年子女之法定代理人，父母均俱存時，親權行使之方法，除法律另有規定外，以「共同行使」爲原則，爲此民法第1089條第1項規定：「對於未成年子女之權利義務，除法律另有規定者外，由父母共同行使或負擔之。父母之一方不

能行使權利時，由他方行使之。父母不能共同負擔義務時，由有能力者負擔之。」舊法原規定父母對於權利之行使，意思不一致時，由父行使之，惟該規定經司法院大法官會議釋字第365號解釋認爲：「與憲法第7條人民無分男女在法律上一律平等，及憲法增修條文第9條第5項消除性別歧視之意旨不符，應予檢討修正，並自本解釋公布之日起，至遲於屆滿2年時，失其效力。」爲此新法乃加以修正，於同條文第2、3項規定：「父母對於未成年子女重大事項權利之行使意思不一致時，得請求法院依子女之最佳利益酌定之。法院爲前項裁判前，應聽取未成年子女、主管機關或社會福利機構之意見」，以保護未成年子女之權利。爲明確說明起見，再將親權行使之原則，依前開條文內容，分述如下：

1. 共同行使原則

即親權內容之行使，原則上應由父母共同之意思決定，並應對外共同代理子女。

2. 由父母之一方單獨行使

(1) **法律另有規定時**：例如：

① 父母離婚者，對於未成年子女權利義務之行使或負擔，依協議由一方或雙方共同任之。未爲協議或協議不成者，法院得依夫妻之一方、主管機關、社會福利機構或其他利害關係人請求，或依職權酌定之（民法第1055條第1項）。

② 非婚生子女未經認領者，以生母爲親權人；經認領者，關於其權利義務之行使或負擔，準用第1055條之規定（民法第1069條之1）。

③ 養子女之親權人爲其養父母，養父母之任何一方不能行使親權者，由他方任之。養父母離婚者，仍依上開民法第1055條規定決定親權人。養父母均不能行使親權者，則依監護之規定。收養關係終止或消滅者，回復與本生父母之親權關係。

④ 父母不繼續共同生活達6個月以上時，關於未成年子女權利義務之行使或負擔，準用第1055條、第1055條之1及第1055條之2之規定。但父母有不能同居之正當理由或法律另有規定者，不在此限（民法第1089條之1）。例如父母已由法院依家庭暴力防制法第13條第2項第3款命遷出住居所而未能同居，或兒童及少年福利與權益保障法第71條規定停止親權一部或全部者，自不得依本條再準用第1055條、第1055條之1及第1055條之2規定。

(2) **父母之一方不能行使權利時**：在正常家庭中，父母同時爲未成年子女之親權人，但父母之任何一方因事實上或法律上原因，不能行使親權時，例如一方已死亡、生死不明、心神喪失或被宣告停止親權時，由他方單獨行使。但僅爲一時行使困難，如因公出差、出國度假等，則不屬之。又父母均不能負擔義務

時，由有能力者負擔之。

(3) **父母之意見不一致時**：父母對於未成年子女權利之行使意見不一致時，爲解決紛爭，民法第1089條第3項，明定由法院介入以爲救濟。但如將一切家事糾紛均交由法院裁決，所謂「清官難斷家務事」，亦顯然不當，故修正後之條文明定，僅限於與未成年子女之「重大事項」有關之權利，法院始有酌定親權行使人之必要。至所謂「重大事項」，解釋上易生疑義，惟如子女之出養、皈依佛門、出國深造、結婚同意權、子女特有財產之處分權行使等，均可認爲係重大事項。

(三) 親權之內容

父母對未成年子女之親權內容，分爲身分上之照顧及財產上之照顧兩種：

1. 身分上之照顧

(1) **保護與教養義務**：對於未成年子女之保護與教養，爲親權之本質，故民法第1084條第2項規定：「父母對於未成年之子女，有保護及教養之權利義務。」所謂「保護」，指排除危害，使子女身心處於安全狀態；所謂「教養」，指教導養育，亦即使其身心健全發展而言。父母爲完成其保護教養權利義務，因此未成年子女之住所，應以其父母之住所爲住所（民法第1060條）；父母對於妨害親權之行使者，如違法掠奪或抑留其未成年子女之人，得請求交還其子女，於裁判確定後甚至可以聲請強制執行。

(2) **懲戒權**：父母對於未成年子女，爲達實現教養目的，民法賦予懲戒權，而於第1085條規定：「父母得於必要範圍內懲戒其子女」，故懲戒權僅爲保護、教養子女之輔助手段，自不得逾越必要程度。

(3) **同意權與代理權**：爲顧及未成年子女思慮欠周密，民法第1086條第1項規定：「父母爲其未成年子女之法定代理人」，所以父母基於法定代理人身分，對於未成年人之婚約、結婚、離婚、夫妻財產契約之訂立、收養契約之簽訂等均有代理之權限。另外對於未滿7歲之子女，因無意思能力，有關該子女被收養時，須由法定代理人之父母代爲意思表示；於終止收養時，須代受意思表示（民法第1076條第2項、第1080條第3項），可見父母對於未成年人身分上之照顧，除有同意權外，並有代理權。惟父母之行爲與未成年子女之利益相反，依法不得代理時，法院得依父母、未成年子女、主管機關、社會福利機構或其他利害關係人之聲請或依職權，爲子女選任特別代理人（民法第1086條第2項）。

2. 財產上之照顧

　　未成年子女之財產可分為特有財產及一般財產兩種，前者依民法第1087條規定：「未成年子女，因繼承、贈與或其他無償取得之財產，為其特有財產」；後者係指未成年子女以自己勞力或其他經法定代理人同意之有償行為所取得之財產。就未成年人以自己勞力或其他有償行為取得之一般財產，依物權法中所有權理論，自應歸該子女所有；惟因該子女意思能力尚未健全，是其法律行為應由法定代理人予以補充，自不待言，故父母對該財產有代理權與同意權。至特有財產方面，依民法第1088條規定：「未成年子女之特有財產，由父母共同管理。父母對於未成年子女之特有財產，有使用、收益之權。但非為子女之利益，不得處分之。」茲再分析如下：

(1) **特有財產之管理權：**基於親權共同行使之原則，該管理權應由父母共同為之。所謂管理，指保存、利用及改良行為，父母為財產之管理時，得占有該財產、將其出租，甚至得代理未成年子女行使物上請求權。

(2) **特有財產之使用收益權：**父母對於未成年子女之特有財產，可以共同使用該財產或輪流使用，對於該財產之收益，可以作為財產之管理費用或子女之生活費、教育費，以減輕父母之負擔。

(3) **特有財產之處分權：**對於未成年子女之特有財產，非為子女之利益，父母不得任意加以處分。至於何者為子女之利益，民法並無明確標準，實務上應依個案情形斟酌當事人一切情況分別認定，如為維持未成年子女之生活費而負擔債務時，處分其特有財產以供清償，應認符合子女之利益。

(四) 親權濫用之禁止

　　民法第1090條規定：「父母之一方濫用其對於子女之權利時，法院得依他方、未成年子女、主管機關、社會福利機構或其他利害關係人之請求或依職權，為子女之利益，宣告停止其權利之全部或一部。」所謂「濫用」，指行使權利逾越正常範圍或不盡其應盡之義務，致不符合子女之利益而言，例如利用懲戒權虐待子女或非為子女之利益而處分其財產等。

(五) 親權之消滅

　　親權消滅之原因，可分為絕對消滅原因與相對消滅原因。前者，該子女已成年不須再有監護人；後者，該子女仍應由他人行使親權或監護權。說明如下：

1. 絕對消滅原因

(1) **子女已死亡：**包括自然死亡與死亡宣告。

(2) **子女已成年**：此際該子女已可獨立為法律行為，無須親權人之照顧。

(3) **子女已結婚**：對於未成年子女已婚者，依民法第13條第3項既提早賦予行為能力，應無再置親權人之必要。

2. 相對消滅原因

(1) 親權人均死亡，此際應另置監護人。

(2) 親權人因事實上或法律上原因無法行使時，應另置監護人。

(3) 子女被收養時，本生父母之親權停止，由養父母行使之。

(4) 宣告親權之停止（民法第1090條）。

三、案例結論

民法第1090條規定：「父母之一方濫用其對於子女之權利時，法院得依他方、未成年子女、主管機關、社會福利機構或其他利害關係人之請求或依職權，為子女之利益，宣告停止其權利之全部或一部」，是為父母親權濫用之禁止規定。本案件中，某乙對其年僅9歲之甲女，動輒加以毆打，並令其深夜至不良場所推銷產品，補貼家用，顯已構成親權之濫用，甲女之最近尊親屬（如祖父母），或主管機關、社會福利機構等得依上開規定，請求法院宣告停止其父親之親權。

又甲女現為12歲以下之兒童，參照兒童及少年福利與權益保障法第71條第1項前段規定，父母對兒童疏於保護、照顧情節嚴重，或有虐待兒童等行為者，兒童最近尊親屬、主管機關、兒童福利機構或其他利害關係人，亦得向法院聲請宣告停止其親權或監護權。故案例中之社會局承辦員即可逕依兒童及少年福利與權益保障法之特別規定，向法院聲請宣告停止其父親之親權。當甲女父親被全部停止親權後，因母親早已亡故，如別無其他親權人時，法院得指定主管機關、兒童福利機構之負責人或其他適當之人為甲女之監護人；並得指定監護之方法及命其父親支付選定監護人相當之扶養費用及報酬（兒童及少年福利與權益保障法第71條第2項）。

至於在未成年人丁男之親權人方面，按父母為未成年子女之親權人，父母離婚而未任親權之一方，於行使親權之他方，不能行使親權時，參照民法第1089條第1項規定，應即回復其親權。據此，未成年人丁男，其任親權之母親死亡後，父親之親權即於此時當然回復，依法對於丁男有保護教養之權利義務。關於丁男因繼承而取得之房、地1棟，雖屬於未成年子女之特有財產，然依民法第1088條規定：「未成年子女之特有財產，由父母共同管理。父母對於未成年子女之特有財產，有使用、收益之權。但非為子女之利益，不得處分之」，故丁男之父親對其特有財產，自有管理及使用收益權，甚至在有利於丁男之情況下，可處分該特有財產，未成年之丁男，不得以其父親從未照顧渠母子為由，加以拒絕。

第四章 監 護

　　甲男與乙女為夫妻關係，民國111年3月間經法院以乙女有重大不治之精神病，依民法第1052條第1項第8款規定，判准兩造離婚，並酌定甲男為兩造所生長女丙之監護人。嗣甲於判決離婚後，因擔任朋友連帶保證人，遭拖累積欠千萬元債務而離家出走，行方不明，其女丙不得已與乙女同居一起。丙因年僅17歲，有意簽訂勞動契約，受僱用到KTV工作時，是否仍應經甲、乙之同意？又乙女如因病情嚴重，經法院為監護之宣告後，應由何人擔任其監護人，監護人該如何為其監護？

一、思考方向

　　晚近在福利國思想下，多數國家立法例除了以父母之親權，來保護、教養未成年子女外，大都另設監護制度，以監督保護未受父母親權保護之未成年人；及精神狀況有障礙之成年人，於其無法獨立經營社會生活時，對其身體上、財產上之利益加以保護。我國現行民法採行相同之立法政策，將監護制度分為兩種，一為未成年人之監護，規定於親屬編第四章第1091條至第1109條之2；另一為成年人之監護及輔助，規定於第1110條至第1113條之10，前者為親權之延長，後者則為民法總則之延伸，目的均在藉由監護人對未成年人或受監護宣告人之監護，以期受監護人之身心能健全發展，其財產能獲安適之管理及使用、收益。

　　在本案例，甲、乙原為夫妻，經法院判決離婚後，由甲男取得其未成年子女丙之監護權，事後丙女有意簽訂勞動契約，受僱到KTV工作時，應否再經甲、乙同意，此為未成年人監護應討論之重點；又乙女為成年人，如因病情嚴重，經法院為監護之宣告後，其監護人究應如何選定，是否任何有親屬關係之人，均得擔任其監護人，亦值得吾人深入研究，茲依民法之規定，順序說明於後。

二、論點分析

(一) 監護之意義

監護，乃對於行為能力欠缺之人，法律為其監督保護之謂。擔任監督、保護者為監護人；其相對人即受監督、保護者為受監護人。監護之機關有二：一為監護執行機關，即監護人；另一為監護監督機關，即法院或親屬會議。監護制度因受監護人之不同，分為未成年人之監護、成年人之監護及輔助二種，至女子監護制度，已為各國所不採。

(二) 未成年人之監護

1. 監護之原因

(1) **無父母或父母均不能行使親權**：未成年人無父母，或父母均不能行使、負擔對於其未成年子女之權利義務時，依民法第1091條規定，應置監護人。

(2) **父母之委託**：父母原為未成年子女之親權人，應行使或負擔對於該未成年子女之保護、教養義務，不得辭任；但父母有時因上班繁忙、身體疾病或子女求學外出等因素，一時或部分無法行使監護事務時，法律准許可以委託他人代行之。對此民法第1092條規定：「父母對其未成年之子女，得因特定事項，於一定期限內，以書面委託他人行使監護之職務」，此稱為委託監護。實務上認為，委託監護人乃由於父母之委託，而行使負擔對於子女之權利義務，非由父母受讓親權或監護權，從而父母於委託他人為監護人後，其親權或監護權並不喪失，自不得推卸其仍為未成年子女之法定代理人之義務（最高法院52年度台抗字第734號裁定）。97年5月23日修正民法親屬編時，基於交易安全及公益之考量，委託他人行使監護之職務時，改採要式行為，必須以書面委託，以昭慎重。

2. 監護人之確定

(1) **遺囑指定監護人**：未成年人之父母如均健在，由父母監護即可，不須另置監護人；若父母死亡時，最後行使、負擔對於未成年子女之權利、義務之父或母，得以遺囑指定監護人。前項遺囑指定之監護人，應於知悉其為監護人後15日內，將姓名、住所報告法院；其遺囑未指定會同開具財產清冊之人者，並應申請當地直轄市、縣（市）政府指派人員會同開具財產清冊。於前項期限內，監護人未向法院報告者，視為拒絕就職（民法第1093條）。

(2) **法定監護人**：父母均不能行使、負擔對於未成年子女之權利義務，或父母死亡而無遺囑指定監護人或遺囑指定之監護人拒絕就職時，依民法第1094條第1項

規定，應依下列順序，定其監護人：

① 與未成年人同居之祖父母。

② 與未成年人同居之兄姊。

③ 不與未成年人同居之祖父母。

(3) **法院選定監護人**：為解決未成年子女於父母死後或父母不能行使負擔對於未成年子女權利時，無法依前述情形選定監護人之問題，民法第1094條第3至5項規定：「未能依第一項之順序定其監護人時，法院得依未成年子女、四親等內之親屬、檢察官、主管機關或其他利害關係人之聲請，為未成年子女之最佳利益，就其三親等旁系血親尊親屬、主管機關、社會福利機構或其他適當之人選定為監護人，並得指定監護之方法。法院依前項選定監護人或依第一千一百零六條及第一千一百零六條之一另行選定或改定監護人時，應同時指定會同開具財產清冊之人。未成年人無第一項之監護人，於法院依第三項為其選定確定前，由當地社會福利主管機關為其監護人」，使法院經聲請後以裁定選定未成年人之監護人，以保護其利益。另依民法第1094條之1規定，法院選定或改定監護人時，應依受監護人之最佳利益，審酌一切情狀，尤應注意下列事項：

① 受監護人之年齡、性別、意願、健康情形及人格發展需要。

② 監護人之年齡、職業、品行、意願、態度、健康情形、經濟能力、生活狀況及有無犯罪前科紀錄。

③ 監護人與受監護人間或受監護人與其他共同生活之人間之情感及利害關係。

④ 法人為監護人時，其事業之種類與內容，法人及其代表人與受監護人之利害關係。

3. 監護人之資格、辭職及另行選定

(1) **監護人之資格**：民法第1096條規定：「有下列情形之一者，不得為監護人：一、未成年。二、受監護或輔助宣告尚未撤銷。三、受破產宣告尚未復權。四、失蹤。」依此規定未成年人不論已婚、未婚均不得為監護人。至於監護人之人數，法無規定，理論上以一人為常態，如有二人以上，亦無不可。

(2) **監護人之辭任**：民法第1095條規定：「監護人有正當理由，經法院許可者，得辭任其職務」，由於監護職務涉及公益，不論遺囑指定監護人、法定監護人及法院選定之監護人，均僅在有正當理由，經法院許可始得辭任其職務，以保護未成年人權益。

(3) **監護人之另行選定**

依民法第1106條規定，監護人有下列情形之一，且受監護人無第1094條第1項之監護人者，法院得依受監護人、第1094條第3項聲請權人之聲請或依職權，另行

選定適當之監護人：

① 死亡。

② 經法院許可辭任。

③ 有第1096條各款情形之一。

　　法院另行選定監護人確定前，由當地社會福利主管機關為其監護人。

4. 監護人之職務

(1) 身分上之監護：民法第1097條規定：「除另有規定外，監護人於保護、增進受監護人利益之範圍內，行使、負擔父母對於未成年子女之權利、義務。但由父母暫時委託者，以所委託之職務為限。監護人有數人，對於受監護人重大事項權利之行使意思不一致時，得聲請法院依受監護人之最佳利益，酌定由其中一監護人行使之。法院為前項裁判前，應聽取受監護人、主管機關或社會福利機構之意見」，依此規定，監護人對於受監護人，原則上得行使父母對於未成年子女之權利及保護、教養義務；為達前述目的，一般認為監護人亦有決定受監護人住所之權限及懲戒權，惟其方法必須適當。

(2) 法定代理：民法第1098條規定：「監護人於監護權限內，為受監護人之法定代理人。監護人之行為與受監護人之利益相反或依法不得代理時，法院得因監護人、受監護人、主管機關、社會福利機構或其他利害關係人之聲請或依職權，為受監護人選任特別代理人」，故監護人對於受監護人之身分行為，如未成年人之訂婚、結婚、夫妻財產制契約之訂立、變更或廢止、兩願離婚、被收養等均有同意權；對於民法第76條、第77條、第80條、第85條等財產上法律行為均有代理權。

(3) 財產上之監護：監護人對於受監護人財產上之監護，主要乃在於管理財產，使其維持、增值或有目的加以利用。民法將財產上監護規定如下：

① 管理受監護人之財產：依民法第1103條規定，受監護人之財產，由監護人管理。執行監護職務之必要費用，由受監護人之財產負擔。法院於必要時，得命監護人提出監護事務之報告、財產清冊或結算書，檢查監護事務或受監護人之財產狀況。又監護人管理受監護人之財產，應以善良管理人之注意，執行監護職務（民法第1100條）。

② 開具財產清冊：依民法第1099條規定，監護開始時，監護人對於受監護人之財產，應依規定會同遺囑指定之人、當地直轄市、縣（市）政府指派或法院指定之人，於2個月內開具財產清冊，並陳報法院。前項期間，法院得依監護人之聲請，於必要時延長之。另民法第1099條之1規定，於前條之財產清冊開具完成並陳報法院前，監護人對於受監護人之財產，僅得為管理上必要之行為。

③對於受監護財產之使用及處分權：民法第1101條規定，監護人對於受監護人之財產，非為受監護人之利益，不得使用、代為或同意處分。監護人為下列行為，非經法院許可，不生效力：A.代理受監護人購置或處分不動產。B.代理受監護人，就供其居住之建築物或其基地出租、供他人使用或終止租賃。

監護人不得以受監護人之財產為投資。但購買公債、國庫券、中央銀行儲蓄券、金融債券、可轉讓定期存單、金融機構承兌匯票或保證商業本票，不在此限。又為進一步保護受監護人，同法第1102條再規定：「監護人不得受讓受監護人之財產」，以保護受監護人之權益。

④財產狀況之報告：民法第1103條規定，受監護人之財產，由監護人管理。執行監護職務之必要費用，由受監護人之財產負擔。法院於必要時，得命監護人提出監護事務之報告、財產清冊或結算書，檢查監護事務或受監護人之財產狀況。

以上乃民法對於監護人行使其對受監護人財產上監督之規定，修正前民法第1105條規定：「與未成年人同居之祖父母為監護人時，不適用第一千零九十九條、第一千一百零一條後段、第一千一百零三條、第一千一百零三條之一及第一千一百零四條之規定」，惟該條文在97年5月23日修正時遭刪除，據此，當監護人為未成年人同居之祖父母，其行使財產上之監護職務時，亦應開具財產目錄、報告財產狀況、負擔損害賠償責任，為不動產之處分，除為受監護人之利益外，還需經法院之許可。

5. 監護人之報酬

民法第1104條規定：「監護人得請求報酬，其數額由法院按其勞力及受監護人之資力酌定之。」

6. 監護關係之終止

(1) 終止之原因

①除前述辭職、另行選定外，監護關係因監護人之死亡而當然終止。

②受監護人已成年或雖未成年但已結婚時，依民法第1091條所設置監護人之條件已不存在，其監護關係自應終止。

③父母不能行使負擔對其未成年子女權利義務之情形已經消滅時，例如受停止親權宣告之父母已回復親權，此時亦無再設置監護人之必要。

④受監護人死亡或受死亡宣告，此時監護之對象已消失，應改依繼承事件來處理。

(2) 終止之效果：依民法第1107條規定：「監護人變更時，原監護人應即將受監護人之財產移交於新監護人。受監護之原因消滅時，原監護人應即將受監護人之財產交還於受監護人；如受監護人死亡時，交還於其繼承人。前二項情形，原

監護人應於監護關係終止時起二個月內，為受監護人財產之結算，作成結算書，送交新監護人、受監護人或其繼承人。新監護人、受監護人或其繼承人對於前項結算書未為承認前，原監護人不得免其責任。」上述之結算，如監護人死亡時，前條移交及結算，由其繼承人為之；其無繼承人或繼承人有無不明者，由新監護人逕行辦理結算，連同依第1099條規定開具之財產清冊陳報法院（民法第1108條）。監護人於執行監護職務時，因故意或過失，致生損害於受監護人者，應負賠償之責。前項賠償請求權，自監護關係消滅之日起，5年間不行使而消滅；如有新監護人者，其期間自新監護人就職之日起算（民法第1109條）。

7. 監護事件依職權囑託戶政機關登記

法院於選定監護人、許可監護人辭任及另行選定或改定監護人時，應依職權囑託該管戶政機關登記（民法第1109條之1）。

8. 未成年人受監護宣告之適用

未成年人依第14條受監護之宣告者，適用本章第二節成年人監護之規定（民法第1109條之2）。

(三) 成年人之監護及輔助

1. 監護之原因

民法第1110條規定：「受監護宣告之人應置監護人」，此因精神障礙或其他心智缺陷，致不能為意思表示或受意思表示，或不能辨識其意思表示之效果者，法院得因本人、配偶、四親等內之親屬、最近1年有同居事實之其他親屬、檢察官、主管機關或社會福利機構之聲請，為監護之宣告。經法院為監護之宣告後，受監護宣告之人為無行為能力人，自有為其設置監護人之必要，以保護療治其身體。

2. 監護人之確定

民法第1111條規定：「法院為監護之宣告時，應依職權就配偶、四親等內之親屬、最近一年有同居事實之其他親屬、主管機關、社會福利機構或其他適當之人選定一人或數人為監護人，並同時指定會同開具財產清冊之人。法院為前項選定及指定前，得命主管機關或社會福利機構進行訪視，提出調查報告及建議。監護之聲請人或利害關係人亦得提出相關資料或證據，供法院斟酌。」法院選定監護人時，應依受監護宣告之人之最佳利益，優先考量受監護宣告之人之意見，審酌一切情狀，並注意下列事項：

(1) 受監護宣告之人之身心狀態與生活及財產狀況。

(2) 受監護宣告之人與其配偶、子女或其他共同生活之人間之情感狀況。

(3) 監護人之職業、經歷、意見及其與受監護宣告之人之利害關係。

(4) 法人為監護人時，其事業之種類與內容，法人及其代表人與受監護宣告之人之利害關係（民法第1111條之1）。

3. 監護人之資格限制

　　照護受監護宣告之人之法人或機構及其代表人、負責人，或與該法人或機構有僱傭、委任或其他類似關係之人，不得為該受監護宣告之人之監護人。但為該受監護宣告之人之配偶、四親等內之血親或二親等內之姻親者，不在此限（民法第1111條之2）。

4. 監護人之職務

(1) 監護人於執行有關受監護人之生活、護養療治及財產管理之職務時，應尊重受監護人之意思，並考量其身心狀態與生活狀況（民法第1112條）。

(2) 法院選定數人為監護人時，得依職權指定其共同或分別執行職務之範圍。法院得因監護人、受監護人、第14條第1項聲請權人之聲請，撤銷或變更前項之指定（民法第1112條之1）。

5. 未成年人監護規定之準用

　　成年人之監護，除本節有規定外，準用關於未成年人監護之規定（民法第1113條）。

6. 輔助人之設置

　　對於因精神障礙或其他心智缺陷，致其為意思表示或受意思表示，或辨識其意思表示效果之能力，顯有不足者，法院得因本人、配偶、四親等內之親屬、最近1年有同居事實之其他親屬、檢察官、主管機關或社會福利機構之聲請，為輔助之宣告。受輔助宣告之人，應置輔助人。輔助人及有關輔助之職務，準用第1095條、第1096條、第1098條第2項、第1100條、第1102條、第1103條第2項、第1104條、第1106條、第1106條之1、第1109條、第1111條至第1111條之2、第1112條之1及第1112條之2之規定（民法第1113條之1）。

(四) 成年人之意定監護

1. 意定監護契約之意義

　　稱意定監護者，謂本人與受任人約定，於本人受監護宣告時，受任人允為擔任監護人之契約。前項受任人得為一人或數人；其為數人者，除約定為分別執行職務外，應共同執行職務（民法第1113條之2）。

2. 意定監護契約之成立及效力

　　民法第1113條之3規定：「意定監護契約之訂立或變更，應由公證人作成公證

書始爲成立。公證人作成公證書後七日內，以書面通知本人住所地之法院。前項公證，應有本人及受任人在場，向公證人表明其合意，始得爲之。意定監護契約於本人受監護宣告時，發生效力。」

3. 法院爲監護宣告時，應以意定監護優先爲原則

爲尊重本人之意思自主，法院爲監護之宣告時，於本人事前訂有意定監護契約者，應以意定監護優先爲原則，即以意定監護契約所定之受任人爲監護人，同時指定會同開具財產清冊之人，以保障本人之權益；又法院爲第1項監護之宣告時，有事實足認意定監護受任人不利於本人，或有顯不適任之情事（例如，受任人有意圖詐欺本人財產之重大嫌疑、受任人長期不在國內，無法勝任監護職務之執行等事由），法院得依職權就第1111條第1項所列之人選定爲監護人，不受意定監護契約之限制，此爲意定監護之例外規定，俾以保障本人之權益（民法第1113條之4）。

4. 意定監護契約之撤回或終止

民法第1113條之5規定：「法院爲監護之宣告前，意定監護契約之本人或受任人得隨時撤回之。意定監護契約之撤回，應以書面先向他方爲之，並由公證人作成公證書後，始生撤回之效力。公證人作成公證書後七日內，以書面通知本人住所地之法院。契約經一部撤回者，視爲全部撤回。法院爲監護之宣告後，本人有正當理由者，得聲請法院許可終止意定監護契約。受任人有正當理由者，得聲請法院許可辭任其職務。法院依前項許可終止意定監護契約時，應依職權就第一千一百十一條第一項所列之人選定爲監護人。」

5. 監護宣告後得另行選定或改定監護人

民法第1113條之6規定：「法院爲監護之宣告後，監護人共同執行職務時，監護人全體有第一千一百零六條第一項或第一千一百零六條之一第一項之情形者，法院得依第十四條第一項所定聲請權人之聲請或依職權，就第一千一百十一條第一項所列之人另行選定或改定爲監護人。法院爲監護之宣告後，意定監護契約約定監護人數人分別執行職務時，執行同一職務之監護人全體有第一千一百零六條第一項或第一千一百零六條之一第一項之情形者，法院得依前項規定另行選定或改定全體監護人。但執行其他職務之監護人無不適任之情形者，法院應優先選定或改定其爲監護人。法院爲監護之宣告後，前二項所定執行職務之監護人中之一人或數人有第一千一百零六條第一項之情形者，由其他監護人執行職務。法院爲監護之宣告後，第一項及第二項所定執行職務之監護人中之一人或數人有第一千一百零六條之一第一項之情形者，法院得依第十四條第一項所定聲請權人之聲請或依職權解任之，由其他監護人執行職務。」

6. 意定監護人之報酬

意定監護受任人之報酬支付，當事人如已約定報酬之數額，或約定毋庸給付報酬者，均屬當事人明示約定，自應依其約定，無再請求法院酌定之必要；當事人若未約定，參考第1104條規定，由意定監護受任人請求法院按其勞力及受監護人之資力酌定之（民法第1113條之7）。

7. 前後意定監護契約有相牴觸之效力

意定監護制度施行後，可能發生當事人重複訂立意定監護契約之情形，此時前後意定監護契約之法律效果如何，宜有明確規範，爰參考第1220條之規範意旨，明定前後意定監護契約有相牴觸者，視為本人撤回前意定監護契約。所稱「牴觸」，係指受任人之增減或監護內容之變動，與前契約不同者，均屬之（民法第1113條之8）。

8. 優先落實當事人意思自主原則

為貫徹當事人意思自主原則，除監護人之產生得由本人事先約定外，對於本人之財產管理與處分等行為，允宜賦予本人事前之指定權限。是以，原監護契約未特別約定受任人得否行使第1101條第2項、第3項規定所列行為之權限時，固有由法院加以斟酌是否應予許可之必要；惟倘本人於意定監護契約已特別約定受任人代理受監護人購置、處分不動產或得以受監護人財產為投資者，此時應優先落實當事人意思自主原則，法院之許可權應僅於意定監護契約未約定時始予補充，基此，民法第1113條之9規定：「意定監護契約約定受任人執行監護職務不受第一千一百零一條第二項、第三項規定限制者，從其約定」，以資明確。

9. 意定監護準用成年人監護之規定

民法第1113條之10規定：「意定監護，除本節有規定者外，準用關於成年人監護之規定。」意定監護雖具有委任契約之性質，惟其非處理單純事務之委任，其本質上仍屬監護制度之一環。是以，本節未規定者，應以與法定監護有關之條文予以補充，例如：第1112條（監護人於執行監護職務時，應尊重受監護人之意思，並考量其身心狀態與生活狀況）、第1112條之2（監護登記）、第1113條（準用關於未成年人監護之規定）等，爰明定本節未規定者，準用關於成年人監護之規定，以資明確，俾利適用。

三、案例結論

本案例甲男與乙女為夫妻關係，經法院以乙女有重大不治之精神病，判准兩造離婚，並酌定甲男為兩造所生長女丙之監護人。嗣甲男因積欠千萬元債務而離家出走，行方不明，應認已處於不能行使負擔對於未成年子女丙之權利義務狀態，而乙

對丙女又無監護權，不能行使同意權，如丙女現年僅17歲，有意簽訂勞動契約，受僱用到KTV工作時，應依民法第1094條第1項規定，按下列順序確定其監護人，並得其同意：

(一) 與未成年人同居之祖父母。

(二) 與未成年人同居之兄姊。

(三) 不與未成年人同居之祖父母。

倘若未能依前項之順序定其監護人時，法院得依未成年子女、四親等內之親屬、檢察官、主管機關或其他利害關係人之聲請，為未成年子女之最佳利益，就其三親等旁系血親尊親屬、主管機關、社會福利機構或其他適當之人選定為監護人，並得指定監護之方法。未成年人無第1項之監護人，於法院依第3項為其選定確定前，由當地社會福利主管機關為其監護人（民法第1094條第3至5項）。

又乙女如因精神病發作，經受監護宣告後，為無行為能力人，應依民法第1110條規定，設置監護人；其監護人之順序及選定依第1111條規定，法院為監護之宣告時，應依職權就配偶、四親等內之親屬、最近1年有同居事實之其他親屬、主管機關、社會福利機構或其他適當之人選定一人或數人為監護人。法院為前項選定及指定前，得命主管機關或社會福利機構進行訪視，提出調查報告及建議。監護之聲請人或利害關係人亦得提出相關資料或證據，供法院斟酌。監護人於執行有關受監護人之生活、護養療治及財產管理之職務時，應尊重受監護人之意思，並考量其身心狀態與生活狀況（民法第1112條）。

第五章　扶　養

> 　　甲男與乙女結婚多年，兩人育有子女丙、丁二人，丙因智能不足，雖現年21歲，仍賦閒在家；丁則年僅6歲，仍在幼稚園就讀。甲男尚有年老體弱多病之母親戊及因車禍受傷殘廢在家之兄長己與其同居。甲男為國中老師，負擔扶養能力有限，乙女雖有大學學歷，但為照顧丙、丁、戊、己而未上班工作，此時甲男應對何人負有扶養義務，其扶養順序為何？

一、思考方向

　　扶養者，乃特定人對於不能依自己之資產以維持生活或無力謀生者，予以經濟上必要之扶助養育而言。其扶養他人者，為扶養義務人；受他人扶養者，為扶養權利人。按國家對人民之生存權應予保障，對於老弱殘廢、無力生活及受非常災害者，應予以適當之扶助與救濟，此憲法第15條、第155條分別定有明文；惟在國家社會安全福利措施未臻完備之前，不得不在私法上令一定親屬或家屬間先相互救助，遂產生扶養制度，故扶養義務，與公益有關，不僅為道德上義務，且為法律上義務，有扶養義務之人，無故不為扶養時，依刑法第293條以下，應負遺棄罪責；但受扶養之權利，亦有專屬性，不得任意自由處分或轉讓其扶養權。

　　扶養與民法親屬編第三章所述之親權不同，詳言之：

(一) 本質不同

　　扶養係基於父母子女等一定身分而生，親權則由於親權人之身分而來，原則上父母雖為未成年子女之親權人，但並非父母隨時都為其親權人，在濫用親權或有其他事由時，依民法第1090條規定，經法院宣告後將喪失全部或部分之親權；又父母離婚，所消滅者乃婚姻關係，甚至因離婚而使一方之親權處於暫時停止狀態，但對於父母子女間之直系血親關係毫無影響，因此不任親權人之一方，仍為未成年子女之父母，應負擔扶養義務。

(二) 義務不同

從義務面觀察，依民法第1084條規定，親權係父母保護教養未成年子女之單方義務；扶養則基於獨立人格觀念，家屬或親屬卑幼均可能有財產能力，故扶養之權利義務非片面的，而是相互的，我現行民法第1114條至第1116條，亦認為父母子女間扶養為雙方義務。

(三) 消滅原因不同

親權原則上因子女死亡、成年、結婚及親權遭法院宣告停止而消滅；惟成年之子女雖無親權存在，但若有受扶養之必要時，仍得受父母之扶養。

可見親權行使，乃係對未成年子女之保護、教養之權利義務而言，即指民法第1084條至第1086條、第1088條、第1089條等有關事務而言，不包括對未成年子女之扶養義務在內。本案例中，甲男與乙女為夫妻，育有成年之丙及年僅6歲之丁，家中尚有年老體弱多病之母親及車禍受傷之兄長與其同居，而甲男為國中老師，在道德上固應盡全力加以扶養，但在俗諺所云「救急不救窮」下，如其扶養能力確實有限，究應如何列出扶養順序，始符合法律規定，此厥為本問題之討論核心，茲就民法有關扶養之規定，說明如後以供參酌。

二、論點分析

(一) 扶養義務之概念

扶養義務，指特定人對於不能依自己之資產或勞力謀生之特定人，為必要之經濟上供給之親屬法上義務。依其性質可分為：

1. 生活保持義務

為父母、子女、夫妻身分關係本質上不可缺之要素，維持對方之生活，亦即保持自己之生活；甚而為維持對方生活，須犧牲自己時，亦在所不辭，故又稱「共生義務」。

2. 生活扶助義務

為兄弟姊妹、家長家屬間之扶養義務，僅於一方無力生活，他方有扶養餘力時，始有扶養義務，為親屬關係偶然的、輔助的作用。且其扶養範圍，毋須為扶養需要者身分相當之扶助，只以支付其不可缺之需要為已足；在扶養過程，並應斟酌扶養供給者之給付能力。

(二) 扶養義務之範圍

民法第1114條規定：「左列親屬，互負扶養之義務：一、直系血親相互間。二、夫妻之一方與他方之父母同居者，其相互間。三、兄弟姊妹相互間。四、家長家屬相互間。」至於夫妻是否互負扶養義務，我國舊法無明文規定，引起爭論。但多數學者基於婚姻共同生活之本質及夫妻互負同居義務，而加以肯定，實務上最高法院60年度台上字第1029號判決亦認為：「配偶為終身共同生活之親屬，較一般家長、家屬間之關係尤為密切。民法關於扶養義務雖未特設明文，然依民法第1114條第4款之規定，尚不能不認其相互間有扶養義務之存在。」現行民法親屬編修正時，增訂民法第1116條之1規定：「夫妻互負扶養之義務，其負扶養義務之順序與直系血親卑親屬同，其受扶養權利之順序與直系血親尊親屬同」，於是夫妻互負扶養義務已見諸明文。

(三) 扶養之順序

對於扶養之順序，民法區分為扶養義務人之順序與扶養權利人之順序；在立法上直系血親、直系姻親相互間之扶養，關於扶養權利方面，以尊親屬為先，卑親屬為後；扶養義務方面，以卑親屬為先，尊親屬為後。於家長與家屬間，因其經濟力優劣不同，家長關於義務，先於家屬；關於權利，則後於家屬；至於夫妻間之扶養權利之順序與直系血親尊親屬同，其受扶養義務之順序與直系血親卑親屬同。茲就扶養之順序分述之：

1. 扶養義務人之順序

負扶養義務者有數人時，民法第1115條規定，應依下列順序定其履行義務之人：

(1) 直系血親卑親屬。
(2) 直系血親尊親屬。
(3) 家長。
(4) 兄弟姊妹。
(5) 家屬。
(6) 子婦、女婿。
(7) 夫妻之父母。

同係直系尊親屬或直系卑親屬者，以親等近者為先；又負扶養義務者有數人，而其親等同一時，應各依其經濟能力，分擔義務。另為保護未成年子女，民法第1116條之2增訂，父母對於未成年子女之扶養義務，不因結婚經撤銷或離婚而受影

響,以維持該未成年子女之生活。

2. 扶養權利人之順序

受扶養權利者有數人,而負扶養義務者之經濟能力,不足扶養其全體時,依民法第1116條規定,依下列順序,定其受扶養之人:

(1) 直系血親尊親屬。

(2) 直系血親卑親屬。

(3) 家屬。

(4) 兄弟姊妹。

(5) 家長。

(6) 夫妻之父母。

(7) 子婦、女婿。

同係直系尊親屬或直系卑親屬者,以親等近者爲先;受扶養權利者有數人而其親等同一時,應按其需要之狀況,酌爲扶養。

(四) 扶養之要件

扶養之要件,除負扶養義務人與受扶養權利人彼此間具有前述之親屬關係外,依民法第1117條規定,尚須受扶養權利者,以不能維持生活而無謀生能力者爲限;惟此項無謀生能力之限制,於直系血親尊親屬及配偶間不適用之。其次負扶養義務者須有扶養能力,若因負擔扶養義務而不能維持自己生活者,免除其義務;但受扶養權利者爲直系血親尊親屬或配偶時,僅得減輕其義務(民法第1118條)。

又應注意者,民法第1084條,乃規定父母對於未成年子女之保護及教養義務與同法第1114條第1款所定,直系血親相互間之扶養義務者不同,後者凡不能維持生活而無謀生能力時,皆有受扶養之權利,並不以未成年爲限。又所謂謀生能力,並不專指無工作能力者而言,雖有工作能力而不能期待其工作,或因社會經濟情形失業雖已盡相當之能事,仍不能覓得職業者,亦非無受扶養之權利,故成年之在學學生,未必即喪失其受扶養之權利(最高法院56年台上字第795號判例)。

(五) 扶養義務之減輕或免除

受扶養權利者有下列情形之一,由負扶養義務者負擔扶養義務顯失公平,負扶養義務者得請求法院減輕其扶養義務:

1. 對負扶養義務者、其配偶或直系血親故意爲虐待、重大侮辱或其他身體、精神上之不法侵害行爲。

2. 對負扶養義務者無正當理由未盡扶養義務(民法第1118條之1第1項)。

受扶養權利者對負扶養義務者有前項各款行為之一，且情節重大者，法院得免除其扶養義務。前二項規定，受扶養權利者為負扶養義務者之未成年直系血親卑親屬者，不適用之（民法第1118條之1第2、3項）。

(六) 扶養之程度、方法與變更

扶養之程度，依民法第1119條規定，應按受扶養權利者之需要，與負扶養義務者之經濟能力及身分定之。至扶養之方法，由當事人協議定之，如定期支給生活費，或食宿於扶養義務者之家等；不能協議時，由親屬會議定之（民法第1020條）。扶養之程度及方法，當事人得因情事之變更，請求變更（民法第1021條），惟其變更之標準，應仍以請求變更時受扶養權利人之需要，與負扶養義務人之經濟能力及身分為衡（最高法院22年上字第90號判例）。

三、案例結論

本案例甲男與乙女為夫妻，依民法第1116條之1規定：「夫妻互負扶養之義務，其負扶養義務之順序與直系血親卑親屬同，其受扶養權利之順序與直系血親尊親屬同」，依學者通說見解，夫妻間之扶養，性質上屬於生活保持義務，不以具備民法第1117條之不能維持生活而無謀生能力為必要，現甲男為國中老師，乙女雖有大學學歷，但為照顧子女及丈夫之母親等而未上班，依上開規定，甲男對於乙女自負有扶養義務，且其受扶養順序與甲男之直系血親尊親屬相同。

對於甲、乙所生之子女丙、丁二人，均為其直系血親卑親屬，依民法第1116條第1項第2款規定，為第二順序之扶養權利人；且因扶養義務與未成年人之親權本質不同，已如前述，故父母對於不能維持生活而無謀生能力之子女，不論其為成年人或未成年人，均負相同之義務。

甲男之母親戊，為其直系血親尊親屬，依民法第1116條第1項第1款規定，為第一順位之扶養權利人；至兄長己，則為同條文第1項第4款之扶養權利人。如甲男因負擔扶養能力有限，則其扶養順序為戊女（直系血親尊親屬）與乙女（配偶）同時列為最優先，其次為子女丙、丁二人（直系血親卑親屬），最後為己男（旁系血親之兄弟姊妹）。

第六章　家

> 　　甲男為乙之長子，民國87年出生，為成年人，自退伍後喜好遊蕩於電動遊樂場所，不從事正當工作，又不接受父母教誨，復自112年1月起動輒施暴行於父母、弟妹，經父親乙屢次勸導不聽，不但毫無悔意，甚至變本加厲，鬧得全家不安，並常出惡言要脅，雖經多次教誨均無結果，父親乙迫於無奈得否以家長身分，向法院請求命令甲由家分離？如甲男以目前無業，經濟不允許為由抗辯，是否有理由？

一、思考方向

　　家庭為人出生以後第一個接觸之社會，亦為一個人身體及人格之成長地，人自嬰兒以至成年，在家庭經過相當長期之時間，因在家中之生活體驗，往往對於人格與個性之形成有決定性之影響；再者，家族組織歷史悠久，國家社會以家為其構成單位，我國古代宗法，注重家屬之共同生活，而採取家族制，以家長及家屬共同構成家之實體。對外，家長為家之代表；對內，家長以其尊長之身分，統制、約束家屬，而家產為家長與家屬所公同共有。時至今日，社會經濟狀況變動，家族制度日漸式微，代之而起的為夫妻小家庭制之產生，惟民法親屬編在立法時，考量我國家庭制度為數千年社會組織之基礎，一旦欲根本推翻之，恐窒礙難行，或影響社會太甚，在事實上，似以保留此種制度為宜，在法律上自應承認家制之存在，並應設專章詳定之，為此乃於第六章置「家」專章，以供適用。

　　本章之規範重點，包括家之意義、家之組織、家之管理與家之分離等內容，如同本案例，甲男因不從事正當工作，又動輒施暴行於父母、弟妹，鬧得全家不安，其家長乙能否訴請法院命令甲男自其家中分離，對此應從家之定義、組織、管理及家屬由家分離等層面，加以討論。

二、論點分析

(一) 家之意義

關於家之意義，依民法第1122條規定：「稱家者，謂以永久共同生活為目的而同居之親屬團體。」家為團體之一種，故必須有二人以上之構成員，此團體既無法人資格，法律亦未規定有何財產關係，僅規定其為共同生活而同居親屬之關係而已，至其要件分析如下：

1. 家為家屬之共同生活團體。
2. 以永久同居為目的。
3. 家之構成員須實質為共同生活。
4. 家長有管理家務之權。

(二) 家之組織

家置家長；同家之人，除家長外，均為家屬；雖非親屬而以永久共同生活為目的同居一家者，視為家屬（民法第1123條）。可知，只須永久共同生活為目的而同居一家之家長以外之人，不問有無親屬關係，均為家屬。至家長之產生，依民法第1124條規定：「家長由親屬團體中推定之；無推定時，以家中之最尊輩者為之；尊輩同者，以年長者為之；最尊或最長者不能或不願管理家務時，由其指定家屬一人代理之。」

(三) 家之管理

民法第1125條規定：「家務由家長管理。但家長得以家務之一部，委託家屬處理」，所謂家務，包括身分上及財產上之事務，而財產上之事務，原則上限於公同共有財產事項，並不及於家屬之私產。若家中最尊或最長者不能或不願管理家務時，由其指定家屬一人代理之（民法第1124條）。家長管理家務，應注意於家屬全體之利益（民法第1126條）。管理家務之家長，如為全體利益，得處分家產，其代理全家所負之債務，並應由全體家屬共負清償責任（最高法院20年上字第204號判例）。

(四) 家之分離

民法第1127條規定：「家屬已成年者，得請求由家分離」，而獨立另成一家。又家長對於已成年之家屬，得令其由家分離，但以有正當理由時為限（民法第1128

條），依上開規定，家長不得令其配偶由家分離，此因夫妻應互負同居義務；惟妾與配偶之關係不同，如妾不再願意繼續為妾時，自可任意脫離，不受限制；另家長對其直系血親尊親屬，依民法第1084條第1項子女應孝敬父母及第1114條、第1116條規定有扶養義務，故亦不得令其由家分離。

三、案例結論

按家長對於已成年之家屬，得令其由家分離，但以有正當理由時為限，民法第1128條定有明文，其立法理由，不獨為家長維持家之共同生活秩序之有效制裁，而且為獎勵青年人獨立生活之方法。至所謂「正當理由」，依判例，家長之故父所遺之妾品行不檢，與男人互通情書（最高法院26年上字第544號判例）；姑為家長，媳為家屬於夫故後與人通姦（最高法院29年上字第2008號判例）。學者亦認為家屬有紊亂家庭秩序；已成年之家屬足以自謀生計；或家屬眾多，食指浩繁，以家長一人之力，難以維持等皆可認為正當理由，家長得令其由家中分離。家長依本條文規定，有正當理由，令家屬由家分離時，無庸給與一定財產。

本案例甲為成年人，因不務正業，無正當工作，且不接受父母教誨，動輒毆打父母、弟妹，以惡言要脅，紊亂家庭秩序，其父親乙以家長身分，依前開民法第1128條訴請甲由家分離，洵屬有據；甲男雖以經濟能力不允許為由抗辯，自無足採，法院應為家長乙勝訴之判決，裁判主文可以載為「被告（甲）應由原告（乙）家分離」。

第七章　親屬會議

　　甲為未成年人，父親生前為退役榮民，在台無其他親屬，如父母雙亡，未以遺囑指定監護人時，應如何設置監護人？又其監護人為處分甲父生前所遺留座落桃園市中壢區之房屋一棟，而須組成親屬會議時，可否請求法院指定其已成年之配偶乙、甲之父親生前軍中長官、同鄉或甲之姨媽擔任？如丙被指定為親屬會議會員後，因工作繁忙能否委託他人出席親屬會議？

一、思考方向

　　親屬會議，乃為保護特定親屬之利益或處理其法定事項，由一定親屬組成之會議機關；在法律上其團體性甚為薄弱，僅為臨時性組織，既非法人，亦不能認係非法人團體。親屬會議存在之理由，在於親屬團體，為本質之結合關係，而其結合常出於自然、真摯之情感，在親屬間所生之法律關係或紛爭，不宜全部由國家公權力加以干涉，有時委諸親屬間之協議，其所能得到之結果，反而較為圓滿，法諺所謂「法不入家門」，其義在此。在我國，親屬相聚而為家事之協議，本為舊日之習尚，清朝民律草案亦有「親屬會」條文，前大理院判例及解釋例，均承認親屬會管束族人，平解糾紛之功能。現行民法沿襲舊律，亦於第七章採行親屬會議制度。

　　惟目前工商社會，親屬間之關係已不若傳統社會之密切，親屬會議之召集不易，且親屬會議成員與受監護人不一定有信賴關係，因此任由親屬會議之成員來執行監督之任務，實已不符合現代監護制度公法化、社會化之趨勢；在日本早於第二次世界大戰後，即廢止親屬會議，而由家庭裁判所行使舊有親屬會議監護之權力；德國則不僅設置監護監督人，執行監護監督工作，並由法院主動積極介入監督職務，必要時給予監護人支援及建議，而刪除親屬會議之執行監督監護任務。我國民法修正時，亦廢除親屬會議執行監督監護工作，改由法院來處理前開監督監護事務。茲就現行民法親屬會議所規範之內容，分述如下，如同本案例，甲為未成年人，父母雙亡，未以遺囑指定監護人時，究應由何人擔任監護人？監護人為處分財產而須組成親屬會議時，應請求法院指定何種身分人擔任，被指定之會員其權限、資格，及親屬會議之組織、召開決議程序等，均宜一併探討。

二、論點分析

(一) 親屬會議之組織

依民法第1130條規定：「親屬會議，以會員五人組織之」，人數固定，不得予以增減。監護人、未成年人及受監護宣告之人，不得為親屬會議會員（民法第1133條）。會員之產生方法有依法律規定，或由法院指定，茲分述如下：

1. 法定會員

親屬會議會員，依民法第1131條規定，應就未成年人、受監護宣告之人或被繼承人之左列親屬與順序定之：

(1) 直系血親尊親屬。

(2) 三親等內旁系血親尊親屬。

(3) 四親等內之同輩血親。

前項同一順序之人，以親等近者為先；親等同者，以同居親屬為先，無同居親屬者，以年長者為先。依前二項順序所定之親屬會議會員，不能出席會議或難於出席時，由次順序之親屬充任之。依法應為上開親屬會議之成員，依民法第1134條規定，非有正當理由，不得辭其職務。

2. 指定會員

民法第1132條規定：「依法應經親屬會議處理之事項，而有下列情形之一者，得由有召集權人或利害關係人聲請法院處理之：一、無前條規定之親屬或親屬不足法定人數。二、親屬會議不能或難以召開。三、親屬會議經召開而不為或不能決議。」對於法院所指定之親屬會議會員，參酌家事事件法第183條第1項，準用同法第122條之規定，非有下列情形之一者，不得辭任：

(1) 滿70歲者。

(2) 因身心障礙或疾病不能執行職務者。

(3) 住所或居所與法院或受監護人所在地隔離，不便執行職務者。

(4) 有其他重大事由者。

(二) 親屬會議之召開及決議

1. 召集

民法第1129條規定：「依本法之規定應開親屬會議時，由當事人、法定代理人或其他利害關係人召集之。」又法院依民法第1111條規定，為監護之宣告並選任監護人時，應徵求親屬會議之意見，於此場合，解釋上應認法院有權召集親屬會議。召集人召集親屬會議時，應發召集通知，載明開會日期、場所、議題等項。如遇有

親屬會議不能召開或召開有困難時，依法應經親屬會議處理之事項，由有召集權人聲請法院處理之。親屬會議經召開而不為或不能決議時，亦同（民法第1132條第2項）。

2. 開會及決議

各國法律，就親屬會議之開會及決議，大多設有一定限制，以昭慎重，我國民法亦於第1135條規定：「親屬會議，非有三人以上之出席，不得開會；非有出席會員過半數之同意，不得為決議」；且親屬會議會員，於所議事件有個人利害關係者，不得加入決議（民法第1136條）；所謂利害關係者，指其本身直接由決議受利益或不利益而言，如會員買受監護人之不動產等。會員須自行出席，不得使他人代理；經召開之親屬會議，不為或不能為決議時，應由有召集權人聲請法院處理。

3. 決議不服之救濟

民法第1137條規定：「第一千一百二十九條所定有召集權之人，對於親屬會議之決議有不服者，得於三個月內向法院聲訴」，即提起不服之訴訟，以謀救濟。學者通說認為親屬會議決議之內容違反強制、禁止規定或親屬會議之組織不合法時，其決議當然無效，不受民法第1137條3個月期間之限制，任何人於隨時均可主張無效，或向法院提起確認親屬會議決議無效之訴。親屬會議之決議，其瑕疵較輕微，如會議之召集或決議程序違反法律、決議內容不當等情事時，則由民法第1129條所定有召集權人以原告地位，提起撤銷親屬會議決議之訴；該訴訟由第三人起訴者，以親屬會議全體會員為被告；由會員起訴者，以其餘會員為被告，法院在裁判時，應審酌當事人是否於決議成立後，3個月內起訴，此期間為除斥期間，如有違反法院應以裁定駁回之。

(三) 親屬會議之職權

親屬會議設置之目的，在於監督監護人業務之執行，於無人承認繼承遺產時，對其遺產管理人處理遺產事項之監督；以及其他糾正親權濫用、議定扶養方法等權限，其職權頗為廣泛，茲就民法之規定，歸納如下：

1. 議定扶養之方法

依民法第1120條規定，扶養之方法，由當事人協議定之，如定期支給生活費，或食宿於扶養義務者之家等；不能協議時，由親屬會議定之。

2. 為監護之監督機關權限

修正前民法對於親屬會議，以其作為監護之監督機關，而擁有下列權限：如選定監護人（民法第1094條第5款）、監督監護人管理受監護之財產（民法第1099條、第1101條、第1103條）、酌定監護人之報酬（民法第1104條）、撤退監護人

（民法第1106條）、監護人終止職務之監督（民法第1107條、第1109條）等。97年5月23日修正親屬編時，因鑑於親屬會議在現代社會之功能已日漸式微，應以法院取代之，將上開監護改由法院監督，讀者允宜注意。

3. 爲無人承認繼承之遺產管理人之監督機關權限

如遺產管理人之選任及報明（民法第1177條、第1178條）、遺產管理人管理遺產之監督（民法第1179條第2項、第1180條）。

4. 關於遺產繼承及遺囑各項權限

如決定遺產之酌給（民法第1149條）、口授遺囑眞僞之認定（民法第1197條）、遺囑執行人之選定（民法第1211條）、有封緘遺囑之開視（民法第1213條）、遺囑執行人之改選（民法第1218條）。

三、案例結論

本案例甲爲未成年人，父親生前爲退役榮民，在台無其他親屬，如父母雙亡，未以遺囑指定監護人，且無民法第1094條所定之祖父母、家長、伯父或叔父等親屬時，得由利害關係人依家事事件法第181條規定，聲請法院指定之。

其次依民法第1131條規定：「親屬會議會員，應就未成年人、受監護宣告之人或被繼承人之下列親屬與順序定之：一、直系血親尊親屬。二、三親等內旁系血親尊親屬。三、四親等內之同輩血親。前項同一順序之人，以親等近者爲先；親等同者，以同居親屬爲先，無同居親屬者，以年長者爲先。依前二項順序所定之親屬會議會員，不能出席會議或難於出席時，由次順序之親屬充任之」、第1132條規定：「依法應經親屬會議處理之事項，而有下列情形之一者，得由有召集權人或利害關係人聲請法院處理之：一、無前條規定之親屬或親屬不足法定人數。二、親屬會議不能或難以召開。三、親屬會議經召開而不爲或不能決議」，可見親屬會議之成員，需與未成年人甲間有一定之親屬關係存在，故甲之已成年配偶乙及姨媽等，均得被指定爲親屬會議會員，至甲之父親生前軍中長官、同鄉則無法指定爲親屬會議之會員。又親屬會議之會員，應於會議時自行出席，不得使他人代理（最高法院31年上字第637號判例），故丙被指定爲親屬會議會員後，應親自參加會議，不得委託他人出席，對所議事件有利害關係時，僅得陳述意見，不得參加決議。

第五編

継承

第一章　遺產繼承人

案例105

　　甲男與乙女為夫妻，結婚多年，生有丙、丁、戊子女，丙男成年後未婚，因向父母索取50萬元，供其投資電動遊樂場，為甲、乙拒絕後，竟動手毆打父母，經甲表示其不得繼承；丁男則與大學同班同學己女結婚後，育有雙胎胎庚、辛二女，家庭和樂，惟丁男不幸於112年6月間因車禍喪生；甲哀傷過度，致心臟病復發，經急救無效，延至同年10月死亡，如甲男留有340萬元遺產，100萬元債務時，應如何繼承？

一、思考方向

　　所謂繼承，係指因被繼承人死亡，法律規定由一定親屬關係之人，當然概括承繼一切權利義務者稱之。析言之，繼承因被繼承人死亡（或死亡宣告）而開始，繼承人與被繼承人間須有一定親屬關係存在，其為自然血親或擬制血親，在所不問；且繼承係承受被繼承人非專屬性財產上之法律地位。繼承制度，為私有財產制之一環，能鼓勵人們努力檢樸，生產積蓄，並基於親子之情愛，遺留子孫，免其凍餒，而延續下一代，故素為人類社會生活所必需；縱有養成子孫依賴、驕佚甚至兄弟爭產反目等流弊，但仍為各國所樂於採行。

　　我國民法繼承編，繼受歐陸近代獨立人格觀念，男女平等原則及權利本位之思想，以財產繼承為標的，採行當然繼承主義，而分為：(一) 遺產繼承人、(二) 遺產之繼承及(三) 遺囑三章，將法定繼承人、遺產之分割、限定繼承、拋棄繼承、無人承認之繼承等均明確加以規範，以供適用。在性質上，繼承法與親屬法同為身分法之一部分，具有普通法、私法、強行法等特色。對於本案例，甲男有子女丙、丁、戊三人，丙經甲表示不得繼承，丁則先於甲而死亡，對於甲之340萬元遺產，及100萬元債務，究應如何繼承？丁之配偶及子女得否主張代位繼承，自均應從現行繼承法相關條文中，加以闡明及釐清。

二、論點分析

(一) 繼承之意義與分類

　　如前所述，繼承乃被繼承人死亡，法律上由繼承人，當然概括承受其一切權利義務之一種法律事實。繼承為取得財產之方法，其所取得之財產，謂之遺產。依不同之標準，繼承可為下列分類：

1. 身分繼承與財產繼承

　　依繼承標的物為標準，可分為身分繼承與財產繼承。前者，係承繼先人身分，而取得其權利，負擔其義務者稱之，如我國舊制之公、侯、伯、子、男等封爵繼承、家長地位之繼承，均為身分繼承。後者，則僅承繼被繼承人財產上之一切權利義務，目前民法廢止宗繼承（身分繼承），僅採取財產繼承制。

2. 單獨繼承與共同繼承

　　依繼承人數為標準，可分為單獨繼承與共同繼承。前者，是由單一繼承人繼承全部遺產；後者則由多數繼承人共同繼承遺產。在身分繼承大多採取單獨繼承制，財產繼承則常採取共同繼承制。

3. 法定繼承與遺囑繼承

　　依繼承方式為標準，可分為法定繼承與遺囑繼承。前者，係由法律規定具有特定身分之人繼承；後者，則由被繼承人以遺囑指定之人繼承。我國民法以法定繼承為原則，而以遺囑繼承為例外。

4. 限制繼承與無限繼承

　　依遺產繼承範圍有無限制為標準，可分為限制繼承與無限制繼承。凡法定繼承人之範圍，或繼承財產之範圍有限制者，稱為限制繼承；否則為無限繼承。我國民法採取限制繼承制，瑞典、匈牙利、埃及等國民法擴大繼承人範圍，凡有血緣關係之人，即有繼承權，係採無限繼承制。

(二) 繼承人之資格及順序

　　遺產之繼承，本於被繼承人死亡而開始，其繼承人承受被繼承人財產上之一切權利義務，理論上凡有權利能力之人，均有為繼承人之資格，惟因我國民法採限制繼承制，故遺產繼承人必須有一定之血緣或身分關係，且僅自然人在繼承開始時生存者，始有繼承權，此又稱為「同時存在原則」。依民法第1138條規定，遺產繼承人，除配偶外，依下列順序定之：

1. 直系血親卑親屬。

2. 父母。

3. 兄弟姊妹。

4. 祖父母。

　　應說明者，上列順序，如有前一順序之人，則後一順序不得繼承。而上列第一順序之繼承人（直系血親卑親屬），以親等近者爲先（民法第1139條）。例如有子時，則孫不得繼承，無子有孫時，則曾孫不得繼承。但上述第一順序之繼承人，有於繼承開始前死亡或喪失繼承權者，依民法第1140條規定，則由其直系血親卑親屬代位繼承其應繼分，此即學說上所稱之「代位繼承」。至於配偶，依民法第1144條規定，有相互繼承遺產之權，惟其應繼分則視與上列何順序之人同爲繼承而有不同，如無上列各次序之繼承人時，配偶自得單獨繼承全部遺產。

(三) 應繼分

　　應繼分，乃繼承人爲數人時，各繼承人對於遺產上之一切權利義務，所得繼承之比率。法律就共同繼承人之應繼分設有明文，此稱爲法定應繼分；惟允許被繼承人得變更法定應繼分而另外指定，此稱爲指定應繼分，分述如下：

1. 法定應繼分

(1) **血親之應繼分**：民法第1141條規定：「同一順序之繼承人有數人時，按人數平均繼承。但法律另有規定者，不在此限。」所謂法律另有規定，如下述配偶之應繼分是。

(2) **配偶之應繼分**：依民法第1144條規定：

① 與第1138條所定第一順序之繼承人（直系血親卑親屬）同爲繼承時，其應繼分與他繼承人平均分配。

② 與第1138條所定第二順序或第三順序之繼承人（父母、兄弟姊妹）同爲繼承時，其應繼分爲遺產2分之1。

③ 與第1138條所定第四順序之繼承人（祖父母）同爲繼承時，其應繼分爲遺產3分之2。

④ 無第1138條所定第一順序至第四順序之繼承人時，其應繼分爲遺產全部。

2. 指定應繼分

　　民法第1187條規定：「遺囑人於不違反關於特留分規定之範圍內，得以遺囑自由處分遺產」，此之所謂自由處分遺產，包括指定應繼分，惟須以遺囑爲之，否則不生指定之效力。

(四) 繼承權之喪失與回復

1. 繼承權之喪失

繼承權之喪失，乃有繼承權之人，因法定事由，而當然喪失其繼承人地位之謂，法定事由，依民法第1145條規定如下：

(1) 故意致被繼承人或應繼承人於死或雖未致死因而受刑之宣告者。

(2) 以詐欺或脅迫使被繼承人爲關於繼承之遺囑，或使其撤回或變更之者。

(3) 以詐欺或脅迫妨害被繼承人爲關於繼承之遺囑，或妨害其撤回或變更之者。

(4) 僞造、變造、隱匿或湮滅被繼承人關於繼承之遺囑者。

(5) 對於被繼承人有重大之虐待或侮辱情事，經被繼承人表示其不得繼承者。

有以上情形之一，則繼承權喪失。惟上述第2至4款情形，如經被繼承人宥恕者，其繼承權不喪失。

2. 繼承權之回復

繼承權之回復，乃繼承權被侵害時，被害人（即眞正繼承人）或其法定代理人得請求回復之權利；亦即正當繼承人，請求確認其繼承資格及回復繼承標的之一切權利。民法第1146條規定：「繼承權被侵害者，被害人或其法定代理人得請求回復之。前項回復請求權，自知悉被侵害之時起，二年間不行使而消滅；自繼承開始起逾十年者亦同。」繼承回復請求權，依最高法院40年台上字第730號判例意旨，認爲包括請求確認繼承人資格及回復繼承標的之一切權利；即具有人之請求權及物之請求權雙重性質，其行使由被害人（眞正權利人）或其法定代理人以意思表示，或向法院爲訴訟之請求；相對人則爲自命爲繼承人之人，或否認繼承人地位之其他共同繼承人。又繼承權是否被侵害，應以繼承人繼承原因發生後，有無被他人否認其繼承資格並排除其對繼承財產之占有、管理或處分爲斷（司法院大法官釋字第437號解釋、最高法院97年度台上字第792號判決參照）。

三、案例結論

本案例首先應探討者，爲甲男之遺產繼承人爲何人？按民法第1138條規定：「遺產繼承人，除配偶外，依左列順序定之：一、直系血親卑親屬。二、父母。三、兄弟姊妹。四、祖父母」、第1144條前段規定：「配偶有相互繼承遺產之權」，由題意乙女於甲死亡時爲甲之配偶，戊女爲其直系血親卑親屬，依同時存在原則，均有繼承權。丁男雖先於甲死亡，而不得爲繼承人，但其雙胞胎女兒庚、辛二人，依民法第1140條代位繼承規定，即第一順位之繼承人，有於繼承開始前死亡或喪失繼承權時，由其直系血親卑親屬，代位繼承其應繼分，自得代位丁之應繼分

而爲繼承人。

至於丙因向父母索取50萬元未果，對其動手毆打，經甲男表示不得繼承，已符合民法第1145條第1項第5款「對於被繼承人有重大之虐待或侮辱情事，經被繼承人表示其不得繼承者」規定，不待判決，當然喪失繼承權，故丙非繼承人。

在遺產之應繼分方面，乙爲甲男之配偶，與丁、戊爲直系血親卑親屬，原應共同繼承，且依第1141條、第1144條第1款規定，按人數平均繼承，即應繼分各爲3分之1；而庚、辛代位繼承丁之應繼分，故其應繼分各爲6分之1，現甲男死亡時，遺有340萬元遺產，經扣除100萬元債務後，所餘240萬元遺產，乙、戊各取得80萬元，庚、辛各取得40萬元。

第二章　遺產之繼承

第一節　遺產繼承之效力與分割

案例106

　　甲男與乙女為銀髮族夫妻，育有長子丙已成年，在其結婚分居時，從甲受贈新台幣60萬元，另收養未成年之丁女，甲男於民國111年2月間向戊購買座落於新北市淡水區之公寓一間，價款850萬元，該款項付清後未及辦理過戶，即已死亡，除該房屋外，並留有現金110萬元及價值60萬元之名畫二幅，以乙為受益人之人壽保險金120萬元，及積欠己女貨款30萬元，此時乙得否以繼承人身分，訴請戊為該公寓之所有權移轉登記；另己女能否向全體繼承人請求清償該30萬元貨款？各該繼承人於分割時，各取得多少遺產？

一、思考方向

　　在遺產之繼承中，最為人們所關心者，為繼承之效力與遺產之分割。目前民法繼承編對於繼承之效力方面，自第1147條至第1153條，分別就遺產繼承之開始、繼承之標的物、繼承之費用、遺產之酌給與共同繼承加以規定。在遺產之分割方面，自第1164條至第1173條，亦將遺產分割之意義、方法、效力及對被繼承人負有債務之歸扣及扣還，明確予以規範，以供依循。

　　本案例依上開分析，就甲男死亡後所遺留之房屋、名畫、現金、保險金及債務，自應先思考是否為遺產繼承之標的；接著探究於繼承開始後，繼承人如何承受被繼承人之債權及清償其所積欠之債務；最後在分割遺產時，有無必要將丙於甲生前所受贈之60萬元款項加以扣除，凡此均值得討論，茲依民法相關規定，說明如後。

二、論點分析

(一) 遺產繼承之開始

　　繼承之開始，本於一定之法律事實，非依繼承人或被繼承人之意思而開始，我國民法第1147條規定：「繼承，因被繼承人死亡而開始」，即被繼承人死亡之同

時，繼承即開始。所謂「死亡」，包括自然死亡及死亡宣告，故繼承開始之時期，於自然死亡，為生理死亡之時；於死亡宣告，以判決內所確定之日期，為其繼承開始之時期。

(二) 遺產繼承之標的

繼承係被繼承人地位之承繼，為此民法第1148條第1項規定：「繼承人自繼承開始時，除本法另有規定外，承受被繼承人財產上之一切權利、義務。但權利、義務專屬於被繼承人本身者，不在此限。」由此可知繼承之標的，原則上為被繼承人財產上之一切權利義務，包括債權、物權、無體財產權，乃至請求權、形成權、抗辯權等權利。在義務方面，無論為私法上或公法上債務，非專屬被繼承人者，皆為繼承之對象。至條文所謂「權利義務專屬於被繼承人本身者」，如民法第195條、第979條之非財產上損害賠償請求權，以當事人信賴關係為前提之僱傭、委任、代理等所生之權利義務，或以特定身分為基礎之扶養、贍養費請求權等，均不得作為遺產繼承之標的。

對於被繼承人之債務，民法第1148條第2項規定：「繼承人對於被繼承人之債務，以因繼承所得遺產為限，負清償責任。」此種全面限定承認，應依第1156條、第1156條之1規定辦理。

繼承人在繼承開始前2年內，從被繼承人受有財產之贈與者，該財產依民法第1148條之1規定，亦視為其所得遺產。前項財產如已移轉或滅失，其價額，依贈與時之價值計算。

又繼承人對於被繼承人之權利、義務，依民法第1154條規定，不因繼承而消滅。

(三) 遺產之酌給

民法第1149條規定：「被繼承人生前繼續扶養之人，應由親屬會議依其所受扶養之程度及其他關係，酌給遺產。」其立法目的，在於保護扶養權利人，避免被繼承人生前所扶養之人，因被繼承人之死亡而陷於生活困難，含有濃厚死後扶養之思想。由此規定可知，遺產酌給請求權，係對遺產請求酌給，非對繼承人請求扶養之權利，基此，請求酌給遺產之人，須具備四個要件：

1. 須被繼承人生前繼續扶養之人。
2. 須被繼承人未為相當之遺贈。
3. 須受酌給權利人不能維持生活而無謀生能力。
4. 須由親屬會議決定遺產之酌給。

(四) 遺產繼承之費用

繼承一經開始，遺產隨即移轉於繼承權人，故有關繼承之費用，原應由繼承人負擔；但民法考量在限定繼承或拋棄繼承時，如仍規定應由繼承人負擔，將使繼承人要另以本身之財產爲給付，與其拋棄或限定繼承之本旨不符，非保護繼承人之道；且繼承費用屬共益費用，對於遺產酌給人、受遺贈人及債權人等均有利益，自不宜由繼承人一方負擔，爲此民法於第1150條規定：「關於遺產管理、分割及執行遺囑之費用，由遺產中支付之。但因繼承人之過失而支付者，不在此限」，其中遺產管理費用，係保存遺產不可缺之費用，包括製作遺產清冊費用、保管費用、訴訟費用、稅款及喪葬費用。遺產分割費用，則指遺產分割方法決定、分割財產清冊及裁判分割所需之費用等。遺囑執行費用，指關於執行遺囑所需之費用，例如遺囑之提示、開視、告知之費用及遺囑執行人之報酬等。

(五) 遺產之共同繼承

共同繼承，乃被繼承人死亡後，有二人以上之繼承人，共同繼承被繼承人之全部遺產。依民法第1151條規定：「繼承人有數人時，在分割遺產前，各繼承人對於遺產全部爲公同共有」，故在遺產分割前，繼承人中之一人，不得主張遺產中之特定部分由其個人承受，或提起自己部分公同共有權存在或交還自己部分之訴，僅得提起確認該物仍屬公同共有人全體之訴（最高法院37年上字第7202號判例）。在共同繼承之公同共有關係中，對於繼承財產之管理、使用、收益，被繼承債務之清償及繼承遺產之分割，均應再詳加敘明：

1. 繼承財產之管理、使用及收益

公同共有之遺產，其管理、使用及收益，依民法第828條規定，原則上應由全體繼承人共同爲之；但爲謀實際之便利，及顧及我國家庭生活之實際情況，而於第1152條規定：「前條公同共有之遺產，得由繼承人中互推一人管理之。」嚴格言之，此項遺產管理權，係基於繼承人之委任而發生，故委任人自得隨時終止其委任。

2. 被繼承債務之清償

民法第1153條第1項規定：「繼承人對於被繼承人之債務，以因繼承所得遺產爲限，負連帶責任」，即被繼承人之債權人得對共同繼承人中之一人或數人，或其全體，同時或先後請求全部或一部之給付，惟此乃對外關係；至於內部關係上，繼承人相互間，對於被繼承人之債務依同條文第2項規定，除法律另有規定或另有約定外，按其應繼分比例負擔之。

3. 遺產之分割

遺產之分割，乃遺產共同繼承人，以消滅遺產之公同共有關係為目的之行為。關於公同共有物之分割，民法物權編固有規定，但遺產之分割，著重被繼承人之意思，將遺產分配於各繼承人，且溯及於繼承開始時發生效力，與一般公同共有之財產分割不同，故民法就遺產之分割，另設規定，以利援用。

(1) **遺產分割之請求**：共同繼承人在遺產分割前，對於全部遺產，既為公同共有，依民法第829條規定，公同關係存續中，各公同共有人，不得請求分割其公同共有物。惟遺產之為公同共有，係基於被繼承人死亡而形成，若長期不分割，不僅將損及繼承人或債權人權益，且有害於經濟之流通，為此民法第1164條規定：「繼承人得隨時請求分割遺產。但法律另有規定或契約另有訂定者，不在此限」係採取「遺產分割自由原則」，除非法律另有規定或契約另有訂定不得隨時請求分割時，始受其限制。所謂法律另有規定，如民法第1165條第2項規定：「遺囑禁止遺產之分割者，其禁止之效力以十年為限。」於是在10年之內，即不得隨時請求分割；同法第1166條規定：「胎兒為繼承人時，非保留其應繼分，他繼承人不得分割遺產。胎兒關於遺產之分割，以其母為代理人。」至當事人訂有不許分割之期間過長時，因有礙經濟流通，故應類推適用民法第1165條第2項規定，約定不分割之期間以10年為限。

(2) **遺產分割之方法**

① 遺囑指定：遺產為被繼承人之遺物，其分割方法，自應尊重被繼承人之意思，故民法第1165條第1項規定：「被繼承人之遺囑，定有分割遺產之方法，或託他人代定者，從其所定」，易言之，繼承人有遵循被繼承人或其受託人指定之分割方法，分割遺產之義務；惟被繼承人以遺囑所定之分割方法，違反特留分之規定時，其違反部分無效（民法第1187條）。

② 協議分割：被繼承人未以遺囑指定遺產分割之方法，或未委託他人代為指定時，共同繼承人得參照民法第830條第2項、第824條第1項規定，協議分割遺產；其分割方法得以原物分割，或以變價方法分配，惟協議時應得全體繼承人之同意。

③ 裁判分割：共同繼承人協議不成或協議不能時，繼承人得依民法第830條、第824條第2項規定請求法院以判決定分割之方法；其方法以原物分割為原則，如不能以原物分割時，始採取變價分配之方式。

(3) **遺產分割之計算**：在遺產分割計算其總額時，為期繼承人間之公平，民法特別設有債務之扣還及贈與之歸扣等規定，分述如下：

① 債務之扣還：民法第1172條規定：「繼承人中如對於被繼承人負有債務者，於

遺產分割時，應按其債務數額，由該繼承人之應繼分內扣還」，即以債務額加入遺產總額，而後計算應繼分，再由應繼分中扣還債務額。例如被繼承人有妻甲及子乙、丙，現實財產為200萬元，但子丙對被繼承人負有40萬元之債務，以之加入遺產總額為240萬元，其妻甲與子乙、丙之應繼分相等，各應分得80萬元，但子丙之應繼分內須扣還40萬元，其實得額為40萬元。

② 贈與之歸扣：民法第1173條規定：「繼承人中有在繼承開始前因結婚、分居或營業，已從被繼承人受有財產之贈與者，應將該贈與價額加入繼承開始時被繼承人所有之財產中，為應繼遺產。但被繼承人於贈與時有反對之意思表示者，不在此限。前項贈與價額，應於遺產分割時，由該繼承人之應繼分中扣除。贈與價額，依贈與時之價值計算」，此即所謂之歸扣。贈與歸扣之效力，僅於分割遺產時，充當計算而已，不必返還原財產，或返還其價額。通常被繼承人因結婚、分居或營業而受贈與，此稱為特種贈與，最高法院27年上字第3271號判例認為：「被繼承人對繼承人為此等特種贈與時，並無使受贈人特受利益之意思，不過遇此等事由，就其日後終應繼承之財產預行撥給而已」，因此對於特種贈與，於分割遺產時，自應先由應繼分內扣除。例如被繼承人甲，有妻乙及子丙、丁，甲生前曾因丙結婚給與50萬元，甲死亡時，留有財產160萬元，則分割遺產時，甲之遺產160萬元再加上丙之50萬元特種贈與，共計210萬元，此為應繼財產。再依法定應繼分比率，乙、丙、丁之法定應繼分額為70萬元；依法丙之特種贈與應自其應繼分內扣除，則分割結果，丙得20萬元，乙、丁各得70萬元。

(4) **遺產分割之效力**：繼承財產之分割，猶如一般共有物之分割，類似買賣或互易之有償行為，經分割後使繼承人分得部分，成為單獨權利人，對於分割之效力，現行民法刪除舊法第1167條：「遺產之分割，溯及繼承開始時發生效力」規定，改採創設（移轉）主義，使遺產自分割時起，始發生效力。此外，遺產之分割，對於各繼承人及債權人間亦產生不同效力，值得注意：

① 繼承人之互相擔保責任：民法第1168條規定：「遺產分割後，各繼承人按其所得部分，對於他繼承人因分割而得之遺產，負與出賣人同一之擔保責任。」此擔保責任，包括權利瑕疵擔保責任與物之瑕疵擔保責任。

② 債務人資力之擔保責任：在買賣契約中，一般對於債權之買賣，買受人常有承擔危險之意思，因此，債權出賣人除另有約定外，就債務人之支付能力不負擔保責任；惟在遺產分割之場合，分得債權之人，如無法獲完全之清償，顯有失公平，為此民法第1169條規定：「遺產分割後，各繼承人按其所得部分，對於他繼承人因分割而得之債權，就遺產分割時債務人之支付能力，負擔保之責。

前項債權，附有停止條件或未屆清償期者，各繼承人就應清償時債務人之支付
能力，負擔保之責。」

③ 擔保責任人無資力時之分擔：為避免有請求權之繼承人，因負擔保責任之繼承
人無資力，未能獲得償還而受不利益時，民法第1170條規定：「依前二條規定
負擔保責任之繼承人中，有無支付能力不能償還其分擔額者，其不能償還之部
分，由有請求權之繼承人與他繼承人，按其所得部分比例分擔之。但其不能償
還，係由有請求權人之過失所致者，不得對於他繼承人請求分擔。」

④ 連帶債務之免除：繼承人對於被繼承人之債務，原負連帶責任，此項連帶責
任，依民法第1171條規定：「遺產分割後，其未清償之被繼承人之債務，移歸
一定之人承受，或劃歸各繼承人分擔，如經債權人同意者，各繼承人免除連帶
責任。繼承人之連帶責任，自遺產分割時起，如債權之清償期在遺產分割後
者，自清償期屆滿時起，經過五年而免除。」故此項期間屆滿後，債權人僅得
請求承受之繼承人清償，或請求各繼承人清償其分擔部分。

三、案例結論

按繼承人自繼承開始時，除本法另有規定外，承受被繼承人財產上之一切權利
義務；但權利義務專屬於被繼承人本身者，不在此限。此民法第1148條定有明文，
故若繼承之標的，非以繼承人之地位、身分或人格為基礎者，自不得為之。本案例
中甲男在生前，以乙女為受益人投保之120萬元人壽保險，係依保險契約於保險事
故發生時給付予受益人，自非屬遺產。至基於買賣契約所發生之買方及賣方地位，
則得為繼承之標的，故甲男之繼承人乙、丙、丁，均得以繼承人身分對出賣人戊，
請求為該新北市淡水區公寓乙間之所有權移轉登記；但其為此請求時，依民法第
831條準用公同共有之規定，應得其他共同繼承人全體之同意。

又民法第1153條第1項規定：「繼承人對於被繼承人之債務，以因繼承所得遺
產為限，負連帶責任」，故己女得依本項之規定，向繼承人全體或乙、丙、丁中任
一人請求給付30萬元之貨款。連帶債務人中之任一繼承人出面清償時，得向其他繼
承人請求償還其各自分擔之部分，以求公允。

關於甲之遺產，除前述價值850萬元之公寓外，加上現金110萬元、名畫二幅
60萬元，扣除積欠己之30萬元貨款後為990萬元。另甲男曾於子丙成年後結婚分居
時，受贈60萬元，依民法第1173條規定：「繼承人中有在繼承開始前因結婚、分居
或營業，已從被繼承人受有財產之贈與者，應將該贈與價額加入繼承開始時被繼承
人所有之財產中，為應繼遺產。但被繼承人於贈與時有反對之意思表示者，不在此
限。前項贈與價額，應於遺產分割時，由該繼承人之應繼分中扣除。贈與價額，依

贈與時之價值計算。」此種扣除，學說上稱爲歸扣權，僅於分割遺產時，列入計算而已，故該受贈之60萬元，自應加入甲男之遺產，合計爲1,050萬元，經平均分配後，乙、丙、丁原應各取得350萬元之遺產，惟丙經扣除結婚受贈之60萬元後，其實際可獲得290萬元。另乙女另可獲得120萬元之人壽保險金給付，自不待言。

第二節　限定繼承與拋棄繼承

案例107

> 甲爲某食品公司之負責人，有配偶乙及子女丙、丁、戊三人。112年1月中旬，甲因病去世時，留有現金新台幣（下同）240萬元、價值30萬元女用金錶乙只、及債務420萬元。甲之長子丙知悉父親負欠鉅額債務，於同年3月間即開具遺產清冊爲限定繼承之陳報；配偶乙則在整理甲之書房遺物後，將其所收藏之圖書、風景圖片等惠贈親友；長女丁因深愛父親所遺之金錶，而將其隱藏，置入銀行保險箱中；次子戊就讀於大學法律系四年級，修習民法後，於同年2月27日向法院聲請拋棄繼承，此時甲之債權人除遺產外得否再請求乙、丙、丁、戊以其自己固有之財產清償？

一、思考方向

依民法第1148條規定，繼承人自繼承開始時，承受被繼承人財產上之一切權利義務及法律關係，惟關於權利繼承之方法，各國立法例不同：有採「承認繼承主義」者，認爲遺產上之權利歸屬，須繼承人積極承認，始能發生效力，羅馬法採之；有採「法院交付主義」者，認爲繼承財產必須經法院決定且將其交付於繼承人時，始歸屬於繼承人，奧國民法採之；有採「賸餘財產交付主義」者，認爲繼承財產乃先歸由遺產管理人或遺囑執行人清算後，尚有賸餘財產時，繼承人始得請求交付，英國法採之；我國民法目前則與德國、法國民法同採「當然繼承主義」，認爲遺產上之權利義務，因繼承開始，當然移轉於繼承人，無庸繼承人另爲意思表示。惟如繼承人對繼承之財產，再積極加以承認時，應認係繼承人確認繼承效力之單獨行爲，亦即繼承人對其業已取得之繼承權，表示確有意繼續予以維持之行爲，並非繼承之承諾。繼承之承認，可分爲單純承認與限定承認兩種。前者，繼承人確認其以無限責任，承繼被繼承人權利義務之謂；後者，則繼承人確認其以因繼承所得

之財產爲限,償還被繼承人債務之謂,現行民法於第1148條第2項、第1156條至第1163條,對於限定之繼承有相當完整規定。又繼承人於繼承開始時,即當然承受被繼承人財產上之一切權利義務。但爲避免影響繼承人生活,繼承與否,繼承人仍有選擇之自由,爲此民法再於第1174條至第1176條之1規定繼承之拋棄,以符合實際需要。

　　茲應說明者,我國民法繼承編自民國19年12月26日公布施行時,即係因應當時的傳統文化,採取當然繼承主義,繼承人如未在繼承開始後的法定期限內辦理限定繼承或拋棄繼承的程序,必須概括承受被繼承人財產上一切權利與義務。施行將近80年的此項制度,其間雖曾於74年6月3日及97年1月2日作部分修正,但都只限於無行爲能力人,或限制行爲能力人之法定限定責任,以及繼承人對於繼承開始後發生代履行責任之保證契約債務的法定限定責任,該修正雖對限定繼承制度的改革跨出一小步,但並未改變概括承受的基本原則。

　　根據法務部的統計,每年發生繼承爭議的案件有1萬多件,爲體現民情與社會需要,允宜將繼承人的責任修正以限定責任爲原則,例外才負起概括繼承的責任。在98年5月22日三讀通過的民法繼承編修正案,計修正了九條條文,刪除了一條,增訂了四條。幅度不是很大!但限定繼承制度卻徹底得到改變。原舊法的第1148條第1項「繼承人自繼承開始時,除本法另有規定外,承受被繼承人財產上之一切權利、義務。但權利、義務專屬於被繼承人本身者,不在此限。」的概括繼承原則,與第1154條第1項「繼承人得限定以因繼承所得之遺產,償還被繼承人之債務。」的任意限定繼承制度,被合併修正爲第1148條「繼承人自繼承開始時,除本法另有規定外,承受被繼承人財產上之一切權利、義務。但權利、義務專屬於被繼承人本身者,不在此限。繼承人對於被繼承人之債務,以因繼承所得遺產爲限,負清償責任。」成爲以法定限定繼承爲原則性依據法條。此種全面改採繼承人限定責任制度,使我國數千年來傳統的「父債子償」習俗與法律,都將一併宣告走入歷史。

　　在本案例中,被繼承人甲之配偶乙及子女丙、丁、戊在繼承開始後,配偶乙處分被繼承人之圖書、風景圖片等日常用品;長子丙爲限定繼承、長女丁隱匿父親之遺產女用手錶乙只,次子戊則向法院聲請拋棄繼承,各該當事人之行爲在法律上應如何加以評價,對於繼承之效力發生如何影響?在遺產不足清償債務時,繼承人有無必要以本身之固有財產,來清償被繼承人之債務,均爲本問題應思考之重點。爲說明方便起見,茲就限定繼承與拋棄繼承之概念,分述於後。

二、論點分析

(一) 限定之繼承

　　限定繼承，又稱限定承認，依民法第1148條第2項規定：「繼承人對於被繼承人之債務，以因繼承所得遺產為限，負清償責任」，我國民法在採取當然繼承主義之下，繼承人本應承繼被繼承人之債務，然如繼承人債務超過積極財產時，如仍強令繼承人全部承受，不僅影響繼承人之生活，使其長久難以脫卸債務；同時亦使繼承人之債權人蒙受無法清償之不利益，因此，民法允許繼承人得為限定繼承，對於被繼承人之債務，僅以因繼承所得遺產為限，負清償責任。又繼承人有數人時，如其中一部分人為限定繼承，並在3個月內開具遺產清冊陳報法院者，其他繼承人視為已陳報。

1. 限定繼承之陳報期間

　　民法第1156條第1項規定：「繼承人於知悉其得繼承之時起三個月內開具遺產清冊陳報法院」，繼承人就限定承認之陳報期限僅有3個月之法定不變期間。但恐繼承人不及或不克開具遺產清冊陳報法院，故法院因繼承人之聲請，認為必要時，得依同條文第2項規定，將此3個月期限延展之。

2. 限定繼承之方式

(1) 限定繼承因影響被繼承人與債權人權益甚大，故民法於前述第1156條規定，為限定之繼承者，應於繼承開始時起，3個月內，開具遺產清冊陳報法院。凡被繼承人所遺一切之資產及負債，可作為繼承之標的者，均應詳細開列記載，不許遺漏，亦不得為虛偽記載。

(2) 繼承人有數人時，其中一人已依第1項開具遺產清冊陳報法院者，其他繼承人視為已陳報。

(3) 限定繼承之陳報，屬於家事非訟事件，管轄法院即為繼承開始時被繼承人住所地之法院，繼承人依前條規定陳報法院時，法院應依公示催告程序公告，命被繼承人之債權人於一定期限內，報明其債權。前項一定期限，不得在3個月以下（民法第1157條）。

(4) 又債權人得向法院聲請命繼承人於3個月內提出遺產清冊。法院於知悉債權人以訴訟程序或非訟程序向繼承人請求清償繼承債務時得依職權命繼承人於3個月內提出遺產清冊。前條第2項及第3項規定，於第1項及第2項情形，準用之（民法第1156條之1）。

3. 限定繼承之效力

(1) **繼承人之有限責任**：繼承人為限定繼承後，與單純繼承同，即當然承受被繼承人財產上之一切權利義務；但僅以因繼承所得遺產，償還被繼承人之債務（民法第1148條第2項），稱為物之有限責任。限定繼承，既以遺產為限對被繼承人之債務，負其責任，如有不足，不必以自己之財產填補，基此民法第1154條規定：「繼承人對於被繼承人之權利、義務，不因繼承而消滅。」亦即不適用民法第344條有關債權與債務混同之規定。

(2) **債務清償之限制**：民法第1158條規定：「繼承人在前條所定之一定期限內，不得對於被繼承人之任何債權人償還債務。」在第1157條所定之一定期限屆滿後，繼承人對於在該一定期限內報明之債權及繼承人所已知之債權，均應按其數額，比例計算，以遺產分別償還，但不得害及有優先權人之利益。繼承人對於繼承開始時未屆清償期之債權，亦應依第1項規定予以清償。前項未屆清償期之債權，於繼承開始時，視為已到期。其無利息者，其債權額應扣除自第1157條所定之一定期限屆滿時起至到期時止之法定利息（民法第1159條）。所謂有優先權之債權，例如對於遺產有抵押權、留置權、質權之債權，此項債權得優先受清償；至於一般債權，則依債權數額比例受清償。如被繼承人之債權人，不於第1157條所定之一定期限內，報明其債權，而又為繼承人所不知者，依民法第1162條規定，僅得就賸餘遺產，行使其權利。

(3) **遺贈交付之限制**：遺贈乃是無償給與財產之行為，為免損及債權人之債權，民法第1160條規定：「繼承人非依前條規定償還債務後，不得對受遺贈人交付遺贈」，即遺產之債務應較遺贈為優先受償，始為公允。

(4) **債權人之損害賠償請求權及不當受領返還請求權**：民法第1161條第1項規定，繼承人違反第1158條至第1160條，即在公示催告期間內清償債務，或清償不按比例，或損害及優先權人之利益，或在清償債務前交付遺贈，致被繼承人之債權人受有損害時，應負賠償之責；此時繼承人應以自己之固有財產負損害賠償責任。又前述受有損害之人，對於不當受領之債權人或受遺贈人，亦得依同條文第2項規定，請求返還其不當受領之數額。但此二項權利，債權人行使其一而獲得滿足時，其他請求權因目的之達到而消滅。本條文旨在保護債權人之權益，如係繼承人對於不當受領之債權人或受遺贈人，依民法第1161條第3項規定，則不得請求返還其不當受領之數額。

4. 限定繼承人之清償債權責任

繼承人未依第1156條、第1156條之1開具遺產清冊陳報法院者，對於被繼承人債權人之全部債權，仍應按其數額，比例計算，以遺產分別償還。但不得害及有優

先權人之利益。前項繼承人，非依前項規定償還債務後，不得對受遺贈人交付遺贈。繼承人對於繼承開始時未屆清償期之債權，亦應依第1項規定予以清償。前項未屆清償期之債權，於繼承開始時，視為已到期。其無利息者，其債權額應扣除自清償時起至到期時止之法定利息（民法第1162條之1）。

5. 限定繼承之例外

繼承人違反第1162條之1規定者，被繼承人之債權人得就應受清償而未受償之部分，對該繼承人行使權利。繼承人對於前項債權人應受清償而未受償部分之清償責任，不以所得遺產為限。但繼承人為無行為能力人或限制行為能力人，不在此限。繼承人違反第1162條之1規定，致被繼承人之債權人受有損害者，亦應負賠償之責。前項受有損害之人，對於不當受領之債權人或受遺贈人，得請求返還其不當受領之數額（民法第1162條之2）。

6. 限定繼承利益之喪失

限定繼承制度原為保護繼承人之利益而設，倘繼承人藉此使用不正當方法，損害債權人利益，則法律上自應剝奪其限定繼承之利益，故民法第1163條規定，繼承人中有左列各款情事之一者，不得主張第1148條第2項所定之利益：

(1) 隱匿遺產情節重大。

(2) 在遺產清冊為虛偽之記載情節重大。

(3) 意圖詐害被繼承人之債權人之權利而為遺產之處分。

7. 民法繼承編施行法之特別規定

繼承在民法繼承編98年5月22日修正施行前開始，繼承人為無行為能力人或限制行為能力人、對於繼承開始以前已發生代負履行責任之保證契約債務、依民法第1140條之規定代位繼承、因不可歸責於己之事由或未同居共財者，於繼承開始時無法知悉繼承債務之存在，致未能於修正施行前之法定期間為限定或拋棄繼承，如有這種情形之一，由其繼續履行債務顯失公平者，均得依修正之民法繼承編施行法第1條之1，及第1條之3規定，以所得遺產為限，負清償責任。

(二) 繼承之拋棄

繼承之拋棄，指繼承人於繼承開始後，否認自己開始繼承效力之意思表示；即繼承人拋棄其繼承權而不繼承之謂。我國舊制，以宗祧繼承為主，不許拋棄繼承權；現行民法為尊重繼承人之人格自由，在採行財產繼承制下，於民法第1174條第1項規定：「繼承人得拋棄其繼承權。」繼承權之拋棄，在實務上依最高法院67年台上字第3448號、67年台上字第3788號判例意旨，認為不得附條件或期限，亦不得為部分之拋棄；且一經拋棄，即喪失繼承權，事後縱將被繼承人之遺產登記為其

名義，亦不能回復，但繼承人於繼承開始前，預爲繼承權之拋棄，不得認爲有效。如繼承人已承受被繼承人之遺產，行使其權利或履行義務，即承認繼承之後，不得復表示拋棄繼承，以免除其義務（最高法院52年台上字第451號判例）。

1. 繼承拋棄之期間

依民法第1174條第2項前段規定，繼承人拋棄繼承之意思表示，應於知悉其得繼承之時起3個月內爲之，逾期拋棄，不生效力。此3個月爲法定期間，應自知悉其得繼承之時，開始計算；所謂「知悉其得繼承」，係指知悉繼承已開始，且知自己爲繼承人而言，若僅知被繼承人已死亡，而不知自己爲繼承人時，則3個月之期間不開始計算。

2. 繼承拋棄之方式

繼承之拋棄，爲要式行爲，依民法第1174條第2項後段及第3項規定，應以書面向法院爲之，並以書面通知因其拋棄而應爲繼承之人；但不能通知者，不在此限。

3. 繼承拋棄之效力

繼承之拋棄，依民法第1175條規定，溯及於繼承開始時發生效力；亦即繼承權一旦拋棄後，即自始立於與繼承無關之地位，繼承人不取得被繼承人之遺產，被繼承人之債權人亦不得對該繼承人之固有財產請求清償。雖拋棄繼承人於繼承開始起，即非繼承人，本無管理遺產之權利義務，惟爲避免遺產之逸失、毀損，民法第1176條之1規定：「拋棄繼承權者，就其所管理之遺產，於其他繼承人或遺產管理人開始管理前，應與處理自己事務爲同一之注意，繼續管理之」，以維護其他繼承人之利益。

4. 拋棄繼承人應繼分之歸屬

繼承人中有拋棄繼承權者，其應繼分之歸屬，應依民法第1176條規定處理：

(1) 民法第1138條所定第一順序之繼承人中有拋棄繼承權者，其應繼分歸屬於其他同爲繼承之人（第1項）。所謂同爲繼承之人，包括配偶在內，因此配偶與直系血親卑親屬之數繼承人共同繼承時，拋棄繼承人之應繼分由配偶與其他直系血親卑親屬平均分受之。

(2) 第二順序至第四順序之繼承人中，有拋棄繼承權者，其應繼分歸屬於其他同一順序之繼承人（第2項）。所謂第二順序至第四順序之繼承人，指父母、兄弟姊妹及祖父母等繼承人而言；於此場合，配偶之應繼分爲固定，不因其他共同繼承人之拋棄繼承而受影響。

(3) 與配偶同爲繼承之同一順序繼承人均拋棄繼承權，而無後順序之繼承人時，其應繼分歸屬於配偶（第3項）。即在血親繼承人全無之情況下，由配偶單獨繼承全部遺產。

(4) 配偶拋棄繼承權者，其應繼分歸屬於與其同為繼承之人（第4項）。配偶拋棄繼承權時，已無配偶應繼分，自應由血親繼承人繼承。

(5) 第一順序之繼承人，其親等近者均拋棄繼承權時，由次親等之直系血親卑親屬繼承（第5項）。第一順序之直系血親卑親屬親等近者均拋棄繼承權時，依民法第1139條規定，自應由次親等之直系血親卑親屬取得繼承權。

(6) 先順序繼承人均拋棄其繼承權時，由次順序之繼承人繼承。其次順序繼承人有無不明或第四順序之繼承人均拋棄其繼承權者，準用關於無人承認繼承之規定（第6項）。所謂「準用關於無人承認繼承的規定」，指無任何法定繼承人時，其遺產於清償債務及交付遺贈後，如有剩餘，應歸屬於國庫而言。

(7) 因他人拋棄繼承而應為繼承之人，為拋棄繼承時，應於知悉其得繼承之日起3個月內為之（第7項）。即賦予因他人之拋棄繼承而應繼承之人，亦享有拋棄繼承之權利，為使繼承關係早日確定，而規定應自知悉其得繼承之日起，3個月內為之。

(三) 限定繼承與拋棄繼承之區別

限定繼承與拋棄繼承均為單獨行為、要式行為及以法院為聲請之對象，但兩者間仍有下列區別：

1. 方式不同

限定繼承應開具遺產清冊，陳報法院；拋棄繼承則不需開具遺產清冊，只要以書面向法院提出聲請即可。

2. 期間起算點不同

限定繼承有繼承開始之時起算與自知悉其得繼承之時起算；拋棄繼承則自知悉其得繼承之時起算。

3. 能否聲請延長不同

限定繼承得向法院聲請延長；拋棄繼承則不得聲請延長。

三、案例結論

甲於112年1月中旬死亡後，其配偶乙及子女丙、丁、戊依民法第1144條及第1138條第1款為其繼承人；甲之長子丙知悉被繼承人負欠鉅額債務，而於法定期間內，開具遺產清冊為限定繼承之陳報時，參照民法第1148條第2項規定：「繼承人對於被繼承人之債務，以因繼承所得遺產為限，負清償責任」，故丙限定繼承之陳報效力及於全體繼承人即乙、丁、戊等人。

甲之配偶乙在整理被繼承人書房遺物後，將其所收藏之圖書、風景圖片等惠贈

親友，雖係處分遺產，但因該物品依社會一般觀念，不能認為有意圖詐害被繼承人之債權人之權利，而為遺產處分行為，與民法第1163條第3款限定繼承利益喪失之情節不符；且此項惠贈親友之處分行為，亦不得認係對遺產單純承認之默示行為。

另甲之長女丁因深愛父親所遺市價30萬元之金錶，而將其隱匿，應認符合民法第1163條第1款情事，不得再主張限定繼承之利益，遺產債權人就遺產不能受償之部分，得向丁女請求以其固有財產負無限責任。至戊男於同年2月27日，向法院聲請拋棄繼承，依民法第1175條規定，溯及於繼承開始時發生效力，即自始非繼承人；惟其繼承權之拋棄，並不影響其他繼承人乙、丙之限定繼承。

綜上所述，本案例甲留有遺產現金240萬元，女用手錶30萬元，經清償420萬元後，尚有債務150萬元，此時甲之債權人就遺產不足清償部分，僅得請求丁女以其固有財產負責償還。

第三節　無人承認之繼承

案例108

　　甲男與乙女結婚40餘年，未育有子女，在台亦無其他親屬，民國107年5月中旬，甲男向丙銀行借款500萬元，並以其所有座落於彰化市中山路之房屋及基地，設定抵押予丙銀行，嗣乙女於111年12月底意外事故死亡，甲男受此打擊，亦於112年4月上旬因心臟病復發身故，其戶籍經戶政機關辦理除戶登記，在繼承開始時，有無繼承人不明，此時債權人丙銀行應如何處理？可否向法院聲請選任自己為遺產管理人，法院應如何裁定？遺產管理人就任後得否變賣被繼承人甲男座落彰化市之房地，以供清償積欠丙銀行之債務？

一、思考方向

　　無人承認之繼承，乃繼承開始時，繼承人有無不明之狀態，又稱為「繼承人之缺曠」。所謂有無不明，指有無繼承人尚不確定而言，若確有繼承人，僅其所在不明，或尚未決定是否繼承；以及無繼承人之情事，業已確定者，均非此之所謂無人承認之繼承。我國傳統上身分關係之成立，除兩願離婚外，在結婚、認領、收養等，均不以戶籍登記為生效要件，以至於被繼承人死亡時，較易發生無人承認之繼承情況。在早期羅馬法時代，無繼承人時，遺產遂歸屬於國庫，至近代在私人財

產自由之理念下，各國逐漸創設有無繼承人不明之處置制度。現行民法本於同一法理，在制定時於繼承編第二章遺產之繼承最後一節，亦定有「無人承認之繼承」專節，其目的除在搜尋、確定繼承人外；另方面為防止遺產發生滅失情形，而設置遺產管理人管理和清算遺產，以保護債權人、將來可能出現之繼承人，乃至於繼承最後歸屬者（國庫）之利益。

基於上開說明，如本案中甲、乙死亡後，繼承人之有無不明，而發生無人承認之繼承情事時，其債權人得否以利害關係人身分，聲請法院為繼承人之搜尋及被繼承財產之管理及清算，非無疑異，茲就無人承認之繼承相關法條內容，述明於後，以供參酌。

二、論點分析

(一) 無人承認繼承之概念

依民法第1177條前段規定，繼承開始時，繼承人之有無不明時，為無人承認之繼承。在法律性質上，日本民法將無人承認繼承之財產，視為法人，而遺產管理人則為法人之代表；我國民法仿英、法立法例，認為無人承認繼承之財產，係目的財產之一種，管理人以固有名義，管理、清算遺產，當繼承人出現時，則將遺產交還該繼承人，否則將剩餘財產交於國庫，故於民法第1184條規定：「第一千一百七十八條所定之期限內，有繼承人承認繼承時，遺產管理人在繼承人承認繼承前所為之職務上行為，視為繼承人之代理」，使遺產管理人在有無繼承人不明時，暫時為被繼承人之代理人，以方便處理遺產。

(二) 繼承財產之管理、清算

1. 遺產管理人之選任

在繼承開始，繼承人有無不明確時，為防止因繼承關係無法確定，致損害利害關係人之權益，允宜儘速選任遺產管理人，為此民法第1177條規定：「繼承開始時，繼承人之有無不明者，由親屬會議於一個月內選定遺產管理人，並將繼承開始及選定遺產管理人之事由，向法院報明。」如無親屬會議或親屬會議未於1個月內選定遺產管理人者，利害關係人或檢察官，依同法第1178條第2項規定，得聲請法院選任遺產管理人。又在遺產管理人選定前，若無保存遺產之妥適處置，被繼承人之遺產容易毀損及滅失，因此修正民法時，增訂第1178條之1規定：「繼承開始時繼承人之有無不明者，在遺產管理人選定前，法院得因利害關係人或檢察官之聲請，為保存遺產之必要處置」，以保護遺產不會遭受侵害。

2. 遺產管理人之職務

遺產管理人之職務，依民法第1179條規定如下：

(1) 編製遺產清冊。

(2) 為保存遺產必要之處置。

(3) 聲請法院依公示催告程序，限定1年以上之期間，公告被繼承人之債權人及受遺贈人，命其於該期間內報明債權，及為願受遺贈與否之聲明，被繼承人之債權人及受遺贈人為管理人所已知者，應分別通知之。

(4) 清償債權或交付遺贈物。

(5) 有繼承人承認繼承或遺產歸屬國庫時，為遺產之移交。

前項第1款所定之遺產清冊，管理人應於就職後3個月內編製之。第4款所定債權之清償，應先於遺贈物之交付，為清償債權或交付遺贈物之必要，管理人經親屬會議之同意得變賣遺產。

3. 遺產管理人之權利、義務

(1) **受報酬之權利**：遺產管理人對於遺產之管理及清算，所費勞力不貲，且職責繁重，自應予以一定之報酬，故民法第1183條規定：「遺產管理人得請求報酬，其數額由法院按其與被繼承人之關係、管理事務之繁簡及其他情形，就遺產酌定之，必要時，得命聲請人先為墊付。」

(2) **遺產狀況報告之義務**：對於被繼承人之遺產，遺產管理人經親自處理或清算後，應知之甚詳，為此民法第1180條規定：「遺產管理人，因親屬會議，被繼承人之債權人或受遺贈人之請求，應報告或說明遺產之狀況」，至其報告或說明之方式，以口頭或書面為之，均無不可。

(3) **遺產管理注意之義務**：遺產管理人執行職務而受有報酬時，參酌民法第535條規定，應以善良管理人之注意為之；如未受有報酬時，則與處理自己事務為同一之注意義務即可。

(三) 繼承人之搜尋

無人承認之繼承，除選任遺產管理人外，為確定繼承人之有，自應儘速搜尋繼承人，為此民法第1177條規定：「繼承開始時，繼承人之有無不明者，由親屬會議於一個月內選定遺產管理人，並將繼承開始及選定遺產管理人之事由，向法院報明。」其管轄法院，依家事事件法第127條第1項第4款規定，由繼承開始時，被繼承人住所地法院管轄。陳報書應載明下列事項，由陳報人或其代理人簽名或蓋章：

1. 陳報人。

2. 被繼承人之姓名、最後住所、死亡之年月日時及地點。

3. 選定遺產管理人之事由。

4. 所選定遺產管理人之姓名、性別、出生年月日及住居所（家事事件法第133條），可見親屬會議選定之遺產管理人，以自然人爲限。

又依民法第1178條規定，親屬會議依前條規定爲報明後，法院應依公示催告程序，定6個月以上之期限，公告繼承人，命其於期限內承認繼承；無親屬會議或親屬會議未於前條所定期限內選定遺產管理人者，利害關係人或檢察官，得聲請法院選任遺產管理人，並由法院依前項規定爲公示催告。法院公示催告之種類有二：除定6個月以上期限催告前述繼承人承認繼承外；遺產管理人亦可依民法第1179條第1項第3款規定，催告被繼承人之債權人報明債權、催告受遺贈人聲明願否受遺贈之公告。

(四) 遺產之歸屬

1. 有繼承人承認繼承時

在法院公示催告所定6個月以上期限內，有繼承人承認繼承時，遺產自應歸屬於繼承人。遺產管理人在繼承人繼承前所爲之職務上行爲，依民法第1184條規定，視爲繼承人之代理行爲，其效力直接及於繼承人。

2. 無繼承人承認繼承時

法院公示催告所定期限屆滿後，無人承認繼承時，其遺產於清償債務，並交付遺贈物後，如有賸餘，依民法第1185條規定，即歸屬於國庫，故遺產管理人爲管理計算後，應將賸餘財產立即移交國庫，不得任意拖延。

三、案例結論

本案例甲、乙死亡時，在台無其他親屬，繼承開始時，繼承人之有無不明，依民法第1177條規定，原本應由親屬會議於1個月內選定遺產管理人，並將繼承開始及選定遺產管理人之事由，向法院報明。惟因甲男之親屬會議無法組成，未能依前開規定選任遺產管理人，此際參照家事事件法第136條第1項及民法第1178條第2項規定，得由利害關係人或檢察官聲請法院選任，故甲男之債權人丙銀行得以利害關係人身分，聲請法院選任；法院在選任遺產管理人時，應依職權就最有利於被繼承人遺產之管理、清算方式爲之，不受聲請人意思之拘束，故法院實務上常選任財政部國有財產局爲繼承人之遺產管理人，而不選任聲請人爲遺產管理人，以免損及被繼承人之權益。法院在裁定時，可一併爲繼承人之搜尋，其裁定主文可載爲：

「指定財政部國有財產局爲被繼承人甲之遺產管理人。

准對被繼承人甲之繼承人爲承認繼承之公示催告。

被繼承人甲之繼承人，應自前項公示催告最後登載新聞紙之日起，1年內承認繼承；上述期間屆滿，無繼承人承認時，被繼承人之遺產，於清償債權並交付遺贈後，如有剩餘即歸屬國庫。

程序費用由被繼承人甲之遺產負擔。」

次按為清償債權或交付遺贈物之必要，遺產管理人經親屬會議之同意得變賣遺產；親屬會議不能召開或召開有困難時，依法應經親屬會議處理之事項，由有召集權人聲請法院處理之；依本法之規定應開親屬會議時，由當事人、法定代理人、或其他利害關係人召集之，民法第1179條第2項後段、第1132條第2款及第1129條分別定有明文。本件被繼承人甲男既因繼承人有無不明，而無親屬會議，嗣經利害關係人丙銀行聲請法院選任遺產管理人，如財政部國有財產局以遺產管理人身分就任後，查明被繼承人除座落於彰化市中山路之不動產外，別無其他資產可供清償積欠丙銀行之500萬元之債務時，自可依前揭規定，聲請法院變賣被繼承人之不動產，法院裁定主文可載為：

「被繼承人所遺座落於彰化市××地號，面積××平方公尺之土地，及門牌號碼彰化市中山路××號之房屋准予變賣。

聲請程序費用由甲之遺產負擔。」

第三章　遺　囑

第一節　遺囑之方式、效力、執行及撤回

案例109

　　甲男現年18歲，與17歲乙女為情侶關係，112年春假期間，兩人相偕至屏東縣墾丁遊樂區遊玩，途經屏鵝公路時，因甲男駕車超速，會車時不慎撞及安全島，致汽車翻覆，當場受傷嚴重，乙女則因有扣上安全帶僅受輕傷。在醫院急救時，甲男請乙女及醫院護理長為見證人，以錄音方式將其前因繼承所取得之不動產及現金15萬元，贈與女友乙，此時甲男所立之遺囑效力如何？屬於何種遺囑？乙於甲男死亡後，得否向法院請求認定遺囑之真偽及訴請甲男之繼承人按遺囑履行？

一、思考方向

　　遺囑者，乃自然人於生存時，以處置其死後之遺產或其他事務為目的，依法定方式所預為之單獨行為。遺囑制度存在之理由，除基於尊重死者生前遺志之心理因素外；從財產因素觀察，在私有財產制度下，個人對其財產生前既有處分權，則其於生存時以遺囑預為處分財產，理應加以承認，否則無論何人，當不願於生前辛苦積蓄、卻無法庇蔭子孫；再從身分因素來看，遺囑之內容，常有認領、收養、宗法立嗣、家產分析、子孫教養及其他身分繼承關係之指定等事項，此等事由涉及私密，立遺囑人往往不願於生前公布，如不允許其以遺囑完成，恐將抱撼終生，為此我國民間早年即有遺命、遺言或遺令之採行，至唐朝更以律令明文承認遺囑之效力，現行民法則於繼承編第三章第1186條至第1222條，分別就遺囑能力、遺囑方式、遺囑之效力及執行，加以規定，以為適用之準據。

　　如本案例甲男在死亡前，以錄音方式請醫院護理長及未成年之女友為見證人，將其因繼承所取得之不動產及現金贈與乙女，此種遺囑究屬於何種方式之遺囑？其效力如何，此與乙女日後得否請求認定遺囑之真偽及請求甲之繼承人為不動產之移轉登記、和現金之給付有關，吾人務需深入就遺囑之相關內容，加以討論。

二、論點分析

(一) 遺囑之概念

遺囑，係遺囑人死亡時始發生法律上效力之單獨行為。為確保遺囑人之真意，防止利害關係人爭執，法律要求立遺囑時，須遵守法定方式，是以，遺囑為要式行為。又遺囑因遺囑人一方之意思表示而成立，不必對特定之人表示，亦不須得任何人之承諾，故為單獨行為；此項行為應基於遺囑人之自由意思，並以遺囑人死亡後發生效力為目的。遺囑之內容，以法律有明文規定，或不違反公序良俗者為限，始得承認之。民法明定僅得以遺囑為之者，有下列數種：1. 監護人之指定（民法第1093條）；2. 遺產分割之方法及禁止遺產分割（民法第1165條）；3. 遺囑之撤回（民法第1219條）；4. 遺囑執行人之指定或其指定之委託（民法第1209條）。但遺囑之處分，有時事關公益，國家應顧慮一般社會及生存者之利益，故民法第1187條另規定，遺囑人須於不違反關於特留分規定之範圍內，始得以遺囑自由處分之。

(二) 遺囑之能力

遺囑制度之設置，不僅使遺囑人能自由處分其所有財產，且有尊重死者遺志之意涵，故遺囑必須遺囑人自行為之，性質上不許代理。故民法第1186條第1項規定：「無行為能力人，不得為遺囑。」至於限制行為能力人，無須經法定代理人之允許，得為遺囑。但未滿16歲者，不得為遺囑（民法第1186條第2項）。可見遺囑能力與一般行為能力，不盡相同。至遺囑能力之有無，則應以立遺囑時為準，不以遺囑人死亡之時為準，如作成遺囑時有遺囑能力，其遺囑即完全成立，嗣後縱令喪失遺囑能力，亦不受任何影響。

(三) 遺囑之方式

遺囑係要式之單獨行為，未依法定方式為之者，不生效力；至其方式，依民法第1189條規定，有自書遺囑、公證遺囑、密封遺囑、代筆遺囑、口授遺囑等五種，分述如下：

1. 自書遺囑

係遺囑人親自書寫之遺囑；依民法第1190條規定，自書遺囑者，應自書遺囑全文，記明年月日，並親自簽名。如有增減、塗改，應註明增減塗改之處所及字數，另行簽名，以防偽造或變造。

2. 公證遺囑

為遺囑人於公證人前作成之遺囑；依民法第1191條規定，公證遺囑，應指定二人以上之見證人，在公證人前口述遺囑意旨，由公證人筆記、宣讀、講解，經遺囑人認可後，記明年月日，由公證人、見證人及遺囑人同行簽名。遺囑人不能簽名者，由公證人將其事由記明，使按指印代之。前項所定公證人之職務，在無公證人之地，得由法院書記官行之，僑民在中華民國領事駐在地為遺囑時，得由領事行之。

3. 密封遺囑

遺囑人於遺囑上簽名後，將其密封，於密封處簽名，再會同見證人提經公證人證明之遺囑。依民法第1192條規定，密封遺囑，應於遺囑上簽名後，將其密封，於封縫處簽名，指定二人以上之見證人，向公證人提出，陳述其為自己之遺囑，如非本人自寫並陳述繕寫人之姓名住所，由公證人於封面記明該遺囑提出之年月日及遺囑人所為之陳述，與遺囑人及見證人同行簽名。前項所定公證人之職務，在無公證人之處所，得由法院書記官行之，僑民在中華民國領事駐在地為遺囑時，得由領事行之。又密封遺囑，不具備上述方式，無密封遺囑之效力，但若具備自書遺囑之方式者，則有自書遺囑之效力（民法第1193條），此又稱為「密封遺囑之轉換」。

4. 代筆遺囑

由見證人為遺囑人代筆而作成之遺囑；依民法第1194條規定：「代筆遺囑，由遺囑人指定三人以上之見證人，由遺囑人口述遺囑意旨，使見證人中之一人筆記、宣讀、講解，經遺囑人認可後，記明年、月、日及代筆人之姓名，由見證人全體及遺囑人同行簽名，遺囑人不能簽名者，應按指印代之。」

5. 口授遺囑

為遺囑人因生命危急或其他特殊情形，不能依其他方式為遺囑，而口授之遺囑，依民法第1195條規定，遺囑人得依下列方式之一為口授遺囑：

(1) **口授筆記**：由遺囑人指定二人以上之見證人，並口授遺囑意旨，據實作成筆記，並記明年、月、日，與其他見證人同行簽名。

(2) **口述錄音**：由遺囑人指定二人以上之見證人，並口授遺囑意旨、其姓名及年、月、日，由見證人全體口述遺囑之為真正及見證人姓名，全部予以錄音，將錄音帶當場密封，並記明年、月、日，由見證人全體在封縫處同行簽名。

口授之遺囑乃為因應遺囑人生命危急或其他特殊情況而設計之遺囑方式，故方式相當簡單，為確保遺囑之公正確實，避免日後爭議，外國立法例大都限定其有效期間，我國民法從之，而於第1196條明定，口授遺囑人未死亡者，自遺囑人能依其他方式為遺囑之時起，經過3個月而失其效力。如口授遺囑人死亡時，應由見證人

中之一人或利害關係人，於為遺囑人死亡後3個月內，提經親屬會議認定其真偽。對於親屬會議之認定如有異議，得聲請法院判定之（民法第1197條）。

以上各種方式之遺囑，除口授遺囑須於特定情形採用外，其他四種遺囑，得由當事人任意選用之。惟除自書遺囑外，其他所有遺囑均有見證人二人或三人不等。見證人原則上任何人皆得充之，但依民法第1198條規定，下列之人因其年齡或精神狀態，或因有利害關係難取信於人，不得為遺囑見證人：

1. 未成年人。
2. 受監護或輔助宣告之人。
3. 繼承人及其配偶或其直系血親。
4. 受遺贈人及其配偶或其直系血親。
5. 為公證人或代行公證職務人之同居人，助理人或受僱人。

(四) 遺囑之效力

遺囑係以死後發生效力為目的之行為，故民法第1199條規定：「遺囑自遺囑人死亡時發生效力」，遺囑既自遺囑人死亡始發生效力，則遺囑人尚未死亡前，將來得受遺囑利益之人，尚未現實取得權利；而遺囑人於遺囑發生效力前，亦得撤回遺囑，使其不發生效力。又遺囑原則上得附加條件或期限，如係附停止條件及始期者，參照民法第1200條規定，自條件成就（或始期屆至）時，發生效力；但遺囑人死亡於條件成就或始期屆至後者，與未附條件或始期同，即於遺囑人死亡時發生效力。如係附解除條件及終期者，於條件成就或終期屆至時失其效力，故遺囑於遺囑人死亡時生效，條件成就或終期屆至時失效，遺囑人死亡於條件成就或終期屆至後者，與未為遺囑同，即不因遺囑人之死亡而生效。

(五) 遺囑之執行

1. 遺囑執行之準備

(1) **遺囑之提示：**係於遺囑執行前，確認被繼承人有無遺囑之存在，並防止偽造變造情事，而就遺囑之形式及狀態加以調查、確認之程序。依民法第1212條規定：「遺囑保管人知有繼承開始之事實時，應即將遺囑交付遺囑執行人，並以適當方法通知已知之繼承人；無遺囑執行人者，應通知已知之繼承人、債權人、受遺贈人及其他利害關係人。無保管人而由繼承人發現遺囑者，亦同。」遺囑之提示，在實務上認為僅係遺囑執行程序之一部分，縱未履行此程序，對於遺囑之效力，不生影響；惟繼承人有故意隱匿遺囑時，依民法第1145條第4款規定，將構成繼承權喪失之原因。

(2) **遺囑之開視**：遺囑如無封緘者，自無開視必要，但如經封緘時，若不開視，將無從窺知其內容，為此民法第1213條規定：「有封緘之遺囑，非在親屬會議當場或法院公證處，不得開視。前項遺囑開視時，應製作紀錄，記明遺囑之封緘有無毀損情形，或其他特別情事，並由在場之人同行簽名。」又本條文之適用，不以密封遺囑為限，其他自書遺囑、代筆遺囑乃至口授遺囑，如有封緘時均應於親屬會議或法院公證處開視，以查看遺囑之內容。

2. 遺囑之執行人

　　遺囑之執行，乃遺囑生效後，為實現遺囑內容所實施之行為。遺囑內容有非執行不能達到目的者，例如以遺囑為捐助行為、遺贈、遺產分割；亦有不須執行，即可實現者，例如非婚生子女之認領、監護人之指定、應繼分之指定、繼承權喪失之表示等。遺囑之執行，均在遺囑人死亡後，故須由第三人執行，如以繼承人逕行擔任遺囑執行人，有時會發生遺囑內容與繼承人利益相衝突情事，為此民法不以繼承人為法定執行人，而另設遺囑執行人，以期遺囑之執行能公平確實。關於遺囑執行人之產生，依民法第1209條規定：「遺囑人得以遺囑指定遺囑執行人，或委託他人指定之。受前項委託者，應即指定遺囑執行人，並通知繼承人。」未成年人及受監護或輔助宣告之人，不得為遺囑執行人（民法第1210條）。遺囑未指定遺囑執行人，亦未委託他人指定者，得由親屬會議選定之，不能由親屬會議選定時，得由利害關係人聲請法院指定之（民法第1211條）。

3. 遺囑執行人之職務

(1) **編製遺產清冊**：遺囑執行人就職後，於遺囑有關之財產，如有編製清冊之必要時，依民法第1214條規定，應即編製遺產清冊，交付繼承人。至於身分事項，例如非婚生子女之認領、指定監護人等，以及與遺囑無關之遺產，則無編製遺產清冊之必要。

(2) **遺產管理及必要行為**：遺囑執行人既以執行遺囑為其職務，為實現遺囑內容，民法第1215條規定：「遺囑執行人有管理遺產，並為執行上必要行為之職務。遺囑執行人因前項職務所為之行為，視為繼承人之代理」，例如繼承人或其他占有人不將遺產之占有點交時，遺囑執行人得請求占有人交付，或依法提起民事訴訟等。

(3) **繼承人妨害之排除**：依民法規定，被繼承人財產上權利義務，自繼承開始起，即歸屬於繼承人，故繼承人處分遺產，本無不可；但如有遺囑執行人時，因其有前述遺產管理及其他執行上必要行為之權限，為免繼承人之處分行為，與遺囑執行人之職務行為相互牴觸，民法第1216條規定：「繼承人於遺囑執行人執行職務中，不得處分與遺囑有關之遺產，並不得妨礙其職務之執行」，以使被

繼承人之遺囑內容，能充分獲得實現。

(4) **數執行人執行職務之方法**：遺囑執行人僅有一人時，自應由其單獨爲之，不成問題；如有數人時，究應如何行使，恐有不同意見，爲此民法第1217條規定：「遺囑執行人有數人時，其執行職務，以過半數決之。但遺囑另有意思表示者，從其意思」，以杜爭議。

4. 遺囑執行人之解任

遺囑執行人死亡、受監護或輔助之宣告或遺囑執行事務完結，其任務即爲終了；如尚在執行過程，而遺囑執行人怠於執行職務，或有其他重大事由時，依民法第1218條規定，利害關係人得請求親屬會議改選他人。其由法院指定者，得聲請法院另行指定，以免損及繼承人或遺產債權人之利益。

(六) 遺囑之撤回

遺囑之撤回，指遺囑人使其遺囑將來不發生效力之意思表示；按遺囑制度之目的，本在尊重遺囑人之意思，且遺囑成立與效力發生，往往相隔甚久，如遺囑人不願實現遺囑之內容時，自應許其撤回遺囑。遺囑經撤回後，即與自始未曾爲遺囑相同，不發生法律效力。至遺囑撤回之方法有二：

1. 明示撤回

即遺囑人另以遺囑表示撤回原先之遺囑，依民法第1219條規定，遺囑人得直接表示撤回遺囑之全部或一部，但撤回之意思表示，應依遺囑之方式爲之，以期明確。

2. 擬制撤回

係指因有一定事實之存在，而由法律視爲撤回之謂，可分爲三種分述如下：

(1) **前後遺囑相牴觸**：前後遺囑有相互牴觸者，其牴觸之部分，前遺囑視爲撤回（民法第1220條）。遺囑之前後，依遺囑完成日期先後決定之。

(2) **遺囑與行爲相牴觸**：遺囑人於爲遺囑後所爲之行爲與遺囑有相牴觸者，其牴觸部分，遺囑視爲撤回（民法第1221條）。

(3) **遺囑之廢棄**：遺囑人故意破毀或塗銷遺囑，或在遺囑上記明廢棄之意思者，其遺囑視爲撤回（民法第1222條）。

三、案例結論

本案例首應探究者，爲甲男所爲遺囑之方式屬於何種？由題意甲男現年18歲，爲成年人，無須經法定代理人允許，有遺囑能力；其因車禍受傷嚴重，在醫院急救時，商請乙女及醫院護理長爲見證人，以錄音方式將其繼承所得之不動產及現金15

萬元贈與乙女，依民法第1195條規定：「遺囑人因生命危急或其他特殊情形，不能依其他方式爲遺囑者，得依左列方式之一爲口授遺囑：一、由遺囑人指定二人以上之見證人，並口授遺囑意旨，由見證人中之一人，將該遺囑意旨，據實作成筆記，並記明年、月、日，與其他見證人同行簽名。二、由遺囑人指定二人以上之見證人，並口述遺囑意旨、遺囑人姓名及年、月、日，由見證人全體口述遺囑之爲眞正及見證人姓名，全部予以錄音，將錄音帶當場密封，並記明年、月、日，由見證人全體在封縫處同行簽名」，甲之遺囑外觀上已符合該條文第2款之要件，應認爲口授遺囑之一種。

又民法第1198條規定：「下列之人，不得爲遺囑見證人：一、未成年人。二、受監護或輔助宣告之人。三、繼承人及其配偶或其直系血親。四、受遺贈人及其配偶或其直系血親。五、爲公證人或代行公證職務人之同居人助理人或受僱人」，其立法理由鑑於此等人或因年齡太小，或精神狀態異常、或有利害關係而難期公允，因此限制其見證人之資格。案例中見證人乙爲17歲之未成年人，既不能爲甲所爲口授遺囑之見證人，故甲之上開遺囑因見證人之欠缺而無效。嗣後乙女不得於甲男死亡後，向法院請求認定遺囑之眞僞及訴請繼承人按遺囑履行義務，自不待言。

第二節　遺贈

案例110

甲男與乙女爲夫妻，育有丙、丁二男。丙男與戊女結婚後，育有己、庚、辛三位子女。甲男與乙女結婚時，未曾約定夫妻財產制，當時甲男之婚前財產爲180萬元，乙女之婚前財產爲60萬元。甲男生前深愛壬女，除多次與其同居外，並以自書遺囑方式，贈與其50萬元，由壬女自行保管該遺囑。但壬女嫌過少，擅自將金額塗改爲150萬元，此爲甲男所不知。甲男與乙女於婚姻關係存續中，乙女從其生父繼承60萬元。某日，甲男與丙男共同駕車出遊，因超速在北宜公路發生車禍，丙男未繫安全帶當場死亡，甲男雖送醫急救，終亦宣告不治。壬女得悉甲男已死亡，旋即提出該贈與之自書遺囑於共同繼承人，但被丁男之代理律師發現壬女塗改遺囑之事；另共同繼承人乙女則表示依法拋棄繼承。如甲男死亡時，甲、乙夫妻間均無特有財產，而甲男

累積之財產為420萬元，乙女累積之財產為200萬元，此際甲男所留下之遺產若干元？應由何人繼承？各得繼承多少遺產？

一、思考方向

　　本案例涉及剩餘財產分配、代位繼承及遺贈等問題。其中有關夫妻間剩餘財產之分配；與第一順位繼承人有於繼承開始前死亡、喪失繼承權，而由其直系血親卑親屬代位繼承等問題，除民法第1030條之1及第1140條定有明文外，已於前面案例為完整之介紹，不再贅述。本案例即針對遺贈之意義、種類、遺贈之標的物、遺贈之無效、承認及拋棄等，予以探討，茲說明如下：

二、論點分析

(一) 遺贈之概念

　　遺贈，乃遺囑人於遺囑中，表示對於他人給予財產利益之行為。其效力發生於被繼承人（即遺囑人）死亡時；至於受遺贈的對象則無限制，凡有權利能力者，皆有受遺贈能力，即得為受遺贈人，一切自然人，均得為受遺贈人，固不待言；即法人雖無繼承能力，但亦可為受遺贈人。惟應注意者，受遺贈人必須於遺囑人死亡時存在，是為「同時存在」原則，故受遺贈人如於遺囑人死亡前已經死亡者，遺贈自不發生效力；對於未出生之胎兒，以將來非死產者為限，參照民法第7條規定，視為於遺囑發生效力時，既已出生，故亦得為受遺贈人。由上開說明，遺贈之要件有四：

1. 遺贈須以遺囑為之。
2. 遺贈係對於受遺贈人之讓與，受遺贈人於遺贈發生效力時尚生存或已受胎。
3. 遺贈係財產利益之讓與，包括積極的使受遺贈人之財產增加，及消極的防止其財產減少。
4. 遺贈係無償讓與，並無任何對價關係。

(二) 遺贈之性質

　　遺贈係以遺囑，對於受遺贈人無償給與財產之行為，在法律性質上為單獨行為，此與贈與契約雖同為無償行為，但性質上仍有下列不同：

1. 遺贈為單獨行為；贈與為契約行為。
2. 遺贈須依遺囑方式為之，為要式行為；贈與無需一定方式，為不要式行為。

3. 遺贈於遺囑人死亡時發生效力；贈與於其契約成立時發生效力。

4. 遺贈爲遺囑人處分其死後財產之行爲，性質上爲死後行爲；贈與爲贈與人處分其生前財產之行爲，乃生前行爲。

5. 遺贈有不得侵害特留分之規定，贈與則無此項限制（民法第1187條）。

　　又遺贈與死因贈與雖均爲死後生效之行爲，但兩者亦有區別，遺贈爲單獨行爲，必須以遺囑方式爲之，並有特留分之限制規定；死因贈與乃以贈與人死亡時，受贈人尚生存爲條件之契約，不須以遺囑方式爲之，性質上爲生前行爲，且無特留分之限制規定，在適用上應予明確區別。

(三) 遺贈之種類

1. 單純遺贈與附款遺贈

　　單純遺贈即不附加任何條件、期限或負擔之遺贈；附款遺贈則爲附有條件、期限或負擔之遺贈。茲就附款遺贈再說明如下：

(1) **附條件及期限之遺贈**：遺贈得附條件或期限，附停止條件或始期者，於條件成就或始期屆至時發生效力；但遺贈人在條件成就或期限屆滿前死亡者，與未附條件或始期之遺贈相同（民法第1200條）。至附解除條件或終期之遺贈，則於條件成就或期限屆滿時失其效力。

(2) **附有負擔之遺贈**：即遺囑人於遺囑中，令受遺贈人負擔一定給付之遺贈。遺贈附有義務者，依民法第1205條規定，受遺贈人以其所受利益爲限，負履行責任，以免負擔義務過重，甚至損及受遺贈人之固有利益，有失遺贈之本意。

2. 特定遺贈與概括遺贈

　　就具體之某項動產、不動產或其他財產上利益，爲遺贈之標的，稱爲特定遺贈，例如：遺贈現金100萬元、金錶乙只或別墅一棟等。如抽象以財產之全部或一部爲遺贈之標的者，稱爲概括遺贈，譬如：以財產之2分之1遺贈、將土地所有權之應有部分3分之2遺贈等。關於概括遺贈，現行民法雖無明文，但解釋上遺囑人既得自由處分其遺產，只要不違背特留分規定，自無限制必要。

(四) 遺贈之標的物

　　遺囑人以特定物或權利，爲遺贈之標的物時，遺囑如無特別表示者，則應以遺贈發生效力時爲準，決定標的物之範圍。惟依民法第1202條規定，遺囑人以一定之財產爲遺贈（特定遺贈），而其財產在繼承開始時，有一部分不屬於遺產者，其一部分遺贈爲無效；全部不屬於遺產者，其全部遺贈爲無效；但遺囑另有意思表示者，從其意思，俾尊重遺囑人之意願。又遺囑人有時因遺贈物滅失、毀損、變造或

喪失物之占有，而對於他人取得權利時，例如因他人之侵害遺贈物而取得損害賠償請求權，但該遺贈物事先曾投保而有保險金請求權等情時，依民法第1203條規定，推定以其權利爲遺贈；因遺贈物與他物附合或混合而對於所附合或混合之物，取得權利時亦同。

此外以遺產之使用、收益爲目的之用益遺贈，因受贈人不得處分該遺產，爲免有害遺產之流通及改良，故遺贈人定有期間者，雖應依其所定，如遺囑未定返還期限，亦不能依遺贈之性質決定其期限者，以受遺贈人之終身爲其期限（民法第1204條）。

(五) 遺贈之效力

1. 單純遺贈自遺贈人死亡時發生效力。
2. 附條件或期限之遺贈，視條件是否成就及期限是否屆至決定其效力。例如附停止條件之遺贈，依民法第1200條規定，雖自條件成就時即發生效力；但其條件之成就，如在遺囑人死亡以前，該遺贈仍應自遺囑人死亡時始發生效力。
3. 附負擔之遺贈，固於立遺囑人死亡時即發生效力，但受遺贈人不履行其負擔時，繼承人得拒絕交付遺贈物（民法第412條）。

(六) 受遺贈權利之喪失

凡有權利能力之人，皆有受遺贈能力，已如前述，然受遺贈人如對遺囑人，或對其所爲之遺囑，有下列重大之不道德行爲或不正當行爲時，依民法第1188條規定，該受遺贈人將喪失受遺贈之權利：

1. 故意致遺囑人或應繼承人於死或雖未致死因而受刑之宣告者。
2. 以詐欺或脅迫使遺囑人爲關於繼承之遺囑，或使其撤回或變更之者。
3. 以詐欺或脅迫妨害遺囑人爲關於繼承之遺囑，或妨害其撤回或變更之者。
4. 僞造、變造、隱匿或湮滅遺囑人關於繼承之遺囑者。
5. 對於遺囑人有重大之虐待或侮辱情事，經立遺囑人表示其不得受遺贈者。
   前述第2至4款事由，如經遺囑人宥恕者，其受遺贈之權利之不喪失。

(七) 遺贈之無效、承認及拋棄

1. 遺贈之無效

遺贈於遺囑人死亡時生效，如受遺贈人死亡在前，自不能承受遺贈。且遺贈置重於遺囑人與受遺贈人雙方之關係，除遺贈人有特別表示外，如受遺贈人死亡，亦不能由其直系血親卑親屬代位繼承，故民法第1201條規定，受遺贈人於遺囑發生

效力前死亡者，其遺贈不生效力。此外，我民法規定之其他遺贈無效事由，約有下列數種：

(1) 遺贈違反公序良俗或強行規定。

(2) 爲遺贈之遺囑不具備法定方式。

(3) 遺贈人無遺囑能力（民法第1186條）。

(4) 遺贈違反特留分規定，其違反部分（民法第1187條）。

(5) 受遺贈人無遺贈能力（民法第1188條）。

(6) 遺贈附解除條件或附期限等。

2. 遺贈之承認與拋棄

遺贈爲財產上之利益，如受遺贈人不願接受遺贈時，自得拋棄；但在遺囑人死亡前，遺囑尚未生效，究無權利拋棄可言，故民法第1206條規定，受遺贈人在遺囑人死亡後，始得拋棄遺贈。遺贈之拋棄溯及遺囑人死亡時發生效力。又爲使受遺贈之法律關係早日確定，民法第1207條規定，繼承人或其他利害關係人，得定相同期限，請求受遺贈人於期限內，爲承認遺贈與否之表示。期限屆滿，尚未表示者，視爲承認遺贈，取得遺贈物之權利及該物所生之孳息；遺贈無效或受遺贈人拋棄遺贈時，溯及於遺囑人死亡，視爲自始無效，其遺贈之財產仍屬於遺產，由繼承人繼承（民法第1208條）。

三、案例結論

本案例甲男與乙女結婚時，並未約定夫妻財產制，依民法第1005條規定：「夫妻未以契約訂立夫妻財產制者，除本法另有規定外，以法定財產制，爲其夫妻財產制」，故甲、乙間應以法定財產制爲其夫妻財產制，核先敘明。

在法定財產制中，當法定財產關係消滅時，夫或妻現存之婚後財產，扣除婚姻關係存續中所負債務後，如有剩餘，其雙方剩餘財產之差額，應平均分配；但因繼承或其他無償取得之財產，不在此限，對此民法第1030條之1第1項可資參照。本例題甲男死亡，其法定財產關係消滅，夫妻間剩餘財產分配請求權發生。甲男與乙女結婚時之婚前財產各爲180萬元及60萬元，於婚姻關係消滅時兩人所累積之財產則成爲420萬元及200萬元，可見甲、乙於其夫妻關係存續中各自取得婚後財產爲240萬元、140萬元；惟在上開乙所取得之140萬元財產中，須先扣除其於婚姻關係存續中因繼承所取得之財產60萬元，經扣除後乙只須以80萬元作爲剩餘財產之分配。準此，甲、乙雙方之剩餘財產應各爲240萬元及80萬元，依民法第1030條之1第1項平均分配後，甲男可得剩餘財產160萬元，再加上結婚時之婚前財產180萬元，則甲男死亡時，其遺產爲340萬元。

另關於甲男之繼承人部分，乙女爲甲男之配偶，原本依民法第1138條及第1144條規定，爲甲男之繼承人，且其順位與被繼承人之直系血親卑親屬相同；惟乙現已依法表示拋棄繼承，依民法第1174條第1項及第1175條規定，已無繼承權，其應繼分歸屬於其他繼承人。又丙男爲甲之直系血親卑親屬，原亦有繼承權，然其與甲男同遭車禍，先於甲男死亡，依民法第1140條規定，自應由其子女己、庚、辛三人，主張代位繼承甲男之遺產。丁男爲甲之直系血親卑親屬，依民法第1138條第1款規定，爲甲男之繼承人，亦無問題。

至壬女爲甲男之同居女友，依案例係受遺贈人，原亦得分配甲男所遺留之財產；惟因其擅自將被繼承人交其保管之自書遺贈，將遺贈50萬元，塗改、變更爲150萬元，經丁男之代理律師發現，依民法第1188條之規定：「第一千一百四十五條喪失繼承權之規定，於受遺贈人準用之」，核壬女之行爲，已符合第1145條第1項第4款「僞造、變造、隱匿或湮滅被繼承人關於繼承之遺囑者」要件，其受遺贈權當然喪失。

故甲男之遺產340萬元，應由丁男及丙男之子女己、庚、辛四人共同繼承。其中丁男繼承全部遺產之2分之1，即170萬元。其餘170萬元，則由代位繼承人己、庚、辛三人平均繼承之。

第三節　特留分

案例111

被繼承人甲男與妻乙，結婚7年，並無子女，甲男有弟丙及妹妹丁、戊，甲生前在丁結婚時贈與40萬元之嫁妝，死亡時遺有財產600萬元，負債160萬元，並以自書遺囑方式指定應繼分乙、丙、丁各5分之1，其最溺愛之小妹戊爲5分之2，此時甲之財產應如何繼承？甲之配偶乙可否以特留分受侵害爲由，請求扣減？

一、思考方向

特留分者，指繼承開始時，法律上爲法定繼承人所保留之一部分遺產。蓋各人就其私有財產得任意處分，固係出於近世自由思想之要求，且基於經濟生活上之必要，是以財產之生前處分，應完全自由，不受干涉。但爲維持法定繼承制度及親屬

關係，並使繼承人生活不致頓失依據，對於遺囑之處分，自應加以相當之限制，故各國法律，均設特留分之規定。我國民法亦於第1187條規定：「遺囑人於不違反關於特留分規定之範圍內，得以遺囑自由處分遺產」，可知特留分為法定繼承人之權利，且以遺囑人之死後處分行為為限，始可加以適用；如繼承人拋棄該利益，不請求扣減，亦無不可。

在本案例中，甲男以自書遺囑方式，指定乙、丙、丁之應繼分各5分之1，戊之應繼分為5分之2，有無侵害繼承人之特留分，為解析本問題之重點，茲先就特留分之相關規定敘明於後，再論述甲男之財產在繼承時，各法定繼承人之特留分及分配金額。

二、論點分析

(一) 特留分之概念

前已述及，特留分者，乃為保護法定繼承人而特別為其保留一定比例之財產，亦可謂法定繼承人之最低限度之應繼分也。因此，特留分權利僅繼承人於繼承開始後始得享有，喪失繼承權者或拋棄繼承權者，無特留分之可言；至喪失繼承權人如有代位繼承人時，為保護代位繼承人之利益，解釋上以保留其特留分為宜，俾貫徹代位繼承之公平原則。

(二) 特留分之比例

特留分之比例，因繼承人與被繼承人之親疏而不同，依民法第1223條規定：繼承人之特留分，依下列各款之規定：
1. 直系血親卑親屬之特留分，為其應繼分2分之1。
2. 父母之特留分，為其應繼分2分之1。
3. 配偶之特留分，為其應繼分2分之1。
4. 兄弟姊妹之特留分，為其應繼分3分之1。
5. 祖父母之特留分，為其應繼分3分之1。

(三) 特留分之計算

依民法第1224條規定：「特留分，由依第一千一百七十三條算定之應繼財產中，除去債務額算定之」，故計算特留分，應先依民法第1173條算定應繼財產，扣除債務額，如有多餘，再依民法第1223條規定之比例計算之。例如被繼承人甲死亡時遺有財產500萬元，生前因分居贈與其子乙70萬元汽車一輛，因結婚贈與其

女丙現金60萬元金飾,則依民法第1173條規定,經爲贈與之歸扣後,其應繼承財產爲630萬元;但除去債務120萬元,則剩510萬元。而繼承人除乙、丙外,還有配偶丁,此時乙、丙、丁之應繼分各爲170萬元,特留分依民法第1223條第1、3款規定,爲應繼分2分之1,即各爲85萬元。

(四) 特留分之扣減

特留分制度,以限制被繼承人自由處分財產爲本旨,故被繼承人超過此限制而爲遺產之處分時,法律上應有其救濟方法,以保全特留分權利人之利益,現行民法第1225條規定:「應得特留分之人,如因被繼承人所爲之遺贈,致其應得之數不足者,得按其不足之數由遺贈財產扣減之。受遺贈人有數人時,應按其所得遺贈價額比例扣減。」例如:被繼承人甲死亡,其遺產爲300萬元,除去債務60萬元,尚餘240萬元,甲之配偶乙,及子丙之應繼分各爲120萬元,特留分爲60萬元,如甲以遺囑表示將其全部遺產贈與丁女(受遺贈人一人)時,則甲之配偶乙及子丙,各得保留60萬元,共計120萬元,於是丁所受之遺贈原爲240萬元(遺產全部),但應扣減120萬元予甲之配偶及子女,結果丁女僅能獲得120萬元之遺贈。

三、案例結論

在本案例中,首先應計算被繼承人甲男之應繼承財產。因被繼承人甲死亡時,有現存財產600萬元,扣除債務160萬元,再依民法第1173條第1項歸扣對丙在結婚時之40萬元贈與,故甲男之應繼承財產爲480萬元。

甲男之繼承人有配偶乙及弟丙,妹丁、戊;配偶乙與第三順序之血親繼承人丙、丁、戊依民法第1138條第3款共同繼承時,其法定應繼分爲應繼財產480萬元之2分之1,即240萬元;丙、丁、戊各人應繼分爲應繼財產之6分之1,即各80萬元。在特留分方面,依民法第1223條第3、4款規定,配偶乙之特留分爲其法定應繼分之2分之1,即120萬元;丙、丁、戊之特留分爲其法定應繼分之3分之1,即26萬6,667元。

因甲男在死亡時,以自書遺囑方式,指定乙、丙、丁應繼分各5分之1,戊之應繼分爲5分之2,依此計算丙、丁之指定應繼分爲應繼財產480萬元之5分之1,計各爲96萬元;戊爲5分之2,計192萬元,均超出其特留分26萬6,667元,故丙、丁、戊之特留分均未遭侵害。至乙之繼承利益,依遺囑爲應繼承財產480萬元之5分之1,計96萬元,低於其特留分120萬元,依民法第1187條規定,乙之特留分額受侵害24萬元,可向丙、丁、戊依據其指定應繼分比例,亦即1:1:2之比例行使扣減權,其扣減額在丙、丁均爲6萬元,戊爲12萬元。經扣減後丙、丁各分得遺產90萬元,

戊分得180萬元，乙為120萬元，其中丁在結婚時曾獲贈40萬元嫁妝，實際僅可再取得遺產50萬元。

主要參考書目

壹、台灣地區

1. 《民法概要》，王澤鑑，三民書局，民國102年8月。
2. 《民法概要》，劉宗榮，三民書局，民國109年1月。
3. 《民法概要》，鄭冠宇，三民書局，民國110年8月。
4. 《民法概要》，鄭玉波著，黃宗樂修訂，東大圖書公司，民國108年9月。
5. 《民法》，郭振恭，三民書局，民國101年9月。
6. 《民法概要》，楊與齡，作者自版，民國100年9月。
7. 《民法概要》，詹森林、陳榮傳、馮震宇、林誠二、林秀雄，五南圖書，民國109年9月。
8. 《中國民法要義》，姚淇清，作者自版，民國79年4月。
9. 《民法入門》，陳美伶、李太正、陳連順，月旦出版公司，民國86年9月。
10. 《民法總則》，王澤鑑，三民書局，民國109年9月。
11. 《民法總則》，鄭玉波，三民書局，民國97年9月。
12. 《民法總則》，施啟揚，作者自版，民國97年8月。
13. 《民法總則》，李肇偉，作者自版，民國78年10月。
14. 《民法總則》，楊與齡，五南圖書，民國95年9月。
15. 《中國民法總則》，洪遜欣，作者自版，民國72年11月。
16. 《判解民法總則》，劉春堂，三民書局，民國99年9月。
17. 《民法總則之理論與實用》，李模，作者自版，民國88年12月。
18. 《債法原理：基本理論債之發生》，王澤鑑，三民書局，民國101年3月。
19. 《不當得利》，王澤鑑，三民書局，民國98年7月。
20. 《民法債編總論》，鄭玉波，三民書局，民國82年10月。
21. 《民法債編總論》，何孝元，三民書局，民國66年3月。
22. 《民法債編總論（上、下）》，孫森焱，作者自版，民國109年4月。
23. 《民法債編通則(一)契約法總論》，劉春堂，作者自版，民國100年12月。
24. 《判解民法債編通則》，劉春堂，三民書局，民國99年9月。
25. 《民法債編註釋書（一～三）》，馬維麟，五南圖書，民國85年9月。
26. 《民法債編通則》，邱聰智，輔仁大學法學叢書編輯委員會，民國80年9月。
27. 《侵權行為與損害賠償》，黃碧芬，書泉出版社，民國86年4月。

28. 《詳解損害賠償法》，曾隆興，作者自版，民國100年4月。

29. 《現代非典型契約論》，曾隆興，作者自版，民國77年1月。

30. 《民法債編各論（上、中、下）》，劉春堂，三民書局，民國101年2月。

31. 《民法債編各論（上、下）》，鄭玉波，三民書局，民國81年1月。

32. 《民法物權》，王澤鑑，三民書局，民國99年6月。

33. 《民法物權》，鄭玉波著，黃宗樂修訂，三民書局，民國101年8月。

34. 《民法物權》，李肇偉，作者自版，民國78年10月。

35. 《民法物權》，楊與齡，五南圖書，民國87年9月。

36. 《民法物權論》，姚瑞光，作者自版，民國74年10月。

37. 《民法物權論》，鄭冠宇，新學林出版公司，民國110年7月。

38. 《物權基本原則》，陳月端，三民書局，民國100年7月。

39. 《民法物權論（上、中、下）》，謝在全，三民書局，民國93年8月。

40. 《民法物權實例分析》，蘇永欽，五南圖書，民國90年1月。

41. 《判解民法物權》，劉春堂，三民書局，民國99年10月。

42. 《民法親屬》，陳棋炎，三民書局，民國99年9月。

43. 《民法親屬新論》，陳棋炎、黃宗樂、郭振恭，三民書局，民國105年9月。

44. 《中國親屬法》，戴炎輝、戴東雄，作者自版，民國87年1月。

45. 《婚姻法與夫妻財產制》，戴東雄，三民書局，民國98年1月。

46. 《親屬法實例解說》，戴東雄，作者自版，民國83年9月。

47. 《親屬法諸問題研究》，陳惠馨，月旦出版公司，民國82年11月。

48. 《繼承》，戴東雄，三民書局，民國100年10月。

49. 《民法繼承新論》，陳棋炎，三民書局，民國98年2月。

50. 《民法繼承新論》，陳棋炎、黃宗樂、郭振恭，三民書局，民國100年9月。

51. 《中國繼承法》，戴炎輝、戴東雄，作者自版，民國83年3月。

52. 《繼承法實例解說》，戴東雄，台大法學叢書編輯委員會，民國92年9月。

53. 《民法親屬與繼承》，戴東雄、劉得寬，五南圖書，民國85年9月。

54. 《家族法論集（一～三）》，林秀雄，漢興書局有限公司，民國83年10月。

55. 《親屬繼承法基本問題》，陳棋炎，三民書局，民國95年1月。

56. 《民商法問題研究（一～四）》，鄭玉波，台大法學叢書編輯委員會，民國80年10月。

57. 《法律思維與民法實例：請求權基礎理論體系》，王澤鑑，三民書局，民國99年3月。

58. 《民法學說與判例研究（一～八）》，王澤鑑，台大法學叢書編輯委員會，民

國91年11月。

59. 《民法實例研習叢書（一～三）》，王澤鑑，台大法學叢書編輯委員會，民國79年3月。

60. 《民法演習問題》，林廷瑞，作者自版，民國70年10月。

61. 《民法問題研究》，李模，作者自版，民國68年11月。

62. 《民事個案研究》，林榮耀，作者自版，民國70年8月。

63. 《民法研究》，邱聰智，輔仁大學法學叢書編輯委員會，民國75年3月。

64. 《法律與生活》，陳國義，五南圖書，民國87年9月。

65. 《民商法判解評釋》，黃茂榮，植根法學叢書編輯室，民國70年5月。

66. 《法學入門》，劉得寬，五南圖書，民國84年3月。

67. 《生活與民法》，李後政、陳彥希、魏大喨，國立空中大學，民國89年1月。

68. 《論海峽兩岸親屬法制》，蔡輝龍，五南圖書，民國83年11月。

69. 《法國民法》，鄭正中、朱一平、黃秋田譯，五南圖書，民國90年5月。

70. 《民法概要》，徐美貞，五南圖書，民國108年9月。

71. 《民法概要》，陳聰富，元照出版社，民國110年7月。

72. 《民法概要》，蘇銘翔，五南圖書，民國100年11月。

73. 《民法入門》，李淑明，元照出版社，民國110年10月。

貳、大陸地區

1. 《民法學原理》，張俊浩主編，中國政法大學出版社，2010年10月。

2. 《中國民法》，柳經緯主編，廈門大學出版社，2016年5月。

3. 《中國民法教程》，馬原主編，人民法院出版社，2010年8月。

4. 《民法學》，楊振山主編，中國政法大學出版社，2018年7月。

5. 《海峽兩岸法律制度比較／民法》，柳經緯、薛景元、施信貴主編，廈門大學出版社，1995年9月。

6. 《中國民法教程》，周元伯主編，南京大學出版社，2009年10月。

7. 《民法學》，李由義主編，北京大學出版社，2007年6月。

8. 《民法新論》，王利明主編，中國政法大學出版社，2001年10月。

9. 《民法總論》，梁彗星，法律出版社，2007年7月。

10. 《中國民法學、民法總則》，佟桑主編，中國人民公安大學出版社，2008年4月。

11. 《中國民法學、民法債權》，王家福主編，法律出版社，2005年7月。

12. 《中國婚姻法》，巫昌禎主編，中國政法大學出版社，2009年6月。
13. 《中國婚姻法教程》，王戰平主編，中國政法大學出版社，2006年5月。
14. 《中國婚姻法教程》，王戰平主編，人民法院出版社，2004年12月。
15. 《婚姻法學》，楊大文主編，中國人民大學出版社，2001年3月。
16. 《中國繼承法》，張佩霖主編，中國政法大學出版社，2007年6月。
17. 《繼承法》，劉素萍主編，中國人民大學出版社，2008年3月。
18. 《繼承法學》，佟柔主編，法律出版社，2004年10月。
19. 《民事責任》，謝邦宇、李靜堂主編，法律出版社，2005年6月。
20. 《侵權的民事責任》，張佩霖主編，法律出版社，2001年10月。
21. 《擔保法通論》，趙許明、林文聰主編，中國檢察出版社，1996年8月。
22. 《擔保法論》，毛亞敏主編，中國法制出版社，2004年10月。

參、外國法典

1. 《德國民法》，國立台灣大學法律研究所編，民國54年5月。
2. 《德國民法》，趙文伋、徐立、朱曦合譯，五南圖書，民國81年2月。
3. 《德國物權法》，孫憲忠，五南圖書，民國88年8月。
4. 《法國物權法》，尹田，五南圖書，民國88年10月。
5. 《法國現代契約法》，尹田，五南圖書，民國88年11月。
6. 《Code Civil》（法國民法），Editions Prat, Service, Lecteurs, 2007. 7.
7. 《拿破崙法典》，李浩培、吳傳頤、孫鳴崗譯，北京商務印書館，1997年2月。
8. 《英美契約法概論》，呂光、楊楨編，天工書局，民國73年9月。
9. 《英美法論》，潘華仿，中國政法大學出版社，2007年1月。
10. 《瑞士民法》，國立台灣大學法律研究所編，民國56年7月。
11. 《瑞士民法》，司法行政部民法修正委員會編，民國66年6月。
12. 《意大利民法》，費安玲、丁玫譯，中國政法大學出版社，2005年9月。
13. 《香港法律制度》，趙秉志主編，中國人民公安大學出版社，2006年1月。
14. 《香港法律概論》，劉憲權主編，華東理工大學出版社，2010年11月。
15. 《日本民法》，王書江、曹為合譯，五南圖書，民國81年8月。
16. 《民法入門》，高島平藏，日本成文堂，2010年7月。
17. 《民法入門》，中川喜之助，日本青林書院，2009年10月。
18. 《日本民法概論》（契約），星野英一著，姚榮濤譯，五南圖書，民國87年9月。

19. 《日本民法總則》，四宮和夫著，唐暉、錢孟珊譯，五南圖書，民國84年8月。
20. 《日本民法總則》，唐暉、錢孟珊合譯，五南圖書，民國84年8月。
21. 《民法總則》，石田喜久夫他，日本青林書院，1999年2月。
22. 《債權總論》，於保不二雄，日本有斐閣，2001年6月。
23. 《債權各論》，山口純夫，日本青林書院，2008年6月。
24. 《債權各論》，我妻榮，日本岩波書店，2004年6月。
25. 《新訂物權法》，我妻榮，日本岩波書店，2005年4月。
26. 《物權法》，林良主編，日本青林書院，2009年6月。
27. 《家族法》，村重慶一，日本青林書院，2007年4月。
28. 《家族法概論》，有地亨，日本法律文化社，2006年10月。
29. 《親族法論》，田中實，日本成文堂，2008年2月。

國家圖書館出版品預行編目資料

例解民法／鄭正中著. ──5版. ──臺北
　市：五南圖書出版股份有限公司, 2023.08
　面；　公分

　ISBN 978-626-366-307-7（平裝）

　1.CST：民法

584　　　　　　　　　　　　112010898

1S54

例解民法

作　　者 ― 鄭正中（382）

發 行 人 ― 楊榮川

總 經 理 ― 楊士清

總 編 輯 ― 楊秀麗

副總編輯 ― 劉靜芬

責任編輯 ― 黃郁婷、許鈺梅

封面設計 ― 陳亭瑋

出 版 者 ― 五南圖書出版股份有限公司

地　　址：106台北市大安區和平東路二段339號4樓

電　　話：(02)2705-5066　　傳　　真：(02)2706-6100

網　　址：https://www.wunan.com.tw

電子郵件：wunan@wunan.com.tw

劃撥帳號：01068953

戶　　名：五南圖書出版股份有限公司

法律顧問　林勝安律師

出版日期　1999年9月初版一刷
　　　　　2023年8月五版一刷

定　　價　新臺幣680元

經典永恆・名著常在

五十週年的獻禮——經典名著文庫

五南，五十年了，半個世紀，人生旅程的一大半，走過來了。

思索著，邁向百年的未來歷程，能為知識界、文化學術界作些什麼？

在速食文化的生態下，有什麼值得讓人雋永品味的？

歷代經典・當今名著，經過時間的洗禮，千錘百鍊，流傳至今，光芒耀人；

不僅使我們能領悟前人的智慧，同時也增深加廣我們思考的深度與視野。

我們決心投入巨資，有計畫的系統梳選，成立「經典名著文庫」，

希望收入古今中外思想性的、充滿睿智與獨見的經典、名著。

這是一項理想性的、永續性的巨大出版工程。

不在意讀者的眾寡，只考慮它的學術價值，力求完整展現先哲思想的軌跡；

為知識界開啟一片智慧之窗，營造一座百花綻放的世界文明公園，

任君遨遊、取菁吸蜜、嘉惠學子！